이패스 소방사관
동영상 강의
www.kfs119.co.kr

2025
소방공무원
시험대비

RESCUE

응급처치학 개론

저자 이혜영

- 23, 24년 출제경향 반영한 **맞춤형 핵심이론**
- 이해하기 쉬운 **짜임새 있는 구성**
- 최신 **개정법령 반영**
- 응급의료에 관한 법률 **시행규칙 별표 부록**

epasskorea

머리말

"공부의 결과는 거짓말을 하지 않는다."

24년도 기출문제를 접했을 때 들었던 생각 이였습니다.
전반적인 문제의 난이도는 중간정도 였으며 쉬운 문제들도 보였습니다.
그러나 자세히 읽다보면 곳곳에 함정들이 숨어 있어서 그걸로 등락이 결정될 거라는 생각이 들었습니다.
하지만 전체적으로 공부량이나 학습의 강도는 약해졌고 실무적인 문제들이 출제됨으로써 수험생이 느끼는 학습의 부담감은 훨씬 줄어들었을 것입니다.
결국 어려운 문제는 없지만 처음부터 끝까지 꼼꼼하게 공부를 한 인내력이 있는 학생들이 영광을 차지했을 것입니다.
이 시험은 내가 처음부터 끝까지 정확하게 알고 있느냐에 따라 달려있기 때문입니다.
그래서 제가 처음 22년도부터 지금까지 강의하면서 느꼈던 점을 정리해 보겠습니다.

첫 번째로, 공부의 양이 생각보다 많다는 것입니다.
범위를 보자면 응급의료법과 구급법의 하위법이 다 포함되어 있어서 시행령, 시행규칙까지 다 들어갑니다. 법률은 10장이지만 시행규칙은 47조, 별표가 18개, 시행령은 29조로 되어있습니다. 또한 119구급법은 법률은 30조, 시행령은 33조, 시행규칙은 26조로 이루어져 있습니다. 총론부분에서는 감염파트를 포함한 소방청 매뉴얼은 800페이지가 넘습니다.

두 번째로, 세밀하게 암기해야 합니다.
올 24년도 시험 문제에서는 감압병이나 해파리의 교상같은 일반적인 문제들이 나왔었지만 함정이 숨어 있어서 답을 쉽게 고를 수가 없었습니다. 정확한 지식을 가지고 있더라도 헷갈리기 쉬운 문제였습니다.

세 번째로, 다행히도 모든 사람이 중요하다고 느끼는 부분이 출제되고 있습니다만 구석에서도 몇 문제씩 나오고 있는 점도 기억해야 합니다.
매년 이론파트에서도 출제가 되고 있는데 이러한 부분도 세심히 신경써야 하겠습니다.

네 번째로, 모든 문제들이 응급구조학과의 국가고시에서 중요하다고 보여지는 문제들이 경채시험에서도 중요하게 다루어지고 있습니다.
물론 범위가 다른 부분도 섞여 있지만 중복되어지는 부분에서는 이 점을 참고해서 국가고시를 풀어보는 것도 중요하겠습니다.

끝으로 구급경채를 꿈이 아닌 현실로 이루기 쉬워진 만큼, 인내하고 도전해 보길 권하고 싶습니다. 그리고 부족한 저에게 도움을 주신 출판사에 감사를 표하며 레스큐를 계속 보완해 나갈 것을 약속드립니다.

2024년 5월

이혜영

1 이혜영 Rescue 응급처치학개론 구성

PART 1 전문응급처치학총론

PART 2 전문응급처치학각론

PART 3 부록

2 이해를 돕는 풍부한 자료

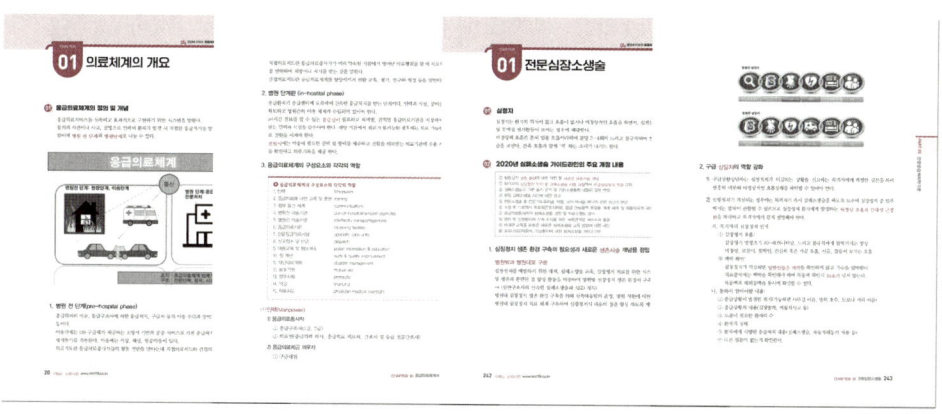

3 기출 문제 및 부록 수록

출제경향분석

2024 응급처치학개론 출제 경향 분석

두 번의 기출을 보고나서 시험을 분석해 보았습니다.

첫 번째는 모두가 제일 중요하다고 생각하는 CPR과 EKG가 시험에서도 가장 많은 비중을 차지하고 있다는 것입니다.
2023년에 10개가 출제되었는데 2024년에도 변함없이 높은 비중으로 문제가 나왔으며 소아파트에서도 CPR 문제가 3개가 출제되어 여전히 그 중요성을 보여주고 있습니다.

두 번째는 의료법과 구급법의 비중이 적어진 점입니다.
2023년 첫 시험에서 6문제가 출제되어 그 중요성이 매우 높아 보였습니다.
그러나 이번 24년도 시험에서는 의료법과 119법은 적게 출제되었고 오히려 총론파트에서 기본적인 구조단계, 환자를 들어 올리는 방법 같은 것들이 나오게 되었습니다.
이것은 23년도의 출제방향과는 다른 의도로 느껴집니다.

	응급의료법 119법	내과질환 (심장질환)	구급차 장비	화상 외상 쇼크	기록 이론	신경계	대량재난 Triage	산부인과 소아 비뇨	심폐소생술 EKG	특수 교상 중독	총론
2023	6	4		8	2	2	4	2	10	2	
2024	2	4	2	3	1	3	2	3	8	7	5

2024년도 기출 문제 분석

- 응급의료법: 구급차의 기준
- 119법: 감염관리대책에서 보고와 관련된 내용
- 내과질환: 심근경색, PCI의 적응증, NTG 적응증, 담관염
- 총론: 구조단계, 환자 들어올리는 방법, 구급대원의 행동
- 이론: 이서슨의 간편윤리성
- 구급차 & 장비: 산소통 계산, 흡인장비
- 대량재난: Start Triage, 바벨효과
- 심폐소생술 & EKG: 성인CPR3개, 심실세동, PSVT, 빠른빈맥, STEMI, 3도방실차단
- 소아: 소아CPR 3개
- 특수: 감압병
- 교상: 쯔쯔가무시증, 해파리
- 중독: 수포작용제, 시안화물, 타이레놀중독
- 화상: 파크랜드공식

- 외상: 꼴레씨골절, 견인부목
- 출혈: 출혈단계
- 신경계: GCS, 지주막하출혈, 쿠싱징후

세 번째는 실무적인 문제들이 출제되었다는 것입니다.
2023년에는 나오지 않았던 CT와 사진판독입니다. 이것은 응급구조사의 국가고시에서 이론보다는 실무적인 것으로 방향이 바뀌는 추세로 보여집니다.

네 번째는 특수·교상·중독 파트가 비중이 높아졌습니다. 2023년에 2문제에서 24년도에 7문제가 출제되었고 특히 중독파트에서 화학물질이나 약물의 해독제를 묻는 문제, 교상시 응급처치같은 문제들이 많아졌습니다.

결론:
시험문제는 EKG와 심혈관질환 그리고 2020 AHA 가이드라인이 많은 퍼센트를 차지했으며 중독, 교상, 특수 파트, 총론, 신경계등 다양한 부분에서 정확한 지식을 요구합니다.
어렵거나 처음본 문제는 아니지만 응급처치학 개론의 각론과 총론의 처음부터 마지막페이지까지 구석에서 구석까지 아주 깊게는 아니더라도 전반적인 내용들을 잘 알고 있어야 할 것입니다.
임상에서 쓰이는 가장 기본적인 엑스레이나 CT판독 & 교상 들도 사진으로 알 수 있어야 합니다.
여전히 대량재난이나 Triage도 문제가 나오고 있으나 소방청 매뉴얼의 비중은 적은 듯 보입니다. 비중을 적절히 분배하여 공부하는 것이 좋겠습니다.
또한 의료법과 119법도 생각한 것보다 비중이 적어졌지만 매년 달라질 수 있으므로 응급의료법과 119법을 우선순위로 놓고 하위법들은 추가로 공부하는 것이 좋겠습니다.
신경계파트에서는 23년~24년도에 꾸준하게 3문제정도 출제되고 있으므로 앞으로도 계속 나올것으로 생각됩니다. 교상이나 중독파트 문제는 23년도에 2문제에서 24년도에 7문제가 출제 되었습니다.
이 파트는 상당히 중요도가 높으며 범위 또한 많은 것은 아니기 때문에 확실히 공부를 해 둔다면 점수를 얻기에 유리할 것입니다.
특수파트나 화상, 외상, 쇼크 파트는 범위가 넓지만 반드시 출제되는 곳이므로 꼼꼼하게 공부를 해 놓아야 합니다.
이번에 출제된 '감압병 문제에서 알코올이 없는 음료를 마시게 한다.' 라는 보기는 많은 학생들이 헷갈려서 희비가 갈렸을 것입니다.

"전반적으로 어렵지는 않았지만 다소 헷갈렸다." 이것이 대부분의 학생들 반응 이였을 것입니다. 조금 더 확실하게 봐 두는 것 이것이 승패의 당락을 좌우합니다.

법	내과질환	외상	이론	신경	대량재난	소아	CPR EKG	특수교상중독	총론
2	4	3	1	3	2	3	8	7	7

좀 더 자세한 내용 및 수험정보 등은 당사 홈페이지 (www.kfs119.co.kr) 참조

학습전략

개인차가 있겠지만 공부양은 절대로 적지 않다는 점을 고려하여 영어와 한국사 검정은 다 끝낸 상태에서 공부를 시작하는 것이 좋겠다. 그리고 올해와는 다르게 내년엔 소방청의 매뉴얼도 충분히 암기해야 하는 점도 생각해야 한다.

응급의료법 법률은 10장으로 구성되어있지만 그에 따른 하위법령인 시행규칙은 47조, 그 안에 별표가 18개, 시행령은 29조로 이루어져 있다.

119구급법은 법률은 30조, 시행령은 33조(별표2개), 시행규칙은 26조(별표1개)로 이루어져 있다.

법률은 총 196개가 된다.

법규공부는 이해를 기본으로 하면서 암기해야 하는 파트이므로 충분한 시간을 들여야 한다. 한 두번 본 것으로는 시간이 지나면 헷갈려하고 다시 잊어버리기 때문에 최소한 4~5개월전부터 이해, 암기하면서 중간에 끊기지 않게 시험 전날까지 보는 것이 중요하다.

Aha 2020 심폐소생술 가이드라인은 일반인, 의료제공자, ROSC후의 회복, TTM, 임신중, 소아, 소아서맥, 빈맥, 신생아소생술의 알고리즘을 각각 구분해서 이해하고 차이점들을 찾아낼 수 있도록 해야 한다.

심혈관질환(EKG)에서는 동방결절에서 발생되는 부정맥(4개)을 시작으로 심방에서 발생되는 부정맥(4개), 방실연접부 장애(3개), 심실에서 생기는 장애(10개), 자극전도장애로 인한 부정맥(9개), 허혈성 심질환(4개) 그 외에 전해질 과·부족에 따른 EKG등 대략적으로 30~40개 정도의 EKG양상과 특징, 응급처치법등을 이해 및 암기해야 한다. 리듬만 보고서 병명과 응급처치를 고를 수 있도록 해야 한다.

그 외에도 내과질환과 산부인과 및 소아과, 특수응급, 쇼크 및 화상등은 가장 중요한 부분부터 본다면 시간을 줄일 수 있을 것이다.

그리고 올해에는 출제되지 않았지만 24년에는 출제비중이 높아 보이는 119구급대원 현장응급처치 표준지침은 842페이지의 분량이지만 질환 관련 중복되는 것을 제외하고 119구급대 운영지침(280P), 술기, 약물, 알고리즘이 있으므로 이것은 반드시 숙지해야 한다.

최소한 몇 회독은 돌려야 하므로 꽤 많은 시간을 들여야 할 것이다.

결론 : 편저자인 내가 학생들을 살펴본 결과 최소한 응급처치학개론을 세밀하게 살피고 충분하게 공부를 하려면 6개월이라는 시간은 필요하다.

계획표를 짜야 한다면 대략 이렇다. 물론 이외에도 더 봐야할 것들이 있고 개인차가 있으므로 6개월에서 8개월 정도로 시간을 구체적으로 짜기 바란다.

공부시간표

Chapter	D-180	D-150	D-120	D-90	D-60	D-30
법규 (응급의료/ 구급법, 시행규칙,시행령) 약 200개	███	███	███	███		
AHA심폐소생술					총복습과 문풀	
EKG(심혈관질환 포함) 약 40개		▨				
외상(골절, 관통상, 신드롬, 심장눌림증, 중증외상환자 분류등)			▨			
내과질환 (호흡,내분비,소화)				▨		
구급대원표준지침 약 300page	▨	▨	▨	▨		
대량재난 중증도 분류						
소아, 신생아 질환		▨				
산부인과 질환						
신경계질환				▨		
감염질환						
화상, 쇼크		▨				
특수질환						
환경응급				▨		
기록 및 이론		▨				
중독, 정신		▨				

합격 공부 방법

첫 번째 : 비중이 높은 것을 먼저 하자. 시간이 없다면 우선순위로 공부한다. 대충 많은 부분을 보는 것 보다 정확히 한 부분을 보는 것이 더 낫다.

두 번째 : 법규는 시작을 했다면 시험전날까지 본다. 끊기지 않게 하는 것이 중요하다.

세 번째 : 최소한 2회독은 보고 문제를 풀자. 문제부터 보게 되면 헷갈리기 시작한다. (실제 합격한 사람들은 3회독 이상은 공부했다.)

네 번째 : 문제풀이는 두~세달 전부터 다양하게 풀어본다.

다섯째 : 오답노트를 만들기 어렵다면 사진을 찍어서 파일로 저장해서 보는것도 방법이다.

|기|출|적|중|

2024 시험 적중률에 관한 자료 (40문제중 36개 적중)

01 환자를 올바르게 들어 올리는 방법으로 옳지 않은 것은?

① 허리 근육을 이용해 들어 올린다.
② 무릎을 굽히고 궁둥 부위를 내린 자세에서 들어 올린다.
③ 들어 올릴 자신이 없는 경우 도움을 받아서 들어 올린다.
④ 환자를 자신의 신체나 무게 중심에 가까이 두고 들어 올린다.

정답 ①

해설 2024 레스큐 응급처치학개론 이론서 173페이지 환자이송에서 출제
①허리 근육을 이용해 들어 올린다.⇒ 허리는 고정시키고 손으로 손잡이 부분을 잡고 들어올린다.

02 다음 설명에 해당하는 스트레스로 옳은 것은?

- 외상후스트레스장애(PTSD)라고도 한다.
- 특정 사건에 의해 발생하며 증상과 징후는 사건을 경험한 이후 수일, 수개월 후에 발생하기도 한다.

① 급성　　② 지연　　③ 축적　　④ 소진

정답 ②

해설 2024 레스큐 응급처치학개론 이론서 473P 외상후 스트레스 장해에서 출제
지연성: 스트레스 발생후 적어도 6개월 이후 증상이 나타나는경우

03 환자의 가족에게 사망 소식을 전할 때 구급대원의 행동으로 옳지 않은 것은?

① 유가족 대표에게 사망 사실을 전한다.
② 간접적이고 완곡한 표현으로 사망 사실을 전한다.
③ 자신을 소개하고 주관적인 내용을 덧붙이지 않는다.
④ 적절한 표정과 몸짓 등의 비언어적 의사소통을 사용한다.

정답 ②

해설 2024 레스큐 응급처치학개론 이론서 62p 참고
간접적인 표현은 혼란을 일으킨다.

04 「119구조·구급에 관한 법률 시행령」상 감염관리대책에 관한 설명이다. (   ) 안에 들어갈 내용으로 옳은 것은?

> 구급대원은 근무 중 위험물·유독물 및 방사성물질에 노출되거나 감염성 질병에 걸린 응급환자와 접촉한 경우에는 그 사실을 안 때부터 (   ) 이내에 소방청장등에게 보고하여야 한다.

① 12시간   ② 24시간   ③ 48시간   ④ 72시간

정답 ③

해설 2024 레스큐 응급처치학개론 이론서 151P에서 출제

> **제26조(감염관리대책)**
> ① 소방청장등은 구조·구급대원의 감염 방지를 위하여 구조·구급대원이 소독을 할 수 있도록 소방서별로 119감염관리실을 1개소 이상 설치하여야 한다. 〈개정 2014. 11. 19., 2017. 7. 26.〉
> ② 구조·구급대원은 근무 중 위험물·유독물 및 방사성물질(이하 "유해물질등"이라 한다)에 노출되거나 감염성 질병에 걸린 요구조자 또는 응급환자와 접촉한 경우에는 그 사실을 안 때부터 48시간 이내에 소방청장등에게 보고하여야 한다. 〈개정 2014. 11. 19., 2017. 7. 26.〉
> ③ 법 제23조의2제1항에 따른 통보를 받거나 이 조 제2항에 따른 보고를 받은 소방청장등은 유해물질등에 노출되거나 감염성 질병에 걸린 요구조자 또는 응급환자와 접촉한 구조·구급대원이 적절한 진료를 받을 수 있도록 조치하고, 접촉일부터 15일 동안 구조·구급대원의 감염성 질병 발병 여부를 추적·관리하여야 한다. 이 경우 잠복기가 긴 질환에 대해서는 잠복기를 고려하여 추적·관리기간을 연장할 수 있다. 〈개정 2014. 11. 19., 2016. 3. 11., 2017. 7. 26.〉

05 「구급차의 기준 및 응급환자이송업의 시설 등 기준에 관한 규칙」상 구급차의 표시에 대한 설명으로 옳지 않은 것은?2

① 특수구급차 띠의 색깔은 붉은색으로 표시한다.
② 일반구급차에는 붉은색 또는 녹색으로 '응급출동'이라 표시한다.
③ 구급차의 좌·우면 중 1면 이상에 구급차 운용 기관의 명칭 및 전화번호를 표시한다.
④ 구급차 전·후·좌·우면의 중앙 부위에는 너비 5 cm 이상 10 cm 이하의 띠를 가로로 표시하여야 한다.

정답 ②

해설 2024 레스큐 응급처치학개론 이론서 187P 구급차 종별 글씨 표기에서 출제
특수구급차는 적색으로 "응급출동"이라표기.
일반구급차는 적색 또는 녹색으로 "환자이송" 또는 "환자후송" 표시

기출적중

06 「119구조·구급에 관한 법률 시행령」상 대형·특수 재난사고의 구조, 현장 지휘 및 테러현장 등의 지원 등을 위하여 소방청 또는 시·도 소방본부에 설치하는 구조대로 옳은 것은?

① 일반구조대　② 직할구조대　③ 특수구조대　④ 테러대응구조대

정답 ②

해설 2024 레스큐 응급처치학개론 이론서 143P에서 119구조대의 편성과 운영에서 출제
직할구조대: 대형·특수 재난사고의 구조, 현장 지휘 및 테러현장 등의 지원 등을 위하여 소방청 또는 시·도 소방본부에 설치하되 시도의 규칙으로 정하는 바에 따른다.

07 구조 8단계 중 기본원칙의 순서로 옳은 것은?1

① 현장안전 → 응급처치 → 장애물제거 및 구출 → 이송준비
② 응급처치 → 현장안전 → 장애물제거 및 구출 → 이송준비
③ 현장안전 → 장애물제거 및 구출 → 응급처치 → 이송준비
④ 장애물제거 및 구출 → 응급처치 → 현장안전 → 이송준비

정답 ①

해설 응급구조의 단계: 3C(check, call, care)
안전확보→〉응급상황 신고→〉응급처치→〉피해자구조→〉이송

08 이서슨(K. V. Iserson)의 간편 윤리성 테스트 중 환자가 해당 응급처치를 원할 것인지를 응급구조사가 환자의 입장에서 판단하는 테스트로 옳은 것은?

① 공평성　② 일반화　③ 상호타당성　④ 보편가능성

정답 ①

해설 이서슨의 윤리결정모델: 응급 상황에서 신속하고 윤리적인 결정을 내려야 할 때 사용. 특히 부족한 환경에서 유용
적용 가능한 규칙 사용: 법, 정책, 또는 선행사례가 적용 가능하면 그것을 따른다.
시간 벌기 옵션: 명확한 규칙이 없으면 환자에게 추가 위험을 주지 않으면서 시간을 벌 수 있는 옵션이 있는지 확인.
즉각적인 조치: 즉시 조치를 취해야 하고 지연될 수 없는 경우에는 연습된 추론기법을 사용하여 결정에 도달

긴급윤리결정모델을 따를 때
공평성: 특정결정이 이해관계나 편견없이 공정하게 적용되는가를 평가. 편애없이 중립적인 관점에서 공정하게 이루어졌는가?
보편성: 특정행동이나 결정을 모든 유사한 상황에 일관되게 적용할 수 있는지 여부를 평가한다.
상호타당성: 결정이나 행동을 타인에게 정당화 할 수 있는지를 평가하는데 중점. "내가 내린 결정이나 취한 행동을 올바르고 합리적인 이유로 다른 사람에게 설명할 수 있는가?

09 견인부목을 적용할 수 있는 손상 유형으로 옳은 것은?

① 발목골절　　② 무릎골절　　③ 골반골절　　④ 넙다리뼈몸통골절

정답 ④

해설 2024 레스큐 응급처치학개론 이론서 301P 견인부목설명에서 출제
대퇴골이나 관골(장골, 좌골)의 골절시 사용한다.
2024 레스큐 응급처치학개론 이론서 317P 설명

> ④ 당김덧대(견인부목) 적용: 이 장치는 넙다리뼈 골절 때 사용하는데, 좌골과 서혜부에서의 역방향으로 견인을 하는 동안 발목을 잡아당겨 고정시키는 것에 의해 골절부가 움직

10 흡인장비에 관한 설명으로 옳지 않은 것은?

① 흡인기는 고정용과 휴대용이 있다.
② 성인, 소아, 영아에 따라 흡인압력을 재조정한다.
③ 하부기도의 이물을 흡인하기 위해 톤실팁(tonsil tip)을 사용한다.
④ 흡인기 사용 전 흡인튜브를 막아 압력계 음압이 300 mmHg 이상인지 확인한다.

정답 ③

해설 2024 레스큐 응급처치학개론 이론서 528p 참고
흡인압력(성인 110~150, 소아 95~100), 하임리히법

> - 아이의 머리를 숙인 상태에서 위에서 안쪽으로 힘차게 밀친다.
> - 복부밀어내기를 이물이 나올 때까지 또는 의식이 없어질 때까지 시행한다.
> - 시술 도중 호흡이 멈추고 의식이 없어지면 바닥에 아이를 눕히고 심폐소생술을 시행한다.
> ⑤ 마질 겸자를 이용한 제거술
> - 의식이 있는 환자에서 기도 이물 제거술을 2회 시행해도 기도 이물이 제거 되지 않는 경우 마질 겸자를 이용한 제거술을 시도한다.
> - 브로스로우 테이프 등을 이용하여 아이의 신체 크기에 맞는 후두경날을 선택한다.
> - 후두경으로 혀를 젖히고 안쪽 후두를 관찰한다.
> - 이물이 없다면 후두개를 같이 들어 올려 성대를 확인한다.
> - 이물이 보이면 마질 겸자를 이용하여 이물을 집고 마질 겸자를 조심스럽게 뺀다.
> - 의식이 없는 환자로 심폐소생술을 시행해야 한다면 기도 확보를 담당한 구급 대원은 마질 겸자를 이용한 제거술을 시도한다.

기출적중

11 구급차에서 환자에게 산소를 분당 5 L로 제공할 때 다음 조건에서 산소통 사용시간의 계산 결과로 옳은 것은?

- M형 산소통(상수 1.56)
- 압력 1,000 psi
- 안전잔류량 200 psi

① 약 1시간 10분　② 약 2시간 10분　③ 약 3시간 10분　④ **약 4시간 10분**

정답 ④

해설 2024 레스큐 최종모의고사 55P 27번 문제 출제
1000−200 × 1.56 / 5L =249.6=〉 분으로 환산=〉 /60 = 4.16
2024 찍기특강 13번 문제에서 출제

12 START 분류법에 따른 중증도 분류 시 혼자 걷거나 움직이는 것이 불가능하지만 호흡, 맥박, 의식에는 문제가 없는 환자의 중증도 분류색으로 옳은 것은?

① 흑색　② 녹색　③ **황색**　④ 적색

정답 ③ 2024 레스큐 응급처치학개론 215~216P에서 delayed환자

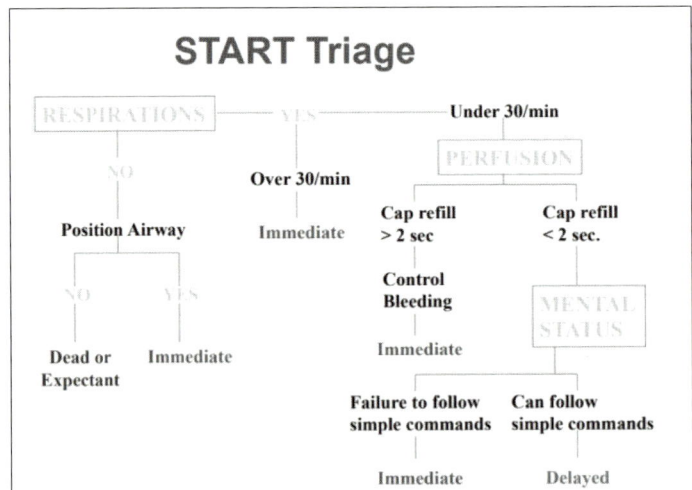

Status	Color	summary
Immediate	Red	손상이 심하지만 최소한의 자원으로 치료가능, 치료 후 생존 가능
Delayed	YELLOW	손상이 심하지만 치료가 지연되어도 괜찮은 피해자
Minimal	GREEN	손상이 경미하여 치료를 기다릴 수 있는 걸어 다니는 피해자
Expectant	BLACK	손상이 너무 심각하여 많은 양의 자원을 사용해도 생존할 가능성이 없는 피해자

13 재난 상황에서 통신량의 폭증으로 발생하는 통신 부재상황을 일컫는 요소로 옳은 것은? 2

① 연합효과 　　② **바벨효과** 　　③ 지리적효과 　　④ 이중파동현상

정답 ②

해설 2024 레스큐 응급처치학개론 이론서 205P 바벨효과 출제

> ④ 바벨 효과 (The Babel effect) - 통신 및 언어의 부재
> 　가. 재난의 희생자, 구조자 및 목격자들의 통신 수요가 증가하기 때문에 발생한다.
> 　나. 유·무선망은 갑작스런 통신량의 증가로 감당하지 못하고 불통상태에 빠지게 된다.
> 　　• 통신망의 마비 - 재해에서 가장 많이 발생하는 문제
> 　　• 유/무선망의 마비(휴대폰 포함) : **일시에 많은 통화를 감당치 못함.**
> 　다. 언어 소통의 문제

14 60대 심정지 환자가 발생하여 구급대가 출동하였다. 의료지도하에 전문소생술 중 제세동 가능 리듬(shockable rhythm)이 확인되어 첫 제세동을 시행하였다. 이후 즉시 시행해야 할 처치로 옳은 것은? 1 (「2020년 한국심폐소생술 가이드라인」 기준)

① **가슴압박** 　　② 혈압측정 　　③ 기도삽관 　　④ 심전도리듬 확인

정답 ①

해설 2024 레스큐 응급처치학개론 이론서 255P에서 출제

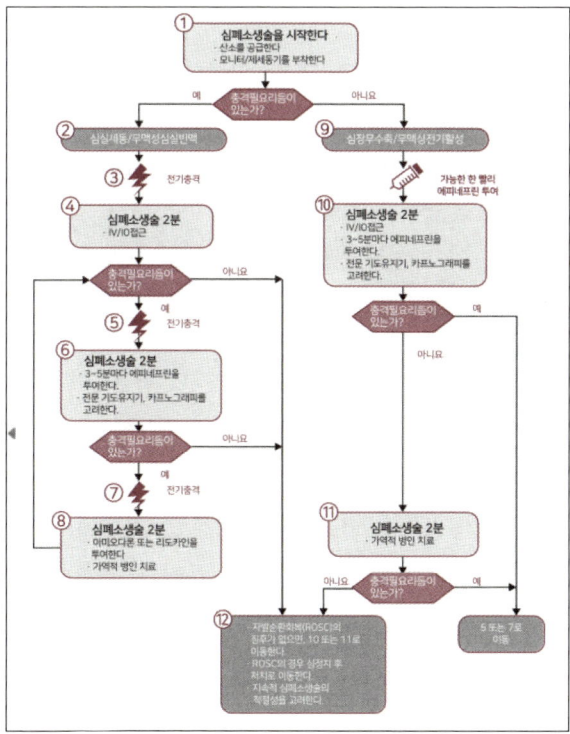

기출적중

15 20대 환자에게 심폐소생술을 하고 있다. 기관내튜브를 삽입한 후 환기 방법으로 옳은 것은? (「2020년 한국심폐소생술 가이드라인」 기준)

① 가슴압박 15회 후 2회 환기
② 가슴압박 30회 후 2회 환기
③ 가슴압박 중단 없이 분당 10회 환기
④ 가슴압박 중단 없이 분당 20회 환기

정답 ③

해설 2024 레스큐 응급처치학개론 이론서 256P 지속적인 가슴압박과 함께 분당 10회 환기

전문기도유지기
• 기관내 삽관 또는 성문 전문기도유지기 • 기관내관 위치를 확인하고 모니터링하는 파형 카프노그래피 또는 카프노메트리 • 전문 기도유지기가 있는 상황에서 지속적인 가슴압박과 함께 6초마다 인공호흡을 1회실시한다. (10회 인공호흡/분)

16 심정지 환자의 소생 후 뇌 손상을 줄이기 위한 치료로 옳은 것은? (「2020년 한국심폐소생술 가이드라인」 기준)

① 동맥혈 pH 7.0 이하로 유지한다.
② 평균 동맥압 60 mmHg 이하로 유지한다.
③ 동맥혈 이산화탄소분압 35~45 mmHg로 유지한다.
④ 신경안정제와 근육이완제를 최대 용량으로 투여한다.

정답 ③

해설 2024 레스큐 응급처치학개론 이론서 259p ROSC 확보 시 에서 출제
이산화탄소분압 35~45 유지, 평균동맥압 65초과

고이산화탄소혈증은 뇌혈류와 뇌압증가
저이산화탄소혈증은 뇌혈류와 뇌압감소, 그러므로 SPO2를 94~98%를 유지
PCO2는 35~45를 유지.
PH7.1 미만시 acidosis를 교정하기 때문에 7.0은 맞지 않는다.

17 50대 남자의 심전도이다. 환자가 의식이 없고 맥박은 있을 때 응급처치로 옳은 것은?

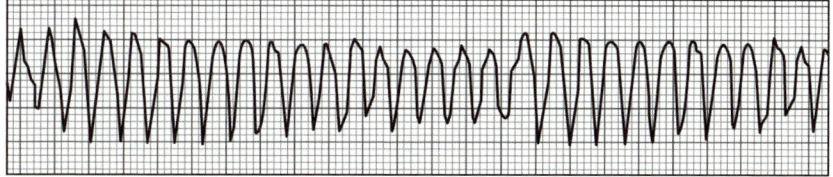

① 아트로핀 투여
② 에피네프린 투여
③ 동기(synchronized)심장율동전환 시행
④ 비동기(unsynchronized)심장율동전환 시행

정답 ④

해설 2024 레스큐 응급처치학개론 이론서 367p 에서 출제 심실세동 : 비동기화 심장율동전환 시행

18 다음 환자에게 이송 중 가장 먼저 시도할 수 있는 처치로 옳은 것은?

70대 남자가 새벽에 심장이 두근거린다며 119에 신고하여 출동하였다. 환자 이송에 긴 시간이 소요될 것으로 예상된다. 환자의 의식은 뚜렷하며 협조적이고 심전도는 다음과 같다.

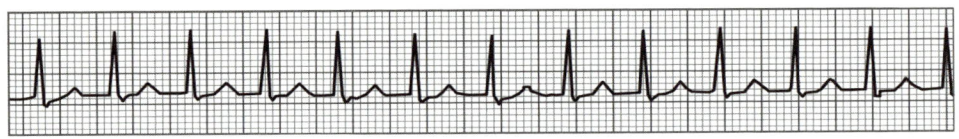

① 구역반사 유도
② 안구 압박
③ 목동맥팽대 마사지
④ **발살바 수기**

정답 ④

해설 2024 레스큐 응급처치학개론 이론서 366P에서 PSVT 설명
치료: 발사바법을 통해 미주신경을 자극한다.

19 다음 환자에게 가장 먼저 시행할 처치로 옳은 것은?

호흡곤란과 흉통을 호소하는 50대 여자 환자의 심전도이다. 환자가 의식은 저하되어 있으며 호흡 30회/분, 맥박 170회/분, 혈압 70/50 mmHg, 발한 등의 증상을 보인다.

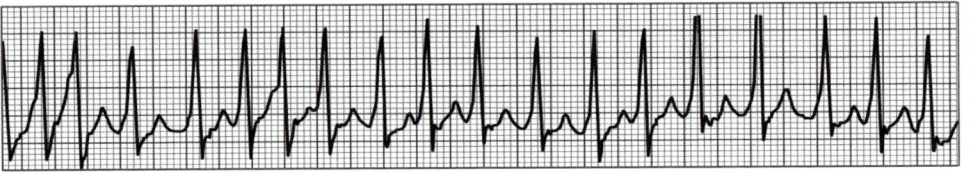

① 제세동 시행
② 디기탈리스(digitalis) 투여
③ 프로케이나마이드(procainamide) 투여
④ **동기(synchronized)심장율동전환 시행**

정답 ④

해설 2024 레스큐 응급처치학개론 이론서 368p 참고
빠른빈맥. 혈역학적으로 문제가 있음.⇒ 동기화 심장율동 전환

20 40대 남자가 흉통을 호소하고 있다. 환자의 12유도 및 우측 가슴유도(V4R) 심전도는 다음과 같다. 현재 환자의 혈압이 80/60 mmHg로 측정되었다면 가장 먼저 시행할 처치로 옳은 것은?

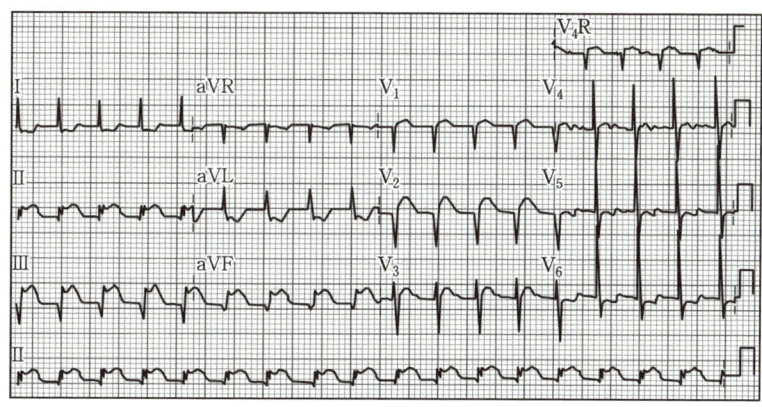

① 모르핀 정맥 투여
② 리도카인 정맥 투여
③ 생리식염수 정맥 투여
④ 니트로글리세린 혀 밑 투여

정답 ③ 위의 그래프는 ST 분절 상승 심근경색으로 아래와 같이 응급처치한다.

해설 2024 레스큐 응급처치학개론 이론서 374P STEMI 관련내용 출제
응급처치는 산소공급, 정맥로 확보와 수액투여, NTG3번 순으로 진행된다.
위 환자의 혈압이 낮아 수액을 투여한다.

21 50대 남자가 의식저하와 함께 호흡 12회/분, 맥박 45회/분, 혈압 80/40 mmHg이고 심전도가 다음과 같을 때 필요한 처치로 옳은 것은?

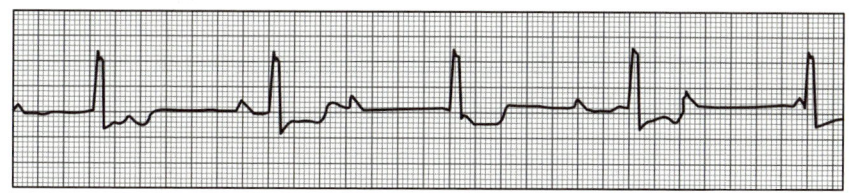

① 아트로핀 0.1 mg 투여
② 경피 심장박동조율 시행
③ 아미오다론 300 mg 투여
④ 이소프로테레놀 2~10 μg/분 투여

정답 ②

해설 2024 레스큐 응급처치학개론 이론서 372p 참고
3도 방실차단: 치료는 영구적 인공심장박동기를 삽입,
응급처치는 경피 심장박동조율을 시행한다.

기출적중

22 50대 남자가 심근경색 진단을 받고 치료 중이다. 혈역학적 감시 중에 수축기 혈압 85 mmHg, 폐모세혈관 쐐기압 20 mmHg, 심박출 계수 1.7 L/min/m² 이다. 이때 필요한 처치로 옳은 것은?

① 심장수축력 감소로 도파민을 투여한다.
② 폐부종을 의심하여 이뇨제를 투여한다.
③ 환자 상태가 정상이므로 경과를 관찰한다.
④ 순환량 부족을 교정해야 하므로 수액을 투여한다.

정답 ①

해설 폐모세혈관 쐐기압: 18이하 또는 4~12
중심정맥압 4~12cmH20
심박출계수: cardiac index: 3.0~3.51
심장수축력이 떨어져 있다.

23 심근경색 환자에서 관상동맥 중재술의 적응증으로 옳지 않은 것은?

① 경증의 좌심실부전 및 폐부종이 있는 경우
② 급성심근경색으로 심장성 쇼크가 발생한 경우
③ 재관류 요법의 적응이 되지만 혈전용해제 투여 금기인 경우
④ 흉통 발생으로 12시간 이내에 내원한 ST분절 상승 급성심근경색인 경우

정답 ①

해설 2024 레스큐 응급처치학개론 이론서 392p PCI 적응중 참고
좌심실부전 및 폐부종이 있는 경우

24 급성관상동맥증후군 환자의 흉통을 줄이기 위해 니트로글리세린을 투여하려고 한다. 투여의 적응증에 해당하는 환자로 옳은 것은?

① 우심실 경색 환자
② 맥박 45회/분 환자
③ 수축기 혈압 100 mmHg 환자
④ 6시간 전 발기부전치료제 복용 환자

정답 ③

해설 2024 레스큐 응급처치학개론 이론서 375p 니트로글리세린 투여의 금기증
수축기 혈압이 90mmHg이하인 경우
2024 찍기특강 14번 문제 출제

25 1시간 전 태어난 신생아에게 양압환기를 30초 이상 시행했는데도 심장박동수가 분당 40회이다. 이때 권장되는 가슴압박과 인공호흡의 비로 옳은 것은? (「2020년 한국심폐소생술 가이드라인」기준)

① 3 : 1 ② 5 : 1 ③ 15 : 2 ④ 30 : 2

정답 ①

해설 2024 레스큐 응급처치학개론 이론서 291p 3:1의 비율

3) 응급처치 절차 및 방법
- 응급처치 순서는 아래 그림을 따른다.
- 신생아 소생술의 가장 기본적인 처치는 환기이다. 가슴 압박은 30초간의 산소 투여와 적절한 양압환기에도 불구하고 심박동수가 분당 60회 미만인 경우에 실시한다.
- 신생아에게 양압환기를 포함한 초기 호흡보조시 100% 산소로 시작하지 않도록 하며, 35주 미만 미숙아의 경우 저농도(21~30%), 만삭아와 35주 이상의 후기 미숙아에게는 21%의 산소로 소생술을 시작할 것을 권장한다.
- 가슴 압박과 환기는 3:1의 비율로 시행한다. 1분간 90번의 가슴 압박과 30번의 환기로 총 120번의 활동이 이뤄지도록 한다.

26 의식이 있는 생후 10개월 영아가 이물로 인한 기도폐쇄가 의심되는 상황일 때 응급처치로 옳은 것은? (「2020년 한국심폐소생술 가이드라인」기준)

① 가슴압박 5회 실시 ② 복부압박 5회 실시
③ 등두드리기 5회 후 가슴밀어내기 5회 실시 ④ 등두드리기 5회 후 복부밀어내기 5회 실시

정답 ③

해설 2024 레스큐 응급처치학개론 이론서 283P

1세미만 하임리히법, 등 두드리기 5회 후 가슴밀어내기 5회

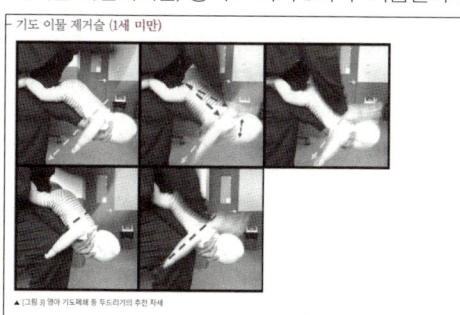

▲ [그림] 영아 기도폐쇄 등 두드리기의 추천 자세

- 아이의 턱과 얼굴을 손으로 고정한 뒤 자신의 팔뚝에 아이를 지지한 채 등이 보이게 뒤집는다.
- 아이의 머리가 바닥을 향하도록 자신의 허벅지에 팔뚝을 올려놓고 다리를 넓게 벌린다.
- 양쪽 어깨뼈 사이의 중앙을 손바닥과 손꿈치를 이용하여 5번 힘차게 때린다.
- 뒷머리를 고정한 채 샌드위치 모양으로 아이를 뒤집는다.
- 허벅지에 아이를 고정한뒤 아이를 받치지 않은 다른손으로 아이의 양쪽 젖꼭지를 이은 선 바로 아래 지점을 두 손가락으로 5번 힘차게 누른다.

기출적중

27 체중 20 kg인 7세 소아의 심폐소생술에 관한 내용으로 옳은 것은? (「2020년 한국심폐소생술 가이드라인」 기준)

① 가슴압박 속도는 분당 60~80회이다.
② **심실세동 시 첫 제세동 에너지는 40 J이다.**
③ 가슴의 앞뒤 두께의 1/5 깊이로 가슴압박을 시행한다.
④ 1인 소생술에서 가슴압박과 인공호흡의 비는 15 : 2이다.

정답 ②

해설 2024 레스큐 응급처치학개론 이론서 280~281p 에서 출제
제세동 처음에 KG당 2J, 두 번째 KG당 4J로 시행

28 체중 60 kg인 남자가 끓는 물을 쏟아 오른팔 전체에 3도, 가슴과 복부 전체에 2도 열화상을 입었다. 첫 1시간 동안 투여해야 할 수액량[mL]은? (단, 9의 법칙을 적용하고, 4 mL/kg로 계산한다.)

① 305   ② 405
③ 610   ④ 810

정답 ②

해설 2024 레스큐 응급처치학개론 이론서 304~305p 9의 법칙, 파크랜드 공식에서 출제
2024 찍기특강, 국시정리에서 여러번 나옴.
60 X 27% X 4 =6.4800L 32400= 405

> 3) 화상환자의 수액투여(파크랜드 공식)
> 4ml X Kg X 2 or 3도 화상의 체표면적(%)= 24시간 동안 주어야 할 수액량 화상후 첫 8시간동안은 전체 수액의 1/2을 준다.
> 병원으로 이송하는 1시간내에는 초기 주입수액량으로 환자의 몸무게 당 0.25ml를 화상면적과 곱한 양을 주는 것이 일반적이다.
> 0.25 X Kg X 화상면적 = 수액량
> * 개정된 파크랜드 공식
>   열화상: 성인환자(14세이상) 2ml/Kg/% TBSA, 소아 3ml/Kg/% TBSA
>   전기화상의 경우 성인, 소아 4ml/Kg/% TBSA

29 계단에서 넘어지면서 손을 짚은 환자의 사진이다. 다음 환자에게 의심되는 골절로 옳은 것은?

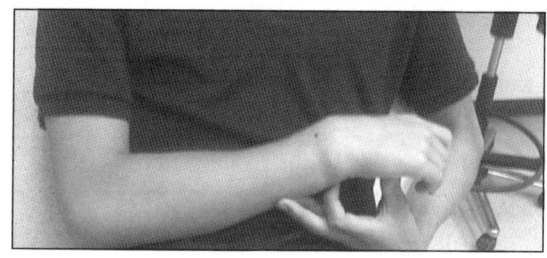

① 복서골절   ② 생나무골절   ③ 스미스골절   ④ 꼴레씨골절

정답 ④

해설 2024 레스큐 응급처치학개론 이론서 317p에서 출제

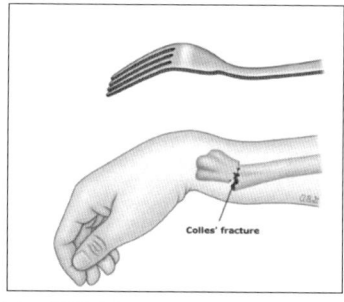

⑦ 수부, 손목부(수근부) 골절: 직접적인 외상으로 생기며 변형과 심한 통증을 동반하고 콜레스(colles)골절과 스미스(smith)골절의 두가지 유형으로 나타난다.
colles 골절은 손목을 밖으로 뻗은 채 손바닥을 집고 넘어질 때 발생하며 손목이 포크모양을 하게 된다.

30 20대 남자가 오토바이 운전 중 넘어지면서 넙다리뼈가 골절되었다. 평가 결과가 다음과 같을 때 출혈 단계로 옳은 것은?

- 의식저하
- 호흡 30회/분, 맥박 128회/분, 혈압 85/65 mmHg
- 차고 창백한 피부

① 1단계   ② 2단계   ③ 3단계   ④ 4단계

정답 ③

해설 2024 레스큐 응급처치학개론 이론서 310p 에서 출제
3단계: 25~35% 실혈, 수축기 혈압유지 못함.
2024 찍기특강 28번 문제에서 출제

기출적중

31 40대 남자가 6 m 높이 지붕에서 작업 중 추락하여 머리 손상이 의심된다. 평가 결과가 다음과 같을 때 글래스고혼수척도 점수로 옳은 것은?

- 눈을 뜨라는 말에 반응하여 눈을 뜸
- 질문에 부적절한 단어로 대답함
- 통증 자극에 비정상적인 굽힘 반응(겉질제거 자세)을 함

① 7점 ② 8점 ③ 9점 ④ 10점

정답 ③

해설 2024 레스큐 응급처치학개론 이론서 348p GCS 참고

➕ GCS(glows coma scale) 참고

기준	행동		점수
Eye Response 눈반응	spontaneously	자발적으로 눈을 뜬다.	4
	to voice	부르면 눈을 뜬다.	3
	to pain	통증에 의해 눈을 뜬다.	2
	none	눈뜨지 않음	1
Verbal response 언어반응	orientated	지남력 양호함.	5
	confused	혼돈된 대화	4
	in-appropriate words	부적절한 언어 (단어를 사용하나 문장을 만들지 못함)	3
	incomprehensible sounds	이해 불가능한 소리(신음소리)	2
	none	말하지 않음, 기관절개 및 기관내 삽관 상태	1
Motor response 운동 반응	obey commands	명령에 따른다.	6
	localize pain	통증부위 인식 가능	5
	withdraws	회피굴곡반응 (정상적인 굴절반응으로 통증자극을 피하기 위해 움직인다)	4
	abnomal flexion	이상굴곡반응 (제피질경직 decorticate rigidity: 어깨 내회, 주먹을 꽉 쥔 손)	3
	abnomal extension	이상신전반응 (제뇌경직 decerebrate rigidity: 팔의 내전, 주먹을 꽉 쥐고 손목과 팔목과 다리는 신전)	2
	none	전혀 움직이지 않음	1

32 40대 여자가 갑자기 벼락 치듯 심한 두통과 의식저하로 응급실에 내원하였다. 뇌 CT 영상이 다음과 같을 때 진단으로 옳은 것은?

① 뇌내출혈   ② 경질막하출혈   ③ **지주막하출혈**   ④ 경질막바깥출혈

정답 ③

해설 2021년 국시정리에서 65번 유사문제
2024 레스큐 응급처치학개론 이론서 326P에서 출제

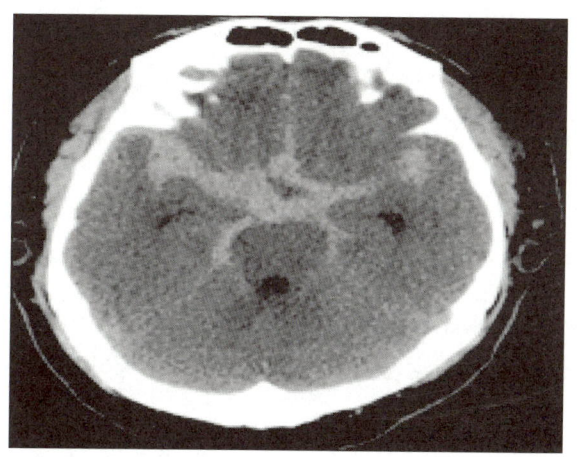

- B 사진은 지주막하출혈이 없는 정상적인 뇌저조(cisterna basalis)입니다.
- A 사진에서 정상일 때에는 검었던 부분이 하얗게 되고, 출혈에 의해 혈종이 생겼음을 알 수 있습니다.(O)

기|출|적|중|

33 뇌압 상승 시 나타나는 혈압 증가, 맥박 감소, 불규칙적 호흡을 일컫는 용어로 옳은 것은?

① 쿠싱3징후　　② 달무리징후　　③ 쿠스마울징후　　④ 바빈스키징후

정답 ①

해설 2024 레스큐 단원별 기출예상문제집 271p 에서 출제
쿠싱징후 : 혈압증가, 맥박감소, 불규칙적 호흡
국시정리에서 출제

34 20대 여자가 바닷가에서 수영 중 다리 부위를 해파리에 쏘여 종아리 여러 군데에 발적이 있고 심한 통증을 호소한다. 상처 부위의 증상 악화를 방지하기 위해 세척할 수 있는 것으로 옳은 것은?

① 생수　　② 수돗물　　③ 증류수　　④ 바닷물

정답 ④

해설 2024 레스큐 응급처치학개론 이론서 이론서 430p 출제

> (5) 해양동물
> 1) 해파리
> 　촉수와 접촉되면 홍반을 동반한 채찍모양이 상처가 생기고 통증, 발열, 오한, 근육마비를 유발하게 된다. 해파리가 있으면 물에서 나와야 하며 사람을 쏘는 해파리는 떼를 지어 다닌다. 수영하는 사람을 촉수로 감아 꼼짝 못하게 하는 고깔해파리가 제일 위험하다.
> 　※ 응급처치
> 　　① 바닷물로 상처를 씻고 자상 부위를 문지르지 않는다.
> 　　② 환자진정, 기도유지
> 　　③ 중탄산나트륨을 상처에 부어 독침과 용해물을 형성하거나, 해파리 독침에 식초를 첨가하여 부벼 낸다.
> 　　④ 상처와 심장사이를 림프선이 흐를 정도의 세기로 묶는다.
> 　　⑤ 상처 부위에 열을 가하거나 43~45도 정도의 고온으로 온찜질 한다.
> 　　⑥ 모래로 문지르면 독소가 더 방출될 수 있다.

35 감압병 환자에게 시행하는 병원전 응급처치로 옳은 것은?

① 환자의 호흡이 용이하도록 반좌위 자세로 산소를 공급한다.
② 의식이 명료한 환자는 알코올이 없는 음료를 마시게 한다.
③ 공기색전증이 발생할 수 있으므로 저농도 저유량 산소를 공급한다.
④ 환자를 항공 이송할 경우 기내압력은 수중의 압력과 비슷하도록 가장 높은 고도를 유지한다.

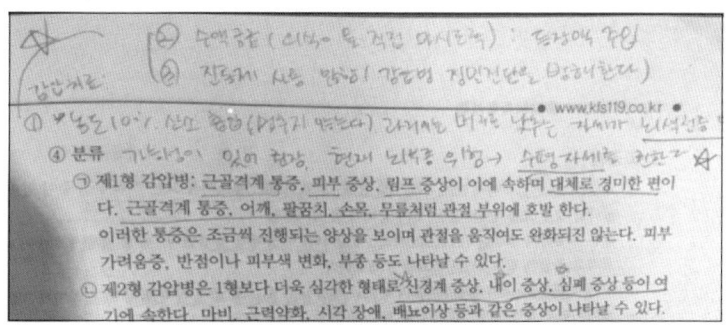

정답 ②

해설 2024 레스큐 응급처치학개론 이론서 339p 참고
수액공급하되 의식이 있으면 등장성 용액인 물직접 마시도록

|기|출|적|중|

36 다음 환자에게 시행할 처치로 옳은 것은?

> 10대 후반인 여학생이 5~6시간 전 타이레놀(아세트아미노펜) 21알을 과다 복용하였다고 한다. 약봉지에 한 알이 500 mg이라고 적혀 있어 복용량이 총 10.5 g 정도로 추정된다.

① 구토를 유도하여 약물 제거를 시도한다.
② 독성이 발생하지 않으므로 환자의 경과를 관찰한다.
③ 위세척으로 약물을 제거하고 흡착제인 활성탄을 투여한다.
④ N-아세틸시스테인(NAC)을 투여할 수 있는 병원으로 이송한다.

정답 ④

해설 타일레놀 해독제 N- 아세틸시스테인 투여
2024 레스큐 응급처치학개론 이론서 426p

6) 독극물 & 해독제

독극물	해독제
Acetaminophen (아세트아미노펜, 타이레놀)	N-acetylcysteine (엔 아세틸시스테인)
β-blocker, CCB, Hydrogen Fluoride (항고혈압약, 항부정맥약)	Glucagon, Ca Chloride (글루카곤, 염화칼슘)
Carbamate or Organophosphate (카바메이트계, 유기인계)	Atropine, 2-PAM (아트로핀, 2- 팜)
Benzodiazepine (벤조디아제핀)	Flumazenil (플루마제닐)
Opioids(헤로인, 옥시코돈, 모르핀)	Naloxone (날록손)
TCA (삼환계항우울제), Cocaine (코카인), Salicylates(살리실산염)	Sodium Bicarbonate (중탄산나트륨)
Sulfonylurea, Insulin(설포닐유레아, 인슐린)	Glucose (포도당)
MeOH, et Glycol (메탄올, 글리콜 등)	Ethanol (에탄올)
Methemoglobin (메트헤모글로빈)	Methylene Blue (메틸렌블루)
Snake Bite (뱀 교상)	Antivenin (항뱀독소)
Cyanide(시안화물)	Cyanide Kit (시안화물 키트)
Iron(철)	Deferoxamine (디페록사민)
Digoxin (디곡신)	Digoxine Immune Fab(디곡신 면역 팹)

37 구급대원이 60대 환자를 평가한 결과가 다음과 같을 때 의심되는 질환으로 옳은 것은?

- 호흡 18회/분, 맥박 90회/분, 혈압 100/60 mmHg
- 체온 38.1 ℃
- 구토, 황달
- 우상복부에 국한된 심한 통증

① 장폐색   ② **담관염**
③ 크론병   ④ 궤양성 대장염

정답 ②

해설 2024 레스큐 응급처치학개론 이론서 397p 참고
우상복부에 국한된 심한 통증, 고열, 황달 => 담관염
2024 찍기특강 42번 출제
국시정리에서 84번

84 2일 전부터 오른쪽 상복부 통증이 있던 50세 여자가 응급실에 내원하였다. 전날 밤에 치킨과 삼겹살을 먹고 나서 통증이 더 심해졌다고 한다. 신체검사 시 오른쪽 상복부 통증이 있고 흡기 시에 더 심해지며 오른쪽 어깨로 통증이 방사된다고 한다. 혈압 110/80 mmHg, 맥박 100회/분, 체온 38.5℃이며 심전도는 정상이다. 의심되는 소견은?

백혈구: 12,700/mm3
빌리루빈 3.2mg/dL

① 방광염   ② 쓸개염   ③ 샘창자염   ④ 급성위장염

정답 ②

해설 담낭염, 지방을 먹고 더 심해짐, 오른쪽 상복부통증,
빌리루빈상승(0.0~0.5mg/L), WBC상승
특징적인 증상으로 머피징후(Murphy's sign)가 있는데, 이는 오른쪽 윗배의 갈비뼈 아래 경계부위를 가볍게 누른 상태에서 숨을 깊게 들이 마시면 갑자기 통증이 유발되어 숨을 더 이상 들이마실 수 없게 되는 현상이다.

기출적중

38 다음 환자에게 의심되는 질환으로 옳은 것은?

60대 남자가 일주일 전 소량의 가래, 고열, 전신근육통이 발생하여 몸살감기로 생각하고 약을 복용하였으나 증상이 호전되지 않아 응급실에 내원하였다. 청진상 호흡음은 정상이고 복부 검진에도 특별한 이상은 없으나, 전흉부에 발진이 있고 겨드랑이에 사진과 같은 병변이 있다.

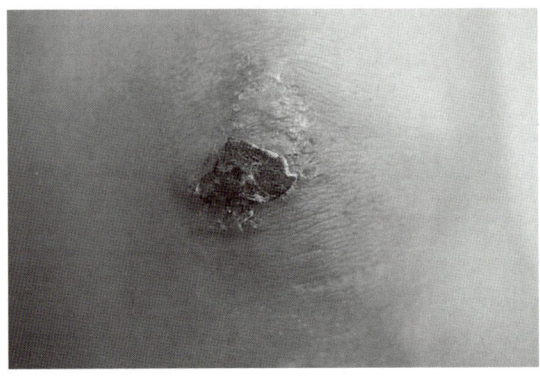

① **쯔쯔가무시병**
② 렙토스피라증
③ 유행성출혈열
④ 중증열성혈소판감소증후군

정답 ①

해설 특징적인 가피형성
2024 레스큐 응급처치학개론 이론서 414P

> 3) 쯔쯔가무시증
> 전파경로: 좀 진드기가 서식하고 있는 관목 및 잡목 숲 감염된 진드기유충에 물려 감염 (사람에서 사람으로의 직접전파는 안됨.)
> 발생 시기: 추수기 (10 ~ 11월)
> 임상특성: 진드기가 문 곳에 피부 궤양이나 특징적인 가피를 (ESCHAR)형성

39 화학물질 중 수포작용제(발포제)에 노출된 환자에게 즉시 시행해야 할 처치로 옳은 것은?

① 환자분류 ② **오염제거** ③ 통증완화 ④ 약물투여

정답 ②

해설 오염제거

40 화재현장의 밀폐공간에 있던 환자가 독성연기를 다량 흡입하여 시안화물에 중독되었을 때 투여해야 하는 약물로 옳은 것은?

① 페니라민 ② 트라넥삼산
③ 벤조다이아제핀 ④ **히드록소코발라민**

정답 ④

해설 2024 찍기특강 45번 출제됨. 시안화물 해독제인 히드록소코발라민을 투여(신경 보호하기 위해)

> **45. 플라스틱 제조 사업장에서 시안화수소에 노출되어 흡입 중독된 환자에 대한 처치로 옳은 것은?**
>
> ① 저농도 산소 공급
> ② 히드록소코발라민 투여
> ③ 호흡곤란 완화를 위해 기관지확장제 투여
> ④ 빠른 처치를 위해 사고 현장에서 처치 제공

좀 더 자세한 내용 및 수험정보 등은 당사 홈페이지 (www.kfs119.co.kr) 참조

PART 01 전문응급처치학 총론

- CHAPTER 01 응급의료체계의 개요 ········· 34
- CHAPTER 02 환자이송 및 구급차운용·관리 ········· 190
- CHAPTER 03 대량재난 ········· 218
- CHAPTER 04 환자평가(현장, 환자평가) ········· 248

PART 02 전문응급처치학 각론

- CHAPTER 01 전문심장소생술 ········· 266
- CHAPTER 02 전문소아소생술 ········· 292
- CHAPTER 03 전문외상처치술 ········· 309
- CHAPTER 04 내과응급 ········· 368
- CHAPTER 05 특수응급 ········· 456

PART 03 부록

CHAPTER 01 별표 ·· 506

CHAPTER 02 구급장비 ·································· 542

2025 이혜영 **응급처치학개론**

RESCUE

PART 01

전문응급처치학 총론

CHAPTER 01. 의료체계의 개요
CHAPTER 02. 환자이송 및 구급차운용·관리
CHAPTER 03. 대량재난
CHAPTER 04. 환자평가(현장, 환자평가)

01 의료체계의 개요

01 응급의료체계의 정의 및 개념

응급의료서비스를 신속하고 효과적으로 구현하기 위한 시스템을 말한다.
불의의 사건이나 사고, 질병으로 인하여 환자가 발생 시 적절한 응급처치를 발 빠른 대응하기 위함이며 **병원 전 단계**와 **병원단계**로 나눌 수 있다.

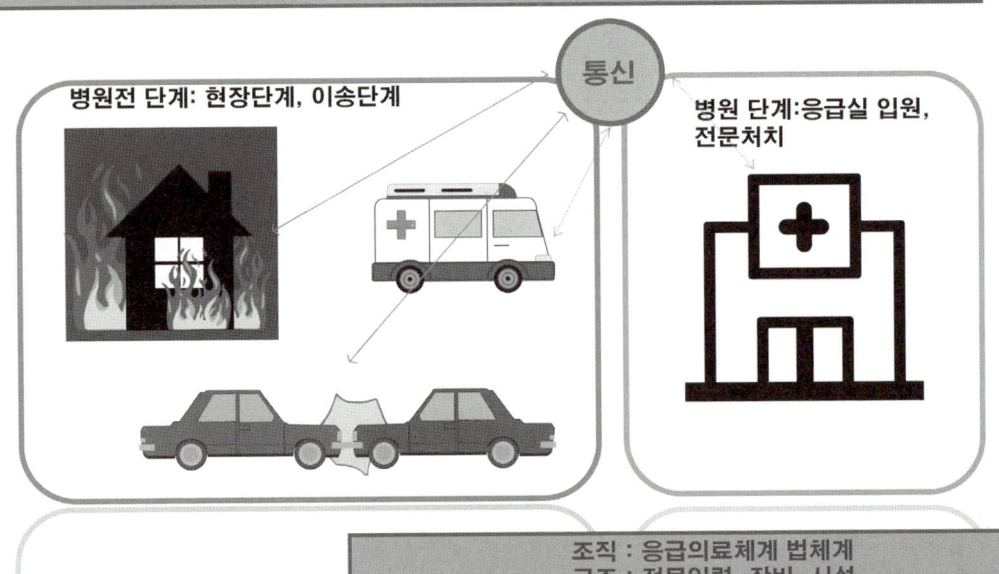

1. 병원 전 단계(pre-hospital phase)

응급환자의 이송, 응급구조사에 의한 응급처치, 구급차 등의 이송 수단과 장비의 운영, 의료지도 등이다.
이송단계는 119 구급대가 제공하는 소방서 기반의 공공 서비스로 기본 응급처치인 심폐소생술과 제세동기를 적용한다. 이송에는 지상, 해상, 항공이송이 있다.
의료지도란 응급의료종사자들의 활동 전반을 말하는데 직접의료지도와 간접의료지도로 나뉜다.

직접의료지도란 응급의료종사자가 미리 약속된 지침에서 벗어난 의료행위를 할 때 지도의사와 직접 연락하여 처방이나 지시를 받는 것을 말한다.

간접의료지도란 응급의료체계를 향상시키기 위한 교육, 평가, 연구와 행정 등을 말한다.

2. 병원 단계란 (in-hospital phase)

응급환자가 응급센터에 도착하여 신속한 응급처치를 받는 단계이다. 인력과 시설, 장비를 충분히 확보하고 병원간의 이송 체계가 수립되어 있어야 한다.

24시간 진료를 할 수 있는 **응급실이** 필요하고 지역별, 권역별 응급의료기관을 지정하여 수준에 맞는 인력과 시설을 갖추어야 한다. 해당 기관에서 진료가 불가능한 경우에는 진료 가능한 병원으로 전원을 시켜야 한다.

전원시에는 이송에 필요한 인력 및 장비를 제공하고 전원을 의뢰받는 의료기관에 수용 가능 여부를 확인하고 의무기록을 제공 한다.

3. 응급의료체계의 구성요소와 각각의 역할

> ⊕ 응급의료체계의 구성요소와 각각의 역할
> 1. 인력   Manpower
> 2. 응급의료에 대한 교육 및 훈련   training
> 3. 정보 통신 체계   communications
> 4. 병원전 이송기관   out-of-hospital transport agencies
> 5. 병원간 이송기관   interfacility transport agencies
> 6. 응급의료기관   receiving facilities
> 7. 전문응급의료시설   specialty care units
> 8. 신고접수 및 반응   dispatch
> 9. 대중교육 및 정보제공   public information & education
> 10. 질 개선   audit & quality improvement
> 11. 재난대비계획   disaster management
> 12. 상호지원   mutual aid
> 13. 업무지침   protocols
> 14. 재정   financing
> 15. 의료지도   physician medical oversight

(1) 인력(Manpower)

1) 응급의료종사자

   ① 응급구조사(1급, 2급)
   ② 의료인(응급의학 의사, 응급의료 지도의, 간호사 및 응급 전문간호사)

2) 응급의료제공 의무자

   ① 구급대원

② 선박의 응급처치 담당자: 선원법 제78조의2에 따라 선박에서 응급처치를 담당하는 선원을 말한다.

3) 최초반응자(first responder): 응급현장에 도착한 최초의 사람(37P 참고)

(2) 응급의료에 대한 교육 및 훈련 (training)

보수교육

① 대상자: 응급구조사 자격을 가지고 해당 자격과 관련된 업무에 종사한 사람
당해 연도에 1일 이상 응급구조사 자격과 관련된 업무에 종사 한 사람은 보수교육 이수 대상자
② 연간 보수교육 이수 시간 : 4시간 이상
보수교육을 일부만(4시간 미만) 이수한 경우, 당해 연도 보수교육 미이수로 처리
당해 연도에 전년도 미이수 보수교육 시간 및 당해 연도 보수교육4시간 이상을 추가로 이수하여야 함.
전년도의 미이수한 교육을 당해 연도 또는 이후 추가 이수는 허용되나, 당해 연도 4시간 초과 받은 보수교육이 다음 연도로 이월되지 않음.

(3) 정보 통신 체계 (communications)

응급의료를 제공하기 위한 각종 자료의 수집과 정보 교류를 위한 통신망이다.
접근, 신고접수 및 전화상담, 의료지도등 정보통신망의 체계 및 운용비용은 보건복지부령으로 정한다.

(4) 병원전 이송기관 (out-of-hospitaltransport agencies)

1) 구성 : 이송수단, 탑승 인력, 응급의료기관, 정보·통신

2) 종류 : 지상이송 - 119구급대(특수). 민간 이송업체(일반, 특수구급차)
항공이송, 해상이송

(5) 병원간 이송기관 (interfacility transportagencies)

이송체계: 지상이송(병원 구급차), 민간이송(일반, 특수구급차)

(6) 응급의료기관 (receiving facilities)

응급의료기관이란 의료기관 중에서 응급의료에 관한 법률에 따라 지정된 권역응급의료센터, 전문응급의료센터, 지역응급의료센터 및 지역응급의료기관을 말한다.(응급의료에 관한 법률 제2조 제5호) "응급의료처"로도 부른다.

> "응급의료기관등"이란 응급의료기관, 구급차등의 운용자 및 응급의료지원센터를 말한다.

(7) 전문응급의료시설 (speciality care units)
① 특수질환 환자에게 필요한 특수한 의료시설로서 보건복지부장관이 지정기준과 방법, 절차와 업무등에 필요한 사항을 보건복지부령으로 센터를 지정할 수 있다.
② 권역이나 지역의료센터 중에서 분야별로 지정할 수 있다.
　예 소아환자, 화상환자 및 독극물중독환자

(8) 신고접수 및 반응 (dispatch)
① 접근방법: (전화)신고
② 119와 경찰에서 담당하며 신고 후에 구급대 출동 지시, 병원안내, 응급처치상담을 담당한다.

> ➕ **출동지령을 받은 경우**
> 1) 본서 대기 중에 상황실로부터 출동 지령을 받은 경우, 구급차량에 탑승하여 경광등 및 통신장비를 켜고, 안전하게 차고를 탈출하면서 무전통신기와 지령단말기로 출발했음을 상황실에 알린다.
> 2) 귀소 중에 유·무선으로 출동 지령을 받은 경우, 환자발생위치를 확인 후 출동하면서 유·무선으로 출발 확인을 상황실에 알린다.
> 3) 구급차량 출발 시 긴급 상황이 있음을 군중들에게 인지시키기 위해 구급차량의 사이렌을 울리면서 이동하되, 안전운전에 최우선을 둔다.

(9) 대중교육 및 정보제공 (public information & education)
① 구급대 도착전까지의 응급처치 안내
② 응급의료종사자가 아닌 사람 중 최초발견자들에게 응급처치에 대한 교육을 실시하는 것.
③ 모든 대중에게 발생 가능한 외상이나 질병을 언론을 통해 정보를 제공하며 알리는 것.

> ➕ **최초발견자**
> 1. 구급차등의 운전자
> 1의2. 제47조의2제1항 각 호의 어느 하나에 해당하는 시설 등에서 의료·구호 또는 안전에 관한 업무에 종사하는 사람
> 2. 「여객자동차 운수사업법」 제3조제1항에 따른 여객자동차 운송사업용 자동차의 운전자
> 3. 「학교보건법」 제15조에 따른 보건교사
> 4. 도로교통안전업무에 종사하는 사람으로서 「도로교통법」 제5조에 규정된 경찰공무원등
> 5. 「산업안전보건법」 제32조제1항 각 호 외의 부분 본문에 따른 안전보건교육의 대상자
> 6. 「체육시설의 설치·이용에 관한 법률」 제5조 및 제10조에 따른 체육시설에서 의료·구호 또는 안전에 관한 업무에 종사하는 사람
> 7. 「유선 및 도선 사업법」 제22조에 따른 인명구조요원
> 8. 「관광진흥법」 제3조제1항제2호부터 제6호까지의 규정에 따른 관광사업에 종사하는 사람 중 의료·구호 또는 안전에 관한 업무에 종사하는 사람
> 9. 「항공안전법」 제2조제14호 및 제17호에 따른 항공종사자 또는 객실승무원 중 의료·구호 또는 안전

에 관한 업무에 종사하는 사람
10. 「철도안전법」 제2조제10호가목부터 라목까지의 규정에 따른 철도종사자 중 의료·구호 또는 안전에 관한 업무에 종사하는 사람
11. 「선원법」 제2조제1호에 따른 선원 중 의료·구호 또는 안전에 관한 업무에 종사하는 사람
12. 「화재의 예방 및 안전관리에 관한 법률」 제24조에 따른 소방안전관리자 중 대통령령으로 정하는 사람
13. 「국민체육진흥법」 제2조제6호에 따른 체육지도자
14. 「유아교육법」 제22조제2항에 따른 교사
15. 「영유아보육법」 제21조제2항에 따른 보육교사

(10) 질 개선 (audit & quality improvement)

응급의료 기관에 대한 표준화된 평가기준을 통하여 비용, 효율성, 응급의료에 대한 의무와 적절성을 평가한다.

(11) 재난대비계획 (disaster management)

재난이나 대형사고는 재난 대비계획을 수립하는 것이 필요하다.
비상대응매뉴얼의 내용과 교육의 대상과 방법 및 비용지원등은 대통령령에 의한다.

(12) 상호지원 (mutual aid)

재해나 대형사고시 응급구조에 필요한 장비와 인적·물적 자원을 지원받을 수 있는 협조체계.
(지방자치단체, 의료기관의 장 또는 구급차 등을 운용하는 자 등)

(13) 업무지침 (protocol)

업무수행 시 행해지는 표준으로 응급의료의 4T(분류Triage, 처치Treatment, 이송Transfort, 병원간 전원Transfer)와 관련된 지침이다.

(14) 재정 (financing)

다양한 응급의료 사업을 추진하기 위한 가용자금으로 응급의료에 관한 법률 제19조, 20조에 의거하여 재원을 확보한다. 미수금 대불, 응급의료기관 지원등을 실시한다.

(15) 의료지도 (physician medical oversight)

의료지도란 응급의료종사자들의 활동 전반을 말하는데 직접의료지도와 간접의료지도로 나눈다.
① 직접의료지도란 응급의료종사자가 미리 약속된 지침에서 벗어난 의료행위를 할 때 지도의사와 직접 연락하여 처방이나 지시를 받는 것을 말한다.
② 간접의료지도란 응급의료체계를 향상시키기 위한 교육, 평가, 연구와 행정 등을 말한다.

> ➕ **직접의료지도의 요청순서:**
> 1. 소속지역, 소속기관, 자격, 성명을 밝힌다.
> 2. 직접의료지도의 목적을 밝힌다.
> 3. 임상정보를 전달한다.
>   ① 환자나이(10대구간)와 성별
>   ② 주된 이유와 병력
>   ③ 환자의식 상태
>   ④ 활력징후(혈압→맥박→호흡→체온→산소포화도) 시행 및 검사와 처치결과

※**직접의료지도 연결 시 주의사항**(2023년 119구급대원 현장응급처치 표준지침에서)

지도의사의 지도를 받아 수행한 경우, 처치 후 추가 특이사항이 있을 경우 환자 상태에 대한 정보를 지도의사에게 다시 전달한다.

① **지도의사의 지도를 수행하기 어려운 경우**
- 즉시 지도의사에게 지도를 수행하지 못하는 이유를 전달한다.
- 구급 기록지에 직접 의료지도 요청한 시각, 직접 의료지도 사항 및 수행 불가 이유를 기록한다.

② **연결실패 시**
- 직접 의료지도 요청을 시도하였으나 실패한 경우는 **시·도 상황실을 통해 중앙119구급상황 관리센터로 연락한다.**
- 중앙119구급상황관리센터 연결 시도 실패 시, 구급대원이 필요하다고 판단된 처치는 법령 상 업무범위 내에서 **의료지도를 받지 않고 시행한다.**
- 통신 실패에 대해 의료지도 요청 시각 및 내용을 기록한다.

02 응급구조사의 역할과 책임 & 전문성 유지

(1) 역할

응급구조사는 응급환자가 발생한 현장에서 응급환자에 대하여 상담·구조 및 이송업무를 행하며, 「의료법」 제27조의 규정에도 불구하고 보건복지가족부령이 정하는 범위 안에서 현장, 이송 중 또는 의료기관안에서 응급처치의 업무에 종사할 수 있다.

응급구조사는 응급환자의 안전을 위하여 그 업무를 행함에 있어서 응급처치에 필요한 의료장비·무선통신장비 및 구급의약품의 관리·운용, 응급구조사의 복장·표시 등 응급환자 이송과 처치에 필요한 사항에 대하여 보건복지가족부령이 정하는 사항을 준수하여야 한다.

> **제27조(무면허 의료행위 등 금지)** 의료인이 아니면 누구든지 의료행위를 할 수 없으며 의료인도 면허된 것 이외의 의료행위를 할 수 없다.

(2) 응급구조사의 책임

출동한 구급대원은 촉박한 시간에 응급처치와 이송을 결정해야 하는데 초기대응이 환자에게 많은 영향을 줄 수 있기 때문에 태만한 행동이나 과실을 했을 경우 법적인 제제를 받을 수 있다.

법적인 개념의 **태만**은 환자를 돌볼 의무를 행하지 않았거나 응급처치의 기준을 이행하지 않았거나 응급처치를 취하지 않았거나 태만하여 신체나 정신적 피해를 주거나 배상을 요구하는 피해가 발생 했을 경우에 법원의 판결에 따라서 배상을 해야 한다.

구조사가 필요한 처치를 시행하지 못했거나 미숙하게 시행된 처치는 치료기준을 위반한 것이며 **과실**로 판단될 수 있다. 구급대원이 소송을 당하게 되는 이유 중에 가장 많은 것은 **치료를 거부한 경우와 구급차운전사고** 이다.

➕ 구급대원이 구급활동요청 거절 또는 이송거부에 해당하는 경우
1) '119법' 제13조, 동법 시행령 제20조, 제21조, 동법 시행규칙 제11조, 제12조에 해당하는 경우, 구급활동을 거절할 수 있으며 해당 상황별 지침을 참고한다.
2) 구급대원이 구급활동 제공 또는 이송을 거부하는 사례에 해당하는 경우, 신고자에게 법령에서 명시하는 내용을 설명한다. 만일, 상황 처리가 곤란한 경우 지도의사에게 의료지도를 요청하여 받는다.

> **법률제13조** ③ 소방청장등은 대통령령으로 정하는 위급하지 아니한 경우에는 구조·구급대를 출동시키지 아니할 수 있다.
>
> **시행령제20조** 구조구급 요청의 거절 등
> 1. 단순 문 개방의 요청을 받은 경우
> 2. 시설물에 대한 단순 안전조치 및 장애물 단순 제거의 요청을 받은 경우
> 3. 동물의 단순 처리·포획·구조 요청을 받은 경우
> 4. 그 밖에 주민생활 불편해소 차원의 단순 민원 등 구조활동의 필요성이 없다고 인정되는 경우

➕ 미이송에 해당하는 경우
1) 현장도착 시 다음 각 호에 해당하는 경우, 현장상황을 종료하고 안전센터로 귀소한 후 구급 활동일지를 기록, 유지한다.
- 구급요청 거부 또는 이송거절 ⇒ 구급거절·거부 확인서 작성
- 현장에 도착하였으나 신고자 또는 환자 모두 찾을 수 없는 경우
- 환자상태가 회복된 경우 (단, 심정지, 기도폐쇄 또는 구급대원이 종합적으로 판단하여 다시 상태가 악화할 우려가 있거나 병원 치료가 필요하다고 판단되는 경우는 제외)
- 화재 또는 붕괴사고 등으로 환자 발생이 예상되어 출동하였으나 사상자가 발생하지 않은 경우
- 경찰 또는 보호자, 관계기관 등에 인계한 경우 (단, 심정지, 기도폐쇄 또는 구급대원이 종합적으로 판단하여 다시 상태가 악화할 우려가 있거나 병원 치료가 필요하다고 판단되는 경우는 제외)

➕ 사망이 명백해 보이는 경우
사후강직, 시반, 부패, 중요한 신체의 분리, 의료지도의사가 명백한 사망으로 인정하는 경우

➕ 특수특별 구급차
- 구급차: 119구급차·일반구급차·특수구급차
- 119구급차: 응급상황일 경우에 누구나 24시간 무료로 이용

- 사설구급차: 일반, 특수 구급차
- 특수구급차(심정지, 심인성흉통, 다발성·중증손상환자, 아나필락시스, 응급분만 등 중증환자의 이송에 적합)

(3) 응급구조사의 직무와 업무 범위

응급구조사의 직무:
- 준비·출동·현장평가·환자평가·처치 및 관리·배치이송·기록·세척 및 재정비, 평가

➕ 1급 응급구조사
가. 심폐소생술의 시행을 위한 기도유지(기도기airway)의 삽입, 기도삽관(intubation, 후두마스크 삽관 등을 포함한다)
나. 정맥로 확보
다. 인공호흡기를 이용한 호흡의 유지
라. 약물투여 : 저혈당성 혼수 시 포도당의 주입, 흉통 시 니트로글리세린의 혀아래(설하)투여, 쇼크시 일정량의 수액투여, 천식 발작시 기관지 확장제 흡입
마. 제2호의 규정에 의한 응급구조사의 업무
중앙 응급의료센터, 권역 응급의료센터,
지역응급의료센터에서 응급환자의 중증도(KTAS) 분류 업무(응급의료에관한 법률 시행규칙 제 18조의 3)

➕ 2급 응급구조사의 업무범위
가. 구강 내 이물질 제거
나. 기도기를 이용한 기도유지
다. 기본심폐소생술
라. 산소투여
마. 부목·척추 고정기·공기 등을 이용한 사지 및 척추 등의 고정
바. 외부출혈의 지혈 및 창상의 응급처치
사. 심박 체온 및 혈압 등의 측정
아. 쇼크방지용 하의 등을 이용한 혈압의 유지
자. 자동제세동기를 이용한 규칙적 심박동의 유도
차. 흉통 시 니트로글리세린의 설하 투여 및 천식 발작 시 기관지 확장제 흡입(환자가 해당약물을 휴대하고 있는 경우에 한함)

(4) 119 구급대 자격기준

① 119구조·구급에 관한 법률 시행령 제11조(구급대원의 자격기준)에 의거하여 다음 각호의 어느 하나에 해당하는 자격을 갖추어야 한다.

가. 구급대원은 의료인 및 1급·2급 응급구조사 자격을 가진 자로 한다.
나. 구급차 운전과 구급 보조업무는 중앙(지방)소방학교, 시도 소방교육대에서 2주 이상 구급교육을 받은 자로 할 수 있다.
② 구급행정담당자는 가능한 1급 응급구조사 자격 및 간호사 면허 소지자로 배치한다.

03 응급구조사의 안녕

(1) 응급구조사의 스트레스 관리

1) 죽음과 임종

현장에 도착하면 죽어 있거나 죽기 직전에 의식이 명료한 상태의 환자를 대한다.
이런 경우 응급처치를 해도 환자가 사망에 이르며 소방대원은 환자와 가족 그리고 본인의 정서 반응에 대해 알고 있어야 한다.

2) 죽음에 대한 정서반응

부정 → 분노 → 협상 → 우울 → 수용

부정: 죽어가고 있는 환자의 첫 번째 정서 반응으로 의사의 실수라 믿으며 기적이 일어나길 기다림.

분노: 초기의 부정반응에 이어지는 것이 분노. 이 반응은 말이나 행동을 통해 격렬하게 표출될 수 있다. 소방대원은 이런 감정을 이해해 줄 필요는 있으나 신체적인 폭력에 대해서는 단호하게 대처해야 한다.
또한 경청과 대화를 통해 공감대를 형성하는 것도 좋은 방법이다.

협상: 매우 고통스럽고 죽을 수도 있다는 현실은 인정하지만 삶의 연장을 위해 다양한 방법으로 협상하고자 한다.

우울: 현실에 대한 가장 명백하고 일반적인 반응. 환자는 절망감을 느끼고 우울증에 빠지게 된다.

수용: 환자가 나타내는 가장 마지막 반응이다. 환자는 상황을 현실로 받아들이고 그들이 할 수 있는 최선을 다하려고 노력한다. 이 기간 동안 가족이나 친구의 적극적이고 많은 도움이 필요하다.

3) 일반적인 처치 ★24년 기출

① 환자와 가족의 죽음에 대한 다양한 반응(분노, 절망 등)을 미리 예상해야 한다.
② 경청과 대화를 통해 공감대를 형성한다.
③ 거짓으로 환자를 안심시키는 것은 안 되며 무뚝뚝하거나 냉철함 없이 솔직하게 환자를 대해야 한다.
④ 처치자의 전문적인 지식이나 기술 이상의 의학적인 견해를 말해서는 안 된다.
⑤ 부드럽고 조용한 목소리로 눈을 맞춘 상태에서 말해야 한다.
⑦ 적절한 신체적인 접촉은 환자를 안심시킬 수 있다.

4) 그 외 스트레스 요인

① 대형사고: 대형사고 등과 같은 여러 이유로 스트레스를 초래한다.
　　보통 사고를 당한 환자뿐 아니라 가족 모두 신체적, 정신적인 스트레스가 오랫동안 지속된다.
② 유아와 아동: 성인 환자보다 정서적인 스트레스를 더욱 유발시킬 수 있으며 본인의 자녀나 지인의 자녀와 같은 나이대인 경우에 더 많은 스트레스를 받을 수 있다.
　　또한 부모나 보호자의 적절한 관리만으로도 사전에 예방할 수 있었던 사고에 대해서도 스트레스를 받을 수 있다.
③ 중상: 심한 상처(절단, 장기탈출, 실명 등)를 보는 것만으로도 스트레스를 받을 수 있다.
④ 학대와 방임: 아동, 노인, 배우자에 대한 신체적, 정신적 학대와 방임은 분노와 좌절을 느끼게 한다.
⑤ 동료의 죽음과 사고: 평소 근무 중에 다치거나 심지어 죽을 수 있다는 생각을 잊고 있다가 주위 동료를 잃게 될 때 심한 스트레스를 겪게 된다. 동료의 사고와 죽음에 대한 슬픔과 더불어 소방대원 자신에게도 언제든지 일어날 수 있다는 점에 두려움을 느낀다.
　　이밖에 직업과 관련된 장시간 작업, 실수에 대한 두려움, 언제 출동할지 모르는 상황 등은 소방대원의 스트레스를 가중시킨다.

➕ 한스셀리의 스트레스단계 ★기출

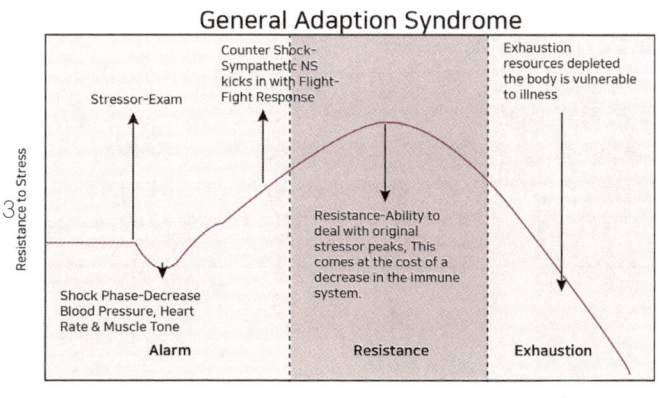

경고 반응 단계
- 정신적 혹은 육체적 위험에 처음 노출되었을 때 나타나는 즉각적인 반응 단계.
- 자극에 대해 일시적으로 위축되는 충격기(shock stage)와 후기 역 충격기로 구분된다.
- 역 충격기는 스트레스에 대응하기 위해 몸에서 적응 에너지를 이용하여 대응하기 시작한다.
- 부신에서 아드레날린, 노아드레날린이 분비되어 심장박동수, 혈압과 호흡도 상승한다.

저항단계
- 스트레스 자극에 계속적으로 대응하는 단계이다. 스트레스를 견디고 있는 상황이라고 보면 된다.
- 스트레스와 이에 대한 반응이 균형을 이루어 외적으로는 특별한 변화가 보이지 않는다.

- 이 단계에서 스트레스가 사라지면 다시 정상 수준으로 돌아간다.
- 하지만 스트레스 상황이 지속될 경우 소진 단계로 넘어간다.
- 부신피질에서 콜티솔이 분비되어 혈당수치상승, 염증반응억제됨

소진단계
- 스트레스에 장기간 노출되어 적응 에너지가 소진된 단계이다.
- 스트레스에 대항할 수 있는 힘을 소진하고 몸의 모든 기능이 저하된다.
- 흔히 번 아웃됐다고 하는 것이 몸이 이 상태가 된 것을 말한다.
- 이로 인한 생길 수 있는 대표적인 질환으로는 위궤양과 궤양성 대장염, 고혈압과 심혈관 질환, 갑상선 기능 항진증, 기관지 천식 등이 있다.

➕ 이서슨의 윤리결정모델 ★24년 기출

이서슨의 윤리결정모델: 응급 상황에서 신속하고 윤리적인 결정을 내려야 할 때 사용, 특히 부족한 환경에서 유용

1. 적용 가능한 규칙 사용: 법, 정책, 또는 선행사례가 적용 가능하면 그것을 따른다.
2. 시간 벌기 옵션: 명확한 규칙이 없으면 환자에게 추가 위험을 주지 않으면서 시간을 벌 수 있는 옵션이 있는지 확인.
3. 즉각적인 조치: 즉시 조치를 취해야 하고 지연될 수 없는 경우에는 연습된 추론기법을 사용하여 결정에 도달한다.

긴급윤리결정모델을 따를 때
1. 공평성: 특정결정이 이해관계나 편견없이 공정하게 적용되는가를 평가. 편애없이 중립적인 관점에서 공정하게 이루어졌는가?
2. 보편성: 특정행동이나 결정을 모든 유사한 상황에 일관되게 적용할 수 있는지 여부를 평가한다.
3. 상호타당성: 결정이나 행동을 타인에게 정당화 할 수 있는지를 평가하는데 중점. "내가 내린 결정이나 취한 행동을 올바르고 합리적인 이유로 다른 사람에게 설명할 수 있는가?"

---

(2) 개인안전

1) 현장안전

① 위험물질 처치

소방대원이라면 위험물질에 대해 아래 표와 같은 단계로 처치를 실시해야 한다.
- 1단계: 최초반응자
  처치: 위험 물질의 위험성을 인지하고 알리며 필요하다면 지원을 요청한다.
- 2단계: 최초대응자
  처치: 위험물로부터 사상과 재산을 보호한다. 위험물로부터 안전한 거리에 위치한다. 확대를 저지한다.
- 3단계: 전문처치자

처치: 위험물 유출을 막거나 봉합, 정지시킨다. 처치자에 대한 활동을 명령하거나 협조해 준다.

② 위험물질에는 **유독가스, 부식성 액체, 독성 가루**가 있다.
- 위험물질은 어떠한 형태든 개인의 건강에 영향을 줄 수 있기 때문에 개인 안전을 위한 보호 장비를 착용해야 한다. 이러한 영향은 현장에서 또는 후에 나타날 수 있다.
- 부식제 접촉은 바로 그 자리에서 결과가 나타나지만 **4염화 탄소(드라이클리닝 약품)**에 노출되면 간질환이 발생할 수 있다.

③ 현장 출동 중 탱크로리 사고라면 유출에 대한 결과를 예상하고 그에 따른 지원을 요청해야 하며 가스 누출사고라면 같은 증상과 징후로 다수의 환자가 발생할 수 있다.
위험 물질이 있다고 판단된다면 우선 안전거리를 유지하고 바람을 등지거나 높은 지대에 있어야 한다. 그 다음 위험 물질이 어떤 것인지 관계자나 표시된 글을 통해 알아보아야 한다.

④ 위험물임이 확인되면 출입을 통제하고 위험물 제거반의 지원을 요청한다. 만약 개인 안전장비를 착용하지 않았다면 현장에 들어가거나 위험물에 노출된 환자를 처치해서는 안 된다.

2) 구조 상황 ★24년 기출

응급구조의 단계: 3C(check, call, care)

안전확보 → 응급상황 신고 → 응급처치 → 피해자구조 → 이송

안전확보: 상황에 맞는 개인 안전장비를 갖추고 상황에 대한 전반적인 평가를 실시

응급상황 신고: 구조를 위한 추가 인원 및 장비를 요청

3) 폭력

① 현장 안전이 확인되면 구급처치를 실시하고 나서 피해자나 가해자를 판단하는 일에 참견하거나 판단해서는 안 된다.
② 폭력위험이 있을시 경찰을 동승한 상태로 병원으로 이송해야 한다.

04 감염관리 및 구급차소독

1. 감염관리

감염관리담당자는 구급대원의 감염관리 및 건강·후생 업무를 위하여
① 구급대원 관리 ② 감염관리실 운영·관리, ③ 감염관리위원회 구성 및 운영
④ 감염관련 예산의 편성 및 운영의 업무를 수행한다.
감염관리담당자는 의료기관 진료 조치가 필요하다고 결정한 경우,
지체없이 감염병환자 등 과 접촉·노출된 구조·구급대원이 적절한 진료를 받을 수 있도록 조치한다. 감염성이 높은 감염 병의 경우 의료기관에 바로 방문하지 않고, 의료기관, 보건소, 질병관리청 등과 협의 후 그에 따른 조치를 받을 수 있도록 한다.

2. 접촉자 감염 발병 감시 및 직무배제

1) 감염병환자 등과 접촉한 경우, 접촉일부터 15일 동안 구조·구급대원의 감염성 질병 발병 여부를 추적·관리한다. 이 경우 잠복기가 긴 질환에 대해서는 잠복기를 고려하여 추적·관리 기간을 **연장**할 수 있다.
2) 개인보호장비를 제대로 착용하지 않고 감염병환자 등과 접촉·노출된 직원은 업무를 즉시 **중지**하고 **자가격리**한다. 지휘체계 보고 및 필요한 경우 해당 **보건소(질병관리청)**에 통보하여 보건소에서 **접촉일**로부터 일정기간 일일 능동 모니터링을 실시한다.
   ① 각 시도별 별도 격리시설을 운영
   ② 구급대원이 개인보호장비 착용 등 감염방지를 하였더라도 감염이 의심되는 경우에는 관련검사 및 추적 관리해야 한다.
   ③ 전파 위험성이 없는 경우 격리조치를 하지 않는다. 감염병 별 조치사항에 따른다.
   ④ 격리 기간의 처리는 복무규정에 따른다.(인사·행정 부서의 별도 지시가 있는 경우 그에 따른다.)
3) 감염병 의심환자가 **확진환자가 아닌 것으로 최종 확인**된 경우, 밀접 접촉한 직원은 **자가격리**를 해제하고 일상으로 복귀가 가능하다.
4) 의심환자가 확진환자로 최종 확인된 경우, 접촉일부터 15일간 **밀접 접촉한 직원**을 감시하고, 증상이 없다면, 자가격리를 해제하고 일상으로 복귀가 가능하다.
5) 발병여부 추적 관리기간은 의사의 소견 또는 **감염병별** 지침에 따라 변동될 수 있다.

3. 구급대원의 건강검진

■ 119구조·구급에 관한 법률 시행규칙 [별표] 〈개정 2014.7.15〉

구조·구급대원의 정기건강검진 항목(제22조 관련)

구분	검사 항목	관련 질환	1회	2회	비고
혈액검사	SGOT	급성·만성 간염 B형간염 항원, 항체	◎	◎	
	SGPT		◎	◎	
	HBs Ag/Ab		◎	◎	
	공복 시 혈당	당뇨병	◎	●	2회 선택
	AIDS	후천성면역결핍증	◎	◎	
	HCV	C형간염	◎	◎	
	HAV	A형간염	◎	◎	
	C.B.C 11종	빈혈, 혈액질환	◎	●	2회 선택
	소변 10종	비뇨기계 감염 및 종양	◎	●	2회 선택
	V.D.R.L	매독	◎	◎	
장비검사	요추 MRI 검사	추간원판 탈출증	◎		
	흉부 X선검사	폐결핵, 폐암, 기관지염	◎	●	2회 선택
	심전도검사	심장 관련 질환	◎	◎	
	초음파검사	간, 신장, 비장, 췌장, 담낭	◎	●	2회 선택

〈비고〉
1. 횟수는 검진 시기를 나타내며, 1회는 상반기, 2회는 하반기를 나타낸다.

2. 표기 중 ◎는 필수항목, ⊙는 선택항목을 말한다.
3. 검진대상자가 3개월 이내에 개인적으로 위 검사 항목에 대한 검진을 받아 그 검사 결과가 적합한 경우와 위 검사 항목의 질환에 대하여 예방접종을 한 경우에는 해당 항목의 검사를 생략할 수 있다.
4. C형 간염 및 HIV보균자, 매독 감염인들이 적절한 약물치료로 완치되거나, 혈중 바이러스 수치가 잘 조절된다면 구급대원으로 활동에 제한 없음

4. 구급대원 예방접종 항목 및 주기

대상 감염병	백신 종류	접종대상	접종 횟수 및 주기
구급대원이 면역의 증거가[1] 없는 경우 항체검사 후 음성일 때 접종			
B형 감염	HepB	모든 구급대원	3회, 0, 1, 6개월 간격
수두	Var	1970년 이후 출생 구급대원	2회, 4~8주 간격
구급대원이 면역의 증거가[1] 없는 경우 항체검사 없이 접종			
인플루엔자	Flu	모든 구급대원	매년 1회(10~11월)
파상풍/디프테리아/백일해	Tdap/Td	모든 구급대원	1회, 10년 주기 접종(Td)
홍역/유행성이하선염/풍진	MMR	(홍역) 1968.1.1. 이후 출생 구급대원 (유행성 이하선염, 풍진) 모든 구급대원	2회, 4주 간격
A형 간염	HepA	20~30대 구급대[2]	2회, 6~12개월 또는 18개월 간격

* 기타 소방청장등이 필요하다고 인정하는 해당 감염병에 대하여 예방접종을 실시한다.
1) 검사·의사의 진단으로 확진된 해당 감염병 병력, 기록으로 확인되는 해당 감염병 접종력, 혈청검사로 확인된 해당 감염병 항체가 있는 경우 중 1가지 이상
2) 40대 이상 구급대원은 항체검사 후 음성일 경우 접종 권장

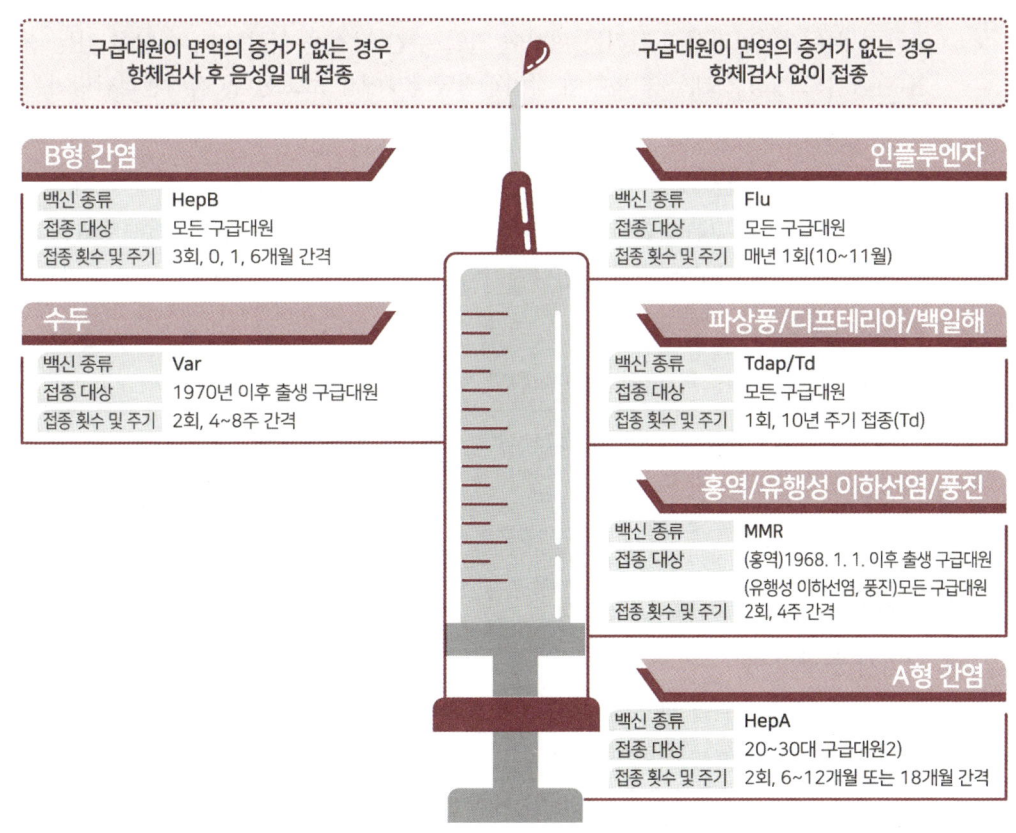

5. 감염관리실 운영 및 관리

구조·구급대원의 감염방지를 위하여 구조·구급대원이 소독을 할 수 있도록 소방서별로 119 감염관리실을 1개소 이상 설치·운영하여야 한다.

감염관리실 운영은 구급대에서 운영하며, 감염관리실 관리·감독은 **감염관리담당자 및 안전센터장 또는 구급대장**이 실시한다.

- 감염관리실 관리·감독: 감염관리담당자, 안전센터장 또는 구급대장
- 감염관리실 운영: 구급대원

1) 감염관리실 사용

가. 구급대원은 감염관리실 사용 시 감염관리실 사용일지를 작성한다.
나. 보안을 위하여 감염관리실 출입 비밀번호는 **분기에 1회 변경**한다.
다. 감염관리실은 항상 청결한 상태로 유지하여야 한다.
라. 소모품 및 의약품 관리를 위하여 되도록 온도는 18~24도, 상대습도는 75%미만을 유지한다.
마. 소방서, 재난상황에 따라 감염관리위원회에서 정한 경우, 각 기준을 변경하거나 강화할 수 있다.

2) 일일·주간 점검

구급대원은 감염관리실의 관리를 위하여 일일·주간 점검을 실시하고, 이상이 있는 경우 감염 관리실의 이상 상태를 기록하여 감염관리담당자에게 보고한다. 감염관리담당자는 이에 따른 감염관리실 정비를 하여야 한다.

3) 물품의 소독 및 멸균

감염관리담당자는 구급대원이 물품을 소독·멸균 할 수 있도록 소독제 및 멸균기 카트리지·E O가스, 멸균화학적 지시제(인디게이터, 테이프) 등을 구매·보급하여야 한다.

4) 의료폐기물 관리

의료기관 또는 보건소와 협의된 경우 위탁 처리할 수 있다.

> * 119구급대는 의료기관이 아니므로 폐기물관리법에 의거하여, 폐기물처리업자를 통한 의료폐기물의 처리가 불가능하다. (단 현재는 코로나19로, 환경부로부터 '임시 의료폐기물 배출기관' 지정을 받아 폐기물처리업자를 통한 처리가 가능하다.)

6. 환경 관리

1) 구급차 등의 소독

① 구급차 이송환자 및 보호자, 구급대원의 감염예방을 위하여 구급차 및 응급처치기구 등에 대하여 소독을 실시하여야 한다.

➕ 소독의 주기

주기	소독주체	비고
월 1회 이상	소독업체	• 소독업체를 통한 위탁소독
주 1회 이상	구급대원	• 구급차량 및 차량 내 응급처치 기구 소독
수시	구급대원	• 환자 이송 후 주요 접촉부위 표면소독 • 내·외부 오염 또는 감염병환자 등의 이송 • 환자의 체액이나 혈액에 노출된 경우 등

② 소독의 기록

구급대원은 소독업체를 통해 위탁소독을 하거나, 구급대원이 자체적으로 소독을 한 경우, 소독에 대한 사항을 근무일지 등에 기록하여야 한다.

③ **구급차 병원성 세균검사**

가. 감염관리담당자는 **연 1회 이상** 구급차 내 병원성 세균 오염실태를 검사하여 구급대원 감염 방지 및 구급장비 소독강화 등 감염관리를 하여야 한다.

나. 검체 대상 – 구급차당 5개소에서 분야별 1개소 이상 무작위 채취
① 기도유지기 ② 호흡유지기 ③ 순환유지기 ④ 환자실 ⑤ 운전석

다. 검사항목 – **병원성세균 4종**
- 황색포도상구균(MRSA)
- 장내구균(VRE)
- 폐렴간균
- 바실러스 세레우스균

라. 검사 위탁기관 : 보건환경연구원, 의과대학 및 검사 가능 의료기관 등
전 구급차에 대해 불시검사 확행(점검일정 사전 통보 금지)

마. 구급차 병원성 세균검사 시 병원성 세균이 검출 되었을 경우 구급차 및 구급장비 일제 소독 실시 후, 세균이 검출된 장비에서 다시 시료를 채취하여 오염도 검사를 실시하여 병원성 세균이 없음을 확인할 것.

2) 감염관리실 소독

주 1회 이상 감염관리실을 소독하며, 오염이 된 경우 수시로 소독한다. 이 외에 사항은 구급차의 소독에 준하여 실시한다. ★기출

3) 감염관리위원회 구성 및 운영

위원회 구성	• 위원장 : 소방서장 • 위원 : 과장 2인(당연직 : 예산부서 과장) • 감염관리담당자 : 1인	• 간사 : 구급담당(팀장) • 구급대원 : 대표 2인 • 자문의사 : 1인
위원회 운영	• 반기 1회 개최(필요시 수시 개최) • 감염방지 평가 　– 반기 1회, 실시 후 10일 이내에 소방서장에게 제출	

주요 내용	감염관리위원회는 다음 각호의 업무를 심의한다. 1. 구급대원 감염에 대한 대책, 연간 감염방지대책의 수립 및 시행에 관한 사항 2. 구급대원의 감염관리 교육·훈련에 관한 사항 3. 구급대 감염관리 이행실태 점검 및 평가에 관한 사항 4. 노출 직원 조치 및 감염위험도 평가에 관한 사항 5. 구급대원 건강검진, 예장접종 등 건강관리에 대한 사항 6. 감염관리 물품 구매에 관한 사항 7. 구급대의 전반적인 위생관리 및 환경관리에 관한 사항 8. 감염관리실 운영에 관한 사항 9. 구급대 감염관리에 관한 자체 규정의 제정 및 개정에 관한 사항 10. 그 밖에 구급대 감염관리에 관한 중요한 사항

4) 감염관련 예산의 편성 및 운영

가. 관련 규정
- 119구조·구급에 관한 법률 제23조(구조·구급대원에 대한 안전사고방지대책등 수립·시행)
- 119구조·구급에 관한 법률 시행령 제26조(감염방지대책) 및 제27조(건강관리대책)
- SSG 4 현장안전관리 표준지침

나. **감염관리담당자**는 매년 감염방지대책 및 건강관리대책 수립 시 다음 사항을 포함하여 예산을 편성·운영하여야 한다.
① 건강검진 비용
② 예방접종 비용
③ 감염사고 발생 후 조치에 따르는 제반 비용
④ 건강상태 악화 시 회복을 위한 조치에 따르는 제반 비용
⑤ 감염예방 및 관리에 필요한 물품 구매 비용
⑥ 감염병 재난 대응에 필요한 비용
⑦ 병원성 세균검사 비용
⑧ 구급차량 위탁소독 비용
⑨ 의료폐기물 처리 비용
⑩ 물품·의복 등의 심한 오염 시 폐기에 따른 새 제품 구매 비용
⑪ 기타 감염관리위원회에서 정하는 감염관리에 필요한 사항

다. 권장 사항
- 감염 자문의 지정
  - 소방서별로 감염 **자문의**를 선임한다.(소방서별 선임된 구급지도의사로 갈음 가능하다.)
  - **시·도 본부** 단위의 감염자문의(가급적 **감염내과 전문의**)를 1명 이상 선임한다.
  - 1차적으로 소방서별 선임된 감염자문의 또는 구급지도의사에게 자문을 구하고, 감염 전문가의 자문이 필요한 경우 2차적으로 시·도 본부 감염자문의에게 자문을 받을 수 있다.
  - 지정된 감염자문의는 노출 직원에 대한 **감염 위험도 평가**, 그에 따른 조치사항등의 자문을 하고 구급대원 및 감염관리담당자를 대상으로 감염교육을 한다.

라. 감염성 질병 판별 검사 동의서
- 주사침 손상 등 노출이 발생한 경우, 환자에게 감염성 질병 판별 동의서를 받고 감염성 질병 여부를 검사한다. 감염관리담당자는 의료기관과 협조하여 원활하게 검사가 진행될 수 있도록 하며 이에 따른 예산을 편성하여 비용을 처리할 수 있도록 한다.

7. 구급대원 감염대응 표준지침

(1) 마스크

분류	마스크 등급	설명	비고
보건용 마스크	KF80	평균 0.6㎛입자를 80% 이상 차단	질병관리청 기준 - 공기 및 비말 감염 우려를 고려하여 선택
	KF94	평균 0.4㎛입자를 94% 이상 차단	
	KF99	평균 0.4㎛입자를 99% 이상 차단	
	N95	평균 1㎛이상의 입자를 95% 이상 차단	국립산업안전보건연구원(NIOSH) 기준
비말차단용 마스크	KF-AD (Anti Droplet)	KF기준, 0.4~0.6㎛입자를 55~80% 정도 차단 *동일 성능 제품(예: 수술용 마스크)	- 침방울(비말)을 차단해 감염 예방 효과가 있으면서도 가벼우며 통기성이 우수 - 일상생활에서 비말 감염을 예방하는 수준

(2) 개인보호 장비세트

1) 개인보호장비 일반원칙

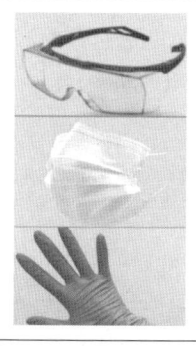

표준주의(보호안경, 장갑, 마스크)

표준주의는 구급활동에 있어서 가장 기본적인 지침이다.
환자의 혈액, 체액, 분비물, 배설물, 손상된 피부와 점막을 다룰 때 표준주의를 지켜 대원 스스로를 보호하며 환자의 안전을 도모해야 한다.
전파경로별 주의에는 접촉주의, 비말주의, 공기주의, 혈액주의가 있다. 이러한 모든 격리지침을 준수할 때 기본적으로 표준주의에 각각의 전파경로별 주의를 추가하여 준수해야 한다.
예시) 객혈, 토혈 환자 접촉시 가운 추가 착용
*별도의 감염병 대응 지침이 있을시 해당 지침에 따른다.

세트	사진	구성	착용시기	비고
표준주의 3종세트		보호안경, 마스크, 장갑	모든 구급출동에 적용	환자의 증상이나 상황에 따라 혹은 구급대원의 판단으로 적절한 개인보호장비 추가 가능
Level D		전신보호복, N95등급의 마스크, 장갑, 보안경(피부, 호흡기 보호), 신발덮개	고위험 병원체 오염 의심	최소한의 보호만을 필요로 하는 수준

Level C		내화학보호복, 공기정화통방식 호흡기보호구, 내화학 장갑, 내화학 장화	고위험 병원체 오염 의심시(호흡기 및 피부에 대한 낮은 수준의 보호를 요구하는 상황	노출된 가스의 농도를 아는 경우에만 사용이 가능하며 일반적으로 IDLH(Immediately Dangerous to Life and Health) : 독성물의 생성량이 인체에 영향을 미치지 않는 농도값을 초과하는 농도에서는 사용하지 않음.
PAPR		후드 필터	호흡성 전염병이나 유해물질 등 발생시	호흡전염성 병원균 등 오염된 외부 공기를 필터를 통해 정화시켜 깨끗한 공기를 공급.
Level B		송기마스크, 내화학 장갑, 내화학 안전화, 가장 높은 수준의 호흡기 보호	고위험 병원체 오염 의심시	LEVEL A 수준의 호흡기에 대한 보호를 요구하지만 피부에 의한 독성은 상대적으로 덜 위험한 경우 착용, 비산되는 액체 등에 의한 소방대원 노출물 예방. 가스, 증기, 공기중에 미립자 상 물질을 걸러냄.
Level A		완전밀폐형 보호복, 내화학 장갑, 내화학 안전화 일체형	고위험 병원체 오염 의심시	최상등급의 보호가 필요한 경우 착용

(3) 전파경로별 개인보호장비 착용 기준

1) 표준주의: 모든환자를 대상으로 표준주의를 준수한다.
   ① 접촉주의
      가. 노출유형
         - 위장관계, 호흡기계, 피부계, 상처의 감염 등 직접 또는 간접 접촉에 의한 감염을 말한다.
         - 오염된 표면이나 물품과의 접촉을 통한 직·간접전파를 방지
         - 직접접촉: 직접적인 피부 혹은 점막의 접촉을 통하여 미생물이 직접 옮겨감으로써 전파
         - 간접접촉: 환자 주변 물품 혹은 부적절하게 살균·소독 처리된 의료기기 등 매개 물체에 미생물이 옮겨져 있다가 다른 사람이 매개체에 접촉함으로써 전파
      나. 관련 질병
         - 에볼라바이러스, 콜레라, 장티푸스, 파라티푸스, 세균성 이질, 장 출혈성 대장균감염증, 원숭이 두창, A형 간염, Clostridium difficile, 로타바이러스, 옴, 호흡기 디프테리아, 농가 진, 파라인플루엔자, 폴리오, MRSA, MRPA, MRAB, VRSA, VRE, CRE 등
      다. 일반원칙
         - 모든 환자를 대상으로 표준주의를 준수
         - 모든 환자와 접촉하기전 장갑, 마스크, 보호안경을 착용한다.

② 비말주의
  가. 노출유형
    - 일반적으로 5㎛보다 큰 비말 입자가 대화, 기침, 재채기 또는 에어로졸
    ※ 발생 처치 시 구급 대원의 결막, 비강, 구강, 점막 등에 튀어 전파되는 경우를 말한다.
    - 보통 **2m 이내 전파** 가능하며 대화, 기침, 재채기를 통한 비말은 더 많은 거리를 이동할 수 있다.
  나. 관련 질병
    - 중동호흡기증후군(메르스), 인플루엔자, 호흡기 디프테리아, 백일해, 성홍열, 유행성 이하선염, 풍진, 수막구균성 수막염, 리노 바이러스, 코로나19 바이러스, 원숭이 두창 등
  다. 일반원칙
    - 비말로 병원체가 전파되는 경우는 표준주의에 추가로 비말주의를 적용한다.
    - 자가 오염을 방지하기 위하여 자신의 눈, 코, 입의 점막을 손으로 만지지 않는다.
    - 표준주의+KF94 또는 N95 mask 착용 고려
    ※ 에어로졸이 형성될 수 있는 술기 시에는 KF94 또는 N95 mask 착용

③ 공기주의
  가. 노출유형 - 공기
  나. 관련질병: 홍역, 수두, 중증급성 호흡기증후군(사스), 활동성 폐결핵, 파종성 대상포진 등. 표준주의+KF94 또는 N95 mask 착용
  다. 일반원칙: 의학적으로 필요한 경우에만 술기를 시행하고 계획적으로 시행한다.
    • 참여하는 모든 대원은 마스크와 페이스 쉴드 까지 착용
    • 주변의 보호자·관계인을 격리시키고 환기가 가능한 상태에서 시행한다.
    • 수두나 두창, 피부결핵에서 농이 배출되는 경우에는 상처부위의 삼출물이 주변을 오염시키지 않도록 조치한다.

④ **혈액감염**
  가. 노출유형
    - 점막 노출: 눈·코 입에 튄 경우
    - 피부노출: 개방된 상처
    - 전파가능성 있는 체액: 혈액, 정액, 질 분비물, 모유, 양수, 조직, 뇌척수액, 가슴막액 등
    - 비경구적 노출: 주사바늘, 날카로운 물체 베임
  나. 관련 질병
    - HIV(human immunodeficiency virus), **B형간염** ★22년도 기출, C형간염, 공수병, 댕기열, 큐열, 일본 뇌염, 말라리아, 크로이벨트-야코프병, 지카 바이러스 감염증, 매독, 랩토스피라증, 브루 셀라증, 황열 등
  다. 일반원칙
    - 한손으로 주삿바늘을 점검하며 바늘은 사용 즉시 손상성 폐기물통에 폐기한다.
    - 현장활동 중 혈액감염에 노출된 경우 노출부위를 즉시 세척한다.

- 표준주의+필요시 개인 보호장비 추가 고려한다.
라. 현장활동
- 주사바늘에 의한 찔림 사고 발생 위험이 높다
- 침습적인 술기는 각별히 주의를 요한다.
- 구급대원의 안전을 위해 안전 카테터등의 사용을 고려한다.

8. 구급대원 감염병 환자 현장대응

(1) 현장대응 기본(공통)

가. 감염병 환자 대응 단계

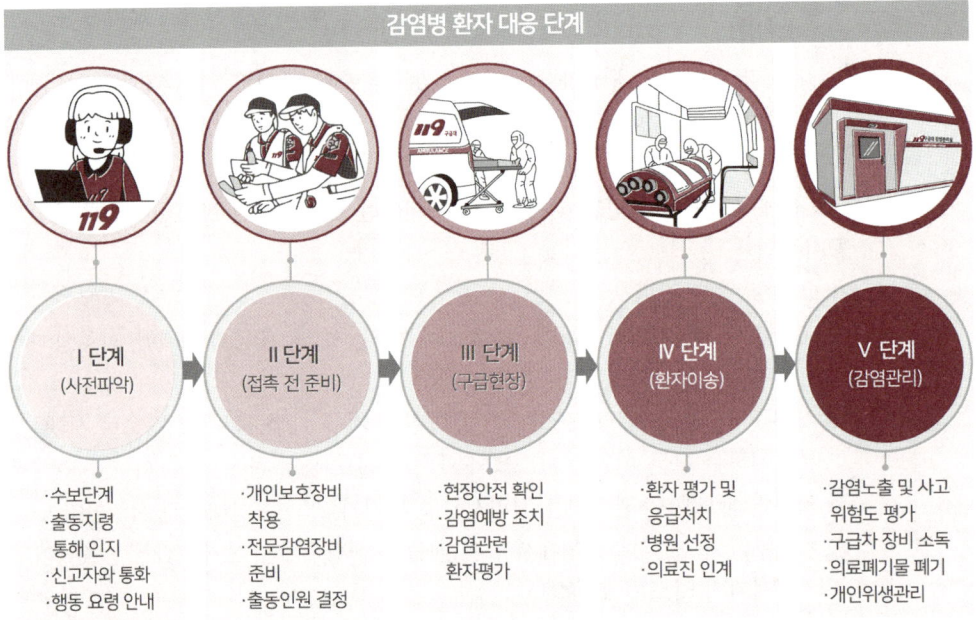

나. 감염병 환자 출동 단계별 흐름도

① 수보(신고접수)	• 감염병 환자 등 수보 체크리스트 작성 • 감염 전담 구급차 또는 일반구급차 차량편성 • 출동대에게 상황전파 및 신고자에게 감염방지 안내
② 출동 전	• 구급차, 구급장비 및 개인위생 관리 • 출동지령에 따른 감염병 인지 • 예상되는 감염병 및 전파경로에 대한 개인보호장비 착용 • 전문감염장비(음압형 이송장비 등) 활용여부 결정 • 출동인원 결정
③ 출동	• 신고자와 통화(감염병 관련 정보 상세 확인) • 행동요령 안내

④ 현장활동	• 현장안전 확인 → 개인보호장비 착용 상태 교차 점검 • 환자 감염병 관련 증상 파악 • 현장대응 기본 및 상황별 대응방법 준수 • 감염예방조치 준수
⑤ 이송	• 환자평가 및 응급처치 • 환자 중증도 평가 및 감염병환자 수용가능 이송병원 선정 • 이송 의료기관에 환자정보 전달
⑥ 병원도착	• 의료진 인계
⑦ 감염관리	• 감염노출 및 사고 위험도 평가 (감염방지 체크리스트 활용) • 구급차, 장비 소독 • 의료폐기물 폐기 • 개인 위생관리

① 119 종합상황실 수보요원은 감염(의심)질환 수보 체크리스트를 통해 환자의 정보를 파악 하고 출동대원에게 전달하여 감염에 대비 할 수 있도록 한다.
② 119 종합상황실 수보요원은 수보단계에서 파악된 상황을 종합적으로 고려한다.
③ **감염전담, 구급차, 음압 이송장비를 보유한 구급차량**을 편성할 수 있다.

(2) 신고자 안내

- 감염병 의심증상이 있는 환자의 경우 신고자에게 출동대원의 개인보호장비 착용으로 인한 출동지연 가능성을 사전에 고지한다.
- 필요시 신고자등에게 환경으로의 감염전파를 방지하기 위한 조치를 안내한다.
  (주변인 접촉금지, 마스크 착용 안내 등)

(3) 병원도착 단계

① 의료진 인계
  - 환자의 현재 주증상, 과거력, 활력징후, 감염관련 증상 등 필요한 정보를 제공
  - 인수인계 준비가 되지 않은 상태에서 환자가 먼저 구급차에서 내리지 않도록 주의한다.
② 환자 및 보호자 설명
  - 필요한 경우, 보호자에게 감염예방을 위하여 환자와 접촉하지 못하도록 구급차 탑승이 제한 될 수 있음을 설명한다.

(4) 감염병 추가 문진

전파 경로에 따라 환자에게 혈액감염(HIV, HBV, HCV등), 비말 또는 공기감염(코로나19 바이러스, 결핵, 홍역, 수두 등), 접촉감염(단순포진, 옴, 노로바이러스 등) 관련 질환이 있는지 추가 문진하여 추가 정보를 파악한다.

(5) 감염성 질병 및 유해물질 등 접촉보고서 작성 기준

• 감염병 확진자와 접촉한 경우(개인보호장비 착용 상태와 상관없이) 그 사실을 안 때부터 소방청

장등에게 48시간이내에 보고하여야 한다. ★(24년 기출)
- 감염병 의심자 이송 후 확진된 경우 그 사실을 알게 된 직후 보고한다.
- 환자(무증상자, 의심자 포함)의 감염원에 노출이 되었거나 의심이 되는 경우
- 주사바늘에 찔리거나 감염성 물체에 베인 경우
- 혈액 또는 기타 감염성 물체가 눈, 점막, 상처에 튄 경우
- 포켓마스크 없이 입 대 입 인공호흡을 시행한 경우
- 기타 구급대원 판단으로 감염의 가능성이 있다고 판단될 때

(6) 보고 절차 및 방법

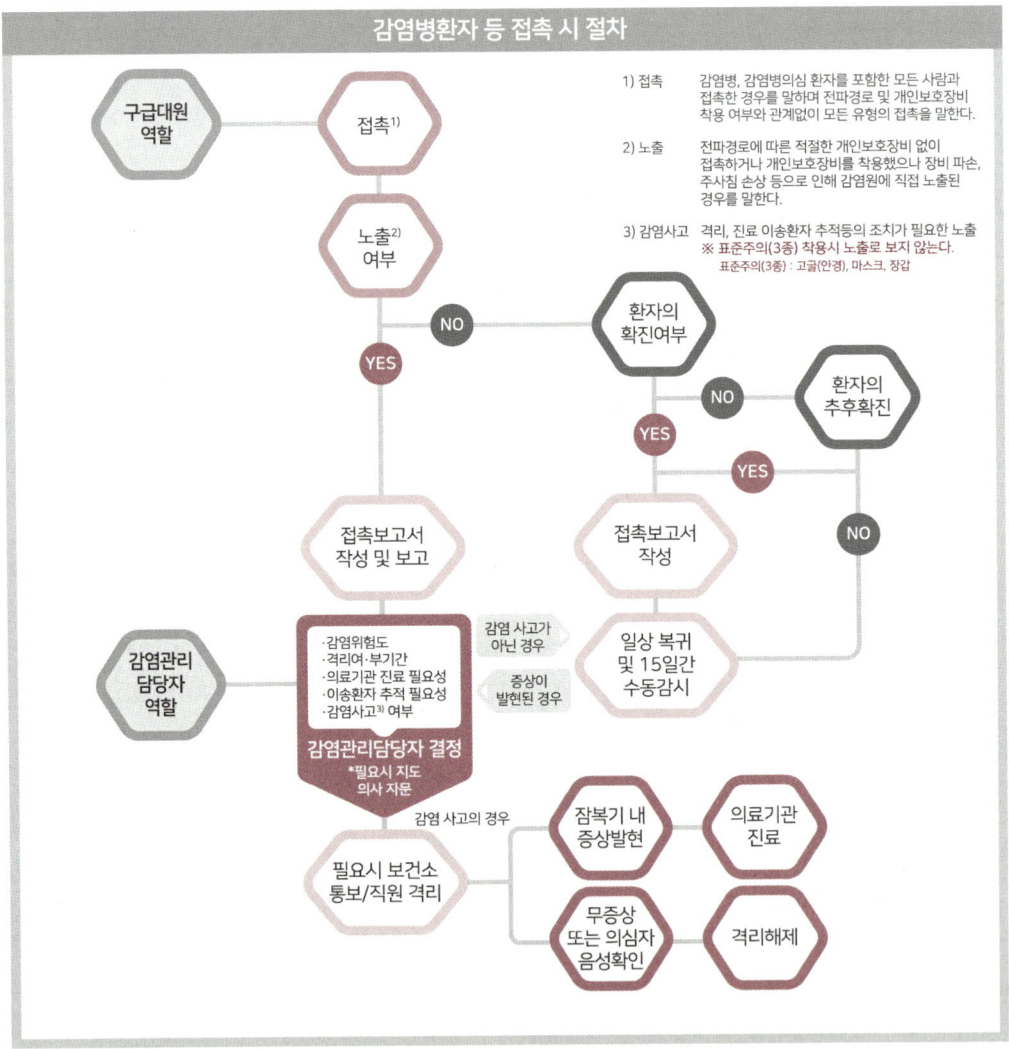

가. 이송한 환자의 감염원에 노출이 된 경우, 노출 즉시 응급처치 및 추가 감염예방 조치를 시행한다.
나. 이송을 마친 뒤 즉시 부서장에게 유선보고, 감염성 질병 및 유해물질 등 접촉보고서를 정해진 작성 방법에 따라 작성 및 보고한다.

다. 보고받은 감염관리담당자는 의료기관에 해당 이송 환자로부터 구급대원이 노출되었음을 알리고, 해당 이송 환자의 감염성 질병 판별(혈청검사 등)을 요청 및 환자정보를 요청 한다.
라. 감염 담당자는 환자의 감염성 질병 판별 결과 및 구급대원 면역 여부 등을 종합적으로 고려하여 구급대원에게 필요에 따라 의료기관 진료 조치, 직무배제, 추적관리 등을 지시할 수 있다.
마. 구급대원은 지정된 모니터링 기간 중 감염 증상을 확인하며 증상 발생 시 즉시 감염관리 담당자에게 보고한다.

9. 소독·멸균 및 구급차량·장비 세척

[흐름도]

	세척	소독 또는 멸균	보관
고/준위험 기구	감염관리실 싱크대 이용하여 세척	멸균	감염관리실 또는 구급차량 적재
비 위험 기구	장비 세척기 또는 싱크대	소독	
피복 및 모포류	세탁기 이용	혈액 매개성 병원균 접촉 시 과산화수소(3~6%)추가 소독	

(1) 소독제

분류	대표 유효성분	사진	유효농도	표면 접촉시간	적용대상
염소계 화합물	차아염소산 나트륨(락스)		0.05%(500ppm)	5분이상	일상 표면소독
			0.1%(1,000ppm)	1분이상	일상 화장실 소독 환자이용공간 표면 및 화장실 소독
			0.5%(5,000ppm)		환자 혈액 및 체액 소독
알코올	에탄올 이소프로판올		70% ~ 90%	1분	일상 및 환자이용 공간 표면소독
			50%		
4급 암모늄 화합물	벤잘코늄 염화물		0.05% ~ 0.5%	10분이상	
과산화물	과산화수소		0.5%	5분이상	
페놀 화합물	클로록실레놀		0.12%	30초이상	

1) 알코올(Alcohol) : 에탄올, 아이소프로판올
   - 아포를 살균할 수 없고 높은 수준의 소독에는 적당하지 않다.
   - 주사 전 피부소독, 손 소독에 사용한다.
   - 인체의 점막 및 피부와 접촉하는 물품의 소독에 흔히 사용한다.
   - 인화성 물질이므로 서늘하고 환기가 잘 되는 곳에 보관하도록 한다.

2) 4급 암모늄염(Quaternary ammonium compounds) : 벤잘코늄 염화물
   - 세척제로는 우수하지만, 면이나 거즈를 사용하는 경우 흡수되어 살균력이 저하된다.
   - 바닥이나 기구, 벽 등의 청소용 환경 소독제로 광범위하게 사용된다.
   - **유기물의 존재 하에서는 살균력이 저하되므로 환자의 배설물 소독에는 부적합하다.**

3) 양성 계면활성제 : 태고액
   - 주로 병원성 세균에 오염된 기구의 오염제거나 환경 표면의 소독, 피부소독에 사용된다.
   - 기구의 소독을 위해 0.5~1%로 희석하여 사용하지만 유기물이 있으면 소독력이 저하된다.
   - **결핵균에는 2% 이상의 농도에서만 유효하다.**

4) 클로르헥시딘 글루코네이트(Chlorhexidine gluconate)
   - 피부에 자극이 적고 잔재 효과가 있다. 알코올이나 증류수에 희석하여 피부 및 점막 소독제로 사용한다.
   - 농도에 따른 사용 지침을 적용한다.
     · 4% CHG : 손 씻기
     · 0.5% 희석액(70% 알코올) : 중환자나 면역 저하 환자의 피부소독·손 소독
     · 0.1~0.5% 희석액(멸균증류수) : 점막 소독

5) 염소 및 염소 화합물 : 차아염소산 나트륨
   - 광범위한 항균 작용, 독성이 잔존하지 않는다.
   - 주로 환경 소독제로 사용되며 1:10~1:100으로 희석하여 사용한다.
   - **직물을 탈색 및 훼손하고 스테인리스 기구를 부식시킬 수 있다.(금속 제품 사용 불가)**
   - 희석액은 밀봉하였다 하더라도 실온방치 시 30일이면 유효 염소량이 40~50%이상 감소한다.

6) 요오드, 아이오도퍼(Iodine and iodophor) : 포비돈, 베타딘
   - 부식 처리되지 않은 금속을 부식시키며, 고무나 플라스틱 제품을 손상, 착색시킨다.
   - 유기물에 의하여 살균작용이 거의 영향을 받지 않으나 낮은 농도에서는 살균력이 저하된다.
   - 10% 용액을 창상 치료나 침습적인 시술을 하기 전 피부 준비에 사용한다.

7) 과산화수소(hydrogen peroxide)
   - 3% 농도로 상품화된 것은 환경 소독제로 사용 시 안정적이고 효과적이다.
   - **소독보다는 괴사조직의 제거를 위해 사용된다.**

- 물품의 소독과 멸균에는 **6% 이상**의 **농도**로 사용된다.
- 충분히 헹구지 않으면 각막손상, 위막성결장염 등이 발생 할수 있다.

8) 폼알데하이드(Formaldehyde) : 포르말린
- 폼알데하이드(포름알데히드)를 **37%의 농도**로 물에 녹인 수용액(포르말린)을 소독제로 사용한다.
- 방부용, 소독살균용으로 사용되며 세균, 바이러스, 곰팡이의 생장을 저해한다.
- 발암성 물질로 **해부 검체 보존용**으로 사용한다.

9) 글루타르알데하이드(glutaraldehyde)
- 높은 수준의 소독제로 **호흡 치료기구**에 사용된다.
- 한 번 활성화한 용액은 밀봉이 잘 된 상태에서 약 14~28일간 유효하다.
- 높은 수준의 소독 효과가 유지되려면 최소 1.0~1.5%의 농도를 유지한다.
- 소독 효과의 지속성은 검사스트립(test strip)으로 매일 검사한다.
- **결핵균을 사멸하려면 실온에서는 2% 농도로 최소한 20분 이상 침적시켜야 한다.**
- 코 출혈, 알레르기성 피부염, 천식, 비염 등의 부작용을 유발할 수 있다.
- 장갑, 보안경 등 개인보호장비를 사용하도록 한다.

(2) 멸균 과정 확인

멸균되었는지를 확인할 방법은 일반적으로 다음의 3가지이다. 이 중 한 가지만으로는 멸균 여부를 판단하기 어려우므로 **적어도 두 가지 이상**을 함께 사용하여야 한다.

기계적/ 물리적 확인	멸균 과정 동안의 진공, 압력, 시간, 온도를 측정하는 멸균기 소독차트를 확인하는 방법이다. 멸균기 취급자는 멸균과정 동안 멸균 사이클을 표시하고 기록계를 확인해야 한다.
화학적 확인	멸균과정과 관련된 하나 혹은 두 가지 이상 변수의 변화에 의해 시각적으로 반응하는 민감한 화학제를 이용하는 방법이다. 이 방법은 멸균과정의 오류 발견이 비교적 쉽고 가격이 저렴하다. 그러나, 멸균상태를 확인하는 것 보다는 포장 물품이 멸균과정을 거쳤는지 확인하는 수준이다.
생물학적 확인	멸균과정 동안 멸균이 잘 안되는 곳에 Bacillus atrophaeus(EO가스멸균) 혹은 Geobacillus stearothermophilus (Bacillus stearothermophilus : 고압증기 멸균) 아포를 포함하는 생물학적 지표를 넣고 멸균을 한다. 멸균 후 biological indicator 내의 세균을 배양하여 멸균 여부를 확인한다.

1) 멸균 방법
① 고온과 화학적 제제를 이용한 방법으로 분류한다.
② 열을 이용한 방법에는 고압증기멸균(steam sterilization), 신속 멸균(flash sterilization), 건열 멸균(dry heat sterilization)이 있으며, 저온 멸균에는 가스멸균, 플라스마 가스멸균, 과초산 멸균, 오존 멸균, 이온화 방사선 멸균, 액체화학제 멸균 등이 있다.

구분	장점	단점
과산화수소 플라즈마 가스멸균	• 환경과 의료인에게 안전 • 잔류 독성 없음 • 28~73분의 작용 시간 • 정화 시간 필요 없음 • 50℃ 이하에서 작용 • 열과 습도에 민감한 물품에 사용 가능 • 조작과 설비, 감시 쉬움 • 대부분의 사용 가능	• 섬유질(종이), 리넨, 액체는 사용할 수 없음 • 모델에 따라 멸균 용적 다양 • 관이 길거나 좁은 경우는 부적합(제조사의 권장 사항 확인) • 합성 팩(포장지 polypropylene, 봉투 polyolefin)이나 특수 용기 필요 • 노출 기간 중 pH의 농도가 1PPM 이상 되면 독성의 가능성 있음
과초산 멸균	• 빠른 시간 • 낮은 온도(50~55℃)에서 침적 • 환경과 의료인에게 안전 • 광범위한 기구나 물건에 적합성이 좋음 • 기구 표면에 혈액이나 조직이 유착되게 하지 않음 • 표준화된 소독 주기	• 알루미늄으로 코팅된 것을 무디게 함 • 침적할 수 있는 기구에만 사용 • 1회 1개의 내시경 혹은 적은 양만 멸균 가능함 • 다른 소독제에 비해 고가의 비용 • 사용자의 눈과 피부 손상(특히 농축된 경우) • 사용 직전 멸균, 멸균 후 보관 기간이 짧음
증기멸균	• 환자, 직원, 환경에 독성 없음 • 멸균 적용 대상이 광범위 • 짧은 시간에 멸균 가능 • 경제적임	열에 민감한 기구에 해를 미침, 습열의 침투가 어려운 물품에는 부적합 (예: 바셀린, 오일 등) 물기가 남아 있으면 부식의 원인이 될 수 있음 화상 위험 있음
건열멸균	• 환자, 직원, 환경에 독성 없음 • 전체과정의 관리 및 감시가 쉬움 • 증기 침투가 불가능하고 분해되지 않는 기구의 고온멸균에 효과적임 • 유리의 표면을 부식시키지 않음	• 열에 불안정한 기구에 해를 미침 • 침투시간이 길고 속도가 느림
EO 가스멸균	• 포장 재질이나 기구의 관속으로 투과 • 일회용 카트리지의 경우 음압인 체임버(chamber)에서 가스 누출이나 EO 노출없이 위험을 최소화하면서 사용 가능 • 조작과 감시가 쉬움 • 대부분의 의료 재질과 적합성 높음	• 잠재하는 EO 가스 제거를 위해 정화 필요 • EO 가스 독성, 발암성, 가연성임 • EO 가스 방출에 대한 규정에 따름 • EO 가스의 카트리지는 가연성 액에 보관장에 저장해야 함 • 적용 주기와 정화 시간이 김

[의료기관에서의 소독과 멸균 지침-질병관리청]

③ 소독 및 멸균장비의 종류

자외선 소독기: 대부분 제조사에서 권장되는 온도와 시간을 설정하여 적절한 소독과 건조를 동시에 수행할 수 있다.

- 제조사마다 **다른 램프**를 사용하기 때문에 제조사의 **권장시간**을 따른다.
  소독기 내부에서 반사광을 포함하여 램프의 빛이 직접 닿는 표면에만 소독효과가 있다. 소독할 물건을 소독해야 될 **면이 위쪽**을 향하도록 위치시킨다.
- 자외선램프에서 방출되는 파장은 눈과 피부에 닿으면 화상을 일으킬 수 있어 주의가 필요하나 대부분의 소독기는 문을 열면 램프가 꺼지고 문을 닫으면 램프가 켜지도록 되어있다.

2) 멸균장비

➕ 멸균장비에 따른 분류

	고압증기	EO가스	플라즈마
적용 물품	열, 증기, 압력이나 습기에 손상을 받지 않는 기구	기구 내관의 크기나 길이에 제한을 받지 않으며 열과 습기에 약해서 고온에서 멸균할 수 없는 물품	열에 약한 기구에 적용
비적용 물품	• 100℃이상의 고온에서 견딜 수 없는 제품(부식되는 재질, 예리한 칼날) • 젤라틴으로 만들어진 캡슐, 분말 등 • 바셀린, 오일 등	• 물기가 있는 물품 • 가죽 물품	• 파우더, 종이, 린넨과 같은 흡수성 물질과 오일
장점	• 독성이 없음 • 짧은 시간 • 경제적 • 멸균 적용 대상이 광범위	• 대부분의 의료재질과 접합성 높음	• 잔류 독성 없음 • 정화시간 필요 없음 • 열과 습도에 민감한 물품에 사용 가능 • 대부분의 의료기구 사용 가능
단점	• 물기가 남아 있으면 부식의 원인이 될 수 있음 • 화상의 위험 • 열에 민감한 기구에 해를 미침	• EO가스 독성, 발암성, 가연성임 • 적용주기와 정화시간이 김	• 종이, 린넨은 사용 불가능 • 합성 팩이나 특수 용기 필요
주의사항	멸균 물품은 배기와 건조 된 후 기구가 상온으로 냉각되었을 때 꺼낸다	멸균기 내 안의 공기가 완전히 정화된 후 물품을 꺼낸다	멸균기 사용 후 냄새가 난다면 반드시 멸균기를 점검해야 한다

① 고압증기 멸균기

증기의 기본온도는 100℃이지만 압력이 증가하면 온도는 121℃까지 상승한다. 고압증기 멸균에 의한 고열은 대부분의 세균을 즉시 사멸시키며 저항력이 강한 아포형성 세균도 20~30분 안에 사멸한다.

- 멸균할 물품을 건조시킨 후 포장한 후 소독기의 문을 열고 물품을 넣는다.
- 소독기 속의 장비 또는 물품은 충분히 열에 노출되어야 하므로 너무 많이 넣거나 단단하게 묶으면 열의 노출을 억제할 수 있다.
- 전원을 켜고 온도와 시간을 설정한다.
  (115 ℃에서 30분, 121 ℃에서 20분, 126 ℃에서 15분)
- 멸균이 완료되면 소독기 문을 열고 배기와 건조 후 물품을 꺼낸 후 확인한다.

② EO가스 멸균기

독성가스(Ethylene Oxide Gas)를 사용하여 38~55도의 저온에서 멸균시키는 저온멸균법으로 가스상태 혹은 분무상태로 분무기구에 묻은 병원균 및 미생물을 제거하는 화학적인 멸균 방법

③ 플라즈마 멸균기

50%정도의 과산화수소(Hydrogen peroxide) 수용액을 이용해 약 40~60분 만에 완료되

는 멸균방법

- 멸균기 사용 전에 멸균제의 인체접촉을 방지하기 위해 반드시 라텍스, 비닐장갑, 방수 장갑 및 보안경 등 개인 안전장비를 착용해야 한다.
- 소독할 장비를 깨끗이 세척 및 건조를 실시하고 전용 멸균포 또는 파우치를 이용하여 포장 한 후 트레이에 올리고 챔버 안에 적재한다.
- 멸균대상물을 트레이 위에 놓을 때 서로 겹쳐 쌓아서는 안되며, 또한 트레이 위에 다른 트레이를 쌓아서 적재 하지 않아야 한다.
- 과산화수소 카트리지를 삽입하고 문을 닫는다.
- 전원버튼을 켜주고 메뉴버튼을 눌러 원하는 멸균모드를 선택 후 시작버튼을 눌러준다.
- 멸균이 완료되면 개인보호 장비를 꼭 착용 후 카트리지를 분리하여 의료용 폐기물로 처리한다.
- 액체 또는 액체를 흡수하는 물질은 사용할 수 없다.
  (나무, 린넨, 거즈, 종이, 스펀지 등)

➕ 멸균 및 소독방법(의료기관 사용 기구 및 물품 소독 지침)

	멸균	높은 수준의 소독	중간 수준의 소독	낮은 수준의 소독
대상	고위험기구	준위험기구	일부 준위험기구 및 비위험기구	비위험기구
노출 시간	각 방법 마다 ( )안에 표시	20℃ 이상에서 12–30분	1분 이상	1분 이상
종류 및 방법	고열멸균 : 중기 혹은 고열의 공기(제조업자의 권고사항 준수, 증기멸균의 경우 3–30분)	글루타르알데히드 혼합제품(1.12% 글루타르알데히드 + 1.93% 페놀, 3.4% 글루타르알데히드 + 26% 이소프로판올 등)	에탄올 또는 이소프로판올 (70–90%)	에탄올 또는 이소프로판올 (70–90%)
	에틸렌옥사이드 가스 멸균 (제조업자의 권고사항 준수, 1–6시간의 멸균시간과 8–12시간의 공기정화 시간 필요)	0.55% 이상의 올소–프탈알데하이드	차아염소산 나트륨 (1:500으로 희석하여 사용, 검사실이나 농축된 표본은 1:50으로 희석)	차아염소산 나트륨 (1:500으로 희석하여 사용)
	과산화수소 가스프라즈마(제조업자의 권고사항 준수, 내관 구경에 따라 45–72분)	7.5% 과산화수소	페놀살균세정제 (제조회사 지침에 따라 희석)	페놀살균세정제 (제조회사 지침에 따라 희석)
	글루탈알데히드 혼합제품(1.12% 글루타르알데히드 + 1.93% 페놀, 3.4% 글루타르알데히드 + 26% 이소프로판올 등) (온도와 농도 유의, 20–25℃에서 10시간)	과산화수소/과초산 혼합제품(7.35% 과산화수소 + 0.23% 과초산, 1% 과산화수소 + 0.08% 과초산)	아이오도퍼 살균 세정제 (제조회사 지침에 따라 희석)	아이오도퍼 살균 세정제 (제조회사 지침에 따라 희석)
	7.5% 과산화수소 (6시간)	세척 후 70℃에서 30분간 습식 저온 살균	–	4급 암모늄세정제 (제조회사 지침에 따라 희석)
	0.2% 과초산(50–56℃에서 12	차아염소산염(사용장소	–	–

| | | 분) 과산화수소/과초산 혼합제품(7.35% 과산화수소 + 0.23% 과초산, 1% 과산화수소 + 0.08% 과초산) (3-8시간) | 에서 전기분해로 제조된 것으로 활성 유리염소가 650-675ppm 이상 함유) | |

➕ 물품의 위험도에 따른 소독 및 멸균

	고위험물품	준위험물품	비위험물품
특성	무균상태의 조직 또는 혈관계에 삽입되는 것들	점막이나 손상이 있는 피부에 접촉하는 품목	손상이 없는 피부와 접촉하는 물품, 점막에 사용하지 않는 것들
종류	기관삽관 세트, 분만세트 등	기도기, 호기말 이산화탄소 측정기, 백밸브마스크 등	심전도감시장치, 머리고정대, 부목, 보온모포, 산소포화도측정기 등
소독 방법	고열멸균 : 증기 혹은 고열의 열기 • 증기 멸균의 경우 3-30분	7.5% 과산화수소 • 20도 이상에서 12-30분	에탄올 또는 이소프로판올 (70-90%) • 1분 이상
	EO가스 멸균 • 제조업자의 권고사항 준수 • 1-6시간의 멸균시간과 8-12시간의 공기정화 시간필요	세척 후 70도에서 30분간 습식 저온 살균	차아염소산나트륨(1:500으로 희석하여 사용) • 1분 이상
	플라즈마 소독 • 제조업자의 권고사항 준수 • 내관 구경에 따라 45-72분	글루타르알데히드 혼합제품 • 20도 이상에서 12-30분	

10. 구급차량 내부 세척 및 소독

(1) 소독의 흐름

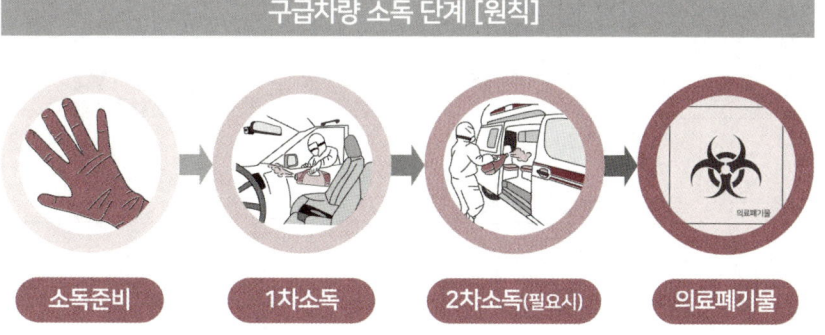

구급차량 소독 단계 [원칙]

소독준비 → 1차소독 → 2차소독(필요시) → 의료폐기물

(2) 소독 단계

1) 소독준비

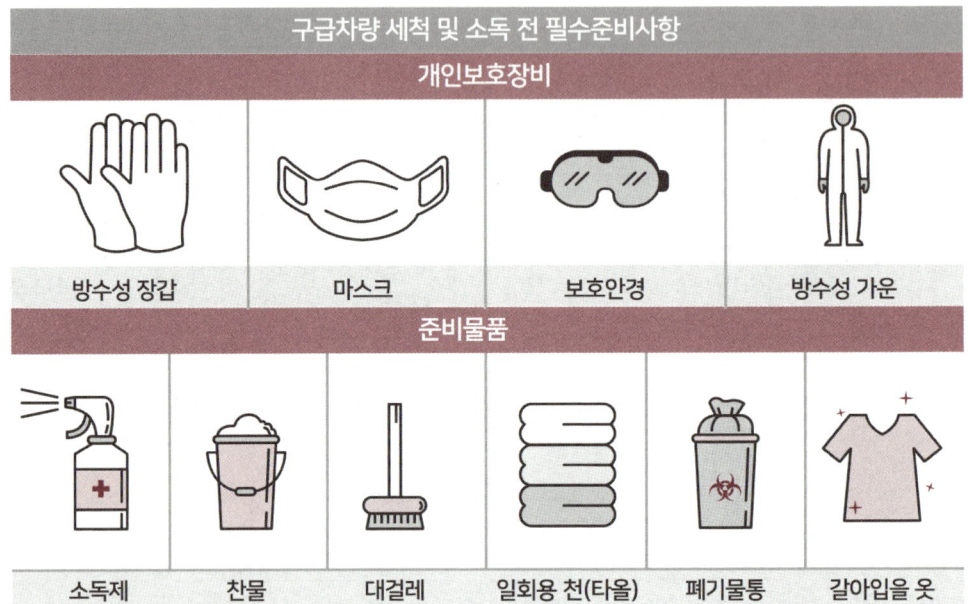

2) 소독환경

   의료기관과 사전협의시 의료기관의 지침에 따른다.
   귀소 후 청사에서 소독시 차고 밖에서 실시

3) 1차소독

   1차소독은 감염증상을 나타내지 않는 무증상 환자를 포함하여 표준적으로 실시.

   ① 소독시기 및 장소

시기	장소
이송	– 협의된 의료기관 – 감염관리실을 보유한 센터 – 시도 여건에 따라 지정된 장소
미이송	– 감염관리실을 보유한 센터 – 시도 여건에 따라 지정된 장소 – 기타 구급대원 판단

   ② 세척 및 소독 방법
   - 소독 전 개인보호 장비를 착용하고 의료폐기물의 폐기 방법을 결정하며 사용할 소독제 등을 준비한다.
   - 소독 전·중·후 환기를 위해 구급차량 모든 문을 개방한다.
   - 소독제의 종류별 특성 및 용도 등을 고려하여 소독을 실시하며 환자가 이용한 공간(구역)

의 경우 표면소독을 원칙으로 한다.
- 준비된 소독제(희석된 차아염소산나트륨등)로 천(헝겊,거즈 등)을 적신 후 오염부위를 닦으며 깨끗한 물로 적신 천을 이용하여 한번 더 표면을 닦는다. 금속 재질이나 전자장비 등 (구급단말기, 핸드폰 등)은 70%알코올을 사용 소독한다.
- 에어로졸이 생성되거나 튀는 것을 방지하기 위해 표면 청소 및 소독을 할 때는 지속적으로 닦는 방법을 권고한다.
- 환자의 토사물, 혈액, 대소변 등으로 구급차량이 오염된 경우 1차 소독은 적합하지 않으며 시도별로 지정된 장소 또는 센터에 귀소하여 소독한다.

4) 2차 소독(귀소 후)

① 2차 소독이 필요한 경우
1. 감염병확진자 또는 확진이 의심되어 격리실로 이송이 된 환자의 현장 활동 종료 후
2. 1차 소독만으로 완전하지 않은 경우(다량의 혈액이나 체액으로 인한 오염 시 등)
3. 감염병 유행상황에서 별도의 지침이 있는 경우
4. 기타 구급대원의 판단으로 추가 소독이 필요하다고 인정되는 경우
   - 2차 소독이 필요한 경우 지정된 소독 장소로 이동 시 감염 확산을 방지하기 위해 다른 곳으로 경유를 금지한다.
   - 2차 소독이 필요하다는 내용을 119종합상황실에게 통보하며 소독 종료 후 재출동 준비 완료 시까지 출동불가 상태로 전환한다.

② 세척 및 소독 방법
- 혈액 및 체액 오염 시 : 혈액이나 체액을 엎지른 경우는 장갑이나 적절한 보호구를 착용하고 주의하여 제거한다.
- **소량**(10ml미만)의 혈액이나 체액이 구급차량 내에 쏟아진 경우는 HBV(Hepatitis B Virus)나 HIV(Human Immunodeficiency Virus)사멸력이 있는 낮은 수준의 소독제를 이용하여 혈액이나 체액이 완전히 닦이도록 한다.
  ⇒ 차아염소산나트륨 사용 시 1:00(소독제 원액5% 기준)으로 희석하여 유효염소 농도를 0.05%또는 500ppm으로 만든다.
- **다량**(10ml이상)이 쏟아진 경우는 먼저 흡수성이 있는 티슈나 일회용 타올 등으로 혈액이나 체액을 흡수시켜 방수비닐에 넣어 폐기하고, 그 부위는 중간 수준 소독제(결핵 사멸력이 있는 소독제, 소독제 제품 실험성적서를 확인)를 이용하여 혈액이나 체액이 완전히 닦이도록 한다.
  ⇒ 차아염소산나트륨 사용 시 1:10(소독제 원액 5%기준)으로 희석하여 유효염소 농도를 5,000p pm으로 만든다.

최종 염소 농도	용도	희석액 만드는 방법(5% 원액 농도 락스 사용)	
		500mL 생수통 활용	2L 생수통 활용
500ppm (0.05%)	일반	500mL 빈 생수통을 섞는다. : 원액 5mL + 냉수 495mL	2L 빈 생수통을 섞는다. : 원액 20mL + 냉수 1,980mL

1,000ppm (0.1%)	구토·배설물·분비물 오염	500mL 빈 생수통을 섞는다. : 원액 10mL + 냉수 490mL	2L 빈 생수통을 섞는다. : 원액 40mL + 냉수 1,960mL
5,000ppm (0.5%)	혈액·체액 오염	500mL 빈 생수통을 섞는다. : 원액 50mL + 냉수 450mL	2L 빈 생수통을 섞는다. : 원액 200mL + 냉수 1,800mL

- 압축 공기(에어콤프레셔)의 사용은 출동 전 단계에서 구급차량 먼지 제거 등 청소에 적합하며 환자를 이송한 뒤 사용하게 되면 감염성 물질을 에어로졸화 시킬 수 있어 금지한다.
- 세탁물은 세제를 넣고 71℃이상에서 25분간 세탁하며, 이때 대부분의 병원성 미생물이 제거된다.
- 혈액이나 배설물, 체액, 분비물 등으로 오염되었거나 감염성 환자가 사용한 세탁물은 일반 린넨 과는 별도로 세탁한다.

5) 의료폐기물 폐기 시 주의사항

① 의료폐기물을 모을 때는 비닐의 2/3 이상 채우지 않도록 하고 단단히 묶는다.
   * 상자형 용기는 2/3 이상으로 넣을 수 있음.
② 격리의료폐기물을 넣은 전용용기는 용기를 밀폐하기 전에 용기의 내부를, 처리하기 위하여 보관시설 외부로 반출하기 전에 용기의 외부를 각각 **약물소독**을 해야 한다.
③ 의료폐기물 분리배출

➕ 의료폐기물 종류별 전용용기 및 보관기간

종류	전용용기	도형색상	배출자 보관기간
격리의료폐기물	상자형(합성수지)	붉은색	7일
손상성의료폐기물	상자형(합성수지)	노란색	30일
일반의료폐기물	봉투형	검정색	15일
	상자형(골판지)	노란색	15일

구분	대상	용기
일반의료폐기물	혈액·체액·분비물·배설물이 함유되어 있는 탈지면, 붕대, 거즈, 일회용 기저귀, 생리대, 일회용 주사기, 수액세트	봉투형 용기 또는 골판지류 상자 용기(노랑)
격리의료폐기물	감염병으로부터 타인을 보호하기 위하여 격리된 사람에 대한 의료행위에서 발생한 일체의 폐기물	합성수지료 상자 용기(빨강)

손상성의료폐기물	주사바늘, 봉합바늘, 수술용 칼날, 한방침, 치과용 침, 파손된 유리재질의 시험기구	손상성 폐기물 전용용기 (노랑)
일반폐기물	의료기기 및 의약품 포장용기, 백신·항암제·화학 치료제 및 혈액 등과 혼합 또는 접촉되지 않은 단순 포도당 등 링거백(수액팩 또는 병), 이송 환자·보호자가 배출하는 일반폐기물	일반 쓰레기

11. 감염관련 장비

(1) 음압형 이송장비

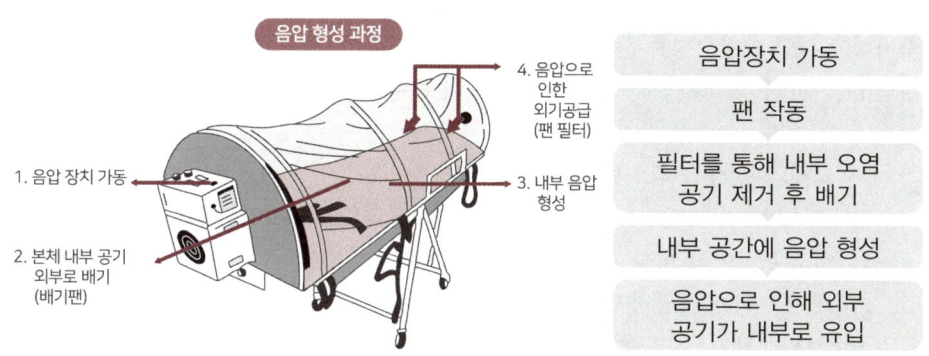

주의사항)

음압형 이송장비 사용 시 최소 2인 이상 탑승체제 유지

- 이송환자의 심리적 안정, 돌발상황(장비 미작동 및 응급상황)을 대비하여 구급대원 1인은 처치실에 동승할 것.
- 유관기관(보건소 및 의료기관의 관계자) 관계자 탑승 시 처치담당 구급대원은 동승석 탑승하여 안전운전 보조
- **경고음 작동 시**(적색 LED)는 음압이 정상적으로 형성되지 않음을 의미하며, 다음의 조치를 취한다.
   1) 지퍼가 전부 닫혀 있는지 확인한다.
   2) 본체와 차압센서 호스 연결이 적정한지 확인한다.
   3) 외관상 손상된 부분이 없는지 확인한다.
- 장비 보관 및 운반 시 거꾸로 뒤집히지 않도록 하며 파손에 주의한다.
- 보조 전원인 건전지 사용은 응급상황 이외에는 운전 전원으로 사용하지 않는다. (보조 전원은 사용시간 1시간 이내이며 여분의 건전지나 메인 전원 충전을 준비한다)

➕ 음압형 이송장비 사용기준

음압형 이송장비 사용기준	사용이 불가능한 예외경우
- 감염병 확진환자 중 전파경로가 공기주의 또는 비말주의인 질환자(공기주의 : 홍역, 수두, 중증급성 호흡기증후군(사스), 활동성폐결핵, 파종성대상포진(비말주의 : 중동호흡기 증후군(메르스), 인플루엔자, 호흡기 디프테리아, 백일해, 성홍열, 유행성이하선염, 풍진, 수막구균성 수막염, 리노바이러스, 코로나19바이러스 등) - 감염병 의심환자 중 구급대원의 판단에 따라 음압형이송장비의 사용이 필요하다고 인정되는 자(장거리 이송 등)	- 폭력적인 주취자 또는 정신질환자 등 음압형 이송장비 내로 들어가 협조적인 치료를 받을 수 없는 경우 - 폐쇄공포증이나 불안감으로 중증의 심리적인 거부반응이 있는 경우.(단순 불안감 또는 답답함 제외) - 심정지, 중증외상 등 생명에 위협을 초래하는 증상으로 이송 중 적극적인 치료가 필요한 경우.

(2) 음압구급차

감염병 환자등의 안전한 이송을 위한 음압 설비 및 의료장비를 갖춘 구급차

음압 구급차 소독 방법 및 유의사항

① 음압 필터 관리를 주기적으로 시행하고, 필터 교체 시 음압 필터의 사양·규격·교체 방법 등을 숙지하고 감염 예방수칙을 준수함.
② 감염병 확진(의심) 환자 이송 시마다 소독지침 준수
③ 필터 교체 주기
  가. **1년 교체(일반적)** : 감염병 확진(의심) 환자 이송
  나. **수시 교체** : 1년 미만이더라도 차량 운행시간도래(2,000시간) 또는 **음압 조절기 설정 후 음압이 50Pa 이상 형성 안 될 경우**(기능장애)
  다. **2년 교체** : 위에 해당하지 않는 일반 환자만 이송
④ 음압 필터 교체(폐기) 시 소독 절차
  야외환기(10분) → 소독제 등 준비 → 표면소독 → 음압 필터교체(폐기) → 표면소독 → 음압(10분) → 야외환기(30분 이상)
⑤ 교체한 폐기용 필터는 단단히 밀봉하여 폐기물 처리 절차를 따름
  • 헤파(HEPA) 필터: 비말의 크기는 **0.5㎛ 이며** 헤파필터는 공기 중에 있는 0.3㎛ 크기의 입자를 99.97% 이상 거를 수 있다.
  • 전동식 호흡보호구-PAPR (Powered Air Purifying Respirator) 호흡전염성 병원균등 오염된 외부 공기를 필터를 통해 정화시켜 깨끗한 공기를 공급.
  • 멸균증류수팩: 습식 산소를 제공하기 위한 멸균 증류수. 일회용으로 관리가 용이하다.

(3) SSG 4 구조·구급대원 감염관리 표준지침

1) 평상 시 감염관리

소방본부장 및 소방서장: 소방공무원의 건강·후생에 대한 총괄관리 책임

2) 감염병 의심환자 이송 시 주의사항

① 개인보호장비 착용 철저
② 모든 환자를 대상으로 **표준주의 적용** 및 **3종 개인보호장비** 착용
   3종 개인보호장비 – 보호안경(개방형 또는 폐쇄형), 마스크(KF-AD 또는 수술용), 장갑(비멸균 장갑)
③ 현장 상황에 따라 구급대원 판단으로 개인보호장비 추가착용 또는 등급 상향
④ 운전자는 안전운행에 방해가 되는 경우, 운전 중 보호안경 착용 완화 가능(단, 환자 접촉 시 3종 개인보호장비 이상 착용)

3) 감염성 물질에 노출시 역할

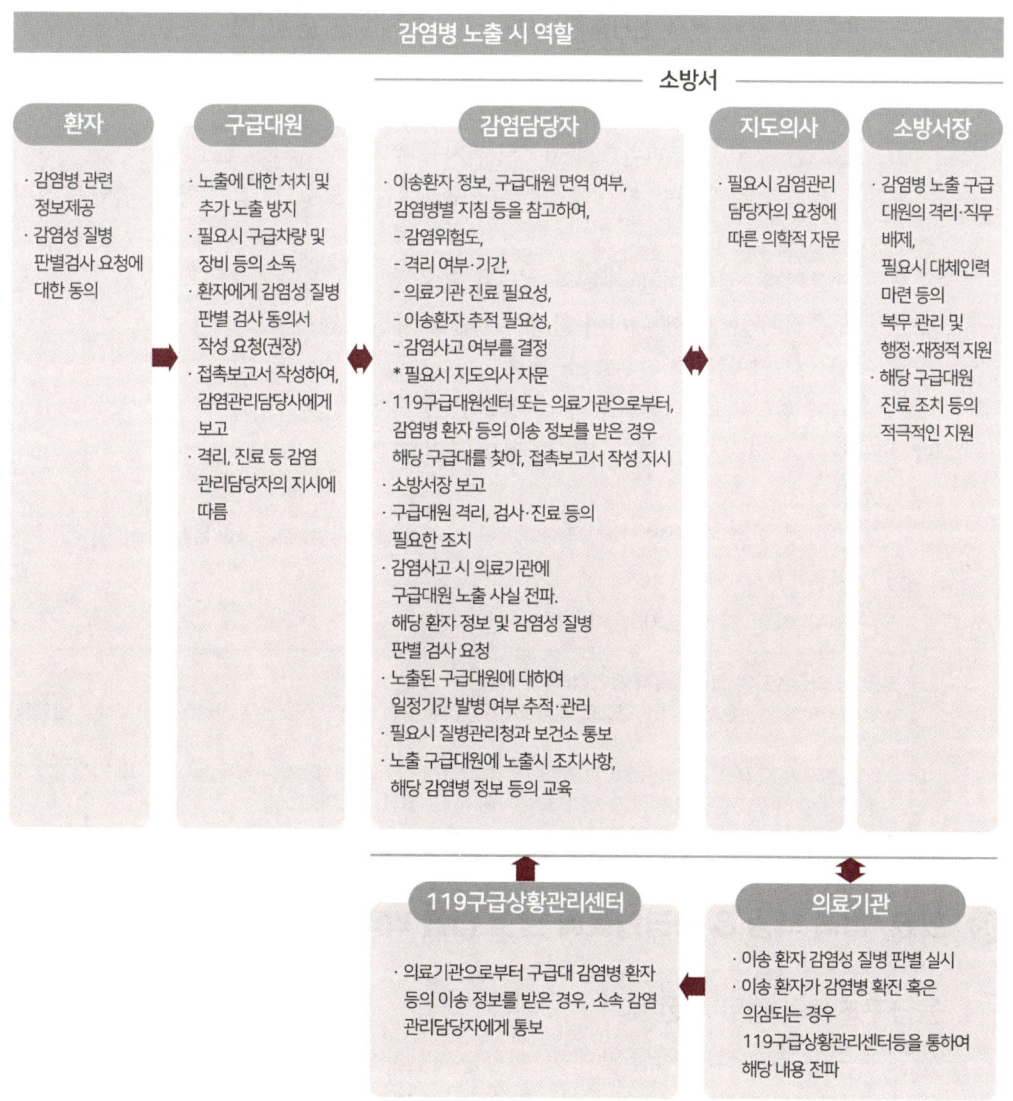

① 구조·구급대원
  노출되었거나 감염병 확진자와 접촉한 경우 감염성 질병 및 유해물질 등 접촉보고서 작성, 구조·구급대장(안전센터장), 구조·구급팀장에게 보고, 구조·구급팀장 결정에 따른 조치 이행. 필요 시 구급차량 및 장비 등의 소독
② 구조·구급대장(안전센터장)
  감염성 질병 및 유해물질 등 접촉보고서를 검토, **감염관리담당자 및 소방서장**에게 보고
③ 구조·구급팀장
  감염성 질병 및 유해물질 접촉 보고서 또는 다른 방법으로 감염병 노출에 대하여 **보고받은 경우**
  - 감염위험도, 격리여부·기간, 의료기관 진료 필요성, 이송환자 추적 필요성, 감염사 고 여부 판단 ⇒ 필요시 **지도의사 자문**
  - 소방서장에게 보고
  - 구급대원 격리, 검사·진료 등의 필요한 조치
  - 필요한 경우, 의료기관으로 이송된 환자를 추적
  - 의료기관 측에 해당 이송 환자로부터 구급대원이 노출되었음을 통보, 감염성 질병 판별 요청(혈청검사 등)
  - 의료기관으로 하여금 이송 환자 정보 요청
  - 노출된 구급대원에 대하여 일정기간 발병 여부 추적·관리
  - 필요시 질병관리청과 보건소 통보
  - 감염 위험도 낮은 경우 일상 복귀 및 15일간 수동감시
  - 노출 시 조치사항, 해당 감염병 정보 등의 교육
④ 소방서장
  - 감염병 노출 직원 격리·직무배제, 필요시 대체인력 마련 등의 복무관리 및 행정·재정적 지원
  - 해당 직원 진료 조치 등의 적극적인 지원

> **감염병 의심환자의 밀접접촉자 자가격리 해제기준**
> - 의심환자가 확진환자가 아닌 것으로 최종 확인된 경우, 밀접 접촉한 직원은 자가격리를 해제하고 일상생활 복귀 가능
> - 의심환자가 확진환자로 최종 확인된 경우, 밀접 접촉한 직원이 의심환자와 접촉한 날로부터 일정기간 모니터링을 완료하였고 증상이 없다면 자각결리를 해제하고 일상생활 복귀 가능

05 의료/법적 책임 & 응급의료에 관한 법률 각각 하위법령 포함)

1. 응급구조사의 업무 제한

응급구조사는 응급상황시 상담 및 구조, 이송등 자신의 업무범위에 해당하는 처치를 할 수 있으나 1급응급구조사의 업무범위에 해당하는 응급처치는 반드시 의사의 지시를 받고 수행 할 수 있다.

다만 통신의 두절이나 불능으로 인하여 지시를 받을 수 없는 상황에서는 그렇지 않다.

2. 민사책임과 형사책임의 면책

1) 선의의 응급의료에 대한 면책(제5조의2): 선한사마리아인의 법률

생명이 위급한 응급환자에게 다음 각 호의 어느 하나에 해당하는 응급의료 또는 응급처치를 제공하여 발생한 재산상 손해와 사상에 대하여 고의 또는 중대한 과실이 없는 경우 그 행위자는 민사책임과 상해에 대한 형사책임을 지지 아니하며 사망에 대한 형사책임은 감면한다. 〈개정 2011.8.4.〉

① 다음 각 목의 어느 하나에 해당하지 아니하는 자가 한 응급처치
   가. 응급의료종사자
   나. 「선원법」 제86조에 따른 선박의 응급처치 담당자, 「소방기본법」 제35조에 따른 구급대 등 다른 법령에 따라 응급처치 제공의무를 가진 자.
② 응급의료종사자가 업무수행 중이 아닌 때 본인이 받은 면허 또는 자격의 범위에서 한 응급의료
③ 제1호 나목에 따른 응급처치 제공의무를 가진 자가 업무수행 중이 아닌 때에 한 응급처치
[전문개정 2011.8.4.]

2) 응급처치 및 의료행위에 대한 형의 감면(제63조)

① 응급의료종사자가 응급환자에게 발생한 생명의 위험, 심신상의 중대한 위해 또는 증상의 악화를 방지하기 위하여 긴급히 제공하는 응급의료로 인하여 응급환자가 사상에 이른 경우 그 응급의료행위가 불가피하였고 응급의료행위자에게 중대한 과실이 없는 경우에는 정상을 고려하여 「형법」 제268조의 형을 감경하거나 면제할 수 있다.
② 제5조의 2제1호 나목에 따른 응급처치 제공의무를 가진 자가 응급환자에게 발생한 생명의 위험, 심신상의 중대한 위해 또는 증상의 악화를 방지하기 위하여 긴급히 제공하는 응급처치(자동 심장충격기를 사용하는 경우를 포함)로 인하여 응급환자가 사상에 이른 경우 그 응급처치행위가 불가피하였고 응급처치행위자에게 중대한 과실이 없는 경우에는 정상을 고려하여 형을 감경하거나 면제할 수 있다. 〈개정 2016·5·29〉

3. 응급구조사의 의무

1) 비밀유지의 의무(환자의 병력, 상태, 치료에 관한 정보)

응급구조사는 직무상 알게 된 비밀을 누설하거나 공개해서는 안된다.
예외조항) ① 환자가 서면으로 동의했을 때
        ② 법정에 소환, 법률관련기관에 출두 명령시
        ③ 서비스개선 또는 응급처치와 관련하여 타 전문직과 상의할 때
        ④ 담당 간호사와 의사에게 인계할 때
        ⑤ 의료보험 청구양식을 써야 할 때

2) 구조와 처치를 해야 하는 행동의 의무

① 응급의료기관등에서 근무하는 응급의료종사자는 응급환자를 진료할 수 있도록 응급의료 업무에 성실히 종사해야 한다.

② 응급의료종사자는 업무 중에 응급의료를 요청받거나 응급환자를 발견시 즉시 응급의료를 하여야 하며 **정당한 사유없이 이를 거부하거나 기피하지 못한다.** ★기출

4. 이송에 관한 동의

구급대원은 행동을 하기전에 환자나 보호자의 동의를 받아야 한다.

동의에는 **명시적, 묵시적, 비자발적** 동의로 나뉜다.

명시적 동의란 환자에게 처치과정과 처치도중에 일어날 수 있는 일들을 설명하는 것. 묵시적 동의란 동의를 할 수 없거나 의식이 없는 환자인 경우에 동의를 얻은 것으로 간주하는 경우이다. 이런 경우 보호자에게 동의를 얻는 것이 바람직하다.

아동이나 정신적으로 무능력한 성인에 대한 동의를 얻는 것은 생명이 위태롭거나 급박한 상황에서 묵시적으로 처치가 시작될 수 있는 것을 말한다. 이때는 묵시적 동의가 적용된다.

비자발적 동의는 감염병 환자나 정신질환자에게 적용된다.

5. 이송에 관한 거부

1) '119법' 제13조, 동법 시행령 제20조, 제21조, 동법 시행규칙 제11조, 제12조에 해당하는 경우, 구급활동을 거절할 수 있으며 해당 상황별 지침을 참고한다.

2) 구급대원이 구급활동 제공 또는 이송을 거부하는 사례에 해당하는 경우, 신고자에게 법령에서 명시하는 내용을 설명한다. 만일, 상황 처리가 곤란한 경우 지도의사에게 의료지도를 요청하여 받는다.

> **119법 제13조(구조·구급활동)** ① 소방청장등은 위급상황이 발생한 때에는 구조·구급대를 현장에 신속하게 출동시켜 인명구조, 응급처치 및 구급차등의 이송, 그 밖에 필요한 활동을 하게 하여야 한다. 〈개정 2014. 11. 19., 2017. 7. 26., 2020. 10. 20.〉
> ② 누구든지 제1항에 따른 구조·구급활동을 방해하여서는 아니 된다.
> ③ 소방청장등은 대통령령으로 정하는 위급하지 아니한 경우에는 구조·구급대를 출동시키지 아니할 수 있다. 〈개정 2014. 11. 19., 2017. 7. 26.〉

6. 응급구조사의 윤리

1) 응급구조사의 맹세와 윤리강령

   윤리원칙: 응급환자나 구조요청자의 자율성존중에 대한 원칙.

2) 응급처치와 윤리

   ① 제6조 제2항에 "응급의료종사자는 업무 중에 응급의료를 요청받거나 응급환자를 발견하

면 즉시 응급의료를 하여야 하며 정당한 사유 없이 이를 거부하거나 기피하지 못하고 평등하게 응급의료를 제공해야 한다."
② 환자의 사생활보호에 관한 윤리
③ 전문직 관계에서의 신뢰원칙
④ 응급처치 중에 발생한 오류로 인해 환자에게 위해를 입혔을 경우에는 이를 보고 해야 한다.
⑤ 심폐소생술의 시작과 중단을 위한 윤리

> ➕ **심폐소생술 유보**
> 의료지도를 요청해야 할 상황. 소생술 유보가 가능한 현장 상황의 판별
> 1. 사망의 명백한 임상적 징후가 있는 경우
>   ① 사후경직
>   ② 시반
>   ③ 참수
>   ④ 신체(몸통)의 분리
>   ⑤ 부패
> 2. 심폐소생술을 원하지 않는다는 의학적 지시 또는 심폐소생술 포기 (DNAR: Do Not Attempt Resuscitation) 표식이 있는 경우
> 3. 법정 대리인이 소생술 거부 의사를 표현하는 경우
> 4. 심폐소생술을 시행하는 구급대원에게 심각한 손상이 발생할 수 있는 위험 상황

06 응급의료에 관한 법률 (약칭: 응급의료법)

[시행 2024. 2. 17.] [법률 제19654호, 2023. 8. 16., 일부개정]

> ◇ **응급의료법 [법률 제20170호, 2024. 1. 30., 일부개정]**
> 제15조(응급의료정보통신망의 구축) ① 국가 및 지방자치단체는 국민들에게 효과적인 응급의료를 제공하기 위하여 다음 각 호의 업무에 필요한 각종 자료 및 정보의 수집, 처리, 분석 및 제공 등을 수행하기 위한 정보통신망(이하 "응급의료정보통신망"이라 한다)을 구축하여야 한다.
> 1. 제25조제1항 각 호에 따른 중앙응급의료센터의 업무
> 2. 제27조제2항 각 호에 따른 응급의료지원센터의 업무
> 3. 그 밖에 보건복지부장관이 정하는 응급의료 관련 업무
> ② 응급의료정보통신망의 체계 및 운용비용 등에 관하여 필요한 사항은 보건복지부령으로 정한다.
> ③ 보건복지부장관은 응급의료정보통신망을 통한 업무를 수행하기 위하여 필요한 경우 관계 중앙행정기관의 장 또는 지방자치단체의 장 및 응급의료와 관련된 기관·단체 등(이하 이 조에서 "관계 중앙행정기관의 장등"이라 한다)에 다음 각 호의 정보의 제공을 요청할 수 있다. 다만, 제1호 및 제2호의 정보는 제25조제1항제3호·제5호·제9호 및 제27조제2항제3호·제6호·제8호의 업무를 수행하기 위하여 필요한 경우로 한정한다.

1. 응급환자의 인적사항에 관한 정보
2. 응급환자에 대한 응급의료 내용에 관한 정보
3. 그 밖에 응급의료 이용 실태 파악에 필요한 정보로서 대통령령으로 정하는 정보

④ 제3항에 따라 정보제공을 요청받은 관계 중앙행정기관의 장등은 특별한 사유가 없으면 이에 따라야 한다.
⑤ 보건복지부장관은 응급의료정보통신망을 통하여 제3항 단서에 따른 업무를 수행하기 위하여 불가피한 경우 「개인정보 보호법」 제23조에 따른 건강에 관한 정보 및 같은 법 제24조에 따른 고유식별정보(주민등록번호를 포함한다)가 포함된 자료를 처리할 수 있다.
⑥ 관계 중앙행정기관의 장등은 응급의료정보통신망이 보유하고 있는 정보의 활용이 필요한 경우 사전에 보건복지부장관과 협의하여야 한다. 이 경우 보건복지부장관은 관계 중앙행정기관의 장등에게 해당 정보 수집의 목적 범위에서 정보를 제공할 수 있고 정보를 제공받은 관계 중앙행정기관의 장등은 제공받은 목적의 범위에서만 이를 보유·활용할 수 있다.
⑦ 보건복지부장관은 응급의료정보통신망의 구축·운영의 전 과정에서 개인정보 보호를 위하여 필요한 시책을 마련하여야 한다.

제15조의2(응급의료조사통계사업) 보건복지부장관은 응급의료 관련 자료를 지속적이고 체계적으로 수집·분석하여 응급환자의 발생, 분포, 이송, 사망 및 후유 장애 현황 등 응급의료 관련 통계를 산출하기 위한 조사·통계사업을 시행할 수 있다. 이 경우 통계자료의 수집 및 통계의 작성 등에 관하여는 「통계법」을 준용한다.

제15조의3(비상대응매뉴얼) ① 국가와 지방자치단체는 「재난 및 안전관리 기본법」 제3조제1호 및 제2호의 재난 및 해외재난으로부터 국민과 주민의 생명을 보호하기 위하여 응급의료에 관한 기본적인 사항과 응급의료 지원 등에 관한 비상대응매뉴얼을 마련하고 의료인에게 이에 대한 교육을 실시하여야 한다.
② 제1항에 따른 비상대응매뉴얼의 내용, 교육의 대상·방법, 교육 참가자에 대한 비용지원 등에 필요한 사항은 대통령령으로 정한다.

제25조(중앙응급의료센터) ① 보건복지부장관은 응급의료에 관한 다음 각 호의 업무를 수행하게 하기 위하여 중앙응급의료센터를 설치·운영할 수 있다.
 1. ~ 4. (현행과 같음)
 5. 국내외 재난 등의 발생 시 응급의료 관련 업무의 조정, 관련 정보의 수집·제공 및 응급환자 현황 파악과 추적 관리
 6. 응급의료정보통신망의 구축 및 관리·운영과 그에 따른 업무
 7. 제15조의2에 따른 응급의료 관련 조사·통계사업에 관한 업무
 8. 응급처치 관련 교육 및 응급장비 관리에 관한 지원
 9. 응급환자 이송체계 운영 및 관리에 관한 지원

10. 응급의료분야 의료취약지 관리 업무
11. 그 밖에 보건복지부장관이 정하는 응급의료 관련 업무

제34조의2(야간·휴일 소아 진료기관의 지정) ① 보건복지부장관 또는 시·도지사는 응급실 과밀화 해소 및 소아환자에 대한 의료 공백 방지를 위하여 「의료법」 제3조에 따른 의료기관 중에서 야간 또는 휴일에 소아환자를 진료하는 야간·휴일 소아 진료기관을 지정할 수 있다.
② 보건복지부장관, 시·도지사 또는 시장·군수·구청장은 야간·휴일 소아 진료기관에 대한 행정적·재정적 지원을 할 수 있다.
③ 야간·휴일 소아 진료기관의 지정 기준·방법·절차 및 업무 등에 관하여 필요한 사항은 보건복지부령으로 정한다.

◇ 개정추가 [시행 2024. 2. 17.] [법률 제19654호, 2023. 8. 16., 일부개정]
응급의료에 관한 법률 일부를 다음과 같이 개정한다.

제47조의2제1항에 제6호의3을 다음과 같이 신설한다.
 6의3. 「관광진흥법」 제52조에 따라 지정된 관광지 및 관광단지 중 실제 운영 중인 관광지 및 관광단지에 소재하는 대통령령으로 정하는 시설

제62조제1항에 제3호의5를 다음과 같이 신설한다.
 3의5. 제47조의2제3항을 위반하여 점검 결과를 통보하지 아니한 자

제62조제2항을 제3항으로 하고, 같은 조에 제2항을 다음과 같이 신설하며, 같은 조 제3항(종전의 제2항) 중 "제1항에"를 "제1항 및 제2항에"로 한다.
② 제47조의2제4항을 위반하여 자동심장충격기 등 심폐소생술을 할 수 있는 응급장비 사용에 관한 안내표지판을 부착하지 아니한 자에게는 100만원 이하의 과태료를 부과한다.

◇ 개정이유 및 주요내용 (2022. 12. 27일 개정)
① 응급의료기금을 조성하는 재원 중 「도로교통법」 위반 과태료에 대한 유효기간을 5년 연장하여 응급의료정책 추진의 기반이 되는 응급의료기금의 재원을 안정적으로 확보하고자 함.
② 정부는 제1항제3호의 정부출연금으로 다음 각 호의 해당 연도 예상수입액의 100분의 20에 해당하는 금액을 매 회계연도의 세출예산에 계상하여야 한다. 〈개정 2008. 12. 31., 2020. 12. 22.〉
 1. 「도로교통법」 제160조제2항 및 제3항에 따른 과태료(같은 법 제161조제1항제1호에 따라 시·도경찰청장이 부과·징수하는 것에 한한다)
 2. 「도로교통법」 제162조제3항에 따른 범칙금
[제목개정 2011. 8. 4.]

[법률 제9305호(2008. 12. 31.) 부칙 제3항의 규정에 의하여 이 조 제2항제1호는 2027년 12월 31일까지 유효함]

제1장 총칙 〈개정 2011. 8. 4.〉

제1조(목적) 이 법은 국민들이 응급상황에서 신속하고 적절한 응급의료를 받을 수 있도록 응급의료에 관한 **국민의 권리와 의무, 국가·지방자치단체의 책임**, 응급의료제공자의 책임과 권리를 정하고 응급의료자원의 효율적 관리에 필요한 사항을 규정함으로써 응급환자의 생명과 건강을 보호하고 국민의료를 적정하게 함을 목적으로 한다. [전문개정 2011. 8. 4.]

제2조(정의) 이 법에서 사용하는 용어의 뜻은 다음과 같다. 〈개정 2015. 1. 28., 2021. 12. 21.〉
1. "응급환자"란 **질병, 분만, 각종 사고 및 재해**로 인한 부상이나 그 밖의 위급한 상태로 인하여 즉시 필요한 응급처치를 받지 아니하면 생명을 보존할 수 없거나 심신에 중대한 위해(危害)가 발생할 가능성이 있는 환자 또는 이에 준하는 사람으로서 **보건복지부령**으로 정하는 사람을 말한다.
2. "응급의료"란 응급환자가 발생한 때부터 생명의 위험에서 회복되거나 심신상의 중대한 위해가 제거되기까지의 과정에서 응급환자를 위하여 하는 **상담·구조(救助)·이송·응급처치 및 진료** 등의 조치를 말한다.
3. "응급처치"란 응급의료행위의 하나로서 응급환자의 기도를 확보하고 심장박동의 회복, 그 밖에 생명의 위험이나 증상의 현저한 악화를 방지하기 위하여 **긴급히 필요로** 하는 처치를 말한다.
4. "응급의료종사자"란 관계 법령에서 정하는 바에 따라 취득한 면허 또는 자격의 범위에서 응급환자에 대한 응급의료를 제공하는 **의료인**과 **응급구조사**를 말한다.
5. "응급의료기관"이란 「의료법」 제3조에 따른 의료기관 중에서 이 법에 따라 지정된 **권역응급의료센터, 전문응급의료센터, 지역응급의료센터** 및 지역응급의료기관을 말한다.(**중앙응급의료센터가 빠짐**)
6. "구급차등"이란 응급환자의 이송 등 응급의료의 목적에 이용되는 자동차, 선박 및 항공기 등의 **이송수단**을 말한다.
7. "응급의료기관등"이란 **응급의료기관**, 구급차등의 **운용자** 및 **응급의료지원센터**를 말한다.
8. "응급환자이송업"이란 구급차등을 이용하여 응급환자 등을 이송하는 업(業)을 말한다. [전문개정 2011. 8. 4.]

제2장 국민의 권리와 의무 〈개정 2011. 8. 4.〉

제3조(응급의료를 받을 권리) 모든 국민은 성별, 나이, 민족, 종교, 사회적 신분 또는 경제적 사정 등을 이유로 차별받지 아니하고 응급의료를 받을 권리를 가진다. 국내에 체류하고 있는 외국인도 또한 같다. [전문개정 2011. 8. 4.] **체류: 객지에 가서 머물러 있음.**

제4조(응급의료에 관한 알 권리) ① 모든 국민은 응급상황에서의 응급처치 요령, 응급의료기관등의 안내 등 기본적인 대응방법을 알 권리가 있으며, **국가와 지방자치단체**는 그에 대한 **교육·홍보** 등 필요한 조치를 마련하여야 한다.

② 모든 **국민**은 국가나 지방자치단체의 응급의료에 대한 시책에 대하여 알 권리를 가진다. [전문개정 2011. 8. 4.]

제5조(응급환자에 대한 신고 및 협조 의무) ① 누구든지 응급환자를 발견하면 즉시 응급의료기관등에 신고하여야 한다.

② 응급의료종사자가 응급의료를 위하여 필요한 협조를 요청하면 누구든지 적극 협조하여야 한다. [전문개정 2011. 8. 4.]

제5조의2(선의의 응급의료에 대한 면책) 생명이 위급한 응급환자에게 다음 각 호의 어느 하나에 해당하는 응급의료 또는 응급처치를 제공하여 발생한 **재산상 손해와 사상(死傷)**에 대하여 고의 또는 중대한 과실이 없는 경우 그 행위자는 민사책임과 상해(傷害)에 대한 형사책임을 지지 아니하며 사망에 대한 형사책임은 감면한다. 〈개정 2011. 3. 8., 2011. 8. 4.〉

1. 다음 각 목의 어느 하나에 해당하지 아니하는 자가 한 응급처치
   가. 응급의료종사자
   나. 「선원법」 제86조에 따른 **선박의 응급처치 담당자**, 「119구조·구급에 관한 법률」 제10조에 따른 **구급대** 등 다른 법령에 따라 **응급처치 제공의무를 가진 자**
2. **응급의료종사자가 업무수행 중이 아닌 때** 본인이 받은 면허 또는 자격의 범위에서 한 응급의료
3. 제1호나목에 따른 응급처치 제공의무를 가진 자가 업무수행 중이 아닌 때에 한 응급처치 [전문개정 2011. 8. 4.]

제3장 응급의료종사자의 권리와 의무 〈개정 2011. 8. 4.〉

제6조(응급의료의 거부금지 등) ① 응급의료기관등에서 근무하는 응급의료종사자는 응급환자를 항상 진료할 수 있도록 응급의료업무에 성실히 종사하여야 한다.

② 응급의료종사자는 업무 중에 응급의료를 요청받거나 응급환자를 발견하면 즉시 응급의료를 하여야 하며 **정당한 사유** 없이 이를 **거부하거나 기피**하지 못한다. [전문개정 2011. 8. 4.]

제7조(응급환자가 아닌 사람에 대한 조치) ① 의료인은 응급환자가 아닌 사람을 응급실이 아닌 의료시설에 **진료를 의뢰**하거나 다른 의료기관에 **이송**할 수 있다.

② 진료의뢰·환자이송의 기준 및 절차 등에 관하여 필요한 사항은 **대통령령**으로 정한다. [전문개정 2011. 8. 4.]

제8조(응급환자에 대한 우선 응급의료 등) ① 응급의료종사자는 응급환자에 대하여는 다른 환자보다 우선하여 상담·구조 및 응급처치를 하고 진료를 위하여 필요한 최선의 조치를 하여야 한다.

② 응급의료종사자는 **응급환자가 2명 이상**이면 의학적 판단에 따라 더 **위급한 환자**부터 응급의료를 실시하여야 한다. [전문개정 2011. 8. 4.]

제9조(응급의료의 설명·동의) ① 응급의료종사자는 다음 각 호의 어느 하나에 해당하는 경우를 제외하고는 응급환자에게 응급의료에 관하여 **설명하고 그 동의를 받아야** 한다.
  1. 응급환자가 **의사결정능력**이 **없는** 경우
  2. 설명 및 동의 절차로 인하여 **응급의료가 지체**되면 환자의 생명이 위험하여지거나 **심신상의 중대한 장애**를 가져오는 경우
② 응급의료종사자는 응급환자가 의사결정능력이 없는 경우 **법정대리인**이 동행하였을 때에는 그 법정대리인에게 응급의료에 관하여 설명하고 그 동의를 받아야 하며, 법정대리인이 동행하지 아니한 경우에는 동행한 사람에게 설명한 후 응급처치를 하고 의사의 의학적 판단에 따라 응급진료를 할 수 있다.
③ 응급의료에 관한 설명·동의의 내용 및 절차 등에 관하여 필요한 사항은 **보건복지부령**으로 정한다. [전문개정 2011. 8. 4.]

제10조(응급의료 중단의 금지) 응급의료종사자는 **정당한 사유가 없으면** 응급환자에 대한 응급의료를 중단하여서는 아니 된다. [전문개정 2011. 8. 4.]

제11조(응급환자의 이송) ① 의료인은 해당 의료기관의 능력으로는 응급환자에 대하여 적절한 응급의료를 할 수 없다고 판단한 경우에는 지체 없이 그 환자를 **적절한 응급**의료가 가능한 다른 의료기관으로 이송하여야 한다.
② 의료기관의 장은 제1항에 따라 응급환자를 이송할 때에는 응급환자의 안전한 이송에 필요한 **의료기구와 인력을 제공**하여야 하며, 응급환자를 이송받는 의료기관에 진료에 필요한 **의무기록(醫務記錄)**을 제공하여야 한다.
③ **의료기관의 장**은 이송에 든 **비용을 환자**에게 청구할 수 있다.
④ 응급환자의 이송절차, 의무기록의 이송 및 비용의 청구 등에 필요한 사항은 보건복지부령으로 정한다. [전문개정 2011. 8. 4.]

제12조(응급의료 등의 방해 금지) ① 누구든지 응급의료종사자(「의료기사 등에 관한 법률」제2조에 따른 **의료기사**와 「의료법」제80조에 따른 **간호조무사를 포함한다**)와 구급차등의 응급환자에 대한 구조·이송·응급처치 또는 진료를 폭행, 협박, 위계(僞計), 위력(威力), 그 밖의 방법으로 방해하거나 의료기관 등의 응급의료를 위한 의료용 시설·기재(機材)·의약품 또는 그 밖의 기물(器物)을 파괴·손상하거나 점거하여서는 아니 된다. 〈개정 2012. 5. 14., 2020. 12. 29., 2023. 8. 8.〉
② 응급의료기관의 장 또는 응급의료기관 개설자는 제1항을 위반하여 응급의료를 방해하거나 의료용 시설 등을 파괴·손상 또는 점거한 사실을 알게 된 경우에는 수사기관에 즉시 신고하여야 하고, 이후 특별시장·광역시장·특별자치시장·도지사·특별자치도지사(이하 "시·도지사"라 한다) 또는 시장·군수·구청장(자치구의 구청장을 말한다. 이하 같다)에게 통보하여야 한다. 〈신설 2023. 8. 8.〉 [전문개정 2011. 8. 4.]

제4장 국가 및 지방자치단체의 책임 〈개정 2011. 8. 4.〉

제13조(응급의료의 제공) 국가 및 지방자치단체는 응급환자의 보호, 응급의료기관등의 지원 및 설

치·운영, 응급의료종사자의 **양성**, 응급이송수단의 확보 등 응급의료를 제공하기 위한 시책을 마련하고 시행하여야 한다. [전문개정 2011. 8. 4.]

제13조의2(응급의료기본계획 및 연차별 시행계획) ① 보건복지부장관은 제13조에 따른 업무를 수행하기 위하여 제13조의5에 따른 **중앙응급의료위원회의 심의**를 거쳐 응급의료기본계획(이하 "기본계획"이라 한다)을 5년마다 수립하여야 한다.

② 기본계획은 「공공보건의료에 관한 법률」 제4조에 따른 공공보건의료 기본계획과 연계하여 수립하여야 하며, 다음 각 호의 사항을 포함하여야 한다. 〈개정 2021. 12. 21.〉

  1. 국민의 안전한 생활환경 조성을 위한 다음 각 목의 사항
    가. 국민에 대한 응급처치 및 응급의료 **교육·홍보** 계획
    나. 생활환경 속의 **응급의료 인프라 확충** 계획
    다. 응급의료의 **평등한 수혜**를 위한 계획
  2. 응급의료의 효과적인 제공을 위한 다음 각 목의 사항
    가. **민간 이송자원의 육성** 및 이송체계의 개선 계획
    나. 응급의료기관에 대한 **평가·지원** 및 육성 계획
    다. 응급의료 **인력의 공급 및 육성** 계획
    라. 응급의료정보통신체계의 **구축·운영** 계획
    마. 응급의료의 질적 수준 개선을 위한 계획
    바. **재난** 등으로 다수의 환자 발생 시 응급의료 **대비·대응** 계획
  3. 기본계획의 효과적 달성을 위한 다음 각 목의 사항
    가. 기본계획의 달성목표 및 그 추진방향
    나. 응급의료제도 및 운영체계에 대한 **평가 및 개선방향**
    다. 응급의료재정의 조달 및 운용
    라. 기본계획 시행을 위한 **중앙행정기관의 협조** 사항

③ 보건복지부장관은 기본계획을 확정한 때에는 지체 없이 이를 관계 중앙행정기관의 장과 **시·도지사**에게 **통보**하여야 한다. 〈개정 2015. 1. 28., 2023. 8. 8.〉

④ 보건복지부장관은 보건의료 시책상 필요한 경우 제13조의5에 따른 **중앙응급의료위원회의 심의**를 거쳐 기본계획을 **변경**할 수 있다.

⑤ 보건복지부장관은 대통령령으로 정하는 바에 따라 기본계획에 따른 **연차별** 시행계획을 수립하여야 한다. [전문개정 2011. 8. 4.]

제13조의3(지역응급의료시행계획) ① 시·도지사는 기본계획에 따라 매년 지역응급의료시행계획을 수립하여 시행하여야 한다.

② 지역응급의료시행계획은 제13조의2에 따른 **기본계획의 지역 내 시행**을 위하여 각 시·도의 상황에 맞게 수립하되, 다음 각 호의 사항을 포함하여야 한다. 〈신설 2021. 12. 21.〉

  1. 응급환자 발생 **현황, 응급의료 제공 현황** 등 지역응급의료 현황
  2. 지역 내 응급의료 **자원조사** 등을 통한 **지역응급의료 이송체계** 마련
  3. 응급의료의 효과적 제공을 위한 지역응급의료 **주요 사업 추진계획** 수립 및 실적 관리

4. 응급의료정책 추진을 위한 인력·조직 등의 **기반 마련** 및 지역 내 응급**의료기관 간 협력체계** 구축
　　5. 그 밖에 시·도지사가 기본계획의 시행 및 응급의료 발전을 위하여 필요하다고 인정하는 사항
③ **보건복지부장관**은 대통령령으로 정하는 바에 따라 지역응급의료시행계획 및 그 **시행결과를 평가**할 수 있다. 〈개정 2021. 12. 21.〉
④ **보건복지부장관**은 지역응급의료시행계획 및 그 시행결과에 대하여 평가한 결과를 토대로 시·도지사에게 계획 및 **사업의 변경 또는 시정을 요구**할 수 있다. 〈개정 2021. 12. 21.〉
⑤ 그 밖에 지역응급의료시행계획의 수립·시행 및 평가에 관하여는 대통령령으로 정한다. 〈개정 2021. 12. 21.〉 [전문개정 2011. 8. 4.]

제13조의4(응급의료계획에 대한 협조) ① 보건복지부장관 및 시·도지사는 기본계획 및 지역응급의료시행계획의 수립·시행을 위하여 필요한 경우에는 국가기관, 지방자치단체, 응급의료에 관련된 기관·단체 및 「공공기관의 운영에 관한 법률」 제4조에 따른 공공기관(이하 "공공기관"이라 한다)의 장에게 자료제공 등의 협조를 요청할 수 있다. 〈개정 2015. 1. 28.〉
② 제1항에 따라 협조요청을 받은 **국가기관, 지방자치단체, 관계 기관·단체, 공공기관의 장** 등은 특별한 사유가 없는 한 이에 응하여야 한다. 〈개정 2015. 1. 28.〉
③ 제1항에 따라 요청할 수 있는 자료의 범위와 그 관리 및 활용 등은 대통령령으로 정한다. 〈신설 2015. 1. 28.〉 [본조신설 2011. 8. 4.]

제13조의5(중앙응급의료위원회) ① 응급의료에 관한 주요 시책을 심의하기 위하여 보건복지부에 중**앙응급의료위원회**(이하 "중앙위원회"라 한다)를 둔다.
② 중앙위원회는 **위원장 1명**과 **부위원장 1명**을 포함한 **15명 이내의 위원**으로 구성한다.
③ 중앙위원회의 위원장은 **보건복지부장관**이 되고 부위원장은 위원 중 위원장이 지명하며 위원은 **당연직 위원과 위촉 위원**으로 한다.
④ **당연직 위원**은 다음 각 호의 사람으로 한다. 〈개정 2013. 3. 23., 2014. 11. 19., 2017. 7. 26.〉
　　1. 기획재정부차관
　　2. 교육부차관
　　3. 국토교통부차관
　　4. **소방청장**
　　5. 제25조에 따른 **중앙응급의료센터의 장**
⑤ 위촉 위원은 다음 각 호의 사람으로서 **위원장이 위촉**한다.
　　1. 「비영리민간단체 지원법」 제2조에 따른 **비영리민간단체를 대표**하는 사람 **3명**
　　2. **응급의료**에 관한 **학식과 경험**이 풍부한 사람 3명
　　3. 제2조제5호에 따른 **응급의료기관**을 대표하는 사람 **1명**
　　4. 보건의료 관련 업무를 담당하는 **지방공무원**으로서 **특별시·광역시**를 대표하는 사람 **1명**
　　5. 보건의료 관련 업무를 담당하는 **지방공무원**으로서 도(특별자치도를 포함한다)를 대표하는 사람 **1명**
⑥ 중앙위원회는 다음 각 호의 사항을 **심의**한다.

1. 제13조의2에 따른 **응급의료기본계획 및 연차별 시행계획의 수립** 및 변경
2. 「국가재정법」 제74조에 따라 **응급의료기금**의 기금운용심의회에서 **심의하여야 할 사항**
3. 응급의료에 관련한 **정책 및 사업에 대한 조정**
4. 응급의료에 관련한 **정책 및 사업의 평가 결과**
5. 지역응급의료시행계획 및 특별시·광역시·도·특별자치도(이하 "시·도"라 한다)의 응급의료에 관련한 **사업의 평가 결과**
6. 응급의료의 중기·장기 발전방향 및 제도 개선에 관한 사항
7. 그 밖에 응급의료에 관하여 보건복지부장관이 부의하는 사항

⑦ 중앙위원회는 **매년 2회 이상 개최**하여야 한다.
⑧ 그 밖에 중앙위원회의 회의 및 운영에 관한 사항은 **대통령령**으로 정한다. [본조신설 2011. 8. 4.]

제13조의6(시·도응급의료위원회) ① 응급의료에 관한 중요 사항을 심의하기 위하여 시·도에 **시·도 응급의료위원회**(이하 "시·도위원회"라 한다)를 둔다.
② 시·도위원회는 해당 시·도의 응급의료에 관한 다음 각 호의 사항을 심의한다. 〈개정 2021. 12. 21.〉

1. 제13조의3제1항에 따른 지역응급의료**시행계획의 수립 및 변경**
2. 지역응급의료 **자원조사**
3. 중증응급환자를 위한 지역 이송체계 마련 및 주요 이송곤란 사례 검토 등을 통한 **이송체계 개선**
4. 응급의료를 위한 **지방 재정의 사용**
5. 응급의료 시책 및 사업의 조정
6. 응급의료기관등에 대한 평가 결과의 활용
7. **지역응급의료서비스 품질 관리 실태 및 개선 필요 사항**
8. 그 밖에 응급의료에 관하여 시·도지사가 부의하는 사항

③ 시·도지사는 제2항의 시·도위원회 심의사항과 관련된 정책 개발 및 실무 지원을 위하여 시·도 응급의료지원단을 설치·운영한다. 다만, 시·도지사는 필요한 경우 「공공보건의료에 관한 법률」 제22조에 따른 **공공보건의료 지원단과 통합하여 운영할 수 있다.** 〈신설 2021. 12. 21.〉
④ 시·도위원회는 매년 2회 이상 개최하여야 한다. 〈개정 2021. 12. 21.〉
⑤ 시·도위원회 및 시·도 응급의료지원단의 구성·기능 및 운영 등에 관하여 필요한 사항은 대통령령으로 정하는 기준에 따라 해당 시·도의 조례로 정한다. 〈개정 2021. 12. 21.〉 [본조신설 2011. 8. 4.]

제14조(구조 및 응급처치에 관한 교육) ① 보건복지부장관 또는 시·도지사는 응급의료종사자가 아닌 사람 중에서 다음 각 호의 어느 하나에 해당하는 사람에게 구조 및 응급처치에 관한 교육을 받도록 명할 수 있다. 이 경우 교육을 받도록 명받은 사람은 정당한 사유가 없으면 이에 따라야 한다. 〈개정 2011. 8. 4., 2012. 6. 1., 2015. 7. 24., 2016. 3. 29., 2016. 12. 2., 2017. 10. 24., 2019. 1. 15., 2021. 11. 30., 2021. 12. 21.〉

1. 구급차등의 운전자
1의2. 제47조의2제1항 각 호의 어느 하나에 해당하는 시설 등에서 의료·구호 또는 안전에 관한 업무에 종사하는 사람

2. 「여객자동차 운수사업법」 제3조제1항에 따른 여객자동차운송사업용 자동차의 운전자
3. 「학교보건법」 제15조에 따른 보건교사
4. 도로교통안전업무에 종사하는 사람으로서 「도로교통법」 제5조에 규정된 경찰공무원등
5. 「산업안전보건법」 제32조제1항 각 호 외의 부분 본문에 따른 안전보건교육의 대상자
6. 「체육시설의 설치·이용에 관한 법률」 제5조 및 제10조에 따른 체육시설에서 의료·구호 또는 안전에 관한 업무에 종사하는 사람
7. 「유선 및 도선 사업법」 제22조에 따른 인명구조요원
8. 「관광진흥법」 제3조제1항제2호부터 제6호까지의 규정에 따른 관광사업에 종사하는 사람 중 의료·구호 또는 안전에 관한 업무에 종사하는 사람
9. 「항공안전법」 제2조제14호 및 제17호에 따른 항공종사자 또는 객실승무원 중 의료·구호 또는 안전에 관한 업무에 종사하는 사람
10. 「철도안전법」 제2조제10호가목부터 라목까지의 규정에 따른 철도종사자 중 의료·구호 또는 안전에 관한 업무에 종사하는 사람
11. 「선원법」 제2조제1호에 따른 선원 중 의료·구호 또는 안전에 관한 업무에 종사하는 사람
12. 「화재의 예방 및 안전관리에 관한 법률」 제24조에 따른 소방안전관리자 중 대통령령으로 정하는 사람
13. 「국민체육진흥법」 제2조제6호에 따른 체육지도자
14. 「유아교육법」 제22조제2항에 따른 교사
15. 「영유아보육법」 제21조제2항에 따른 보육교사

② 보건복지부장관 및 시·도지사는 대통령령으로 정하는 바에 따라 제4조제1항에 따른 응급처치 요령 등의 교육·홍보를 위한 계획을 매년 수립하고 실시하여야 한다. 이 경우 보건복지부장관은 교육·홍보 계획의 수립 시 소방청장과 협의하여야 한다. 〈신설 2008. 6. 13., 2010. 1. 18., 2011. 8. 4., 2014. 11. 19., 2017. 7. 26.〉

③ 시·도지사는 제2항에 따라 응급처치 요령 등의 교육·홍보를 실시한 결과를 보건복지부장관에게 보고하여야 한다. 〈신설 2011. 8. 4.〉

④ 제1항부터 제3항까지의 규정에 따른 구조 및 응급처치에 관한 교육의 내용 및 실시방법, 보고 등에 관하여 필요한 사항은 보건복지부령으로 정한다. 〈개정 2011. 8. 4.〉 [제목개정 2011. 8. 4.]

제15조(응급의료정보통신망의 구축) ① 국가 및 지방자치단체는 국민들에게 효과적인 응급의료를 제공하기 위하여 각종 자료의 수집과 정보 교류를 위한 응급의료정보통신망을 구축하여야 한다.

② 제1항에 따른 응급의료정보통신망의 통신체계 및 운용비용 등에 관하여 필요한 사항은 보건복지부령으로 정한다.

③ 보건복지부장관은 응급의료정보통신망 구축을 위하여 필요한 경우 관계 중앙행정기관의 장 또는 지방자치단체의 장 및 응급의료와 관련된 기관·단체 등에 대하여 정보통신망의 연계를 요구할 수 있다. 이 경우 정보통신망의 연계를 요구받은 관계 중앙행정기관의 장 또는 지방자치단체의 장 및 응급의료와 관련된 기관·단체 등은 특별한 사유가 있는 경우 외에는 이에 응하여야 한다. [전문개정 2011. 8. 4.]

제15조(응급의료정보통신망의 구축) ① 국가 및 지방자치단체는 국민들에게 효과적인 응급의료를 제공하기 위하여 다음 각 호의 업무에 필요한 각종 자료 및 정보의 수집, 처리, 분석 및 제공 등을 수행하기 위한 정보통신망(이하 "응급의료정보통신망"이라 한다)을 구축하여야 한다. 〈개정 2024. 1. 30.〉
   1. 제25조제1항 각 호에 따른 중앙응급의료센터의 업무
   2. 제27조제2항 각 호에 따른 응급의료지원센터의 업무
   3. 그 밖에 보건복지부장관이 정하는 응급의료 관련 업무
② 응급의료정보통신망의 체계 및 운용비용 등에 관하여 필요한 사항은 보건복지부령으로 정한다. 〈개정 2024. 1. 30.〉
③ 보건복지부장관은 응급의료정보통신망을 통한 업무를 수행하기 위하여 필요한 경우 관계 중앙행정기관의 장 또는 지방자치단체의 장 및 응급의료와 관련된 기관·단체 등(이하 이 조에서 "관계 중앙행정기관의 장등"이라 한다)에 다음 각 호의 정보의 제공을 요청할 수 있다. 다만, 제1호 및 제2호의 정보는 제25조제1항제3호·제5호·제9호 및 제27조제2항제3호·제6호·제8호의 업무를 수행하기 위하여 필요한 경우로 한정한다. 〈개정 2024. 1. 30.〉
   1. 응급환자의 인적사항에 관한 정보
   2. 응급환자에 대한 응급의료 내용에 관한 정보
   3. 그 밖에 응급의료 이용 실태 파악에 필요한 정보로서 대통령령으로 정하는 정보
④ 제3항에 따라 정보제공을 요청받은 관계 중앙행정기관의 장등은 특별한 사유가 없으면 이에 따라야 한다. 〈신설 2024. 1. 30.〉
⑤ 보건복지부장관은 응급의료정보통신망을 통하여 제3항 단서에 따른 업무를 수행하기 위하여 불가피한 경우「개인정보 보호법」제23조에 따른 건강에 관한 정보 및 같은 법 제24조에 따른 고유식별정보(주민등록번호를 포함한다)가 포함된 자료를 처리할 수 있다. 〈신설 2024. 1. 30.〉
⑥ 관계 중앙행정기관의 장등은 응급의료정보통신망이 보유하고 있는 정보의 활용이 필요한 경우 사전에 보건복지부장관과 협의하여야 한다. 이 경우 보건복지부장관은 관계 중앙행정기관의 장등에게 해당 정보 수집의 목적 범위에서 정보를 제공할 수 있고 정보를 제공받은 관계 중앙행정기관의 장등은 제공받은 목적의 범위에서만 이를 보유·활용할 수 있다. 〈신설 2024. 1. 30.〉
⑦ 보건복지부장관은 응급의료정보통신망의 구축·운영의 전 과정에서 개인정보 보호를 위하여 필요한 시책을 마련하여야 한다. 〈신설 2024. 1. 30.〉 [전문개정 2011. 8. 4.]
   [시행일: 2024. 7. 31.] 제15조

제15조의2(비상대응매뉴얼) ① 국가와 지방자치단체는「재난 및 안전관리 기본법」제3조제1호 및 제2호의 재난 및 해외재난으로부터 국민과 주민의 생명을 보호하기 위하여 응급의료에 관한 기본적인 사항과 응급의료 지원 등에 관한 비상대응매뉴얼을 마련하고 의료인에게 이에 대한 교육을 실시하여야 한다.
② 제1항에 따른 비상대응매뉴얼의 내용, 교육의 대상·방법, 교육 참가자에 대한 비용지원 등에 필요한 사항은 대통령령으로 정한다. [본조신설 2014. 3. 18.]

제15조의2(응급의료조사통계사업) 보건복지부장관은 응급의료 관련 자료를 지속적이고 체계적으로

수집·분석하여 응급환자의 발생, 분포, 이송, 사망 및 후유 장애 현황 등 응급의료 관련 통계를 산출하기 위한 조사·통계사업을 시행할 수 있다. 이 경우 통계자료의 수집 및 통계의 작성 등에 관하여는 「통계법」을 준용한다. [본조신설 2024. 1. 30.] [종전 제15조의2는 제15조의3으로 이동 〈2024. 1. 30.〉]

[시행일: 2024. 7. 31.] 제15조의2

제15조의3(비상대응매뉴얼) ① 국가와 지방자치단체는 「재난 및 안전관리 기본법」 제3조제1호 및 제2호의 재난 및 해외재난으로부터 국민과 주민의 생명을 보호하기 위하여 응급의료에 관한 기본적인 사항과 응급의료 지원 등에 관한 비상대응매뉴얼을 마련하고 의료인에게 이에 대한 교육을 실시하여야 한다.

② 제1항에 따른 비상대응매뉴얼의 내용, 교육의 대상·방법, 교육 참가자에 대한 비용지원 등에 필요한 사항은 대통령령으로 정한다. [본조신설 2014. 3. 18.] [제15조의2에서 이동 〈2024. 1. 30.〉]

[시행일: 2024. 7. 31.] 제15조의3

제16조(재정 지원) ① 국가 및 지방자치단체는 예산의 범위에서 응급의료기관등 및 응급의료시설에 대하여 필요한 재정 지원을 할 수 있다. 〈개정 2017. 10. 24.〉

② 국가 및 지방자치단체는 제47조의2에 따른 자동심장충격기 등 심폐소생을 위한 응급장비를 갖추어야 하는 시설 등에 대하여 필요한 재정 지원을 할 수 있다. 〈개정 2016. 5. 29.〉 [전문개정 2011. 8. 4.]

제17조(응급의료기관등에 대한 평가) ① 보건복지부장관은 응급의료기관등의 시설·장비·인력, 업무의 내용·결과 등에 대하여 평가를 할 수 있다. 이 경우 평가 대상이 되는 응급의료기관등의 장은 특별한 사유가 없으면 평가에 응하여야 한다. 〈개정 2015. 1. 28.〉

② 보건복지부장관은 제1항에 따른 응급의료기관등의 평가를 위하여 해당 응급의료기관등을 대상으로 필요한 자료의 제공을 요청할 수 있다. 이 경우 자료의 제공을 요청받은 응급의료기관등은 정당한 사유가 없으면 이에 따라야 한다.

③ 보건복지부장관은 응급의료기관등에 대한 평가 결과를 공표할 수 있다.

④ 보건복지부장관은 제1항에 따른 응급의료기관등에 대한 평가 결과에 따라 응급의료기관등에 대하여 행정적·재정적 지원을 할 수 있다.

⑤ 제1항 및 제3항에 따른 응급의료기관등의 평가방법, 평가주기, 평가결과 공표 등에 관하여 필요한 사항은 보건복지부령으로 정한다. 〈개정 2015. 1. 28.〉 [전문개정 2011. 8. 4.]

제18조(환자가 여러 명 발생한 경우의 조치) ① 보건복지부장관, 시·도지사 또는 시장·군수·구청장은 재해 등으로 환자가 여러 명 발생한 경우에는 응급의료종사자에게 응급의료 업무에 종사할 것을 명하거나, 의료기관의 장 또는 구급차등을 운용하는 자에게 의료시설을 제공하거나 응급환자 이송 등의 업무에 종사할 것을 명할 수 있으며, 중앙행정기관의 장 또는 관계 기관의 장에게 협조를 요청할 수 있다. 〈개정 2023. 8. 8.〉

② 응급의료종사자, 의료기관의 장 및 구급차등을 운용하는 자는 정당한 사유가 없으면 제1항에 따

른 명령을 거부할 수 없다.
③ 환자가 여러 명 발생하였을 때 인명구조 및 응급처치 등에 필요한 사항은 대통령령으로 정한다. [전문개정 2011. 8. 4.]

제5장 재정 〈개정 2011. 8. 4.〉

제19조(응급의료기금의 설치 및 관리·운용) ① 보건복지부장관은 응급의료를 효율적으로 수행하기 위하여 응급의료기금(이하 "기금"이라 한다)을 설치한다.
② 보건복지부장관은 기금의 관리·운용을 대통령령으로 정하는 의료 관련 기관 또는 의료 관련 단체 (이하 "기금관리기관의 장"이라 한다)에 위탁할 수 있다. 이 경우 보건복지부장관은 기금의 관리·운용에 관한 사무를 감독하며 이에 필요한 명령을 할 수 있다.
③ 그 밖에 기금의 설치 및 관리·운용에 필요한 사항은 대통령령으로 정한다. [전문개정 2011. 8. 4.]

제20조(기금의 조성) ① 기금은 다음 각 호의 재원으로 조성한다. 〈개정 2011. 8. 4.〉
 1. 「국민건강보험법」에 따른 요양기관의 업무정지를 갈음하여 보건복지부장관이 **요양기관으로부터 과징금으로** 징수하는 금액 중 「국민건강보험법」에 따라 지원하는 금액
 2. 응급의료와 관련되는 기관 및 단체의 **출연금 및 기부금**
 3. **정부의 출연금**
 4. 그 밖에 기금을 운용하여 생기는 수익금
② 정부는 제1항제3호의 **정부출연금**으로 다음 각 호의 해당 연도 예상수입액의 **100분의 20**에 해당하는 금액을 매 회계연도의 세출예산에 계상하여야 한다. 〈개정 2008. 12. 31., 2020. 12. 22.〉
 1. 「도로교통법」 제160조제2항 및 제3항에 따른 **과태료**(같은 법 제161조제1항제1호에 따라 시·도경찰청장이 부과·징수하는 것에 한한다)
 2. 「도로교통법」 제162조제3항에 따른 범칙금 [제목개정 2011. 8. 4.]
  [법률 제9305호(2008. 12. 31.) 제20조제2항제1호의 개정규정은 같은 법 부칙 제3항의 규정에 의하여 2027년 12월 31일까지 유효함]

제21조(기금의 사용) 기금은 다음 각 호의 용도로 사용한다. 〈개정 2016. 5. 29., 2019. 8. 27.〉
 1. 응급환자의 진료비 중 제22조에 따른 미수금의 대지급(代支給)
 2. 응급의료기관등의 육성·발전과 의료기관의 응급환자 진료를 위한 시설 등의 설치에 필요한 자금의 융자 또는 지원
 3. 응급의료 제공체계의 원활한 운영을 위한 보조사업
 4. 대통령령으로 정하는 재해 등이 발생하였을 때의 의료 지원
 5. 구조 및 응급처치 요령 등 응급의료에 관한 교육·홍보 사업
 6. 응급의료의 원활한 제공을 위한 자동심장충격기 등 응급장비의 구비 지원
 7. 응급의료를 위한 조사·연구 사업
 8. 기본계획 및 지역응급의료시행계획의 시행 지원
 9. 응급의료종사자의 양성 등 지원 [전문개정 2011. 8. 4.]

제22조(미수금의 대지급) ① 의료기관과 구급차등을 운용하는 자는 응급환자에게 응급의료를 제공하고 그 비용을 받지 못하였을 때에는 그 비용 중 응급환자 본인이 부담하여야 하는 금액(이하 "미수금"이라 한다)에 대하여는 기금관리기관의 장(기금의 관리·운용에 관한 업무가 위탁되지 아니한 경우에는 보건복지부장관을 말한다. 이하 이 조 및 제22조의2에서 같다)에게 대신 지급하여 줄 것을 청구할 수 있다.

② 기금관리기관의 장은 제1항에 따라 의료기관 등이 미수금에 대한 대지급을 청구하면 보건복지부령으로 정하는 기준에 따라 심사하여 그 미수금을 기금에서 대신 지급하여야 한다.

③ 국가나 지방자치단체는 제2항에 따른 대지급에 필요한 비용을 기금관리기관의 장에게 보조할 수 있다.

④ 기금관리기관의 장은 제2항에 따라 **미수금을 대신 지급한 경우에는 응급환자 본인과 그 배우자, 응급환자의 1촌의 직계혈족 및 그 배우자 또는 다른 법령에 따른 진료비 부담 의무자에게** 그 대지급금(代支給金)을 구상(求償)할 수 있다.

⑤ 제4항에 따른 대지급금의 상환 청구를 받은 자가 해당 대지급금을 정하여진 기간 내에 상환하지 아니하면 기금관리기관의 장은 기한을 정하여 독촉할 수 있다. 〈신설 2017. 10. 24.〉

⑥ 제5항에 따른 독촉을 받은 자가 그 기한 내에 대지급금을 상환하지 아니하면 기금관리기관의 장은 보건복지부장관의 승인을 받아 국세 체납처분의 예에 따라 이를 징수할 수 있다. 〈신설 2017. 10. 24.〉

⑦ 기금관리기관의 장은 제4항에 따라 대지급금을 구상하였으나 상환받기가 불가능하거나 제22조의3에 따른 소멸시효가 완성된 대지급금을 **결손**으로 처리할 수 있다. 〈개정 2017. 10. 24.〉

⑧ 미수금 대지급의 대상·범위·절차 및 방법, 구상의 절차 및 방법, 상환이 불가능한 대지급금의 범위 및 결손처분 절차 등에 관하여 필요한 사항은 대통령령으로 정한다. 〈개정 2017. 10. 24.〉
[전문개정 2011. 8. 4.]

제22조의2(자료의 제공) ① **기금관리기관의 장**은 국가·지방자치단체 및 의료기관 등 관계기관에 미수금 심사, 대지급금 구상 및 결손처분 등을 위하여 국세·지방세, 토지·주택·건축물·자동차·선박·항공기, 국민건강보험·국민연금·고용보험·산업재해보상보험·보훈급여·공무원연금·공무원재해보상급여·군인연금·사립학교교직원연금·별정우체국연금·기초연금, 주민등록·가족관계등록 등에 관한 자료의 제공을 요청할 수 있다. 〈개정 2011. 8. 4., 2015. 1. 28., 2018. 3. 20.〉

② 제1항에 따른 요청을 받은 기관은 특별한 사유가 없으면 이에 따라야 한다. 〈개정 2011. 8. 4.〉

③ 제1항에 따라 관계 기관이 기금관리기관의 장에게 제공하는 자료에 대하여는 사용료와 수수료 등을 면제한다. 〈신설 2015. 1. 28.〉 [본조신설 2002. 3. 25.]

제22조의3(구상권의 시효) ① 제22조제4항에 따른 대지급금에 대한 구상의 권리는 그 대지급금을 청구할 수 있는 날부터 3년 동안 행사하지 아니하면 소멸시효가 완성된다.

② 시효중단, 그 밖의 소멸시효에 관하여는 「민법」에 따른다. [본조신설 2011. 8. 4.]

제23조(응급의료수가의 지급기준) ① 응급의료수가(應急醫療酬價)의 지급기준은 보건복지부장관이 정한다.

② 보건복지부장관은 제1항에 따른 응급의료수가의 지급기준을 정할 때 제17조에 따른 응급의료기관에 대한 평가 결과를 반영하여 응급의료수가에 차등(差等)을 둘 수 있다. [전문개정 2011. 8. 4.]

제24조(이송처치료) ① 구급차등을 운용하는 자가 구급차등을 이용하여 응급환자 등을 이송하였을 때에는 보건복지부령으로 정하는 **이송처치료**를 그 응급환자로부터 받을 수 있다.
② 구급차등을 운용하는 자는 구급차등의 이용자로부터 제1항에 따른 이송처치료 외에 별도의 비용을 받아서는 아니 된다. [전문개정 2011. 8. 4.]

제6장 응급의료기관등 〈개정 2011. 8. 4.〉

제25조(중앙응급의료센터) ① 보건복지부장관은 응급의료에 관한 다음 각 호의 업무를 수행하게 하기 위하여 중앙응급의료센터를 설치·운영할 수 있다. 〈개정 2015. 1. 28., 2021. 12. 21.〉
 1. 응급의료기관등에 대한 평가 및 질을 향상시키는 활동에 대한 지원
 2. 응급의료종사자에 대한 교육훈련
 3. 제26조에 따른 권역응급의료센터 간의 업무조정 및 지원
 4. 응급의료 관련 연구
 5. 국내외 재난 등의 발생 시 응급의료 관련 업무의 조정 및 그에 대한 지원
 6. 응급의료 통신망 및 응급의료 전산망의 관리·운영과 그에 따른 업무
 7. 응급처치 관련 교육 및 응급장비 관리에 관한 지원
 8. 응급환자 이송체계 운영 및 관리에 관한 지원
 9. 응급의료분야 의료취약지 관리 업무
 10. 그 밖에 보건복지부장관이 정하는 응급의료 관련 업무
② 보건복지부장관은 제1항에 따른 중앙응급의료센터를 효율적으로 운영하기 위하여 필요하다고 인정하면 그 운영에 관한 업무를 대통령령으로 정하는 바에 따라 의료기관·관계전문기관·법인·단체에 위탁할 수 있다. 이 경우 예산의 범위에서 그 운영에 필요한 경비를 지원할 수 있다. 〈신설 2021. 12. 21.〉
③ 제1항 및 제2항에 따른 중앙응급의료센터의 설치·운영 및 운영의 위탁 등에 관하여 필요한 사항은 보건복지부령으로 정한다. 〈개정 2021. 12. 21.〉 [전문개정 2011. 8. 4.]

제25조(중앙응급의료센터) ① 보건복지부장관은 응급의료에 관한 다음 각 호의 업무를 수행하게 하기 위하여 중앙응급의료센터를 설치·운영할 수 있다. 〈개정 2015. 1. 28., 2021. 12. 21., 2024. 1. 30.〉
 1. 응급의료기관등에 대한 평가 및 질을 향상시키는 활동에 대한 지원
 2. 응급의료종사자에 대한 교육훈련
 3. 제26조에 따른 권역응급의료센터 간의 업무조정 및 지원
 4. 응급의료 관련 연구
 5. 국내외 재난 등의 발생 시 응급의료 관련 업무의 조정, 관련 정보의 수집·제공 및 응급환자 현황 파악과 추적 관리
 6. 응급의료정보통신망의 구축 및 관리·운영과 그에 따른 업무

7. 제15조의2에 따른 응급의료 관련 조사·통계사업에 관한 업무
8. 응급처치 관련 교육 및 응급장비 관리에 관한 지원
9. 응급환자 이송체계 운영 및 관리에 관한 지원
10. 응급의료분야 의료취약지 관리 업무
11. 그 밖에 보건복지부장관이 정하는 응급의료 관련 업무

② 보건복지부장관은 제1항에 따른 중앙응급의료센터를 효율적으로 운영하기 위하여 필요하다고 인정하면 그 운영에 관한 업무를 대통령령으로 정하는 바에 따라 의료기관·관계전문기관·법인·단체에 위탁할 수 있다. 이 경우 예산의 범위에서 그 운영에 필요한 경비를 지원할 수 있다. 〈신설 2021. 12. 21.〉

③ 제1항 및 제2항에 따른 중앙응급의료센터의 설치·운영 및 운영의 위탁 등에 관하여 필요한 사항은 보건복지부령으로 정한다. 〈개정 2021. 12. 21.〉 [전문개정 2011. 8. 4.]

[시행일: 2024. 7. 31.] 제25조

제26조(권역응급의료센터의 지정) ① 보건복지부장관은 응급의료에 관한 다음 각 호의 업무를 수행하게 하기 위하여 「의료법」 제3조의4에 따른 상급종합병원 또는 같은 법 제3조의3에 따른 **300병상**을 초과하는 종합병원 중에서 **권역응급의료센터를 지정**할 수 있다. 〈개정 2015. 1. 28., 2016. 12. 2.〉

1. 중증응급환자 중심의 진료
2. 재난 대비 및 대응 등을 위한 거점병원으로서 보건복지부령으로 정하는 업무
3. 권역(圈域) 내에 있는 응급의료종사자에 대한 교육·훈련
4. 권역 내 다른 의료기관에서 제11조에 따라 이송되는 중증응급환자에 대한 수용
5. 그 밖에 보건복지부장관이 정하는 권역 내 응급의료 관련 업무

② 권역응급의료센터의 지정 기준·방법·절차 및 업무와 중증응급환자의 기준 등은 권역 내 응급의료 수요와 공급 등을 고려하여 보건복지부령으로 정한다. 〈개정 2015. 1. 28.〉 [전문개정 2011. 8. 4.]

제27조(응급의료지원센터의 설치 및 운영) ① 보건복지부장관은 응급의료를 효율적으로 제공할 수 있도록 응급의료자원의 분포와 주민의 생활권을 고려하여 지역별로 응급의료지원센터를 설치·운영하여야 한다. 〈개정 2015. 1. 28.〉

② 응급의료지원센터의 업무는 다음 각 호와 같다. 〈개정 2015. 1. 28.〉

1. 삭제 〈2012. 3. 21.〉
2. 삭제 〈2012. 3. 21.〉
3. 응급의료에 관한 각종 정보의 관리 및 제공
4. 삭제 〈2015. 1. 28.〉
5. 지역 내 응급의료종사자에 대한 교육훈련
6. 지역 내 응급의료기관 간 업무조정 및 지원
7. 지역 내 응급의료의 질 향상 활동에 관한 지원
8. 지역 내 재난 등의 발생 시 응급의료 관련 업무의 조정 및 지원
9. 그 밖에 보건복지부령으로 정하는 응급의료 관련 업무

③ 보건복지부장관은 응급의료지원센터를 효율적으로 운영하기 위하여 필요하다고 인정하면 그 운영에 관한 업무를 대통령령으로 정하는 바에 따라 관계 전문기관·법인·단체에 위탁할 수 있다. 〈개정 2015. 1. 28.〉
④ 국가 및 지방자치단체는 제3항에 따라 응급의료지원센터의 운영에 관한 업무를 위탁한 경우에는 그 운영에 드는 비용을 지원할 수 있다. 〈신설 2015. 1. 28.〉 [전문개정 2011. 8. 4.] [제목개정 2015. 1. 28.]

제28조(응급의료지원센터에 대한 협조 등) ① 응급의료지원센터의 장은 응급의료 관련 정보를 효과적으로 관리하기 위하여 응급의료정보관리체계를 구축하여야 하며, 이를 위하여 응급의료기관의 장과 구급차등을 운용하는 자에게 응급의료에 관한 정보제공을 요청할 수 있다. 〈개정 2015. 1. 28.〉
② 응급의료지원센터의 장은 그 업무를 수행할 때 필요하다고 인정하면 의료기관 및 구급차등을 운용하는 자에게 응급의료에 대한 각종 정보를 제공하고, 구급차등의 출동 등 응급의료에 필요한 조치를 요청할 수 있다. 〈개정 2015. 1. 28.〉
③ 제1항과 제2항에 따라 응급의료에 관한 정보 제공이나 필요한 조치를 요청받은 자는 특별한 사유가 없으면 이에 따라야 한다.
④ 응급의료지원센터에 대한 정보제공 등에 필요한 사항은 대통령령으로 정한다. 〈개정 2015. 1. 28.〉 [전문개정 2011. 8. 4.] [제목개정 2015. 1. 28.]

제29조(전문응급의료센터의 지정) ① 보건복지부장관은 소아환자, 화상환자 및 독극물중독환자 등에 대한 응급의료를 위하여 권역응급의료센터, 지역응급의료센터 중에서 분야별로 전문응급의료센터를 지정할 수 있다. 〈개정 2015. 1. 28., 2021. 12. 21.〉
② 전문응급의료센터 지정의 기준·방법 및 절차 등에 관하여 필요한 사항은 보건복지부령으로 정한다. [전문개정 2011. 8. 4.]

제30조(지역응급의료센터의 지정) ① 시·도지사는 응급의료에 관한 다음 각 호의 업무를 수행하게 하기 위하여 「의료법」 제3조의3에 따른 종합병원(이하 "종합병원"이라 한다) 중에서 지역응급의료센터를 지정할 수 있다. 〈개정 2015. 1. 28., 2021. 12. 21.〉
  1. 응급환자의 진료
  2. 제11조에 따라 응급환자에 대하여 적절한 응급의료를 할 수 없다고 판단한 경우 신속한 이송
② 지역응급의료센터의 지정 기준·방법·절차와 업무 등에 필요한 사항은 시·도의 응급의료 수요와 공급 등을 고려하여 보건복지부령으로 정한다. 〈개정 2015. 1. 28.〉 [전문개정 2011. 8. 4.]

제30조의2(권역외상센터의 지정) ① 보건복지부장관은 외상환자의 응급의료에 관한 다음 각 호의 업무를 수행하게 하기 위하여 권역응급의료센터, 전문응급의료센터 및 지역응급의료센터 중 권역외상센터를 지정할 수 있다. 〈개정 2013. 6. 4., 2015. 1. 28., 2021. 12. 21.〉
  1. 외상환자의 진료
  2. 외상의료에 관한 연구 및 외상의료표준의 개발
  3. 외상의료를 제공하는 의료인의 교육훈련

    4. 대형 재해 등의 발생 시 응급의료 지원
    5. 그 밖에 보건복지부장관이 정하는 외상의료 관련 업무
② 권역외상센터는 외상환자에 대한 효과적인 응급의료 제공을 위하여 다음 각 호의 요건을 갖추어야 한다. 이 경우 각 호에 따른 구체적인 요건은 보건복지부령으로 정한다.
    1. 외상환자 전용 중환자 병상 및 일반 병상
    2. 외상환자 전용 수술실 및 치료실
    3. 외상환자 전담 전문의
    4. 외상환자 전용 영상진단장비 및 치료장비
    5. 그 밖에 외상환자 진료에 필요한 인력·시설·장비
③ 그 밖에 권역외상센터 지정의 기준·방법 및 절차 등에 관한 구체적인 사항은 보건복지부령으로 정한다. [본조신설 2012. 5. 14.]

제30조의3(지역외상센터의 지정) ① 시·도지사는 관할 지역의 주민에게 적정한 외상의료를 제공하기 위하여 응급의료기관 중 지역외상센터를 지정할 수 있다. 〈개정 2013. 6. 4.〉
② 지역외상센터 지정의 기준·방법 및 절차 등에 관한 구체적인 사항은 보건복지부령으로 정한다. [본조신설 2012. 5. 14.]

제30조의4(권역외상센터 및 지역외상센터에 대한 지원) 국가 및 지방자치단체는 중증 외상으로 인한 사망률을 낮추고 효과적인 외상의료체계를 구축하기 위하여 권역외상센터 및 지역외상센터에 대한 행정적·재정적 지원을 실시할 수 있다. [본조신설 2012. 5. 14.]

제30조의5(정신질환자응급의료센터의 지정 등) ① 보건복지부장관은 정신질환자(「정신건강증진 및 정신질환자 복지서비스 지원에 관한 법률」 제3조제1호에 따른 정신질환자를 말한다. 이하 같다)에 대한 응급의료를 위하여 응급의료기관 중 정신질환자응급의료센터를 지정할 수 있다.
② 정신질환자응급의료센터의 지정 기준·방법 및 절차 등에 관한 구체적인 사항은 보건복지부령으로 정한다. [본조신설 2019. 8. 27.]

제31조(지역응급의료기관의 지정) ① 시장·군수·구청장은 응급의료에 관한 다음 각 호의 업무를 수행하게 하기 위하여 종합병원 중에서 지역응급의료기관을 지정할 수 있다. 다만, 시·군의 경우에는 「의료법」 제3조제2항제3호가목의 병원 중에서 지정할 수 있다.
    1. 응급환자의 진료
    2. 제11조에 따라 응급환자에 대하여 적절한 응급의료를 할 수 없다고 판단한 경우 신속한 이송
② 지역응급의료기관의 지정 기준·방법·절차와 업무 등에 필요한 사항은 시·군·구의 응급의료 수요와 공급 등을 고려하여 보건복지부령으로 정한다. [전문개정 2015. 1. 28.]

제31조의2(응급의료기관의 운영) ① 응급의료기관은 응급환자를 24시간 진료할 수 있도록 응급의료기관의 지정기준에 따라 시설, 인력 및 장비 등을 유지하여 운영하여야 한다. 〈개정 2019. 12. 3.〉
② 제1항에 따른 인력 및 장비에는 보안인력과 보안장비가 포함되어야 한다. 〈신설 2019. 12. 3.〉
③ 제2항에 따른 보안인력 및 보안장비에 관한 세부적인 사항은 보건복지부령으로 정한다. 〈신설

2019. 12. 3.〉

④ 제1항에도 불구하고 자연재해, 감염병 유행 등 「재난 및 안전관리 기본법」 제3조제1호에 따른 재난 및 이에 준하는 상황으로 인하여 응급의료기관의 지정기준에 따라 시설, 인력 및 장비 등을 유지하여 운영하기 어려운 경우에는 보건복지부장관이 정하는 절차에 따라 그 예외를 인정할 수 있다. 〈신설 2021. 3. 23.〉 [전문개정 2011. 8. 4.]

제31조의3(응급의료기관의 재지정) ① 보건복지부장관 및 시·도지사, 시장·군수·구청장은 3년마다 해당 지정권자가 지정한 모든 응급의료기관을 대상으로 다음 각 호의 사항을 반영하여 재지정하거나 지정을 취소할 수 있다. 다만, 제1호를 충족하지 못한 경우에는 지정을 취소하여야 한다.
　1. 제31조의2에 따른 지정기준의 준수
　2. 제17조에 따른 응급의료기관의 평가 결과
　3. 그 밖에 보건복지부령으로 정하는 사항
② 응급의료기관의 재지정 절차 및 방법 등은 보건복지부령으로 정한다. [본조신설 2015. 1. 28.]

제31조의4(환자의 중증도 분류 및 감염병 의심환자 등의 선별) ① 응급의료기관의 장 및 구급차등의 운용자는 응급환자 등에 대한 신속하고 적절한 이송·진료와 응급실의 감염예방을 위하여 보건복지부령으로 정하는 바에 따라 응급환자 등의 중증도를 분류하고 감염병 의심환자 등을 선별하여야 한다.
② 응급의료기관의 장은 제1항에 따라 선별된 감염병 의심환자 등을 격리 진료할 수 있도록 시설 등을 확보하여야 한다.
③ 구급차등의 운용자는 환자의 이송 시 응급환자의 중증도와 전반적인 환자의 상태, 제13조의3제2항제2호에 따라 마련된 지역응급의료 이송체계 등을 종합적으로 고려하여 이송하여야 한다. 〈신설 2021. 12. 21.〉
④ 제26조에 따라 지정된 권역응급의료센터의 장은 중증응급환자 중심의 진료를 위하여 제1항에 따른 응급환자 등의 중증도 분류 결과 경증에 해당하는 응급환자를 다른 응급의료기관에 이송할 수 있다. 이 경우 관련 절차는 제7조제2항을 준용한다. 〈신설 2021. 12. 21.〉
⑤ 제1항의 분류·선별기준 및 제2항의 격리 시설 기준 등에 관한 사항은 보건복지부령으로 정한다. 〈개정 2021. 12. 21.〉 [본조신설 2016. 12. 2.]

제31조의5(응급실 출입 제한) ① 응급환자의 신속한 진료와 응급실 감염예방 등을 위하여 다음 각 호의 어느 하나에 해당하는 사람 외에는 응급실에 출입하여서는 아니 된다.
　1. 응급실 환자
　2. 응급의료종사자(이에 준하는 사람을 포함한다)
　3. 응급실 환자의 보호자로서 진료의 보조에 필요한 사람
② 응급의료기관의 장은 제1항에 따라 응급실 출입이 제한된 사람이 응급실에 출입할 수 없도록 관리하여야 하고, **응급실에 출입하는 사람의 성명 등을 기록·관리하여야 한다.**
③ 제1항의 응급실 출입기준 및 제2항의 출입자의 명단 기록·관리에 필요한 사항은 보건복지부령으로 정한다.
④ 제1항에도 불구하고 보건복지부장관, 시·도지사 또는 시장·군수·구청장은 제17조에 따른 응급의

료기관 평가, 제31조의3에 따른 재지정 심사 등을 위하여 응급의료기관에 대한 지도·감독이 필요하다고 인정하는 경우 **소속 공무원 및 관계 전문가**로 하여금 응급실을 출입하도록 할 수 있다. 〈신설 2021. 12. 21.〉
⑤ 제4항에 따라 응급실을 출입하는 자는 그 권한을 표시하는 증표를 지니고 이를 관계인에게 보여주어야 한다. 〈신설 2021. 12. 21.〉 [본조신설 2016. 12. 2.]

제32조(비상진료체계) ① 응급의료기관은 공휴일과 야간에 당직응급의료종사자를 두고 응급환자를 언제든지 진료할 준비체계(이하 "비상진료체계"라 한다)를 갖추어야 한다.
② 응급의료기관의 장으로부터 비상진료체계의 유지를 위한 근무명령을 받은 응급의료종사자는 이를 성실히 이행하여야 한다.
③ 응급의료기관의 장은 제1항에 따른 당직응급의료종사자로서 제31조의2에 따른 인력기준을 유지하는 것과는 별도로 보건복지부령으로 정하는 바에 따라 당직전문의 또는 당직전문의를 갈음할 수 있는 당직의사(이하 "당직전문의등"이라 한다)를 두어야 한다.
④ 응급의료기관의 장은 제31조의2에 따라 응급실에 근무하는 의사가 요청하는 경우 다음 각 호의 어느 하나에 해당하는 자가 응급환자를 직접 진료하게 하여야 한다.
  1. 당직전문의등
  2. 해당 응급환자의 진료에 적합한 자로서 보건복지부령에 따라 당직전문의등과 동등한 자격을 갖춘 것으로 인정되는 자
⑤ 비상진료체계에 관하여 필요한 사항은 보건복지부령으로 정한다. [전문개정 2011. 8. 4.]

제33조(예비병상의 확보) ① 응급의료기관은 응급환자를 위한 예비병상을 확보하여야 하며 예비병상을 응급환자가 아닌 사람이 사용하게 하여서는 아니 된다.
② 예비병상의 확보 및 유지에 필요한 사항은 보건복지부령으로 정한다. [전문개정 2011. 8. 4.]

제33조의2(응급실 체류 제한) ① 응급의료기관의 장은 환자의 응급실 체류시간을 최소화하고 입원진료가 필요한 응급환자는 신속하게 입원되도록 조치하여야 한다.
② 권역응급의료센터 및 지역응급의료센터의 장은 **24시간을 초과**하여 응급실에 체류하는 환자의 비율을 보건복지부령으로 정하는 기준 미만으로 유지하여야 한다. [본조신설 2016. 12. 2.]

제34조(당직의료기관의 지정) 보건복지부장관, 시·도지사 또는 시장·군수·구청장은 공휴일 또는 야간이나 그 밖에 응급환자 진료에 지장을 줄 우려가 있다고 인정할 만한 이유가 있는 경우에는 응급환자에 대한 응급의료를 위하여 보건복지부령으로 정하는 바에 따라 의료기관의 종류별·진료과목별 및 진료기간별로 당직의료기관을 지정하고 이들로 하여금 응급의료를 하게 할 수 있다. [전문개정 2011. 8. 4.]

제34조의2(야간·휴일 소아 진료기관의 지정) ① 보건복지부장관 또는 시·도지사는 응급실 과밀화 해소 및 소아환자에 대한 의료 공백 방지를 위하여 「의료법」 제3조에 따른 의료기관 중에서 야간 또는 휴일에 소아환자를 진료하는 야간·휴일 소아 진료기관을 지정할 수 있다.
② 보건복지부장관, 시·도지사 또는 시장·군수·구청장은 야간·휴일 소아 진료기관에 대한 행정적·재정적 지원을 할 수 있다.

③ 야간·휴일 소아 진료기관의 지정 기준·방법·절차 및 업무 등에 관하여 필요한 사항은 보건복지부령으로 정한다. [본조신설 2024. 1. 30.]
[시행일: 2024. 7. 31.] 제34조의2

제35조(응급의료기관의 지정 취소 등) ① 응급의료기관 및 권역외상센터, 지역외상센터가 다음 각 호의 어느 하나에 해당하는 경우에는 보건복지부장관 시·도지사 또는 시장·군수·구청장 중 해당 지정권자가 그 지정을 취소할 수 있다. 〈개정 2012. 5. 14., 2016. 12. 2.〉
  1. 지정기준에 미달한 경우
  2. 이 법에 따른 업무를 수행하지 아니한 경우
  3. 이 법 또는 이 법에 따른 처분이나 명령을 위반한 경우
② 보건복지부장관, 시·도지사 또는 시장·군수·구청장은 응급의료기관 및 권역외상센터, 지역외상센터가 제1항 각 호의 어느 하나에 해당하는 경우에는 일정한 기간을 정하여 위반한 사항을 시정하도록 명하여야 한다. 〈신설 2016. 12. 2.〉
③ 보건복지부장관, 시·도지사 또는 시장·군수·구청장은 제2항의 시정명령을 한 경우 명령의 성실한 이행을 위하여 명령이 이행될 때까지 제16조제1항, 제17조제4항 및 제30조의4에 따른 재정지원의 전부 또는 일부를 중단할 수 있다. 〈신설 2016. 12. 2.〉
④ 보건복지부장관은 응급의료기관 및 권역외상센터, 지역외상센터가 제2항에 따른 시정명령을 이행하지 아니한 경우 일정한 기간을 정하여 제23조에 따른 응급의료수가를 차감할 수 있다. 〈신설 2016. 12. 2.〉 [전문개정 2011. 8. 4.] [제목개정 2016. 12. 2.]

제35조의2(응급의료기관 외의 의료기관) ① 이 법에 따른 응급의료기관으로 지정받지 아니한 의료기관이 응급의료시설을 설치·운영하려면 보건복지부령으로 정하는 시설·인력 등을 갖추어 시장·군수·구청장에게 신고하여야 한다. **다만, 종합병원의 경우에는 신고를 생략**할 수 있다. 〈개정 2020. 12. 29., 2021. 12. 21.〉
② 시장·군수·구청장은 제1항에 따른 신고를 받은 경우 그 내용을 검토하여 이 법에 적합하면 신고를 수리하여야 한다. 〈신설 2020. 12. 29.〉 [전문개정 2011. 8. 4.]

제7장 응급구조사 〈개정 2011. 8. 4.〉

제36조(응급구조사의 자격) ① 응급구조사는 업무의 범위에 따라 1급 응급구조사와 2급 응급구조사로 구분한다.
② 1급 응급구조사가 되려는 사람은 다음 각 호의 어느 하나에 해당하는 사람으로서 보건복지부장관이 실시하는 시험에 합격한 후 보건복지부장관의 자격인정을 받아야 한다. 〈개정 2019. 12. 3.〉
  1. 대학 또는 전문대학에서 응급구조학을 전공하고 졸업한 사람
  2. 보건복지부장관이 정하여 고시하는 기준에 해당하는 외국의 응급구조사 자격인정을 받은 사람
  3. 2급 응급구조사로서 응급구조사의 업무에 3년 이상 종사한 사람
③ 2급 응급구조사가 되려는 사람은 다음 각 호의 어느 하나에 해당하는 사람으로서 보건복지부장관이 실시하는 시험에 합격한 후 보건복지부장관의 자격인정을 받아야 한다. 〈개정 2019. 12. 3.〉
  1. 보건복지부장관이 지정하는 응급구조사 양성기관에서 대통령령으로 정하는 양성과정을 마친

사람
　　2. 보건복지부장관이 정하여 고시하는 기준에 해당하는 외국의 응급구조사 자격인정을 받은 사람
④ 보건복지부장관은 제2항과 제3항에 따른 응급구조사시험의 실시에 관한 업무를 대통령령으로 정하는 바에 따라 「한국보건의료인국가시험원법」에 따른 한국보건의료인국가시험원에 위탁할 수 있다. 〈개정 2015. 6. 22.〉
⑤ 1급 응급구조사 및 2급 응급구조사의 시험과목, 시험방법 및 자격인정에 관하여 필요한 사항은 보건복지부령으로 정한다. [전문개정 2011. 8. 4.]

제36조(응급구조사의 자격) ① 응급구조사는 업무의 범위에 따라 1급 응급구조사와 2급 응급구조사로 구분한다.
② 1급 응급구조사가 되려는 사람은 다음 각 호의 어느 하나에 해당하는 사람으로서 보건복지부장관이 실시하는 시험에 합격한 후 보건복지부장관의 자격인정을 받아야 한다. 〈개정 2019. 12. 3., 2024. 1. 30.〉
　　1. 제36조의4제1항에 따라 지정받은 대학 또는 전문대학에서 응급구조학을 전공하고 졸업한 사람
　　2. 보건복지부장관이 정하여 고시하는 기준에 해당하는 외국의 응급구조사 자격인정을 받은 사람
　　3. 2급 응급구조사로서 응급구조사의 업무에 3년 이상 종사한 사람
③ 2급 응급구조사가 되려는 사람은 다음 각 호의 어느 하나에 해당하는 사람으로서 보건복지부장관이 실시하는 시험에 합격한 후 보건복지부장관의 자격인정을 받아야 한다. 〈개정 2019. 12. 3., 2024. 1. 30.〉
　　1. 제36조의4제2항에 따라 지정받은 양성기관에서 대통령령으로 정하는 양성과정을 마친 사람
　　2. 보건복지부장관이 정하여 고시하는 기준에 해당하는 외국의 응급구조사 자격인정을 받은 사람
④ 보건복지부장관은 제2항과 제3항에 따른 응급구조사시험의 실시에 관한 업무를 대통령령으로 정하는 바에 따라 「한국보건의료인국가시험원법」에 따른 한국보건의료인국가시험원에 위탁할 수 있다. 〈개정 2015. 6. 22.〉
⑤ 1급 응급구조사 및 2급 응급구조사의 시험과목, 시험방법 및 자격인정에 관하여 필요한 사항은 보건복지부령으로 정한다. [전문개정 2011. 8. 4.]
　　[시행일: 2026. 1. 31.] 제36조제2항제1호, 제36조제3항제1호

제36조의2(응급구조사 자격증의 교부 등) ① 보건복지부장관은 제36조제2항 또는 제3항에 따른 응급구조사시험에 합격한 사람에게 응급구조사 자격증을 교부하여야 한다. 다만, 자격증 교부 신청일 기준으로 제37조에 따른 결격사유에 해당하는 사람에게는 자격증을 교부해서는 아니 된다. 〈개정 2019. 12. 3.〉
② 제1항에 따라 응급구조사 자격증을 교부받은 사람은 응급구조사 자격증의 분실 또는 훼손으로 사용할 수 없게 된 경우에는 보건복지부장관에게 재교부 신청을 할 수 있다.
③ 응급구조사는 다른 사람에게 자기의 성명을 사용하여 제41조에 따른 응급구조사의 업무를 수행하게 하여서는 아니 된다. 〈개정 2020. 4. 7.〉
④ 제1항 및 제2항에 따른 응급구조사 자격증의 교부·재교부 및 관리에 필요한 사항은 보건복지부령으로 정한다.

⑤ 제1항에 따라 자격증을 교부받은 사람은 다른 사람에게 그 자격증을 빌려주어서는 아니 되고, 누구든지 그 자격증을 빌려서는 아니 된다. 〈신설 2020. 4. 7.〉

⑥ 누구든지 제5항에 따라 금지된 행위를 알선하여서는 아니 된다. 〈신설 2020. 4. 7.〉 [본조신설 2016. 5. 29.]

제36조의3(응급구조사 실태 등의 신고) ① 응급구조사는 대통령령으로 정하는 바에 따라 최초로 자격을 받은 후부터 3년마다 그 실태와 취업상황을 보건복지부장관에게 신고하여야 한다.

② 보건복지부장관은 제43조의 보수교육을 받지 아니한 응급구조사에 대하여 제1항에 따른 신고를 반려할 수 있다.

③ 보건복지부장관은 제1항에 따른 신고 수리 업무를 대통령령으로 정하는 바에 따라 관련 기관 등에 위탁할 수 있다. [본조신설 2016. 5. 29.]

제36조의4(응급구조사 양성대학 등 지정) ① 보건복지부장관은 1급 응급구조사의 적절한 수급 및 양성을 위하여 응급구조학과를 개설한 대학 또는 전문대학을 1급 응급구조사 양성대학으로 지정할 수 있다.

② 보건복지부장관은 2급 응급구조사의 적절한 수급 및 양성을 위하여 관련 양성과정을 개설한 기관을 2급 응급구조사 양성기관으로 지정할 수 있다.

③ 보건복지부장관은 1급 응급구조사 양성대학 또는 2급 응급구조사 양성기관(이하 "응급구조사 양성대학등"이라 한다)을 지정한 때에는 보건복지부령으로 정하는 바에 따라 지정서를 발급하고 그 사실을 관보 또는 보건복지부 인터넷홈페이지에 공고하여야 한다.

④ 보건복지부장관은 응급구조사 양성대학등이 다음 각 호의 어느 하나에 해당하는 경우에는 제1항 또는 제2항에 따른 지정을 취소할 수 있다. 다만, 제1호에 해당하는 경우에는 지정을 취소하여야 한다.

 1. 거짓 또는 부정한 방법으로 지정을 받은 경우
 2. 지정기준에 적합하지 아니하거나 지정목적에 충실하게 운영되지 못한 경우

⑤ 보건복지부장관은 응급구조사 양성대학등의 지정 관련 업무를 대통령령으로 정하는 바에 따라 관련 전문기관 또는 단체에 위탁할 수 있다.

⑥ 제1항 및 제2항에 따른 응급구조사 양성대학등의 지정에 필요한 기준, 교육인력, 과목 등에 관한 사항은 대통령령으로 정한다.

⑦ 제1항, 제2항 및 제4항에 따른 응급구조사 양성대학등의 지정 및 지정 취소의 절차, 방법 등에 필요한 사항은 보건복지부령으로 정한다. [본조신설 2024. 1. 30.]

 [시행일: 2026. 1. 31.] 제36조의4

제37조(결격사유) 다음 각 호의 어느 하나에 해당하는 사람은 응급구조사가 될 수 없다. 〈개정 2007. 10. 17., 2007. 12. 14., 2011. 8. 4., 2015. 1. 28., 2018. 12. 11., 2020. 4. 7.〉

 1. 「정신건강증진 및 정신질환자 복지서비스 지원에 관한 법률」 제3조제1호에 따른 정신질환자. 다만, 전문의가 응급구조사로서 적합하다고 인정하는 사람은 그러하지 아니하다.
 2. 마약·대마 또는 향정신성의약품 중독자
 3. 피성년후견인·피한정후견인

4. 다음 각 목의 어느 하나에 해당하는 법률을 위반하여 금고 이상의 실형을 선고받고 그 집행이 끝나지 아니하거나 면제되지 아니한 사람

   가. 이 법

   나. 「형법」제233조, 제234조, 제268조(의료과실만 해당한다), 제269조, 제270조제1항부터 제3항까지, 제317조제1항

   다. 「보건범죄 단속에 관한 특별조치법」, 「지역보건법」, 「국민건강증진법」, 「후천성면역결핍증 예방법」, 「의료법」, 「의료기사 등에 관한 법률」, 「시체 해부 및 보존 등에 관한 법률」, 「혈액관리법」, 「마약류 관리에 관한 법률」, 「모자보건법」, 「국민건강보험법」 [제목개정 2011. 8. 4.]

제38조(부정행위에 대한 제재) ① 부정한 방법으로 응급구조사시험에 응시한 사람 또는 응급구조사시험에서 부정행위를 한 사람에 대하여는 그 수험을 정지시키거나 합격을 무효로 한다.

② 보건복지부장관은 제1항에 따라 수험이 정지되거나 합격이 무효로 된 사람에 대하여 처분의 사유와 위반 정도 등을 고려하여 대통령령으로 정하는 바에 따라 그 다음에 치러지는 응급구조사시험 응시를 3회의 범위에서 제한할 수 있다. 〈개정 2020. 12. 29.〉 [전문개정 2011. 8. 4.]

제39조(응급구조사의 준수 사항) 응급구조사는 응급환자의 안전을 위하여 그 업무를 수행할 때 응급처치에 필요한 의료장비, 무선통신장비 및 구급의약품의 관리·운용과 응급구조사의 복장·표시 등 응급환자 이송·처치에 필요한 사항에 대하여 보건복지부령으로 정하는 사항을 지켜야 한다. [전문개정 2011. 8. 4.]

제40조(비밀 준수 의무) 응급구조사는 직무상 알게 된 비밀을 누설하거나 공개하여서는 아니 된다. [전문개정 2011. 8. 4.]

제41조(응급구조사의 업무) ① 응급구조사는 응급환자가 발생한 현장에서 응급환자에 대하여 상담·구조 및 이송 업무를 수행하며, 「의료법」 제27조의 무면허 의료행위 금지 규정에도 불구하고 보건복지부령으로 정하는 범위에서 현장에 있거나 이송 중이거나 의료기관 안에 있을 때에는 응급처치의 업무에 종사할 수 있다. 〈개정 2019. 12. 3.〉

② 보건복지부장관은 5년마다 제1항에 따른 응급구조사 업무범위의 적절성에 대한 조사를 실시하고, 중앙위원회의 심의를 거쳐 응급구조사 업무범위 조정을 위하여 필요한 조치를 할 수 있다. 〈신설 2019. 12. 3.〉 [전문개정 2011. 8. 4.]

제41조의2(응급구조사 업무지침의 개발 및 보급) ① 보건복지부장관은 응급구조사 업무의 체계적·전문적 관리를 위하여 보건복지부령으로 정하는 절차·내용·방법에 따라 응급구조사 업무지침을 작성하여 보급하여야 한다.

② 보건복지부장관은 제41조제2항에 따라 응급구조사의 업무범위를 조정한 경우에는 제1항에 따른 업무지침에 이를 반영하여야 한다. 〈신설 2019. 12. 3.〉

③ 응급구조사는 제41조에 따른 업무를 수행할 때 제1항에 따른 업무지침을 활용하여야 한다. 〈개정 2019. 12. 3.〉 [본조신설 2012. 5. 14.]

제42조(업무의 제한) 응급구조사는 의사로부터 구체적인 지시를 받지 아니하고는 제41조에 따른 응

급처치를 하여서는 아니 된다. 다만, 보건복지부령으로 정하는 응급처치를 하는 경우와 급박한 상황에서 통신의 불능(不能) 등으로 의사의 지시를 받을 수 없는 경우에는 그러하지 아니하다. [전문개정 2011. 8. 4.]

제43조(응급구조사의 보수교육 등) ① 보건복지부장관은 응급구조사의 자질향상을 위하여 필요한 보수교육을 매년 실시하여야 한다.
② 보건복지부장관은 제1항에 따른 보수교육에 관한 업무를 보건복지부령으로 정하는 관계 기관 또는 단체에 위탁할 수 있다.
③ 보건복지부장관은 제2항에 따라 보수교육에 관한 업무를 위탁하는 경우 보수교육의 실효성을 확보하기 위한 평가 및 점검을 매년 1회 이상 정기적으로 실시하여야 한다.
④ 제1항에 따른 보수교육의 내용·대상과 제3항에 따른 평가 및 점검에 필요한 사항은 보건복지부령으로 정한다. [전문개정 2012. 5. 14.]

제43조의2(응급구조학을 전공하는 학생의 응급처치 허용) 대학 또는 전문대학에서 응급구조학을 전공하는 학생은 보건복지부령으로 정하는 경우에 한하여 의사로부터 구체적인 지시를 받아 응급처치를 할 수 있다. 이 경우 제39조부터 제41조까지 및 제41조의2에 따른 응급구조사에 관한 규정을 준용한다. [본조신설 2012. 5. 14.]

제8장 응급환자 이송 등 〈개정 2011. 8. 4.〉

제44조(구급차등의 운용자) ① 다음 각 호의 어느 하나에 해당하는 자 외에는 구급차등을 운용할 수 없다.
  1. 국가 또는 지방자치단체
  2. 「의료법」 제3조에 따른 의료기관
  3. 다른 법령에 따라 구급차등을 둘 수 있는 자
  4. 이 법에 따라 응급환자이송업(이하 "이송업"이라 한다)의 허가를 받은 자
  5. 응급환자의 이송을 목적사업으로 하여 보건복지부장관의 설립허가를 받은 **비영리법인**
② 의료기관은 구급차등의 운용을 제1항제4호에 따른 이송업의 허가를 받은 자(이하 "이송업자"라 한다) 또는 제1항제5호에 따른 비영리법인에 위탁할 수 있다.
③ 제2항에 따라 구급차등의 운용을 위탁한 의료기관과 그 위탁을 받은 자는 보건복지부령으로 정하는 구급차등의 위탁에 대한 기준 및 절차를 지켜야 한다. [전문개정 2011. 8. 4.]

제44조의2(구급차등의 운용신고 등) ① 제44조제1항제1호의 국가 또는 지방자치단체가 구급차등을 운용하고자 할 때에는 해당 구급차등을 관계 법령에 따라 등록한 후 지체 없이 보건복지부령으로 정하는 바에 따라 시장·군수·구청장에게 통보하여야 한다. 그 통보 후 보건복지부령으로 정하는 중요 사항을 변경할 때에도 같다.
② 제44조제1항제2호부터 제5호까지에 해당하는 자가 구급차등을 운용하고자 할 때에는 해당 구급차등을 관계 법령에 따라 등록한 후 지체 없이 보건복지부령으로 정하는 바에 따라 시장·군수·구청장에게 신고하여야 한다. 그 신고 후 보건복지부령으로 정하는 중요 사항을 변경할 때에도 같다. 〈개정 2016. 12. 2.〉

③ 시장·군수·구청장은 제2항에 따른 신고를 받은 경우 그 내용을 검토하여 이 법에 적합하면 신고를 수리하여야 한다. 〈신설 2020. 12. 29.〉 [본조신설 2013. 6. 4.]

제44조의3(구급차등의 말소신고 등) ① 제44조제1항제1호의 구급차등 운용자는 구급차등이 다음 각 호의 어느 하나에 해당하는 경우에는 보건복지부령으로 정하는 바에 따라 시장·군수·구청장에게 구급차등의 말소 통보를 하여야 한다.
  1. 「자동차관리법」 제13조, 「항공안전법」 제15조 등 관계 법령에 따라 구급차등의 등록이 말소된 경우
  2. 제46조의2에 따른 운행연한 또는 운행거리가 초과된 경우
② 제44조제1항제2호부터 제5호까지의 구급차등 운용자는 구급차등이 제1항 각 호의 어느 하나에 해당하는 경우에는 보건복지부령으로 정하는 바에 따라 시장·군수·구청장에게 구급차등의 말소신고를 하여야 한다.
③ 시장·군수·구청장은 제1항 및 제2항에 따라 말소 통보 또는 신고를 하여야 하는 자가 말소 통보 또는 신고를 하지 아니할 경우 직권으로 말소할 수 있다. [본조신설 2016. 12. 2.]

제44조의4(구급차등의 운용자의 명의이용 금지) 제44조제1항제2호부터 제5호까지의 구급차등 운용자는 자기 명의로 다른 사람에게 구급차등을 운용하게 할 수 없다. [본조신설 2021. 3. 23.]

제45조(다른 용도에의 사용 금지) ① 구급차등은 다음 각 호의 용도 외에는 사용할 수 없다.
  1. **응급환자** 이송
  2. 응급의료를 위한 **혈액, 진단용 검사대상물** 및 진료용 장비 등의 운반
  3. 응급의료를 위한 **응급의료종사자**의 운송
  4. 사고 등으로 현장에서 **사망**하거나 진료를 받다가 사망한 사람을 의료기관 등에 이송
  5. 그 밖에 보건복지부령으로 정하는 용도
② 시·도지사 또는 시장·군수·구청장은 제1항 또는 제44조의2제2항을 위반한 구급차등의 운용자에 대하여는 그 운용의 정지를 명하거나 구급차등의 등록기관의 장에게 해당 구급차등의 말소등록을 요청할 수 있다. 이 경우 말소등록을 요청받은 등록기관의 장은 해당 구급차등에 대한 등록을 말소하여야 한다. 〈개정 2013. 6. 4.〉
③ 시·도지사 또는 시장·군수·구청장은 관할 구역에서 운용되는 구급차의 제1항에 따른 용도 외의 사용 여부를 확인하기 위하여 필요한 경우 시·도경찰청장 또는 경찰서장에게 구급차의 교통법규 위반사항 확인을 요청할 수 있다. 이 경우 요청을 받은 시·도경찰청장 또는 경찰서장은 정당한 사유가 없으면 이에 따라야 한다. 〈신설 2017. 4. 18., 2020. 12. 22.〉 [전문개정 2011. 8. 4.]

제46조(구급차등의 기준) ① 구급차등은 환자이송 및 응급의료를 하는 데에 적합하게 설계·제작되어야 한다.
② 구급차의 형태, 표시, 내부장치 등에 관한 기준은 보건복지부와 국토교통부의 공동부령으로 정한다. 〈개정 2013. 3. 23., 2015. 1. 28., 2016. 12. 2.〉 [전문개정 2011. 8. 4.]

제46조의2(구급차 운행연한) ① 구급차는 보건복지부와 국토교통부의 공동부령으로 정하는 운행연한 및 운행거리를 초과하여 운행하지 못한다. 다만, 시장·군수·구청장은 관할 구역 내 구급차의

운행여건 등을 고려하여 보건복지부와 국토교통부의 공동부령으로 정하는 안전성 요건이 충족되는 경우에는 **2년의 범위**에서 운행연한을 연장할 수 있다.

② 시장·군수·구청장은 구급차의 제작·조립이 중단되거나 출고가 지연되는 등 부득이한 사유로 구급차의 수급이 현저히 곤란하다고 인정되는 때에는 보건복지부와 국토교통부의 공동부령으로 정하는 안전성 요건이 충족되는 경우 **6개월의 범위**에서 제1항에 따른 운행연한을 초과하여 운행하게 할 수 있다. [본조신설 2016. 12. 2.]

제46조의3(응급의료 전용헬기) ① 보건복지부장관 또는 시·도지사는 응급의료 취약지역 응급환자의 신속한 이송 및 응급처치 등을 위하여 응급환자 항공이송을 전담하는 헬리콥터(이하 "응급의료 전용헬기"라 한다)를 운용할 수 있다.

② 보건복지부장관 또는 시·도지사는 응급의료 전용헬기의 환자인계점에 누구든지 쉽게 인식할 수 있도록 해당 인계점이 응급환자 이송을 위하여 사용된다는 사실과 환자인계점에서 제한되는 행위 등을 알리는 안내표지를 설치할 수 있다. 〈신설 2018. 12. 11.〉

③ 응급의료 전용헬기의 장비·의약품·환자인계점 관리 등에 필요한 사항은 보건복지부령으로 정한다. 〈개정 2018. 12. 11.〉 [본조신설 2016. 12. 2.]

제47조(구급차등의 장비) ① 구급차등에는 응급환자에게 응급처치를 할 수 있도록 의료장비 및 구급의약품 등을 갖추어야 하며, 구급차등이 속한 기관·의료기관 및 응급의료지원센터와 통화할 수 있는 통신장비를 갖추어야 한다. 이 경우 구급의약품의 적정상태를 유지하기 위하여 필요한 조치를 시행하여야 한다. 〈개정 2015. 1. 28., 2021. 3. 23.〉

② 구급차에는 응급환자의 이송 상황과 이송 중 응급처치의 내용을 파악하기 위하여 보건복지부령으로 정하는 기준에 적합한 다음 각 호의 장비를 장착하여야 한다. 이 경우 보건복지부령으로 정하는 바에 따라 장비 장착에 따른 정보를 수집·보관하여야 하며, 보건복지부장관이 해당 정보의 제출을 요구하는 때에는 이에 따라야 한다. 〈신설 2015. 1. 28., 2023. 3. 14.〉

1. 구급차 운행기록장치 및 영상기록장치(차량 속도, 위치정보 등 구급차의 운행과 관련된 정보를 저장하고 충돌 등 사고발생 시 사고 상황을 영상 등으로 저장하는 기능을 갖춘 장치를 말한다)
2. 구급차 요금미터장치(거리를 측정하여 이를 금액으로 표시하는 장치를 말하며, 보건복지부령으로 정하는 구급차에 한정한다)
3. 「개인정보 보호법」 제2조제7호에 따른 고정형 영상정보처리기기

③ 제1항에 따라 갖추어야 하는 의료장비·구급의약품 및 통신장비 등의 관리와 필요한 조치, 구급차 등의 관리 및 제2항에 따른 장비의 장착·관리 등에 필요한 사항은 보건복지부령으로 정한다. 〈개정 2015. 1. 28., 2021. 3. 23.〉

④ 제2항제3호에 따른 장비는 보건복지부령으로 정하는 구급차 이용자 등의 동의 절차를 거쳐 개인영상정보를 수집하도록 하고, 이 법에서 정한 것 외에 고정형 영상정보처리기기의 설치 등에 관한 사항은 「개인정보 보호법」에 따른다. 〈신설 2015. 1. 28., 2023. 3. 14.〉 [전문개정 2011. 8. 4.]

제47조의2(심폐소생을 위한 응급장비의 구비 등의 의무) ① 다음 각 호의 어느 하나에 해당하는 시설

등의 소유자·점유자 또는 관리자는 자동심장충격기 등 심폐소생술을 할 수 있는 응급장비를 갖추어야 한다. 〈개정 2009. 6. 9., 2011. 3. 8., 2011. 8. 4., 2012. 2. 1., 2016. 3. 29., 2016. 5. 29., 2018. 12. 11., 2019. 12. 3., 2021. 12. 21., 2023. 8. 16.〉

1. 「공공보건의료에 관한 법률」 제2조제3호에 따른 공공보건의료기관
2. 「119구조·구급에 관한 법률」제10조에 따른 구급대와 「의료법」 제3조에 따른 의료기관에서 운용 중인 **구급차**
3. 「항공안전법」 제2조제1호에 따른 항공기 중 항공운송사업에 사용되는 여객 항공기 및 「공항시설법」 제2조제3호에 따른 **공항**
4. 「철도산업발전 기본법」 제3조제4호에 따른 철도차량 중 **객차**
5. 「선박법」 제1조의2제1항제1호 및 제2호에 따른 선박 중 총톤수 **20톤 이상인 선박**
6. 대통령령으로 정하는 규모 이상의 「건축법」 제2조제2항제2호에 따른 **공동주택**

6의2. 「산업안전보건법」 제18조에 따라 보건관리자를 두어야 하는 사업장 중 상시근로자가 300**명 이상인 사업장**

6의3. 「관광진흥법」 제52조에 따라 지정된 관광지 및 관광단지 중 실제 운영 중인 관광지 및 관광단지에 소재하는 대통령령으로 정하는 시설

7. 그 밖에 대통령령으로 정하는 다중이용시설

② 제1항에 따라 자동심장충격기 등 심폐소생술을 할 수 있는 응급장비를 갖춘 경우 해당 시설 등의 소유자·점유자 또는 관리자는 그 사실을 보건복지부령으로 정하는 바에 따라 시장·군수·구청장에게 신고하여야 한다. 신고한 응급장비의 양도·폐기·이전 등 보건복지부령으로 정하는 중요 사항을 변경하려는 경우에도 또한 같다. 〈신설 2016. 12. 2.〉

③ 제1항에 따라 응급장비를 설치한 자는 해당 응급장비를 **매월 1회** 이상 점검하고 그 결과를 관할 시장·군수·구청장에게 통보하여야 한다. 〈신설 2012. 5. 14., 2016. 12. 2., 2021. 12. 21.〉

④ 제1항에 따라 자동심장충격기 등 심폐소생술을 할 수 있는 응급장비를 설치한 자는 해당 시설 등의 출입구 또는 여러 사람이 보기 쉬운 곳에 사용에 관한 안내표지판을 부착하여야 한다. 〈신설 2021. 12. 21.〉

⑤ 제1항에 따라 갖추어야 하는 응급장비의 관리 등에 필요한 사항은 보건복지부령으로 정한다. 〈개정 2012. 5. 14., 2016. 12. 2., 2021. 12. 21.〉 [본조신설 2007. 12. 14.] [제목개정 2012. 5. 14.]

제47조의3(여객항공기 등에서의 응급장비 및 응급처치 의약품의 구비) ① 제47조의2제1항제3호부터 제5호까지의 시설 등을 관장하는 중앙행정기관의 장은 해당 시설 등의 소유자·점유자 또는 관리자가 응급장비 및 응급처치 의약품을 구비하도록 노력하여야 한다.

② 보건복지부장관은 제1항의 응급장비 및 응급처치 의약품 구비에 대한 기준을 마련하여 제시할 수 있으며, 해당 중앙행정기관의 장에게 이를 권고할 수 있다. 다만, 국제협약 등을 준수하기 위하여 다른 법령에서 특별히 정하는 사항이 있는 경우에는 그 법령에서 정하는 바에 따른다. [본조신설 2023. 8. 8.]

제48조(응급구조사 등의 탑승의무) 구급차등의 운용자는 구급차등이 출동할 때에는 보건복지부령으로 정하는 바에 따라 응급구조사를 탑승시켜야 한다. 다만, 의사나 간호사가 탑승한 경우는 제외

한다. [전문개정 2011. 8. 4.]

제48조의2(수용능력 확인 등) ① 응급환자 등을 이송하는 자(구급차등의 운전자와 제48조에 따라 구급차등에 동승하는 응급구조사, 의사 또는 간호사를 말한다)는 특별한 사유가 없는 한 보건복지부령으로 정하는 방법에 따라 이송하고자 하는 응급의료기관의 응급환자 수용 능력을 확인하고 응급환자의 상태와 이송 중 응급처치의 내용 등을 미리 통보하여야 한다. 〈개정 2017. 10. 24.〉

② 응급의료기관의 장은 제1항에 따른 응급환자 수용능력 확인을 요청받은 경우 정당한 사유 없이 응급의료를 거부 또는 기피할 수 없으며 응급환자를 수용할 수 없는 경우에는 제2조제7호의 응급의료기관등에 지체 없이 관련 내용을 통보하여야 한다. 〈개정 2015. 1. 28., 2021. 12. 21.〉

③ 제1항 및 제2항과 관련된 구체적인 기준, 방법, 절차 등 필요한 사항은 보건복지부령으로 정한다. 〈신설 2021. 12. 21.〉 [본조신설 2011. 8. 4.]

제49조(출동 및 처치 기록 등) ① 응급구조사가 출동한 때에는 보건복지부령으로 정하는 바에 따라 지체 없이 출동 사항, 제31조의4에 따른 응급환자의 중증도 분류 결과, 처치 내용 등을 기록하고 이를 소속 구급차등의 운용자와 해당 응급환자의 진료의사에게 제출하여야 한다. 다만, 응급구조사를 갈음하여 의사나 간호사가 탑승한 경우에는 탑승한 의사(간호사만 탑승한 경우에는 탑승 간호사)가 출동 및 처치 기록과 관련한 응급구조사의 임무를 수행하여야 한다. 〈개정 2016. 12. 2., 2021. 12. 21.〉

② 구급차등의 운용자는 구급차등의 운행과 관련하여 보건복지부령으로 정하는 바에 따라 운행기록대장을 작성하여야 한다. 〈신설 2016. 12. 2.〉

③ 제1항에 따른 기록을 제출받은 구급차등의 운용자는 그 기록을 보건복지부령으로 정하는 바에 따라 그 소재지를 관할하는 응급의료지원센터에 제출하여야 한다. 〈개정 2015. 1. 28., 2016. 12. 2.〉

④ 구급차등의 운용자는 제1항에 따라 제출받은 기록 및 제2항에 따라 작성한 운행기록대장을, 응급환자의 진료의사가 소속된 의료기관의 장은 제1항에 따라 제출받은 기록을 각각 보건복지부령으로 **정하는 기간 동안 보존**하여야 한다. 〈신설 2016. 12. 2.〉

⑤ 출동 및 처치 기록의 내용 및 방법 등에 관하여 필요한 사항은 보건복지부령으로 정한다. 〈개정 2016. 12. 2.〉 [전문개정 2011. 8. 4.] [제목개정 2016. 12. 2.]

제50조(지도·감독) ① 시·도지사 또는 시장·군수·구청장은 관할 구역에서 운용되는 구급차등에 대하여 매년 한 번 이상 구급차등의 운용상황과 실태를 점검하여 그 결과에 따라 시정명령·정지명령 등 필요한 조치를 할 수 있다. 〈개정 2017. 10. 24.〉

② 시·도지사 또는 시장·군수·구청장은 관할 구역 내에 있는 제47조의2제1항 각 호의 시설 등에 대하여 매년 한 번 이상 자동심장충격기 등 심폐소생술을 할 수 있는 응급장비의 구비현황과 관리실태를 점검하여야 하며, 그 결과에 따라 시정명령 등 필요한 조치를 할 수 있다. 〈신설 2017. 10. 24.〉 [전문개정 2011. 8. 4.]

제51조(이송업의 허가 등) ① 이송업을 하려는 자는 보건복지부와 국토교통부의 공동부령으로 정하는 시설 등을 갖추어 관할 시·도지사의 허가를 받아야 한다. 이 경우 둘 이상의 시·도에서 영업을 하려는 경우에는 해당 시·도별로 시·도지사의 허가를 받아야 한다. 〈개정 2013. 3. 23.〉

② 시·도지사는 제1항에 따라 허가를 하는 경우에는 시설의 규모 등을 고려하여 영업지역을 제한하여 허가할 수 있다.

③ 이송업자가 대통령령으로 정하는 중요한 사항을 변경하려는 경우에는 관할 시·도지사의 변경허가를 받아야 한다.

④ 시·도지사는 제3항에 따른 변경허가의 신청을 받은 날부터 **15일** 이내에 변경허가 여부를 신청인에게 통지하여야 한다. 〈신설 2018. 12. 11.〉

⑤ 시·도지사는 제4항에서 정한 기간 내에 변경허가 여부 또는 민원 처리 관련 법령에 따른 처리기간의 연장 여부를 신청인에게 통지하지 아니하면 그 기간(민원 처리 관련 법령에 따라 처리기간이 연장 또는 재연장된 경우에는 해당 처리기간을 말한다)이 끝난 날의 다음 날에 변경허가를 한 것으로 본다. 〈신설 2018. 12. 11.〉

⑥ 이송업자가 제3항의 사항 외에 대통령령으로 정하는 사항을 변경하려는 경우에는 관할 시·도지사에게 신고하여야 한다. 이 경우 관할 시·도지사는 그 내용을 검토하여 이 법에 적합하면 신고를 수리하여야 한다. 〈개정 2018. 12. 11., 2020. 12. 29.〉

⑦ 이송업자는 제1항에 따른 시설 등의 기준을 지켜야 한다. 〈개정 2018. 12. 11.〉 [전문개정 2011. 8. 4.]

제52조(지도의사) ① **구급차등의 운용자**(제44조제1항제2호에 따른 의료기관을 제외한다. 이하 이 조에서 같다)는 응급환자를 이송하기 위하여 구급차등을 사용하는 경우 상담·구조·이송 및 응급처치를 지도받기 위하여 지도의사(指導醫師)를 두거나 응급의료지원센터 또는 응급의료기관의 의사를 지도의사로 위촉하여야 한다. 〈개정 2015. 1. 28.〉

② 구급차등의 운용자에 따른 지도의사의 수(數)와 업무 및 선임(選任) 등에 관하여 필요한 사항은 보건복지부령으로 정한다. [전문개정 2011. 8. 4.]

제53조(휴업 등의 신고) 이송업자는 이송업의 전부 또는 일부를 휴업·폐업 또는 재개업하려는 경우에는 보건복지부령으로 정하는 바에 따라 관할 시·도지사에게 신고하여야 한다. [전문개정 2011. 8. 4.]

제54조(영업의 승계) ① 다음 각 호의 어느 하나에 해당하는 자는 이송업자의 지위를 승계한다.
  1. 이송업자가 사망한 경우 그 상속인
  2. 이송업자가 그 사업을 양도한 경우 그 양수인
  3. 법인인 이송업자가 합병한 경우 합병 후 존속하는 법인이나 합병으로 설립되는 법인

② 다음 각 호의 어느 하나에 해당하는 절차에 따라 영업시설의 전부를 인수한 자는 그 이송업자의 지위를 승계한다. 〈개정 2016. 12. 27.〉
  1. 「민사집행법」에 따른 강제경매
  2. 「채무자 회생 및 파산에 관한 법률」에 따른 환가(換價)
  3. 「국세징수법」, 「관세법」 또는 「지방세징수법」에 따른 압류재산의 매각
  4. 그 밖에 제1호부터 제3호까지의 규정에 준하는 절차

③ 제1항이나 제2항에 따라 이송업자의 지위를 승계한 자는 60일 이내에 보건복지부령으로 정하는 바에 따라 관할 시·도지사에게 신고하여야 한다. [전문개정 2011. 8. 4.]

제54조의2(유인·알선 등 금지) 제44조제1항에 따른 구급차등의 운용자는 영리를 목적으로 응급환자를 특정 의료기관 또는 의료인에게 이송 또는 소개·알선하거나 그 밖에 유인하거나 사주하는 행위를 하여서는 아니 된다. [전문개정 2011. 8. 4.]

제54조의3(대규모 행사에서의 응급의료 인력 등 확보 의무) 대통령령으로 정하는 대규모 행사를 개최하려는 자는 응급환자의 발생 시 신속하고 적절한 응급의료를 제공하기 위하여 보건복지부령으로 정하는 바에 따라 응급의료 인력 및 응급이송수단 등을 확보하여야 한다. [본조신설 2020. 12. 29.]

제9장 보칙 〈개정 2011. 8. 4.〉

제55조(응급의료종사자의 면허·자격 정지 등) ① 보건복지부장관은 응급의료종사자가 다음 각 호의 어느 하나에 해당하는 경우에는 **그 면허 또는 자격을 취소**하거나 **6개월** 이내의 기간을 정하여 그 면허 또는 자격을 정지시킬 수 있다. 〈개정 2016. 5. 29., 2020. 4. 7.〉

1. 제6조제2항, 제8조, 제18조제2항, 제39조, 제40조 또는 제49조제1항을 위반한 경우

> 6조 ②항 응급의료종사자는 업무 중에 응급의료를 요청받거나 응급환자를 발견하면 즉시 응급의료를 하여야 하며 정당한 사유 없이 이를 거부하거나 기피하지 못한다.

2. 제24조제1항에 따른 이송처치료를 과다하게 징수하거나 같은 조 제2항을 위반하여 이송처치료 외에 별도의 비용을 징수한 때
3. 제32조제2항을 위반하여 응급환자에게 중대한 불이익을 끼친 경우

> 32조 ② 응급의료기관의 장으로부터 비상진료체계의 유지를 위한 근무명령을 받은 응급의료종사자는 이를 성실히 이행하여야 한다

3의2. 제36조의2제3항 또는 제5항을 위반하여 다른 사람에게 자기의 성명을 사용하여 제41조에 따른 응급구조사의 업무를 수행하게 하거나 응급구조사 자격증을 다른 사람에게 빌려준 경우
4. 제37조의 결격사유에 해당하게 된 경우

> 37조
> 1. 「정신건강증진 및 정신질환자 복지서비스 지원에 관한 법률」 제3조제1호에 따른 정신질환자. 다만, 전문의가 응급구조사로서 적합하다고 인정하는 사람은 그러하지 아니하다.
> 2. 마약·대마 또는 항정신성의약품 중독자
> 3. 피성년후견인·피한정후견인
> 4. 다음 각 목의 어느 하나에 해당하는 법률을 위반하여 금고 이상의 실형을 선고받고 그 집행이 끝나지 아니하거나 면제되지 아니한 사람

5. 제42조를 위반하여 의사로부터 구체적인 지시를 받지 아니하고 응급처치를 한 경우
6. 제43조제1항에 따른 보수교육을 받지 아니한 경우
7. 그 밖에 이 법 또는 이 법에 따른 명령을 위반한 경우

② 보건복지부장관은 응급구조사가 제36조의3에 따른 신고를 하지 아니한 때에는 신고할 때까지 그 자격을 정지시킬 수 있다. 〈신설 2016. 12. 2.〉

③ 보건복지부장관, 시·도지사 또는 시장·군수·구청장은 의료기관이나 이송업자 또는 구급차등을 운용하는 자가 다음 각 호의 어느 하나에 해당하는 경우에는 의료기관 등의 **개설 또는 영업에 관한 허가를 취소**(신고대상인 경우에는 폐쇄를 말한다. 이하 제4항에서 같다)하거나 **6개월 이내**의 기간을 정하여 그 **업무의 정지**를 명할 수 있다. 〈개정 2015. 1. 28., 2016. 12. 2., 2017. 10. 24., 2020. 12. 29., 2021. 3. 23.〉

1. 제18조제2항, 제28조제3항, 제32조제1항, 제33조제1항, 제35조의2제1항, 제44조제3항, 제44조의2제2항, 제44조의4, 제45조제1항, 제46조의2, 제47조제1항·제2항, 제48조, 제49조제3항·제4항, 제51조제3항부터 제5항까지, 제52조제1항, 제53조, 제54조제3항, 제54조의2 또는 제59조를 위반한 경우

> 18조 2항
> ② 응급의료종사자, 의료기관의 장 및 구급차등을 운용하는 자는 정당한 사유가 없으면 제1항에 따른 명령을 거부할 수 없다.

2. 제22조제1항에 따른 미수금의 대지급을 부정하게 청구한 경우
3. 제24조제1항에 따른 이송처치료를 과다하게 징수하거나 같은 조 제2항을 위반하여 이송처치료 외에 별도의 비용을 징수한 때
4. 제34조에 따라 당직의료기관으로 지정받은 자가 응급의료를 하지 아니한 경우
5. 제50조제1항에 따른 시정명령·정지명령 등 필요한 조치를 따르지 아니한 경우

> 제50조(지도·감독) ① 시·도지사 또는 시장·군수·구청장은 관할 구역에서 운용되는 구급차등에 대하여 매년 한 번 이상 구급차등의 운용상황과 실태를 점검하여 그 결과에 따라 시정명령·정지명령 등 필요한 조치를 할 수 있다.

6. 그 밖에 이 법 또는 이 법에 따른 명령을 위반한 경우

④ 제3항에 따라 영업허가의 취소처분을 받은 자는 그 처분을 받은 날부터 1년 이내에는 그 업을 개설·운영하지 못한다. 〈개정 2016. 12. 2.〉

⑤ 제1항과 제3항에 따른 행정처분의 세부 사항은 보건복지부령으로 정한다. 〈개정 2016. 12. 2.〉
[전문개정 2011. 8. 4.]

제56조(청문) 보건복지부장관, 시·도지사 또는 시장·군수·구청장은 다음 각 호의 어느 하나에 해당하는 처분을 하려면 청문을 하여야 한다. 〈개정 2013. 6. 4., 2016. 12. 2.〉

1. 제35조제1항에 따른 응급의료기관의 지정의 취소
2. 제55조제1항에 따른 응급의료종사자의 면허 또는 자격의 취소
3. 제55조제3항에 따른 의료기관 등의 개설 또는 영업에 관한 허가의 취소 및 폐쇄 명령 [전문개정 2011. 8. 4.]

제57조(과징금) ① 보건복지부장관, 시·도지사 또는 시장·군수·구청장은 의료기관이나 이송업자 또는 구급차등을 운용하는 자가 제55조제3항 각 호의 어느 하나에 해당하는 경우로서 그 업무의 정지가 국민보건의료에 커다란 위해를 가져올 우려가 있다고 인정되는 경우에는 **업무정지처분을 갈음하여 3억원 이하의 과징금**을 부과할 수 있다. 이 경우 과징금의 부과 횟수는 세 번을 초과할

수 없다. 〈개정 2016. 12. 2., 2018. 12. 11.〉
② 제1항에 따라 과징금을 부과하는 위반행위의 종류, 위반 정도에 따른 과징금의 금액과 그 밖에 필요한 사항은 대통령령으로 정한다.
③ 제1항에 따른 과징금을 내야 할 자가 납부기한까지 이를 내지 아니하면 보건복지부장관은 국세체납처분의 예에 따라 징수하고, 시·도지사 및 시장·군수·구청장은「지방행정제재·부과금의 징수 등에 관한 법률」에 따라 징수한다. 〈개정 2013. 8. 6., 2020. 3. 24.〉[전문개정 2011. 8. 4.]

제58조(권한의 위임) 이 법에 따른 보건복지부장관의 권한은 그 일부를 대통령령으로 정하는 바에 따라 시·도지사 또는 시장·군수·구청장에게 위임할 수 있다. [전문개정 2011. 8. 4.]

제59조(유사명칭 사용 금지) ① 이 법에 따른 응급구조사, 구급차, 중앙응급의료센터·권역응급의료센터·권역외상센터·전문응급의료센터·지역응급의료센터·지역외상센터·지역응급의료기관 또는 응급의료지원센터가 아니면 각각의 명칭 또는 이와 유사한 명칭을 사용하지 못한다. 〈개정 2015. 1. 28., 2016. 12. 2.〉
② 다음 각 호 외의 의료기관은 응급환자 진료와 관련된 명칭이나 표현을 사용하거나 외부에 표기하여서는 아니 된다. 〈개정 2020. 12. 29.〉
   1. 이 법에 따라 지정받은 응급의료기관
   2. 제35조의2제1항에 따라 신고한 의료기관
   3. 종합병원 [전문개정 2011. 8. 4.]

제59조의2(업무 검사와 보고 등) ① 보건복지부장관, 시·도지사 또는 시장·군수·구청장은 응급의료종사자 및 응급의료기관등에 대한 지도·감독이 필요하다고 인정되는 경우 관계 공무원으로 하여금 그 업무 상황, 시설 또는 진료기록부, 간호기록부, 제49조에 따른 출동 및 처치 기록지, 운행기록대장 등 관계 서류를 검사하게 하거나 관계인에게서 진술을 들어 사실을 확인하게 할 수 있으며, 응급의료종사자 및 응급의료기관등에게 필요한 사항의 보고 또는 관계 서류의 제출을 명할 수 있다. 이 경우 응급의료종사자 및 응급의료기관등은 정당한 사유 없이 이를 거부하지 못한다.
② 제1항의 경우 관계 공무원은 그 권한을 표시하는 증표 및 조사목적, 조사기간, 조사범위, 조사담당자, 관계 법령 등이 기재된 조사명령서를 지니고 이를 관계인에게 보여주어야 한다.
③ 보건복지부장관은 시·도지사 또는 시장·군수·구청장에게 관할 구역 내 응급의료종사자 및 응급의료기관등에 대하여 제1항에 따른 업무 검사와 보고 등을 실시할 것을 요구할 수 있다. [본조신설 2021. 12. 21.]

제10장 벌칙 〈개정 2011. 8. 4.〉

제60조(벌칙) ①「의료법」제3조에 따른 의료기관의 응급실에서 응급의료종사자(「의료기사 등에 관한 법률」제2조에 따른 의료기사와「의료법」제80조에 따른 간호조무사를 포함한다)를 폭행하여 상해에 이르게 한 사람은 **10년 이하의 징역 또는 1천만원 이상 1억원 이하의 벌금에 처하고, 중상해에 이르게 한 사람은 3년 이상의 유기징역**에 처하며, 사망에 이르게 한 사람은 무기 또는 5년 이상의 징역에 처한다. 〈신설 2019. 1. 15.〉
② 다음 각 호의 어느 하나에 해당하는 자는 **5년 이하의 징역 또는 5천만원 이하의 벌금**에 처한다.

〈개정 2015. 1. 28., 2019. 1. 15., 2023. 8. 8.〉
1. 제12조제1항을 위반하여 응급의료를 방해하거나 의료용 시설 등을 파괴·손상 또는 점거한 사람
2. 제36조에 따른 응급구조사의 자격인정을 받지 못하고 응급구조사를 사칭하여 제41조에 따른 응급구조사의 업무를 한 사람
3. 제51조제1항을 위반하여 이송업 허가를 받지 아니하고 이송업을 한 자

③ 다음 각 호의 어느 하나에 해당하는 사람은 **3년 이하의 징역 또는 3천만원 이하**의 벌금에 처한다. 〈개정 2015. 1. 28., 2016. 5. 29., 2019. 1. 15., 2020. 4. 7.〉
1. 제6조제2항을 위반하여 응급의료를 거부 또는 기피한 응급의료종사자
1의2. 제36조의2제3항을 위반하여 다른 사람에게 자기의 성명을 사용하여 제41조에 따른 응급구조사의 업무를 수행하게 한 자
1의3. 제36조의2제5항을 위반하여 다른 사람에게 자격증을 빌려주거나 빌린 자
1의4. 제36조의2제6항을 위반하여 자격증을 빌려주거나 빌리는 것을 알선한 자
2. 제40조의 비밀 준수 의무를 위반한 사람. 다만, 고소가 있어야 공소를 제기할 수 있다.
3. 제42조를 위반하여 의사로부터 구체적인 지시를 받지 아니하고 응급처치를 한 응급구조사

④ 다음 각 호의 어느 하나에 해당하는 자는 **1년 이하의 징역 또는 1천만원 이하**의 벌금에 처한다. 〈개정 2015. 1. 28., 2016. 12. 2., 2019. 1. 15., 2021. 3. 23.〉
1. 제18조제2항을 위반한 응급의료종사자, 의료기관의 장 및 구급차등을 운용하는 자
2. 제44조제1항을 위반하여 구급차등을 운용한 자
3. 제44조의4를 위반하여 자기 명의로 다른 사람에게 구급차등을 운용하게 한 자
4. 제45조제1항을 위반하여 구급차등을 다른 용도에 사용한 자 [전문개정 2011. 8. 4.]

제61조(양벌규정) 법인의 대표자나 법인 또는 개인의 대리인, 사용인, 그 밖의 종업원이 그 법인 또는 개인의 업무에 관하여 제60조의 위반행위를 하면 그 행위자를 벌하는 외에 그 법인 또는 개인에게도 해당 조문의 벌금형을 과(科)한다. 다만, 법인 또는 개인이 그 위반행위를 방지하기 위하여 해당 업무에 관하여 상당한 주의와 감독을 게을리하지 아니한 경우에는 그러하지 아니하다. [전문개정 2011. 8. 4.]

제62조(과태료) ① 다음 각 호의 어느 하나에 해당하는 자에게는 300만원 이하의 과태료를 부과한다. 〈개정 2012. 5. 14., 2013. 6. 4., 2016. 5. 29., 2016. 12. 2., 2021. 12. 21.〉
1. 제31조의2를 위반하여 응급의료기관의 지정기준에 따른 시설·인력·장비 등을 유지·운영하지 아니한 자
1의2. 제31조의5제2항을 위반하여 응급실에 출입하는 보호자 등의 명단을 기록 또는 관리하지 아니한 자
2. 제32조제4항을 위반하여 당직전문의등 또는 당직전문의등과 동등한 자격을 갖춘 것으로 인정되는 자로 하여금 응급환자를 진료하게 하지 아니한 자
3. 제33조를 위반하여 예비병상을 확보하지 아니하거나 응급환자가 아닌 사람에게 예비병상을 사용하게 한 자
3의2. 제47조의2제1항을 위반하여 자동심장충격기 등 심폐소생술을 할 수 있는 응급장비를 갖

추지 아니한 자

3의3. 제48조 본문을 위반하여 응급구조사를 탑승시키지 아니한 자

3의4. 제47조의2제2항을 위반하여 자동심장충격기 등 심폐소생술을 할 수 있는 응급장비의 설치 신고 또는 변경 신고를 하지 아니한 자

4. 제39조 또는 제49조제1항부터 제4항까지를 위반하여 준수 사항을 지키지 아니하거나 출동 및 처치 기록 등에 관한 의무를 이행하지 아니한 자

4의2. 제44조의2제2항에 따른 신고를 하지 아니하고 구급차등을 운용한 자

4의3. 제44조의3제1항 및 제2항을 위반하여 말소 통보 또는 신고를 하지 아니한 자

4의4. 제46조의2에 따른 운행연한 또는 운행거리를 초과하여 구급차를 운용한 자

5. 제51조제3항, 제53조 또는 제54조제3항에 따른 변경허가를 받지 아니하거나 신고를 하지 아니한 자

6. 제59조를 위반하여 응급구조사·중앙응급의료센터 등의 명칭 또는 이와 비슷한 명칭을 사용하거나, 응급환자 진료와 관련된 명칭이나 표현을 사용하거나 외부에 표기한 자

7. 제59조의2제1항에 따른 검사 등을 거부·방해 또는 기피하거나, 보고 또는 관계 서류 제출을 하지 아니한 자

② 제1항에 따른 과태료는 대통령령으로 정하는 바에 따라 보건복지부장관, 시·도지사 또는 시장·군수·구청장이 부과·징수한다. 〈개정 2018. 12. 11.〉 [전문개정 2011. 8. 4.]

제62조(과태료) ① 다음 각 호의 어느 하나에 해당하는 자에게는 **300만원 이하**의 과태료를 부과한다. 〈개정 2012. 5. 14., 2013. 6. 4., 2016. 5. 29., 2016. 12. 2., 2021. 12. 21., 2023. 8. 16.〉

1. 제31조의2를 위반하여 응급의료기관의 지정기준에 따른 시설·인력·장비 등을 유지·운영하지 아니한 자

1의2. 제31조의5제2항을 위반하여 응급실에 출입하는 보호자 등의 명단을 기록 또는 관리하지 아니한 자

2. 제32조제4항을 위반하여 당직전문의등 또는 당직전문의등과 동등한 자격을 갖춘 것으로 인정되는 자로 하여금 응급환자를 진료하게 하지 아니한 자

3. 제33조를 위반하여 예비병상을 확보하지 아니하거나 응급환자가 아닌 사람에게 예비병상을 사용하게 한 자

3의2. 제47조의2제1항을 위반하여 자동심장충격기 등 심폐소생술을 할 수 있는 응급장비를 갖추지 아니한 자

3의3. 제48조 본문을 위반하여 응급구조사를 탑승시키지 아니한 자

3의4. 제47조의2제2항을 위반하여 자동심장충격기 등 심폐소생술을 할 수 있는 응급장비의 설치 신고 또는 변경 신고를 하지 아니한 자

3의5. 제47조의2제3항을 위반하여 점검 결과를 통보하지 아니한 자

4. 제39조 또는 제49조제1항부터 제4항까지를 위반하여 준수 사항을 지키지 아니하거나 출동 및 처치 기록 등에 관한 의무를 이행하지 아니한 자

4의2. 제44조의2제2항에 따른 신고를 하지 아니하고 구급차등을 운용한 자

> 44조의 2 ② 제44조제1항제2호부터 제5호까지에 해당하는 자가 구급차등을 운용하고자 할 때에는 해당 구급차등을 관계 법령에 따라 등록한 후 지체 없이 보건복지부령으로 정하는 바에 따라 시장·군수·구청장에게 신고하여야 한다. 그 신고 후 보건복지부령으로 정하는 중요 사항을 변경할 때에도 같다. 〈개정 2016. 12. 2.〉

4의3. 제44조의3제1항 및 제2항을 위반하여 말소 통보 또는 신고를 하지 아니한 자

4의4. 제46조의2에 따른 운행연한 또는 운행거리를 초과하여 구급차를 운용한 자

5. 제51조제3항, 제53조 또는 제54조제3항에 따른 변경허가를 받지 아니하거나 신고를 하지 아니한 자

> 51조 ③ 이송업자가 대통령령으로 정하는 중요한 사항을 변경하려는 경우에는 관할 시·도지사의 변경허가를 받아야 한다.

6. 제59조를 위반하여 응급구조사·중앙응급의료센터 등의 명칭 또는 이와 비슷한 명칭을 사용하거나, 응급환자 진료와 관련된 명칭이나 표현을 사용하거나 외부에 표기한 자

> 제59조(유사명칭 사용 금지) ① 이 법에 따른 응급구조사, 구급차, 중앙응급의료센터·권역응급의료센터·권역외상센터·전문응급의료센터·지역응급의료센터·지역외상센터·지역응급의료기관 또는 응급의료지원센터가 아니면 각각의 명칭 또는 이와 유사한 명칭을 사용하지 못한다

7. 제59조의2제1항에 따른 검사 등을 거부·방해 또는 기피하거나, 보고 또는 관계 서류 제출을 하지 아니한 자

② 제47조의2제4항을 위반하여 자동심장충격기 등 심폐소생술을 할 수 있는 응급장비 사용에 관한 안내표지판을 부착하지 아니한 자에게는 100만원 이하의 과태료를 부과한다. 〈신설 2023. 8. 16.〉

③ 제1항 및 제2항에 따른 과태료는 대통령령으로 정하는 바에 따라 보건복지부장관, 시·도지사 또는 시장·군수·구청장이 부과·징수한다. 〈개정 2018. 12. 11., 2023. 8. 16.〉 [전문개정 2011. 8. 4.]

[시행일: 2025. 8. 17.] 제62조

제63조(응급처치 및 의료행위에 대한 형의 감면) ① 응급의료종사자가 응급환자에게 발생한 생명의 위험, 심신상의 중대한 위해 또는 증상의 악화를 방지하기 위하여 긴급히 제공하는 응급의료로 인하여 응급환자가 사상(死傷)에 이른 경우 그 응급의료행위가 불가피하였고 응급의료행위자에게 중대한 과실이 없는 경우에는 정상을 고려하여 「형법」 제268조의 형을 감경(減輕)하거나 면제할 수 있다.

② 제5조의2제1호나목에 따른 응급처치 제공의무를 가진 자가 응급환자에게 발생한 생명의 위험, 심신상의 중대한 위해 또는 증상의 악화를 방지하기 위하여 긴급히 제공하는 응급처치(자동심장충격기를 사용하는 경우를 포함한다)로 인하여 응급환자가 사상에 이른 경우 그 응급처치행위가 불가피하였고 응급처치행위자에게 중대한 과실이 없는 경우에는 정상을 고려하여 형을 감경하거나 면제할 수 있다. 〈개정 2016. 5. 29.〉 [전문개정 2011. 8. 4.]

제64조(「형법」상 감경규정에 관한 특례) 음주로 인한 심신장애 상태에서 제12조제1항을 위반하는 죄를 범한 때에는 「형법」 제10조제1항을 적용하지 아니할 수 있다. 〈개정 2023. 8. 8.〉 [본조신

설 2019. 1. 15.]

| 제12조 응급의료 등의 방해 금지 |

부칙 〈제19654호, 2023. 8. 16.〉

이 법은 공포 후 6개월이 경과한 날부터 시행한다. 다만, 제62조의 개정규정은 공포 후 2년이 경과한 날부터 시행한다.

6-1 응급의료에 관한 법률 시행령 (약칭: 응급의료법 시행령)

[시행 2024. 2. 17.] [대통령령 제34190호, 2024. 2. 6., 일부개정]

◇ 응급의료에 관한 법률 시행령 [대통령령 제34190호, 2024. 2. 6., 일부개정]

제26조의5제2항을 제3항으로 하고, 같은 조에 제2항을 다음과 같이 신설한다.
  ② 법 제47조의2제1항제6호의3에서 "대통령령으로 정하는 시설"이란 「관광진흥법 시행령」 제46조제1항에 따른 관광지 및 관광단지 조성계획에 따라 공공편익시설지구에 설치한 관리사무소 및 안내시설을 말한다.

심폐소생술을 할 수 있는 응급장비를 갖춰야 하는 대상 시설에 실제 운영 중인 관광지 및 관광단지에 소재하는 대통령령으로 정하는 시설을 추가하는 내용으로 「응급의료에 관한 법률」이 개정(법률 제19654호, 2023. 8. 16. 공포, 2024. 2. 17. 시행)됨에 따라, 관광지 및 관광단지의 공공편익시설지구에 설치한 관리사무소 및 안내시설을 자동심장충격기 등 심폐소생술을 할 수 있는 응급장비를 갖춰야 하는 시설로 정함으로써 관광지 및 관광단지에서 심폐소생이 필요한 환자 발생 시 신속하게 대처할 수 있도록 하려는 것임.

제1조(목적) 이 영은 「응급의료에 관한 법률」에서 위임된 사항과 그 시행에 관하여 필요한 사항을 규정함을 목적으로 한다. 〈개정 2008. 6. 11.〉

제2조(응급환자가 아닌 자에 대한 이송기준 및 절차) ① 의료인은 응급의료기관에 내원한 환자가 응급환자에 해당하지 아니하나 진료가 필요하다고 인정되는 경우에는 「응급의료에 관한 법률」(이하 "법"이라 한다) 제7조의 규정에 따라 본인 또는 법정대리인의 동의를 얻어 응급실이 아닌 의료시설에 진료를 의뢰하거나 다른 의료기관에 이송할 수 있다. 〈개정 2008. 6. 11.〉
② 의료인은 제1항의 규정에 따라 응급환자에 해당하지 아니하는 환자를 응급실이 아닌 의료시설에 진료를 의뢰하거나 다른 의료기관에 이송하는 경우에는 당해 환자가 응급환자에 해당하지 아니하는 이유를 설명하고, 그에 필요한 진료내용 및 진료과목 등을 추천하여야 한다.
③ 의료기관의 장은 제1항의 규정에 따라 응급환자에 해당하지 아니하는 환자를 다른 의료기관으로

이송한 경우 그 이송받은 의료기관, 환자 또는 그 법정대리인이 진료에 필요한 의무기록을 요구하는 경우에는 이를 즉시 제공하여야 한다.

제3조(연차별 시행계획의 수립) 보건복지부장관은 법 제13조의2제5항에 따라 **응급의료기본계획에 따른 연차별 시행계획을 계획 시행 전년도 10월 31일**까지 수립하여야 한다. [전문개정 2012. 8. 3.]

제4조 삭제 〈2012. 8. 3.〉

제5조(지역응급의료시행계획의 평가 등) ① 법 제13조의3제3항에 따른 평가를 위하여 특별시장·광역시장·특별자치시장·도지사 및 특별자치도지사(이하 "시·도지사"라 한다)는 법 제13조의3제1항에 따라 수립한 다음 해의 지역응급의료시행계획을 매년 **12월 31일까지 보건복지부장관**에게 제출해야 한다. 〈개정 2015. 7. 24., 2022. 12. 20.〉

② 법 제13조의3제3항에 따른 평가를 위하여 시·도지사는 지난해의 지역응급의료시행계획 **시행결과를 매년 2월 말일**까지 보건복지부장관에게 제출해야 한다. 〈개정 2022. 12. 20.〉 [전문개정 2012. 8. 3.]

제5조의2(자료의 범위 등) ① 법 제13조의4제1항에 따라 보건복지부장관은 법 제13조의2제1항에 따른 응급의료기본계획의 수립·시행을 위하여 응급환자에 관한 다음 각 호의 자료를 요청할 수 있다. 이 경우 요청일부터 **과거 3년간**의 자료에 한정한다.

1. 「국민건강보험법」 제5조에 따른 가입자·피부양자에 대한 건강보험 관련 자료 및 같은 법 제47조제2항에 따른 요양급여비용 심사청구 자료
2. 「의료급여법」 제11조제2항에 따른 의료급여비용 심사청구 자료
3. 「산업재해보상보험법」 제36조제2항에 따른 보험급여 청구 및 결정 자료
4. 「자동차손해배상 보장법」 제12조제2항에 따른 자동차보험진료수가 청구 자료
5. 「119구조·구급에 관한 법률」 제22조제2항에 따른 구조·구급활동상황일지
6. 「주민등록법」 제7조제1항에 따른 개인별 및 세대별 주민등록표
7. 「장애인복지법」 제32조제1항에 따른 장애인 등록 자료
8. 「교통안전법」 제51조에 따른 교통사고조사와 관련된 자료·통계 또는 정보

② 법 제13조의4제1항에 따라 시·도지사가 제13조의3제1항에 따른 지역응급의료시행계획의 수립·시행을 위하여 요청할 수 있는 자료의 범위는 다음 각 호와 같다. 〈개정 2022. 12. 20.〉

1. 법 제25조제1항에 따라 설치된 중앙응급의료센터가 같은 조 제1항제1호 및 제5호부터 제9호까지에 따라 수행한 업무에 관한 자료
2. 관할지역 내 소재하는 다음 각 목의 기관의 시설·장비·인력 현황 및 수행한 업무에 관한 통계 자료
   가. 법 제26조제1항에 따라 지정된 권역응급의료센터
   나. 법 제29조제1항에 따라 지정된 전문응급의료센터
   다. 법 제30조제1항에 따라 지정된 지역응급의료센터
   라. 법 제31조제1항에 따라 지정된 지역응급의료기관

3. 법 제27조제1항에 따라 설치된 지역별 응급의료지원센터(이하 "응급의료지원센터"라 한다)가 같은 조 제2항제3호, 제7호 및 제8호에 따라 수행한 업무에 관한 자료

③ 보건복지부장관은 제1항에 따라 수집된 자료를 활용하여 다음 각 호의 정보를 산출하고 관리하여야 한다.

1. 지역별, 질환군별, 시간대별 응급환자의 발생 현황
2. 응급의료 자원의 분포
3. 응급환자의 이송 및 「의료법」제3조에 따른 의료기관 이용 현황
4. 응급환자 진료 경로 및 결과
5. 그 밖에 응급환자의 흐름과 제공된 응급의료를 파악하는 데 필요한 정보

④ 보건복지부장관은 제3항에 따른 정보를 산출한 후 지체 없이 주민등록번호 등 개인을 식별할 수 있는 정보를 삭제하여야 하며, 제1항에 따라 수집된 자료도 「개인정보 보호법」 제21조에 따라 파기하여야 한다. [본조신설 2015. 7. 24.]

제6조(중앙응급의료위원회) ① 법 제13조의5제5항에 따른 위촉 위원의 **임기는 3년**으로 한다.

② 위원장은 위원회의 위촉 위원이 다음 각 호의 어느 하나에 해당하는 경우에는 해당 위원을 **해촉**(解囑)할 수 있다. 〈신설 2016. 5. 10.〉

1. 심신장애로 인하여 직무를 수행할 수 없게 된 경우
2. 직무와 관련된 비위사실이 있는 경우
3. 직무태만, 품위손상, 그 밖의 사유로 인하여 위원으로 적합하지 아니하다고 인정되는 경우
4. 위원 스스로 직무를 수행하는 것이 곤란하다고 의사를 밝히는 경우

③ 법 제13조의5에 따른 중앙응급의료위원회(이하 "위원회"라 한다)의 위원장은 위원회를 대표하며, 위원회의 업무를 총괄한다. 〈개정 2016. 5. 10.〉

④ 위원회의 회의는 위원회의 위원장이 필요하다고 인정하거나 **재적위원 3분의 1 이상**이 요구하는 경우에 위원회의 위원장이 소집한다. 〈개정 2016. 5. 10., 2021. 12. 28.〉

⑤ 위원회의 회의는 재적위원 과반수의 출석으로 개의(開議)하고, 출석위원 과반수의 찬성으로 의결한다. 〈개정 2016. 5. 10.〉

⑥ 위원회에 간사 1명을 두되, 간사는 보건복지부 소속 고위공무원단에 속하는 공무원 중에서 보건복지부장관이 지명한다. 〈개정 2016. 5. 10.〉

⑦ 위원회는 심의 사항을 전문적으로 검토하기 위해 위원회에 분야별로 전문위원회를 둘 수 있다. 〈신설 2021. 12. 28.〉

⑧ 위원회 및 전문위원회의 회의에 출석한 위원, 관계 공무원 또는 관계 전문가에게는 예산의 범위에서 수당, 여비, 그 밖에 필요한 경비를 지급할 수 있다. 다만, 공무원인 위원이나 관계 공무원이 그 소관 업무와 직접 관련하여 출석하는 경우에는 그러하지 아니하다. 〈개정 2016. 5. 10., 2021. 12. 28.〉

⑨ 제1항부터 제8항까지에서 규정한 사항 외에 위원회 및 전문위원회의 운영에 필요한 사항은 위원회의 의결을 거쳐 위원회의 위원장이 정한다. 〈개정 2016. 5. 10., 2021. 12. 28.〉 [전문개정 2012. 8. 3.]

제7조(시·도응급의료위원회의 설치 등) ① 법 제13조의6제1항에 따른 시·도응급의료위원회(이하 "시·도위원회"라 한다)는 **위원장 1명과 부위원장 1명을 포함한 10명** 이내의 위원으로 구성한다. 〈개정 2012. 8. 3.〉

② 위원장 및 부위원장은 위원중에서 시·도지사가 임명하고, 위원은 다음 각호의 자중에서 시·도지사가 임명 또는 위촉한다. 〈개정 2012. 8. 3., 2015. 7. 24.〉

1. 응급의료기관을 대표하는 자
2. 응급의료지원센터를 대표하는 자
3. 해당 특별시·광역시·특별자치시·도·특별자치도(이하 "시·도"라 한다) 소방본부의 구급업무를 담당하는 소방공무원
4. 시·도의 응급의료에 관련된 업무를 담당하는 공무원
5. 「비영리민간단체지원법」 제2조에 따른 비영리민간단체를 대표하는 자
6. 응급의료에 관하여 학식과 경험이 풍부한 자

③ 시·도지사는 시·도위원회의 위원이 다음 각 호의 어느 하나에 해당하는 경우에는 해당 위원을 해임하거나 해촉할 수 있다. 〈신설 2016. 5. 10.〉

1. 심신장애로 인하여 직무를 수행할 수 없게 된 경우
2. 직무와 관련된 비위사실이 있는 경우
3. 직무태만, 품위손상, 그 밖의 사유로 인하여 위원으로 적합하지 아니하다고 인정되는 경우
4. 위원 스스로 직무를 수행하는 것이 곤란하다고 의사를 밝히는 경우 [제목개정 2012. 8. 3.]

제7조의2(시·도 응급의료지원단의 구성·운영) 법 제13조의6제3항에 따른 시·도 응급의료지원단(이하 이 조에서 "지원단"이라 한다)의 구성 및 운영에 관한 사항은 다음 각 호의 기준에 따라 해당 시·도의 조례로 정한다.

1. 지원단은 단장과 지원단의 업무를 수행하는 단원으로 구성할 것
2. 지원단의 단장은 시·도의 응급의료 관련 업무를 담당하는 일반직공무원 또는 응급의료에 관한 학식과 경험이 풍부한 사람 중에서 맡도록 할 것. 이 경우 필요하면 공동 단장으로 할 수 있다. [본조신설 2022. 12. 20.] [종전 제7조의2는 제7조의3으로 이동 〈2022. 12. 20.〉]

제7조의3(구조 및 응급처치에 관한 교육 대상자) 법 제14조제1항제12호에서 "대통령령으로 정하는 사람"이란 「화재의 예방 및 안전관리에 관한 법률 시행령」 별표 4 제1호가목 또는 제2호가목에 따른 특급 소방안전관리대상물 또는 1급 소방안전관리대상물의 소방안전관리자[「화재의 예방 및 안전관리에 관한 법률」 제34조에 따라 소방청장이 실시하는 강습교육(법 제14조제1항에 따른 교육의 내용 및 시간을 충족하는 강습교육만 해당한다)을 받은 사람은 제외한다]를 말한다. 〈개정 2014. 11. 19., 2016. 1. 19., 2017. 7. 26., 2022. 11. 29.〉 [본조신설 2012. 8. 3.] [제7조의2에서 이동 〈2022. 12. 20.〉]

제8조(응급처치 교육·홍보 계획 수립 등) ① 보건복지부장관 및 시·도지사는 법 제14조제2항에 따라 매년 응급처치 요령 등의 교육·홍보를 위한 계획(이하 "교육·홍보계획"이라 한다)을 수립하고 실시하여야 한다. 〈개정 2010. 3. 15.〉

② 교육·홍보계획에는 다음 각 호의 내용이 포함되어야 한다.
  1. 교육·홍보의 대상·내용·방법
  2. 그 밖에 응급처치 요령 등의 교육·홍보에 관하여 필요한 사항
③ 보건복지부장관 및 시·도지사는 교육·홍보 관련 전문가나 단체에 의뢰하여 제1항에 따라 수립한 교육·홍보계획을 실시할 수 있다. 〈개정 2010. 3. 15.〉 [본조신설 2008. 12. 31.]

제8조의2(비상대응매뉴얼의 내용) ① 법 제15조의2제1항에 따른 국가의 비상대응매뉴얼에는 다음 각 호의 사항이 포함되어야 한다.
  1. 재난현장에서 응급의료 지원과 관련된 기관별 역할과 지휘체계의 안내
  2. 재난현장의 응급의료체계
  3. 재난현장의 응급의료 지원을 위한 인력의 구성 및 운영
  4. 재난발생시 응급환자의 진료와 응급의료 지원을 중점으로 수행하는 응급의료기관의 시설·장비 및 인력 현황
  5. 재난피해자 중 초기에 긴급한 심리치료가 필요한 대상자의 선정 및 심리치료 방법
  6. 재난현장의 응급의료 지원에 필요한 물품의 비축과 관리
  7. 재난현장의 응급의료 지원 통신체계
  8. 재난현장의 응급의료 지원에 대한 교육과 훈련
  9. 그 밖에 재난유형별 응급의료 지원에 필요한 사항
② 법 제15조의2제1항에 따른 지방자치단체의 비상대응매뉴얼에는 다음 각 호의 사항이 포함되어야 한다.
  1. 재난현장의 응급의료 지원 인력을 편성한 의료기관 현황 및 의료기관별 응급의료 지원 인력의 편성 내용
  2. 재난현장의 응급의료 지원에 필요한 장비 편성 및 활용
  3. 관할 구역의 응급의료기관의 현황과 비상연락체계
  4. 관할 구역의 재난시 응급의료 지원에 필요한 물품의 종류, 수량, 비축 기관 및 관리
  5. 관할 구역의 응급의료 지원 통신체계 현황 및 관리
  6. 재난현장의 응급의료 지원에 대한 교육과 훈련 실시에 필요한 사항
  7. 그 밖에 재난현장의 응급의료 지원을 위하여 지방자치단체의 장이 필요하다고 인정하는 사항
  [본조신설 2014. 9. 18.]

제8조의3(비상대응매뉴얼의 교육 등) ① 법 제15조의2제2항에 따른 비상대응매뉴얼의 교육 대상은 **응급의료기관의 응급의료종사자**로 하고, 매년 보건복지부장관이 지방자치단체별·직종별로 교육 대상자의 인원수 등을 정하여 고시한다.
② 국가와 지방자치단체의 비상대응매뉴얼 교육은 재난현장에서 응급의료와 그 지원에 필요한 기본교육과 함께 응급의료 실습과정을 포함하여 실시하고, 교육시간은 매년 12시간 이상으로 한다.
③ 법 제15조의2제2항에 따라 국가와 지방자치단체는 교육 참가자에게 예산의 범위에서 급식비·교통비 등 실비와 교육참가비를 지급할 수 있다. 이 경우 지급액의 산정방법 및 지급절차 등에 관하여 필요한 사항은 보건복지부장관이 정하여 고시한다. [본조신설 2014. 9. 18.]

제9조(다수의 환자발생에 대한 인명구조 및 응급처치) ① 보건복지부장관 또는 시·도지사는 재해 등으로 환자가 여러 명 발생한 경우에는 법 제18조에 따라 응급의료기관 및 관계기관에 대한 지휘체계를 확립하고 그 사상자의 규모, 피해지역의 범위, 사고의 종류 및 추가적인 사고발생의 위험도 등을 고려하여 신속하고 적절한 인명구조 및 응급처치가 될 수 있도록 해야 한다. 〈개정 2008. 2. 29., 2010. 3. 15., 2021. 1. 5.〉

② 시·도지사 또는 시장·군수·구청장(자치구 구청장을 말한다. 이하 같다)은 다수의 환자가 발생한 사실을 알게 되거나 보고를 받은 때에는 지체없이 보건복지부장관에게 이를 통보해야 한다. 〈개정 2008. 2. 29., 2010. 3. 15., 2023. 11. 16.〉

③ 시·도지사 또는 시장·군수·구청장은 다수의 환자가 발생한 때에는 사고 발생일부터 사고수습 종료일까지 매일 1일 활동상황을 보건복지부장관에게 통보해야 하며, 사고수습이 종료된 경우에는 지체없이 활동상황을 종합하여 통보해야 한다. 〈개정 2008. 2. 29., 2010. 3. 15., 2023. 11. 16.〉

제10조(다수의 환자발생에 대한 조치계획의 수립) ① 법 제18조제3항의 규정에 따라 보건복지부장관 또는 시·도지사는 다수의 환자발생에 대비하여 환자발생의 원인 및 규모에 따른 적정한 조치계획을 미리 수립하여야 한다. 〈개정 2008. 2. 29., 2010. 3. 15.〉

② 제1항의 조치계획에는 다음 각호의 사항이 포함되어야 한다.
  1. 응급의료 인력·장비 및 시설의 편성과 활용
  2. 관계기관의 협조체계 구축
  3. 응급의료활동훈련

제11조(기금의 회계기관) 보건복지부장관은 소속공무원중에서 법 제19조제1항의 규정에 의한 응급의료기금(이하 "기금"이라 한다)의 수입과 지출에 관한 사무를 행하게 하기 위하여 기금수입징수관·기금재무관·기금지출관 및 기금출납공무원을 임명한다. 〈개정 2008. 2. 29., 2010. 3. 15.〉

제12조(기금업무의 위탁) ①보건복지부장관은 법 제19조제2항에 따라 기금의 관리·운용에 관한 사항 중 법 제21조제1호에 따른 미수금의 대지급(代支給)업무를 「국민건강보험법」 제62조에 따른 **건강보험심사평가원**(이하 "심사평가원"이라 한다)에 위탁하여 한다. 〈개정 2008. 2. 29., 2008. 6. 11., 2010. 3. 15., 2012. 8. 3., 2012. 8. 31.〉

② 보건복지부장관은 기금에서 제1항의 규정에 의한 위탁업무에 소요되는 비용(이하 "위탁사업비"라 한다)을 심사평가원에 배정·지급하여야 한다. 〈개정 2008. 2. 29., 2010. 3. 15.〉

제13조(위탁사업비의 관리·운용계획의 수립) ① 심사평가원의 원장(이하 "심사평가원장"이라 한다)은 위탁사업비의 관리·운용계획을 수립하여 다음 **회계연도 개시 2월전까지 보건복지부장관의 승인**을 얻어야 한다. 이를 변경하고자 하는 때에는 그 변경하고자 하는 사항에 관하여 보건복지부장관의 승인을 얻어야 한다. 〈개정 2008. 2. 29., 2010. 3. 15.〉

② 제1항의 규정에 의한 위탁사업비의 관리·운용계획에는 다음 각호의 사항이 포함되어야 한다.
  1. 위탁사업비의 수입 및 지출에 관한 사항
  2. 사업의 내용 및 위탁사업비의 용도를 설명하는 내역

제14조(위탁사업비의 용도) 위탁사업비를 사용할 수 있는 용도는 다음 각 호와 같다. 〈개정 2012. 8. 3.〉
 1. 법 제22조제1항에 따른 미수금 대지급에 드는 비용
 2. 미수금 대지급심사와 대지급금의 구상 등에 소요되는 인건비 및 여비
 3. 미수금 대지급심사와 대지급금의 구상 등에 소요되는 소모품 등 행정경비
 4. 그 밖에 위탁업무의 수행에 필요한 비용

제15조(위탁사업비의 회계) ① 위탁사업비는 심사평가원의 다른 회계와 구분되는 별도의 계정을 설정하여 관리하여야 한다.
② 위탁사업비의 회계절차 및 방법은 심사평가원장이 보건복지부장관의 승인을 얻어 정한다. 〈개정 2008. 2. 29., 2010. 3. 15.〉

제16조(위탁사업비의 결산) ① 심사평가원장은 당해 연도의 위탁사업비의 결산보고서를 작성하여 당해 **회계연도 종료 후 2월 이내에 보건복지부장관**에게 보고하여야 한다. 〈개정 2008. 2. 29., 2010. 3. 15.〉
② 제1항의 규정에 의한 위탁사업비의 결산보고서에는 다음 각호의 사항이 포함되어야 한다.
 1. 위탁사업비의 사용에 관한 내역
 2. 위탁사업비의 결산내역
③ 심사평가원장은 매회계연도 결산상 잉여금이 발생한 경우에는 이를 다음 연도의 예산에 이월하여 수입으로 계상하여야 한다.

제17조(재해시의 의료지원) 법 제21조제4호의 규정에 의한 의료지원은 재해 발생시 응급의료 활동에 필요한 의료인력의 여비와 그 밖에 이에 준하는 경비의 지원으로 한다.

제18조(미수금 대지급의 대상) 법 제22조에 따른 미수금 대지급의 대상은 다음 각 호의 어느 하나에 해당하지 아니하는 응급환자로 한다. 〈개정 2012. 8. 3.〉
 1. 다른 법령에 의하여 응급의료행위에 대한 비용(이하 "응급의료비용"이라 한다) 전액을 지급받는 자
 2. 다른 법령에 의하여 응급의료비용의 일부를 지급받는 자로서 그 나머지 응급의료비용을 부담할 능력이 있는 자 [제목개정 2012. 8. 3.]

제19조(미수금 대지급의 범위) 법 제22조에 따른 미수금 대지급의 범위는 다음 각 호의 비용중 응급환자 본인이 부담하여야 하는 비용으로 한다. 〈개정 2012. 8. 3.〉
 1. 의료기관의 **응급의료비용**
 2. 구급차등을 운용하는 자의 법 제24조에 따른 **이송처치료**(의료기관이 구급차등을 운용하는 경우는 제외한다) [제목개정 2012. 8. 3.]

제20조(미수금 대지급의 청구 및 심사 절차) ① 의료기관과 구급차등을 운용하는 자가 법 제22조제1항에 따라 미수금의 대지급을 받으려는 경우에는 보건복지부령으로 정하는 바에 따라 심사평가원장에게 미수금의 대지급 청구를 하여야 한다. 〈개정 2008. 2. 29., 2010. 3. 15., 2012. 8. 3.〉
② 제1항에 따른 미수금의 대지급 청구는 **진료종료일 또는 이송종료일부터 3년** 이내에 하여야 한

다. 〈개정 2012. 8. 3.〉
③ 심사평가원장은 제1항에 따른 의료기관등의 미수금 대지급 청구에 대하여 그 내용을 심사한 후 대지급금을 지급하여야 한다. 〈개정 2012. 8. 3.〉
④ 미수금 대지급 청구의 심사에 관하여 필요한 사항은 보건복지부령으로 정한다. 〈개정 2008. 2. 29., 2010. 3. 15., 2012. 8. 3.〉 [제목개정 2012. 8. 3.]

제21조(대지급금의 구상) 심사평가원장은 법 제22조제2항에 따라 미수금을 대지급한 경우에는 지체 없이 그 대지급금 전액에 대하여 법 제22조제4항에 따라 **응급환자 본인과 그 배우자, 응급환자의 1촌의 직계혈족 및 그 배우자 또는 다른 법령에 의한 진료비부담 의무자**(이하 "상환의무자"라 한다)에게 일정한 기간을 정하여 이를 납부하도록 청구해야 한다. 이 경우 상환의무자의 신청에 따라 48개월의 범위에서 분할하여 납부하게 할 수 있다. 〈개정 2012. 8. 3., 2021. 12. 28.〉 [제목개정 2012. 8. 3.]

제22조(상환금의 처리) 심사평가원장은 법 제22조제4항에 따라 상환의무자로부터 대지급금을 구상한 경우에는 그 구상금액을 제15조제1항에 따른 위탁사업비의 계정에 납입하여야 한다. 〈개정 2012. 8. 3.〉

제23조(상환이 불가능한 대지급금의 처리) ①법 제22조제7항 및 제8항에 따라 결손처분을 할 수 있는 상환이 불가능한 대지급금의 범위는 다음 각 호와 같다. 〈개정 2012. 8. 3., 2022. 12. 20.〉
 1. 상환의무자의 행방을 알 수 없거나 상환할 만한 재산이 없다고 판명된 경우
 2. 당해권리에 대한 소멸시효가 완성된 경우
 3. 그 밖에 징수할 가능성이 없다고 심사평가원장이 인정하는 경우
② 심사평가원장은 법 제22조제7항에 따라 상환이 불가능한 대지급금을 결손처분하려는 경우에는 지방자치단체, 세무서, 그 밖의 관계기관에 대하여 그 상환의무자의 행방 또는 재산의 유무를 조사·확인해야 한다. 다만, 체납액이 10만원 미만인 경우에는 그렇지 않다. 〈개정 2012. 8. 3., 2022. 12. 20.〉 [제목개정 2012. 8. 3.]

제23조의2(중앙응급의료센터 운영의 위탁) 보건복지부장관은 법 제25조제2항에 따라 같은 조 제1항에 따른 중앙응급의료센터의 운영에 관한 업무를 「국립중앙의료원의 설립 및 운영에 관한 법률」에 따른 국립중앙의료원에 위탁한다. [본조신설 2022. 12. 20.] [종전 제23조의2는 제23조의3으로 이동 〈2022. 12. 20.〉]

제23조의3(응급의료지원센터 운영의 위탁) ① 법 제27조제3항에 따라 응급의료지원센터 운영에 관한 업무를 위탁받을 수 있는 관계 전문기관·법인·단체는 다음 각 호와 같다. 〈개정 2022. 12. 20.〉
 1. 법 제25조제1항에 따라 설치된 중앙응급의료센터
 2. 법 제26조제1항에 따라 지정된 권역응급의료센터
 3. 「공공기관의 운영에 관한 법률」 제4조에 따른 공공기관
② 보건복지부장관은 법 제27조제3항에 따라 업무를 위탁하는 경우에는 그 수탁자 및 위탁업무를 고시하여야 한다. [본조신설 2015. 7. 24.] [제23조의2에서 이동 〈2022. 12. 20.〉]

제24조(응급의료지원센터에 대한 응급의료기관등의 정보제공) ① 법 제28조제1항의 규정에 따라 응급의료지원센터의 장이 응급의료기관의 장과 구급차등을 운용하는 자에게 요청할 수 있는 응급의료에 관한 정보는 다음과 같다. 〈개정 2015. 7. 24.〉

1. 중환자실 및 응급실의 인력·규모·시설·의료기구 및 장비
2. 구급차등의 편성·장비 및 운영인력
3. 응급실 근무자, 당직응급의료종사자, 응급실의 사용가능 병상수
4. 법 제11조에 따라 의료인이 응급환자의 이송을 결정하기 전에 응급의료지원센터의 장에게 다른 의료기관과의 협의를 요청한 경우 협의를 위하여 다른 의료기관에 제공할 환자의 주요증상, 활력징후, 검사결과 등에 관한 정보
5. 그 밖에 응급의료와 관련된 주요의료시설, 의료장비, 응급수술 가능질환, 응급환자의 수용 및 이송 현황 등에 대하여 응급의료지원센터의 장이 필요하다고 인정하여 요구하는 사항

② 법 제28조제2항의 규정에 따라 응급의료기관의 장 또는 구급차등을 운용하는 자가 응급의료지원센터의 장으로부터 구급차등의 출동, 응급환자의 수용 및 다른 의료기관과의 협의 등 필요한 조치를 요청받은 경우에는 출동상황, 응급환자의 처리상황 및 그 처리결과를 응급의료지원센터의 장에게 통보하여야 한다. 〈개정 2015. 7. 24.〉

③ 지방자치단체, 경찰관서, 소방관서 및 군부대의 장은 응급의료지원센터의 장으로부터 구급차등의 출동 등 응급의료를 위한 협조를 요청받아 이를 조치한 경우에는 구급차등의 출동상황, 인력 및 장비의 지원상황, 응급환자의 처리상황 및 그 처리결과를 응급의료지원센터의 장에게 통보하여야 한다. 〈개정 2015. 7. 24.〉

④ 응급의료기관의 장과 구급차등을 운용하는 자는 제1항 및 제2항의 규정에 따라 응급의료지원센터에 제공한 정보의 변동사항이 있는 경우에는 즉시 그 사항을 응급의료지원센터에 통보하여야 한다. 〈개정 2015. 7. 24.〉 [제목개정 2015. 7. 24.]

제25조(응급구조사의 양성과정) ① 법 제36조제3항제1호의 규정에 의한 응급구조사 양성과정은 강의·실습 및 실무수습과정으로 구분하고, 각 과정에 따른 교육과목 및 시간은 보건복지부령으로 정한다. 〈개정 2008. 2. 29., 2010. 3. 15.〉

② 제1항의 규정에 의한 양성과정을 이수할 수 있는 자는 「초·중등교육법」 제2조제4호의 규정에 의한 고등학교 졸업자(당해 연도 졸업예정자를 포함한다) 또는 이와 동등 이상의 학력이 있는 자로 한다. 〈개정 2008. 6. 11.〉

③ 양성기관의 장은 보건복지부령이 정하는 바에 따라 양성과정을 이수중인 자의 학력·경력 및 자격에 따라 제1항의 규정에 의한 교육과목 및 시간의 일부를 감면하여 실시할 수 있다. 〈개정 2008. 2. 29., 2010. 3. 15.〉

제26조(응급구조사시험 관리업무의 위탁) 보건복지부장관은 법 제36조제4항에 따라 응급구조사시험의 실시에 관한 업무를 「한국보건의료인국가시험원법」에 따른 한국보건의료인국가시험원에 위탁한다. [전문개정 2015. 12. 22.]

제26조의2(응급구조사 실태와 취업상황 신고) ① 응급구조사는 법 제36조의3제1항에 따라 응급구조

사 자격증을 발급받은 날부터 매 **3년이 되는 해**의 12월 31일까지 그 실태와 취업상황을 보건복지부장관에게 신고하여야 한다.

② 응급구조사는 제1항에 따른 신고를 하는 경우에는 보건복지부령으로 정하는 응급구조사 취업상황 등 신고서(전자문서로 된 신고서를 포함한다)에 법 제43조에 따른 보수교육 이수 또는 면제를 증명하는 서류(전자문서로 된 서류를 포함한다)를 첨부하여 보건복지부장관에게 제출하여야 한다.

③ 보건복지부장관은 법 제36조의3제1항에 따른 응급구조사 실태와 취업상황의 신고 업무를 효율적으로 처리하기 위하여 필요하다고 인정하는 경우에는 해당 업무를 전자적으로 처리할 수 있는 정보처리시스템을 구축·운영할 수 있다. [본조신설 2017. 5. 29.] [종전 제26조의2는 제26조의4로 이동 〈2017. 5. 29.〉]

제26조의3(업무의 위탁) ① 보건복지부장관은 법 제36조의3제3항에 따라 같은 조 제1항에 따른 응급구조사 실태와 취업상황의 신고 수리 업무를 다음 각 호의 기관 또는 단체에 위탁할 수 있다.

1. 「공공기관의 운영에 관한 법률」 제4조에 따른 공공기관 중 그 설립 목적이 보건의료 또는 인력개발과 관련되는 공공기관
2. 응급구조사를 구성원으로 하여 설립된 기관으로서 전국적 조직을 갖추고 있는 기관 또는 단체
3. 위탁 업무 수행에 필요한 조직·인력 및 전문성 등을 갖춘 기관 또는 단체로서 보건복지부장관이 정하여 고시하는 기관 또는 단체

② 보건복지부장관은 법 제36조의3제3항에 따라 응급구조사 실태와 취업상황의 신고 수리 업무를 위탁하려는 경우에는 그 위탁 기준·절차 및 방법 등에 관한 사항을 미리 공고하여야 한다.

③ 보건복지부장관은 법 제36조의3제3항에 따라 응급구조사 실태와 취업상황의 신고 수리 업무를 위탁한 경우에는 그 위탁 내용 및 수탁자 등에 관한 사항을 관보에 고시하고, 보건복지부 인터넷 홈페이지에 게재하여야 한다.

④ 법 제36조의3제3항에 따라 응급구조사 실태와 취업상황의 신고 수리 업무를 위탁받은 기관은 사업운영계획, 사업집행현황, 자금운용계획 및 자금집행내역 등에 관한 사항을 보건복지부장관에게 보고하여야 한다.

⑤ 제2항부터 제4항까지의 규정에 따른 위탁 기준 등의 공고, 위탁 내용 등의 고시 또는 위탁 업무의 보고 등에 필요한 세부 사항은 보건복지부장관이 정하여 고시한다. [본조신설 2017. 5. 29.]

제26조의4(응급구조사시험의 응시제한 기준) 법 제38조제2항에 따른 응급구조사시험의 응시제한 기준은 별표 1과 같다. [본조신설 2021. 12. 28.] [종전 제26조의4는 제26조의5로 이동 〈2021. 12. 28.〉]

제26조의5(응급장비의 구비의무가 있는 공동주택 등) ① 법 제47조의2제1항제6호에서 "대통령령으로 정하는 규모"란 500세대를 말한다.

② 법 제47조의2제1항제6호의3에서 "대통령령으로 정하는 시설"이란 「관광진흥법 시행령」 제46조제1항에 따른 관광지 및 관광단지 조성계획에 따라 공공편익시설지구에 설치한 관리사무소 및 안내시설을 말한다. 〈신설 2024. 2. 6.〉

③ 법 제47조의2제1항제7호에서 "대통령령으로 정하는 **다중이용시설**"이란 다음 각 호의 시설을 말한다. 〈개정 2014. 7. 7., 2015. 7. 24., 2020. 7. 28., 2024. 2. 6.〉

1. 철도역사(「대도시권 광역교통 관리에 관한 특별법」 제2조제2호나목에 따른 광역철도 및 「도시철도법」 제2조제2호에 따른 도시철도 구간에 있는 철도역사는 제외한다)의 대합실 중 **연면적이 2천제곱미터** 이상이거나 전년도 일일 평균이용객수가 **1만명** 이상인 대합실
2. 「여객자동차 운수사업법」 제2조제5호에 따른 여객자동차터미널의 대합실 중 연면적이 2천제곱미터 이상이거나 전년도 일일 평균이용객수가 3천명 이상인 대합실
3. 「항만법」 제2조제5호나목3)에 따른 대합실 중 연면적이 2천제곱미터 이상이거나 전년도 일일 평균이용객수가 1천명 이상인 대합실
4. 「관광진흥법」 제5조제1항에 따른 카지노 시설 중 영업장의 전용면적이 2천제곱미터 이상인 카지노 시설
5. 「한국마사회법」 제4조에 따른 경마장
6. 「경륜·경정법」 제5조제1항에 따른 경주장
7. 「형의 집행 및 수용자의 처우에 관한 법률」 제11조에 따른 교도소, 소년교도소 및 구치소, 「출입국관리법」 제2조제13호에 따른 외국인보호소, 「보호소년 등의 처우에 관한 법률」에 따른 소년원
8. 「체육시설의 설치·이용에 관한 법률」 제5조에 따른 전문체육시설 중 총 관람석 수가 5천석 이상인 운동장 및 종합운동장
9. 중앙행정기관의 청사 중 보건복지부장관이 정하는 청사
10. 시·도의 청사 중 보건복지부장관이 정하는 청사 [전문개정 2012. 8. 3.] [제26조의4에서 이동 〈2021. 12. 28.〉]

제27조(응급환자이송업 허가사항의 변경사항) ① 응급환자이송업의 허가를 받은 자가 법 제51조제3항의 규정에 따라 관할 시·도지사의 변경허가를 받아야 하는 중요한 사항은 다음 각호의 1과 같다.
1. 영업지역의 변경
2. 구급차의 증감

② 응급환자이송업의 허가를 받은 자가 법 제51조제6항에 따라 관할 시·도지사에게 신고해야 하는 사항은 다음 각 호와 같다. 〈개정 2019. 6. 11.〉
1. 대표자 또는 상호의 변경
2. 사무소(분사무소 또는 사업장을 포함한다)의 명칭 및 위치변경

제27조의2(민감정보 및 고유식별정보의 처리) ① 법 제22조제1항에 따른 기금관리기관의 장은 다음 각 호의 사무를 수행하기 위하여 불가피한 경우 「개인정보 보호법」 제23조에 따른 건강에 관한 정보, 같은 법 시행령 제19조제1호 또는 제4호에 따른 주민등록번호 또는 외국인등록번호가 포함된 자료를 처리할 수 있다. 〈개정 2022. 12. 20.〉
1. 법 제22조에 따른 미수금의 대지급에 관한 사무
2. 법 제22조의2에 따른 자료의 제공 요청에 관한 사무

② 보건복지부장관(제23조의3 및 제26조에 따라 보건복지부장관의 업무를 위탁받은 자를 포함한다)은 다음 각 호의 사무를 수행하기 위하여 불가피한 경우 「개인정보 보호법」 제23조에 따른 건강에 관한 정보, 같은 법 시행령 제18조제2호에 따른 범죄경력자료에 해당하는 정보, 같은 영 제

19조제1호 또는 제4호에 따른 주민등록번호 또는 외국인등록번호가 포함된 자료를 처리할 수 있다. 〈개정 2015. 7. 24., 2022. 12. 20.〉
1. 법 제13조의4제1항 및 제3항에 따른 응급의료기본계획의 수립·시행을 위한 자료제공 등의 협조 요청, 자료의 관리 및 활용에 관한 사무
2. 법 제36조 및 제37조에 따른 응급구조사의 자격인정 및 결격사유 확인 등에 관한 사무
3. 법 제38조에 따른 부정행위에 대한 제재에 관한 사무
4. 법 제28조제1항 및 제2항에 따른 응급의료에 관한 정보제공 요청 및 정보제공에 관한 사무

③ 보건복지부장관, 시·도지사 또는 시장·군수·구청장(해당 권한이 위임·위탁된 경우에는 그 권한을 위임·위탁받은 자를 포함한다)은 다음 각 호의 사무를 수행하기 위하여 불가피한 경우 「개인정보 보호법 시행령」 제19조제1호, 제2호 또는 제4호에 따른 주민등록번호, 여권번호 또는 외국인등록번호가 포함된 자료를 처리할 수 있다.
1. 법 제18조에 따른 환자가 여러 명 발생한 경우의 조치에 관한 사무
2. 법 제51조에 따른 이송업의 허가 등에 관한 사무
3. 법 제53조에 따른 이송업의 휴업 등의 신고에 관한 사무
4. 법 제55조에 따른 행정처분에 관한 사무
5. 법 제56조에 따른 청문에 관한 사무
6. 법 제57조에 따른 과징금의 부과·징수에 관한 사무 [본조신설 2012. 1. 6.]

제27조의3(대규모 행사의 범위) 법 제54조의3에서 "대통령령으로 정하는 대규모 행사"란 행사 기간 중 순간 최대 관람객이 **1천명** 이상이 될 것으로 예상되는 행사를 말한다. 다만, 「공연법」 제11조제2항에 따라 재해대처계획의 신고가 수리된 행사는 제외한다. [본조신설 2021. 12. 28.]

제28조(과징금의 부과) ① 법 제57조제1항에 따른 과징금의 금액은 위반행위의 종별·정도 등을 고려하여 보건복지부령으로 정하는 업무정지처분기준에 따라 별표 1의2의 기준을 적용하여 산정한다. 〈개정 2008. 2. 29., 2010. 3. 15., 2021. 1. 5., 2021. 12. 28.〉
② 보건복지부장관, 시·도지사 또는 시장·군수·구청장은 법 제57조의 규정에 따라 과징금을 부과하고자 하는 경우에는 그 위반행위의 종별과 해당 과징금의 금액을 서면으로 명시하여 이를 납부할 것을 통지하여야 한다. 〈개정 2008. 2. 29., 2010. 3. 15.〉

제28조의2(규제의 재검토) 보건복지부장관은 제28조제1항 및 별표 1에 따른 과징금 산정기준에 대하여 2014년 1월 1일을 기준으로 3년마다(매 3년이 되는 해의 1월 1일 전까지를 말한다) 그 타당성을 검토하여 개선 등의 조치를 하여야 한다. [본조신설 2013. 12. 30.]

제29조(과태료의 부과) 법 제62조에 따른 과태료의 부과기준은 별표 2와 같다. [전문개정 2008. 6. 11.]

부칙 〈제34190호, 2024. 2. 6.〉

이 영은 2024년 2월 17일부터 시행한다.

별표 / 서식

[별표 1] 응급구조사시험의 응시제한 기준(제26조의4 관련)

[별표 1의2] 과징금 산정기준(제28조제1항관련)

[별표 2] 과태료의 부과기준(제29조 관련)

6-2 응급의료에 관한 법률 시행규칙 (약칭: 응급의료법 시행규칙)

[시행 2024. 2. 17.] [보건복지부령 제998호, 2024. 2. 16., 일부개정]

[일부개정]

◇ 개정이유 및 주요내용

실제 운영 중인 관광지 및 관광단지의 공공편익시설지구에 설치한 관리사무소 및 안내시설에 심폐소생술을 할 수 있는 응급장비를 갖추도록 하는 내용으로 「응급의료에 관한 법률」(법률 제19654호, 2023. 8. 16. 공포, 2024. 2. 17. 시행) 및 같은 법 시행령(대통령령 제34190호, 2024. 2. 6. 공포, 2. 17. 시행)이 개정됨에 따라, 응급장비 설치 신고서, 응급장비 관리상황 보고서 및 응급장비 양도·폐기·이전 신고서 등 응급장비 관련 서식에 해당 내용을 반영하려는 것임.

별지 제15호의13서식 설치기관의 구비 의무기관란을 다음과 같이 한다.

■ 응급의료에 관한 법률 시행규칙 [별지 제15호의13서식] 〈개정 2024. 2. 16.〉

응급장비 설치 신고서

※ 색상이 어두운 부분은 신청인이 작성하지 않으며, [ ]에는 해당되는 곳에 √표시를 합니다.

접수번호			접수일시		처리기간	7일
			명칭		전화번호	
설치기관	구분	구비 의무기관	[ ] 공공보건의료기관 [ ] 119구급대에서 운용 중인 구급차 [ ] 의료기관에서 운용 중인 구급차 [ ] 여객 항공기 [ ] 공항 [ ] 철도차량 중 객차 [ ] 총 톤수 20톤 이상인 선박 [ ] 500세대 이상 공동주택 [ ] 보건관리자를 두어야 하는 300인 이상 사업장 [ ] 관광지 및 관광단지에 소재하는 관리사무소·안내시설 [ ] 철도역사의 대합실 [ ] 여객자동차터미널의 대합실 [ ] 항만시설의 대합실 [ ] 카지노 [ ] 경마장 [ ] 경주장 [ ] 교도소·소년교도소·구치소·외국인보호소·소년원 [ ] 운동장·종합운동장 [ ] 중앙행정기관 청사 [ ] 시·도 청사			
		그 밖의 기관	건강	[ ] 의료기관 [ ] 요양기관		
			공공시설	[ ] 구비의무기관 외 국가 또는 지방자치단체의 청사 [ ] 사회복지시설 [ ] 학교 [ ] 경찰관서 [ ] 국방·군사시설 [ ] 종교시설 [ ] 기타( )		
			교통시설	[ ] 지하철역 [ ] 버스정류장 [ ] 택시승강장 [ ] 기타( )		
			구급차	[ ] 특수 구급차 [ ] 일반 구급차		
			상업시설	[ ] 사무실 [ ] 은행 [ ] 쇼핑몰 [ ] 주유소 [ ] 식당 [ ] 기타( )		
			숙박·여가	[ ] 숙박시설 [ ] 공원 [ ] 수영장 [ ] 헬스장 [ ] 그 밖의 스포츠시설 [ ] 기타( )		
			공동주택	[ ] 500세대 미만		
			기타			
	주소					
응급장비	제조국	제조사	제품명 및 모델명	제조번호	제조연월일	설치위치	설치일자
관리 책임자	성명		주 관리책임자(O/X)		직위	전화번호

「응급의료에 관한 법률 시행규칙」 제38조의2제1항에 따라 위와 같이 응급장비 설치를 신고합니다.

년   월   일

신고인   (서명 또는 인)

시장·군수·구청장   귀하

제출서류	응급장비 설치 사실을 확인할 수 있는 서류	수수료 없음

처리 절차

신고서 제출	→	접 수	→	검 토	→	결 재
신고인		시·군·구 (담당부서)		시·군·구 (담당부서)		시·군·구 (담당부서)

210mm×297mm[백상지(80g/m²) 또는 중질지(80g/m²)]

제1조(목적) 이 규칙은 「응급의료에 관한 법률」 및 같은 법 시행령에서 위임된 사항과 그 시행에 필요한 사항을 규정함을 목적으로 한다. 〈개정 2008. 6. 13.〉

제2조(응급환자) 「응급의료에 관한 법률」(이하 "법"이라 한다) 제2조제1호에서 "보건복지부령이 정하는 자"란 다음 각 호의 어느 하나에 해당하는 증상이 있는 자를 말한다. 〈개정 2008. 3. 3., 2008. 6. 13., 2010. 3. 19.〉
  1. 별표 1의 응급증상 및 이에 준하는 증상
  2. 제1호의 증상으로 진행될 가능성이 있다고 응급의료종사자가 판단하는 증상

제3조(응급의료에 관한 설명·동의의 내용 및 절차) ① 법 제9조에 따라 응급환자 또는 그 법정대리인에게 응급의료에 관하여 설명하고 동의를 얻어야 할 내용은 다음 각 호와 같다. 〈개정 2008. 6. 13.〉
  1. 환자에게 발생하거나 **발생가능한 증상의 진단명**
  2. **응급검사**의 내용
  3. **응급처치**의 내용
  4. 응급의료를 **받지 아니하는 경우의 예상결과** 또는 예후
  5. 그 밖에 응급환자가 **설명**을 요구하는 사항
② 제1항의 규정에 의한 설명·동의는 별지 제1호서식의 응급의료에 관한 설명·동의서에 의한다.
③ 응급의료종사자가 의사결정능력이 없는 응급환자의 법정대리인으로부터 제1항에 따른 동의를 얻지 못하였으나 응급환자에게 반드시 응급의료가 필요하다고 판단되는 때에는 **의료인 1명 이상의 동의를 얻어 응급의료**를 할 수 있다. 〈개정 2008. 6. 13.〉

제4조(응급환자의 이송절차 및 의무기록의 이송) ① 의료인은 법 제11조에 따라 응급환자를 다른 의료기관으로 이송하는 경우에는 이송받는 의료기관에 연락하고, 적절한 이송수단을 알선하거나 제공하여야 한다.
② 의료인은 제1항에 따라 이송받는 의료기관에 대한 연락이나 준비를 할 수 없는 경우에는 법 제27조제1항에 따른 응급의료지원센터(이하 "응급의료지원센터"라 한다)나 「119구조·구급에 관한 법률」 제10조의2에 따른 119구급상황관리센터를 통하여 이송받을 수 있는 의료기관을 확인하고 적절한 이송수단을 알선하거나 제공하여야 한다. 〈개정 2015. 8. 19.〉
③ 제1항과 제2항에 따라 응급환자를 이송하는 경우에 제공하여야 하는 **의무기록**은 다음 각 호와 같다.
  1. 별지 제2호서식의 **응급환자진료의뢰서**
  2. 검사기록 등 **의무기록과 방사선 필름의 사본** 그 밖에 응급환자의 진료에 필요하다고 판단되는 자료 [전문개정 2014. 5. 1.]

제5조(이송비용의 청구) 의료기관의 장이 법 제11조제3항의 규정에 따라 환자에게 청구할 수 있는 이송에 소요되는 비용은 당해 의료기관의 구급차를 사용한 경우에 그 구급차에 의한 이송처치료를 말한다.

제6조(구조 및 응급처치교육) ① 보건복지부장관 또는 특별시장·광역시장·특별자치시장·도지사·특별자치도지사(이하 "시·도지사"라 한다)가 법 제14조에 따라 구조 및 응급처치에 관한 교육을 실

시하려는 경우 그 교육의 내용 및 실시방법은 별표 2와 같다. 이 경우 세부적인 사항은 보건복지부장관이 정하여 고시한다. 〈개정 2008. 6. 13., 2010. 3. 19., 2012. 11. 15.〉

② 보건복지부장관 또는 시·도지사는 법 제14조에 따라 구조 및 응급처치에 관한 교육을 받은 자에 대하여 별지 제3호서식의 구조 및 응급처치교육 수료증을 발급하여야 한다. 〈개정 2008. 3. 3., 2008. 6. 13., 2010. 3. 19.〉

③ 제2항에 따라 수료증을 발급받은 자는 당해 사업장 등에 수료증을 게시하거나 교육받은 사실을 표시할 수 있다. 〈개정 2008. 6. 13.〉

제7조(응급의료 통신체계 등) ① 국가 및 지방자치단체는 법 제15조제1항의 규정에 따라 응급의료기관등을 운용하는 자와 법 제25조제1항에 따른 중앙응급의료센터(이하 "중앙응급의료센터"라 한다)가 연계될 수 있도록 응급의료 통신망을 구축하여야 한다. 〈개정 2015. 8. 19.〉

② 중앙응급의료센터의 **통신체계 운용비용**은 법 제15조제2항의 규정에 따라 국가 및 지방자치단체가 그 **2분의 1**을 각각 부담한다. 〈개정 2015. 8. 19.〉

제8조(응급의료기관등의 평가방법 및 평가주기 등) ① 보건복지부장관이 법 제17조제1항의 규정에 따라 실시하는 응급의료기관등에 대한 평가는 **서면평가**와 **현지평가**로 구분한다. 〈개정 2008. 3. 3., 2010. 3. 19.〉

② 제1항의 규정에 의한 평가중 **서면평가는 매년 모든 응급의료기관등**을 대상으로 실시하고, **현지평가**는 서면평가 **결과의 확인**이 필요하거나 응급의료기관등의 요구 등이 있는 경우에 실시한다.

③ 응급의료기관등에 대한 평가의 기준·방법 및 절차 등에 필요한 세부적인 사항은 보건복지부장관이 정한다. 〈개정 2008. 3. 3., 2010. 3. 19.〉

④ 보건복지부장관은 필요하다고 인정하는 경우에는 응급의료기관등에 대한 평가를 관계 전문기관에 의뢰하여 실시할 수 있다. 〈개정 2008. 3. 3., 2010. 3. 19.〉

⑤ 보건복지부장관은 법 제17조제3항에 따라 응급의료기관등별로 다음 각 호의 내용을 공표할 수 있다. 〈신설 2015. 8. 19.〉
  1. 평가 종합 등급
  2. 평가영역별 또는 평가지표별 등급 또는 점수
  3. 그 밖에 응급의료기관등의 업무 개선을 위하여 공표가 필요하다고 판단되는 내용 [제목개정 2015. 8. 19.]

제9조(대지급 청구의 심사기준) ① 법 제22조제2항에 따른 미수금의 대지급 청구에 대한 심사기준은 다음 각호와 같다. 〈개정 2012. 8. 3.〉
  1. 의약학적인 측면과 비용효과적인 측면에서 응급의료를 적정하게 행하였는지의 여부
  2. 대지급 청구의 대상인 응급진료비 및 이송처치료 산출의 적정성 여부

② 그 밖에 대지급 청구의 심사에 관한 세부적인 기준은 보건복지부장관이 정하여 고시한다. 〈개정 2008. 3. 3., 2010. 3. 19., 2012. 8. 3.〉 [제목개정 2012. 8. 3.]

제10조(미수금 대지급의 청구방법) ① 의료기관과 구급차등을 운용하는 자는 법 제22조 및 「응급의료에 관한 법률 시행령」(이하 "영"이라 한다) 제20조제1항에 따라 미수금에 대한 대지급을 받으

려는 경우에는 별지 제4호서식의 응급환자진료비(이송처치료) 미수금 대지급 청구서에 상환의무자의 서명·날인을 받아 다음 각 호의 서류를 첨부하여 **건강보험심사평가원장**에게 제출해야 한다. 〈개정 2008. 6. 13., 2012. 8. 3., 2012. 8. 31., 2020. 12. 16.〉

1. 응급진료비 미수금의 대지급을 청구하는 경우
   가. 응급진료에 관한 진료기록부 사본 1부
   나. 「국민건강보험법 시행규칙」 제19조제3항에 따른 요양급여비용명세서 또는 「의료급여법 시행규칙」 제20조제2항에 따른 의료급여비용명세서의 서식에 따른 응급진료비 산출내역서 1부
   다. 환자에게 발행한 진료비계산서 사본 1부
   라. 삭제 〈2020. 12. 16.〉
2. 이송처치료 미수금의 대지급을 청구하는 경우
   가. 별지 제5호서식의 이송처치료 영수증 사본 1부
   나. 별지 제16호서식의 출동 및 처치기록지 1부
   다. 삭제 〈2020. 12. 16.〉

② 의료기관과 구급차등을 운용하는 기관의 장은 응급환자가 다음 각 호의 어느 하나에 해당하여 제1항에 따른 청구서에 상환의무자의 서명·날인을 받을 수 없는 경우에는 다음 각 호의 어느 하나에 해당한다는 **내용의 확인서를 건강보험심사평가원장에게 제출해야 한다.** 〈신설 2012. 8. 3., 2020. 12. 16.〉

1. 응급진료 중 사망한 자로서 무연고자로 확인된 경우
2. 응급진료 중 이탈하여 복귀하지 아니하거나 응급진료 종료 후 도주한 사람으로서 주소지 확인이 불가능함이 객관적으로 입증된 경우
3. 경찰관서 또는 지방자치단체 등을 통하여 조회한 결과 신원이 확인되지 않은 경우
4. 의식이 없는 상태에서 상환의무자 없이 응급진료 중 또는 종료 후 다른 의료기관으로 전원되었거나 이송되었음이 객관적으로 입증된 경우 [제목개정 2012. 8. 3.]

제11조(이송처치료의 기준) ① 구급차등을 운용하는 자가 법 제24조의 규정에 따라 응급환자로부터 받을 수 있는 이송처치료의 기준은 별표 3과 같다.

② 구급차등을 운용하는 자는 응급환자로부터 이송처치료를 받은 경우에는 별지 제5호서식의 이송처치료 영수증을 발급하여야 한다. 다만, 다음 각 호의 사항이 모두 표시된 신용카드의 매출전표(賣出錢票)를 발급한 경우는 제외한다. 〈개정 2014. 5. 1.〉

1. 이송처치료의 기본, 추가 및 할증 요금
2. 부가요금

제12조(중앙응급의료센터의 설치·운영기준 등) 법 제25조제3항에 따른 중앙응급의료센터의 설치·운영기준은 별표 4와 같다. [전문개정 2023. 2. 24.]

제13조(권역응급의료센터의 지정기준·방법 및 절차) ① 보건복지부장관은 법 제26조에 따라 권역응급의료센터를 지정하려는 경우에는 의료자원의 분포, 주민의 생활권, 주민의 수 등을 고려하여 별표 5의 응급의료권역 및 권역응급의료센터 적정개소 수에 따라 지정한다. 다만, 지역별 응급의

료 수요 및 의료자원 공급, 응급의료환경의 변화 등을 신속히 반영하기 위하여 필요한 경우에는 법 제13조의5제1항에 따른 중앙응급의료위원회의 심의를 거쳐 응급의료권역 및 권역응급의료센터 적정개소 수를 초과하여 권역응급의료센터를 지정할 수 있다. 〈개정 2008. 3. 3., 2010. 3. 19., 2015. 12. 18., 2021. 7. 7., 2023. 2. 24.〉

② 권역응급의료센터의 지정기준은 별표 5의2와 같다. 〈개정 2015. 12. 18.〉

③ 권역응급의료센터로 지정을 받고자 하는 종합병원은 별지 제6호서식의 권역응급의료센터 지정신청서에 다음 각호의 서류를 첨부하여 관할 시·도지사를 거쳐 보건복지부장관에게 제출하여야 한다. 〈개정 2008. 3. 3., 2010. 3. 19.〉

1. 응급의료시설의 도면 1부
2. 응급의료 시설·인력 및 장비 등의 현황 및 운영계획서 1부
3. 응급의료서비스 수준의 향상을 위한 계획서 1부

④ 시·도지사는 제3항의 규정에 의한 권역응급의료센터 지정신청서를 제출받은 경우에는 그에 대한 심사의견서를 첨부하여 보건복지부장관에게 제출하여야 한다. 〈개정 2008. 3. 3., 2010. 3. 19.〉

⑤ 보건복지부장관은 권역응급의료센터를 지정한 경우에는 별지 제7호서식의 권역응급의료센터 지정서를 교부하여야 한다. 〈개정 2008. 3. 3., 2010. 3. 19.〉

⑥ 보건복지부장관은 권역응급의료센터로 지정받고자 하는 자가 지정기준의 일부를 충족하지 못한 경우에는 일정기간내에 그 기준을 충족할 것을 조건으로 지정할 수 있다. 〈개정 2008. 3. 3., 2010. 3. 19.〉

제13조의2(권역응급의료센터의 재난 대비 및 대응 업무) 법 제26조제1항제2호에 따른 권역응급의료센터의 재난 대비 및 대응 업무는 다음 각 호와 같다.

1. 재난 의료 대응계획의 수립
2. 재난 의료에 필요한 시설·장비 및 물품의 관리
3. 재난 의료 지원조직의 구성 및 출동체계 유지
4. 권역 내 응급의료기관을 대상으로 한 재난 의료 교육 및 훈련
5. 그 밖에 법 제15조의2에 따른 비상대응매뉴얼로 정하는 업무 [본조신설 2017. 12. 1.]

제14조(응급의료지원센터의 응급의료 관련 업무) 법 제27조제2항제9호에 따른 응급의료지원센터의 응급의료 관련 업무는 다음 각 호와 같다. 〈개정 2008. 3. 3., 2010. 3. 19., 2015. 8. 19.〉

1. 응급의료기관등에 대한 평가를 위한 자료수집체계의 수립·운영
2. 응급의료기관등에 대한 평가 지원
3. 응급의료에 관한 실태조사 그 밖에 응급의료의 발전을 위하여 보건복지부장관이 부여하는 업무 [제목개정 2015. 8. 19.]

제15조(응급의료지원센터의 운영실적 보고) ① 응급의료지원센터의 장은 별지 제8호서식의 응급의료지원센터 운영실적보고서에 따라 매 분기의 운영실적을 작성하여 해당 분기 종료 후 **다음달 10일까지** 보건복지부장관에게 제출하여야 한다. 〈개정 2008. 3. 3., 2010. 3. 19., 2015. 8. 19.〉

② 응급의료지원센터의 장은 매년의 연간운영실적을 작성하여 **해당 연도의 다음해 1월 20일까지** 보

건복지부장관에게 보고하여야 한다. 〈개정 2008. 3. 3., 2010. 3. 19., 2015. 8. 19.〉
③ 제2항의 규정에 의한 연간운영실적은 분기별·관할지역별로 운영실적·문제점 및 대책 등을 분석하여 작성하여야 한다. 〈개정 2015. 8. 19.〉 [제목개정 2015. 8. 19.]

제16조(전문응급의료센터의 지정기준·방법 및 절차) ① 법 제29조의 규정에 의한 분야별 전문응급의료센터의 지정기준은 별표 6과 같다.
② 전문응급의료센터로 지정을 받고자 하는 종합병원은 별지 제6호서식의 전문응급의료센터 지정신청서에 다음 각호의 서류를 첨부하여 관할 시·도지사를 거쳐 보건복지부장관에게 제출하여야 한다. 〈개정 2008. 3. 3., 2010. 3. 19.〉
  1. 지정받고자 하는 전문분야의 응급의료시설 도면 1부
  2. 지정받고자 하는 전문분야의 응급의료 시설·인력 및 장비 등의 현황 및 운영계획서 1부
  3. 지정받고자 하는 전문분야의 응급의료서비스 수준의 향상을 위한 계획서 1부
③ 보건복지부장관은 분야별 전문응급의료센터를 지정한 경우에는 별지 제7호서식의 전문응급의료센터 지정서를 교부하여야 한다. 〈개정 2008. 3. 3., 2010. 3. 19.〉
④ 보건복지부장관은 분야별 전문응급의료센터로 지정을 받고자 하는 자가 지정기준의 일부를 충족하지 못한 경우에는 일정기간내에 그 기준을 충족할 것을 조건으로 지정할 수 있다. 〈개정 2008. 3. 3., 2010. 3. 19.〉

제17조(지역응급의료센터의 지정기준·방법 및 절차) ① 시·도지사는 법 제30조에 따라 지역응급의료센터를 지정하려는 경우에는 주민의 접근시간을 고려하여 적정한 분포가 이루어지도록 다음 각 호의 기준에 따라 지정해야 한다. 다만, 주민의 생활권, 의료자원의 분포 등 불가피한 사유로 기준을 초과하여 지역응급의료센터를 지정할 필요가 있는 경우에는 법 제13조의6제1항에 따른 시·도응급의료위원회의 심의를 거쳐 이를 지정할 수 있다. 〈개정 2020. 12. 16.〉
  1. 특별시, 광역시 및 특별자치시: 인구 100만명당 1개소
  2. 도 및 특별자치도: 인구 50만명당 1개소
② 지역응급의료센터의 지정기준은 별표 7과 같다.
③ 지역응급의료센터로 지정을 받으려는 종합병원은 별지 제6호서식의 지역응급의료센터 지정신청서에 다음 각 호의 서류를 첨부하여 관할 시·도지사에게 제출해야 한다. 〈개정 2020. 12. 16.〉
  1. 응급의료시설의 도면 1부
  2. 응급의료 시설·인력 및 장비 등의 현황 및 운영계획서 1부
④ 시·도지사는 지역응급의료센터를 지정한 경우에는 별지 제7호서식의 지역응급의료센터 지정서를 교부하여야 한다.

제17조의2(권역외상센터의 요건 및 지정기준 등) ① 보건복지부장관은 법 제30조의2에 따라 권역외상센터를 지정하려는 경우에는 **시·도별로 1개소를 지정하는 것을 원칙**으로 하되, 주민의 생활권, 외상환자의 발생 수 등을 고려하여 추가로 지정할 수 있다. 〈개정 2021. 7. 7.〉
② 권역외상센터의 요건과 지정기준은 별표 7의2와 같다.
③ 권역외상센터로 지정을 받으려는 권역응급의료센터, 전문응급의료센터 또는 지역응급의료센터는 별지 제6호의2서식의 권역외상센터 지정신청서에 다음 각 호의 서류를 첨부하여 보건복지부

장관에게 제출해야 한다. 〈개정 2014. 5. 1., 2023. 2. 24.〉
1. 권역외상센터시설의 도면 1부
2. 권역외상센터 시설·인력·장비 등의 현황 및 운영계획서 1부
3. 보건복지부장관이 정하는 기준에 따른 중증외상환자(이하 "중증외상환자"라 한다)의 이송체계 구축계획서 1부
4. 중증외상환자 진료수준의 향상을 위한 계획서 1부

④ 보건복지부장관은 권역외상센터로 지정을 받으려는 자가 별표 7의2의 요건과 지정기준 일부를 충족하지 못한 경우에는 일정기간 내에 그 요건과 지정기준을 충족할 것을 조건으로 지정할 수 있다. 〈신설 2021. 8. 10.〉

⑤ 보건복지부장관은 권역외상센터를 지정한 경우에는 별지 제7호의2서식의 권역외상센터 지정서를 발급하여야 한다. 〈개정 2021. 8. 10.〉 [본조신설 2012. 11. 15.]

제17조의3(정신질환자응급의료센터의 지정 기준·방법 및 절차) ① 법 제30조의5제1항에 따른 정신질환자응급의료센터(이하 "정신질환자응급의료센터"라 한다)의 지정 기준은 별표 7의3과 같다.

② 정신질환자응급의료센터의 지정을 받으려는 응급의료기관의 장은 별지 제6호서식의 정신질환자응급의료센터 지정신청서에 다음 각 호의 서류를 첨부하여 관할 시·도지사를 거쳐 보건복지부장관에게 제출해야 한다.
1. 응급의료시설의 도면 1부
2. 응급의료 시설·인력 및 장비 등의 현황 및 운영계획서 1부

③ 보건복지부장관은 정신질환자응급의료센터를 지정한 경우에는 별지 제7호서식의 정신질환자응급의료센터 지정서를 발급해야 한다. [본조신설 2020. 2. 28.]

제18조(지역응급의료기관의 지정기준·방법 및 절차) ① 법 제31조제2항에 따른 지역응급의료기관의 지정기준은 별표 8과 같다. 〈개정 2020. 12. 16.〉

② 지역응급의료기관으로 지정받으려는 종합병원 또는 병원의 장은 별지 제6호서식의 지역응급의료기관 지정신청서에 다음 각 호의 서류를 첨부하여 관할 시장·군수·구청장(자치구의 구청장을 말한다. 이하 같다)에게 제출해야 한다. 〈개정 2020. 12. 16.〉
1. 응급의료시설의 도면 1부
2. 응급의료 시설·인력 및 장비 등의 현황 및 운영계획서 1부

③ 시장·군수·구청장은 지역응급의료기관을 지정한 경우에는 별지 제7호서식의 지역응급의료기관 지정서를 교부하여야 한다.

제18조의2(응급의료기관의 재지정 절차 및 방법 등) ① 보건복지부장관 및 시·도지사, 시장·군수·구청장은 법 제31조의3제1항에 따라 응급의료기관을 재지정하려는 경우에는 재지정 예정일 6개월 전에 다음 각 호의 사항을 포함하여 응급의료기관 재지정 계획을 공고하여야 한다.
1. 재지정 대상 응급의료기관
2. 재지정 신청 절차
3. 재지정 심사의 기준 및 절차
4. 그 밖에 재지정에 필요한 사항

② 응급의료기관의 재지정은 3년마다 같은 해에 시행하며, 재지정 이후에 응급의료기관의 종류가 변경되는 사항을 고려하여 모든 응급의료기관의 재지정일은 같은 날로 정한다.
③ 제1항의 응급의료기관 재지정 계획에 따른 심사 및 결정은 권역응급의료센터, 지역응급의료센터, 지역응급의료기관의 순서로 실시한다. 〈개정 2023. 2. 24.〉
④ 그 밖에 응급의료기관의 재지정 기준·방법 및 절차에 관하여는 제13조, 제16조, 제17조, 제17조의3 및 제18조의 응급의료기관의 지정 기준·방법 및 절차에 관한 사항을 준용한다. 이 경우 "지정"은 "재지정"으로 본다. 〈개정 2020. 2. 28., 2023. 2. 24.〉
⑤ 보건복지부장관 및 시·도지사, 시장·군수·구청장은 응급의료기관 재지정 심사에 필요한 자료 수집과 사실 조사 등을 관계 전문기관에 의뢰하여 실시할 수 있다.
⑥ 법 제31조의3제1항제3호에서 "보건복지부령으로 정하는 사항"이란 응급의료기관이 거짓이나 그 밖의 부정한 방법으로 법 제17조에 따른 평가를 방해하는 행위를 하였는지에 관한 사항을 말한다. [본조신설 2015. 8. 19.]

제18조의3(응급환자의 중증도 분류 등) ① 응급의료기관의 장은 법 제31조의4제1항에 따라 응급실의 입구에 환자분류소를 설치하여 보건복지부장관이 정하는 교육을 이수한 의사, 간호사 또는 1급 응급구조사가 응급환자 등의 중증도를 분류하고, 감염병 의심환자 등을 선별하도록 해야 한다. 〈개정 2020. 12. 16.〉
② 제1항에 따라 응급환자 등의 중증도를 분류하거나 감염병 의심환자 등을 선별할 때에는 환자의 주요증상, 활력징후(호흡, 맥박, 혈압, 체온), 의식 수준, 손상 기전, 통증 정도 등을 고려해야 하며 그 세부적인 기준·방법 및 절차 등은 보건복지부장관이 고시하는 한국 응급환자 중증도 분류기준에 따른다. 〈개정 2020. 12. 16.〉 [본조신설 2015. 12. 18.] [제목개정 2020. 12. 16.]

제18조의4(응급실 출입 제한) ① 법 제31조의5제1항제3호에 따라 응급의료기관의 장이 응급실 출입을 허용할 수 있는 환자의 **보호자는 1명**으로 한다. 다만, 다음 각 호의 경우에는 **2명**으로 할 수 있다. 〈개정 2019. 9. 27.〉
  1. 소아, 장애인, 술 취한 사람 또는 정신질환자의 진료 보조를 위하여 필요한 경우
  2. 그 밖에 진료 보조를 위하여 응급의료기관의 장이 필요하다고 인정하는 경우
② **응급실 환자의 보호자**로서 다음 각 호의 어느 하나에 해당하는 사람은 응급실에 **출입하여서는 아니** 된다. 〈개정 2019. 9. 27.〉
  1. 발열·기침 등 감염병의 의심 증상이 있는 사람
  2. 응급의료종사자에게 위해를 끼치거나 끼칠 위험이 있는 사람
  3. 술 취한 사람, 폭력행위자 등 다른 환자의 진료에 방해가 될 수 있는 사람
  4. 그 밖에 응급의료기관의 장이 응급환자의 신속한 진료와 응급실 감염예방 등을 위하여 출입을 제한할 필요가 있다고 인정하는 사람
③ 응급의료기관의 장은 법 제31조의5제1항제3호에 따라 응급실에 출입하는 사람에게 **출입증**을 교부하여야 한다.
④ 응급의료기관의 장은 제1항에 따라 **응급실에 출입**하는 사람의 **성명, 환자와의 관계, 입실·퇴실 일시, 연락처, 발열·기침 여부 등을 기록**(전자문서로 된 기록을 포함한다)·관리하고, **1년간 보**

존하여야 한다.
⑤ 응급의료기관의 장은 응급실 출입 제한에 관한 세부 사항을 응급실 입구 등에 게시하여야 한다. [본조신설 2017. 12. 1.]

제19조(비상진료체계) ① 법 제32조제3항에 따라 응급의료기관의 장은 다음 각 호의 구분에 따른 당직전문의를 두어야 한다. 다만, 권역응급의료센터가 아닌 응급의료기관이 해당 진료과목을 설치·운영하지 않는 경우에는 그 진료과목의 당직전문의를 두지 않을 수 있다. 〈개정 2013. 2. 28., 2015. 12. 18., 2022. 11. 22.〉
  1. 권역응급의료센터: 내과·외과·산부인과·소아청소년과·정형외과·신경외과·심장혈관흉부외과·마취통증의학과·신경과 및 영상의학과 전문의 각 1명 이상
  2. 지역응급의료센터: 내과·외과·산부인과·소아청소년과 및 마취통증의학과 전문의 각 1명 이상
  3. 지역응급의료기관: 내과계열 및 외과계열 전문의 각 1명 이상
② 법 제32조제4항제2호에 따른 당직전문의등과 동등한 자격을 갖춘 것으로 인정되는 자는 제1항 각 호의 진료과목별 전문의 중 당직전문의가 아닌 전문의로 한다. 〈개정 2013. 2. 28.〉
③ 응급의료기관의 장은 제1항에 따른 당직전문의의 명단을 환자 및 환자의 보호자가 쉽게 볼 수 있도록 **응급실 내부에 게시**하여야 하며, 인터넷 홈페이지를 운영하는 경우에는 제1항에 따라 당직전문의를 둔 진료과목을 인터넷 홈페이지에 따로 표시하여야 한다. [전문개정 2012. 8. 3.]

제20조(예비병상의 확보 및 유지)★기출 ① 응급의료기관이 법 제33조의 규정에 따라 확보하여야 하는 **예비병상의 수**는 「의료법」 제33조제4항에 따라 허가받은 병상 수의 **100분의 1 이상(병·의원의 경우에는 1병상 이상)**으로 한다. 〈개정 2008. 4. 11.〉
② 응급의료기관은 응급실을 전담하는 의사(이하 "전담의사"라 한다)가 입원을 의뢰한 응급환자에 한하여 제1항에 따른 예비병상을 사용하게 해야 한다. 다만, 최근의 응급환자발생상황과 다음 날의 예비병상 확보가능성 등을 고려하여 **매일 오후 10시 이후에는** 응급실에 있는 응급환자중 입원 등의 필요성이 더 많이 요구되는 환자의 순으로 예비병상을 사용하도록 할 수 있다. 〈개정 2021. 7. 7.〉

제20조의2(응급실 체류 제한) 법 제33조의2제2항에서 "보건복지부령으로 정하는 기준"이란 **연 100분의 5**를 말한다. [본조신설 2017. 12. 1.]

제21조(당직의료기관의 지정) ① 법 제34조의 규정에 의한 당직의료기관의 지정대상은 응급의료기관을 제외한 의료기관으로 한다.
② 보건복지부장관, 시·도지사 또는 시장·군수·구청장은 당직의료기관을 지정하고자 하는 경우에는 다음 각호의 구분에 따라 시·군·구(자치구를 말한다. 이하 같다)별로 의료기관의 신청을 받아 지정하여야 한다. 〈개정 2008. 3. 3., 2010. 3. 19.〉
  1. 시장·군수·구청장이 지정하는 경우
     재해 또는 사고 그 밖에 불가피한 사유로 관할 구역에서 응급환자의 진료에 지장을 발생할 우려가 있는 경우
  2. 시·도지사가 지정하는 경우

가. 당직의료기관을 지정하여야 하는 지역이 관할 시·도의 전체 지역이거나 2 이상의 시·군·구에 해당하는 경우
　　　나. 의료기관의 분포 등을 고려하여 시·군·구별로 지정하여 운영하는 것이 불합리하다고 판단하여 당직의료권역을 정한 경우
　　　다. 시장·군수·구청장이 지정한 당직의료기관이 충분하지 아니하다고 인정되는 경우
　　3. 보건복지부장관이 지정하는 경우
　　　가. 당직의료기관을 지정하여야 하는 범위가 **전국 또는 2 이상의 시·도**에 해당하는 경우
　　　나. 의료기관의 분포 등을 고려하여 시·도별로 지정하여 운영하는 것이 불합리하다고 판단하여 당직의료권역을 정한 경우
　　　다. 시·도지사가 지정한 당직의료기관이 충분하지 아니하다고 인정되는 경우
③ 보건복지부장관, 시·도지사 또는 시장·군수·구청장은 제2항의 규정에 따라 당직의료기관을 지정함에 있어 지정신청을 한 의료기관이 충분하지 아니한 경우에는 지정신청을 한 의료기관외의 의료기관을 당직의료기관으로 직접 지정할 수 있다. 〈개정 2008. 3. 3., 2010. 3. 19.〉
④ 보건복지부장관, 시·도지사 또는 시장·군수·구청장이 제2항의 규정에 따라 당직의료기관을 지정하는 때에는 당직 근무개시일 전에 미리 해당 의료기관에 지정사실을 통보하여야 한다. 〈개정 2008. 3. 3., 2010. 3. 19.〉

제22조(응급의료기관의 지정취소 등에 따른 조치사항) 법 제31조의3 또는 제35조에 따라 응급의료기관의 재지정을 받지 못하거나 지정취소처분을 받은 의료기관은 응급의료기관임을 나타내는 표시 등을 제거하여야 하며, 교부받은 응급의료기관 지정서를 반납하여야 한다. 〈개정 2015. 8. 19.〉 [제목개정 2015. 8. 19.]

제23조(응급의료시설의 설치기준) ① 응급의료기관으로 지정받지 아니한 의료기관이 법 제35조의2의 규정에 따라 응급의료시설을 설치·운영하고자 하는 경우에 갖추어야 하는 시설·인력 등의 기준은 별표 9와 같다.
② 응급의료기관으로 지정받지 아니한 의료기관이 응급의료시설을 설치·운영하고자 하는 경우에는 별지 제9호서식의 응급의료시설 설치신고서에 다음 각호의 서류를 첨부하여 관할 시장·군수·구청장에게 제출하여야 한다.
　1. 응급의료시설의 도면 1부
　2. 응급의료 시설·인력 및 장비 등의 현황 1부
　3. 응급의료시설의 운영계획서 1부
③ 시장·군수·구청장은 제2항의 규정에 의한 신고를 수리한 때에는 별지 제10호서식의 응급의료시설 설치신고확인증을 발급해야 한다. 〈개정 2019. 9. 27.〉

제24조(응급구조사 양성기관의 지정기준) 법 제36조제3항제1호의 규정에 의한 응급구조사 양성기관의 지정기준은 별표 10과 같다.

제25조(응급구조사의 양성과정) ①영 제25조제1항의 규정에 의한 응급구조사 양성과정의 교육과목 및 시간은 별표 11과 같다.

② 응급구조사양성기관의 장은 영 제25조제3항에 따라 다음 각 호의 어느 하나에 해당하는 자에 대하여 별표 11의 교육과목 중 구급차 동승실습을 감면할 수 있다. 〈개정 2008. 6. 13., 2014. 5. 1.〉
  1. 「119구조·구급에 관한 법률」 제10조에 따른 구급대의 대원으로 1년 이상 근무한 자
  2. 법 제44조의 규정에 의한 구급차등을 운용하는 자에 소속되고, 구급차등에 탑승하여 1년 이상 응급의료활동에 참여하거나 보조한 자
  3. 300시간 이상 인명의 구조·구급활동에 참여한 경력을 가진 자원봉사자로서 시·도지사로부터 인정을 받은 자

제26조(응급구조사시험의 범위 및 과목 등) ① 법 제36조제5항의 규정에 의한 응급구조사시험은 필기시험 및 실기시험으로 구분하여 별표 12의 시험과목과 시험방법으로 실시한다.
② 제1항의 규정에 의한 응급구조사시험의 합격자결정은 필기시험의 매 과목 40퍼센트 이상을 득점하고, 실기시험에 합격한 자중 전과목 총점의 60퍼센트 이상을 득점한 자를 합격자로 한다.
③ 응급구조사시험의 출제방법, 과목별 배점비율, 그 밖에 시험 시행에 필요한 사항은 영 제26조에 따라 시험관리업무의 위탁기관으로 지정받은 응급구조사 시험관리기관(이하 "시험관리기관"이라 한다)의 장이 정한다. 〈신설 2014. 5. 1.〉

제27조(응급구조사시험의 시행 등) ① 시험관리기관의 장은 응급구조사시험을 실시하고자 하는 때에는 보건복지부장관의 승인을 받아 시험일시, 시험장소, 시험과목, 응시원서의 제출기간 그 밖에 시험 시행에 필요한 사항을 시험실시 90일전까지 공고하여야 한다. 다만, 시험장소는 응시인원이 확인된 후 시험실시 30일 전까지 공고할 수 있다. 〈개정 2014. 5. 1.〉
② 시험관리기관의 장은 응급구조사시험을 실시할 때마다 시험과목별로 전문지식을 갖춘 자 중에서 시험위원을 임명 또는 위촉하여야 하며 이들에 대하여 예산의 범위안에서 수당을 지급할 수 있다.
③ 시험관리기관의 장은 응급구조사시험 관리업무의 원활한 수행을 위하여 필요한 경우에는 국가, 지방자치단체 또는 관계기관·단체에 대하여 시험장소 및 시험감독의 지원 등 필요한 협조를 요청할 수 있다.

제28조(응급구조사시험의 응시 및 수수료) ① 응급구조사시험에 응시하고자 하는 자는 시험관리기관의 장이 정하는 응시원서를 제출하여야 한다.
② 응급구조사시험에 응시하고자 하는 자는 시험관리기관의 장이 보건복지부장관의 승인을 얻어 정한 수수료를 납부하여야 한다. 〈개정 2008. 3. 3., 2010. 3. 19.〉

제29조(자격증의 교부 등) ① 법 제36조의2제1항에 따라 응급구조사시험에 합격한 자는 다음 각호의 서류를 첨부하여 보건복지부장관에게 자격증의 교부를 신청하여야 한다. 〈개정 2008. 3. 3., 2010. 3. 19., 2016. 12. 30., 2017. 5. 30.〉
  1. 법 제36조제2항 및 제3항의 규정에 의한 자격이 있음을 증명하는 다음 각목의 서류
    가. 법 제36조제2항제1호 또는 제3항제1호에 해당하는 자 : 졸업증명서 또는 수료증 1부
    나. 법 제36조제2항제2호 또는 제3항제2호에 해당하는 자 : 자격증사본 또는 면허증사본 1부
    다. 법 제36조제2항제3호에 해당하는 자 : 자격증 사본 1부 및 경력증명서 1부

2. 법 제37조제1호 및 제2호에 해당하는 자가 아님을 증명하는 의사의 진단서 1부
3. 사진(신청 전 6개월 이내에 모자 등을 쓰지 않고 촬영한 천연색 상반신 정면사진으로 가로 3.5 센티미터, 세로 4.5센티미터의 사진을 말한다) 2장

② 보건복지부장관은 자격증의 교부신청을 받은 날부터 14일 이내에 시험응시자격 유무를 확인하여 별지 제11호서식의 응급구조사자격등록대장에 합격자를 등록하고 별지 제12호서식의 응급구조사자격증을 교부한다. 〈개정 2008. 3. 3., 2010. 3. 19., 2015. 1. 8.〉

제30조(자격증의 재교부) 법 제36조의2제2항에 따라 응급구조사가 응급구조사자격증을 재교부받고 자 하는 때에는 별지 제13호서식의 응급구조사자격증 재교부신청서에 다음 각호의 서류를 첨부하여 보건복지부장관에게 제출하여야 한다. 〈개정 2008. 3. 3., 2010. 3. 19., 2015. 1. 8., 2016. 12. 30., 2017. 5. 30.〉

1. 자격증이 헐어 못쓰게 된 경우에는 그 자격증 1부
2. 자격증을 잃어버린 경우에는 그 사유서 1부
3. 사진(신청 전 6개월 이내에 모자 등을 쓰지 않고 촬영한 천연색 상반신 정면사진으로 가로 3.5 센티미터, 세로 4.5센티미터의 사진을 말한다) 1장

제31조(자격증의 반납) ① 응급구조사는 다음 각호의 1에 해당하는 사유가 있는 경우에는 자격증(제3호의 경우에는 다시 찾은 자격증을 말한다)을 지체없이 보건복지부장관에게 반납하여야 한다. 〈개정 2008. 3. 3., 2010. 3. 19.〉

1. 자격취소처분을 받은 경우
2. 삭제 〈2015. 1. 8.〉
3. 자격증을 재교부받은 후 잃어버린 자격증을 찾은 경우

② 삭제 〈2015. 1. 8.〉

제31조의2(응급구조사 실태와 취업상황 신고) ① 영 제26조의2제2항에 따른 응급구조사 취업상황 등 신고서는 별지 제13호의2서식과 같다.

② 법률 제14218호 응급의료에 관한 법률 일부개정법률 부칙 제2조에 따라 그 실태와 취업상황을 신고하는 응급구조사는 별지 제13호의2서식에 따른 응급구조사 취업상황 등 신고서에 별지 제14호의2서식의 응급구조사 보수교육 면제 확인서 또는 별지 제15호서식의 응급구조사 보수교육이수증을 첨부하여 보건복지부장관에게 제출하여야 한다.

③ 법률 제14218호 응급의료에 관한 법률 일부개정법률 부칙 제2조에 따라 그 실태와 취업상황을 신고한 응급구조사는 해당 신고를 한 날부터 매 3년이 되는 해의 12월 31일까지 그 실태와 취업상황을 신고하여야 한다. [본조신설 2017. 5. 30.]

제32조(응급구조사의 준수사항) 법 제39조의 규정에 의한 응급구조사의 준수사항은 별표 13과 같다.

제33조(응급구조사의 업무) 법 제41조의 규정에 의한 응급구조사의 업무범위는 별표 14와 같다.

제33조의2(응급구조사 업무지침의 개발 및 보급) ① 법 제41조의2제1항에 따른 응급구조사 업무지침(이하 "업무지침"이라 한다)에는 다음 각 호의 내용이 포함되어야 한다.

1. 법 제39조에 따른 응급구조사의 준수사항에 관한 세부 내용

2. 법 제41조에 따른 응급구조사의 업무 및 법 제42조에 따른 응급구조사 업무의 제한에 관한 세부 내용과 절차
3. 법 제48조의2에 따른 응급의료기관의 수용능력 확인
4. 법 제49조에 따른 출동 및 처치 기록의 작성·제출 방법
5. 그 밖에 응급환자의 상태 분류 및 응급처치 요령 등 응급구조사 업무에 관한 사항

② 보건복지부장관은 업무지침을 작성함에 있어 관계 행정기관 및 응급의료 관련 단체의 의견을 수렴하여야 한다.

③ 보건복지부장관은 개발된 업무지침을 소방청장 및 시·도지사에게 통보하여야 하며, 시·도지사로 하여금 그 업무지침을 구급차등의 운용자에게 통보하도록 하여야 한다. 〈개정 2014. 11. 19., 2017. 8. 4.〉 [본조신설 2012. 11. 15.]

제34조(경미한 응급처치) 법 제42조 단서의 규정에 따라 응급구조사가 의사의 지시를 받지 아니하고 행할 수 있는 응급처치의 범위는 제33조의 규정에 의한 **2급응급구조사의** 업무범위와 같다.

제35조(응급구조사의 보수교육) ① 법 제43조제1항에 따른 응급구조사 보수교육(이하 "보수교육"이라 한다)은 다음 각 호의 구분에 따라 실시한다. 〈개정 2017. 12. 1.〉

1. 보수교육의 내용: 다음 각 목의 사항
   가. 직업윤리
   나. 업무 전문성 향상 및 업무 개선
   다. 의료 관계 법령의 준수
   라. 그 밖에 가목부터 다목까지의 사항에 준하는 것으로서 보건복지부장관이 보수교육에 특히 필요하다고 인정하여 정하는 사항
2. 보수교육의 대상: 응급구조사 자격을 가지고 해당 자격과 관련된 업무에 종사하고 있는 사람
3. 보수교육의 방법: 대면교육 또는 정보통신망을 활용한 온라인 교육
4. 보수교육의 시간: 매년 4시간 이상. 다만, 1년 이상 응급구조사의 업무에 종사하지 아니하다가 다시 그 업무에 종사하는 사람의 경우 그 종사하려는 연도의 교육시간에 관하여는 다음 각 목의 구분에 따른다.
   가. 1년 이상 2년 미만 그 업무에 종사하지 아니한 사람: 6시간 이상
   나. 2년 이상 3년 미만 그 업무에 종사하지 아니한 사람: 8시간 이상
   다. 3년 이상 그 업무에 종사하지 아니한 사람: 10시간 이상

② 다음 각 호의 어느 하나에 해당하는 응급구조사에 대해서는 해당 연도의 보수교육을 면제한다. 〈개정 2017. 12. 1.〉
1. 군복무 중인 사람(군에서 해당 업무에 종사하고 있는 사람은 제외한다)
2. 해당 연도에 응급구조사 자격을 취득한 사람

③ 법 제43조제2항에 따라 보수교육을 실시하는 기관 또는 단체의 장은 본인의 질병이나 그 밖의 불가피한 사유로 보수교육을 받기가 곤란하다고 인정하는 사람에 대해서는 해당 연도의 보수교육을 유예할 수 있다. 이 경우 보수교육이 유예된 사람은 유예사유가 해소된 후 그 유예된 보수교육을 추가로 받아야 한다. 〈신설 2017. 12. 1.〉

④ 제2항 또는 제3항에 따라 보수교육을 면제받거나 유예받으려는 사람은 별지 제14호서식의 응급구조사 보수교육 면제확인·유예 신청서(전자문서로 된 신청서를 포함한다)에 보수교육 면제 또는 유예의 사유를 증명할 수 있는 서류(전자문서로 된 서류를 포함한다)를 첨부하여 법 제43조제2항에 따라 보수교육을 실시하는 기관 또는 단체의 장에게 제출하여야 한다. 〈개정 2017. 12. 1.〉

⑤ 법 제43조제2항에 따라 보수교육을 실시하는 기관 또는 단체의 장은 제4항에 따른 신청에 대하여 보수교육 면제확인 또는 유예 여부 결정을 한 경우에는 신청인에게 그 내용을 알려야 한다. 이 경우 보수교육 면제 또는 유예 대상자에 대해서는 별지 제14호의2서식의 응급구조사 보수교육 면제·유예 확인서를 발급하여야 한다. 〈신설 2017. 12. 1.〉

⑥ 법 제43조제2항에서 "보건복지부령으로 정하는 관계 기관 또는 단체"란 응급의료기관, 응급구조사관련단체 또는 응급구조사양성기관을 말한다. 〈개정 2012. 11. 15., 2017. 12. 1.〉

⑦ 보수교육을 실시한 기관의 장은 보수교육을 받은 자에 대하여 별지 제15호서식의 응급구조사보수교육이수증을 교부하여야 한다. 〈개정 2017. 12. 1.〉

⑧ 법 제43조제2항에 따라 보수교육에 관한 업무를 위탁받으려는 기관 또는 단체는 보수교육을 실시하는 해당 연도의 2월 말까지 보수교육의 내용, 방법, 비용 등을 포함한 보수교육계획서를 작성하여 보건복지부장관에게 제출하여야 한다. 〈신설 2012. 11. 15., 2017. 12. 1.〉

⑨ 제8항에 따라 보수교육을 위탁받아 실시한 기관 또는 단체는 해당 연도의 보수교육 실적보고서를 다음 연도 2월 말까지 보건복지부장관에게 제출하여야 한다. 〈신설 2012. 11. 15., 2017. 12. 1.〉

⑩ 보수교육에 필요한 경비는 교육을 받는 자가 부담한다. 〈신설 2012. 11. 15., 2017. 12. 1.〉

⑪ 법 제43조제3항에 따른 평가는 **서면평가와 현지평가**로 하되, 그 평가기준은 다음 각 호와 같다. 〈신설 2012. 11. 15., 2017. 12. 1.〉
  1. 보수교육 실시계획의 타당성
  2. 보수교육의 비용과 그 집행의 적절성
  3. 보수교육 시설·장비의 적합성 및 인력의 전문성
  4. 보수교육의 효과성

제35조의2(응급구조학을 전공하는 학생의 응급처치 허용) 법 제43조의2에서 "보건복지부령으로 정하는 경우"란 응급구조 관련 실습을 하는 경우를 말한다. [본조신설 2012. 11. 15.]

제36조(구급차등의 운용위탁) 법 제44조제3항의 규정에 의한 구급차 등의 운용위탁에 대한 기준 및 절차 등은 별표 15와 같다.

제36조의2(구급차등 운용의 통보 또는 신고 절차 등) ① 법 제44조의2제1항 또는 제2항에 따라 구급차등의 운용을 통보 또는 신고하려는 자는 관계 법령에 따라 구급차등을 등록한 후(응급환자이송업의 경우에는 법 제51조에 따라 이송업의 허가를 받은 후를 말한다) 10일 이내에 별지 제15호의5서식의 구급차등 운용 통보(신고)서를 다음 각 호의 구분에 따라 시장·군수·구청장에게 제출해야 한다. 〈개정 2017. 12. 1., 2019. 12. 31.〉
  1. 자동차의 경우: 「자동차등록령」 제2조제2호에 따른 사용본거지(이하 "사용본거지"라 한다)를 관할하는 시장·군수·구청장. 이 경우 별지 제18호서식의 응급환자이송업 허가증(응급환자이송업의 경우에 한정한다)을 첨부해야 한다.

2. 선박 또는 항공기의 경우: 등록지를 관할하는 시장·군수·구청장. 이 경우 「항공안전법」 제12조에 따른 항공기 등록증명서를 첨부해야 한다(항공기의 경우에 한정한다).

② 제1항에 따른 통보 또는 신고를 받은 시장·군수·구청장은 「전자정부법」 제36조제1항에 따른 행정정보의 공동이용을 통하여 「자동차관리법」 제7조에 따른 자동차등록원부(자동차의 경우에 한정한다) 또는 「선박법」 제8조에 따른 선박국적증서(선박의 경우에 한정한다)를 확인해야 한다. 다만, 통보 또는 신고하려는 자가 확인에 동의하지 않는 경우에는 그 서류를 첨부하도록 해야 한다. 〈신설 2019. 12. 31.〉

③ 제1항에 따른 통보 또는 신고를 받은 시장·군수·구청장은 구급차등이 법 제46조, 제46조의2, 제46조의3 및 제47조에 따른 기준 등에 적합한 경우에는 통보 또는 신고일부터 7일 이내에 다음 각 호의 구분에 따라 조치하고, 적합하지 않은 경우에는 그 사실을 통보 또는 신고한 자에게 지체 없이 통지해야 한다. 〈개정 2017. 12. 1., 2019. 9. 27., 2019. 12. 31.〉
  1. 통보의 경우: 별지 제15호의6서식의 부착용 통보확인증 발급
  2. 신고의 경우: 별지 제15호의7서식의 구급차등 운용 신고확인증(이하 "신고확인증"이라 한다) 및 별지 제15호의8서식의 부착용 신고확인증 발급

④ 법 제44조의2제1항 후단 및 제2항 후단에서 "보건복지부령으로 정하는 중요 사항"이란 다음 각 호의 사항을 말한다. 〈개정 2019. 12. 31.〉
  1. 구급차등의 사용본거지 또는 등록지 변경
  2. 구급차등의 소유자 변경
  3. 구급차 구분의 변경
  4. 삭제 〈2017. 12. 1.〉

⑤ 구급차등의 운용자는 제3항 각 호의 어느 하나에 해당하는 경우에는 그 사실이 발생한 날부터 10일 이내에 별지 제15호의9서식의 구급차등 운용 변경 통보(신고)서에 다음 각 호의 서류를 첨부하여 시장·군수·구청장에게 변경 통보 또는 신고해야 한다. 다만, 제3항제1호의 경우에는 변경된 시장·군수·구청장에게 변경 통보 또는 신고해야 하고, 변경 통보 또는 신고를 받은 시장·군수·구청장은 지체 없이 변경 전의 시장·군수·구청장에게 그 사실을 통보해야 한다. 〈개정 2019. 9. 27., 2019. 12. 31.〉
  1. 신고확인증 1부(변경 신고에 한정한다)
  2. 「항공안전법」 제12조에 따른 항공기 등록증명서 1부(항공기의 경우에 한정한다)

⑥ 제5항에 따른 통보 또는 신고를 받은 시장·군수·구청장은 「전자정부법」 제36조제1항에 따른 행정정보의 공동이용을 통하여 「자동차관리법」 제7조에 따른 자동차등록원부(자동차의 경우에 한정한다) 또는 「선박법」 제8조에 따른 선박국적증서(선박의 경우에 한정한다)를 확인해야 한다. 다만, 통보 또는 신고하려는 자가 확인에 동의하지 않는 경우에는 그 서류를 첨부하도록 해야 한다. 〈신설 2019. 12. 31.〉

⑦ 제5항에 따른 통보 또는 신고를 받은 시장·군수·구청장은 부착용 통보확인증이나 신고확인증 및 부착용 신고확인증에 변경사항을 기재하여 구급차등의 운용자에게 발급해야 한다. 〈개정 2019. 9. 27., 2019. 12. 31.〉

⑧ 구급차등의 운용자는 부착용 통보확인증 또는 부착용 신고확인증을 구급차등의 앞면에 부착하여

야 한다. 〈개정 2019. 9. 27., 2019. 12. 31.〉
⑨ 부착용 통보확인증이나 신고확인증 및 부착용 신고확인증을 재발급 받으려는 자는 별지 제15호의10서식의 재발급 신청서에 다음 각 호의 서류를 첨부하여 시장·군수·구청장에게 제출하여야 한다. 〈개정 2019. 9. 27., 2019. 12. 31.〉
  1. 헐어 못쓰게 된 경우에는 그 부착용 통보확인증, 신고확인증 또는 부착용 신고확인증
  2. 잃어버린 경우에는 그 사유서
⑩ 시장·군수·구청장은 구급차등 운용신고 등에 관한 사항을 별지 제15호의12서식의 구급차등 관리대장에 기록·관리하고, 매년 1월 31까지 시·도지사를 거쳐 보건복지부장관에게 그 관리대장을 제출해야 한다. 〈개정 2019. 12. 31.〉 [본조신설 2014. 5. 1.]

제36조의3(구급차등의 말소 통보 또는 신고) ① 구급차등의 운용자는 법 제44조의3제1항 각 호의 어느 하나에 해당하는 사실이 발생한 날부터 10일 이내에 별지 제15호의11서식의 구급차등의 운용 말소 통보(신고)서에 다음 각 호의 서류를 첨부하여 시장·군수·구청장에게 제출하여야 한다. 〈개정 2019. 9. 27.〉
  1. 통보(신고)확인증, 부착용 통보(신고)확인증
  2. 「자동차등록규칙」 제4조에 따른 자동차등록증 사본, 「선박법 시행규칙」 제23조에 따른 선박등록 말소확인서 또는 「항공기등록규칙」 제2조에 따른 항공기 등록원부 중 해당하는 서류 1부
② 시장·군수·구청장은 구급차등의 말소 통보 또는 신고에 관한 사항을 별지 제15호의12서식의 구급차등 관리대장에 기록·관리하고, 매년 1월 31일까지 시·도지사를 거쳐 보건복지부장관에게 그 관리대장의 사본을 제출하여야 한다. [본조신설 2017. 12. 1.]

제37조(구급차등의 용도) 법 제45조제1항제5호에서 "보건복지부령으로 정하는 용도"란 다음 각 호의 용도를 말한다. 〈개정 2008. 3. 3., 2010. 3. 19., 2014. 5. 1., 2019. 12. 31.〉

제45조(다른 용도에의 사용 금지)

  1. 「지역보건법」 제2조제1호에 따른 지역보건의료기관에서 행하는 **보건사업의 수행에 필요한 업무**
  2. 구급차등의 이용이 불가피한 척추장애환자 또는 **거동이 불편한 환자의 이송**
  3. 다수인이 모이는 **행사** 등에서 발생되는 **응급환자 이송을 위한 대기**

제38조(구급차등의 장비 및 관리 등) ① 법 제46조의 규정에 의한 구급자동차는 위급의 정도가 중한 응급환자의 이송에 적합하도록 제작된 구급차(이하 "특수구급차"라 한다)와 위급의 정도가 중하지 아니한 응급환자의 이송에 주로 사용되는 구급차(이하 "일반구급차"라 한다)로 구분한다.
② 법 제46조의3제1항에 따른 응급의료 **전용헬기의 장비·의약품·환자인계점 관리** 등에 관한 기준은 별표 15의2와 같다. 〈신설 2017. 12. 1.〉
③ 법 제47조제1항의 규정에 따라 구급차등에 갖추어야 하는 의료장비·구급의약품 및 통신장비의 기준은 별표 16과 같다. 〈개정 2017. 12. 1.〉
④ 법 제47조제2항 및 제4항에 따라 구급차 장착 장비의 기준과 장비장착에 따른 정보 수집·보관·제출 방법 및 동의 절차에 관한 사항은 별표 16의2와 같다. 〈신설 2015. 8. 19., 2017. 12. 1.〉

⑤ 법 제47조제3항에 따라 구급차등에 갖추어야 하는 의료장비·구급의약품·통신장비 등의 관리 및 필요한 조치와 구급차등에 관한 관리기준은 별표 17과 같다. 〈개정 2015. 8. 19., 2017. 12. 1., 2021. 9. 24.〉 [제목개정 2015. 8. 19.]

제38조의2(응급장비 설치 등에 관한 현황 파악) ① 법 제47조의2에 따라 자동심장충격기 등 심폐소생술을 행할 수 있는 응급장비(이하 "응급장비"라 한다)를 설치한 경우 해당 시설 등의 소유자, 점유자 또는 관리자는 그 사실을 별지 제15호의13서식의 응급장비 설치 신고서에 응급장비 설치 사실을 확인할 수 있는 서류를 첨부하여 시장·군수·구청장에게 제출하여야 한다. 〈개정 2017. 12. 1.〉
② 시장·군수·구청장은 제1항에 따른 신고를 받은 때에는 별지 제15호의14서식의 응급장비 등록대장에 이를 기록하고 관리하여야 한다. 〈개정 2017. 12. 1.〉
③ 시장·군수·구청장은 별지 제15호의15서식의 응급장비 관리상황 보고서에 따라 응급장비 관리상황을 다음 연도의 1월 31일까지 시·도지사를 거쳐 보건복지부장관에게 제출하여야 한다. 〈개정 2010. 3. 19., 2017. 12. 1.〉
④ 응급장비를 설치한 해당 시설 등의 소유자·점유자 또는 관리자는 심폐소생을 위한 응급장비를 양도·폐기 또는 이전하려면 법 제47조의2제2항 후단에 따라 별지 제15호의16서식의 응급장비 양도·폐기·이전 신고서를 **시장·군수·구청장에게 제출**하여야 한다. 〈신설 2017. 12. 1.〉 [본조신설 2008. 6. 13.]

제38조의3(응급장비의 관리) ① 법 제47조의2에 따라 응급장비를 설치한 다중이용시설 등의 개설자 또는 관리자는 이를 관리하는 책임자를 두고 다음 각 호의 직무를 수행하게 하여야 한다.
 1. 매월 1회 이상의 점검
 2. 응급장비 사용교육
 3. 응급장비의 관리에 관한 서류의 작성·비치
② 응급장비가 사용된 경우 해당 다중이용시설 등의 개설자 또는 관리자나 이를 직접 사용한 자는 응급의료지원센터에 그 사실을 지체 없이 알려 적절한 조치가 취하여지도록 하여야 한다. 다만, 법 제47조의2제1항제1호 및 제2호의 경우에는 그러하지 아니하다. 〈개정 2015. 8. 19.〉
③ 그 밖에 응급장비의 관리에 필요한 사항은 보건복지부장관이 따로 정하여 고시한다. 〈개정 2010. 3. 19.〉 [본조신설 2008. 6. 13.]

제39조(응급구조사의 배치) 구급차등의 운용자는 응급환자를 이송하거나 이송하기 위하여 출동하는 때에는 법 제48조의 규정에 따라 그 구급차등에 **응급구조사 1인 이상이 포함된 2인 이상의 인원이 항상 탑승**하도록 하여야 한다. 다만, 의료법에 의한 의사 또는 간호사가 탑승한 경우에는 응급구조사가 탑승하지 아니할 수 있다.

제39조의2(수용능력의 확인 등) ① 법 제48조의2제1항에 따라 응급환자 등을 이송하는 자는 전화, 무선통신, 그 밖의 전산망 등을 이용하여 응급의료기관의 수용능력을 확인하고, 다음 각 호의 사항을 통보하여야 한다.
 1. 환자의 발생 경위(확인된 경우만 해당한다)

2. 환자의 연령, 성별 및 상태(활력 징후 및 의식 수준을 말한다)
3. 현장 및 이송 중 응급처치의 내용
4. 도착 예정 시각

② 제1항에 따른 확인 및 통보는 특별한 사유가 없으면 이송을 시작한 즉시 하여야 한다. [본조신설 2012. 8. 3.]

제40조(출동 및 처치기록의 내용 및 방법) ① 의사, 간호사 또는 응급구조사(이하 "응급구조사등"이라 한다)는 법 제49조제1항에 따라 출동 사항, 응급환자의 중증도 분류 결과와 응급처치의 내용을 별지 제16호서식의 출동 및 처치 기록지에 기록해야 한다. 〈개정 2019. 12. 31., 2023. 2. 24.〉

② 응급구조사등은 제1항에 따라 출동 사항, 응급환자의 중증도 분류 결과와 응급처치의 내용에 관한 **기록을 3부 작성**하여 그 응급환자를 인수한 의사의 서명을 얻은 뒤 **1부는 보관**하고, **1부는 해당 응급환자의 진료의사에게 제출하며, 1부는 이송처치료징수용**으로 환자 또는 그 보호자에게 발급한다. 〈개정 2019. 12. 31., 2023. 2. 24.〉

③ 구급차등의 운용자와 의료기관의 장은 제2항에 따라 응급구조사등이 작성하여 제출한 출동 사항, 응급환자의 중증도 분류 결과와 응급처치의 내용에 관한 기록을 3년간 보존해야 한다. 〈개정 2019. 12. 31., 2023. 2. 24.〉

④ 구급차등의 운용자는 법 제49조제3항에 따라 **출동 사항, 응급환자의 중증도 분류 결과와 응급처치의 내용에 관한 기록(전자문서를 포함한다)을 응급의료지원센터로 다음달 10일까지 매월 제출해야 한다.** 〈신설 2012. 11. 15., 2015. 8. 19., 2019. 12. 31., 2023. 2. 24.〉

⑤ 구급차등의 운용자는 별지 제16호의2서식의 구급차등 운행기록대장을 작성하여 **3년간 보존해야** 한다. 〈신설 2017. 12. 1., 2019. 12. 31.〉

제41조(이송업의 허가절차) ① 법 제51조제1항에 따라 응급환자이송업의 허가를 받으려는 자는 별지 제17호서식의 응급환자이송업허가신청서(전자문서로 된 신청서를 포함한다)에 다음 각 호의 서류(전자문서를 포함한다)를 첨부하여 시·도지사에게 제출해야 한다. 〈개정 2005. 10. 17., 2006. 7. 3., 2019. 12. 31.〉

1. 사업계획서 1부
2. 사업용 고정자산의 총액 및 그 내역을 기재한 서류 1부
3. 차고를 설치할 수 있는 토지의 사용권을 증명하는 서류 1부
4. 영업시설의 개요 및 평면도 1부
5. 삭제 〈2006. 7. 3.〉
6. 기존 법인에 있어서는 다음 각 목의 서류
    가. 정관
    나. 임원의 명부 1부
    다. 허가신청에 관한 의사의 결정을 증명하는 서류 1부
7. 법인을 설립하려는 자에 있어서는 다음 각 목의 서류
    가. 정관(공증인의 인증이 있는 것) 1부

나. 발기인 또는 설립사원의 명부 1부

　　다. 설립하고자 하는 법인이 주식회사 또는 유한회사인 경우에는 주주 또는 사원모집 계획서 1부

② 제1항에 따라 신청서를 제출받은 시·도지사는 「전자정부법」 제36조제1항에 따른 행정정보의 공동이용을 통하여 다음 각 호의 서류를 확인하여야 한다. 〈신설 2006. 7. 3., 2008. 6. 13., 2010. 9. 1.〉

　1. 건축물대장

　2. 법인인 경우에는 법인 등기사항증명서

③ 제1항제1호에 따른 사업계획서에는 다음 각 호의 사항을 기재해야 한다. 〈개정 2006. 7. 3., 2019. 12. 31.〉

　1. 사무소 및 분사무소(사업장)의 명칭 및 위치

　2. 영업지역(시·군·구 단위)

　3. 구급차의 총대수·종별·형식·연식, 상용차 및 예비차의 구별

　4. 삭제 〈2015. 1. 8.〉

　5. 지도의사의 선임현황

④ 시·도지사는 응급환자이송업의 허가를 한 때에는 별지 제18호서식의 응급환자이송업 허가증 및 별지 제18호의2서식의 부착용 허가증을 발급하고, 별지 제19호서식의 응급환자이송업허가관리대장을 작성·보관해야 한다. 〈개정 2006. 7. 3., 2014. 5. 1., 2019. 12. 31.〉

⑤ 응급환자이송업의 허가를 받은 자가 법 제51조제3항 및 제6항에 따라 허가받은 사항의 변경허가를 받거나 변경신고를 하려는 경우에는 별지 제20호서식의 응급환자이송업 허가사항 변경허가신청(신고)서에 다음 각 호의 서류를 첨부하여 시·도지사에게 제출(변경신고의 경우에는 변경사항이 발생한 날부터 14일 이내에 제출)해야 한다. 이 경우 변경 허가를 하거나 변경 신고를 받은 시·도지사는 제4항에 따라 발급한 응급환자이송업 허가증 또는 부착용 허가증의 변경 내용을 고쳐쓴 후 발급해야 한다. 〈개정 2005. 6. 8., 2006. 7. 3., 2012. 6. 29., 2014. 5. 1., 2019. 12. 31.〉

　1. 허가증 1부

　2. 변경내역서 1부

⑥ 응급환자이송업자는 부착용 허가증을 구급차등의 앞면에 부착해야 한다. 〈신설 2014. 5. 1., 2019. 12. 31.〉

⑦ 응급환자이송업자가 응급환자이송업 허가증 또는 부착용 허가증을 재발급받으려는 경우에는 별지 제21호서식의 재발급신청서에 다음 각 호의 서류를 첨부하여 시·도지사에게 제출해야 한다. 〈개정 2014. 5. 1., 2019. 12. 31.〉

　1. 헐어 못쓰게 된 경우에는 그 허가증 또는 부착용 허가증

　2. 잃어버린 경우에는 그 사유서

제42조(지도의사의 수 및 업무) ① 구급차등의 운용자(법 제44조제1항제2호에 따른 의료기관을 제외한다)는 법 제52조제1항에 따라 관할 시·도에 소재하는 응급의료기관에 근무하는 전문의중에서 1인 이상을 지도의사로 선임 또는 위촉하여야 한다. 〈개정 2012. 8. 3.〉

② 제1항의 규정에 의한 지도의사의 업무는 다음 각호와 같다.

1. 응급환자가 의료기관에 도착하기 전까지 행하여진 응급의료에 대한 평가
2. 응급구조사의 자질향상을 위한 교육 및 훈련
3. 이송중인 응급환자에 대한 응급의료 지도

제43조(휴업 등의 신고) 응급환자이송업자가 법 제53조의 규정에 따라 휴업·폐업·재개업의 신고를 하고자 하는 때에는 휴업·폐업 또는 재개업한 날부터 14일 이내에 별지 제22호서식의 응급환자이송업의 휴업·폐업·재개업신고서에 응급환자이송업허가증을 첨부(재개업의 경우를 제외한다)하여 시·도지사에게 제출하여야 한다. 〈개정 2012. 6. 29.〉

제44조(영업의 승계 신고) ① 법 제54조에 따라 이송업자의 지위를 승계한 자는 별지 제23호서식의 영업자지위승계신고서(전자문서로 된 신고서를 포함한다)에 이송업자의 지위를 승계했음을 증명하는 다음 각 호의 서류(전자문서를 포함한다)를 첨부하여 시·도지사에게 제출해야 한다. 〈개정 2005. 10. 17., 2006. 7. 3., 2008. 6. 13., 2010. 9. 1., 2019. 12. 31.〉
  1. 이송업자가 사망한 경우 : 가족관계등록부 등의 증명서
  2. 영업의 양도·양수의 경우: 다음 각 목의 서류
     가. 양도계약서 사본 1부
     나. 양도인의 인감증명서 또는 「본인서명사실 확인 등에 관한 법률」 제2조제3호에 따른 본인서명사실확인서 1부
  3. 법인인 이송업자의 합병의 경우 : 합병계약서 사본 1부
  4. 법 제54조제2항의 규정에 따라 이송업자의 지위를 승계한 경우 : 경락확인서 등 영업시설의 전부를 인수하였음을 입증할 수 있는 서류 1부
② 제1항에 따라 신고서를 제출받은 시·도지사는 「전자정부법」 제36조제1항에 따른 행정정보의 공동이용을 통하여 다음 각 호의 서류를 확인해야 한다. 〈신설 2006. 7. 3., 2008. 6. 13., 2010. 9. 1., 2019. 12. 31.〉
  1. 삭제 〈2008. 6. 13.〉
  2. 법인인 이송업자의 합병인 경우 : 이송업자의 지위를 승계한 법인 등기사항증명서

제44조의2(대규모 행사에서의 응급의료 인력 등 확보 의무) 법 제54조의3 및 영 제27조의3에 따른 대규모 행사를 개최하려는 자는 다음 각 호의 응급의료 인력과 응급이송수단을 확보해야 한다.
  1. 응급의료 인력: 응급구조사, 의사 또는 간호사 1명
  2. 응급이송수단: 구급차등 1대 [본조신설 2021. 12. 29.]

제45조(행정처분의 기준) 법 제55조의 규정에 의한 행정처분의 기준은 별표 18과 같다.

제46조(행정처분대장의 작성) 법 제55조의 규정에 따라 보건복지부장관, 시·도지사 또는 시장·군수·구청장이 행정처분을 하는 때에는 별지 제24호서식의 행정처분대장에 그 내용을 기록하고 이를 비치하여야 한다. 〈개정 2008. 3. 3., 2010. 3. 19.〉

제47조(규제의 재검토) ① 보건복지부장관은 다음 각 호의 사항에 대하여 다음 각 호의 기준일을 기준으로 3년마다(매 3년이 되는 해의 기준일과 같은 날 전까지를 말한다) 그 타당성을 검토하여 개선 등의 조치를 해야 한다. 〈개정 2015. 1. 5., 2017. 12. 1., 2021. 12. 31.〉

1. 제13조제2항 및 별표 5에 따른 권역응급의료센터의 지정기준: 2014년 1월 1일
2. 제16조에 따른 전문응급의료센터의 지정기준·방법 및 절차: 2022년 1월 1일
3. 제17조의3에 따른 정신질환자응급의료센터의 지정기준·방법 및 절차: 2022년 1월 1일
4. 제23조제1항 및 별표 9에 따른 응급의료시설의 설치기준: 2014년 1월 1일
5. 제37조에 따른 구급차등의 용도: 2014년 1월 1일
6. 제38조제3항 및 별표 16에 따른 구급차에 갖추어야 하는 의료장비·구급의약품 및 통신장비의 기준: 2014년 1월 1일
7. 제38조제5항 및 별표 17에 따른 구급차등의 세부관리기준: 2014년 1월 1일

② 보건복지부장관은 다음 각 호의 사항에 대하여 다음 각 호의 기준일을 기준으로 2년마다(매 2년이 되는 해의 기준일과 같은 날 전까지를 말한다) 그 타당성을 검토하여 개선 등의 조치를 해야 한다. 〈신설 2015. 1. 5., 2018. 12. 28., 2020. 12. 31.〉
1. 제17조의2에 따른 권역외상센터의 요건 및 지정기준: 2015년 1월 1일
2. 제34조에 따른 경미한 응급처치의 범위: 2015년 1월 1일
3. 제35조에 따른 응급구조사의 보수교육 시간: 2015년 1월 1일
4. 삭제 〈2020. 12. 31.〉
5. 삭제 〈2020. 12. 31.〉
6. 삭제 〈2020. 12. 31.〉 [본조신설 2013. 12. 31.]

부칙 〈제998호, 2024. 2. 16.〉

이 규칙은 2024년 2월 17일부터 시행한다.

별표 / 서식

[별표 1] 응급증상및이에준하는증상(제2조제1호관련)

[별표 2] 구조 및 응급처치 교육의 내용 및 실시방법(제6조제1항 관련)

[별표 3] 이송처치료의 기준(제11조 관련)

[별표 4] 중앙응급의료센터의 설치·운영기준(제12조 관련)

[별표 5] 응급의료권역 및 권역응급의료센터 적정개소 수(제13조제1항 관련)

[별표 5의2] 권역응급의료센터의 지정기준(제13조제2항 관련)

[별표 6] 전문응급의료센터의 지정기준(제16조제1항관련)

[별표 7] 지역응급의료센터의 지정기준(제17조제2항 관련)

[별표 7의2] 권역외상센터의 요건과 지정기준(제17조의2제2항 관련)

[별표 7의3] 정신질환자응급의료센터의 지정 기준(제17조의3제1항 관련)

[별표 8] 지역응급의료기관의 지정기준(제18조제1항 관련)

[별표 9] 응급의료시설의 설치기준(제23조제1항 관련)

[별표 10] 응급구조사 양성기관의 지정기준(제24조관련)

[별표 11] 응급구조사양성기관의교육과목및시간(제25조제1항관련)

[별표 12] 응급구조사시험의시험과목과시험방법(제26조관련)

[별표 13] 응급구조사의준수사항(제32조관련)

[별표 14] 응급구조사의 업무범위(제33조관련)

[별표 15] 구급차등의 운용위탁에 대한 기준 및 절차(제36조관련)

[별표 15의2] 응급의료 전용헬기의 장비·의약품·환자인계점 관리 등에 관한 기준(제38조제2항 관련)

[별표 16] 구급차등에 갖추어야 하는 의료장비·구급의약품 및 통신장비의 기준(제38조제3항관련)

[별표 16의2] 구급차 장착 장비의 기준과 정보 수집·보관·제출 방법 및 동의 절차(제38조제4항 관련)

[별표 17] 구급차등에 갖추어야 하는 장비 등의 관리기준(제38조제5항 관련)

[별표 18] 행정처분의 기준(제45조 관련)

07 119구조·구급에 관한 법률 (약칭: 119법)

[시행 2024. 7. 3.] [법률 제19871호, 2024. 1. 2., 일부개정]

119법 [시행 2024. 7. 3.] [법률 제19871호, 2024. 1. 2., 일부개정]

제10조에 제4항 및 제5항을 각각 다음과 같이 신설한다.

④ 소방청장은 응급환자가 신속하고 적절한 응급처치를 받을 수 있도록 「의료법」 제27조에도 불구하고 대통령령으로 정하는 바에 따라 보건복지부장관과 협의하여 구급대원의 자격별 응급처치의 범위를 정할 수 있다. 다만, 대통령령으로 정하는 범위는 「응급의료에 관한 법률」 제41조에서 정한 내용을 초과하지 아니한다.

⑤ 소방청장은 구급대원의 자격별 응급처치를 위한 교육·평가 및 응급처치의 품질관리 등에 관한 계획을 수립·시행하여야 한다.

제23조의2를 제23조의3으로 하고, 제23조의2를 다음과 같이 신설한다.

제23조의2(감염병환자등의 이송 등) ① 소방청장등은 「감염병의 예방 및 관리에 관한 법률」 제2조제13호부터 제15호까지 및 제15호의2의 감염병환자, 감염병의사환자, 병원체보유자 또는 감염병의심자(이하 "감염병환자등"이라 한다)의 이송 등의 업무를 수행할 수 있다.

② 제1항에 따른 감염병환자등의 이송 범위, 방법, 그 밖에 필요한 사항은 대통령령으로 정한다.

제23조의3(종전의 제23조의2) 제1항 전단 중 "「감염병의 예방 및 관리에 관한 법률」 제2조제13호부터 제15호까지 및 제15호의2의 감염병환자, 감염병의사환자, 병원체보유자 또는 감염병의심자(이하 이 조에서 "감염병환자등"이라 한다)"를 "감염병환자등"으로 한다.

제1장 총칙

제1조(목적) 이 법은 화재, 재난·재해 및 테러, 그 밖의 위급한 상황에서 119구조·구급의 효율적 운영에 관하여 필요한 사항을 규정함으로써 국가의 구조·구급 업무 역량을 강화하고 국민의 생명·신체 및 재산을 보호하며 삶의 질 향상에 이바지함을 목적으로 한다.

제2조(정의) 이 법에서 사용하는 **용어의 뜻**은 다음과 같다. 〈개정 2016. 1. 27., 2020. 10. 20., 2021. 1. 5.〉

1. "구조"란 화재, 재난·재해 및 테러, 그 밖의 위급한 상황(이하 "위급상황"이라 한다)에서 외부의 도움을 필요로 하는 사람(이하 "요구조자"라 한다)의 생명, 신체 및 재산을 보호하기 위하여 수행하는 모든 활동을 말한다.
2. "119구조대"란 탐색 및 구조활동에 필요한 장비를 갖추고 소방공무원으로 편성된 단위조직을 말한다.

3. "구급"이란 응급환자에 대하여 행하는 상담, 응급처치 및 이송 등의 활동을 말한다.
4. "119구급대"란 구급활동에 필요한 장비를 갖추고 소방공무원으로 편성된 단위조직을 말한다.
5. "응급환자"란 「응급의료에 관한 법률」 제2조제1호의 응급환자를 말한다.
6. "응급처치"란 「응급의료에 관한 법률」 제2조제3호의 응급처치를 말한다.
7. "구급차등"이란 「응급의료에 관한 법률」 제2조제6호의 구급차등을 말한다.
8. "지도의사"란 「응급의료에 관한 법률」 제52조의 지도의사를 말한다.
9. "119항공대"란 항공기, 구조·구급 장비 및 119항공대원으로 구성된 단위조직을 말한다.
10. "119항공대원"이란 구조·구급을 위한 119항공대에 근무하는 조종사, 정비사, 항공교통관제사, 운항관리사, 119구조·구급대원을 말한다.
11. "119구조견"이란 위급상황에서 「소방기본법」 제4조에 따른 소방활동의 보조를 목적으로 소방기관에서 운용하는 개를 말한다.
12. "119구조견대"란 위급상황에서 119구조견을 활용하여 「소방기본법」 제4조에 따른 소방활동을 수행하는 소방공무원으로 편성된 단위조직을 말한다.

제3조(국가 등의 책무) ① 국가와 지방자치단체는 119구조·구급(이하 "구조·구급"이라 한다)과 관련된 새로운 기술의 연구·개발 및 구조·구급서비스의 질을 향상시키기 위한 시책을 강구하고 추진하여야 한다.

② 국가와 지방자치단체는 구조·구급업무를 효과적으로 수행하기 위한 체계의 구축 및 구조·구급장비의 구비, 그 밖에 구조·구급활동에 필요한 기반을 마련하여야 한다.

③ 국가와 지방자치단체는 국민이 위급상황에서 자신의 생명과 신체를 보호할 수 있는 대응능력을 향상시키기 위한 교육과 홍보에 적극 노력하여야 한다.

제4조(국민의 권리와 의무) ① 누구든지 위급상황에 처한 경우에는 국가와 지방자치단체로부터 신속한 구조와 구급을 통하여 생활의 안전을 영위할 권리를 가진다.

② **누구든지** 119구조대원·119구급대원·119항공대원(이하 "구조·구급대원"이라 한다)이 위급상황에서 구조·구급활동을 위하여 필요한 협조를 요청하는 경우에는 특별한 사유가 없으면 이에 협조하여야 한다. 〈개정 2020. 10. 20.〉

③ 누구든지 위급상황에 처한 요구조자를 발견한 때에는 이를 지체 없이 소방기관 또는 관계 행정기관에 알려야 하며, 119구조대·119구급대·119항공대(이하 "구조·구급대"라 한다)가 도착할 때까지 요구조자를 구출하거나 부상 등이 악화되지 아니하도록 노력하여야 한다. 〈개정 2020. 10. 20.〉

제5조(다른 법률과의 관계) 구조·구급활동에 관하여 다른 법률에 특별한 규정이 있는 경우를 제외하고는 이 법에서 정하는 바에 따른다.

제2장 구조·구급 기본계획 등

제6조(구조·구급 기본계획 등의 수립·시행) ① 소방청장은 제3조의 업무를 수행하기 위하여 관계 중앙행정기관의 장과 협의하여 대통령령으로 정하는 바에 따라 구조·구급 기본계획(이하 "기본계획"이라 한다)을 수립·시행하여야 한다. 〈개정 2014. 11. 19., 2017. 7. 26.〉

② 기본계획에는 다음 각 호의 사항이 포함되어야 한다.
1. 구조·구급서비스의 질 향상을 위한 정책의 기본방향에 관한 사항
2. 구조·구급에 필요한 체계의 구축, 기술의 연구개발 및 보급에 관한 사항
3. 구조·구급에 필요한 장비의 구비에 관한 사항
4. 구조·구급 전문인력 양성에 관한 사항
5. 구조·구급활동에 필요한 기반조성에 관한 사항
6. 구조·구급의 교육과 홍보에 관한 사항
7. 그 밖에 구조·구급업무의 효율적 수행을 위하여 필요한 사항

③ 소방청장은 기본계획에 따라 매년 연도별 구조·구급 집행계획(이하 "집행계획"이라 한다)을 수립·시행하여야 한다. 〈개정 2014. 11. 19., 2017. 7. 26.〉

④ 소방청장은 제1항 및 제3항에 따라 수립된 기본계획 및 집행계획을 관계 중앙행정기관의 장, 특별시장·광역시장·특별자치시장·도지사·특별자치도지사(이하 "시·도지사"라 한다)에게 통보하고 국회 소관 상임위원회에 제출하여야 한다. 〈개정 2012. 3. 21., 2014. 11. 19., 2017. 7. 26.〉

⑤ 소방청장은 기본계획 및 집행계획을 수립하기 위하여 필요한 경우에는 관계 중앙행정기관의 장 또는 시·도지사에게 관련 자료의 제출을 요청할 수 있다. 이 경우 자료제출을 요청받은 관계 중앙행정기관의 장 또는 시·도지사는 특별한 사유가 없으면 이에 따라야 한다. 〈개정 2014. 11. 19., 2017. 7. 26.〉

제7조(시·도 구조·구급집행계획의 수립·시행) ① 소방본부장은 기본계획 및 집행계획에 따라 관할 지역에서 신속하고 원활한 구조·구급활동을 위하여 **매년 특별시·광역시·특별자치시·도·특별자치도(이하 "시·도"라 한다) 구조·구급 집행계획(이하 "시·도 집행계획"이라 한다)을 수립하여 소방청장에게 제출**하여야 한다. 〈개정 2012. 3. 21., 2014. 11. 19., 2017. 7. 26.〉

② 소방본부장은 시·도 집행계획을 수립하기 위하여 필요한 경우에는 해당 특별자치도지사·시장·군수·구청장(자치구의 구청장을 말한다. 이하 같다)에게 관련 자료의 제출을 요청 할 수 있다. 이 경우 자료제출을 요청받은 해당 특별자치도지사·시장·군수·구청장은 특별한 사유가 없으면 이에 따라야 한다.

③ 시·도 집행계획의 수립시기·내용, 그 밖에 필요한 사항은 대통령령으로 정한다.

제3장 구조대 및 구급대 등의 편성·운영

제8조(119구조대의 편성과 운영) ① **소방청장·소방본부장 또는 소방서장**(이하 "소방청장등"이라 한다)은 위급상황에서 요구조자의 생명 등을 신속하고 안전하게 구조하는 업무를 수행하기 위하여 대통령령으로 정하는 바에 따라 119구조대(이하 "구조대"라 한다)를 편성하여 운영하여야 한다. 〈개정 2014. 11. 19., 2017. 7. 26.〉

② 구조대의 종류, 구조대원의 자격기준, 그 밖에 필요한 사항은 대통령령으로 정한다.

③ 구조대는 행정안전부령으로 정하는 장비를 구비하여야 한다. 〈개정 2013. 3. 23., 2014. 11. 19., 2017. 7. 26.〉

제9조(국제구조대의 편성과 운영) ① **소방청장**은 국외에서 대형재난 등이 발생한 경우 재외국민의

보호 또는 재난발생국의 국민에 대한 인도주의적 구조 활동을 위하여 국제구조대를 편성하여 운영할 수 있다. 〈개정 2014. 11. 19., 2017. 7. 26.〉

② 소방청장은 외교부장관과 협의를 거쳐 제1항에 따른 국제구조대를 **재난발생국**에 파견할 수 있다. 〈개정 2013. 3. 23., 2014. 11. 19., 2017. 7. 26.〉

③ 소방청장은 제1항에 따른 국제구조대를 국외에 파견할 것에 대비하여 구조대원에 대한 교육훈련 등을 실시할 수 있다. 〈개정 2014. 11. 19., 2017. 7. 26.〉

④ 소방청장은 제1항에 따른 국제구조대의 국외재난대응능력을 향상시키기 위하여 국제연합 등 관련 국제기구와의 협력체계 구축, 해외재난정보의 수집 및 기술연구 등을 위한 시책을 추진할 수 있다. 〈개정 2014. 11. 19., 2017. 7. 26.〉

⑤ 소방청장은 제2항에 따라 국제구조대를 재난발생국에 파견하기 위하여 필요한 경우 **관계 중앙행정기관**의 장 또는 시·도지사에게 직원의 파견 및 장비의 지원을 요청할 수 있다. 이 경우 관계 중앙행정기관의 장 또는 시·도지사는 특별한 사유가 없으면 요청에 따라야 한다. 〈개정 2014. 11. 19., 2017. 7. 26.〉

⑥ 제1항부터 제5항까지의 규정에 따른 국제구조대의 편성, 파견, 교육훈련 및 국제구조대원의 귀국 후 건강관리와 그 밖에 필요한 사항은 대통령령으로 정한다.

⑦ 제1항에 따른 국제구조대는 **행정안전부령**으로 정하는 장비를 구비하여야 한다. 〈개정 2013. 3. 23., 2014. 11. 19., 2017. 7. 26.〉

제10조(119구급대의 편성과 운영) ① **소방청장등**은 위급상황에서 발생한 응급환자를 응급처치하거나 의료기관에 긴급히 이송하는 등의 구급업무를 수행하기 위하여 대통령령으로 정하는 바에 따라 119구급대(이하 "구급대"라 한다)를 편성하여 운영하여야 한다. 〈개정 2014. 11. 19., 2017. 7. 26.〉

② 구급대의 종류, 구급대원의 자격기준, 이송대상자, 그 밖에 필요한 사항은 대통령령으로 정한다.

③ 구급대는 행정안전부령으로 정하는 장비를 구비하여야 한다. 〈개정 2013. 3. 23., 2014. 11. 19., 2017. 7. 26.〉

④ 소방청장은 응급환자가 신속하고 적절한 응급처치를 받을 수 있도록 「의료법」 제27조에도 불구하고 대통령령으로 정하는 바에 따라 보건복지부장관과 협의하여 구급대원의 자격별 응급처치의 범위를 정할 수 있다. 다만, 대통령령으로 정하는 범위는 「응급의료에 관한 법률」 제41조에서 정한 내용을 초과하지 아니한다. 〈신설 2024. 1. 2.〉

⑤ 소방청장은 구급대원의 자격별 응급처치를 위한 교육·평가 및 응급처치의 품질관리 등에 관한 계획을 수립·시행하여야 한다. 〈신설 2024. 1. 2.〉

제10조의2(119구급상황관리센터의 설치·운영 등) ① 소방청장은 119구급대원 등에게 응급환자 이송에 관한 정보를 효율적으로 제공하기 위하여 소방청과 시·도 소방본부에 **119구급상황관리센터**(이하 "구급상황센터"라 한다)를 설치·운영하여야 한다. 〈개정 2014. 11. 19., 2017. 7. 26.〉

② **구급상황센터**에서는 다음 각 호의 업무를 수행한다. 〈개정 2020. 10. 20., 2024. 1. 2.〉
 1. 응급환자에 대한 안내·상담 및 지도
 2. 응급환자를 이송 중인 사람에 대한 응급처치의 지도 및 이송병원 안내

3. 제1호 및 제2호와 관련된 정보의 활용 및 제공
4. 119구급이송 관련 정보망의 설치 및 관리·운영
5. 제23조의2제1항 및 제23조의3제1항에 따른 감염병환자등의 이송 등 중요사항 보고 및 전파
6. 재외국민, 영해·공해상 선원 및 항공기 승무원·승객 등에 대한 의료상담 등 응급의료서비스 제공

③ 구급상황센터의 설치·운영, 그 밖에 필요한 사항은 대통령령으로 정한다.

④ 보건복지부장관은 제2항에 따른 업무를 평가할 수 있으며, **소방청장**은 그 평가와 관련한 자료의 수집을 위하여 보건복지부장관이 요청하는 경우 제22조제1항의 기록 등 필요한 자료를 제공하여야 한다. 〈개정 2014. 11. 19., 2017. 7. 26.〉

⑤ 소방청장은 응급환자의 이송정보가 「**응급의료에 관한 법률**」 제25조제1항제6호의 응급의료 전산망과 연계될 수 있도록 하여야 한다. 〈개정 2014. 11. 19., 2017. 7. 26., 2020. 10. 20.〉 [본조신설 2012. 3. 21.]

제10조의3(119구급차의 운용) ① 소방청장등은 응급환자를 의료기관에 긴급히 이송하기 위하여 **구급차**(이하 "119구급차"라 한다)를 운용하여야 한다. 〈개정 2017. 7. 26.〉

② 119구급차의 배치기준, 장비(의료장비 및 구급의약품은 제외한다) 등 119구급차의 운용에 관하여 응급의료 관계 법령에 규정되어 있지 아니하거나 응급의료 관계 법령에 규정된 내용을 초과하여 규정할 필요가 있는 사항은 행정안전부령으로 정한다. 〈개정 2017. 7. 26.〉 [본조신설 2016. 1. 27.]

제10조의4(국제구급대의 편성과 운영) ① 소방청장은 국외에서 대형재난 등이 발생한 경우 재외국민에 대한 구급 활동, 재외국민 응급환자의 국내 의료기관 이송 또는 재난발생국 국민에 대한 인도주의적 구급 활동을 위하여 국제구급대를 편성하여 운영할 수 있다. 이 경우 이송과 관련된 사항은 「재외국민보호를 위한 영사조력법」 제19조에 따른다.

② 국제구급대의 편성, 파견, 교육훈련 및 국제구급대원의 귀국 후 건강관리 등에 관하여는 제9조제2항부터 제7항까지를 준용한다. 이 경우 "국제구조대"는 "국제구급대"로, "구조대원"은 "구급대원"으로 본다. [본조신설 2023. 8. 16.]

제11조(구조·구급대의 통합 편성과 운영) ① 소방청장등은 제8조제1항, 제10조제1항 및 제12조제1항에도 불구하고 **구조·구급대를 통합**하여 편성·운영할 수 있다. 〈개정 2014. 11. 19., 2017. 7. 26., 2020. 10. 20., 2023. 8. 16.〉

② 소방청장은 제9조제1항 및 제10조의4제1항에도 불구하고 국제구조대·국제구급대를 통합하여 편성·운영할 수 있다. 〈신설 2023. 8. 16.〉

제12조(119항공대의 편성과 운영) ① 소방청장 또는 소방본부장은 초고층 건축물 등에서 요구조자의 생명을 안전하게 구조하거나 도서·벽지에서 발생한 응급환자를 의료기관에 긴급히 이송하기 위하여 119항공대(이하 "항공대"라 한다)를 편성하여 운영한다. 〈개정 2014. 11. 19., 2017. 7. 26., 2020. 10. 20.〉

② 항공대의 편성과 운영, 업무 및 항공대원의 자격기준, 그 밖에 필요한 사항은 대통령령으로 정한

다. 〈개정 2020. 10. 20.〉
③ 항공대는 **행정안전부령**으로 정하는 장비를 구비하여야 한다. 〈개정 2013. 3. 23., 2014. 11. 19., 2017. 7. 26., 2020. 10. 20.〉 [제목개정 2020. 10. 20.]

제12조의2(119항공운항관제실 설치·운영 등) ① 소방청장은 소방항공기의 안전하고 신속한 출동과 체계적인 현장활동의 관리·조정·통제를 위하여 **소방청**에 **119항공운항관제실을 설치·운영**하여야 한다.
② 제1항에 따른 119항공운항관제실의 업무는 다음 각 호와 같다.
  1. 재난현장 출동 소방헬기의 운항·통제·조정에 관한 사항
  2. 관계 중앙행정기관 소속의 응급의료헬기 출동 요청에 관한 사항
  3. 관계 중앙행정기관 소속의 헬기 출동 요청 및 공역통제·현장지휘에 관한 사항
  4. 소방항공기 통합 정보 및 안전관리 시스템의 설치·관리·운영에 관한 사항
  5. 소방항공기의 효율적 운항관리를 위한 교육·훈련 계획 등의 수립에 관한 사항
③ 119항공운항관제실 설치·운영 등에 필요한 사항은 대통령령으로 정한다. [본조신설 2020. 10. 20.]

제12조의3(119항공정비실의 설치·운영 등) ① 소방청장은 제12조제1항에 따라 편성된 항공대의 소방헬기를 전문적으로 통합정비 및 관리하기 위하여 소방청에 119항공정비실(이하 "정비실"이라 한다)을 설치·운영할 수 있다.
② 정비실에서는 다음 각 호의 업무를 수행한다.
  1. 소방헬기 정비운영 계획 수립 및 시행 등에 관한 사항
  2. 중대한 결함 해소 및 중정비 업무 수행 등에 관한 사항
  3. 정비에 필요한 전문장비 등의 운영·관리에 관한 사항
  4. 정비에 필요한 부품 수급 등의 운영·관리에 관한 사항
  5. 정비사의 교육훈련 및 자격유지에 관한 사항
  6. 소방헬기 정비교범 및 정비 관련 문서·기록의 관리·유지에 관한 사항
  7. 그 밖에 소방헬기 정비를 위하여 필요한 사항
③ 정비실의 설치·운영, 그 밖에 필요한 사항은 대통령령으로 정한다.
④ 정비실의 인력·시설 및 장비기준 등에 필요한 사항은 행정안전부령으로 정한다. [본조신설 2021. 1. 5.]

제12조의4(119구조견대의 편성과 운영) ① 소방청장과 소방본부장은 위급상황에서 「소방기본법」 제4조에 따른 소방활동의 보조 및 효율적 업무 수행을 위하여 119구조견대를 편성하여 운영한다.
② 소방청장은 119구조견(이하 "구조견"이라 한다)의 **양성·보급 및 구조견 운용자의 교육·훈련**을 위하여 구조견 양성·보급기관을 설치·운영하여야 한다.
③ 제1항에 따른 119구조견대의 편성·운영 및 제2항에 따른 구조견 양성·보급 기관의 설치·운영, 그 밖에 필요한 사항은 대통령령으로 정한다.
④ 119구조견대는 행정안전부령으로 정하는 장비를 구비하여야 한다. [본조신설 2021. 1. 5.]

제4장 구조·구급활동 등

제13조(구조·구급활동) ① 소방청장등은 위급상황이 발생한 때에는 구조·구급대를 현장에 신속하게 출동시켜 인명구조, 응급처치 및 구급차등의 이송, 그 밖에 필요한 활동을 하게 하여야 한다. 〈개정 2014. 11. 19., 2017. 7. 26., 2020. 10. 20.〉
② 누구든지 제1항에 따른 구조·구급활동을 방해하여서는 아니 된다.
③ 소방청장등은 대통령령으로 정하는 위급하지 아니한 경우에는 구조·구급대를 출동시키지 아니할 수 있다. 〈개정 2014. 11. 19., 2017. 7. 26.〉

제14조(유관기관과의 협력) ① 소방청장등은 구조·구급활동을 함에 있어서 필요한 경우에는 시·도지사 또는 시장·군수·구청장에게 협력을 요청할 수 있다. 〈개정 2014. 11. 19., 2017. 7. 26.〉
② 시·도지사 또는 시장·군수·구청장은 특별한 사유가 없으면 제1항의 요청에 따라야 한다.

제15조(구조·구급활동을 위한 긴급조치) ① 소방청장등은 구조·구급활동을 위하여 필요하다고 인정하는 때에는 다른 사람의 **토지·건물 또는 그 밖의 물건을 일시사용, 사용의 제한 또는 처분을 하거나 토지·건물에 출입**할 수 있다. 〈개정 2014. 11. 19., 2017. 7. 26.〉
② 소방청장등은 제1항에 따른 조치로 인하여 손실을 입은 자가 있는 경우에는 대통령령으로 정하는 바에 따라 그 손실을 보상하여야 한다. 〈개정 2014. 11. 19., 2017. 7. 26.〉

제16조(구조된 사람과 물건의 인도·인계) ① 소방청장등은 제13조제1항에 따른 구조활동으로 구조된 사람(이하 "구조된 사람"이라 한다) 또는 신원이 확인된 사망자를 **보호자 또는 유족에게 지체 없이 인도**하여야 한다. 〈개정 2014. 11. 19., 2017. 7. 26.〉
② 소방청장등은 제13조제1항에 따른 구조·구급활동과 관련하여 회수된 물건(이하 "구조된 물건"이라 한다)의 소유자가 있는 경우에는 소유자에게 그 물건을 **인계**하여야 한다. 〈개정 2014. 11. 19., 2017. 7. 26.〉
③ 소방청장등은 다음 각 호의 어느 하나에 해당하는 때에는 구조된 사람, 사망자 또는 구조된 물건을 특별자치도지사·시장·군수·구청장(「재난 및 안전관리 기본법」 제14조 또는 제16조에 따른 재난안전대책본부가 구성된 경우 해당 재난안전대책본부장을 말한다. 이하 같다)에게 인도하거나 인계하여야 한다. 〈개정 2014. 11. 19., 2017. 7. 26.〉
  1. 구조된 사람이나 사망자의 신원이 확인되지 아니한 때
  2. 구조된 사람이나 사망자를 인도받을 보호자 또는 유족이 없는 때
  3. 구조된 물건의 소유자를 알 수 없는 때

제17조(구조된 사람의 보호) 제16조제3항에 따라 구조된 사람을 인도받은 특별자치도지사·시장·군수·구청장은 구조된 사람에게 숙소·급식·의류의 제공과 치료 등 필요한 보호조치를 취하여야 하며, 사망자에 대하여는 영안실에 안치하는 등 적절한 조치를 취하여야 한다.

제18조(구조된 물건의 처리) ① 제16조제3항에 따라 구조된 물건을 인계받은 특별자치도지사·시장·군수·구청장은 이를 안전하게 보관하여야 한다.
② 제1항에 따라 인계받은 물건의 처리절차와 그 밖에 필요한 사항은 대통령령으로 정한다.

제19조(가족 및 유관기관의 연락) ① 구조·구급대원은 제13조제1항에 따른 구조·구급활동을 함에 있어 현장에 보호자가 없는 요구조자 또는 응급환자를 구조하거나 응급처치를 한 후에는 그 가족이나 관계자에게 구조경위, 요구조자 또는 응급환자의 상태 등을 즉시 알려야 한다.
② 구조·구급대원은 요구조자와 응급환자의 가족이나 관계자의 연락처를 알 수 없는 때에는 위급상황이 발생한 해당 지역의 특별자치도지사·시장·군수·구청장에게 그 사실을 통보하여야 한다.
③ 구조·구급대원은 요구조자와 응급환자의 신원을 확인할 수 없는 경우에는 경찰관서에 신원의 확인을 의뢰할 수 있다.

제20조(구조·구급활동을 위한 지원요청) ① 소방청장등은 구조·구급활동을 함에 있어서 인력과 장비가 부족한 경우에는 대통령령으로 정하는 바에 따라 관할구역 안의 의료기관, 「응급의료에 관한 법률」 제44조에 따른 구급차등의 운용자 및 구조·구급과 관련된 기관 또는 단체(이하 이 조에서 "의료기관등"이라 한다)에 대하여 구조·구급에 필요한 인력 및 장비의 지원을 요청할 수 있다. 이 경우 요청을 받은 의료기관등은 정당한 사유가 없으면 이에 따라야 한다. 〈개정 2014. 11. 19., 2015. 12. 15., 2017. 7. 26.〉
② 제1항의 지원요청에 따라 구조·구급활동에 참여하는 사람은 소방청장등의 조치에 따라야 한다. 〈신설 2015. 12. 15., 2017. 7. 26.〉
③ 제1항에 따라 지원활동에 참여한 구급차등의 운용자는 소방청장등이 지정하는 의료기관으로 응급환자를 이송하여야 한다. 〈신설 2015. 12. 15., 2017. 7. 26.〉
④ 소방청장등은 행정안전부령으로 정하는 바에 따라 제1항에 따른 지원요청대상 의료기관등의 현황을 관리하여야 한다. 〈개정 2013. 3. 23., 2014. 11. 19., 2015. 12. 15., 2017. 7. 26.〉
⑤ 소방청장등은 제1항에 따라 구조·구급활동에 **참여한 의료기관**등에 대하여는 **그 비용을 보상**할 수 있다. 〈개정 2014. 11. 19., 2015. 12. 15., 2017. 7. 26.〉

제21조(구조·구급대원과 경찰공무원의 협력) ① 구조·구급대원은 범죄사건과 관련된 위급상황 등에서 구조·구급활동을 하는 경우에는 **경찰공무원과 상호 협력**하여야 한다.
② 구조·구급대원은 요구조자나 응급환자가 범죄사건과 관련이 있다고 의심할만한 정황이 있는 경우에는 즉시 경찰관서에 그 사실을 통보하고 현장의 증거보존에 유의하면서 구조·구급활동을 하여야 한다. 다만, 생명이 위독한 경우에는 먼저 구조하거나 의료기관으로 이송하고 경찰관서에 그 사실을 통보할 수 있다.

제22조(구조·구급활동의 기록관리) ① 소방청장등은 구조·구급활동상황 등을 기록하고 이를 보관하여야 한다. 〈개정 2014. 11. 19., 2017. 7. 26.〉
② 구조·구급활동상황일지의 작성·보관 및 관리, 그 밖에 필요한 사항은 행정안전부령으로 정한다. 〈개정 2013. 3. 23., 2014. 11. 19., 2017. 7. 26.〉

제22조의2(이송환자에 대한 정보 수집) 소방청장등은 구급대가 응급환자를 의료기관으로 이송한 경우 이송환자의 수 및 증상을 파악하고 응급처치의 적절성을 자체적으로 평가하기 위하여 필요한 범위에서 해당 의료기관에 주된 증상, 사망여부 및 상해의 경중 등 응급환자의 진단 및 상태에 관한 정보를 요청할 수 있다. 이 경우 요청을 받은 의료기관은 정당한 사유가 없으면 이에 따라야 한

다. 〈개정 2017. 7. 26.〉 [본조신설 2015. 12. 15.]

제23조(구조·구급대원에 대한 안전사고방지대책등 수립·시행) ① 소방청장은 구조·구급대원의 안전사고방지대책, 감염방지대책, 건강관리대책 등(이하 "안전사고방지대책등"이라 한다)을 수립·시행하여야 한다. 〈개정 2014. 11. 19., 2017. 7. 26.〉

② 안전사고방지대책등의 수립에 관하여 필요한 사항은 대통령령으로 정한다.

제23조의2(감염병환자등의 이송 등) ① 소방청장등은 「감염병의 예방 및 관리에 관한 법률」 제2조제13호부터 제15호까지 및 제15호의2의 감염병환자, 감염병의사환자, 병원체보유자 또는 감염병의심자(이하 "감염병환자등"이라 한다)의 이송 등의 업무를 수행할 수 있다.

② 제1항에 따른 감염병환자등의 이송 범위, 방법, 그 밖에 필요한 사항은 대통령령으로 정한다. [본조신설 2024. 1. 2.] [종전 제23조의2는 제23조의3으로 이동 〈2024. 1. 2.〉]

제23조의3(감염병환자등의 통보 등) ① 질병관리청장 및 의료기관의 장은 구급대가 이송한 응급환자가 감염병환자등인 경우에는 그 사실을 소방청장등에게 즉시 통보하여야 한다. 이 경우 정보시스템을 활용하여 통보할 수 있다. 〈개정 2017. 7. 26., 2020. 10. 20., 2024. 1. 2.〉

② 소방청장등은 감염병환자등과 접촉한 **구조·구급대원이 적절한 치료를** 받을 수 있도록 조치하여야 한다. 〈개정 2017. 7. 26.〉

③ 제1항에 따른 감염병환자등에 대한 구체적인 통보대상, 통보 방법 및 절차, 제2항에 따른 조치 방법 등에 필요한 사항은 **대통령령**으로 정한다. 〈개정 2020. 10. 20.〉 [본조신설 2015. 12. 15.] [제23조의2에서 이동 〈2024. 1. 2.〉]

제24조(구조·구급활동으로 인한 형의 감면) 다음 각 호의 어느 하나에 해당하는 자가 구조·구급활동으로 인하여 요구조자를 사상에 이르게 한 경우 그 구조·구급활동 등이 불가피하고 구조·구급대원 등에게 중대한 과실이 없는 때에는 그 정상을 참작하여 「형법」 제266조부터 제268조까지의 형을 감경하거나 면제할 수 있다.

1. 제4조제3항에 따라 위급상황에 처한 요구조자를 구출하거나 필요한 조치를 한 자
2. 제13조제1항에 따라 구조·구급활동을 한 자

제5장 보칙

제25조(구조·구급대원의 전문성 강화 등) ① 소방청장은 국민에게 질 높은 구조와 구급서비스를 제공하기 위하여 전문 구조·구급대원의 양성과 기술향상을 위하여 필요한 교육훈련 프로그램을 운영하여야 한다. 〈개정 2014. 11. 19., 2017. 7. 26.〉

② 구조·구급대원은 업무와 관련된 새로운 지식과 전문기술의 습득 등을 위하여 행정안전부령으로 정하는 바에 따라 소방청장이 실시하는 교육훈련을 받아야 한다. 〈개정 2013. 3. 23., 2014. 11. 19., 2017. 7. 26.〉

③ 소방청장은 구조·구급대원의 전문성을 향상시키기 위하여 필요한 경우 제2항에 따른 **교육훈련을** 국내외 교육기관 등에 위탁하여 **실시할 수 있다.** 〈개정 2014. 11. 19., 2017. 7. 26.〉

④ 제2항 및 제3항에 따른 교육훈련의 방법·시간 및 내용, 그 밖에 필요한 사항은 행정안전부령으로

정한다. 〈개정 2013. 3. 23., 2014. 11. 19., 2017. 7. 26.〉

제25조의2(구급지도의사) ① 소방청장등은 구급대원에 대한 교육·훈련과 구급활동에 대한 지도·평가 등을 수행하기 위하여 지도의사(이하 "구급지도의사"라 한다)를 선임하거나 위촉하여야 한다. 〈개정 2017. 7. 26.〉
② 구급지도의사의 배치기준, 업무, 선임방법 등 구급지도의사의 선임·위촉에 관하여 응급의료 관계 법령에 규정되어 있지 아니하거나 응급의료 관계 법령에 규정된 내용을 초과하여 규정할 필요가 있는 사항은 **대통령령**으로 정한다. [본조신설 2016. 1. 27.]

제26조(구조·구급활동의 평가) ① 소방청장은 매년 시·도 소방본부의 구조·구급활동에 대하여 **종합평가**를 실시하고 그 결과를 **시·도 소방본부장**에게 통보하여야 한다. 〈개정 2014. 11. 19., 2017. 7. 26.〉
② 소방청장은 제1항에 따른 종합평가결과에 따라 시·도 소방본부에 대하여 행정적·재정적 지원을 할 수 있다. 〈개정 2014. 11. 19., 2017. 7. 26.〉
③ 제1항에 따른 평가방법 및 항목, 그 밖에 필요한 사항은 대통령령으로 정한다.

제27조(구조·구급정책협의회) ① 제3조제1항에 따른 구조·구급관련 새로운 기술의 연구·개발 등과 기본계획 및 집행계획에 관하여 필요한 사항을 관계 중앙행정기관 등과 협의하기 위하여 소방청에 중앙 구조·구급정책협의회를 둔다. 〈개정 2014. 11. 19., 2017. 7. 26.〉
② 시·도 집행계획의 수립·시행에 필요한 사항을 해당 시·도의 구조·구급관련기관 등과 협의하기 위하여 시·도 소방본부에 시·도 구조·구급정책협의회를 둔다.
③ 제1항 및 제2항에 따른 구조·구급정책협의회의 구성·기능 및 운영, 그 밖에 필요한 사항은 대통령령으로 정한다.

제27조의2(응급처치에 관한 교육) ① 소방청장등은 국민의 응급처치 능력 향상을 위하여 심폐소생술 등 응급처치에 관한 교육 및 홍보를 실시할 수 있다. 〈개정 2017. 7. 26.〉
② 응급처치의 교육 내용·방법, 홍보 및 그 밖에 필요한 사항은 대통령령으로 정한다. [본조신설 2016. 1. 27.]

제6장 벌칙

제28조(벌칙) 정당한 사유 없이 제13조제2항을 위반하여 **구조·구급활동을 방해한 자**는 5년 이하의 징역 또는 5천만원 이하의 벌금에 처한다. 〈개정 2017. 12. 26.〉

제29조(벌칙) 정당한 사유 없이 제15조제1항에 따른 **토지·물건** 등의 일시사용, 사용의 제한, 처분 또는 토지·건물에 출입을 거부 또는 방해한 자는 **300만원 이하의** 벌금에 처한다.

제29조의2(벌칙) 제23조의2제1항을 위반하여 통보를 하지 아니하거나 **거짓으로 통보한 자**는 200만원 이하의 벌금에 처한다. 〈개정 2024. 1. 2.〉 [본조신설 2015. 12. 15.]

> * 제23조의2(감염병환자등의 통보 등)

제29조의3(「형법」상 감경규정에 관한 특례) 음주 또는 약물로 인한 심신장애 상태에서 폭행 또는 협박을 행사하여 제13조제2항의 죄를 범한 때에는 「형법」 제10조제1항 및 제2항을 적용하지 아니할 수 있다. [본조신설 2021. 10. 19.]

제30조(과태료) ① 제4조제3항을 위반하여 위급상황을 소방기관 또는 관계 행정기관에 거짓으로 알린 자에게는 500만원 이하의 과태료를 부과한다. 〈개정 2020. 10. 20.〉

② 제1항에 따른 과태료는 대통령령으로 정하는 바에 따라 소방청장등 또는 관계 행정기관의 장이 부과·징수한다. 〈개정 2014. 11. 19., 2017. 7. 26.〉

> *제4조 3항 : 누구든지 위급상황에 처한 요구조자를 발견한 때에는 이를 지체 없이 소방기관 또는 관계 행정기관에 알려야 하며, 119구조대·119구급대·119항공대(이하 "구조·구급대"라 한다)가 도착할 때까지 요구조자를 구출하거나 부상 등이 악화되지 아니하도록 노력하여야 한다.

부칙 〈제19871호, 2024. 1. 2.〉

이 법은 공포 후 6개월이 경과한 날부터 시행한다.

119구조·구급에 관한 법률 시행령 (약칭: 119법 시행령)

[시행 2024. 4. 23.] [대통령령 제34433호, 2024. 4. 23., 일부개정]

◇ 개정이유 및 주요내용

국외에서 대형재난 등이 발생한 경우 재외국민에 대한 구급 활동 등을 위하여 국제구급대를 편성·운영할 수 있도록 하는 내용으로 「119구조·구급에 관한 법률」이 개정된 것에 맞추어 소방청장은 응급처치, 응급이송 등의 임무를 수행할 수 있도록 국제구급대를 구성하도록 하고, 그 파견규모 및 기간은 외교부장관과 협의하여 정하도록 하며, 국제구급대원의 교육훈련 및 건강관리에 관한 세부 내용을 정하는 등 법률에서 위임된 사항과 그 시행에 필요한 사항을 정하려는 것임.

【제정·개정문】
119구조·구급에 관한 법률 시행령 일부를 다음과 같이 개정한다.

제7조의 제목 "(국제구조대의 편성과 운영)"을 "(국제구조대·국제구급대의 편성 및 운영)"으로 하고, 같은 조 제1항을 다음과 같이 하며, 같은 조 제2항 중 "구조대의"를
"국제구조대·국제구급대의"로, "국제구조대"를 "국제구조대·국제구급대"로 하고, 같은 조 제3항 및 제4항 중 "국제구조대"를 각각 "국제구조대·국제구급대"로 한다.
① 소방청장은 법 제9조제1항 및 제10조의4제1항에 따라 국제구조대·국제구급대를 편성·운영하는 경우 다음 각 호의 구분에 따른 임무를 수행할 수 있도록 구성해야 한다.
  1. 국제구조대: 인명 탐색 및 구조, 안전평가, 상담, 응급처치, 응급이송, 시설관리, 공보연락 등의 임무
  2. 국제구급대: 안전평가, 상담, 응급처치, 응급이송, 시설관리, 공보연락 등의 임무

제8조의 제목 "(국제구조대원의 교육훈련)"을 "(국제구조대원·국제구급대원의 교육훈련)"으로 하고, 같은 조 제1항을 다음과 같이 하며, 같은 조 제2항 중 "재난대응능력"을 "재난대응능력 및 국제구급대원의 구급대응능력"으로 한다.
① 소방청장은 법 제9조제3항(법 제10조의4제2항에 따라 준용되는 경우를 포함한다)에 따라 교육훈련을 실시하는 경우 다음 각 호의 구분에 따른 내용을 포함시켜야 한다.
  1. 국제구조대원
    가. 전문 교육훈련: 붕괴건물 탐색 및 인명구조, 방사능 및 유해화학물질 사고 대응, 유엔 재난평가조정요원 교육 등의 내용
    나. 일반 교육훈련: 응급처치, 기초통신, 구조 관련 영어, 국제구조대 윤리 등의 내용
  2. 국제구급대원
    가. 전문 교육훈련: 국제 항공이송 관련 교육, 해외 응급의료체계 등의 내용
    나. 일반 교육훈련: 기초통신, 구급 관련 영어, 국제구급대 윤리 등의 내용

제9조의 제목 "(국제구조대원의 건강관리)"를 "(국제구조대원·국제구급대원의 건강관리)"로 하고, 같은 조 제1항 및 제2항 중 "국제구조대원"을 각각 "국제구조대원·국제구급대원"으로 한다.

제1장 총칙

제1조(목적) 이 영은 「119구조·구급에 관한 법률」에서 위임된 사항과 그 시행에 필요한 사항을 규정함을 목적으로 한다.

제2장 구조·구급 기본계획 등

제2조(구조·구급 기본계획의 수립·시행) ① 「119구조·구급에 관한 법률」(이하 "법"이라 한다) 제6조제1항에 따른 구조·구급 기본계획(이하 "기본계획"이라 한다)은 법 제27조제1항에 따른 중앙 구조·구급정책협의회(이하 "중앙 정책협의회"라 한다)의 협의를 거쳐 **5년마다** 수립하여야 한다.
② 기본계획은 계획 시행 전년도 8월 31일까지 수립하여야 한다.
③ 소방청장은 구조·구급 시책상 필요한 경우 **중앙 정책협의회의** 협의를 거쳐 기본계획을 변경할 수 있다. 〈개정 2014. 11. 19., 2017. 7. 26.〉
④ 소방청장은 제3항에 따라 변경된 기본계획을 지체 없이 관계 중앙행정기관의 장, 특별시장·광역시장·특별자치시장·도지사·특별자치도지사(이하 "시·도지사"라 한다)에게 통보하고 **국회 소관 상임위원회**에 제출하여야 한다. 〈개정 2012. 6. 20., 2014. 11. 19., 2017. 7. 26.〉

> 상임위원회(常任委員會, 영어: standing committee)는 국회에서 국회의원을 구성원으로 하여 각 전문 분야 별로 만든 위원회 조직이다.

제3조(구조·구급 집행계획의 수립·시행) ① 법 제6조제3항에 따른 구조·구급 집행계획(이하 "집행계획"이라 한다)은 중앙 정책협의회의 협의를 거쳐 계획 시행 전년도 **10월 31일**까지 수립하여야 한다.
② 집행계획에는 다음 각 호의 사항이 포함되어야 한다.
 1. 기본계획 집행을 위하여 필요한 사항
 2. 구조·구급대원의 안전사고 방지, 감염 방지 및 건강관리를 위하여 필요한 사항
 3. 그 밖에 구조·구급활동과 관련하여 중앙 정책협의회에서 필요하다고 결정한 사항

제4조(시·도 구조·구급 집행계획의 수립·시행) ① 법 제7조제1항에 따른 특별시·광역시·특별자치시·도·특별자치도(이하 "시·도"라 한다) 구조·구급 집행계획(이하 "시·도 집행계획"이라 한다)은 법 제27조제2항에 따른 시·도 구조·구급정책협의회(이하 "시·도 정책협의회"라 한다)의 협의를 거쳐 계획 시행 **전년도 12월 31일**까지 수립하여야 한다. 〈개정 2012. 6. 20.〉
② 시·도 집행계획에는 다음 각 호의 사항이 포함되어야 한다.
 1. 기본계획 및 집행계획에 대한 시·도의 세부 집행계획

2. 구조·구급대원의 안전사고 방지, 감염 방지 및 건강관리를 위하여 필요한 세부 집행계획
3. 법 제26조제1항의 평가 결과에 따른 조치계획
4. 그 밖에 구조·구급활동과 관련하여 시·도 정책협의회에서 필요하다고 결정한 사항

제3장 구조대 및 구급대 등의 편성·운영

제5조(119구조대의 편성과 운영) ① 법 제8조제1항에 따른 119구조대(이하 "구조대"라 한다)는 다음 각 호의 구분에 따라 편성·운영한다. 〈개정 2014. 7. 7., 2014. 7. 14., 2014. 11. 19., 2016. 10. 25., 2017. 7. 26.〉

1. 일반구조대: 시·도의 규칙으로 정하는 바에 따라 소방서마다 1개 대(隊) 이상 설치하되, 소방서가 없는 시·군·구(자치구를 말한다. 이하 같다)의 경우에는 해당 시·군·구 지역의 중심지에 있는 119안전센터에 설치할 수 있다.
2. 특수구조대: 소방대상물, 지역 특성, 재난 발생 유형 및 빈도 등을 고려하여 시·도의 규칙으로 정하는 바에 따라 다음 각 목의 구분에 따른 지역을 관할하는 소방서에 다음 각 목의 구분에 따라 설치한다. 다만, 라목에 따른 고속국도구조대는 제3호에 따라 설치되는 직할구조대에 설치할 수 있다.
   가. 화학구조대: 화학공장이 밀집한 지역
   나. 수난구조대: 「내수면어업법」 제2조제1호에 따른 내수면지역
   다. 산악구조대: 「자연공원법」 제2조제1호에 따른 자연공원 등 산악지역
   라. 고속국도구조대: 「도로법」 제10조제1호에 따른 고속국도(이하 "고속국도"라 한다)
   마. 지하철구조대: 「도시철도법」 제2조제3호가목에 따른 도시철도의 역사(驛舍) 및 역 시설
3. 직할구조대: 대형·특수 재난사고의 구조, 현장 지휘 및 테러현장 등의 지원 등을 위하여 소방청 또는 시·도 소방본부에 설치하되, 시·도 소방본부에 설치하는 경우에는 시·도의 규칙으로 정하는 바에 따른다.
4. 테러대응구조대: 테러 및 특수재난에 전문적으로 대응하기 위하여 소방청과 시·도 소방본부에 각각 설치하며, 시·도 소방본부에 설치하는 경우에는 시·도의 규칙으로 정하는 바에 따른다.

② 구조대의 출동구역은 **행정안전부령**으로 정한다. 〈개정 2013. 3. 23., 2014. 11. 19., 2017. 7. 26.〉

③ 소방청장·소방본부장 또는 소방서장(이하 "소방청장등"이라 한다)은 여름철 물놀이 장소에서의 안전을 확보하기 위하여 필요한 경우 **민간 자원봉사자**로 구성된 구조대(이하 "119시민수상구조대"라 한다)를 지원할 수 있다. 〈개정 2014. 11. 19., 2017. 7. 26.〉

④ 119시민수상구조대의 운영, 그 밖에 필요한 사항은 시·도의 조례로 정한다.

제6조(구조대원의 자격기준) ① 구조대원은 소방공무원으로서 다음 각 호의 어느 하나에 해당하는 자격을 갖추어야 한다. 〈개정 2014. 11. 19., 2017. 7. 26.〉

1. 소방청장이 실시하는 인명구조사 교육을 받았거나 인명구조사 시험에 합격한 사람
2. 국가·지방자치단체 및 「공공기관의 운영에 관한 법률」 제4조에 따른 공공기관의 구조 관련

분야에서 근무한 경력이 **2년** 이상인 사람

3. 「응급의료에 관한 법률」 제36조에 따른 응급구조사 자격을 가진 사람으로서 소방청장이 실시하는 구조업무에 관한 교육을 받은 사람

② 제1항제1호에 따른 인명구조사 교육의 내용, 인명구조사 시험 과목·방법, 같은 항 제3호에 따른 구조업무에 관한 교육의 내용, 그 밖에 필요한 사항은 소방청장이 정한다. 〈개정 2014. 11. 19., 2017. 7. 26.〉

③ 소방청장은 제1항 및 제2항에 따른 교육과 인명구조사 시험을 「소방공무원법」 제20조제1항 또는 제2항에 따라 설치된 소방학교 또는 교육훈련기관에서 실시하도록 할 수 있다. 〈개정 2014. 11. 19., 2017. 7. 26., 2020. 3. 10.〉

제7조(국제구조대·국제구급대의 편성 및 운영) ① 소방청장은 법 제9조제1항 및 제10조의4제1항에 따라 국제구조대·국제구급대를 편성·운영하는 경우 다음 각 호의 구분에 따른 임무를 수행할 수 있도록 구성해야 한다. 〈개정 2024. 4. 23.〉

1. 국제구조대: 인명 탐색 및 구조, 안전평가, 상담, 응급처치, 응급이송, 시설관리, 공보연락 등의 임무
2. 국제구급대: 안전평가, 상담, 응급처치, 응급이송, 시설관리, 공보연락 등의 임무

② 소방청장은 국제구조대·국제구급대의 효율적 운영을 위하여 필요한 경우 국제구조대·국제구급대를 제5조제1항제3호에 따라 소방청에 설치하는 직할구조대에 설치할 수 있다. 〈개정 2014. 11. 19., 2017. 7. 26., 2024. 4. 23.〉

③ 국제구조대·국제구급대의 파견 규모 및 기간은 재난유형과 파견지역의 피해 등을 종합적으로 고려하여 외교부장관과 협의하여 소방청장이 정한다. 〈개정 2013. 3. 23., 2014. 11. 19., 2017. 7. 26., 2024. 4. 23.〉

④ 제1항부터 제3항까지에서 규정한 사항 외에 국제구조대·국제구급대의 편성·운영에 필요한 사항은 소방청장이 정한다. 〈개정 2014. 11. 19., 2017. 7. 26., 2024. 4. 23.〉 [제목개정 2024. 4. 23.]

제8조(국제구조대원·국제구급대원의 교육훈련) ① 소방청장은 법 제9조제3항(법 제10조의4제2항에 따라 준용되는 경우를 포함한다)에 따라 교육훈련을 실시하는 경우 다음 각 호의 구분에 따른 내용을 포함시켜야 한다. 〈개정 2024. 4. 23.〉

1. 국제구조대원
   가. 전문 교육훈련: 붕괴건물 탐색 및 인명구조, 방사능 및 유해화학물질 사고 대응, 유엔재난평가조정요원 교육 등의 내용
   나. 일반 교육훈련: 응급처치, 기초통신, 구조 관련 영어, 국제구조대 윤리 등의 내용
2. 국제구급대원
   가. 전문 교육훈련: 국제 항공이송 관련 교육, 해외 응급의료체계 등의 내용
   나. 일반 교육훈련: 기초통신, 구급 관련 영어, 국제구급대 윤리 등의 내용

② 소방청장은 국제구조대원의 재난대응능력 및 국제구급대원의 구급대응능력을 높이기 위하여 필요한 경우에는 국외 교육훈련을 실시할 수 있다. 〈개정 2014. 11. 19., 2017. 7. 26., 2024. 4.

23.〉 [제목개정 2024. 4. 23.]

제9조(국제구조대원·국제구급대원의 건강관리) ① 소방청장은 국제구조대원·국제구급대원을 파견하기 전에 감염병 등에 대비한 적절한 조치를 하여야 한다. 〈개정 2014. 11. 19., 2017. 7. 26., 2024. 4. 23.〉

② 소방청장은 철수한 국제구조대원·국제구급대원에 대하여 부상, 감염병, 외상 후 스트레스 장애 등에 대한 검진을 하여야 한다. 〈개정 2014. 11. 19., 2017. 7. 26., 2024. 4. 23.〉 [제목개정 2024. 4. 23.]

제10조(119구급대의 편성과 운영) ① 법 제10조제1항에 따른 119구급대(이하 "구급대"라 한다)는 다음 각 호의 구분에 따라 편성·운영한다. 〈개정 2014. 11. 19., 2016. 10. 25., 2017. 7. 26.〉
  1. **일반구급대**: 시·도의 규칙으로 정하는 바에 따라 **소방서마다 1개** 대 이상 설치하되, 소방서가 설치되지 아니한 시·군·구의 경우에는 해당 시·군·구 지역의 중심지에 소재한 119안전센터에 설치할 수 있다.
  2. 고속국도구급대: 교통사고 발생 빈도 등을 고려하여 소방청, 시·도 소방본부 또는 고속국도를 관할하는 소방서에 설치하되, 시·도 소방본부 또는 소방서에 설치하는 경우에는 시·도의 규칙으로 정하는 바에 따른다.

② 구급대의 출동구역은 행정안전부령으로 정한다. 〈개정 2013. 3. 23., 2014. 11. 19., 2017. 7. 26.〉

③ 삭제 〈2012. 6. 20.〉

④ 삭제 〈2012. 6. 20.〉

제11조(구급대원의 자격기준) 구급대원은 소방공무원으로서 다음 각 호의 어느 하나에 해당하는 자격을 갖추어야 한다. 다만, 제4호에 해당하는 구급대원은 구급차 운전과 구급에 관한 보조업무만 할 수 있다. 〈개정 2014. 11. 19., 2017. 7. 26.〉
  1. 「의료법」 제2조제1항에 따른 **의료인**
  2. 「응급의료에 관한 법률」 제36조제2항에 따라 **1급 응급구조사** 자격을 취득한 사람
  3. 「응급의료에 관한 법률」 제36조제3항에 따라 **2급 응급구조사** 자격을 취득한 사람
  4. 소방청장이 실시하는 구급업무에 관한 **교육을 받은** 사람

제12조(응급환자의 이송 등) ① 구급대원은 응급환자를 의료기관으로 이송하기 전이나 이송하는 과정에서 응급처치가 필요한 경우에는 가능한 범위에서 응급처치를 실시하여야 한다.

② 소방청장은 구급대원의 자격별 응급처치 범위 등 현장응급처치 표준지침을 정하여 운영할 수 있다. 〈개정 2014. 11. 19., 2017. 7. 26.〉

③ 구급대원은 환자의 질병내용 및 중증도(重症度), 지역별 특성 등을 고려하여 소방청장 또는 소방본부장이 작성한 이송병원 선정지침에 따라 응급환자를 의료기관으로 이송하여야 한다. 다만, 환자의 상태를 보아 이송할 경우에 생명이 위험하거나 환자의 증상을 악화시킬 것으로 판단되는 경우로서 의사의 의료지도가 가능한 경우에는 의사의 **의료지도**에 따른다. 〈개정 2014. 11. 19., 2017. 7. 26.〉

④ 제3항에 따른 이송병원 선정지침이 작성되지 아니한 경우에는 환자의 질병내용 및 중증도 등을 고려하여 환자의 치료에 적합하고 **최단시간**에 이송이 가능한 의료기관으로 이송하여야 한다.

⑤ 구급대원은 이송하려는 응급환자가 **감염병 및 정신질환**을 앓고 있다고 판단되는 경우에는 **시·군·구 보건소**의 관계 공무원 등에게 필요한 협조를 요청할 수 있다.

⑥ 구급대원은 이송하려는 응급환자가 자기 또는 타인의 생명·신체와 재산에 **위해**(危害)를 입힐 우려가 있다고 인정되는 경우에는 환자의 보호자 또는 관계 기관의 공무원 등에게 **동승**(同乘)을 요청할 수 있다.

⑦ 소방청장은 제2항에 따른 현장응급처치 표준지침 및 제3항에 따른 이송병원 선정지침을 작성하는 경우에는 보건복지부장관과 협의하여야 한다. 〈개정 2014. 11. 19., 2017. 7. 26.〉

제13조 삭제 〈2017. 1. 26.〉

제13조의2(119구급상황관리센터의 설치 및 운영) ① 법 제10조의2제1항에 따른 119구급상황관리센터(이하 "구급상황센터"라 한다)에는 다음 각 호의 어느 하나에 해당하는 자격을 갖춘 사람을 배치하여 **24시간 근무체제**를 유지하여야 한다.

1. 「의료법」 제2조제1항에 따른 의료인
2. 「응급의료에 관한 법률」 제36조제2항에 따라 **1급 응급구조사** 자격을 취득한 사람
3. 「응급의료에 관한 법률」 제36조제3항에 따라 **2급 응급구조사** 자격을 취득한 사람
4. 「응급의료에 관한 법률」에 따른 **응급의료정보센터**(이하 "응급의료정보센터"라 한다)에서 **2년 이상** 응급의료에 관한 상담 경력이 있는 사람

② 소방청장은 법 제10조의2제2항제4호에 따른 119구급이송 관련 정보망을 설치하는 경우 다음 각 호의 정보가 효율적으로 연계되어 구급대 및 구급상황센터에 근무하는 사람에게 제공될 수 있도록 하여야 한다. 〈개정 2014. 11. 19., 2017. 7. 26.〉

1. 「응급의료에 관한 법률」 제27조제2항제3호에 따라 응급의료정보센터가 제공하는 「응급의료에 관한 법률 시행령」 제24조제1항 각 호의 정보
2. 구급대의 출동 상황, 응급환자의 처리 및 이송 상황

③ 구급상황센터는 법 제10조의2제2항제5호에 따라 법 제23조의2제1항에 따른 **감염병환자등**(이하 "감염병환자등"이라 한다)의 현재 상태 및 이송 관련 사항 등 중요사항을 구급대원 및 이송의료기관, 관할 보건소 등 관계 기관에 전파·보고해야 한다. 〈신설 2021. 1. 21.〉

④ 구급상황센터에 근무하는 사람은 이송병원 정보를 제공하려면 제2항제1호에 따른 정보를 활용하여 **이송병원을 안내**하여야 한다. 〈개정 2021. 1. 21.〉

⑤ 소방본부장은 구급상황센터의 운영현황을 파악하고 응급환자 이송정보제공 체계를 효율화하기 위하여 매 반기별로 소방청장에게 구급상황센터의 운영상황을 종합하여 보고하여야 한다. 〈개정 2014. 11. 19., 2017. 7. 26., 2021. 1. 21.〉

⑥ 구급상황센터의 설치·운영에 관한 세부사항은 구급상황센터를 소방청에 설치하는 경우에는 소방청장이, 시·도 소방본부에 설치하는 경우에는 시·도의 규칙으로 정한다. 다만, 시·도 소방본부에 설치하는 구급상황센터의 설치·운영에 관한 세부사항 중 필수적으로 배치되는 인력의 임용, 보수 등 인사에 관한 사항은 소방청장이 정하는 바에 따른다. 〈개정 2013. 12. 17., 2014. 11. 19.,

2017. 7. 26., 2021. 1. 21.〉 [본조신설 2012. 6. 20.]

제13조의3(재외국민 등에 대한 의료상담 및 응급의료서비스) ① 구급상황센터는 법 제10조의2제2항 제6호에 따라 재외국민, 영해·공해상 선원 및 항공기 승무원·승객 등(이하 "재외국민등"이라 한다)에게 다음 각 호의 응급의료서비스를 제공한다.
  1. 응급질환 관련 상담 및 응급의료 관련 정보 제공
  2. 「재외국민보호를 위한 영사조력법」 제2조제4호에 따른 해외위난상황 발생 시 재외국민에 대한 응급의료 상담 등 필요한 조치 제공 및 업무 지원
  3. 영해·공해상 선원 및 항공기 승무원·승객에 대한 위급상황 발생 시 인명구조, 응급처치 및 이송 등 응급의료서비스 지원
  4. 재외공관에 대한 의료상담 및 응급의료서비스 인력의 지원
  5. 그 밖에 구급상황센터에서 재외국민등에게 제공할 필요가 있다고 소방청장이 판단하여 정하는 응급의료서비스
② 소방청장은 구급상황센터가 제1항에 따른 응급의료서비스를 제공하는 데 필요한 경우에는 관계 기관에 협력을 요청할 수 있다. [본조신설 2021. 1. 21.]

제14조(119구조구급센터의 편성과 운영) ① 소방청장등은 효율적인 인력 운영을 위하여 필요한 경우에는 법 제11조에 따라 **구조대와 구급대를 통합**하여 119구조구급센터를 설치할 수 있다. 〈개정 2014. 11. 19., 2017. 7. 26.〉
② 시·도 소방본부 또는 소방서에 119구조구급센터를 설치할 때에는 시·도의 규칙으로 정하는 바에 따른다. 〈개정 2016. 10. 25.〉

제15조(119항공대의 편성과 운영) ① 소방청장은 **119항공대**를 제5조제1항제3호에 따라 소방청에 설치하는 **직할구조대**에 설치할 수 있다. 〈개정 2014. 11. 19., 2017. 7. 26., 2021. 1. 21.〉
② 소방본부장은 시·도 규칙으로 정하는 바에 따라 119항공대를 편성하여 운영하되, 효율적인 인력 운영을 위하여 필요한 경우에는 시·도 소방본부에 설치하는 직할구조대에 설치할 수 있다. 〈개정 2016. 10. 25., 2021. 1. 21.〉 [제목개정 2021. 1. 21.]

제16조(119항공대의 업무) 119항공대는 다음 각 호의 업무를 수행한다. 〈개정 2021. 1. 21.〉
  1. 인명구조 및 응급환자의 이송(의사가 동승한 응급환자의 병원 간 이송을 포함한다)
  2. 화재 진압
  3. 장기이식환자 및 장기의 이송
  4. 항공 수색 및 구조 활동
  5. 공중 소방 지휘통제 및 소방에 필요한 인력·장비 등의 운반
  6. 방역 또는 방재 업무의 지원
  7. 그 밖에 재난관리를 위하여 필요한 업무 [제목개정 2021. 1. 21.]

제17조(119항공대원의 자격기준) 119항공대원은 제6조에 따른 구조대원의 자격기준 또는 제11조에 따른 **구급대원의 자격기준**을 갖추고, 소방청장이 실시하는 **항공 구조·구급과 관련된 교육**을 마친 사람으로 한다. 〈개정 2014. 11. 19., 2017. 7. 26., 2021. 1. 21.〉 [제목개정 2021. 1. 21.]

제18조(항공기의 운항 등) ① 119항공대의 항공기(이하 "항공기"라 한다)는 조종사 2명이 탑승하되, 해상비행·계기비행(計器飛行) 및 긴급 구조·구급 활동을 위하여 필요한 경우에는 **정비사 1명**을 추가로 탑승시킬 수 있다. 〈개정 2021. 1. 21.〉

② 조종사의 비행시간은 **1일 8시간**을 초과할 수 없다. 다만, 구조·구급 및 화재 진압 등을 위하여 필요한 경우로서 소방청장 또는 소방본부장이 비행시간의 연장을 승인한 경우에는 그러하지 아니하다. 〈개정 2014. 11. 19., 2017. 7. 26.〉

③ 조종사는 항공기의 안전을 확보하기 위하여 탑승자의 위험물 소지 여부를 점검해야 하며, 탑승자는 119항공대원의 지시에 따라야 한다. 〈개정 2021. 1. 21.〉

④ 항공기의 검사 등 유지·관리에 필요한 사항은 소방청장이 정한다. 〈개정 2014. 11. 19., 2017. 7. 26.〉

⑤ 소방청장 및 소방본부장은 항공기의 안전운항을 위하여 운항통제관을 둔다. 〈개정 2014. 11. 19., 2017. 7. 26.〉

제19조(119항공기사고조사단) ① 소방청장 또는 시·도지사는 항공기 사고(「항공·철도 사고조사에 관한 법률」 제3조제2항 각 호에 따른 항공사고는 제외한다)의 원인에 대한 조사 및 사고수습 등을 위하여 각각 119항공기사고조사단(이하 이 조에서 "조사단"이라 한다)을 편성·운영할 수 있다. 〈개정 2016. 9. 5., 2017. 7. 26.〉

② 조사단의 편성·운영, 그 밖에 필요한 사항은 소방청의 경우에는 소방청장이 정하고, 시·도의 경우에는 해당 시·도의 규칙으로 정한다. 〈개정 2014. 11. 19., 2016. 9. 5., 2017. 7. 26.〉 [제목개정 2016. 9. 5.]

제19조의2(119항공운항관제실의 설치·운영) ① 소방청장은 법 제12조의2제1항에 따른 119항공운항관제실에 다음 각 호의 어느 하나에 해당하는 사람을 1명 이상 배치하여 24시간 근무체제로 운영한다.

  1. 「항공안전법」 제35조제7호의 항공교통관제사 자격증명을 받은 사람
  2. 「항공안전법」 제35조제9호의 운항관리사 자격증명을 받은 사람
  3. 그 밖에 항공운항관제 경력이 **3년** 이상인 사람으로서 소방청장이 인정하는 사람

② 소방청장은 법 제12조의2제2항 각 호의 업무를 효율적으로 수행하기 위하여 항공기의 운항정보 및 안전관리 등을 위한 시스템(이하 "운항관리시스템"이라 한다)을 구축·운영해야 한다.

③ 소방청장은 운항관리시스템이 소방청과 시·도 소방본부 간에 상호 연계될 수 있도록 관리해야 한다.

④ 제1항부터 제3항까지에서 규정한 사항 외에 제1항에 따른 119항공운항관제실의 설치·운영에 필요한 세부사항은 소방청장이 정한다. [본조신설 2021. 10. 19.] [종전 제19조의2는 제19조의4로 이동 〈2021. 10. 19.〉]

제19조의3(119항공정비실의 설치·운영) ① 소방청장은 법 제12조의3제1항에 따른 119항공정비실에 「항공안전법」 제35조제8호의 항공정비사 자격증명을 받은 사람을 배치하여 운영한다.

② 제1항에 따른 119항공정비실의 설치·운영에 필요한 세부사항은 소방청장이 정한다. [본조신설 2021. 10. 19.] [종전 제19조의3은 제19조의5로 이동 〈2021. 10. 19.〉]

제19조의4(119구조견대의 편성·운영) ① 소방청장은 법 제12조의4제1항에 따른 119구조견대(이하 "구조견대"라 한다)를 중앙119구조본부에 편성·운영한다.
② 소방본부장은 시·도의 규칙으로 정하는 바에 따라 시·도 소방본부에 구조견대를 편성하여 운영한다.
③ 구조견대의 출동구역은 행정안전부령으로 정한다.
④ 제1항부터 제3항까지에서 규정한 사항 외에 구조견대의 편성·운영에 필요한 사항은 중앙119구조본부에 두는 경우에는 소방청장이 정하고, 시·도 소방본부에 두는 경우에는 해당 시·도의 규칙으로 정한다. [본조신설 2021. 7. 6.] [제19조의2에서 이동 〈2021. 10. 19.〉]

제19조의5(119구조견 양성·보급기관의 설치·운영 등) ① 소방청장은 법 제12조의4제2항에 따라 119구조견(이하 "구조견"이라 한다)의 양성·보급 및 구조견 운용자의 교육·훈련을 위한 구조견 양성·보급기관을 중앙119구조본부에 설치·운영한다.
② 제1항에 따른 구조견 양성·보급기관의 설치·운영 및 교육·훈련의 내용 등에 필요한 사항은 소방청장이 정한다. [본조신설 2021. 7. 6.] [제19조의3에서 이동 〈2021. 10. 19.〉]

제4장 구조·구급활동 등

제20조(구조·구급 요청의 거절) ① 구조대원은 법 제13조제3항에 따라 다음 각 호의 어느 하나에 해당하는 경우에는 구조출동 요청을 거절할 수 있다. 다만, 다른 수단으로 조치하는 것이 불가능한 경우에는 그러하지 아니하다.
  1. 단순 **문 개방의 요청**을 받은 경우
  2. 시설물에 대한 단순 **안전조치 및 장애물 단순 제거**의 요청을 받은 경우
  3. **동물**의 단순 처리·포획·구조 요청을 받은 경우
  4. 그 밖에 주민생활 불편해소 차원의 단순 민원 등 구조활동의 필요성이 없다고 인정되는 경우
② 구급대원은 법 제13조제3항에 따라 구급대상자가 다음 각 호의 어느 하나에 해당하는 비응급환자인 경우에는 **구급출동 요청을 거절**할 수 있다. 이 경우 구급대원은 구급대상자의 병력·증상 및 주변 상황을 종합적으로 평가하여 구급대상자의 응급 여부를 판단하여야 한다.
  1. 단순 치통환자
  2. 단순 감기환자. 다만, 섭씨 38도 이상의 고열 또는 호흡곤란이 있는 경우는 제외한다.
  3. 혈압 등 생체징후가 안정된 타박상 환자
  4. **술에 취한 사람**. 다만, 강한 자극에도 의식이 회복되지 아니하거나 외상이 있는 경우는 제외한다.
  5. 만성질환자로서 검진 또는 **입원 목적의 이송** 요청자
  6. 단순 열상(裂傷) 또는 찰과상(擦過傷)으로 지속적인 출혈이 없는 외상환자
  7. 병원 간 이송 또는 자택으로의 이송 요청자. 다만, 의사가 동승한 응급환자의 병원 간 이송은 제외한다.
③ 구조·구급대원은 법 제2조제1호에 따른 요구조자(이하 "요구조자"라 한다) 또는 응급환자가 구조·구급대원에게 **폭력을 행사하는** 등 구조·구급활동을 방해하는 경우에는 구조·구급활동을 거절할 수 있다.

④ 구조·구급대원은 제1항부터 제3항까지의 규정에 따라 구조 또는 구급 요청을 **거절한 경우** 구조 또는 구급을 요청한 사람이나 목격자에게 그 내용을 알리고, **행정안전부령**으로 정하는 바에 따라 그 내용을 기록·관리하여야 한다. 〈개정 2013. 3. 23., 2014. 11. 19., 2017. 7. 26.〉

제21조(응급환자 등의 이송 거부) ① 구급대원은 응급환자 또는 그 보호자[응급환자의 의사(意思)를 확인할 수 없는 경우만 해당한다]가 의료기관으로의 이송을 거부하는 경우에는 이송하지 아니할 수 있다. 다만, 응급환자의 병력·증상 및 주변 상황을 종합적으로 평가하여 즉시 필요한 응급처치를 받지 아니하면 생명을 보존할 수 없거나 심신상의 중대한 위해를 입을 가능성이 있다고 인정할 만한 상당한 이유가 있는 경우에는 환자의 이송을 위하여 최대한 노력하여야 한다.

② 구급대원은 제1항에 따라 응급환자를 이송하지 아니하는 경우 행정안전부령으로 정하는 바에 따라 그 내용을 기록·관리하여야 한다. 〈개정 2013. 3. 23., 2014. 11. 19., 2017. 7. 26.〉

제22조(손실보상) ① 소방청장등은 법 **제15조제1항**에 따른 조치로 인한 손실을 보상할 때에는 손실을 입은 자와 먼저 협의하여야 한다. 〈개정 2014. 11. 19., 2017. 7. 26.〉

> **119구조·구급법률**
> **제15조(구조·구급활동을 위한 긴급조치)** ① 소방청장등은 구조·구급활동을 위하여 필요하다고 인정하는 때에는 다른 사람의 토지·건물 또는 그 밖의 물건을 일시사용, 사용의 제한 또는 처분을 하거나 토지·건물에 출입할 수 있다.

② 제1항에 따른 손실보상에 관한 협의는 법 제15조제1항에 따른 조치가 있는 날부터 **60일** 이내에 하여야 한다.

③ 소방청장등은 제2항에 따른 협의가 성립되지 아니하면 「공익사업을 위한 토지 등의 취득 및 보상에 관한 법률」제51조에 따른 관할 토지수용위원회에 재결(裁決)을 신청할 수 있다. 〈개정 2014. 11. 19., 2017. 7. 26.〉

④ 제3항에 따른 재결에 관하여는 「공익사업을 위한 토지 등의 취득 및 보상에 관한 법률」제83조부터 제87조까지의 규정을 준용한다.

제23조(구조된 물건의 처리) ① 특별자치도지사·시장·군수·구청장(「재난 및 안전관리 기본법」제14조 또는 제16조에 따른 재난안전대책본부가 구성된 경우에는 해당 재난안전대책본부장을 말한다. 이하 같다)은 법 제18조제2항에 따라 구조·구급과 관련하여 회수된 물건(이하 "구조된 물건"이라 한다)을 **인계받은 경우 인계받은 날부터 14일 동안 해당 지방자치단체의 게시판 및 인터넷 홈페이지**에 공고하여야 한다.

② 특별자치도지사·시장·군수·구청장은 구조된 물건의 소유자 또는 청구권한이 있는 자(이하 "소유자등"이라 한다)가 나타나 그 물건을 인계할 때에는 소유자등임을 확인할 수 있는 서류를 제출하게 하거나 구조된 물건에 관하여 필요한 질문을 하는 등의 방법으로 구조된 물건의 **소유자등임을 확인**하여야 한다.

③ 특별자치도지사·시장·군수·구청장은 구조된 물건이 멸실·훼손될 우려가 있거나 보관에 지나치게 많은 비용이나 불편이 발생할 때에는 **그 물건을 매각**할 수 있다. 다만, 구조된 물건이 관계 법령에 따라 일반인의 소유 또는 소지가 제한되거나 금지된 물건일 때에는 관계 법령에 따라 이를 적법하게 소유하거나 소지할 수 있는 자에게 매각하는 경우가 아니면 매각할 수 없다.

④ 제3항에 따라 구조된 물건을 매각하는 경우 매각 사실을 해당 지방자치단체의 게시판 및 인터넷 홈페이지에 공고하고, 매각방법은 「지방자치단체를 당사자로 하는 계약에 관한 법률」의 규정을 준용하여 경쟁입찰에 의한다. 다만, 급히 매각하지 아니하면 그 가치가 현저하게 감소될 염려가 있는 구조된 물건은 수의계약에 의하여 매각할 수 있다.

제24조(구조·구급활동을 위한 지원 요청) ① 법 제20조제1항에 따른 구조·구급에 필요한 인력과 장비의 지원을 요청할 때에는 팩스·전화 등의 신속한 방법으로 하여야 한다. 〈개정 2016. 3. 11.〉
② 제1항 외에 의료기관에 대한 지원 요청에 필요한 사항은 보건복지부장관과 협의하여 소방청장이 정하고, 구조·구급과 관련된 기관 또는 단체에 대한 지원 요청에 관하여 필요한 사항은 관할 구역의 구조·구급과 관련된 기관 또는 단체의 장과 협의하여 소방본부장 또는 소방서장이 정한다. 〈개정 2014. 11. 19., 2017. 7. 26.〉

제25조(안전사고방지대책) ① 소방청장은 법 제23조제1항에 따라 구조·구급대원의 안전사고 방지를 위하여 안전관리 표준지침을 마련하여 시행하여야 한다. 〈개정 2014. 11. 19., 2017. 7. 26.〉
② 제1항의 안전관리 표준지침은 구조활동과 구급활동으로 구분하되 유형별 안전관리 기본수칙과 행동매뉴얼을 포함하여야 한다.

제25조의2(감염병환자등의 통보대상 및 통보 방법 등) ① 질병관리청장 및 의료기관의 장은 법 제23조의2제1항에 따라 구급대가 이송한 감염병환자등과 관련된 감염병이 다음 각 호의 어느 하나에 해당하는 경우에는 소방청장등에게 그 사실을 즉시 통보해야 한다.
  1. 「감염병의 예방 및 관리에 관한 법률」 제2조제2호에 따른 **제1급감염병**
  2. 「감염병의 예방 및 관리에 관한 법률」 제2조제3호가목, 다목 또는 하목에 따른 **결핵, 홍역 또는 수막구균 감염증**
  3. 그 밖에 구급대원의 안전 확보 및 감염병 확산 방지를 위하여 소방청장이 보건복지부, 질병관리청 등 관계 기관과 협의하여 지정하는 감염병
② 제1항에 따른 통보의 방법은 다음 각 호의 구분에 따른다.
  1. 질병관리청장이 통보하는 경우: 행정안전부령으로 정하는 감염병 발생 통보서를 정보시스템을 통하여 **소방청장**에게 통보
  2. 의료기관의 장이 통보하는 경우: 행정안전부령으로 정하는 감염병 발생 통보서를 정보시스템, 서면 또는 팩스를 통하여 소방청장 또는 관할 시·도 소방본부장에게 통보. 다만, 부득이한 사유로 정보시스템 등으로 통보하기 어려운 경우에는 구두 또는 전화(문자메시지를 포함한다)로 감염병환자등의 감염병명 및 감염병의 발생정보 등을 통보할 수 있다.
③ 제2항에 따라 정보를 통보받은 자는 법 및 이 영에 따른 감염병과 관련된 구조·구급 업무 외의 목적으로 정보를 사용할 수 없고, 업무 종료 시 지체 없이 파기해야 한다.
④ 소방청장은 구조·구급활동을 위하여 필요하다고 인정하는 경우에는 구급대가 이송한 감염병환자등 외에 제1항 각 호의 어느 하나에 해당하는 감염병과 관련된 감염병환자등에 대한 정보를 「감염병의 예방 및 관리에 관한 법률」 제76조의2제3항에 따라 제공하여 줄 것을 질병관리청장에게 요청할 수 있다. [전문개정 2021. 1. 21.]

제26조(감염관리대책) ① 소방청장등은 구조·구급대원의 감염 방지를 위하여 구조·구급대원이 소독을 할 수 있도록 소방서별로 **119감염관리실을 1개소** 이상 설치하여야 한다. 〈개정 2014. 11. 19., 2017. 7. 26.〉

② 구조·구급대원은 근무 중 위험물·유독물 및 방사성물질(이하 "유해물질등"이라 한다)에 노출되거나 감염성 질병에 걸린 요구조자 또는 응급환자와 접촉한 경우에는 그 사실을 안 때부터 **48시간 이내에 소방청장등**에게 보고하여야 한다. 〈개정 2014. 11. 19., 2017. 7. 26.〉 ★24년 기출

③ 법 제23조의2제1항에 따른 통보를 받거나 이 조 제2항에 따른 보고를 받은 소방청장등은 유해물질등에 노출되거나 감염성 질병에 걸린 요구조자 또는 응급환자와 접촉한 구조·구급대원이 적절한 진료를 받을 수 있도록 조치하고, 접촉일부터 **15일 동안** 구조·구급대원의 감염성 질병 발병 여부를 추적·관리하여야 한다. 이 경우 잠복기가 긴 질환에 대해서는 잠복기를 고려하여 추적·관리 기간을 연장할 수 있다. 〈개정 2014. 11. 19., 2016. 3. 11., 2017. 7. 26.〉

④ 제1항에 따른 119감염관리실의 규격·성능 및 119감염관리실에 설치하여야 하는 장비 등 세부 기준은 소방청장이 정한다. 〈개정 2014. 11. 19., 2017. 7. 26.〉 [제목개정 2016. 3. 11.]

제27조(건강관리대책) ① 소방청장등은 소속 구조·구급대원에 대하여 **연 2회 이상** 정기건강검진을 실시하여야 한다. 다만, 구조·구급대원이 「국민건강보험법」 제52조에 따른 건강검진을 받은 경우에는 **1회의 정기건강검진**으로 인정할 수 있다. 〈개정 2012. 8. 31., 2014. 11. 19., 2017. 7. 26.〉

② 신규채용 된 소방공무원을 구조·구급대원으로 배치하는 경우에는 공무원 채용신체검사 결과를 1회의 정기건강검진으로 인정할 수 있다.

③ 소방청장등은 제1항에 따른 정기건강검진의 결과 구조·구급대원으로 부적합하다고 인정되는 구조·구급대원에 대해서는 구조·구급대원으로서의 배치를 중지하고 건강 회복을 위하여 필요한 조치를 하여야 한다. 〈개정 2014. 11. 19., 2017. 7. 26.〉

④ 구조·구급대원은 구조·구급업무 수행으로 인하여 신체적·정신적 장애가 발생하였다고 판단하는 경우에는 그 사실을 해당 소방청장등에게 보고하여야 한다. 〈개정 2014. 11. 19., 2017. 7. 26.〉

⑤ 제4항에 따른 보고를 받은 소방청장등은 해당 구조·구급대원이 의료인의 진료를 받을 수 있도록 조치하여야 한다. 〈개정 2014. 11. 19., 2017. 7. 26.〉

⑥ 구조·구급대원의 정기건강검진 항목은 행정안전부령으로 정한다. 〈개정 2013. 3. 23., 2014. 11. 19., 2017. 7. 26.〉

제5장 보칙

제27조의2(구급지도의사의 선임 등) ① 소방청장등은 법 제25조의2제1항에 따라 각 기관별로 **1명 이상의 지도의사**(이하 "구급지도의사"라 한다)를 선임하거나 위촉해야 한다. 이 경우 의사로 구성된 의료 전문 기관·단체의 추천을 받아 소방청 또는 소방본부 단위로 각 기관별 구급지도의사를 선임하거나 위촉할 수 있다. 〈개정 2017. 7. 26., 2020. 7. 14.〉

② 구급지도의사의 임기는 2년으로 한다.

③ 구급지도의사의 업무는 다음 각 호와 같다. 〈개정 2017. 7. 26.〉

1. 구급대원에 대한 교육 및 훈련
2. 접수된 구급신고에 대한 응급의료 상담
3. 응급환자 발생 현장에서의 구급대원에 대한 응급의료 지도
4. 구급대원의 구급활동 등에 대한 평가
5. 응급처치 방법·절차의 개발
6. 재난 등으로 인한 현장출동 요청 시 현장 지원
7. 그 밖에 구급대원에 대한 교육·훈련 및 구급활동에 대한 지도·평가와 관련하여 응급의료 관계 법령에 규정되어 있지 아니하거나 응급의료 관계 법령에 규정된 내용을 초과하여 규정할 필요가 있다고 소방청장이 판단하여 정하는 업무

④ 소방청장등은 구급지도의사가 다음 각 호의 어느 하나에 해당하는 경우에는 해당 구급지도의사를 해임하거나 해촉할 수 있다. 〈개정 2017. 7. 26.〉
1. 심신장애로 인하여 직무를 수행할 수 없게 된 경우
2. 직무와 관련된 비위사실이 있는 경우
3. 직무태만, 품위손상이나 그 밖의 사유로 인하여 구급지도의사로 적합하지 아니하다고 인정되는 경우
4. 구급지도의사 스스로 직무를 수행하는 것이 곤란하다고 의사를 밝히는 경우

⑤ 소방청장등은 제3항에 따른 구급지도의사의 업무 실적을 관리하여야 한다. 〈개정 2017. 7. 26.〉
⑥ 소방청장등은 제3항에 따른 구급지도의사의 업무 실적에 따라 구급지도의사에게 예산의 범위에서 수당을 지급할 수 있다. 〈개정 2017. 7. 26.〉
⑦ 제1항부터 제6항까지에서 규정한 사항 외에 구급지도의사의 선임 또는 위촉 기준, 업무 및 실적 관리 등과 관련하여 필요한 세부적인 사항은 소방청장이 정한다. 〈개정 2017. 7. 26.〉 [본조신설 2017. 1. 26.]

제28조(구조·구급활동의 평가) ① 법 제26조에 따른 시·도 소방본부의 구조·구급활동에 대한 종합평가(이하 "종합평가"라 한다)는 다음 각 호의 평가항목 중 구조·구급 환경 특성에 맞는 평가항목을 선정하여 실시하여야 한다. 〈개정 2014. 11. 19., 2017. 7. 26.〉
1. 구조·구급서비스의 품질관리
2. 구조·구급대원의 전문성 수준
3. 구조·구급대원에 대한 안전사고방지대책, 감염방지대책, 건강관리대책
4. 구조·구급장비의 확보 및 유지·관리 실태
5. 관계 기관과의 협력체제 구축 실태
6. 그 밖에 소방청장이 정하는 평가에 필요한 사항

② 종합평가는 **서면평가와 현장평가**로 구분하여 실시하되, 서면평가는 모든 시·도 소방본부를 대상으로 실시하고, 현장평가는 서면평가 결과에 따라 필요한 시·도 소방본부를 대상으로 실시한다.
③ 소방본부장은 종합평가를 위하여 시·도 집행계획의 **시행 결과를 다음 해 2월 말일**까지 소방청장에게 제출하여야 한다. 〈개정 2014. 11. 19., 2017. 7. 26.〉

제29조(중앙 정책협의회의 구성 및 기능) ① 중앙 정책협의회는 위원장 및 부위원장 **각 1명을 포함한 20명** 이내의 위원으로 구성한다.

② 중앙 정책협의회 위원장은 소방청장이 되고, 부위원장은 민간위원 중에서 **호선**(互選)한다. 〈개정 2014. 11. 19., 2017. 7. 26.〉

③ **위원**은 다음 각 호의 사람 중에서 소방청장이 임명하거나 위촉한다. 〈개정 2014. 11. 19., 2017. 7. 26.〉

   1. 관계 중앙행정기관 소속 고위공무원단에 속하는 **일반직공무원**(이에 상당하는 특정직·별정직 공무원을 포함한다) 중에서 소속 기관의 장이 추천하는 사람

   2. 긴급구조, 응급의료, 재난관리, 그 밖에 구조·구급업무에 관한 학식과 경험이 풍부한 사람

④ 위촉위원의 임기는 **2년**으로 한다.

⑤ 중앙 정책협의회의 효율적인 운영을 위하여 중앙 정책협의회에 **간사 1명**을 두며, 간사는 소방청의 구조·구급업무를 담당하는 소방공무원 중에서 소방청장이 지명한다. 〈개정 2014. 11. 19., 2017. 7. 26.〉

⑥ 중앙 정책협의회는 다음 각 호의 사항을 협의·조정한다.

   1. 기본계획 및 집행계획의 수립·시행에 관한 사항

   2. 기본계획 변경에 관한 사항

   3. 종합평가와 그 결과 활용에 관한 사항

   4. 구조·구급과 관련된 새로운 기술의 연구·개발에 관한 사항

   5. 그 밖에 구조·구급업무와 관련하여 위원장이 회의에 부치는 사항

제29조의2(중앙 정책협의회 위원의 해임 및 해촉) 소방청장은 제29조제3항제1호 또는 제2호에 따른 위원이 다음 각 호의 어느 하나에 해당하는 경우에는 해당 위원을 해임 또는 해촉(解囑)할 수 있다. 〈개정 2017. 7. 26.〉

   1. 심신장애로 인하여 직무를 수행할 수 없게 된 경우

   2. 직무와 관련된 비위사실이 있는 경우

   3. 직무태만, 품위손상이나 그 밖의 사유로 인하여 위원으로 적합하지 아니하다고 인정되는 경우

   4. 위원 스스로 직무를 수행하는 것이 곤란하다고 의사를 밝히는 경우 [본조신설 2015. 12. 31.]

제30조(중앙 정책협의회의 운영) ① 중앙 정책협의회의 **정기회의는 연 1회** 개최하며, 임시회의는 위원장이 필요하다고 인정하거나 위원이 소집을 요구할 때 개최한다.

② 중앙 정책협의회의 회의는 **재적위원 과반수의 출석으로 개의**(開議)하고, **출석위원 과반수의 찬성**으로 의결한다.

③ 중앙 정책협의회의 회의에 출석한 위원에게는 예산의 범위에서 수당과 여비를 지급할 수 있다. 다만, 공무원인 위원이 그 소관 업무와 직접적으로 관련되어 출석하는 경우에는 그러하지 아니하다.

④ 중앙 정책협의회의 업무를 효율적으로 운영하기 위하여 필요하면 중앙 정책협의회의 의결을 거쳐 분과위원회를 둘 수 있다.

⑤ 제1항부터 제4항까지에서 규정한 사항 외에 중앙협의회 운영에 필요한 사항은 중앙 정책협의회의 **의결**을 거쳐 위원장이 정한다.

제31조(시·도 정책협의회의 구성 및 기능) ① **시·도 정책협의회는 위원장** 및 부위원장 각 **1명을 포함한 15명** 이내의 위원으로 구성한다.

② 시·도 정책협의회 위원장은 소방본부장이 되고, 부위원장은 위원 중에서 호선한다.

③ 위원은 다음 각 호의 사람 중에서 시·도지사가 임명하거나 위촉한다.
   1. 해당 시·도의 구조·구급업무를 담당하는 **소방정(消防正) 이상** 소방공무원
   2. 해당 시·도의 응급의료업무를 담당하는 **4급 이상** 일반직공무원(이에 상당하는 특정직·별정직 공무원을 포함한다)
   3. 긴급구조, 응급의료, 재난관리, 그 밖에 구조·구급업무에 관한 **학식과 경험**이 풍부한 사람
   4. 「재난 및 안전관리기본법」 제3조제7호에 따른 긴급구조기관과 긴급구조활동에 관한 응원(應援) 협정을 체결한 기관 및 단체를 대표하는 사람

④ 위촉위원의 임기는 **2년**으로 한다.

⑤ 시·도 정책협의회의 효율적인 운영을 위하여 시·도 정책협의회에 간사 1명을 두며, 간사는 시·도 소방본부의 구조·구급업무를 담당하는 소방공무원 중에서 **소방본부장이 지명**한다. 〈개정 2016. 10. 25.〉

⑥ 시·도 정책협의회는 다음 각 호의 사항을 협의·조정한다.
   1. 시·도 집행계획 수립에 관한 사항
   2. 시·도 집행계획 시행 결과 활용에 관한 사항
   3. 시·도 종합평가 결과 활용에 관한 사항
   4. 그 밖에 구조·구급업무와 관련하여 위원장이 회의에 부치는 사항

제31조의2(시·도 정책협의회 위원의 해촉) 시·도지사는 제31조제3항제3호 또는 제4호에 따른 위원이 제29조의2 각 호의 어느 하나에 해당하는 경우에는 해당 위원을 해촉(解囑)할 수 있다. [본조신설 2015. 12. 31.]

제32조(시·도 정책협의회의 운영) 시·도 정책협의회의 운영에 관하여는 제30조를 준용한다. 이 경우 "중앙 정책협의회"는 "시·도 정책협의회"로 본다.

제32조의2(응급처치에 관한 교육) ① 법 제27조의2제1항에 따른 응급처치에 관한 교육(이하 "응급처치 교육"이라 한다)의 내용·방법 및 시간은 별표 1과 같다.

② 소방청장등은 응급처치 교육을 효과적으로 실시하기 위하여 **매년 10월 31일**까지 다음 연도 **응급처치 교육에 관한 계획**을 수립하여야 한다. 이 경우 「응급의료에 관한 법률」 제14조제2항에 따른 교육계획과 연계하여야 한다. 〈개정 2017. 7. 26.〉

③ 제2항에 따른 응급처치 교육에 관한 계획에는 연령·직업 등을 고려한 교육대상별 교육지도안 작성 및 실습계획이 포함되어야 한다.

④ 소방청장등은 **매년 3월 31일**까지 전년도 응급처치 교육 결과를 분석하여 제2항에 따른 응급처치 교육에 관한 계획에 반영하여야 한다. 〈개정 2017. 7. 26.〉

⑤ 소방청장등은 응급처치 교육을 실시하기 위한 장비와 인력을 갖추어야 한다. 〈개정 2017. 7. 26.〉

⑥ 제5항에 따라 갖추어야 할 응급처치 교육 장비와 인력의 세부적인 사항은 소방청장이 정하여 고

시한다. 〈개정 2017. 7. 26.〉 [본조신설 2017. 1. 26.] [종전 제32조의2는 제32조의4로 이동 〈2017. 1. 26.〉]

제32조의3(응급처치에 관한 홍보) ① 소방청장등은 법 제27조의2제1항에 따른 응급처치에 관한 홍보(이하 "응급처치 홍보"라 한다)를 효과적으로 실시하기 위하여 **매년 10월 31일까지** 다음 연도 응급처치 홍보에 관한 계획을 수립하여야 한다. 이 경우 「응급의료에 관한 법률」 제14조제2항에 따른 홍보계획과 연계하여야 한다. 〈개정 2017. 7. 26.〉

② 소방청장등은 **매년 3월 31일까지** 전년도 응급처치 홍보 결과를 분석하여 제1항에 따른 응급처치 홍보에 관한 계획에 반영하여야 한다. 〈개정 2017. 7. 26.〉 [본조신설 2017. 1. 26.]

제32조의4(민감정보 및 고유식별정보의 처리) 소방청장등은 다음 각 호의 사무를 수행하기 위하여 불가피한 경우 「개인정보 보호법」 제23조에 따른 건강에 관한 정보나 같은 법 시행령 제19조에 따른 주민등록번호, 여권번호, 운전면허의 면허번호 또는 외국인등록번호가 포함된 자료를 처리할 수 있다. 〈개정 2014. 11. 19., 2017. 7. 26.〉
1. 법 및 이 영에 따른 구조·구급활동에 관한 사무
2. 법 제22조에 따른 구조·구급활동의 기록관리에 관한 사무 [본조신설 2012. 1. 6.] [제32조의2에서 이동 〈2017. 1. 26.〉]

제33조(과태료의 부과기준) 법 제30조제1항에 따른 과태료의 부과기준은 별표 2와 같다. 〈개정 2017. 1. 26.〉

■ 119구조·구급에 관한 법률 시행령 [별표 2] 〈개정 2021. 1. 21.〉

과태료의 부과기준(제33조 관련)

1. 일반기준

    가. 과태료 부과권자는 위반행위자가 다음의 어느 하나에 해당하는 경우에는 제2호에 따른 과태료 금액의 2분의 1의 범위에서 그 금액을 줄여 부과할 수 있다. 다만, 과태료를 체납하고 있는 위반행위자에 대해서는 그러하지 아니하다.
    1) 「질서위반행위규제법 시행령」 제2조의2제1항 각 호의 어느 하나에 해당하는 경우
    2) 위반행위를 자수한 경우
    3) 위반 이후 위반상태를 시정하거나 해소하기 위해 노력한 경우
    4) 그 밖에 위반행위의 정도, 위반행위의 동기와 그 결과 등을 고려하여 과태료를 줄일 필요가 있다고 인정되는 경우

    나. 위반행위의 횟수에 따른 과태료의 부과기준은 최근 1년간 같은 위반행위로 과태료를 부과받은 경우에 적용한다. 이 경우 위반행위에 대하여 과태료 부과처분을 한 날과 다시 같은 위반행위를 적발한 날을 기준으로 하여 위반 횟수를 계산한다.

2. 개별기준

위반행위	근거 법조문	과태료 금액(단위: 만원)		
		1회 위반	2회 위반	3회 이상 위반
가. 법 제4조제3항을 위반하여 구조·구급활동이 필요한 위급상황을 거짓으로 알린 경우	법 제30조제1항	200	400	500
나. 법 제4조제3항을 위반하여 구조·구급활동이 필요한 위급상황인 것으로 거짓으로 알려 구급차등으로 이송되었으나 이송된 의료기관으로부터 진료를 받지 않은 경우	법 제30조제1항	500		

부칙 〈제34433호, 2024. 4. 23.〉

이 영은 공포한 날부터 시행한다.

별표 / 서식

[별표 1] 응급처치 교육의 내용·방법 및 시간(제32조의2제1항 관련)

[별표 2] 과태료의 부과기준(제33조 관련)

7-2 119구조·구급에 관한 법률 시행규칙 (약칭: 119법 시행규칙)

[시행 2024. 4. 23.] [행정안전부령 제479호, 2024. 4. 23., 일부개정]

[시행 2024. 4. 23.] [행정안전부령 제479호, 2024. 4. 23., 일부개정]

제6조의 제목 "(국제구조대에서 갖추어야 할 장비의 기준)"을 "(국제구조대·국제구급대에서 갖추어야 할 장비의 기준)"으로 하고, 같은 조 제1항을 다음과 같이 한다.

① 법 제9조제7항(법 제10조의4제2항에 따라 준용되는 경우를 포함한다)에서 "행정안전부령으로 정하는 장비"란 다음 각 호의 구분에 따른 장비를 말한다.
  1. 국제구조대
     가. 구조장비
     나. 구급장비
     다. 정보통신장비
     라. 측정장비 중 공통측정장비 및 화생방 등 측정장비
     마. 보호장비
     바. 보조장비
  2. 국제구급대
     가. 구급장비
     나. 정보통신장비
     다. 보호장비
     라. 보조장비 중 기록보존장비 및 현장지휘소 운영장비

119긴급신고의 관리 및 운영에 관한 법률 신설재정
[시행 2024. 7. 3.] [법률 제19872호, 2024. 1. 2., 제정]

【제정·개정이유】 제정·개정문보기   전체 제정·개정문보기

[제정]
◇ 제정이유
  화재, 재난, 재해, 구조, 구급 그 밖의 위급한 상황에서의 119긴급신고의 관리·운영에 관한 사항을 정하여 신고자 등의 개인정보를 보호하고 긴급신고 대응 역량을 강화함으로써 국민의 생명, 신체 및 재산을 보호하고 삶의 질 향상에 이바지함.

◇ 주요내용
  가. 소방청장이 중앙 구조·구급정책협의회의 심의를 거쳐 119긴급신고 개선을 위한 정책의 기본방향에 관한 사항 등이 포함된 119긴급신고 기본계획을 5년마다 수립하도록 함(제7조).

나. 소방청장 및 소방본부장이 119긴급신고 접수, 신고정보의 공유·이관, 소방대 편성 및 공동대응 요청 등에 필요한 업무를 처리하기 위하여 119접수센터를 설치·운영하도록 함(제10조).

다. 소방청장 등이 119긴급신고를 효과적으로 처리하기 위해 필요한 경우에는 재난, 범죄 및 해양사고 등에 관한 업무를 수행하는 119긴급신고 관련기관에 긴급신고의 공동대응 또는 협력을 요청할 수 있도록 하고, 요청을 받은 기관의 장은 특별한 사유가 없으면 이에 응하도록 함(제12조).

라. 소방청장 등이 다양한 119긴급신고 유형에 대응하기 위하여 119긴급신고 관련기관과의 공동대응, 협력 및 긴급신고 이관에 필요한 긴급신고 표준운영절차를 작성하여 운영하도록 함(제13조).

마. 소방청장 및 시·도지사가 119긴급신고의 신속한 접수, 신고정보 공유·이관, 공동대응 및 현장활동지원 등에 필요한 119정보통신시스템을 구축·운영하도록 함(제15조).

바. 소방청장 및 시·도지사가 119긴급신고 관련 공동대응 및 협력을 위하여 필요한 경우 119긴급신고 관련기관에 연계시스템 구축을 요청할 수 있도록 함(제19조).

사. 소방청장이 119정보통신시스템의 운영과 관련하여 전문인력의 양성과 기술향상에 필요한 교육·훈련 프로그램을 마련·보급하도록 함(제24조).

제1조(목적) 이 규칙은 「119구조·구급에 관한 법률」 및 같은 법 시행령에서 위임된 사항과 그 시행에 필요한 사항을 규정함을 목적으로 한다.

제2조(기술경연대회) ① 소방청장·소방본부장 또는 소방서장(이하 "소방청장등"이라 한다)은 「119구조·구급에 관한 법률」(이하 "법"이라 한다) 제3조제1항에 따른 구조·구급 기술의 개발·보급을 위하여 기술경연대회를 개최할 수 있다. 〈개정 2014. 11. 19., 2017. 7. 26.〉
② 제1항에 따른 기술경연대회의 운영에 필요한 구체적인 사항은 소방청장이 정한다. 〈개정 2014. 11. 19., 2017. 7. 26.〉

제3조(119구조대에서 갖추어야 할 장비의 기준) ① 「119구조·구급에 관한 법률 시행령」(이하 "영"이라 한다) 제5조에 따른 119구조대(이하 "구조대"라 한다) 중 특별시·광역시·특별자치시·도·특별자치도(이하 "시·도"라 한다) 소방본부 및 소방서(119안전센터를 포함한다)에 설치하는 구조대에서 법 제8조제3항에 따라 갖추어야 하는 장비의 기본적인 사항은 「소방력 기준에 관한 규칙」 및 「소방장비관리법 시행규칙」에 따른다. 〈개정 2017. 1. 26., 2018. 12. 27.〉
② 소방청에 설치하는 구조대에서 법 제8조제3항에 따라 갖추어야 하는 장비의 기본적인 사항은 제1

항을 준용한다. 〈개정 2014. 11. 19., 2017. 7. 26.〉
③ 제1항과 제2항에서 규정한 사항 외에 구조대가 갖추어야 하는 장비에 관하여 필요한 사항은 소방청장이 정한다. 〈개정 2014. 11. 19., 2017. 7. 26.〉

제4조 삭제 〈2021. 7. 6.〉

제5조(구조대의 출동구역) ① 영 제5조제2항에 따른 구조대의 출동구역은 다음 각 호와 같다. 〈개정 2012. 6. 20., 2014. 11. 19., 2017. 1. 26., 2017. 7. 26.〉
  1. 소방청에 설치하는 직할구조대 및 테러대응구조대: 전국
  2. 시·도 소방본부에 설치하는 직할구조대 및 테러대응구조대: 관할 시·도
  3. 소방청 직할구조대에 설치하는 고속국도구조대: 소방청장이 한국도로공사와 협의하여 정하는 지역
  4. 그 밖의 구조대 : 소방서 관할 구역
② 구조대는 제1항에도 불구하고 다음 각 호의 어느 하나에 해당하는 경우에는 소방청장등의 요청이나 지시에 따라 출동구역 밖으로 출동할 수 있다. 〈개정 2014. 11. 19., 2017. 7. 26.〉
  1. 지리적·지형적 여건상 신속한 출동이 가능한 경우
  2. 대형재난이 발생한 경우
  3. 그 밖에 소방청장이나 소방본부장이 필요하다고 인정하는 경우

제6조(국제구조대·국제구급대에서 갖추어야 할 장비의 기준) ① 법 제9조제7항(법 제10조의4제2항에 따라 준용되는 경우를 포함한다)에서 "행정안전부령으로 정하는 장비"란 다음 각 호의 구분에 따른 장비를 말한다. 〈개정 2024. 4. 23.〉
  1. 국제구조대
     가. 구조장비
     나. 구급장비
     다. 정보통신장비
     라. 측정장비 중 공통측정장비 및 화생방 등 측정장비
     마. 보호장비
     바. 보조장비
  2. 국제구급대
     가. 구급장비
     나. 정보통신장비
     다. 보호장비
     라. 보조장비 중 기록보존장비 및 현장지휘소 운영장비
② 제1항에 따른 장비의 구체적인 내용에 관하여 필요한 사항은 소방청장이 정한다. 〈개정 2014. 11. 19., 2017. 7. 26.〉 [제목개정 2024. 4. 23.]

제7조(119구급대에서 갖추어야 할 장비의 기준) ① 영 제10조에 따른 119구급대(이하 "구급대"라 한다) 중 시·도 소방본부 및 소방서(119안전센터를 포함한다)에 설치하는 구급대에서 법 제10조제3

항에 따라 갖추어야 하는 장비의 기본적인 사항은 「소방장비관리법 시행규칙」에 따른다. 〈개정 2017. 1. 26., 2018. 12. 27.〉

② 소방청에 설치하는 구급대에서 법 제10조제3항에 따라 갖추어야 하는 장비의 기본적인 사항은 제1항을 준용한다. 〈개정 2014. 11. 19., 2017. 7. 26.〉

③ 제1항에서 규정한 사항 외에 구급대가 갖추어야 하는 장비에 관하여 필요한 사항은 소방청장이 정한다. 〈개정 2014. 11. 19., 2017. 7. 26.〉

제7조의2(119구급차의 배치·운용기준) ① 법 제10조의3제2항에 따른 119구급차의 배치기준은 「소방력 기준에 관한 규칙」 별표 1 제4호에서 정하는 바에 따른다.

② 그 밖에 119구급차 차량의 성능·특성, 표식 및 도장 등 표준규격에 관한 사항은 소방청장이 정한다. 〈개정 2017. 7. 26., 2019. 8. 1.〉 [본조신설 2017. 1. 26.]

제8조(구급대의 출동구역) ① 영 제10조제2항에 따른 구급대의 출동구역은 다음 각 호와 같다. 〈개정 2014. 11. 19., 2017. 1. 26., 2017. 7. 26.〉

1. 일반구급대 및 소방서에 설치하는 고속국도구급대: 구급대가 설치되어 있는 지역 관할 시·도
2. 소방청 또는 시·도 소방본부에 설치하는 고속국도구급대: 고속국도로 진입하는 도로 및 인근 구급대의 배치 상황 등을 고려하여 소방청장 또는 소방본부장이 관련 시·도의 소방본부장 및 한국도로공사와 협의하여 정한 구역

② 구급대는 제1항에도 불구하고 다음 각 호의 어느 하나에 해당하는 경우에는 소방청장등의 요청이나 지시에 따라 출동구역 밖으로 출동할 수 있다. 〈개정 2014. 11. 19., 2017. 7. 26.〉

1. 지리적·지형적 여건상 신속한 출동이 가능한 경우
2. 대형재난이 발생한 경우
3. 그 밖에 소방청장이나 소방본부장이 필요하다고 인정하는 경우

제9조(119항공대에서 갖추어야 할 장비의 기준) ① 법 제12조제3항에 따라 시·도 소방본부에 설치하는 119항공대에서 갖추어야 할 장비의 기본적인 사항은 「소방력 기준에 관한 규칙」 및 「소방장비관리법 시행규칙」에 따른다. 〈개정 2017. 1. 26., 2018. 12. 27., 2021. 1. 21.〉

② 법 제12조제3항에 따라 소방청에 설치하는 119항공대에서 갖추어야 할 장비의 기본적인 사항은 제1항을 준용하되, 119항공대에 두는 **항공기(이하 "항공기"라 한다)는 3대 이상** 갖추어야 한다. 〈개정 2014. 11. 19., 2017. 7. 26., 2021. 1. 21.〉

③ 제1항 및 제2항에서 규정한 사항 외에 119항공대가 갖추어야 하는 장비에 관하여 필요한 사항은 소방청장이 정한다. 〈개정 2014. 11. 19., 2017. 7. 26., 2021. 1. 21.〉 [제목개정 2021. 1. 21.]

제10조(119항공대의 출동구역) ① 119항공대의 출동 구역은 다음 각 호에 따른다. 〈개정 2014. 11. 19., 2017. 7. 26., 2021. 1. 21.〉

1. 소방청에 설치된 경우: 전국
2. 소방본부에 설치된 경우: 관할 시·도

② 소방청장 또는 소방본부장은 제1항에도 불구하고 대형재난 등이 발생하여 항공기를 이용한 구조·구급활동이 필요하다고 인정되는 경우에는 해당 소방본부장에게 출동구역 밖으로의 출동을 요청

할 수 있다. 〈개정 2014. 11. 19., 2017. 7. 26.〉

③ 제2항에 따른 요청을 받은 소방본부장은 특별한 사유가 없으면 제2항의 요청에 따라야 한다. [제목개정 2021. 1. 21.]

제10조의2(119항공정비실의 시설 및 장비 기준) ① 법 제12조의3제1항에 따른 119항공정비실에 갖추어야 할 시설은 다음 각 호와 같다.

1. 항공기를 수용할 수 있는 격납시설
2. 항공기 정비에 필요한 계류장 및 이착륙 시설
3. 항공기 정비용 장비·공구·자재의 보관 시설
4. 기술관리 및 품질관리 수행을 위한 사무실 및 교육시설
5. 그 밖에 정비 등을 수행하기 위한 환기, 조명, 온도 및 습도조절 설비

② 제1항에 따른 119항공정비실에 갖추어야 할 장비는 다음 각 호와 같다.

1. 항공기를 기동시킬 수 있는 항공기동장비
2. 정비작업 지원을 위한 지상지원장비
3. 정비에 직접 사용되는 항공정비장비
4. 그 밖에 보유 기종별 특성에 맞는 정비장비

③ 제1항 및 제2항에서 규정한 사항 외에 119항공정비실의 시설 및 장비에 관하여 필요한 사항은 소방청장이 정한다. [본조신설 2022. 1. 6.] [종전 제10조의2는 제10조의3으로 이동 〈2022. 1. 6.〉]

제10조의3(119구조견대에서 갖추어야 할 장비의 기준) ① 법 제12조의4제4항에서 "행정안전부령으로 정하는 장비"란 다음 각 호의 장비를 말한다.

1. 119구조견(이하 "구조견"이라 한다) 및 구조견 운용자 출동 장비
2. 구조견 및 구조견 운용자 훈련용 장비
3. 구조견 사육·관리용 장비
4. 그 밖에 구조견 운용 등에 필요하다고 인정되는 장비

② 제1항에 따른 장비의 구체적인 내용에 관하여 필요한 사항은 소방청장이 정한다. [본조신설 2021. 7. 6.] [제10조의2에서 이동, 종전 제10조의3은 제10조의4로 이동 〈2022. 1. 6.〉]

제10조의4(119구조견대의 출동구역) ① 영 제19조의2제3항에 따른 119구조견대(이하 "구조견대"라 한다)의 출동구역은 다음 각 호와 같다.

1. 중앙119구조본부에 편성하는 구조견대: 전국
2. 시·도 소방본부에 편성하는 구조견대: 관할 시·도

② 제1항에도 불구하고 구조견대는 소방청장 또는 소방본부장의 요청이나 지시에 따라 출동구역 밖으로 출동할 수 있다. [본조신설 2021. 7. 6.] [제10조의3에서 이동 〈2022. 1. 6.〉]

제11조(구조·구급요청의 거절) ① 영 제20조제1항에 따라 구조요청을 거절한 구조대원은 별지 제1호서식의 **구조 거절 확인서**를 작성하여 소속 소방관서장에게 보고하고, 소속 **소방관서에 3년**간 보관하여야 한다.

② 영 제20조제2항에 따라 구급요청을 거절한 구급대원은 별지 제2호서식의 구급 거절·거부 확인서(이하 "구급 거절·거부 확인서"라 한다)를 작성하여 소속 소방관서장에게 보고하고, 소속 소방관서에 3년간 보관하여야 한다.

제12조(응급환자 등의 이송 거부) ① 구급대원은 영 제21조제1항에 따라 응급환자를 이송하지 아니하는 경우 구급 거절·거부 확인서를 작성하여 이송을 거부한 응급환자 또는 그 보호자(이하 "이송거부자"라 한다)에게 **서명**을 받아야 한다. 다만, **이송거부자가 2회에 걸쳐 서명을 거부한 경우**에는 구급 거절·거부 확인서에 **그 사실을 표시**하여야 한다.

② 구급대원은 이송거부자가 제1항 단서에 따라 서명을 거부한 경우에는 이를 목격한 사람에게 관련 내용을 알리고 구급 거절·거부 확인서에 **목격자**의 성명과 연락처를 기재한 후 목격자에게 서명을 받아야 한다.

③ 제1항 및 제2항의 규정에 따라 구급 거절·거부 확인서를 작성한 구급대원은 소속 소방관서장에게 보고하고, 구급 거절·거부 확인서를 소속 소방관서에 3년간 보관하여야 한다.

제13조(구조된 사람과 물건의 인도·인계) ① 소방청장등이 법 제16조제3항에 따라 특별자치도지사·시장·군수·구청장(「재난 및 안전관리 기본법」 제14조 또는 제16조에 따른 재난안전대책본부가 구성된 경우에는 해당 재난안전대책본부장을 말한다. 이하 같다)에게 구조된 사람, 사망자 및 구조·구급활동과 관련하여 회수된 물건을 인도하거나 인계하는 경우에는 명단(신원을 확인할 수 없는 경우에는 인상착의를 기재할 수 있다) 또는 목록을 작성하여 확인한 후 함께 인도하거나 인계하여야 한다. 〈개정 2014. 11. 19., 2017. 7. 26.〉

② 제1항에 따른 인도·인계는 구조·구급상황이 발생한 지역을 관할하는 특별자치도지사·시장·군수·구청장에게 하되, 관할 특별자치도지사·시장·군수·구청장이 분명하지 아니할 때에는 구조·구급상황 발생 현장에서 인도·인계하기 쉬운 지역의 특별자치도지사·시장·군수·구청장에게 한다.

제14조(구급활동 지원) 소방청장등은 법 제20조제1항에 따라 지원을 요청받은 의료기관에 소속된 의사가 구급활동을 지원(자원봉사인 경우를 포함한다)하는 경우에는 법 제10조의2제1항에 따른 119구급상황관리센터나 구급차에 배치하여 응급처치를 지도하게 하거나 직접 구급활동을 하게 할 수 있다. 〈개정 2012. 6. 20., 2014. 11. 19., 2017. 7. 26.〉

제15조(구조·구급활동 지원요청대상 의료기관등의 현황관리) ① 소방청장등은 법 제20조제2항에 따라 관할구역 안의 의료기관 및 구조·구급과 관련된 기관 또는 단체의 현황을 관리하기 위하여 별지 제3호서식의 구조·구급 지원요청 **관리대장을 작성·관리**하여야 한다. 〈개정 2014. 11. 19., 2017. 7. 26.〉

② 제1항에 따른 구조·구급 지원요청 관리대장은 전자적 처리가 불가능한 특별한 사유가 없으면 전자적 처리가 가능한 방법으로 작성·관리하여야 한다.

제16조(구조·구급활동에 필요한 조사) 소방청장등은 구조·구급업무의 원활한 수행을 위하여 교통, 지리, 그 밖에 필요한 사항을 조사할 수 있다. 〈개정 2014. 11. 19., 2017. 7. 26.〉

제17조(구조활동상황의 기록관리) ① 구조대원은 법 제22조에 따라 별지 제4호서식의 구조활동일지

에 구조활동상황을 상세히 기록하고, 소속 소방관서에 **3년간** 보관해야 한다. 〈개정 2020. 8. 5.〉
② **소방본부장**은 구조활동상황을 종합하여 **연 2회 소방청장**에게 보고하여야 한다. 〈개정 2014. 11. 19., 2017. 7. 26.〉

제18조(구급활동상황의 기록유지) ① 구급대원은 법 제22조에 따라 별지 제5호서식의 구급활동일지(이하 "구급활동일지"라 한다)에 구급활동상황을 상세히 기록하고, 소속 소방관서에 3년간 보관해야 한다. 〈개정 2020. 8. 5.〉

② 구급대원이 응급환자를 의사에게 인계하는 경우에는 구급활동일지(제18조의2에 따라 이동단말기로 작성하는 경우를 포함한다)에 환자를 인계받은 의사의 서명을 받고, **구급활동일지**(이동단말기에 작성한 경우에는 전자적 파일이나 인쇄물을 말한다) **1부를 그 의사에게** 제출해야 한다. 〈개정 2020. 8. 5.〉

③ 구급대원은 구급출동하여 심폐정지환자를 발견한 경우 또는 중증외상환자, 심혈관질환자 및 뇌혈관질환자를 의료기관으로 이송한 경우에는 소방청장이 정하는 바에 따라 **구급활동에 관한 세부 상황표**를 작성하고, 소속 소방관서에 **3년간** 보관해야 한다. 〈개정 2020. 8. 5.〉

④ 소방본부장은 구급활동상황을 종합하여 연 2회 소방청장에게 보고하여야 한다. 〈개정 2014. 11. 19., 2017. 7. 26.〉

제18조의2(이동단말기의 활용) 구조·구급대원은 구조차 또는 구급차에 이동단말기가 설치되어 있는 경우에는 구조·구급활동과 관련하여 작성하는 확인서, 일지 및 상황표 등을 이동단말기로 작성할 수 있다. [본조신설 2020. 8. 5.]

제19조(구조·구급증명서) ① 다음 각 호의 어느 하나에 해당하는 자가 구조대나 구급대에 의한 구조·구급활동을 증명하는 서류를 요구하는 경우에는 별지 제7호서식의 구조·구급증명 신청서(전자문서로 된 신청서를 포함한다)를 작성하여 소방청장등에게 신청하여야 한다. 〈개정 2014. 11. 19., 2017. 7. 26.〉
  1. 인명구조, 응급처치 등을 받은 사람(이하 "구조·구급자"라 한다)
  2. 구조·구급자의 보호자
  3. 공공단체 또는 보험회사 등 환자이송과 관련된 기관이나 단체
  4. 제1호부터 제3호까지에 해당하는 자의 위임을 받은 자
② 소방청장등은 제1항에 따라 구조·구급증명 신청을 받은 경우에는 다음 각 호의 서류 중 관련 서류를 통하여 신청인의 신원 등을 확인한 후 별지 제8호서식의 구조·구급증명서를 발급하여야 한다. 〈개정 2014. 11. 19., 2017. 7. 26.〉
  1. 주민등록증, 운전면허증, 여권, 공무원증 등 본인을 확인할 수 있는 신분증
  2. 위임 등을 증명할 수 있는 서류
  3. 구조·구급자의 보험가입을 증명할 수 있는 서류
  4. 그 밖에 구조·구급활동에 관한 증명자료가 필요함을 입증할 수 있는 서류
③ 구조·구급자의 보호자가 제1항에 따른 구조·구급증명을 신청하는 경우에는 소방청장등은 「전자정부법」 제36조제1항에 따른 행정정보의 공동이용을 통하여 주민등록표 등본 또는 가족관계증명서를 확인하여 보호자임을 확인하여야 한다. 다만, 신청인이 확인에 동의하지 아니하는 경우에는

그 서류를 첨부하도록 하여야 한다. 〈개정 2014. 11. 19., 2017. 7. 26.〉

제19조의2(감염병환자 등의 발생 통보) 영 제25조의2제2항제1호 및 제2호에서 "행정안전부령으로 정하는 감염병 발생 통보서"란 별지 제8호의2서식을 말한다. [본조신설 2021. 1. 21.]

제20조(감염성 질병 및 유해물질 등 접촉 보고서) 구조·구급대원이 영 제26조제2항에 따라 근무 중 위험물·유독물 및 방사성물질에 노출되거나 감염성 질병에 걸린 요구조자 또는 **응급환자와의 접촉 사실을 소방청장등**에게 보고하는 경우에는 별지 제9호서식의 감염성 질병 및 유해물질 등 **접촉 보고서를 작성**하여 보고하여야 한다. 〈개정 2014. 11. 19., 2017. 7. 26.〉

제21조(검진기록의 보관) 소방청장등은 다음 각 호의 자료를 구조·구급대원이 퇴직할 때까지 「소방공무원임용령 시행규칙」 제17조에 따른 소방공무원인사기록철에 함께 보관하여야 한다. 〈개정 2014. 11. 19., 2017. 7. 26.〉
 1. 제20조에 따른 감염성 질병·유해물질 등 접촉 보고서 및 영 제26조제3항에 따른 진료 기록부
 2. 영 제27조제1항에 따른 정기건강검진 결과서 및 같은 조 제5항에 따른 진료 기록부
 3. 그 밖에 구조·구급대원의 병력을 추정할 수 있는 자료

제22조(구조·구급대원의 정기건강검진 항목) 영 제27조제6항에 따른 구조·구급대원의 정기건강검진 항목은 별표와 같다.

제23조(구급차 등의 소독) **소방청장등은 주 1회 이상 구급차 및 응급처치기구 등을 소독**하여야 한다. 〈개정 2014. 11. 19., 2017. 7. 26.〉

제24조(구조대원의 교육훈련) ① 법 제25조에 따른 구조대원의 교육훈련은 일상교육훈련 및 특별구조훈련으로 구분한다. 〈개정 2022. 7. 21.〉
② 일상교육훈련은 구조대원의 일일근무 중 실시하고 구조장비 조작과 안전관리에 관한 내용을 포함해야 한다. 〈개정 2014. 11. 19., 2017. 7. 26., 2022. 7. 21.〉
③ 구조대원은 **연 40시간** 이상 다음 각 호의 내용을 포함하는 특별구조훈련을 받아야 한다. 〈개정 2021. 7. 13.〉
 1. 방사능 누출, 생화학테러 등 유해화학물질 사고에 대비한 화학구조훈련
 2. 하천[호소(湖沼: 호수와 늪)를 포함한다], 해상(海上)에서의 익수·조난·실종 등에 대비한 수난구조훈련
 3. 산악·암벽 등에서의 조난·실종·추락 등에 대비한 산악구조훈련
 4. 그 밖의 재난에 대비한 특별한 교육훈련
④ 제1항부터 제3항까지에서 규정한 사항 외에 구조대원의 교육훈련에 필요한 세부사항은 소방청장이 정한다. 〈개정 2022. 7. 21.〉

제25조(119항공대 소속 조종사 및 정비사 등에 대한 교육훈련) ① 법 제25조에 따른 교육훈련 중 119항공대 소속 조종사, 정비사 및 구조·구급대원에 대한 교육훈련은 다음 각 호의 구분에 따른다. 〈개정 2021. 1. 21., 2022. 7. 21.〉
 1. 조종사
  가. 비행교육훈련

1) 기종전환교육훈련(신규임용자 포함)
2) 자격회복훈련
3) 기술유지비행훈련
나. 조종전문교육훈련
1) 해상생환훈련
2) 항공안전관리교육
3) 계기비행훈련
4) 비상절차훈련
5) 항공기상상황관리교육
6) 그 밖의 항공안전 및 기술향상에 관한 교육훈련
2. 정비사
가. 해상생환훈련
나. 항공안전관리교육
다. 항공정비실무교육
라. 그 밖의 항공안전 및 기술향상에 관한 교육훈련
3. 구조·구급대원: **연 40시간** 이상 다음 각 목의 내용을 포함하는 항공구조훈련을 받을 것
가. 구조·구난(救難)과 관련된 기초학문 및 이론 교육
나. 항공구조기법 및 항공구조장비와 관련된 이론 및 실기 교육
다. 항공구조활동 시 응급처치와 관련된 이론 및 실기 교육
라. 항공구조활동과 관련된 안전교육
마. 그 밖의 항공구조활동에 관한 교육훈련

② 제1항에 따른 교육훈련의 세부사항은 소방청장이 정한다. 〈개정 2017. 7. 26.〉 [전문개정 2017. 1. 26.] [제목개정 2022. 7. 21.]

제26조(구급대원의 교육훈련) ① 법 제25조에 따른 구급대원의 교육훈련은 일상교육훈련 및 특별교육훈련으로 구분한다.

② 일상교육훈련은 구급대원의 일일근무 중 실시하고 구급장비 조작과 안전관리에 관한 내용을 포함해야 한다. 〈개정 2014. 11. 19., 2017. 7. 26., 2022. 7. 21.〉

③ 구급대원은 연간 40시간 이상 다음 각 호의 내용을 포함하는 특별교육훈련을 받아야 한다. 다만, 소방청장은 법 제23조의2제1항에 따른 감염병환자등이 대규모로 발생하는 등의 사유로 구급대원의 업무과중이 우려되는 경우에는 구급대원이 이수해야 하는 연간 특별교육훈련 시간을 줄임할 수 있다. 〈개정 2014. 7. 15., 2023. 3. 31.〉

1. 임상실습 교육훈련
2. 전문 분야별 응급처치교육
3. 그 밖에 구급활동과 관련된 교육훈련

④ 소방청장등은 구급대원의 교육을 위하여 소방청장이 정하는 응급처치용 실습기자재와 실습공간을 확보하여야 한다. 〈개정 2014. 11. 19., 2017. 7. 26.〉

⑤ 소방청장은 구급대원에 대한 체계적인 교육훈련을 실시하기 위해 소방공무원으로서 다음 각 호의 어느 하나에 해당하는 자격을 갖춘 사람 중 소방청장이 정하는 교육과정을 수료한 사람을 구급전문교육사로 선발할 수 있다. 〈개정 2019. 8. 1., 2023. 3. 31.〉
  1. 「의료법」 제2조제1항에 따른 의료인
  2. 「응급의료에 관한 법률」 제36조제2항에 따라 1급 응급구조사 자격을 취득한 사람
⑥ 제1항부터 제5항까지에서 규정한 사항 외에 구급대원의 교육훈련 및 구급전문교육사의 선발·운영 등에 필요한 세부적인 사항은 소방청장이 정한다. 〈신설 2019. 8. 1., 2023. 3. 31.〉

부칙 〈제479호, 2024. 4. 23.〉

이 규칙은 공포한 날부터 시행한다.

별표 / 서식

[별표] 구조·구급대원의 정기건강검진 항목(제22조 관련)

08 응급의료 통신 및 기록

(1) 응급의료 통신의 순서

시민의 신고 ⇒ 소방본부접수 ⇒ 출동지령 ⇒ 신고자와의 연락 ⇒ 지도의사 및 의료기관과의 연락 ⇒ 환자인계

(2) 응급의료 통신체계

1) 구성요소
   ① 기지국(출력 45~275W): 육상 이동국과의 통신 또는 이동중계국의 중계에 의한 통신을 위해 육상에 개설하고 이동하지 않는 무선국
   ② 이동국(출력 20~25W): 이동 중 또는 특정한 지점이 아닌 곳에서 업무를 행하는 무선국
      예 선박국, 육상이동국 항공기국, 휴대국 및 선상 통신국에 해당하지 않는 무선국, 단일 혹은 다양한 채널의 원거리 송수신기 능력이 있음.
   ③ 휴대국(출력 1~5W): 손에 휴대 가능한 쌍방향 무전기, 제한적인 범위, 재생중계기와 함께 사용해야 함.
   ④ 재생중계기(Repeaters): 전파를 장거리로 보내야 할 때 이용되는 장치, 이동국이나 휴대용 무전기 등 저출력장비에서 신호를 수신하여 고출력으로 기지국으로 송신하는 역할
   ⑤ 휴대전화: 복식무선통신처럼 사용되고 송수신 시간을 줄이는 장점이 있다.
   ⑥ 원격장치: 기지국은 가장 넓은 범위를 수용할 수 있는 장소에 위치해야 한다.
   ⑦ 위성 수신기

2) 통신방식
   ① 단식송신(simple transmission)
      송수신 동일한 주파수를 이용하며 송신과 수신을 동시사용 불가능
      대부분 응급의료 통신체계 또는 소방119구급차량에서 이용되는 방식이다.
      현장지휘관 또는 응급의료통신자가 명령이나 지침을 내릴 때 효과적이다.
   ② 복식송신(duplex transmission)
      두 개의 주파수를 사용하여 쌍방통신을 할 수 있는 통신방식
      송신과 수신을 동시에 메시지로 받을 수 있다.
   ③ 다신송신(Multiplex communication)
      동일한 시간에 원격 송수신기로 송신하고 의사와 통신하며 대화가 가능한 통신장비, 다신 주파수를 이용하여 동시에 음성과 자료를 실시간으로 송수신 할 수 있는 무선 송수신 방법, 지도의사에게 심전도 전송이 가능하다.
   ④ 디지털통신
      소리를 송신할 수 있는 디지털 코드로 변화시켜 아날로그 통신보다 더 신속하고 정확한 형태, 구급차에 비치된 모바일데이터 단말기를 예로 들 수 있다.

상황실로부터 정보를 수신하고 이송 중, 병원도착 등 구급차 현장 활동 상황을 송신하는데 사용한다.

3) 통신체계 유지
① 적절한 작동을 위해서는 항상 점검한다.
② 개인 휴대용 무전기는 충분히 충전되어야 하며 여분의 배터리를 차량 내에 비치해 두어야 한다. 응급 차량 내에는 만약의 사태를 대비해서 휴대용 전화기를 비치해야 한다.
③ 통신장비는 전문업체가 조심스럽게 다루고 정기적으로 청소등의 관리가 필요하다.

4) 무선통신
① 무선통신의 형태
   가. AM송신: 넓은 지역으로 퍼지게 되어 응급의료서비스에서는 사용하기 어려움.
   나. FM송신: 지구의 표면이 아닌 직선으로 송신되어 AM보다 깨끗하고 방해받지 않는다. 대부분 응급의료체계는 FM을 이용하여 통신한다.
② 전파의 종류와 주파수 범위
   주파수란 전파가 움직이는 보이지 않는 길이며 전파의 특성을 통신, 의학에 이용하기 위하여 파장, 진동수를 기준으로 한 이용자와의 약속이다.
   1초동안 1번 진동 = 1Hz
   1초동안 1천번 진동 = 1KHz
   1초동안 1백만번 진동 = 1MHz
   1초동안 10억번 진동하면 1GHz
   주파수가 높은 것은 직진성이 좋고 반사가 잘 되는 성질을 갖고 주파수가 낮은 것은 멀리 전달 될 수 있다. 또한 전달되는 과정에서 장애물에 부딪치면 회절, 반사, 산란하는 성질이 있다.
③ 원칙: 효과적으로 원활하게 운영, 개인 간에 지체되는 시간이 있어서는 안 되며 접근이 쉬워야 한다.
   가. 무전기가 켜져 있는지 확인하고 소리도 적당하게 조정한다.
   나. 가능하다면 창문을 닫아 외부 소음을 줄인다.
   다. 처음 무전을 시작할 때 잘 들리는지 확인한다.
   라. 송신기 버튼을 누른 후 약 1초간 기다리고 말을 한다. 이는 첫 내용이 끊기는 것을 예방해 준다.
   마. 무전기는 입에서부터 약 5~7cm 정도 간격을 두고 입에서 약 45도 방향에 위치시킨다.
   바. 다른 기관이나 사람과의 무전을 원할 때에는 "(다른 기관이나 사람), 여기(본인이나 소속기관)"라고 시작한다. 예 "상황실, 여기 구조하나(구조대장)"라고 하면 된다.
   사. 무전을 받을 때에는 "여기 (본인이나 소속기관)"라고 하면 된다.
   아. 말은 천천히, 간결하고 분명하게 끊어서 해야 한다.
   자. 항상 간결하게 말해야 하며 30초 이상 말을 해야 한다면 중간에 잠깐 무전을 끊어 다른 무전기 사용자가 응급 상황을 말할 수 있게 해야 한다.

차. 서로 약속된 무전약어를 사용해야 한다. 불필요한 말은 생략한다.
타. 무전 내용은 모든 기관원들이 듣는다는 것을 명심하고 욕설이나 개인에 관련된 내용은 금지이다.
파. 환자에 대해 평가 결과를 말해야지 진단을 내려서는 안 된다. 예를 들어 "환자가 가슴 통증 호소"라고 해야지 "환자가 심장마비 증상을 보임"이라고 하면 안됨.

(3) 통신과 이송

1) 목적

상황실은 일반인의 신고를 첫 번째로 받는 곳으로 상황실 직원은 정보 수집이나 신고자에게 구급차가 도착하기 전까지의 적절한 행동 요령 등을 말할 수 있도록 훈련받아야 한다. 상황실은 출동 차량에 계속적으로 정보를 제공해줘야 하며 구급대원 역시 다음과 같은 목적으로 상황실과 무전을 취해야 한다.

가. 출동 안내를 받기 위해서
나. 현장 도착 시간을 줄이기 위해 도로 상황이나 지름길을 안내받기 위해
다. 현장 도착을 알리고 필요시 추가 지원을 요청하기 위해서
라. 현장에서의 이동을 알리고 환자 수, 이송병원을 알리기 위해서
마. 병원 도착 시간을 알리고 이송 후 출동대기 가능성을 알리기 위해서
바. 본서나 파출소에 도착한 시간을 알리기 위해

2) 이송 중 통신방법

본인의 소속기관 → 환자 나이와 성별 → 환자의 주 호소 → 현 증상과 관련 있는 병력 → 주요 과거 병력 → 환자 의식 상태 → 생체 징후 및 환자 평가 내용 → 제공한 응급처치 내용 → 응급 처치 후 환자상태 → 이송할 기관에 도착할 예정시간

3) 이송 후 통신

기관에 도착 후 구두상으로 환자상태에 대한 정보를 알려야 한다.
환자의 주 호소 → 현 증상과 관련있는 병력 및 주요 정보 → 이송 중 처치 내용 및 그에 따른 환자 상태 → 이송 중 환자의 생체 징후
⇒ 의료진의 질문에 대답하며 인계 후에는 구급일지 1부를 의료기관에 제출할 것.

(4) 응급의료 기록

1) 법적근거

119구조 구급에 관한 법률 제22조 구조「구급활동의 기록」
119구조 구급에 관한 법률 시행규칙 제18조「구급활동상황의 기록유지」

> 구급대원은 구급활동일지 이하 ("구급활동일지라"한다)에 구급활동상황을 상세히 기록하고 소속 소방관서에 3년간 보관하여야 한다. 또한 구급대원이 응급환자를 의사에게 인계하는 경우에는 구급활동일지(이동단말기로 작성하는 경우를 포함한다)에 환자를 인계받은 의사의 서명을 받고 구급활동일지(이동 단말기에 작성한 경우에는 전자적파일이나 인쇄물을 말한다) 1부를 그 의사에게 제출하여야 한다.

2) 작성대상

119구급대원이 출동한 모든 환자(이송 및 미 이송 모두 포함)
① 구급활동일지
② 심폐정지환자 응급처치 세부상황표
③ 중증외상환자 응급처치 세부상황표
④ 심뇌혈관질환자 응급처치 세부상황표

3) 반드시 작성해야 하는 일지

① 구급 활동 일지
② 이송 거절·거부 확인서
③ 심폐정지환자 응급 처치 세부 상황표
④ 119구조·구급대 강력사건 현장임장 상황표
⑤ 피해자 응급 이송 중 질문표
⑥ 구조거절 확인서
⑦ 유해 물질 등 접촉 보고서

4) 기록지의 목적

① 의료기능: 기록의 주 기능은 양질의 응급처치 제공을 위함이다. 환자상태를 평가하고 주호소, 생체징후, 처치내용 등을 기록해야 한다. 병원에서는 환자의 처음 상태와 이송 중 처치내용 그리고 현 상태 등을 기록지를 통해 알 수 있다.
② 법적기능:
환자가 범죄현장과 관련이 있는 경우
법적 소송이 제기 되었을 경우
③ 행정적 기능: 환자의 유형별, 지역별로 통계를 내어 필요한 인원 및 장비를 재 배치 한다. 환자평가와 처치내용을 재평가 하여 추가적인 구급교육을 제공해야 한다.
④ 교육·연구 기능: 기록지를 분석해서 환자 처치나 의약품이 어떠한 것이 효과적인지 결정해서 구급활동의 질을 향상시킨다.

5) 법적인 문제점

① 비밀성
비밀 유지는 기본으로 알 권한이 없는 사람에게 전달하거나 이야기해서는 안 되는 것을 말한다. 보험회사, 경찰 등 의료진이 아닌 사람에게는 적절한 법적 절차를 거쳐 제공하면 된다.
② 이송·처치거부 환자: 성인은 치료를 거부할 권리가 있지만 주의해야 할 사항이 있다.
㉠ 치료를 거부할 수 있는 나이가 되었는지?
㉡ 알코올이나 약물중독 상태는 아닌지?
㉢ 정확한 판단을 할 수 있는 의식 상태인지?
위의 사항을 점검한 후 "이송 거절·거부 확인서"를 작성해야 한다.
환자가 이송해야 하 상태이면 왜 처치·이송이 필요한지 설명하고 설득해 보고 상황실에 그 사실을 알려야 한다.
③ 위조·변조
　㉠ 기록지는 신고에 따른 행동이나 상황을 기록한 것, 때때로 잘못 기록될 수 있다.
　㉡ 기록지를 위조·변조하는 행위는 중대한 결과를 초래할 수 있다. 이는 환자가 불필요한, 부적절한 그리고 위험한 처치를 받을 수도 있으며 구급대원 자신도 법적인 책임을 져야 한다.
　㉢ 위조·변조는 해서는 안 되며 만약 기록이 잘못 되었다면 소속기관 및 이송할 기관에 알려야 한다.
④ 특수 상황
　상황에 맞는 적절한 **기록 및 보고**를 해야 한다.
　㉠ 전염질환에 노출
　㉡ 현장 활동 중 손상
　㉢ 아동 또는 노인 학대
　㉣ 법적 보호가 필요한 환자

6) 기록시 주의사항

환자평가	의식상태	1차	(:) [ ]A [ ]V [ ]P [ ]U	2차	(:) [ ]A [ ]V [ ]P [ ]U	사고부위(복수선택 가능)
	동공반응	좌	[ ]정상 [ ]축동 [ ]산도 [ ]측정불가		[ ]반응 [ ]무반응 [ ]측정불가	
		우	[ ]정상 [ ]축동 [ ]산도 [ ]측정불가		[ ]반응 [ ]무반응 [ ]측정불가	
	활력 징후 [ ]불가 [ ]거부	시각	혈압	맥박	호흡	체온	SpO2	혈당체크
		:	/ mmHg	회/min	회/min	℃	%	mg/dL
		:	/ mmHg	회/min	회/min	℃	%	mg/dL
	환자 분류	[ ]응급 [ ]준응급 [ ]잠재응급 [ ]대상 외 [ ]사망 ([ ]추정)
	구급대원 평가 소견	· 주 호소 :　　　　　　　　· 발생시간([ ]추정) :

① 환자평가- 의식상태
　• 모든 환자에게 측정하는 것이 원칙이다.
　1차에는 최초 평가 의식 상태를 기록한다. **최초 의식상태가 명료하지 않거나, 이송 중 의식이 변하는 경우** 병원 인계 전 의식 상태를 **다시 측정**하여 2차에 기록 한다.
　• 의식상태 기록 시 확인 시각도 함께 기록한다.

> 시각 : 의식상태 확인 시각을 24시간제로 기록한다.
>   　 출동시간을 기록한 시계를 기준으로 함.
> [ ] A : 명료한 상태. 시간, 공간, 사람에 대한 정상적 반응
> [ ] V : 말소리가 나야만 반응하는 경우
> [ ] P : 통증자극에만 반응이 있음
> [ ] U : 통증자극에도 반응이 없음

② 환자평가-동공반응
　• 모든 환자에게 측정하는 것이 원칙이며 좌·우를 각각 기록한다.

- 현장 도착하여 **최초 평가 시 기록**하고, 변화가 있거나 **재측정**을 실시한 경우에는 **구급대원 평가 소견란에 기록** 하도록 한다.
- 동공반응은 동공크기와 대광반사를 평가한다.

코드 및 표기방법	다음은 환자 동공의 크기에 대한 기록임 [ ] 정상 : 동공크기가 정상(2~4 mm)임 [ ] 축동(동공수축) : 동공크기가 2 mm미만 [ ] 산동(동공확대) : 동공크기가 4 mm초과 [ ] 측정불가 : 시각장애 및 환자가 협조하지 않고 외상이나 기타사유로(측정 부위의 부종 또는 출혈 등)측정이 불가피한 경우 ※ 다음은 환자 동공의 대광반사에 대한 기록임 [ ] 반응 : 빛을 직접 비추었을 때 동공의 크기가 줄어듦 [ ] 무반응 : 빛을 직접 비추었을 때 동공 크기에 변화가 없음 [ ] 측정불가 : 시각장애 및 환자가 협조하지 않고 외상이나 기타사유로(측정 부위의 부종 또는 출혈 등) 측정이 불가피한 경우
측정방법	① 환자의 양쪽 눈을 동시에 개안시키고, 양측의 동공크기를 비교 한다. ② 펜 라이트를 이용하여 환자의 얼굴 밖에서 비추면서 빛에 대한 동공의 대광반사 (수축 반사)를 관찰 한다.

③ 환자평가 활력징후
- 모든 환자에게 측정하는 것이 원칙이다. (비 응급 환자일 경우에도 반드시 측정 기록)
- **현장 도착하여 최초 1회, 병원 도착 직전 마지막 1회**는 반드시 **기록**한다.
  (단 현장에서 병원도착까지 **이송 소요시간이 5분이내일 경우 최초 1회만** 측정해도 된다.)
- 이송 중 활력징후를 여러 번 실시했을 경우에는 구급대원 평가 소견란에 기록하도록 한다.

④ 의료지도

***직접의료지도 연결**과 관련해서

가. 지도의사의 지도를 받아 수행한 경우
　　⇒ 처치 후 추가 특이사항이 있을 경우 환자 상태에 대한 정보를 지도의사에게 다시 전달한다.

나. **지도의사의 지도를 수행하기 어려운 경우**
　　⇒ 즉시 지도의사에게 지도를 수행하지 못하는 이유를 전달한다.
　　⇒ 구급 기록지에 직접 의료지도 요청한 시각, 직접 의료지도 사항 및 수행 불가 이유를 기록한다.

다. **연결실패 시**
　　⇒ 직접 의료지도 요청을 시도하였으나 실패한 경우는 **시·도 상황실을 통해 중앙119 구급상황 관리센터**로 연락한다.

라. **중앙119구급상황관리센터 연결 시도 실패 시**
　　⇒ 구급대원이 필요하다고 판단된 처치는 **법령 상 업무범위 내에서 의료지도를 받지 않고 시행한다.** 통신 실패에 대해 의료지도 요청 시각 및 내용을 기록한다.

⑤ 환자이송

환자이송		이송기관명	도착시간 (km)	의료기관 선정자 등	재이송 사유	환자 인수자
환자이송	1차	[ ]관할 [ ]타시·도	: (km)	[ ]구급대 [ ]119상황실 [ ]구급상황센터 [ ]환자보호자 [ ]병원수용곤란 등 [ ]기타( )	■병상부족([ ]응급실 [ ]수술실 [ ]입원실 [ ]중환자실) [ ]전문의 부재 [ ]환자/보호자의 변심 [ ]의료장비 보장 [ ]1차 응급처치 [ ]주취자 등 [ ]기타( )	[ ]의사 [ ]간호사 [ ]응급구조사 [ ]기타
	2차	[ ]관할 [ ]타시·도	: (km)	[ ]구급대 [ ]119상황실 [ ]구급상황센터 [ ]환자보호자 [ ]기타( )	■병상부족([ ]응급실 [ ]수술실 [ ]입원실 [ ]중환자실) [ ]전문의 부재 [ ]환자/보호자의 변심 [ ]의료장비 보장 [ ]1차 응급처치 [ ]주취자 등 [ ]기타( )	[ ]의사 [ ]간호사 [ ]응급구조사 [ ]기타
연계이송	[ ]	소방활동 [ ]	colspan※ 본 구급대는 환자의 추가 손상 및 악화(사망 등) 방지를 위해 응급처치에 적합하고 최단시간 이내에 이송이 가능한 ___병원으로 이송을 권유하였으나 ___씨의 원하는 대로 ___병원으로 이송함에 따라 발생하는 민사·형사상 책임을지지 않습니다. 위 내용을 고지합니다. (서명 또는 인)			
미이송	colspan[ ]취소 ■타차량 [ ]병원차 [ ]경찰차 [ ]자가용 [ ]택시 [ ]헬기) [ ]환자 없음 [ ]현장처치 [ ]이송거부 [ ]이송거절 [ ]경찰인계 [ ]이송 불필요 [ ]사망 [ ]기타( )					

미이송에 해당하는 경우

현장도착 시 다음 각 호에 해당하는 경우, 현장상황을 종료하고 안전센터로 귀소한 후 구급활동일지를 기록·유지한다.

가. 구급요청 거부 또는 이송거절 ⇒ 구급거절·거부 확인서 작성

나. 현장에 도착하였으나 신고자 또는 환자 모두 찾을 수 없는 경우

다. 환자상태가 회복된 경우 (단, 심정지, 기도폐쇄 또는 구급대원이 종합적으로 판단하여 다시 상태가 악화할 우려가 있거나 병원 치료가 필요하다고 판단되는 경우는 제외)

라. 화재 또는 붕괴사고 등으로 환자 발생이 예상되어 출동하였으나 사상자가 발생하지 않은 경우

마. 경찰 또는 보호자, 관계기관 등에 인계한 경우 (단 심정지, 기도폐쇄 또는 구급대원이 종합적으로 판단하여 다시 상태가 악화할 우려가 있거나 병원 치료가 필요하다고 판단되는 경우는 제외)

⑥ 소생술
- 응급구조사, 의사, 간호사가 현장에서 CPR을 했더라도 **응급의료체계에 속하지 않은 경우 일반인이** CPR 한 것으로 처리한다.
- 구급대에 의해 시행되던 심폐소생술이 중지된 시각 및 이유를 파악 하여 기록한다.
  단, 심폐소생술을 시행하여 종료된 경우에만 입력한다.
- 병원 도착 전 자발순환 회복
  119 구급대에 의해 심전도 모니터링상 확인된 심정지 환자의 병원 도착 전 자발순환 회복

여부를 파악하여 회복 시각 및 장소를 기록한다.
⑦ 심전도 및 AED 기록지 작성 시 주의사항
  가. 최초 심전도 분석 시 심전도 기록(최초 분석리듬, 최소6초 이상): 이송, 미 이송 상관없이 필수 부착한다.
   (기타 심전도 모니터나 자동심장충격기의 **3유도**를 통해 측정한 심전도는 **유효하지 않다**. 단, 소생술 유보하는 경우 3유도 심전도 측정 가능)
  나. 제세동 가능 리듬, 전후 3초간 기록
   - 제세동 가능 리듬인 경우 **제세동 시행 전후의 심전도를 기록**한다.
   - 표기방법 : 자동심장 충격기에서 제세동 가능리듬을 분석한 경우 또는 구급대원이 판단하는 경우, **제세동 시행전 3초(10cm), 시행 후 3초(10cm)의 연속적인 심전도를 부착 한다.**
  다. 제세동 불가능 리듬, 2분간 심폐소생술 후 심전도 기록
   - 심폐소생술 실시 후 **2분이 경과한 뒤의 두 번째 분석리듬** 부착 또는 분석리듬 부착 불가 시 흉부압박리듬
   - 제세동 불가능 리듬인 경우 **첫2 분간 5주기의 심폐소생술 시행한 후** 다시 검사한 심전도를 기록한다.
   - 표기방법: 자동심장 충격기에서 제세동 불가능 리듬을 분석한 경우 또는 구급대원이 판단하는 경우, 심정지 지침에 따라 **첫2분간 5회의 심폐소생술을 시행한 후 다시 분석한 심전도를 최소 6초간 그림 형태로** 부착한다.
  라. 자발순환회복: 활력징후 중 맥박이 있으며 심전도 기록지상 심실리듬 QRS리듬이 있어야 함.

02 환자이송 및 구급차운용·관리

1. 환자이송

- 원칙: 다리쪽으로 접근할 것.
- 들어올리기법: 손 전면이 환자방향으로 잡는다.
- 한손운반: 3명부터 가능하며 주로 4명이 실시한다.
- 통나무굴리기법: LBB(Low back bending)등을 사용할 때 시행하며 허리대신 허벅지 힘으로 들어올린다.
- 긴급이동(즉각적인 피해를 감소시키기 위해) 〉 응급이동(응급처치를 요하는 경우) 〉 비응급이동(충분한 평가와 처리를 실시한 경우)
- 환자이송시 ① 경형우선 ② 2인이상시 리더 세울것 ③ 환자의 다리가 진행방향으로 이동
- 주의점)
  ① 생명연장과 부상의 악화를 방지할 것.
  ② 2차적인 손상방지
  ③ 이동동선의 최소화
  ④ 누은 자세로 들것에 고정운반
  ⑤ 현장자원 활용 및 장비 사용법을 알 것.

(1) 들어올리기와 잡기

① 가능한 물체에 가깝게 접근, 다리를 약간 벌려 고정 시킨후 앉는다.
② 허리는 고정시키고 손으로 손잡이 부분을 잡고 들어올린다.
③ 양 손은 20~30cm 떨여져 손가락으로 손잡이 부분을 충분히 감싼다.
④ 손잡이는 같은 높이여야 하며 손이 미끄럽거나 기구가 젖어있는지 확인할 것.

(2) 다양한 방법

① 한 손 운반: 4명 이상의 대원이 들것을 이용해 각각의 네 모서리를 잡고 이동시킬 때와 한 손으로 장비를 운반할 때 사용하는 방법이다.
  - 주의점: 들어 올릴때와 내릴 때는 양손을 이용한다. 한 명의 구령에 의해 실시, 한 쪽으로 기울여지지 않도록
② 계단에서의 운반: 들것보다는 의자형 들것을 사용, 이동전에 장애물을 치우고 이동, 만약 3인 이상의 대원이 있다면 이동하는 대원 2명 외에 나머지 대원은 뒷걸음으로 계단을 내려가는 대원의 뒤에서 계단의 시작과 끝을 알려주는 역할을 실시해야 한다.
③ 손을 뻗고 당기는 법: 환자를 움직이는 것은 관절과 근육에 심각한 손상을 야기 시킬 수 있다.
  - 일반적인 원칙:

- 허리를 고정시킨다.
- 손을 뻗을 때 몸을 뒤트는 행동은 피할 것.
- 물체와 38~50cm 이상 떨어져 있으면 안되고 가급적 물체에 가깝게 접근해야 한다.
- 잡아당기는 것보다 가급적이면 미는 동작을 사용할 것.
- 밀 때에는 손뿐만 아니라 상체의 무게를 이용해야 한다.
- 허리를 고정한 후에 실시해야 한다.
- 물체가 낮다면 무릎을 꿇고 실시해야 한다.
- 머리보다 높은 물체를 밀거나 당기는 것은 피할 것.

④ 통나무 굴리기 방법
- 들것으로 환자를 옮길 때 주로 사용되며 척추의 움직임을 최소화하기 위해서 3~4명이 한 팀을 이루어 실시해야 한다.
- 유의사항: 등은 일직선상을 유지한다. 환자를 굴릴 때 손과 어깨를 사용한다. 허리를 지렛대 역할로 사용하는 것은 피한다.

2. 신체역학

물체의 무게를 가늠하여 추가도움을 고려한다.
운반계획을 세우고 나서 들어 올리고 동료와 계속 대화하면서 이동한다.
물체를 가능한 몸 가까이 붙이고 들어 올릴때는 허리보다는 다리를 사용한다.
허리는 항상 일직선을 유지하면서 다리와 둔부의 근육을 사용한다.
다리를 약간 벌리고 발끝을 밖으로 향하며 선다.
들어 올릴 때 몸을 비틀지 말고 갑작스런 움직임은 피한다.
한 손으로 들어 올릴 때 한쪽으로 몸을 굽히는 것을 피한다.

3. 환자이동의 구분

① 긴급이동: 현장 상황의 긴급성에 따라
- 환자나 대원들에게 즉각적인 피해를 줄 수 있는 환경일 때 이동
- 위험한 현장에서 환자의 자세나 위치가 손상을 증가시킬 때
- 단점: 척추손상 가능성이 높다. 부상의 악화를 줄이기 위해 긴축방향으로 이동(긴축: 머리 끝에서부터 척추를 따라 몸의 중심으로 이어지는 선)
- 이동방법은 대개 끌어서 운반하는 것으로 옷, 팔, 바지끌기, 어깨끌기, 경사끌기, 다리끌기, 담요끌기가 있다.

② 응급이동: 환자상태의 응급에 따라
- 환자의 상태가 즉각적인 이송이나 응급처치를 요하는 경우
- 쇼크, 흉부손상으로 인한 호흡곤란시, 고온 및 저온의 환경적요인 시 긴급이동과는 다르게 환자의 척추손상여부에 따라 이동한다.
- 긴 척추고정판으로 환자를 이송한다.

③ 비응급이동: 환자평가와 처치를 실시한 후에 이동한다.

- 척추손상이 없는 환자에게 적용가능하며 직접들어올리기, 무릎-겨드랑이 들기, 앙아위로 환자 이동(주들것), 시트끌기, 부축법, 안기법, 어깨운반법, 메기운반법, 업기 운반법이 있다.

가. 비 응급이동의 원칙:
- 계속적인 처치와 추가적 손상 및 악화를 예방
- 환자 이동에 따른 구급대원 손상가능성을 최소화 시킨다.
- 이동계획 시간을 가지고 적절한 장비를 선택한 후 실시해야 한다.
- 만약 이동 경로에 장애물이 있다면 이동 전에 제거해야 한다.
- 가능하다면 가벼운 장비를 사용할 것.

나. 직접 들어올리기:
- 척추손상이 없는 환자에게만 사용.
- 2~3명의 구급대원이 환자의 옆에 무릎을 꿇고 앉아 한 명은 머리와 등에 다른 한 명은 엉덩이와 넙다리에 손을 넣고 구령에 맞춰 한쪽 무릎을 세우면서 환자를 들어올리고 그 다음 팔을 굽혀 환자를 가슴으로 돌리며 일어선다.

다. 무릎 - 겨드랑이 들기법
- 두 명의 대원이 척추 손상이 없는 환자를 이동할 때 사용하는 방법으로 한 명은 환자 뒤에 무릎을 꿇고 겨드랑이로 손을 넣어 손목을 엇갈려 잡고 다른 한 명은 환자 무릎 앞에 무릎을 꿇고 앉아 무릎 아래에 손을 엇갈려 잡는다.
- 구령에 맞춰 일어선다. 단 환자의 가슴에 압력이 가해지는 자세이므로 호흡곤란 환자는 피할 것.

라. 앙아위 환자 이동
- 침대에 누워있는 환자를 주 들것으로 옮길 때 사용, 시트를 당기거나 손을 이용
- 시트 끌기는 침대 높이에서 환자를 이동할 때 주로 사용되며 시트의 모서리를 각각 잡고 4명의 대원이 각각 2명씩 한쪽 편에 서서 구령에 맞춰 이동시킨다.
- 이 때 멀리 잡거나 허리에 힘을 주는 행동은 피할 것.
- 무거운 환자인 경우 침대와 주들 것을 고정시킨 후 이동.

4. 환자이동장비

(1) 환자 이동 장비를 사용하기 전 주의사항
① 가급적 가벼운 이동장비사용, 주 들것 보다는 이동용 접이식 들것이 낫다.
② 환자를 직접 이동하는 것보다 장비를 이용해 이동하는 것이 낫다.
③ 들것을 들어 올릴 때 최소한 2인 이상이 필요하다. 가능하다면 많은 인원이 동시에 하는 것이 좋다.
④ 2인이 들어 올릴 때에는 서로 키가 비슷하고 같은 힘을 주어야 한다.
⑤ 다리가 진행방향으로 위치할 것. 장비는 신체역학에 맞춰 제작, 설명서 이용

(2) 주 들것 사용 시 주의사항
- 환자는 주 들것에서 안전하게 고정, 가능한 주 들것의 바퀴를 이용하여 환자를 이동 시킬 것.
- 환자의 다리가 진행방향으로 먼저 와야 하며 모두 진행방향을 향해 위치할 것.
- 바닥이 고르지 못하다면 4명이 모서리에 위치해 이동시킬 것.
- 대원이 2명시 한 명은 머리쪽, 한 명은 다리쪽에서 이동.
- 대원은 서로 마주보아야 하며 뒤로 걷는 대원은 어색하므로 대원간의 대화와 호흡이 중요, 2명의 대원으로 이동은 이동통로가 협소할 때 사용.
- 주들것이 완전 고정되었는지 확인!

(3) 보조 들것(알루미늄형, 텐트형, 중량의 플라스틱형, 코트형, 천형 등)
- 대부분의 장비는 접이식이며 쉽게 제작, 세척가능, 보조들 것은 주 들것이 사용할 수 없는 장소에서 환자를 이동시킨다.
- 그리고 다수의 환자가 발생 시 사용됨.
- 기구를 들어올릴 때 단단한 곳을 잡아야 한다.
- 보조들 것은 대부분 바퀴가 없어서 환자의 무게에 맞춰 이동대원이 있어야 한다.

(4) 의자형 들것(계단용)
- 계단용으로 환자를 앉은 자세로 이동시킬 때 사용
- 좁은 복도나 승강기, 좁은 공간에 유용하며 호흡곤란 환자를 이동시킬 때 좋다.
- 척추손상이나 하체손상환자 그리고 기도유지를 못하는 의식 장애 환자에게는 사용금지.
- 계단을 내려 올때는 환자의 다리가 먼저 진행 방향으로 와야 하며 다리 측을 드는 대원의 가슴과 환자의 다리가 수평을 이루어야 한다.
- 모든 벨트는 조였는지 확인, 환자의 팔도 밖으로 나오지 않도록 고정

(5) 분리형 들것
- 주로 운동 중 사고나 골반측 손상에 사용, 알루미늄이나 경량의 철로 만듦.
- 들것을 2부분이나 6부분으로 나누어 앙와위 환자를 움직이지 않고 들것에 고정시켜 이동시킬 수 없다.
- 등 부분을 지지해 주지 못하므로 척추손상 환자는 금지

(6) 척추고정판
- 구급차에 항상 비치, 목뼈나 척추손상 시 고정
- 긴 척추고정판: 나무, 알루미늄 플라스틱 종합체로 만들어지며 누워있거나 서 있는 환자에게 사용된다. 끈과 머리 고정 장치도 쉽게 탈 부착할 수 있다.
- 짧은 척추고정판, 구출 고정장치는 차량사고와 같이 앉아 있는 자세의 척추손상 의심 환자를 고정시키는데 사용
- 이 기구들은 앉아 있는 환자를 긴 척추 고정판 위의 앙와위로 자세를 변경시 사용된다.
  예 구출고정대

(7) 바스켓형 들것
- 플라스틱 중합체나 금속 테두리에 철사망으로 만들어져 있음. 주로 고지대, 저지대 구출용과 산악용으로 사용되며 긴 척추 고정판으로 환자를 고정한 후에 바스켓형에 환자를 결착시킨다.
- 플라스틱 재질은 자외선에 노출되면 변형 될 수 있기 때문에 직사광선을 피해 보관해야 한다.

(8) 가변형 들것
- 좁은 곳을 통과할 때 유용하며 천이나 유연물질로 만들어져 있다.
- 손잡이는 세 군데 혹은 네 군데에 있으며 보관할 때 쉽게 접히거나 말린다.
- 척추 손상 의심환자시 1인 운반시 적절하다.

5. 환자자세

환자자세 선정 시 종합적으로 판단필요.
의식의 상태, 호흡, 순환, 얼굴색, 피부 체온, 메스꺼움 또는 구토의 유무, 손상의 부위, 마비의 유무, 통증의 상태, 응급처치 진행 중의 상태

① 머리, 경추, 척추의 손상이 없는 무의식 환자
- 좌측위나 회복자세: 환자의 구강내 이물질이나 분비물 제거

② 호흡곤란 또는 가슴통증 호소 환자 이송시
- 호흡곤란, 가슴통증시 환자가 편안해 하는 자세, 보통은 앙와위

③ 쇼크환자 이송시
- 머리나 척추손상이 의심 시 긴 척추 고정판으로 이송해야 한다. 구강내 이물질 제거시 왼쪽으로 보드를 약간 기울일 수 있다.
- 쇼크환자는 다리를 20~30cm 정도 올린 후 앙와위로 이송.

④ 임신기간이 6개월 이상인 임부는 좌측위

⑤ 오심 및 구토환자는 편안해 하는 자세로, 의식저하 환자는 회복자세로 이송

6. 장비 사용법

① 입인두기도기(air way): 무의식환자에게 적용
- 크기 선정방법: 입 가장자리에서부터 귓불까지, 입 중심에서부터 하악각까지, 구토반사시 제거

② 코인두기도기: 의식이 있는 환자에게 일시적으로 기도를 확보, 입 인두기도기를 사용할 수 없을 때,
- 크기선정방법: 코끝에서 귓불 끝까지의 길이, 콧구멍보다 약간 작은 것

③ 후두 마스크 기도기:
- 기본 기도기 보다 기도 확보가 효과적이며 후두경을 사용하지 않고 기도를 확보.
- 기관 내 삽관보다 환자에게 비 침습적이고 적용이 쉽다.
- 특징: 병원 전 심정지 환자나 외상환자 기도 확보시 유용. 성문내 삽관보다 삽입법이 용이, 멸균재사용(약 40회)

- 단점: 기도확보 후 흔들림에 의해 빠지는 사례가 있다. 폐로 위 내용물의 흡인이 발생가능, 마스크에서 공기 누출이 큰 경우 양압 환기가 불충분, 높은 압력(20cmH20) 이상시 위장으로 공기가 유입될 수 있다.

④ 후두튜브(LT)
- 후두 마스크와 동일하게 기본 기도기보다 기도확보가 쉽고 콤비튜브 형태 기도기로 환자에게 적용시간이 짧고 어려운 기도 확보 장소에서도 적용 가능.
- 기관과 식도가 분리되지 않아 폐로 위 내용물 흡인가능, 마스크에서 공기누출시 양압환기 불충분, 커프가 얇아 찢어지기 쉽다. 반드시 수지 교차법으로 입을 벌려 삽입.

7. 환자이송 및 의료기관 선택

(1) 신고자와의 대화

신고를 한 사람에게 응급구조사가 도착하기 전에 임상지도, 안전 예방조치, 응급상황을 완화시킬 수 있는 준비 등을 하도록 지시한다.

(2) 구급차 출동

출동지령을 받은 경우

① 본서 대기 중에 상황실로부터 출동 지령을 받은 경우, 구급차량에 탑승하여 경광등 및 통신장비를 켜고, 안전하게 차고를 탈출하면서 무전통신기와 지령단말기로 출발했음을 상황실에 알린다.
② 귀소 중에 유·무선으로 출동 지령을 받은 경우, 환자발생위치를 확인 후 출동하면서 유·무선으로 출발 확인을 상황실에 알린다.
③ 구급차량 출발 시 긴급 상황이 있음을 군중들에게 인지시키기 위해 구급차량의 **사이렌을 울리면서** 이동하되, 안전운전에 최우선을 둔다.

(3) 현장처치

구급차가 도착하면 응급구조사는 최초 반응 근무자로부터 상황에 대한 구두 및 서면보고를 받는다. 대부분의 경우 응급구조사는 응급처치를 시행할 수 있으며, 최초 반응 근무자의 도움 없이 환자를 이송할 수 있다.

(4) 의료기관 선택

환자의 중증도 및 질병내용을 고려하여 이송한다.

| 외상환자 | ① 중증 외상환자 | ㄱ. 중증외상의 기준에 해당하는 경우 중증외상 진료가 가능한 가까운 **권역외상센터** 및 **외상전문의 수련센터** 선정병원으로 이송함을 원칙으로 하되 권역외상센터 선정병원 등 지역별 여건에 따라 의료지도 등을 받아 치료가 가능한 가까운 **지역응급의료센터**로 이송할 수 있다.
ㄴ. 권역외상센터가 선정되지 않은 지역의 경우 중증외상 진료가 가능한 가까운 지역응급의료센터 이상의 응급의료기관으로 이송함을 원칙으로 한다. 단, 행정구역상의 권역외상센터보다 다른 광역시·도 권역외상센터로 이송 하는 것이 더 가까운 경우 가장 가까 |

		운 권역외상센터 선정병원으로 이송 할 수 있다. ㄷ. 응급의료 취약지역의 경우 헬기 등을 이용하여 권역외상센터 선정병원으로 이송하거나 **지역별 여건에** 따라 치료가 가능한 가장 가까운 **지역응급 의료기관 이상**의 의료기관으로 이송할 수 있다. ㄹ. 현장거리, 교통체증 등으로 구급차를 이용한 이송이 헬기 이륙 소요시간 (약 15분) 및 현장까지 소요예상 비행시간보다 더 많은 시간이 소요 될 것으로 판단될 경우에는 헬기이송을 요청하고 지시에 따른다. ㅁ. 위 기준에도 불구하고 이송병원 선정이 어려운 경우 직접의료지도를 요청하고 지도에 따른다.
	② 경증 외상환자	경증 외상환자의 경우 **가장 가까운 지역**응급 의료기관으로 이송한다. 지도의사의 지도가 있는 경우 혹은 환자 치료에 더 적합하다고 판단되는 경우 **가장 가까운 지역**응급의료기관을 우회하여 이송할 수 있다.
비 외상 환자	① 중증 응급환자	가까운 **지역응급의료센터 이상**의 의료 기관으로 이송함을 원칙으로 하되 지역별 여건에 따라 의료지도 등을 받아 치료 가능한 가까운 지역응급 의료기관으로 이송할 수 있다. 응급의료 취약지역일 경우 가장 가까운 응급의료기관 이상의 의료기관으로 이송한다. 위 기준에도 불구하고 이송병원 선정이 어려운 경우 직접의료지도를 요청 하고 지도에 따른다.
	② 경증 응급환자	가장 가까운 지역 응급의료기관으로 이송하는 것을 원칙으로 한다. 지도의사의 지도가 있는 경우 혹은 환자 치료에 더 적합하다고 판단될 때 가장 가까운 지역응급의료기관을 우회하여 이송할 수 있다.
	③ 심폐정지 환자	가장 가까운 **지역응급의료기관 이상** 의료기관의 이송을 원칙으로 한다.
	④ 뇌졸 중 의증 환자	ㄱ. 급성 뇌졸중이 의심되는 경우 가까운 **지역응급의료센터 이상의 의료기관** 으로 이송함을 원칙으로 하되 지역별 여건에 따라 의료지도 등을 받아 치료 가능한 가까운 지역응급의료기관으로 이송할 수 있다. ㄴ. **병원 전 뇌졸중 선별검사가 양성**인 경우에는 즉각적인 **혈전용해치료가 가능한 지역응급의료기관 이상의 의료기관으로 이송함을 원칙**으로 하며 구급상황관리센터에 관련된 병원 정보를 요청할 수 있다. ㄷ. 응급의료 취약 지역일 경우 가장 가까운 지역응급의료기관으로 이송한다. ㄹ. 위 기준에도 불구하고 이송병원 선정이 어려운 경우 직접의료지도를 요청하고 지도에 따른다.

8. 응급의료헬기 요청기준

(1) 목적

현장에 도착한 구급대원이 환자의 상태 및 현장상황 등을 고려하여 응급 의료헬기를 요청할 수 있도록 한다.

(2) 관련근거

[범 부처 응급의료헬기 공동운영규정], [범 부처 응급의료헬기 공동운영에 관한 매뉴얼], [119응급의료헬기 구급활동지침]에 따라 응급의료헬기를 요청할 수 있다.

1) 범부처 응급의료헬기 공동운영 규정

제2조(정의) **"응급의료헬기"** 란 국방부, 보건복지부, 경찰청 해양경찰청, 소방청, 산림청이

운영하는 헬리콥터로서 [응급의료에 관한 법률] 제2조제4호에 따른 응급의료종사자 등이 탑승하여 같은 조 제1호에 따른 응급환자를 이송하는 헬리콥터를 말한다.

제4조(출동요청 접수·대응) 소방청장 또는 시·도 소방본부장은 응급환자의 중증도, 위치, 이송 예상시간 등을 고려하여 가장 적절하다고 판단되는 응급의료헬기의 출동을 해당 참여기관의 장에게 요청해야 한다. 이 경우 [의료법] 제2조에 따른 의사가 탑승한 [응급의료에 관한 법률] 제46조의3 제1항에 따른 응급의료 전용헬기를 이용한 응급환자의 병원 간 이송은 응급의료 전용헬기를 운영하는 병원의 장에게 요청할 수 있다.

2) 119응급의료헬기 구급활동지침

제4조 (응급의료헬기 요청기준) : 환자가 발생한 현장에 구조대 또는 구급대 도착 전 상황실 요원이나 출동 중인 구급대원이 다음 각 호의 어느 하나에 해당하는 신고 접수 또는 인지하였을 때 환자의 상태가 [범부처 응급의료헬기 공동운영에 관한 매뉴얼] 의 헬기 이송기준에 해당되고 현장이 제14조 제2항에 따른 지역으로 판단될 경우 응급의료헬기를 요청할 수 있다.

① 환자의 생명유지, 악화·추가손상 방지 등을 위해 응급의료헬기를 이용하여 신속한 이송이 필요하다고 판단하는 경우
② 응급의료헬기 이외의 수단으로 환자의 구조 또는 이송이 불가능하거나 이송 지연이 발생할 것으로 판단한 경우
③ 다수 사상자가 발생한 경우
④ 그 밖에 응급의료헬기 이송이 필요하다고 판단되는 경우

제14조(119응급의료헬기 출동권역): 현장거리, 교통체증 등으로 구급차를 이용한 이송이 헬기 이륙 소요시간 (약15분) 및 현장까지 소요예상 비행시간 등 보다 더 많은 시간이 소요될 것으로 판단될 경우에는 시·도 경계 등에 관계 없이 헬기를 적극 출동 조치한다.

(3) 범부처 응급의료헬기 공동운영에 관한 매뉴얼

1) 응급의료헬기 현장대응 프로토콜

① 출동요청 및 출동 (구급대원)
　가. 현장에 도착한 구급대원 또는 그 외의 소방공무원은 환자의 상태가 헬기 이송기준에 해당되고, 현장이 응급의료 헬기 출동지역으로 판단되면 상황실에 응급의료헬기를 요청할 수 있음.
　나. 아래의 헬기 이송기준은 항공이송이 필요한 모든 세부적인 환자상태를 설명하지 않았으며 구급대원이 의학적 판단을 해야 한다.
　다. 구급대원이 의학적 판단이 어려울 경우에는 지도의사에게 판단을 요청 할 수 있다.

2) 헬기 이송기준

① 주요 외상기준에 해당될 때(**성인**)

- GCS13이하
- 호흡수가 분당 10회 미만 또는 30회 이상
- 맥박수가 분당 80미만 또는 121이상
- 수축기압이 90mmHg 미만
- 관통상(머리·목·몸통·몸통에 가까운 사지)
- 2개 이상의 긴 뼈 골절 의증
- 연가양 흉부 의증
- 척추손상 또는 사지마비 의증
- 절단상(손·발가락 제외)
- 골반 골절 의증
- 두개골의 개방성 골절 또는 압좌상

② 주요 외상기준에 해당될 때**(소아)**
- 연령대별 정상범위에서 크게 벗어난 맥박 – 수축기압이 정상범위 미만
- 부적절한 호흡상태(중심부위 청색증, 호흡수가 정상범위 미만, 모세혈관 재 충혈이 2초 이상)
- GCS 13이하
- 관통상(몸통, 머리, 목, 가슴, 복부, 또는 서혜부) – 2개 이상의 긴 뼈 골절 의증
- 연가양 흉부 의증
- 2개 이상의 신체시스템, 가슴·복부의 손상, 주요 둔상을 포함한 복합 외상
- 척추손상 또는 사지마비 의증
- 절단상(손·발가락 제외)

③ 중증 화상일 때
- 체표면적 5% 이상의 3도 화상
- 체표면적 20%이상의 2도 화상
- 기도 안면부 · 화상 증거
- 사지의 환형화상
- 전기화상(고압전기, 낙뢰)
- 화상과 외상을 동시에 갖고 있는 환자라면 외상을 우선 고려해야 하며 초기 안정을 위해 **가까운 적정 외상센터**로 이송해야 한다.

④ 중증 질환일 때
- 급성 뇌졸중 의증
- 신시네티 병원전 뇌졸중 척도상 양성(Cincinnati Prehospital Stroke Scale)
- 총 병원 전 시간이 2시간 미만인 경우
  (첫 증상·징후가 시작된 시점 뇌졸중센터 도착 예상시간)
- 급성 심근경색 의증
- 흉통 가쁜 호흡 또는 전형적인 심장 증상
  (심정지환자는 배제해야 한다. 단, ROSC 후 안정화된 환자는 제외)

- EKG상 2개 이상 인접 리드에서 ST분절이 1mm이상 상승하거나 LBBB (V1 또는 V2에서 Q파가 보이고 QRS가 12이상일 때)

⑤ 출동지역에 따라

구급차 이송시간 〉 헬기이착륙 소요시간(약15분) + 현장 도착 소요시간 + 병원이송시간 등

* 응급의료 전용헬기의 장비·의약품·환자인계점 관리 등에 관한 기준(제38조제2항 관련)

2020.6.26.일기준

1. 응급의료 전용헬기가 갖추어야 하는 기종·안전장치·의료장비 및 의약품의 기준

구분	내용
가. 기종	1) 항공기의 기령(機齡)이 15년 이하일 것 2) 8인승 이상으로서 동시에 2명의 환자 이송이 가능할 것 3) 최대 이륙중량이 2,500킬로그램 이상일 것 4) 항속거리가 600킬로미터 이상일 것 5) 쌍발엔진(Twin Engine)을 장착할 것 ※ 2)부터 4)까지에 따른 기준은 「항공기등록규칙」 제20조제1항제6호 및 별지 제12호서식에 따른 항공기 제원 및 성능표의 내용으로 판단한다.
나. 안전장치	1) 헬기 위치 추적 장치 2) 비상위치무선표지시설(ELT) 3) 항공기 간의 공중 충돌 방지 장비 4) 조종실 음성기록장비(CVR) 및 비행자료 기록장비(FDR) 5) 항공관제용 무선통신장비 및 비상용 무선통신장비 6) 항공기의 비상 착수를 위한 부양 기구(Flotation Device for Helicopter Ditching). 다만, 해상 운항이 필요하지 않은 지역에서 운용되는 경우에는 갖추지 않아도 된다.
다. 의료장비	1) 탈부착이 가능한 이동식 들것 2개 2) 고정식 및 이동식 의료용 산소공급장치 3) 인공호흡기 4) 환자감시장치 및 심장충격기 5) 탈부착이 가능한 이동식 흡인기 6) 경추고정장비, 견인부목, 척추고정판 및 골반고정기 7) 주입속도의 설정과 탈부착이 가능한 이동식 주입펌프 2개 8) 수액걸이 4개 9) 이동식 초음파검사기 10) 화학검사장비 및 심장효소검사장비 11) 자동흉부압박장비 12) 청진기, 펜라이트, 후두경 세트, 마질 겸자, 하임리히 밸브, 백밸브마스크, 후두마스크 기도기 등을 포함한 구급가방
라. 의약품	1) 비닐 팩에 포장된 수액제제 3) 혈압상승제 5) 주사용 비마약성진통제 7) 근육이완제 9) 50퍼센트 포도당액 11) 주사용 항히스타민제 13) 설하용 니트로글리세린 15) 소독제 2) 심폐소생술 및 부정맥처치를 위한 약물 4) 주사용 항고혈압제 6) 진정 및 항경련제 8) 뇌압강하제 10) 부신피질호르몬제 12) 항구토제, 진경제 및 제산제 14) 흡입용 기관지확장제

2. 환자인계점의 선정과 관리
   1) 환자인계점의 선정
      ① 환자인계점은 응급의료 전용헬기(이하 이 호에서 "헬기"라 한다)를 배치한 병원, 헬기 조종사 또는 관련 전문가의 의견을 수렴하여 시·도지사가 선정한다.
      ② 헬기의 이착륙이 가능한 면적을 확보하여야 한다.
      ③ 헬기의 하강풍(下降風)에 의한 비산물(飛散物)이 적은 편평한 지면이어야 한다.
      ④ 헬기의 이착륙에 지장을 주는 장애물이 없어야 한다.
      ⑤ 헬기를 운영하는 지역 내에 환자인계점이 적정하게 분포하도록 그 개수와 간격을 조정하여야 한다.
   2) 환자인계점의 관리
      ① 시·도지사는 환자인계점의 관리자를 지정하고, 관리자가 없는 곳은 지역 내 공무원 또는 공무원을 대리하는 자가 관리업무를 수행할 수 있도록 하여야 한다.
      ② 시·도지사는 환자인계점의 관리자에게 해당 공간이 헬기의 이착륙에 사용되는 장소임을 통보하여야 한다.
      ③ 환자인계점에는 해당 공간이 헬기의 이착륙에 사용되는 장소임을 알리는 안내판을 부착하여야 한다.
      ④ 시·도지사는 환자인계점의 선정·취소·일시적 사용중지 및 관리자의 인적사항 변경이 있는 경우에는 중앙응급의료센터의 장과 헬기를 배치한 병원에 통보하여야 한다.
      ⑤ 헬기 조종사가 운항 중에 환자인계점의 이상을 발견한 경우에는 운항이 종료된 즉시 해당 시·도지사에 보고하여 필요한 조치를 할 수 있도록 하여야 한다.
   3) 그 밖에 응급의료 전용헬기의 장비·의약품 및 환자인계점 관리 등에 관한 세부 사항은 보건복지부 장관이 정한다.
3. 착륙장 선정 주의사항
   ① 소형항공기   주간 40m × 40m, 야간 75m × 75m
   ② 중형항공기   주간 50m × 50m, 야간 100m × 100m
   ③ 헬기   주간 22m × 22m, 야간 30m × 30m
      (회전익 항공기 크기의 0.83배 이상, 원을 포함하는 크기)
4. 헬기도착 후 주의점
   ① 헬기 착륙 30m 지점에서 환자와 함께 대기
   ② 착륙전 인계점 관리자는 인원통제·안전확보 및 주변을 정리한다.
   ③ 헬기접근시 헬기의 정면이나 측면으로 접근(꼬리날개쪽 접근 금지)한다.

3) 항공이송시 고려할 사항

고도가 상승시 온도저하, 산소농도저하, 공기가 팽창하므로 환자의 상태에 따라 대응할 것.

4) 항공기로 접근하는 방법
   ① 항공기의 회전날개가 작동 중인 경우는 상체를 숙인 자세로 항공기 앞쪽이나 조종석 측면으로 접근한다.
   ② 바람이 불 경우 주회전 날개가 지상으로부터 1.2m까지 위치할 수 있으므로 반드시 상체를 숙인 자세로 접근해야 한다. 장비를 어깨 위로 들어 올리지 않는다.

③ 꼬리 회전날개는 지상으로부터 1~1.8m에 위치하고 회전속도가 빨라 맨 눈으로 식별이 되지 않으므로 항공기 뒤쪽이나 뒤쪽 측면에서 접근하지 않는다.
④ 필요 인원만 접근하며 수액걸이는 절대 사용하면 안 된다.
⑤ 항공기 한쪽에서 반대편으로 이동할 때도 반드시 항공기 전면을 끼고 이동한다.
⑥ 항공기 이송 시에는 승무원의 지시에 따를 것.
⑦ 의복 장식물 또는 모자 등은 손으로 들거나 단단히 조여 고정한다.

5) 항공기의 착륙유도(헬기수신호)

9. 구급장비

(1) 구급장비

구급장비라 함은 응급처치에 필요한 장비를 말하고 **의약품**은 구급지도의사의 의료지도를 통해 환자에게 처치가 이루어지는 약품을 말한다. **소모품**은 응급처치에 사용되는 1회용 소모품을 의미한다.

① **구급의약품**: 니트로글리세린(구강용), 흡입용기관지확장제, 포도당(수액용), 생리식염수(수액용), 플라스마솔루션(염화마그네슘 염화칼륨, 아세트산나트륨), 또는 하트만용액, 비마약성진통제, 항히스타민제, 에피네프린, 아미오다론
② **소독제**: 포비돈, 클로르헥시딘(헥사메딘=손소독, 구강내소독), 에탄올, 생리식염수, 증류수, 과산화수소, 차아염소산나트륨
③ 구급장비 운영담당자는 구급대 운영에 필요한 구급장비 등 구매 계획을 수립하여야 하며 매년 익년도 예산편성을 할 때 **구급대별 필요수량**을 파악하여 반영한다.
- 환자감염을 통제하는 물품 및 보호준비물
- 환자평가 및 이송장비
- 기도유지와 환기, 산소치료, 흡인장비등 소생술을 위한 장비
- 심폐소생술 보조장비
- 산부인과 관련 출산 준비물
- 급성중독과 화상, 당뇨에 대비한 약물
- 골절과 관련된 고정 장비, 처치와 쇼크 치료를 위한 준비물
- 의료진과 구급대원의 안전을 위한 특수한 장비들.

(2) 구급차란

응급환자의 이송, 응급의료를 위한 장비 등의 운반 등 응급의료에 관한 법률에서 정하는 기준을 갖추고 응급의료 목적에 이용되는 이송수단이다.

1) 구급차 분류
   ① 특수일반: 위급의 정도가 중하지 아니한 응급환자의 이송에 주로 사용 되는 구급차
   ② 특수특별: 위급의 정도가 중한 응급환자의 이송에 주로 사용되는 구급차
   장비는 특별 구급대 표준지침의 구급장비 기준을 적용한다.
   - 구급차 종류에 따라 환자 이송에 따른 이송처치료 기준, 구급차에 구비해야 하는 의료장비, 의약품 기준이 다르게 적용

   > ※ 자동차등록증의 '차명'에 특수구급차(예시 : 스타렉스 특수엠블런스, 그랜드 스타렉스특수구급차 등)로 기입이 되어있어도, 운용자가 이를 일반구급차로써 운용하고자 하면, 일반구급차의 도장 표시 기준 등에 맞도록 하여 일반구급차로 신고하고, 이를 일반구급차로 운용 가능
   > 단, 일반구급차로 제작된 차량을 특수구급차로 신고하거나, 일반구급차로 신고 후 특수구급차의 비용 등을 수취하는 등의 운용 행위는 해서는 안 됨.

2) 구급차의 운용자
   응급의료에 관한 법률에서 정한 운용자만 가능하다.
   ① 국가 또는 지방자치단체
   - 국방부, 경찰청, 법무부, 보건소, 소방청 및 지역소방본부(119구급대) 등

② 「의료법」제3조에 따른 의료기관
③ 다른 법령에 따라 구급차를 둘 수 있는 자
- 「한국마사회법」에 따른 마사회 (한국마사회법 시행규칙 제2조제3호)
- 「체육시설의 설치·이용에 관한 법」에 따른 스키장업자, 4륜 자동차경주업자 (체육시설의 설치·이용에 관한 법 시행규칙 제8조 별표4)
- 「산업안전보건법」에 따른 의사, 간호사를 보건관리자로 둔 일정 조건의 사업장 (산업안전보건법 시행규칙 제16조)
④ 응급환자이송업의 허가를 받은 자 (이하 "민간 이송업자")
⑤ 응급환자 이송업을 목적사업으로 하여 설립허가를 받은 비영리 법인
- 대한구조봉사회 (현재 서울시 소관의 비영리 법인으로 유일)
- 민간이송업체, 보건복지부장관의 설립허가를 받은 비영리법인

♣ 관련 처벌 조항
- 위 대상자 외에 자가 구급차를 운용하면 1년 이하의 징역 또는 1,000만원 이하의 벌금에 처함 (응급의료에 관한 법률 제60조제3항)
- 이송업의 허가를 받지 아니하고 이송업을 한 자는 5년 이하의 징역 또는 5천만원이하의 벌금에 처함 (응급의료에 관한 법률 제60조제1항제3호)

3) 구급차의 용도(응급의료에 관한 법률 제45조, 동법 시행규칙 제37조)

응급의료에 관한 법률에서 지정한 용도 외에는 사용 금지
① 응급환자 이송
② 응급의료를 위한 혈액, 진단용 검사 대상물 및 진료용 장비 등의 운반
③ 응급의료를 위한 응급의료종사자의 운송
④ 사고 등으로 현장에서 사망 하거나 진료를 받다가 사망한 사람을 의료기관 등에 이송
⑤ 지역보건법에 의한 보건소 등 지역보건의료기관에서 행하는 보건사업의 수행에 필요한 업무
⑥ 구급차등의 이용이 불가피한 척추장애환자 또는 거동이 불편한 환자의 이송
⑦ 다수인이 모이는 행사 등에서 발생되는 응급환자 이송을 위한 대기

♣ 관련 처벌 조항
- 시·도지사 또는 시장·군수·구청장은 구급차를 용도 외로 운용한 자에 대해 운용의 정지를 명하거나 구급차의 자동차등록 말소 요청 가능 (응급의료에 관한 법률 제45조제2항)
- 보건복지부장관, 시·도지사, 시장·군수·구청장은 구급차를 용도 외로 운용한 자에 대해 업무정지를 명할 수 있음
(응급의료에 관한 법 제55조 제2항제1호, 동법 시행규칙 제45조 별표18의 러목)

1차 위반	2차 위반	3차 위반
업무정지 15일	업무정지 1개월	업무정지 2개월

4) 구급차의 형태 (구급차 기준 규칙 제2조)
- 「자동차관리법」 제3조에 따른 승합자동차 또는 화물자동차 지붕구조의 덮개
- 간이침대, 보조 들것을 실을 수 있는 크기의 문

5) 구급차의 표시 (구급차 기준 규칙 제3조, 119구급차는 소방관계법령에서 정하는 표시 가능)
- 바탕색은 흰색 : 구급차 외관의 50%를 초과하는 면적이 흰색일 것
- 전·후·좌·우면 중 2면 이상에 녹십자 표시

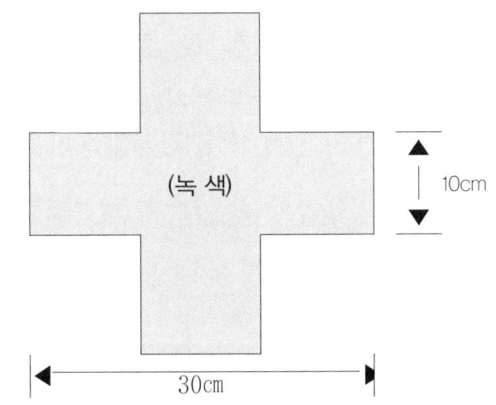

(정방형으로서 부착위치에 따라 확대하여 표시 할 수 있음)

- 전·후·좌·우면의 중앙부위에 너비 5Cm~10Cm 띠를 가로로 표시
- 띠 색깔 : 특수 구급차-적색, 일반구급차-녹색
- 구급차 종별 글씨 표기
  (특수구급차) 전·후·좌·우면 중 2면 이상에 적색으로 "응급출동" 표시
  (일반구급차) 전·후·좌·우면 중 2면 이상에 적색 또는 녹색으로 "환자이송" 또는 "환자후송" 표시 ("응급출동" 표시는 할 수 없음)
- 좌·우면 중 1면 이상에 구급차를 운용하는 기관의 명칭및 전화번호 표시
  상기 구급차 종별 글씨 표기 및 운용기관 명칭, 전화번호 표시면은 해당 표기내용을 명확히 식별할 수 있도록 흰색 바탕을 유지하는 것을 원칙으로 하며 해당 의료기관의 시설 장비 등 기타 사항 및 광고 등을 기재하는 것은 의료법 제57조 제1항 제2호에 따른 옥외광고물 심의절차에 따라야 함.
- 구급차와 유사한 도색 또는 표지 사용의 금지 (도로교통법 제42조)
  구급차는 긴급자동차에 해당하며, 긴급자동차가 아닌 차량이 긴급자동차로 오인할 수 있는 색칠 또는 표지 등을 하거나 운전하여서는 안됨.

> **도로교통법 제42조(유사 표지의 제한 및 운행금지)** ① 누구든지 자동차등에 교통단속용자동차·범죄수사용자동차나 그 밖의 긴급자동차와 유사하거나 혐오감을 주는 도색이나 표지 등을 하거나 그러한 도색이나 표지 등을 한 자동차등을 운전하여서는 아니 된다.
> ② 제1항에 따라 제한되는 도색이나 표지 등의 범위는 대통령령으로 정한다.
>
> **같은 법 시행령 제27조(유사 표지 및 도색 등의 범위)** 법 제42조제2항에 따라 자동차등에 제한되는 도색이나 표

지 등은 다음 각 호와 같다.
1. 긴급자동차로 오인할 수 있는 색칠 또는 표지

같은 법 제154조(벌칙) 다음 각 호의 어느 하나에 해당하는 사람은 30만원 이하의 벌금이나 구류에 처한다.
1. 제42조를 위반하여 자동차등에 도색·표지 등을 하거나 그러한 자동차등을 운전한 사람

6) 구급차의 경광등 및 싸이렌 (자동차 및 자동차부품의 성능과 기준에 관한 규칙 제58조)
   가. 구급자동차는 다음의 기준에 따라 경광등, 싸이렌 설치 가능
   (경광등) 녹색(다른 색은 불가), 1등당 광도는 135칸델라이상 2천5백 칸델라 이하
   (싸이렌) 싸이렌음의 크기는 자동차의 전방 30미터의 위치에서 90데시벨 이상 120 데시벨 이하일 것

7) 구급차 내의 환자실 길이·너비·높이 (구급차 기준 규칙 제4조)
   ① 구급차 환자실의 길이: 운전석과의 구획칸막이에서 뒷문의 안쪽 면까지 250센티미터 이상
   ② 구급차 내에 운전석과 환자실을 구분할 수 있는 차체에 고정설치된 구획칸막이 설치필요. (임시로 덧대놓은 각종 간이칸막이 등은 불인정)
   ③ 간이침대 매트리스의 끝에서 뒷문의 안쪽 면 사이: 25센티미터 이상의 공간 확보
   ④ 구급차 환자실의 너비: 간이침대를 바닥에 고정시켰을 때 적어도 한쪽 면과의 통로가 25센티미터 이상
   ⑤ 구급차 환자실의 바닥에서 천장 안쪽 면까지의 높이: 특수구급차는 150센티미터 이상, 일반구급차는 120센티미터 이상

8) 구급차의 환자실 내부표면 (구급차 기준 규칙 제5조)
   ① 설치된 장치: 차량 표면에 견고하게 부착되어야 하며 날카로운 부분이 없도록 할 것.
   ② 노출된 구조물의 가장자리: 16분의 5센티미터 이상의 반지름으로 깎아 내고, 노출된 모서리는 10분의 12센티미터에서 10분의 25센티미터의 반지름으로 둥글게 할 것.
   ③ 구급차의 환자실 표면:
      ㉠ 비누나 물이 스며들지 아니할 것
      ㉡ 살균할 수 있을 것
      ㉢ 곰팡이에 저항성이 있을 것
      ㉣ 열에 강할 것
      ㉤ 청소하기가 용이할 것

9) 구급차의 내부장치 (구급차 기준 규칙 제6조)

구급차 내부 장치는 정해진 기준에 맞춰 구비하여야 함.
단, 2015년 9월 30일부로 공동부령이 개정된 바, 일부 변경된 기준이 적용되며, 이에 대해 2015년 9월 30일 당시 운행 중(신고완료)인 구급차는 2016년 9월 29일까지 변경된 기준으로 구비할 것

① 구급차 내부장치 기준 변경 사항 신·구 대비

기 존	개정안	개정 이유
바. 조명장치 1) 모든 조명을 켰을 경우 3.3㎡마다 30W 이상이 되어야 한다. 2) 조명등은 형광등으로 하고, 천장 양면에 부착되어야 한다. 3) 조명등에는 조명등이 깨질 경우 인체에 영향을 미치지 않도록 플라스틱 덮개를 설치하여야 한다.	바. 조명장치 1) 환자의 이동조명장치를 제외한 모든 조명을 켰을 경우 구급차 간이침대 표면에서 측정시 150럭스 이상이 되어야 한다. 2) 환자실의 조명등은 천장에 부착되어야 하고, 흰색 외에 색깔있는 조명등을 사용하지 않아야 한다. 3) (현행과 같음)	• 조명기술의 발전으로 형광등 외의 조명기구를 사용케 하고, 조도 기준도 현행 산업안전표준 조도 분류에 맞게 개정 참고 : 산업안전표준 조도분류 F 등급(150-200-300럭스) - 고휘도 대비 혹은 큰 물체 대상의 시작업 수행 시 작업표면 기준 최소 조도
사. 이동조명장치 1) 이동시키면서 환자의 신체 부위를 비추기 쉽도록 설치하여야 한다. 2) 탄력성이 있고 사용이 편리한 전선[구스넥(gooseneck)등]을 사용하여야 한다.	사. 이동조명장치 1) (현행과 같음) 2) 이동조명장치는 조명장치보다 밝은 조도를 가져, 환자 국소 처치시 활용할 수 있어야 한다.	• 조명 기술 발전에 따라 무선형 조명장치나 헤드렌턴형 조명장치 등 고정되지 않은 조명장치도 사용 가능토록 하기 위해 해당 조항 삭제하고 조도 기준을 신설
아. 간이구조장비함 1) 구조장비를 신속하고 쉽게 이용할 수 있도록 보관할 수 있어야 한다. 2) 차량에서 옮길 수 있도록 설치하여야 한다.	〈삭 제〉	• 구급차에 간이구조장비 등을 자율적으로 갖추도록 함에 따라 필요한 경우 깔끔하게 자율적으로 보관토록 하고, 구조장비함을 의무 구비하지 않도록 규제 완화
차. 전기공급장치(콘센트) : 환자실 좌·우에 각각 1개 이상 설치	자. 전기공급장치(콘센트) : 환자실에 2개 이상 설치	• 콘센트 위치를 구급차별 규격에 맞게 자율적으로 설치하도록 규제 완화

〈참고〉 응급의료에 관한 법률 시행규칙 별표17 구조장비 관련 항목 수정 (2015.8.19. 시행)

5. 사고를 대비한 책임보험 및 종합보험에 가입되어 있어야 하고, 간단한 구조·출동장비, 비상등, 신호탄, 소화기, 구명대 및 보온포가 준비되어야 한다.	5. 사고를 대비한 책임보험 및 종합보험에 가입되어 있어야 하고, 비상등, 신호탄, 소화기 및 보온포가 준비되어야 한다.	• 구조·출동장비는 필요한 구급차량에 한해 자율적으로 구비하도록 규제 완화

② 개정된 구급차 내부장치 기준 및 추가 설명

구 분	장치명	형식·형태·재질 등의 기준	수량
공 통 (일반, 특수 구급차)	가. 간이침대 (Main Stretcher)	1) 시트의 재질은 가죽·인조가죽 또는 비닐이어야 한다. 2) 침대의 금속부분은 강하고 가벼운 알루미늄 재질이어야 한다. 3) 차량에서 분리가 가능하고 견고하게 부착할 수 있는 부속장치가 있어야 한다. 4) 시트에는 가슴·엉덩이·발목 등 3개 이상의 부위를 고정시킬 수 있는 환자고정장치(너비 5센티미터 이상인 띠를 말한다)를 설치하여야 한다. 이 경우 띠는 가죽·나일론 등 쉽게 끊어지지 않는 재질이어야 하고, 쉽게 조이고 풀 수 있는 조임쇠가 있어야 한다.	1식 (평상시는 차량에 부착)
	나. 보조들것 (Sub-Stretcher)	들것의 지지대는 가볍고 강한 재질이어야 하며, 접고 펼 수 있는 형태여야 한다.	1식 (평상시는 접어서 한쪽 면에 부착하여 보관)
	다. 갈고리	(1) 비닐팩으로 된 정맥주사용 수액세트 등을 걸 수 있는 형태이어야 한다. (2) 접으면 부착 면과 평행상태로 유지하여야 하며, 접고 펼수 있는 구조여야 한다.	1개 이상 (천장 또는 옆면에 부착)
	라. 의료 장비함	여러 의료장비를 신속하고 쉽게 이용할 수 있도록 보관할 수 있어야 한다. 참고. 의료장비들이 차량 내부에 흐트러지지 않게 정돈해놓을 수 있는 별도의 함(종이, 플라스틱 또는 천 소재 등)을 구비하면 됨	1개 이상
	마. 응급의료 인좌석	간이침대 옆 또는 앞에 고정식 또는 접이식으로 설치하여야 한다(일반구급차에 간이침대 옆에 긴 의자가 설치되어 있는 경우 긴 의자로 대체할 수 있다).	1개
	바. 조명장치	1) 환자실의 이동조명장치를 제외한 모든 조명을 켰을 경우 구급차 간이침대 표면에서 측정시 150럭스 이상이 되어야 한다. 2) 환자실의 조명등은 천장에 부착되어야 하고, 흰색 외에 색깔이 있는 조명등을 사용하지 않아야 한다. 3) 조명등에는 조명등이 깨질 경우 인체에 영향을 미치지 않도록 플라스틱 덮개를 설치하여야 한다. 참고. 조명등은 굳이 형광등일 필요 없이 자유로운 소재 선택 가능. 다만 색깔은 흰색으로 할 것	2개 이상
	사. 이동용 조명장치	(1) 이동시키면서 환자의 신체 부위를 비추기 쉽도록 설치하여야 한다. (2) 이동조명장치는 조명장치보다 밝은 조도를 가져, 환자 국소 처치시 활용할 수 있어야 한다.	1개
	아. 환풍기	환자실 내부 뒷면의 천정에 설치하여야 한다.	1개 이상

	자. 전기공급 장치 (콘센트)	환자실에 설치하여야 한다. 참고. 환자가 의료기관 등에서 사용하던 기본적 의료장비 (환자의 활력징후 모니터, 심전도 모니터링 장비 등) 등을 호환하여 연결할 수 있는 220V 전원콘센트를 원칙으로 함. • 이 경우 일반구급차는 기존 전원선 등을 활용하거나 차량용 배터리에 별도로 직접 연결, 일정용량의 전원을 교류로 변경하여 220V 전원콘센트 형태로 출력하는 인버터를 설치할 수도 있다(시거잭 자체만은 인정 안 됨).	2개 이상
	차. 기타	「응급의료에 관한 법률 시행규칙」별표 16에 따른 의료장비 등을 갖출 수 있는 공간 및 설치대를 마련하여야 한다.	부착물을 견고하게 부착할 수 있는 적정한 수의 부속장치 설치
특수구급차	가. 간이침대 (Main Stretcher)	공통사항에 다음과 같은 사항이 추가되어야 한다. (1) 접고 펼 수 있는 것으로 네 바퀴가 달려 밀거나 당겨서 손쉽게 옮길 수 있어야 한다. (2) 침대의 윗부분을 올리고 내릴 수 있는 장치를 갖춘 구조여야 한다. 참고. 일반구급차-①간이침대의 항목들에 더해서 추가로 (1), (2)를 만족하는 간이침대	
	나. 긴 의자	(1) 환자를 실은 상태로 보조 들것을 놓을 수 있는 규모여야 한다. (2) 보조 들것을 고정할 수 있는 장치가 있어야 한다. (3) 간이침대와 긴 의자 사이에는 사람이 다닐 수 있는 공간이 있어야 한다.	1개
	다. 물탱크와 연결된 싱크대	(1) 재질은 플라스틱 또는 알루미늄 등으로 가볍고 잘 부서지지 아니하여야 한다. (2) 배수가 잘 되어야 하고, 사용한 물을 저장하였다가 버릴 수 있는 설비를 연결하여야 한다.	1개 (환자실 내부의 1개 모퉁이에 설치)
	라. 교류발생 장치	(1) 의료장비 등을 사용할 수 있는 교류 전기를 발생시킬 수 있어야 한다. (2) 환자실에 있는 전기 공급장치에 연결하여 전기를 사용할 수 있어야 한다. 참고. 자동차의 일반 주행 및 에어컨 등에 사용하는 주 전력배터리 외에 일정시간 동안 의료장비 등에 전원을 공급할 수 있는 별도의 장치 확보 • 이 경우 특수구급차는 별도의 발전기 등 발전설비를 설치하거나 주 전력 베터리 외에 추가 배터리 등을 설치 ※ 설치방법에 따라 자동차구조변경 승인 사항에 해당되는 경우가 있어 (자동차 구조, 설계방식에 따라 다름) 필요 시 각 지역 자동차검사소에 문의 * 자동차 구조변경은 자동차 관리법 제34조 및 제77조 규정에 의거 교통안전공단 자동차검사소의 승인 필요	

10) 구급차의 의료장비 (응급의료에 관한 법률 시행규칙 제38조제2항)

구분	장비 분류	장비 일반	장비 특수
가. 환자 평가용 의료 장비	신체 검진	• 체온계(쉽게 깨질 수 있는 유리 등의 재질로 되지 않은 것) • 청진기 • 휴대용 혈압계 • 휴대용 산소포화농도 측정기	• 체온계(쉽게 깨질 수 있는 유리 등의 재질로 되지 않은 것) • 청진기 • 휴대용 혈압계 • 휴대용 산소포화농도 측정기 • 환자감시장치(환자의 심전도, 혈중산소포화도, 혈압, 맥박, 호흡 등의 측정이 가능하고 모니터로 그 상태를 볼 수 있는 장치) • 혈당측정기
나. 응급 처치용 의료 장비	기도 확보 유지	• 기도확보장치(구인두기도기, 비인두기도기 등)	• 기도확보장치(구인두기도기, 비인두기도기 등) • 후두경 등 기도삽관장치(기도삽관튜브 등 포함)
	호흡 유지	• 성인용·소아용 산소 마스크(안면용·비재호흡·백밸브) • 의료용 산소발생기 및 산소공급장치 • 전동식 의료용 흡인기(흡인튜브 등 포함)	• 성인용·소아용 산소마스크(안면용·비재호흡·백밸브) • 의료용 산소발생기 및 산소공급장치 • 전동식 의료용 흡인기(흡인튜브 등 포함) • 의료용 분무기 (기관제 확장제 투여용) • 휴대용 간이인공호흡기(자동식)
	심장 박동 회복	—	• 자동제세동기(자동심장충격기, Automated External Defibrillator)
	순환 유지	• 정맥주사세트	• 정맥주사세트
	외상 처치	• 외상처치에 필요한 기본 장비 (압박붕대, 일반거즈, 반창고, 지혈대, 라텍스장갑, 비닐장갑, 가위 등)	• 외상처치에 필요한 기본 장비(압박붕대, 일반거즈, 반창고, 지혈대, 라텍스장갑, 비닐장갑, 가위 등) • 부목(철부목, 공기 또는 진공부목 등) 및 기타 고정장치(경추·척추보호대 등)

① 환자평가용 의료장비
- 체온계: 체온을 측정할 수 있는 장비로 고막 또는 비접촉식 체온계 구비바닥에 떨어져 깨질 우려가 있으므로 유리 등의 재질로 된 것으로는 하지 말 것
- 청진기: 환자 청진 또는 수동혈압계, 비위관 삽입여부 등을 확인할 수 있는 청진기
- 휴대용 혈압계: 구급차량 내에 고정식으로 부착되지 않고 휴대하여 환자의 혈압을 측정할 수 있는 전자식 또는 수동식 혈압계
- 휴대용 산소포화농도 측정기, Pulse Oxymetry: 손가락 등에 집게 형태로 물려서 환자

의 산소 농도 및 맥박을 측정할 수 있는 전자식 기구. 환자가 호흡곤란을 호소하거나 또는 기관 삽관, 기도유지기를 사용한 환자에게는 반드시 사용.
- EKG : 환자의 심전도, 혈중산소포화도, 혈압, 맥박, 호흡 등의 측정이 가능하고 전자식 모니터로 그 상태를 볼 수 있는 장치를 말함. 구급차에서 분리하여 환자를 현장에서 구급차로 이송 시 휴대할 수 있는 형태로 갖추는 것을 권장하나, 차량에 고정된 형태도 가능
- 혈당측정기: 환자로부터 소량의 혈액을 채취하여 혈당을 전자식으로 측정하는 장비로 측정에 필요한 측정용지 및 이를 버릴 폐기물통 등을 포함.

② 응급처치용 의료장비

가. 기도확보유지
- 기도확보장치: **구인두기도기** 사이즈별로 1개 이상 및 비인두기도기 사이즈별로 1개 이상
- 구강(또는 비강) 기도유지기: 사용 후 멸균소독이 가능한 소재로 하며, 사용 전 항상 포장된 상태 유지
  *사이즈별이라 함은 성인용/소아용 각각 최소 1개 이상씩을 의미
- **후두경 등 기도삽관장치**(기도삽관튜브 등 포함)
- 후두경은 핸들(손잡이)과 블레이드를 사이즈별로 결합하여 결합이 잘되는지 확인하고 결합 시 블레이드에 불이 들어와야 함.
- 기도삽관튜브세트는 사이즈별 기도삽관튜브, 탐침(스탈렛), 기도 내 고정을 위해 공기를 불어넣을 수 있는 주사기(ballooning syringe), 삽관 후 고정을 위한 바이트 블록 등을 포함하며, 인공호흡기와 탈착이 용이하여야 한다.

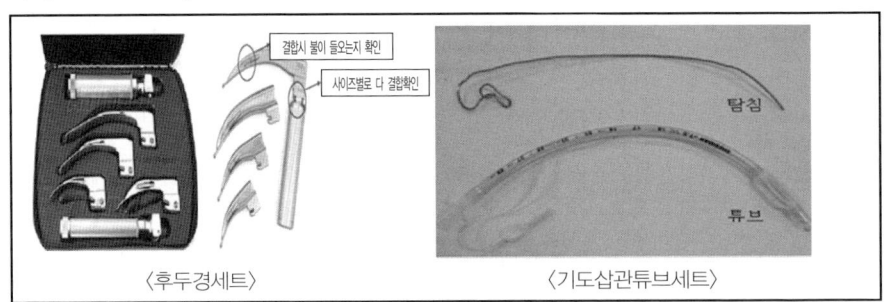

〈후두경세트〉 〈기도삽관튜브세트〉

나. 호흡유지
- 성인용·소아용 **산소마스크** (안면용, 비재호흡, 백밸브) 단순 안면 마스크(simple face mask), 비재호흡 마스크(non-rebreathing mask), 백밸브 마스크 : 성인용, 소아용으로 구분하여 각 1개 이상씩 (최소 총6개 이상) 비치할 것.
- 의료용 산소발생기 및 산소 공급장치: 구급차 내부에 환자에게 제공할 수 있는 일정량의 산소를 비치하고 이를 환자에게 마스크, 비강케뉼라 등을 통해 제공할 수 있는 기구 일체를 의미
- 전동식 의료용 흡인기(흡인튜브 등 포함) : **흡인기**(Suction Device) 및 **튜브**(suction tip, tube or catheter), **세척액** 등 부속품 일체를 의미하며 흡인기는 전

기로 작동되는 형태로 갖춰야 함.(튜브는 1회용)
- 의료용 **분무기**(기관제 확장제 투여용): **기관지확장제** 등을 분무형태로 만들어 환자가 흡입할 수 있도록 하는 **네뷸라이저**(nebulizer) 등
- 휴대용 간이인공호흡기(자동식): 의식이 없는 환자에게 마스크를 통해 산소 등을 압력을 걸어 공급을 해야 할 상황이나 손 부족으로 일시적으로 자동식으로 구비

다. 심장박동회복
- 자동제세동기(Automated External Defibrillator, **AED**)는 환자의 피부에 부착된 전극을 통하여 전기충격을 심장에 보내 심방이나 심실의 세동을 제거하는 제세동기를 자동화하여 만든 의료기기이다.

라. 순환유지(**정맥주사세트**)

마. 외상처치
- 외상처치의 기본 장비이다.
- 압박붕대, 일반거즈, 반창고, 지혈대, 라텍스장갑, 비닐장갑, 가위 등
- **부목**: 철부목, 공기 또는 진공부목

11) 구급차 및 의료장비의 소독과 청결 (감염관리실 운영 및 관리) (응급의료에 관한 법률 시행규칙 제38조제2항, 별표17)

> 모든 응급환자 이송시엔 이송시작 전 반드시 체온 및 혈압, 맥박을 측정하고, 감염환자로 의심되는 경우엔 마스크 착용 등 적절한 종사자 보호조치를 취해야 하며, 신종감염병 등이 의심될 경우 이송시작 전 반드시 관할 보건소에 어떻게 환자/종사자 보호조치를 해야하는지 반드시 확인하고 지시에 따를 것

① 구급차·감염관리실 소독
ⓐ 구급차 등의 소독
구급차 이송환자 및 보호자, 구급대원의 감염예방을 위하여 구급차 및 응급처치기구 등에 대하여 소독을 실시하여야 한다.
ⓑ 소독의 주기

주기	소독주체	비고
월 1회 이상	소독업체	• 소독업체를 통한 위탁소독
주 1회 이상	구급대원	• 구급차량 및 차량 내 응급처치 기구 소독
수시	구급대원	• 환자 이송 후 주요 접촉부위 표면소독 • 내·외부 오염 또는 감염병 환자 등의 이송 • 환자의 체액이나 혈액에 노출된 경우 등

ⓒ 소독의 기록
구급대원은 소독업체를 통해 위탁소독을 하거나, 구급대원이 자체적으로 소독을 한 경우, 소독에 대한 사항을 근무일지 등에 기록하여야 한다.

② 감염관리실 소독
주 1회 이상 감염관리실을 소독하며, 오염이 된 경우 수시로 소독한다.
이 외에 사항은 구급차의 소독에 준하여 실시한다.

③ 구급차 병원성 세균검사
  ㉠ 감염관리담당자는 연 1회 이상 구급차 내 병원성 세균 오염실태를 검사하여 구급대원 감염 방지 및 구급장비 소독강화 등 감염관리를 하여야 한다.
  ㉡ 검체 대상 - 구급차당 5개소에서 분야별 1개소 이상 무작위 채취
    - **기도유지기**
    - **호흡유지기**
    - **순환유지기**
    - **환자실**
    - **운전석**
  ㉢ 검사항목 - 병원성세균 4종
    - **황색포도상구균(MRSA)**
    - **장내구균(VRE)**
    - **폐렴간균**
    - **바실러스 세레우스균**
④ 검사 위탁기관 : 보건환경연구원, 의과대학 및 검사 가능 의료기관 등
  전 구급차에 대해 불시검사 (점검일정 사전 통보 금지)
⑤ 구급차 병원성 세균검사 시 병원성 세균이 검출 되었을 경우 구급차 및 구급장비 일제 소독 실시 후, 세균이 검출된 장비에서 다시 시료를 재취하여 오염도 검사를 실시하여 병원성 세균이 없음을 확인할 것.
⑥ 구조장비의 확보 (응급의료에 관한 법률 시행규칙 제38조제2항, 별표17)
  - 긴급 상황에서 사용 가능한 구조 출동장비 구비
  - 비상등 : 비상시 사용가능한 휴대용 조명기구 등
  - 신호탄 : 섬광 신호탄 등 반드시 화약류로 구매하지 않아도 됨
  - 소화기
  - 보온포
  ⇒ **기존의 간단한 구조·출동장비, 구명대 등은 보유 의무 삭제**
⑦ **구급차의 차량 관리** (응급의료에 관한 법률 시행규칙 제38조제2항, 별표17)
  - 구급차의 연료 및 정기점검
  - 연료 최대주입량의 4분의 1이상을 유지하는 등 항상 사용가능한 상태로 유지
  - 자동차 정기점검일 준수(1년 1회)
  - 구급차 별 책임보험 및 종합보험 가입
  - 구급차 운행기록 대장을 비치·작성하고, 3년간 구급차 운용자가 보관
  ♣ 관련 처벌 조항
    - 시·도지사, 시장·군수·구청장은 응급의료에 관한 법률에 제50조에 의거 관할 구역에서 운용되는 구급차등 운용상황과 실태 점검 시 구급차의 관리기준(별표 17내용) 미비 사항에 대해 시정명령을 명할 수 있으며, 시정명령을 따르지 아니한 경우 업무정지를 명할 수 있음

(응급의료에 관한 법 제55조제2항제1호 같은 법 시행규칙 제45조 별표18의 처목)

1차 위반	2차 위반	3차 위반
업무정지 2개월	업무정지 3개월	영업허가 취소

- 구급차 신고필증 발급을 위해서는 응급의료에 관한 법률 제46조 및 제47조(시행규칙 38조 별표 16, 별표17)의 사항을 모두 확인하여야 하고, 동 사항 미충족 시에는 신고필증을 받을 수 없음
  ⇒ 미신고 운용 시 자동차 등록 말소 또는 **과태료 200만원**

⑧ 구급차의 운용신고(통보)
- 구급차의 운용자는 응급의료에 관한 법률에서 정하는 구급차 장비기준 등을 구비하여 자동차 등록 후 10일 이내(기존 운용 구급차는 2014년 9월 5일까지)에 사용본거지 시·군·구청에 구급차 운용을 신고
  ⇒ 신고 이후에 법으로 정하는 중요한 사항이 변경된 경우에는 변경신고를 해야 함
  (응급의료에 관한 법률 제44조의2, 제45조제2항, 제62조제1항제4호의2, 시행규칙 제36조의2)

〈위반 시 처분사항〉
○ 미신고(변경신고 포함) 운용 시 구급차의 자동차 등록 말소 처분 가능
○ 구급차 운용자에게 과태료 200만원 부과(시행령 별표2 바목)

⑨ 구급차의 사용용도 제한
- 구급차는 응급환자 이송 등 정해진 용도로만 사용하여야 함
  (응급의료에 관한 법률 제45조, 제55조제2항제1호, 시행규칙 제37조)

〈위반 시 처분사항〉
○ 용도 외 사용 적발 시 구급차의 자동차 등록 말소 처분
○ 행정처분 (시행규칙 별표18 러목)

처분 대상	1차 위반	2차 위반	3차 위반
구급차등을 운용하는 자	업무정지 15일	업무정지 1개월	업무정지 2개월

⑩ 구급차 내 의료장비, 구급의약품, 통신장비 기준 준수
구급차에 의료장비, 구급의약품, 통신장비를 갖추고 상시 가능하도록 관리되어야 함
(응급의료에 관한 법률 제47조, 제55조제2항제1호, 시행규칙 제38조제2항 별표16, 제3항 별표17)

〈위반 시 처분사항〉
○ 행정처분(시행규칙 별표18 머목)

처분 대상	1차 위반	2차 위반	3차 위반
구급차등을 운용하는 자	업무정지 1개월	업무정지 2개월	업무정지 3개월

⑪ 응급구조사 등의 탑승의무 준수
- 구급차의 운용자는 응급환자를 이송하거나 이송하기 위하여 출동하는 때에는 응급구조

사(또는 의사, 간호사) 1인 이상과 운전사 1인이 탑승하도록 하여야 함.
- 운전사가 응급구조사 자격을 가지고 있더라도 응급구조사 탑승으로 인정되지 않음.
(응급의료에 관한 법률 제48조, 제55조제2항제1호, 제62조제1항제3호의2, 시행규칙 제39조)

〈위반 시 처분사항〉

○ 행정처분 (시행규칙 별표18 버목)

처분 대상	1차 위반	2차 위반	3차 위반
구급차등을 운용하는 자	업무정지 7일	업무정지 1개월	업무정지 2개월

○ 구급차 운용자에게 과태료 150만원 부과(시행령 별표2 라목)

⑫ 이송병원의 수용능력 확인 등
- 응급환자 등을 이송하는 자(운전자와 응급구조사, 의사 또는 간호사)는 이송하고자 하는 응급의료기관의 응급환자 수용능력을 확인하고 응급환자의 상태와 이송 중 응급처치의 내용을 이송 시작한 즉시 통보
- 통보 내용 : 환자의 발생 경위(확인된 경우만), 환자의 연령·성별·상태(활력 징후 및 의식수준), 현장 및 이송 중 응급처치의 내용, 도착 예정 시각
- 통보 방법 : 전화, 무선통신, 그 밖의 전산망 등을 이용
(응급의료에 관한 법률 제48조의2, 시행규칙 제39조의2)

⑬ 출동 및 처치 기록의 작성, 제출, 보존 등
- 출동 및 처치 기록의 작성(응급구조사 등)
- 응급구조사가(응급구조사를 갈음하여 의사나 간호사가 탑승한 경우에는 의사나 간호사가 작성) 출동하여 응급처치를 행하거나 응급환자를 이송한 때 3부 작성(응급환자를 인수한 의사의 서명 반드시 포함)
(응급의료에 관한 법률 제49조 제1항, 제55조 제1항제1호, 제62조 제1항제4호, 시행규칙 제40조 제1항·제2항)

♣ 출동 및 처치 기록 3부의 용도

(용도 1) 구급차등의 운용자에게 제출
(용도 2) 당해 응급환자의 진료의사에게 제출
(용도 3) 이송처치료징수용으로 환자 또는 보호자에게 교부(이송처치료영수증과는 별개임)

〈위반 시 처분사항〉

○ 위반내용 : 출동 및 처치 기록의 미작성, 미제출
○ 행정처분 (시행규칙 별표18 서목)

처분 대상	1차 위반	2차 위반	3차 위반
응급구조사	자격정지 7일	자격정지 1개월	자격정지 2개월
의사, 간호사 (응급구조사를 갈음하여 탑승한 경우)	면허정지 7일	면허정지 1개월	면허정지 2개월

○ 응급구조사(또는 의사, 간호사)에게 과태료 100만원 부과 (시행령 별표2 마목)

⑭ 출동 및 처치 기록의 제출(구급차등의 운용자)
- 응급구조사 등으로부터 출동 및 처치 기록을 제출받은(용도1 관련) 구급차등의 운용자는 그 기록을 지역응급의료지원센터로 **다음달 10일**까지 매월 제출 (제출방법은 붙임5 참고)

〈위반 시(미제출) 처분사항〉
○ 행정처분(시행규칙 별표18 어목)

처분 대상	1차 위반	2차 위반	3차 위반
구급차등의 운용자	업무정지 15일	업무정지 1개월	업무정지 2개월

○ 구급차등의 운용자에게 과태료 100만원 부과(시행령 별표2 마목)

⑮ 출동 및 처치 기록의 보관(구급차등의 운용자, 의료기관의 장)
- 구급차등의 운용자(용도1 관련)와 진료의사가 소속된 의료기관의 장(용도2 관련)은 제출 받은 출동 및 처치 기록을 3년간 보존해야 함 (응급의료에 관한 법률 제49조의제3항, 제55조제2항제1호, 제62조제1항제4호, 시행규칙 제40조제3항)

〈위반 시(미보관) 처분사항〉
○ 행정처분 (시행규칙 별표18 저목)

처분 대상	1차 위반	2차 위반	3차 위반
구급차등의 운용자, 진료의사 소속 의료기관의 장	업무정지 15일	업무정지 1개월	업무정지 2개월

○ 구급차등의 운용자, 진료의사 소속 의료기관의 장에게 과태료 100만원 부과(시행령 별표2 마목)

⑯ 지도의사 선임 또는 위촉
- 구급차의 운용자는(의료기관 제외) 응급환자를 이송하기 위하여 구급차를 사용하는 경우 상담·구조·이송 및 응급처치를 지도받기 위하여 지도의사를 선임 또는 위촉 한다.
- 지도의사 수 및 선임 등 : 구급차 운용자 관할 시·도에 소재하는 지원센터 또는 응급의료기관에 근무하는 전문의 1인 이상 (응급의료에 관한 법률 제52조, 제55조제2항제1호, 시행규칙 제42조)
  ※ 보건복지부는 중앙응급의료센터를 통해 '응급의료지도의사 양성과정'을 운영하고 있으며, 해당 과정을 이수한 의사를 지도의사로 위촉하기를 권고함

♣ 지도의사의 업무
▶ 응급환자가 의료기관에 도착하기 전까지 행하여진 응급의료에 대한 평가
▶ 응급구조사의 자질향상을 위한 교육 및 훈련
▶ 이송중인 응급환자에 대한 응급의료 지도

〈위반 시 처분사항〉
○ 행정처분 (시행규칙 별표18 허목)

처분 대상	1차 위반	2차 위반	3차 위반
이송업자	업무정지 1개월	업무정지 2개월	업무정지 3개월

12) 중앙응급의료센터의 지정기준(제12조제1항 관련)
1. 대형재해 등의 발생시 응급의료지원을 할 수 있는 시설·장비 및 인력을 갖출 것.

2. 전국 응급의료종사자의 교육 및 훈련을 담당할 수 있는 시설·장비 및 인력을 갖출 것
3. 응급의료기관 등에 대한 평가를 실시할 수 있는 전문인력 또는 장비를 갖출 것
4. 응급의료기관 등과 응급의료종사자에 대한 지도를 할 수 있는 공공기관일 것

13) 구급차의 요금

구분	요금의 종류	의료기관, 민간이송업 등	비영리법인
일반 구급차	기본요금(이송거리 10km 이내)	30,000원	20,000원
	추가요금(이송거리 10km 초과)	1,000원/1km	800원/1km
	부가요금 (의료인 또는 응급구조사가 탑승한 경우)	15,000원	10,000원
특수 구급차	기본요금(이송거리 10km 이내)	75,000원	50,000원
	추가요금(이송거리 10km 초과)	1,300원/1km	1,000원/1km
공통	할증요금(00:00~04:00)	기본 및 추가요금에 각각 20% 가산	

14) 구급차의 통신장비 및 통신체계

① 특수구급차는 통신장비를 갖춰야 하며, 이는 구급차에 장착된 형태로 응급의료전용주파수를 사용할 수 있는 무전기를 의미. 다만, 119구급대 구급차에 장착된 무전기는 소방용 전파지정기준에 의한 전파를 사용할 수 있는 경우 구급차 무전기에 갈음

- 현재 응급의료전용주파수는 미운영중으로 휴대전화로 대체 가능
 (응급의료에 관한 법률 시행규칙 제38조제2항 별표16)
- 운전기사 및 환자실의 응급의료종사자가 동시에 사용할 있도록 설치
 (구급차 기준 규칙 제7조)
- 응급의료지원센터 및 응급의료기관과 항상 교신될 수 있는 상태 유지
 (응급의료에 관한 법률 시행규칙 제38조제3항 별표17 5.)

♣ 관련 처벌 조항
 – 보건복지부장관, 시·도지사, 시장·군수·구청장은 구급차등을 운용하는 자가 법 제47조제1항을 위반하여 구급차등에 의료장비, 구급의약품 등과 통신장비를 갖추지 않은 경우 의료기관 등의 개설 또는 영업에 허가를 취소하거나 6개월 기간을 정하여 업무정지를 명할 수 있음 (응급의료에 관한 법 제55조제2항제1호 같은 법 시행규칙 제45조 별표18의 머목)

1차 위반	2차 위반	3차 위반
업무정지 1개월	업무정지 2개월	업무정지 3개월

② 구급차 운행기록장치 (Ambulance Digital Tachograph)
 자동차의 속도·위치·방위각·가속도·주행거리 및 교통사고 상황 등을 기록하는 자동차의 부속장치 중 하나인 전자식 운행기록장치

	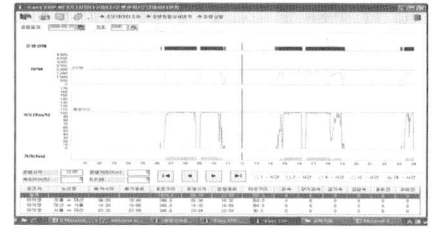
디지털 운행기록장치 형태(예시)	기능 : 시간, 속도, RPM 등 기록

③ 법적 장비 기준

장비 기준	구급차 운행기록장치는 「교통안전법 시행규칙」 제29조의2제1항에서 정한 운행기록장치의 기준에 적합하여야 한다.
정보의 수집·보관·제출 방법 및 동의 절차	1) 구급차 운행기록장치에 기록된 운행기록은 6개월간 보관하고, 보관 기간이 만료한 때에는 지체 없이 파기하여야 한다. 2) 구급차 운행 기록은 운행기록장치 또는 저장장치(개인용 컴퓨터, CD, 휴대용 플래시 메모리 저장장치 등을 말한다. 이하 같다)에 보관하여야 한다. 3) 구급차 운행 기록의 제출은 기록파일을 인터넷 또는 저장장치를 이용하여 제출한다. 4) 구급차 운행 기록 장착에 따른 정보 수집·보관 및 제출 관련 세부 사항은 보건복지부 장관이 정한다.

03 대량재난

01 재해(disaster): 재난

사적적인 의미는 날씨 등의 자연현상의 변화, 천재지변, 인위적인 사고로 인한 피해를 말한다. 사람의 실수나 부주의, 고의로 일어난 사고는 인재라고 표현한다.

1. 원인에 따른 분류 (아래 표 참조)

구분			유형
재난	자연재난		태풍, 홍수, 호우(豪雨), 강풍, 풍랑, 해일(海溢), 대설, 한파, 낙뢰, 가뭄, 폭염, 지진, 황사(黃砂), 조류(藻類) 대발생, 조수(潮水), 화산활동, 소행성·유성체 등 자연우주물체의 추락·충돌, 그 밖에 이에 준하는 자연현상으로 인하여 발생하는 재해
	사회재난	인적재난	화재·붕괴·폭발·교통사고(항공사고 및 해상사고를 포함한다)·화생방사고·환경오염사고 등으로 인하여 발생하는 대통령령으로 정하는 규모 이상의 피해
		국가기반체계 마비	에너지·통신·교통·금융·의료·수도 등 국가기반체계의 마비
		감염병·가축전염병 확산으로 인한 피해	「감염병의 예방 및 관리에 관한 법률」에 따른 감염병의 확산 등으로 인한 피해
			「가축전염병예방법」에 따른 가축전염병의 확산 등으로 인한 피해
		미세먼지로 인한 피해	「미세먼지 저감 및 관리에 관한 특별법」에 따른 미세먼지 등으로 인한 피해
	해외재난		대한민국의 영역 밖에서 대한민국 국민의 생명·신체 및 재산에 피해를 주거나 줄 수 있는 재난으로서 정부차원에서 대처할 필요가 있는 재난

2. 규모에 따른 재난 구분

재해1등급: 재해가 발생한 지역의 자체대책으로 수습이 가능한 규모
재해2등급: 재해가 발생한 지역의 자체대책으로 수습하기 어려운 규모로 인근지역으로부터의 지원이 요구되는 재해(수시간~ 1일정도)
재해3등급: 규모가 커서 정부의 적극적인 지원이 필요한 재해(전쟁, 모든 재해 대책을 수립하면서 자체적으로 재해에 대처할 수 있는 계획을 수립하고 비상물자를 비축(최소48시간)해야 한다.

3. 응급의료체계의 관점에서 재난의 정의

- 세계보건기구(WHO): "외부의 도움을 필요로 하는 상당한 정도의 갑작스런 생태적 현상이 재난현장이다".
  ① 내부재난(internal disaster): 병원 내의 재난을 의미

정전, 화재, 치료용 방사선 노출 등
② 외부재난(external disaster): 병원 밖의 재난을 의미
교통사고, 폭발사고, 테러, 자연재해 등 다양한 원인의 재난

4. 재난 발생시의 의료대책

최소의 인력과 장비로 많은 생명을 구해야 하므로 생존 가능성이 적다고 판단되면 응급의료를 시행하지 않는다.

간호사와 응급구조사 등의 의료인들의 역할도 증가하므로 간단한 것은 직접 해야 하며 의사는 오직 중증환자만을 처치하는데 집중해야한다.

병원으로 입원할 환자의 자격도 선별해야 하며 경증환자는 따로 구분하여 치료받게 하고 중증환자만 병원에서 관리 한다. 감염성 질환이 확산되는 경우도 발생할 수 있으므로 역학조사 및 치료 프로그램을 적용할 경우도 발생한다.

장기간의 복합재난은 영양상의 문제도 발생하며 감정과 정신적 상황에 대한 상담 및 지지요법 의 적절한 치료가 요구된다.

5. 대형 사고

(1) 현장확인

도착시 전반적인 확인 필요. 우선적으로 해야 할 일이다.
① 현장도착과 명령체계 확립: 지위체계 확립
② 안전한 거리에서 현장 파악 및 상황 대응: 환자 수 및 위급정도, 위험물질, 요 구조자수, 필요한 구급차 수, 주위 상황 및 필요자원, 지역설정
③ 추가 지원 요청을 위한 현장 확인 내용을 무선으로 통신
④ **최초 도착시 차량 배치 요령은 아래와 같다. ★(기출)**
   가. 도로 외측에 정차시켜 교통장애를 최소화하도록 하며, 도로에 주차시켜야 할 때에는 차량주위에 안전표지판을 설치하거나 비상등을 작동시킨다.
   나. 구급차량의 전면이 주행차량의 전면을 향한 경우에는 경광등과 전조등을 끄고 비상등만 작동시킨다.
   다. 사고로 전기줄이 지면에 노출시 전봇대와 전봇대를 반경으로 외곽에 주차시킨다.
   라. 차량화재가 있는 경우 화재차량으로부터 30m 밖에 위치시킨다.
   마. 폭발물이나 유류를 적재한 차량으로부터 600~800m밖에 위치한다.
   바. 화학물질이나 유류가 누출되는 경우에 흘러내리는 방향의 반대편에 위치시킨다.
   사. 유독가스가 누출되는 경우 바람을 등진 방향에 위치시킨다.

(2) 무선 통신

현장에 처음 도착한 대원은 요점만 간단히 보고하며 상황의 위급한 정도와 추가 지원 요청 사항이 포함되어야 한다.

현장 지휘 대장은 무전을 통해 자신의 현장 직위를 밝히고 위치를 알려야 한다.

지원 요청시에는 인원수, 장비, 현장 접근 방법, 대기 장소, 도착 후 업무 등을 전달해 주어야 한다.

(3) 구급 기능
① 현장 확인: 안전거리를 유지하고 현장 안전 확인
② 인원/장비 배치: 환자 수 및 상황에 따른 적절한 인원 및 구급차 배치
③ 구조대 투입: 요구조자 구출을 위한 구조대 투입
④ 환자 분류: 즉각적인 이송 및 처치에 따른 환자 분류
⑤ 응급 처치: 환자 상태에 따른 응급 처치 제공
⑥ 이송: 현장 진·출입 통제관의 도움으로 거리, 경로, 우선순위 결정
⑦ 회복/대기소: 구조·구급대원의 휴식, 음식물 제공

02 재해의 분류와 종류

① 자연재해
  가. 기후적 재해: 태풍, 홍수
  나. 지진성 재해: 지진, 화산 폭발

② 인적재해
  가. 사고성 재해: 교통사고, 산업사고, 폭발사고, 화재, 생물학적, 화학적, 방사능
  나. 계획적 재해: 테러, 폭동, 전쟁

① 자연재해
  가. 화산
- 마그마나 다른 물질이 지표로 분출하는 현상을 말한다.
- 화산폭발은 많은 양의 화산재를 분출하여 이물질 흡입에 의한 질식환자 발생, 고온증기에 의한 화상, 유독가스 분출에 의한 손상을 유발한다.
- 유독가스의 손상을 줄이기 위해서는 공기 중의 이산화황, 유화수소, 불화수소산 및 이산화탄소 등의 농도를 측정하여야 한다.
- 화산재는 눈, 점막 및 호흡계에 자극을 주어 만성폐질환을 악화시키고 기도폐쇄를 초래한다.

  나. 홍수
- 자연재난 가운데 가장 빈번하게 발생하는 재난이며 세계적으로 40%가량을 차지한다.
- 가장 흔한 사망원인은 익사이다. 도시 지역에서 발생하는 익사의 절반은 홍수로 인해 차량 안에 갇힌 채 급류에 휩쓸려 사망하는 경우이다.

  다. 회오리 바람(Tornadoes)
- 자연재난 가운데 가장 파괴적이고 치명적이지만 우리나라에서는 다행히 자주 일어나지 않는다.

라. 지진
- 인명 손실과 재산 피해가 심하고 갑자기 발생하기 때문에 대응이 어렵다.
- 사후 24~48시간 사이의 구조가 중요하며 사망원인은 머리나 가슴이 눌러서 손상을 입는 것이 많다. 그 외에 외부출혈이나 내출혈로 인한 합병증과 해일로 인해 사망자가 생기기도 한다.
- 질식, 저혈량 쇼크 및 저체온증에 의한 수분 혹은 수 시간 내 사망하기도 하며 땅이 꺼지는 사고로 인해 먼지가 폐로 들어가 폐부종이 발생되기도 한다.

② 대한민국 기상특보
- 대한민국 기상청은 주의보와 경보로 나뉜다.
- 주의보는 재해가 일어날 우려가 있는 경우나 사회, 경제 활동에 큰 영향을 미칠 가능성이 있을 경우의 예보이다.
- 특보를 발표하게 되는 기상 현상의 종류는 강풍·풍랑·호우·대설·건조·해일(폭풍해일·지진해일)·한파·태풍·황사·폭염이다.

종류	주의보	경보
강풍	육상에서 풍속 14m/s 이상 또는 순간풍속 20m/s 이상이 예상될 때. 다만, 산지는 풍속 17m/s 이상 또는 순간풍속 25m/s 이상이 예상될 때.	육상에서 풍속 21m/s 이상 또는 순간풍속 26m/s 이상이 예상될 때. 다만, 산지는 풍속 24m/s 이상 또는 순간풍속 30m/s 이상이 예상될 때.
풍랑	해상에서 풍속 14m/s 이상이 3시간 이상 지속되거나 유의파고가 3m를 초과할 것으로 예상될 때.	해상에서 풍속 21m/s 이상이 3시간 이상 지속되거나 유의파고가 5m를 초과할 것으로 예상될 때.
호우	6시간 강우량이 70mm 이상 예상되거나 12시간 강우량이 110mm 이상 예상될 때.	6시간 강우량이 110mm 이상 예상되거나 12시간 강우량이 180mm 이상 예상될 때.
대설	24시간 신적설이 5cm 이상 예상될 때.	24시간 신적설이 20cm 이상 예상될 때. 다만, 산지는 24시간 신적설이 30cm 이상 예상될 때.
건조	실효습도가 35% 이하로 2일 이상 계속될 것이 예상될 때.	실효습도가 25% 이하로 2일 이상 계속될 것이 예상될 때.
폭풍해일	천문조, 태풍, 폭풍, 저기압 등의 복합적인 영향으로 해수면이 상승하여 발효 기준값 이상이 예상될 때. 다만, 발효 기준값은 지역별로 별도 지정.	천문조, 태풍, 폭풍, 저기압 등의 복합적인 영향으로 해수면이 상승하여 발효 기준값 이상이 예상될 때. 다만, 발효 기준값은 지역별로 별도 지정
지진해일	한반도 주변 해역에서 규모 6.0 이상의 해저 지진이 발생하여, 한국 해안가에 해일 파고 0.5~1.0m 미만의 지진 해일 내습이 예상될 때.	한반도 주변 해역에서 규모 6.0 이상의 해저 지진이 발생하여, 한국 해안가에 해일 파고 1.0m 이상의 지진 해일 내습이 예상될 때.
한파	10월~ 4월에 다음 중 하나에 해당하는 경우. 아침 최저기온이 전날보다 10°C 이상 하강하여 평년값보다 3°C가 낮을 것으로 예상될 때. 아침 최저기온이 -12°C 이하가 2일 이상 지속될 것이 예상될 때. 급격한 저온현상으로 중대한 피해가 예상될 때.	10월~ 4월에 다음 중 하나에 해당하는 경우. 아침 최저기온이 전날보다 15°C 이상 하강하여 평년값보다 3°C가 낮을 것으로 예상될 때. 아침 최저기온이 -15°C 이하가 2일 이상 지속될 것이 예상될 때. 급격한 저온현상으로 광범위한 지역에서 중대한 피해가 예상될 때.

태풍	태풍으로 인하여 강풍, 풍랑, 호우, 폭풍해일 현상 등이 주의보 기준에 도달할 것으로 예상될 때.	태풍으로 인하여 다음 중 어느 하나에 해당하는 경우. ① 강풍 또는 풍랑 경보 기준에 도달할 것으로 예상될 때. ② 총 강우량이 200mm 이상 예상될 때. ③ 폭풍 해일 경보 기준에 도달할 것으로 예상될 때.
황사	황사로 인해 1시간 평균 미세먼지(PM10) 농도 400㎍/㎥이상이 2시간 이상 지속될 것으로 예상될 때.	황사로 인해 1시간 평균 미세먼지(PM10) 농도 800㎍/㎥이상이 2시간 이상 지속될 것으로 예상될 때.
폭염	일 최고 기온이 33℃ 이상인 상태가 2일 이상 지속될 것으로 예상될 때.	일 최고 기온이 35℃ 이상인 상태가 2일 이상 지속될 것으로 예상될 때.

03 재해의 요소

① 재난 주기
② 지리적 효과
③ 이중파동 효과
④ 바벨 효과
⑤ 연합 효과
⑥ 재해 물품
⑦ 재난 지역 등 파상풍 공포증

① 재난 주기

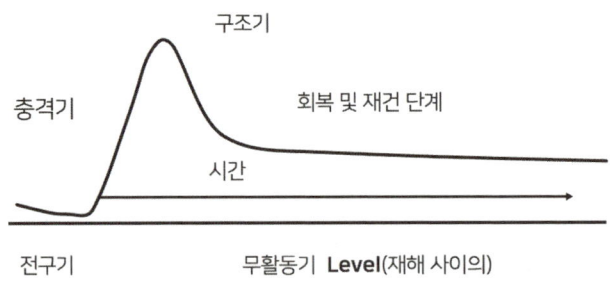

가. 전구기
- 재해의 형태에 따라 다양한 시간 후에 발생할 수도 또는 지속될 수도 있다.
- 특별한 사고(열대성저기압, 화산폭발, 또는 무력충돌이 발생)가 발생할 때까지의 시간을 나타낸다.
- 사고의 효과를 감소시키는 조치를 취한다.
- 대중경고 및 방어 활동으로 피난처 제공 및 주민 소개 등

나. 충격기간
- 사고발생과 동시에 일어난다. 지진처럼 짧을 수도, 기근처럼 장기간 지속될 수 있다.

- 초기대응이 없을 시 재난이 인간에 미치는 영향을 감소시킬 방법이 없다.
- 적절한 계획과 유용한 선제적 조치는 재해의 충격을 감소시킬 수 있다.

다. 구조기간 (응급, 구조, 또는 고립단계)
- 즉각적인 도움으로 인명을 구조할 수 있는 시간을 의미한다.
- 희생자의 첫 탐색과 구조, 그리고 기본 및 전문인명소생술이 필요하다.
- 지방정부의 구조 및 탐색 역할이 부족할 경우 전적으로 목격자의 구조에 의존하게 된다.

라. 회복단계
- 사회구성들이 기능적인 사회생활을 하는데 필요한 단계
- 응급의료서비스, 공중보건, 토목과 건축
- 수개월 또는 수년 동안 지속될 수 있다.

② 지리적 효과(Geographic effect)
- 재난현장에서 가장 가까운 의료기관이 영향을 받음
- 예를 들면 삼풍백화점 붕괴사고시에 강남성모병원의 응급실은 진료가 마비됨.
- 사상자 이송의 왜곡: 가장 가까운 병원을 제외한 다른 의료기관은 환자가 없음.

재난 계획시 고려
- 지리적 효과의 충격을 완화시킬 수 있는 방법은 몇몇 중환을 멀리 위치한 병원으로 이송하고 경상 환자는 대중교통을 이용한 원거리의 병원으로 보내는 것.

③ 이중파동 효과(The dual wave phenomenon): 경증의 운전 가능한 환자가 직접 15~30분 이내로 응급실로 내원한다. 경증환자로 붐비는 상황에서 약 30~60분후부터 긴급환자가 들어오기 시작하는 상황 → **가장 위험한 상황이 된다.**
⇒ **"중증도 분류" 원칙 적용으로 이중파동을 최소화해야 한다.**

④ 바벨 효과 (The Babel effect) - 통신 및 언어의 부재 ★(24 기출)
가. 재난의 희생자, 구조자 및 목격자들의 통신 수요가 증가하기 때문에 발생한다.
나. 유·무선망은 갑작스런 통신량의 증가로 감당하지 못하고 불통상태에 빠지게 된다.
- 통신망의 마비 - 재해에서 가장 많이 발생하는 문제
- 유/무선망의 마비(휴대폰 포함) : **일시에 많은 통화를 감당치 못함.**

다. 언어 소통의 문제
정부부처간의 소통 방식의 다양성으로 기인(**공공기관의 다양한 코드 사용**)

⑤ 연합 효과
가. 일반인들은 유용한 구조자가 될 수도 있지만 방해꾼이 될 수도 있다.
교육과 훈련을 통하여 조직화시키면 전문 구조자에게 큰 힘이 된다.
나. 의사들은 전문분야에서 의료에 익숙하지만 병원 전 프로토콜이나 능력 면에서 전혀 훈련되지 않아 재난의 혼란스런 상황에서는 도움이 되지 않는다.
대부분의 자원봉사로 온 의료인들은 재난 현장의 위험에 대한 사전 정보가 없다. 훈련이 된 의료인과 일반인이 현장으로 파견 되어야 함.
⇒ 병원재해계획에 따라 행동하는 것이 바람직

⑥ 재난 물품 (Disaster supplies)

가. 가용 가능한 물품
　　재난 발생 첫 24시간 동안은 재난 발생 지역 내에서 가용 가능한 자원에 (전적으로 의존, 자원의 적절한 분류 및 배분이 낭비 혹은 부족을 예방하는 방법이다.
나. 기증물
　　재난시에는 많은 기부 프로그램이 가동된다. 기부는 가장 도움이 절실한 지역에 이루어져야 한다.

⑦ 파상풍 공포증 (Tetanophobia)
　　재해지역에서 시행되는 예방접종이다. 자원봉사 및 공중보건목적으로 시행
　　실제 재해의 충격 당시 또는 회복 기간에 발생하므로 위험제거를 하지 못한다.
⑧ 재난지역 (Disaster zones): '왈래스' 처음으로 재해현장을 동심원적 지역으로 구분
　　세 지역으로 구분해서, 지역의 특성에 따라 적절한 대응 활동을 해야 한다.

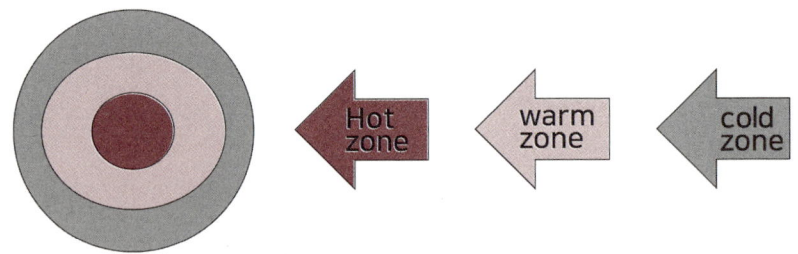

　　Mass 중증도 분류는 위험구역이 있는 충격 및 주변지역(Hot zone)에서 **구조대**가 적용한다.
　　Start 중증도 분류는 수집 혹은 분류구역이 있는 완충지역(Warm zone)에서 **분류반**이 적용한다.
　　Save 중증도 분류는 스타트 중증도 분류와 연계하여 **응급처치반과 이송반**이 활동하는 조정지역에서 적용한다.

　㉠ Hot Zone(충격 및 주변지역, Impact & Marginal Zone)
　　　직접적으로 파괴되고 위험, 오염이 상존하는 지역으로 현장안전담당관이 통제해야 한다. 환자이동, 오염된 의복과 악세사리를 제거후 사용한 의료기구와 의복은 현장에서 버려둔다. 들것에 시트를 2장준비하여 이불로 환자의 신체를 덮어줄 것.
　　　심각한 재난 시에는 많은 사상자가 구조를 필요로 하는 지역으로 위험이 제거되지 않은 상황에서는 통제된 채로 안전장비를 갖춘 진압, 특수 구조대가 활동한다.
　㉡ Warm zone(완충지역, filtration zone): 오염통제 구역, 개인 보호 장비, 제독, 통로/긴급 처치: 직접적 피해는 없지만 잠재적 위험으로 보호장구를 갖출 것. Hot zone을 탈출한 피해자들과 구조대가 환자들을 이동시킨 곳으로 첫 번째 분류가 시행된다. Start 중증도 분류는 수집 혹은 분류구역이 있는 완충지역에서 분류반이 적용한다.
　㉢ Cold zone(조정지역, national and international zone)
　　　안전한 구역으로 다양한 형태의 구호물품 및 봉사자들이 도착하여 조직화되는 곳이다. 현장지휘소, 현장응급의료소(응급처치반, 이송반) 대원들이 활동하며 2차 분류와 응급처치가 시행된다.

(Save triage, 세이브분류) 및 ACLS, ATLS, PALS등 전문적인 응급처치
Save 중증도 분류는 스타트 중증도 분류와 연계하여 **응급처치반과 이송반**이 활동하는 조정 지역에서 적용한다.

04 재난 대비 계획

1) 다수사상자 사고 발생 대비

① 119 종합상황실을 통한 통합감시체계 운영(24시간감시, 핫라인, DMAT 요청·유지)
② 재난 대비 긴급구조대응 계획 수립 및 시행
③ 긴급구조통제단 운영
④ 교육·훈련 시행
⑤ 재난대응자원(인력, 시설, 장비) 관리, 운영

➕ 대응단계별 기관별 주요 활동

분류	중앙응급의료센터	DMAT	보건소	응급의료기관	이송업체
관심 (Blue)	• 상황감시 • 지역별 응급의료 자원확인	• 핫라인유지 (DMAT : Disaster medical assistance team)	• 핫라인유지 핫라인=비상작동전화	• 핫라인유지	• 핫라인유지
주의 (Yellow)	• 인근기관 상황전파 • 출동대기 요청 • 주기적 상황감시	• 필요시 출동대기 • 비상연락망 확인	• 필요시 출동대기 • 비상연락망 확인	• 비상연락망 확인	• 비상연락망 확인
경계 (Orange)	• 대응요청 • 현장 파견 • 응급자원정보수집/제공 • 인근병원수용대비 요청 • 사상자 추적 • 조치사항통보 • 중앙DMAT 소집	• 출동 • 본진 소집 • 조치사항 보고	• 신속대응반 출동 • 비상소집 • 사상자 현장조사 • 조치사항 보고	• 원내대응 개시 • 비상소집 • 수용환자 현황보고	• 출동대기
심각 (Red)	• 상황실확대편성 • 응급자원정보수집/제공 • 사상자 추적 • 조치사항통보 • 필요시 추가 의료진/구급차/헬기 추가 동원 • 필요시 중앙DMAT 파견 • 인근지역 지원 확보 • 물품지원	• 현장의료 - 본진 출동 - 필요시 지원 요청 - 조치사항 보고	• 현장응급의료소 운영 • 현장지휘소 연락체계유지 • 비상근무체계 돌입 • 필요시 지원요청 • 사상자현황 조사 지속 • 조치사항 보고	• 비상근무체계 돌입 • 수용환자현황 보고 지속	• 사상자 이송 • 조치사항 보고

2) 재난상황 접수 및 전파

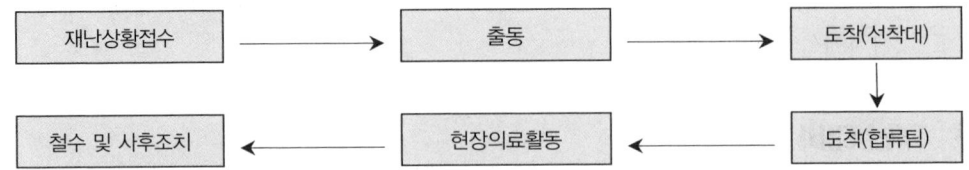

3) 재난발생 시 119 구급대응 체계도
   ① 사고발생: 다수사상자 재난 등 발생(징후활동 감시)
   ② 재난접수: 재난접수 및 구급대 출동, 재난규모에 따라 의료지원팀 요청, 재난상황 지속적 모니터링 (신속대응반, DMAT등) 주체:119 종합상황실, 119 구급상황관리센터)
   ③ 현장도착: 예상 사상자수 파악, 1단계 중증도 분류(MASS), 임시의료소 설치·운영 (임시의료소: 현장응급의료소를 운영하기전 선착대, 소방공무원이 운영)
   – 분류반: START, 최소1인 이상 자격자 배치
   – 처치반: 환자응급처치, 최소1인 이상 자격자 배치, 인력부족시 분류반과 응급처치반을 통합하여 2인이상 구성
   – 이송반: 환자 이송, 중증도 분류에 따라 최소 2인 이상 배치
         (주체: 선착구급대원 응급의료소)
   ④ 병원이송: 이송병원 선정(사상자 등록, 병원이송), 환자 기록내용 확인
         (주체: 현장응급의료소 긴급구조통제단 설치)
   ⑤ 재난종료: 사상자 현황 최종 확인, 재난종료
         (주체: 긴급구조통제단 현장응급의료소장)

4) 현장 재난의료 활동 모식도

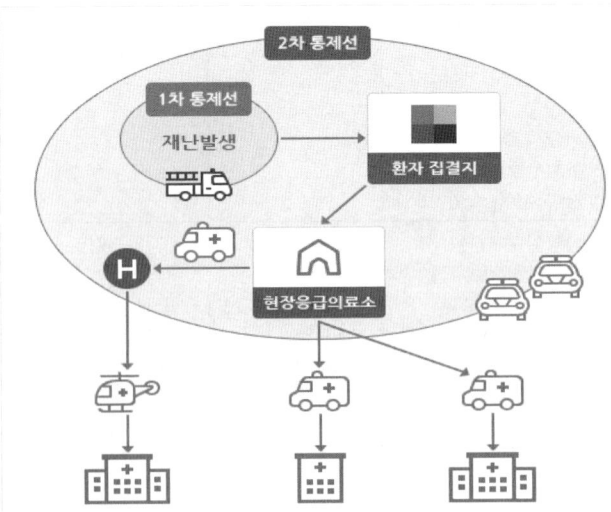

5) 재난등에서 의료대응 단계

분류	판단기준	비고
■ 관심 (Blue)	1. 다수사상자 발생 위험이 큰 사건 또는 행사/현상 등 - 태풍, 홍수, 지진, 해일 등 자연재해의 진행 - 군중 운집(mass gathering)행사의 개최 2. 사상자가 발생할 수 있는 사고 메시지/첩보 수신	징후활동 감사
■ 주의 (Yellow)	1. 다수사상자 발생으로의 전개가 예측되는 사고/현상 - 다중이용시설로서 해당 시간의 예측 수요인구수가 20명 이상인 경우의 화재, 붕괴, 침수 등 - 다중교통사고, 군중운집행사에서 사상자발생 사고 - 태풍, 홍수, 해일, 지진 등에서의 사상자 발생 - 화학물질의 누출, 방사선 시설에서의 사고 - [사상자 있음]메시지 2. 국지전/테러 발생의 위협	능동감시 경고전파
■ 경계 (Orange)	1. 다수사상자 발생하고 추가 사상자 발생 위험이 현저하게 높아 대응 개시가 필요한 상황 - 10명 이상의 사상자가 이미 발생하고 추가 사상자 발생이 의심되는 상황/사건 - 운항/운행 중인 여객선박, 여객항공기, 여객열차 및 대형승합차의 추락, 침몰, 탈선 및 전복 확인 - 10대 이상 차량의 다중 교통사고 확인 - 화학, 방사선 물질에 의한 인구집단의 노출 확인 2. 다수사상자사고, 군중운집 등으로 재난관리주관기관 및 재난관리책임기관의 의료대응 요청	의료대응 개시
■ 심각 (Red)	일상적인 응급의료서비스로는 대응할 수 없는 명백한 재난 등	의료대응 확대

분류	분류색	중증도
긴급 immediate	적색	생존율을 높이기 위해 즉각적인 치료가 필요한 환자
응급 Delayed	황색	생존에 영향을 주지 않는 범위에서 치료가 지연되도 안전한 환자
비응급 Minimal	녹색	치료가 필요한 손상이 있으나 치료여부와 상관없이 생존이 예상되는 환자
사망예상 Expectant	흑색	생존해 있으나 사용가능한 자원으로는 생존시키기가 거의 불가능하다고 판단되는 환자
사망 Dead		자발호흡의 증거가 전형 없는 사망자

6) 재해 시 의료진의 역할
   ① 생명을 구해야 한다.
   ② 피해자의 추가발생을 방지하여야 한다.
   ③ 피해자의 고통을 덜어주어야 한다.
   ④ '모든 환자를 위한 치료'가 아닌 '**생존이 가능한 다수의 환자에게 최선의 처치**'를 한다.

7) 응급의료 지원 기본 방침
   ① 신속한 처치와 이송으로 인명 손실 최소화
   ② 다수의 사상자 발생시 대처할 수 있는 의료인력과 물질적 수단을 사전에 편성하여 즉시 현장 투입
   ③ 재난에 관련된 긴급구조기관과 협조체계 구축
   ④ 통일된 지침과 지휘체계의 일관성 유지하여 국가 재난관리체계의 효율성 증대

8) 응급의료지원반의 구성 및 운영

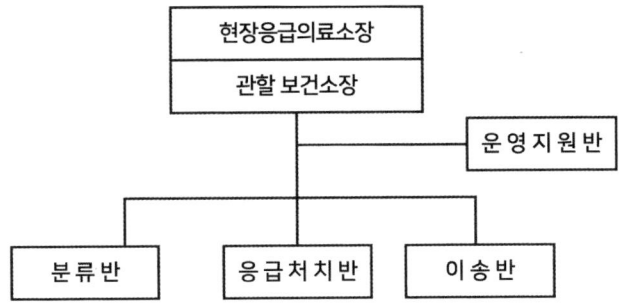

   ① 현장응급의료소(**응급의학 전문의 포함해서 의사3명, 간호사 또는 1급 응급구조사 4명, 지원요원 1명을 원칙으로 한다.**)
   ② 필요성 유무의 판단에 따라서 설치한다. (조건)
      ㉠ 넓고 편평한 지역으로 정한다.
      ㉡ 재해지역에 근접한 지역
      ㉢ 재해요인으로부터 격리, 안전한 지역
      ㉣ 전기/수도 시설이 용이한 지역
      ㉤ 도로와 인접한 지역

05 비상대응매뉴얼

① 국가와 지방자치단체는 [재난 및 안전관리 기본법] 제3조 제1호 및 제2호의 재난 및 해외재난으로부터 국민과 주민의 생명을 보호하기 위하여 응급의료에 관한 기본적인 사항과 응급의료 지원등에 관한 비상대응매뉴얼을 마련하고 의료인에게 이에 대한 교육을 실시해야 한다.

② 비상대응매뉴얼의 내용, 교육의 대상·방법, 교육 참가자에 대한 비용지원 등에 필요한 사항은 대통령령으로 정한다.

③ 국가 비상대응매뉴얼의 내용
   ㄱ. 재난현장에서 응급의료 지원과 관련된 기관별 역할과 지휘체계의 안내
   ㄴ. 재난현장의 응급의료체계
   ㄷ. 재난현장의 응급의료 지원을 위한 인력의 구성 및 운영
   ㄹ. 재난발생시 응급환자의 진료와 응급의료 지원을 중점으로 수행하는 응급의료기관의 시설·장비 및 인력 현황
   ㅁ. 재난피해자중 초기에 긴급한 심리치료가 필요한 대상자의 선정과 심리치료 방법
   ㅂ. 재난현장의 응급의료 지원에 필요한 물품의 비축과 관리
   ㅅ. 재난현장의 응급의료 지원 통신체계
   ㅇ. 재난현장의 응급의료 지원에 대한 교육과 훈련
   ㅈ. 그 밖에 재난유형별 응급의료 지원에 필요한 사항

④ 지방자치단체의 비상대응 매뉴얼
   ㄱ. 재난현장의 응급의료 지원 인력을 편성한 의료기관 현황 및 의료기관별 응급의료 지원 인력의 편성 내용
   ㄴ. 재난현장의 응급의료 지원에 필요한 장비 편성 및 활용
   ㄷ. 관할 구역의 응급의료기관의 현황과 비상연락체계
   ㄹ. 관할 구역의 재난시 응급의료 지원에 필요한 물품의 종류, 수량, 비축 기관 및 관리
   ㅁ. 관할 구역의 응급의료 지원 통신체계 현황 및 관리
   ㅂ. 재난현장의 응급의료 지원에 대한 교육과 훈련 실시에 필요한 사항
   ㅅ. 그 밖에 재난현장의 응급의료 지원을 위하여 지방자치단체의 장이 필요하다고 인정하는 사항

06 중증도 분류(Triage, 부상자 분류)

1) 초기 다수환자 발생 시 치료의 주요 세 단계
   ① 부상자 분류
   ② 구조
   ③ 정확한 의학적 치료필요

2) 중증도 분류의 역사

   Dominique Jean Larrey(1766~1842) 남작은 나폴레옹의 군의관으로 가장 급하게 치료가 필요한 군인들이 지휘에 상관없이 먼저 치료를 받게 되는 시스템을 고안했다.
   John Wilson(1846)은 생명을 구하는 수술이 성공적이기 위해서는 가장 위급한 상황의 환자들부터 치료를 받고, 부상이 치명적이거나 치료를 지연시켜도 무방한 부상자들(비응급)에 대해서는 치료를 하지 말아야 한다고 했다.

3) 중증도 분류 시스템
   ① 1순위 또는 **긴급(빨강)환자**는 부상이 심각하지만 최소한의 시간이나 자원으로 치료될 수 있으며 치료 후에 생존할 것으로 예상되는 환자들이다.
   (예 **긴장성 기흉, 호흡곤란, 중증내부출혈, 기도손상, 중증 화상**)
   ② 2순위 또는 응급(노랑) 환자는 부상이 심하지만 사망할 위험성 없이 치료가 지연되어도 괜찮은 환자들이다. (예 **골절, 화상, 외부출혈**)
   ③ 3순위 또는 비응급 환자나 급하지 않은(초록)환자는 부상이 경미하여 치료를 기다릴 수 있는 환자들이다. (예 **걸어 다니는 부상환자, 단순열상, 좌상**)
   이 환자들은 더 심각한 환자의 부상을 치료한 후에 치료해도 된다.
   (예 **단순찰과상, 타박상, 염좌, 단순골절, 피가 많이 나지 않은 자상** 등이 있다.)
   ④ 마지막으로 지연환자(검정)는 부상이 너무 심각하여 많은 양의 자원을 사용해도 생존할 가능성 없는 환자를 말한다. (예 **중증의 뇌손상, 몸의 95% 이상에 3도 화상을 입은 환자**)

4) 반별 주요역할
   ① 분류반: 중증도 분류방법의 의해 분류를 시행하고 중증도 분류표에 표기되어 있는 사항들의 기록
   ② 응급처치반: 응급처치에 필요한 의료장비, 약물, 기타소모품 배치
      응급처치구역에 각 팀(긴급환자 처치팀, 응급환자 처치팀, 비응급환자 처치팀)을 구분
      중증도 분류결과에 따라 각 팀별 응급처치 실시(의료인:환자 중증 1:1, 경증 1:3)
   ③ 이송반: 중증도 분류표의 이송기록 부분을 처치기록지에 부착
      이송원칙의 순서대로 이송(①긴급환자 ②응급환자 ③비응급환자 ④지연환자)
      이송전 중증도 분류에 따른 환자의 상태를 응급의료정보센터에 통보
      응급의료정보센터에서 지역응급의료기관의 정보를 토대로 이송병원을 통보 받아 의료기관으로 분산이송

④ 운영지원반

각 반들의 인력과 추가적인 지원이 필요한지 파악하여 보건소장에게 요청
필요시 현장응급의료소장의 지시에 따라 임시 영안소 업무지원

5) 환자이송 전 확인사항

- 이송 환자의 상태를 응급의료정보센터에 통보하고 응급의료정보센터에서 지역응급의료기관의 정보를 토대로 안내하는 의료기관으로 환자를 이송
- 이송 환자의 상태와 응급처치 내용이 기록된 중증도 분류표가 의료기관에 도착할 수 있도록 부착 여부를 재확인한다.
- 중증 환자에게는 산소를 투여하며 구토 혹은 구강 내 출혈 등으로 인한 기도폐쇄의 가능성이 있는 환자는 호흡보조기구나 기관 내 삽관을 시행한다.

07 KTAS 역사

2012년 병원전 단계와 병원 단계를 아우르는 응급환자 분류도구인 한국형 응급환자 분류도구 KTAS(Korean Triage and Acuity Scale)를 개발하였다.

KTAS 분류의 타당도를 증명하기 위해 Emergency Severity Index(ESI)의 중요한 개념인 자원의 활용도를 중증도 반영 지표로 포함. **반영지표는 응급실 체류시간과 타과 협진 시행여부, CT 촬영여부, 진료비용, 즉각적인 응급중재술의 시행여부를 포함.**

Indirect indicators of severity of emergent patients

1. Disposition

    (discharge퇴원, general ward admission, ICU admission, death)

2. Length of stay in ER

3. Use of resources

    1) Numbers of consultation

    2) Special imaging test(computerized tomography, magnetic resonance imaging)

4. Emergent interventions

    1) Endotracheal intubation

    2) Thoracostomy

    3) Cardiovascular agents(심혈관 약의 사용유무)

        (epinephrine, norepinephrine, dopamine, dobutamine, atropine, adenosine)

    4) Defibrillation

    5) Transfusion(수혈)

5. Cost in ER

    ICU: intensive care unit, ER: emergency room

    재난지역은 사고지점을 중심으로 동심원의 지역구분을 통해 보다 효과적인 대응활동이 가능해지며, 안전을 확보할 수 있게 된다. 세 지역으로 구분해서, 지역의 특성에 따라 적절한

대응 활동을 해야 한다.

Mass 중증도 분류는 위험구역이 있는 충격 및 주변지역(Hot zone)에서 **구조대**가 적용한다. Start 중증도 분류는 수집 혹은 분류구역이 있는 완충지역(Warm zone)에서 **분류반**이 적용한다. Save 중증도 분류는 스타트 중증도 분류와 연계하여 **응급처치반과 이송반**이 활동하는 조정지역에서 적용한다.

1) Hot Zone(충격 및 주변지역, Impact & Marginal Zone)
2) Warm zone(완충지역, filtration zone)
3) Cold zone(조정지역, national and international zone)

(1) MASS 분류(HOT ZONE): (Move, Assess, Sort, Send)

1) Move(이동)

보행이 가능한 사람들에게 녹색지역으로 이동하라고 말한다. (녹색환자)
의식은 있지만 걷지 못하는 사람에게 팔과 다리를 움직여 보라고 한다. (황색환자)

2) Assess(평가)

남아있는 사람들 중 간단한 명령에 따르지 못하고 움직이지 못하는 사람에게는 Life-saving interventions를 실시한다. (적색환자)

3) Sort(분류)

ID-ME 분류법으로 분류한다.
Immediate, Delayed, Minimal, Expectant(IDME)

Status	Color	summary
Immediate	Red	손상이 심하지만 최소한의 자원으로 치료가능, 치료 후 생존 가능
Delayed	YELLOW	손상이 심하지만 치료가 지연되어도 괜찮은 피해자
Minimal	GREEN	손상이 경미하여 치료를 기다릴 수 있는 걸어 다니는 피해자
Expectant	BLACK	손상이 너무 심각하여 많은 양의 자원을 사용해도 생존할 가능성이 없는 피해자

4) Send(이송)

긴급환자부터 이송을 시작한다. 남은 사람들에게는 이차평가를 진행하며 가능한 탈것들을 이용하여 이송한다.
Mass 분류에서는 환자의 반응에 따라 평가하여 분류한다.
걸을 수 있는 환자들은 분류지역으로 이동시키고 남은 환자들이 팔이나 다리를 올릴 수 있는지 확인하며 분류한다.
이 분류법의 허용된 치료 방법으로는 **기도개방, 출혈조절, 해독제 주사와 가슴감압술**이 포함된다.

(2) START 분류(WARM ZONE): Simple Triage and Rapid Treatment

1) START 분류법

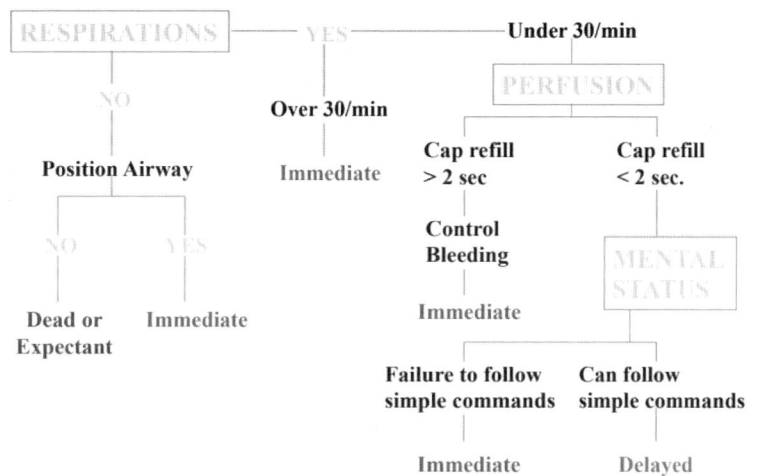

이 체계는 호흡, 순환반응(RPM:respiratory, pulse, mental status)을 평가기준으로 하여 단순 분류 및 빠른 치료가 가능하다.

start분류법에서 **8살** 이상의 모든 부상자들은 **30~60초** 동안 이 알고리즘에 의하여 평가한다.

START 분류법에서는
① **걸을 수 있는 걸 포함해서 ② 호흡수 ③ 모세혈관 재충혈 ④ 맥박과 간단한 명령**에 따를 수 있는지를 확인하는 기준을 사용한다.

가. 걸을 수 있다면 **비응급**
나. 못 걷는 사람 중 호흡이 없으면 기도개방을 하고 호흡이 없으면 **Dead or Expectant**
　기도 개방을 했을 때 호흡을 할 수 있다면 **Immediate**
　못 걷는 사람 중 호흡이 있다면 호흡수를 통해 결정. **30회 이상이면 Immediate**, 30회 미만 이라면 관류평가
다. 관류평가(순환평가)- 모세혈관 재 충혈 또는 요골동맥에서 맥박이 측정되는지 확인, 혈압80mmHg 이상임.⇒ 모세혈관 재충혈시간이 2초 초과시 출혈 조절할 것 **Immediate**, 모세혈관 재충혈 2초 미만시 의식수준을 평가한다.
라. 지시에 수행가능하면 **Delayed,** 지시에 수행할 수 없다면 **Immediate** 환자로 분류한다.

각각의 표준에 따라 검사할 때, 환자는 적색, 황색, 녹색 그리고 흑색 Tag로 분류된다.
START 분류법은 **기도개방과 지혈방법만 치료방법**으로 허용된다.

2) Jump Start triage

8세미만의 Jump Start triage and Rapid Treatment

START분류법에서 호흡이 없을 때 기도를 개방하고 맥박을 촉지했을 때 없을 경우 **5번의 구조호흡**을 하는게 추가 되었다.

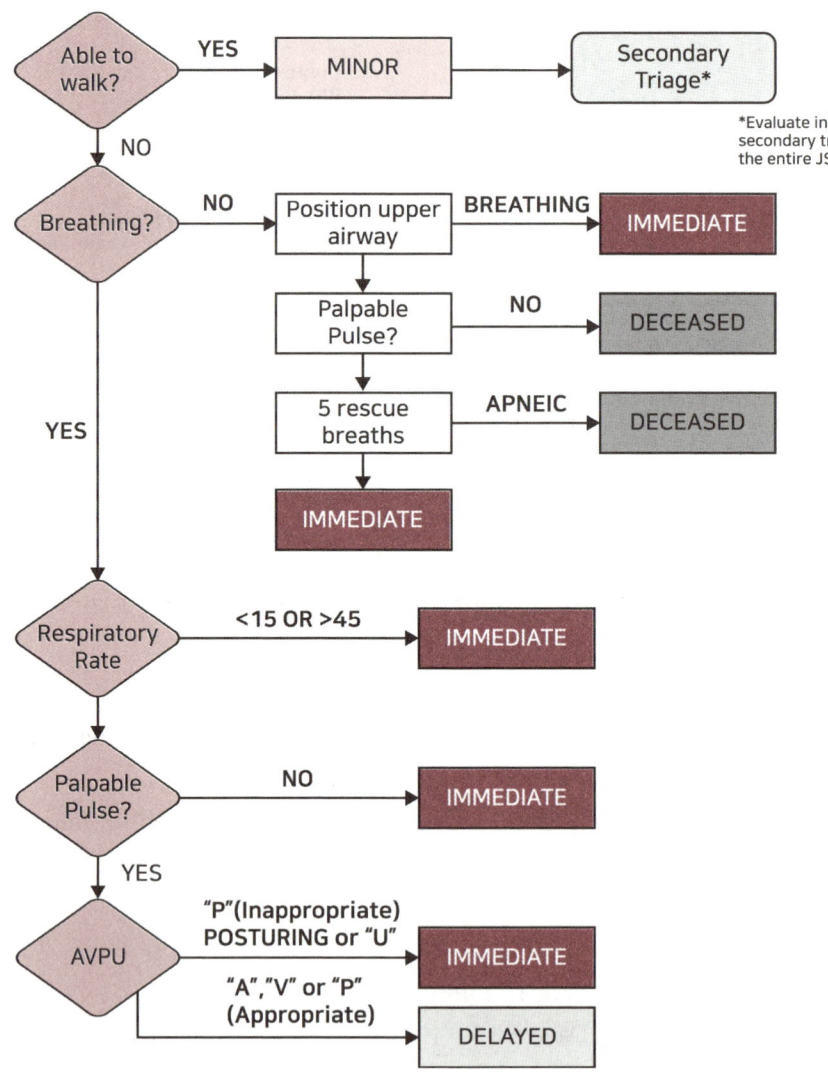

(3) Combinatie START/JumpSTART Triage Algoritme combinatie START TRIAGE

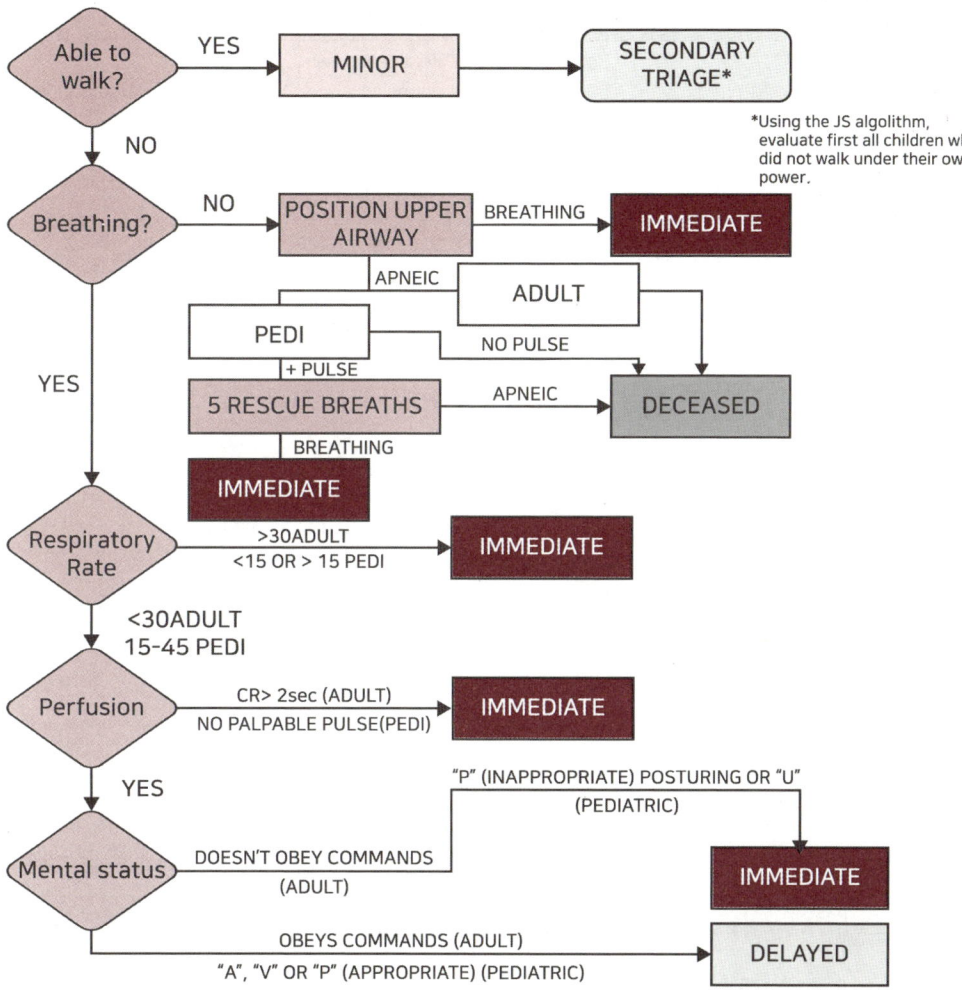

(4) SAVE Triage- 2차 중증도 분류(COLD ZONE)

1차에 START를 한 후 2차에 재평가를 한다.

전문적인 2차 평가와 재분류를 통해 현장에서 이송이 지연되는 환자들의 우선순위를 확실히 정할 수 있게 해준다.

1차평가인 Start분류법에서 걸을 수 있는 비응급환자와 RPM평가에서 모두 괜찮은 환자인 응급환자에게 적용하여, 이송이 지연되는 환자들의 우선순위를 정할 수 있게 해준다.

SAVE 중증도 분류법은 환자를 진단하는데 있어서 기존의 의료지표를 최대한 많이 활용해왔는데 크게 3가지 화상점수, GCS점수(뇌손상 점수), 압좌손상의 사지 구조 점수가 있다.

Criteria in SAVE Triage: Burn injury, GCS and MESS		
1. Burn injury: less than 50% chance of survival	2. Head injury(Adult): Use The Glasgow Coma Score(GCS)	3. Crush Injury to Lower Extremity: Use The MESS Score
70% TBSA Burn	Score 8 or above: Treat better than 50% Chance of a normal or good neurologic recovery	A score of 7 or more: amputate
Age over than 60 with inhalational injury	Score 7 or less: comfort care only	Score less than 7: attempt limb salvage
Age less than 2 with 50% TBSA Burn		
Age more than 60 with 35% TBSA Burn		

첫번째 화상평가에서의 TBSA는 Total burn surface area 의 약자로 전체 화상 표면적 비율이다.

SAVE분류법에서의 이 화상평가는 **나이가** 중요한데, 체액용적에 따른 쇼크위험이 있기 때문이다.

1) 화상 중증도 평가는 3가지 고려사항

　① 화상면적 – 9의 법칙
　② 화상깊이 – 1, 2, 3도 구분
　③ 신체특정 부위의 화상
　　– 얼굴, 손, 발, 회음부의 2, 3도 화상
　　– 흡입손상
　　– 주요 관절의 3도 화상
　　– 어느 부위든 화학 화상

2) GCS점수: 눈(4점), 언어(5점), 동작(6점)의 3부분을 평가, 8점 이하 중증도 뇌손상 ★(24년 기출)

Feature	Scale	Score
Eye Opening	Spontaneous	4
	To speech	3
	To pain	2
	None	1
Verbal Response	Oriented	5
	Confused Conversation	4
	Words (inappropriate)	3
	Sounds (incomprehensible)	2
	None	1
Best Motor Response	Obey commands	6
	Localize pain	5
	Flexion–Normal	4
	Flexion–Abnormal	3
	Extension	2
	None	1

3) MESS

① 손상기전
- 1점 약한 에너지(좌상, 권총상, 단순 골절)
- 2점 중간에너지(탈구, 개방성/복합성 골절)
- 3점 높은 에너지(빠른 차 교통사고(산탄(총), 고속탄(총))
- 4점 매우 높은 에너지(화학 손상이 동반된 심한 외상)

② Shock
- 0점 SBP 90이상 지속적으로
- 1점 저혈압이 일시적으로
- 2점 지속적으로 저혈압

③ 사지허혈(6시간경과시 점수×2)
- 1점 맥박감소 그러나 관류는 가능
- 2점 맥박소실, 감각이상, 느린 모세혈관 재 충혈
- 3점 차가움, 마비, 감각없음.

④ 나이
- 0점 30세 미만
- 1점 30~50세
- 2점 50세 이상

4) 대량 사상자 분류 지침 개정

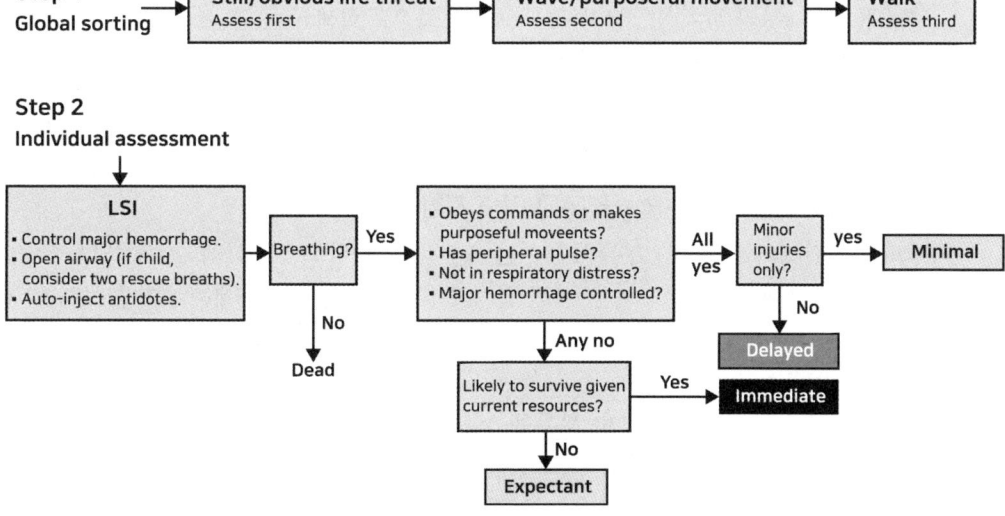

의료 통제 당국은 첫 번째 응답자가 부상 심각도에 따라 피해자를 분류하고 분류함에 따라 전국적인 분류 표준화 및 향상된 정확도를 제공하는 새로운 대량 사상자 분류 시스템

(Sort, Assess, Lifesaving Interventions, Treatment/Transport(SALT))을 채택했습니다.

American Journal of Disaster Medicine의 2017년 간행물에 따르면 SALT 시스템의 또 다른 이점은 특히 최초 대응자가 치료를 위해 지연되거나 즉각적인 것으로 분류된 환자의 하위분류를 낮추는 것입니다. 이전에 최초 대응자는 START(Simple Triage and Rapid Treatment)라는 분류 시스템을 사용했지만 질병 통제 예방 센터가 후원하는 작업 그룹은 SALT 를 만들기 위해 시스템을 수정 했다 .

SALT 분류란?
SALT는 대형자동차 사고와 같이 **5명** 이상의 환자가 있는 사건에 적용된다. 최초 대응자는 사람들을 신속하게 평가하여 누가 어떤 순서로 치료가 필요한지 결정한 다음 의료진이 준비할 수 있도록 접수 병원에 알려야 한다.

SALT 및 START 모두에서 대응자는 대량 사상자 사건에 관련된 각 피해자를 치료 요구에 따라 다음 범주로 분류합니다.
녹색(최소), 노란색(지연), 빨강(즉시), 블랙(죽은)

SALT와 START의 차이점: START는 정신상태와 순환 및 호흡에 더 초점을 맞춤. SALT 및 START 모두에서 대응자는 대량 사상자 사건에 관련된 각 피해자를 치료 요구에 따라 다음 범주로 분류합니다.

녹색(최소), 노란색(지연), 빨강(즉시), 블랙(죽은), **회색**
SALT 에는 새로운 범주인 **회색 상태**도 포함되어 있으며, 이는 응답자가 피해자가 **죽을 것으로 예상**한다는 의미이다.

5) 병원 전 응급환자 분류(Pre-KTAS) 이송 지침(안)
병원 전 단계의 응급환자 분류의 목적은 '환자가 신속하고 안전하게 치료를 받을 수 있는 병원을 선정함'에 있다. 따라서 병원 전 단계의 응급환자 분류 도구에는 추가 항목이 필요하다.

Pre-KTAS는
① 현장에서 사용이 용이하며, 분류에 소요되는 시간이 짧아야 한다.
② 분류에 사용되는 용어들이 생소하지 않으며 직관적이어야 한다.
③ 시간을 다루는 처치가 필요한 대표적인 응급질환 사례를 제시하고, 환자 수용이 가능한 의료기관으로의 이송에 대한 지침이 필요하다.
④ 기존의 KTAS와 같이 5단계로 구성하고 실제 119구급대가 현장에서 적용 가능하여야 한다.

⇒ 119구급대원이 Pre-KTAS를 적용하여 응급환자 분류에 활용한다면 환자를 가장 적절한 병원으로 이송하여 보다 나은 응급의료서비스를 제공할 수 있게 될 것이다.

(기존) 응급환자 분류	(개선) Pre-KTAS
응급 / 준응급 / 잠재응급 / 대상외 / 사망	level 1 소생 / level 2 긴급 / level 3 응급 / level 4 준응급 / level 5 비응급
- 주관적(기준이 모호) - 병원 단계와 분류와 기준이 달라 의사소통에 한계 - 이송병원 선정에 영향을 주지 않음	- 객관적(기준이 명확) - 병원 단계와 같은 5단계 분류로 의사소통 명확화 - 이송병원 선정에 활용 가능 - 분류 Code가 기록되며, 향후 수정 및 보완 가능

○ Level 1(소생) : 생명이나 사지를 소실할 정도의 위협으로 판단되거나 악화될 위험이 있어 즉시 처치가 필요한 상태로 병원 도착 후 적극적인 소생 치료가 필요한 환자를 말한다. ABC 의 문제가 있어 기도 관리 및 환기 또는 순환 보조가 필요하며, 명백한 고통을 호소하거나 불안정한 활력징후가 관찰될 수 있다.
  - 심정지 혹은 자발순환 회복 상태
  - 무호흡 혹은 기도장애 - 중증외상 환자(쇼크)
  - 의식장애(무의식 상태, GCS 3~8)

○ Level 2(긴급) : 생명 또는 사지를 소실할 정도의 잠재적 위협이 있어 의학적인 신속한 처치가 필요한 상태로 심각한 질병 또는 부상으로 악화될 가능성이 있는 환자를 말한다. 추후 소생을 필요로 할 수 있다. 이 경우 악화 가능성이 있는 추가 증상을 완화하고 급성기 상태를 치료하기 위한 신속한 처치가 필요하다.
  - 심인성 흉통
  - 지속되는 상당량의 토혈이나 흑색변
  - 뇌졸중 의심 증상 발병<6시간
  - 운동 중 발생한 실신

○ Level 3(응급) : 응급처치가 필요한 심각한 상태로 진행될 가능성이 있으며 심각한 불편함을 야기하고 일상 적 활동에 영향을 미치는 상태를 의미한다. 이 단계의 환자들은 대개 정상적인 활력징후를 보이지만 정상의 상한치나 하한치를 보이며 악화될 가능성이 있다.
  - 발작 후 의식회복한 상태
  - 지속적인 구토
  - 다른 증상이 없는 천명음
  - 명백한 변형이 있는 상하지 손상

○ Level 4(준응급) : 환자 나이, 통증, 악화 가능성 또는 합병증과 관련되어 치료 혹은 재평가 하면 되는 상태. 이 단계의 환자들은 일반적으로 안정적인 활력징후와 낮은 통증 척도를 가진다. 심각한 질병의 악화 없이 만성 질환을 앓고 있는 많은 환자들이 이 범주에 속한다.
  - 지혈되었거나 조절된 출혈, 혹은 봉합이 필요한 열상

- 코피가 발생하였으나 현재는 두드러진 출혈이 없는 상태
- 생리통
- 배뇨곤란

○ Level 5(비응급) : 급성 발병이지만 긴급하지 않은 상황이며 악화 또는 변화 없는 만성적인 문제의 일부일 수도 있는 상태를 의미한다. 이러한 질병이나 부상 중 일부에 대한 검사와 치료는 미룰 수 있으며, 심지어 다른 지역의 병원으로 이송할 수 있다. 환자에게 즉각적인 위험을 초래하지 않는 사소한 증상이다.
- 코막힘 동반한 알레르기성 비염
- 만성 구토/구역/설사
- 관절 부종
- 봉합이 불필요한 열상

※ 절차 및 방법

○ 1단계(첫인상 평가) : 환자 접촉 시 환자가 중증인지 확인하기 위해 'ABCD'를 신속히 확인 하고 전체적인 첫인상 평가를 시행한다. 이를 통해 즉각적인 중재 필요 여부 및 상급 병원으로의 이송을 판단하는 과정이다.
- A 기도(Airway) · B 호흡(Breathing)
- C 혈역학적 상태(Circulation/hemorrhage control)
- D 신경학적 장애(Disability; neurological)
- 소아의 첫인상 평가는 소아평가 삼각형(Pediatric Assessment Triangle)을 적용하여 환자의 상태를 확인한다.
  • 전반적인 외관(Appearance)
  • 호흡노력(Work of Breathing)
  • 순환(Circulation)

○ 2단계(활력징후) : 환자의 혈압, 맥박, 호흡, 산소포화도, 체온 등을 측정하여 환자 상태를 평가하는 과정이다.
○ 3단계(주증상 결정) : 주증상은 환자가 호소하는 증상으로 경정하며 다양한 증상 또는 상반 된 증상을 호소하는 경우 증상 중 가능 높은 Pre-KTAS 단계를 적용한다.
○ 4단계(1차/2차 고려사항) : 1차 고려사항은 활력징후 뿐만 아니라 통증, 출혈성 질환, 사고기 전 등을 포함한다. 2차 고려사항은 환자에게 적절한 응급도를 부여하기 위해 1차 고려사항을 보충하는 목적에서 사용된다.

Pre-KTAS 진행도(안)

※ 주의사항

○ 병원 도착 전 환자 상태가 변경되면 추가 Pre-KTAS 단계를 결정하여 구급활동일지에 기록하며, 변경사항을 이송 병원에 사전에 알리거나 의료진에 전달한다.

○ 구급대의 현장 처치 후 환자 상태가 회복되더라도 시간이 지남에 따라 악화될 수 있으므로 Pre-KTAS 단계를 낮추어 지정하지 않는다.

○ 병상부족으로 환자를 수용할 수 있는 병원이 없더라도 환자를 이송 의료기관에 따라 분류하지 않으며 환자의 상태에 맞춰 분류해야 한다.

○ 환자 이전 결과에 따라 일반화하여 분류하지 않는다. 만성질환자, 주취자 등 비응급환자, 반복 신고자의 증상을 일반화하지 않도록 주의한다.

○ 환자의 안전성을 위해 과소분류(Under triage)보다 과분류(Over triage)를 지향하는 것이 적절하므로 두 단계 중 분류가 어려울 경우 높은 단계를 선택한다.

Pre-KTAS 흐름도(안)

08 감염병 재난 위기관리 체계 기구의 임무와 역할

(1) 위기관리 체계 종합체계도

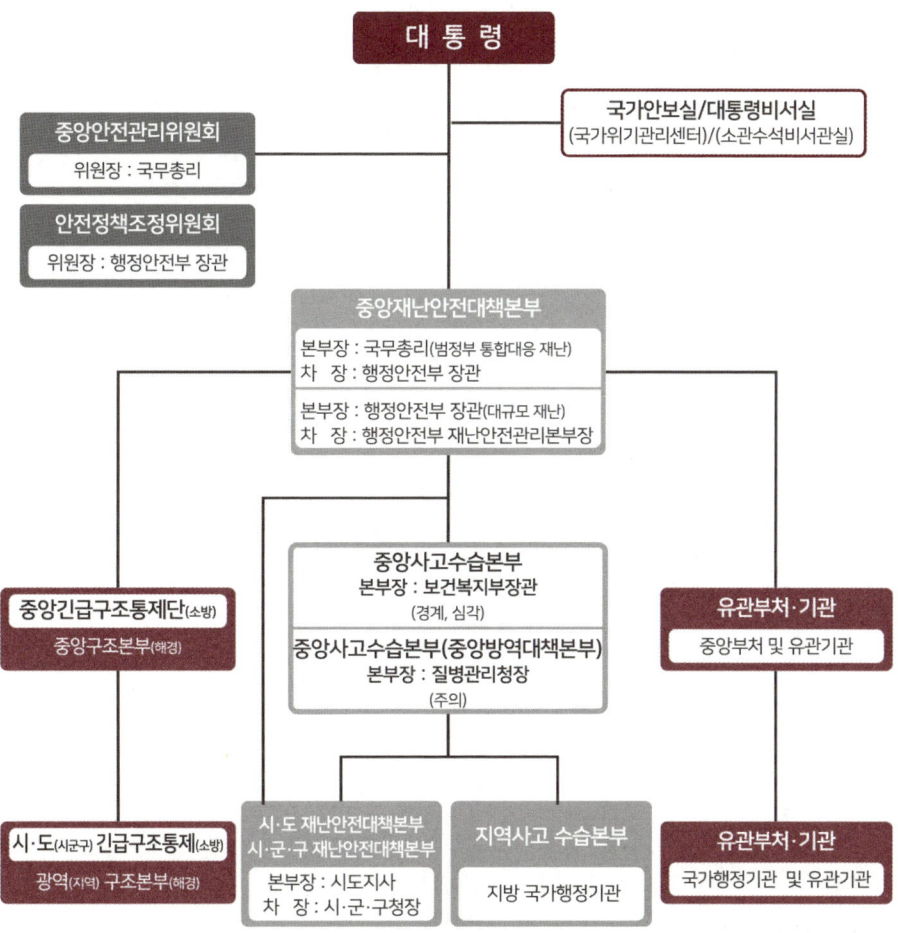

(2) 위기관리 기구의 임무와 역할

구분	임무와 역할
국가안보실 (국가위기관리센터)	• 재난분야 위기 초기 상황 파악, 보고 및 전파 • 재난상황 총괄·조정 및 초기·후속 대응반 운영 • 재난안전관리 정책 총괄
대통령비서실 (소관 비서관실)	• 재난 분야별 정책대응 및 홍보방향 제시 • 재난 분야별 후속대응 및 복구
중앙안전관리위원회 (국무총리)	• 재난관리에 있어 국가차원의 중요정책 조정·심의 • 재난사태 및 특별재난지역 선포 심의 • 중앙행정기관 간 재난·안전관리업무 협의·조정

중앙재난안전대책본부 (국무총리 또는 행정안전부 장관)	• 대규모 재난의 예방·대비·대응·복구 등에 관한 사항의 총괄·조정 • 재난예방 및 응급대책 등 재난대비계획 수립 • 재난분야 재난징후 목록 및 상황 정보 종합·관리 • 재난사태 및 특별재난지역 선포 검토·건의 • 재난현장 대응활동 종합 및 조정 • 주관기관 요청 시 중앙재난안전대책본부 가동 및 중앙수습지원단 파견 조치 등 • 재난예방 및 응급대책 등 재난대비계획 수립 * 감염병 안전취약계층(장애인 등 거동불편자, 노인·어린이, 외국인 등)에 대한 계획 포함 • 관계 재난관리책임기관의 장에게 행정 및 재정상의 조치·소속 직원의 파견, 그 밖에 필요한 지원 요청
지역재난안전대책본부 (지방자치단체장)	• 지역재난상황 총괄 및 사고수습체계 구축 • 재난현장 총괄·조정 및 지원을 위한 재난현장 통합 지원본부 설치·운영(시·군·구 단체장) • 지역 내 재난관리책임기관의 장에게 행·재정상의 조치 및 업무협조 요청 • 생활안정지원, 응급복구, 질서유지, 의료·교통 구급 및 언론대응 등 * 감염병 안전취약계층(장애인 등 거동불편자, 노인·어린이, 외국인 등) 지원 대책 포함 • 지역사고수습본부의 원활한 협조체계 유지 등
중앙사고수습본부 (보건복지부 장관) 경계·심각	• 감염병 위기 상황 총괄 • 위기경보 발령 및 전파 • 사고수습 종합상황 총괄·조정 및 언론 대응 • 재난 대응·복구를 위한 법률 및 제도 개선 • 유관기관에 대한 협조요청 및 상황 전파 • 피해보상 및 지원대책 마련 • 관련 예산 확보 및 관리 • 감염병 대응계획 수립 및 범정부 대응체계 정비 * 감염병 안전취약계층(장애인 등 거동불편자, 노인·어린이, 외국인 등) 지원 대책 포함 • 중앙사고수습본부(중앙방역대책본부) 협력 • 수습지원단 파견 요청
중앙사고수습본부 (중앙방역대책본부) (질병관리청) 주의	• 감염병 방역조치 총괄 • 위기병보 발령 및 전파 • 종합상황실 운영 • 유관기관 협조 및 정보 공유체계 구축 • 감염병 피해상황 종합관리 및 상황 보고 • 자체위기평가회의 및 전문위원회 등 운영 • 대응지침 개발·관리 총괄 • 감염병 발생 현장 즉각대응팀 운영 • 감염병 감시체계 운영 • 입국자 관리 및 진단검사체계 총괄 • 지역방역대책반 운영 총괄, 조정 및 지시 • 역학조사 수행 및 환자 및 접촉자 관리 총괄 • 방역물자 지원 및 관리 및 지원 • 감염병 위기 정보 수집·전파·공개 • 대국민 위기 소통
지역방역대책반 (시·도, 시·군·구)	• 지역별 방역 대응책 마련·시행 • 환자 발생 및 사망 감시 • 역학조사, 진단·검사, 환자 및 접촉자 이송 및 관리 • 진료병원, 격리병상 및 방역물자 관리 • 안전취약계층(장애인 등 거동불편자, 노인·어린이, 외국인 등)의 격리 시 지원책 마련 • 감염병 정보 의료기관 공유 및 주민 홍보

중앙수습지원단	• 사태수습에 필요한 기술자문, 권고 또는 조언 • 중앙대책본부장에 대하여 재난수습을 위한 재난현장상황, 재난발생의 원인, 행정적·재정적으로 조치할 사항 및 진행 상황 등에 관한 보고
중앙긴급구조통제단 (소방청장)	• 긴급구조에 관한 사항의 총괄·조정, 긴급구조기관 및 긴급구조지원기관이 행하는 긴급구조 활동의 역할 분담 및 지휘통제 담당
지역긴급구조통제단 (소방본부장 또는 소방서장)	• 지역별 긴급구조에 관한 사항의 총괄·조정, 당해 지역에 소재하는 긴급구조기관 및 긴급구조지원 기관간의 역할분담과 재난현장에서의 지휘·통제를 담당

(3) 소방처의 대응체계

1) 소방청 감염병 위기대응 절차

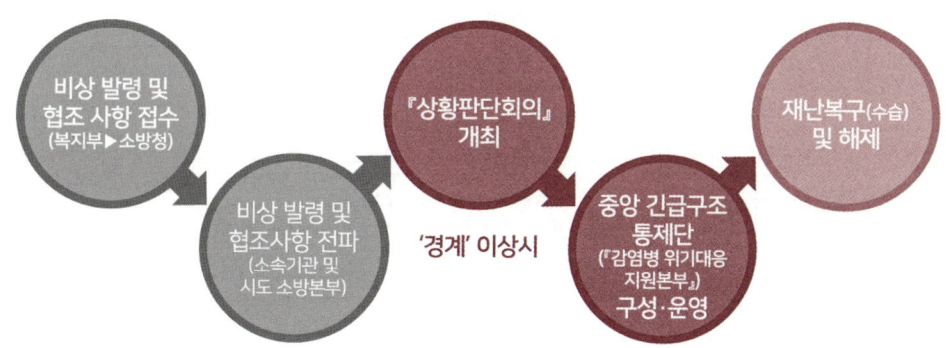

2) 중앙 긴급구조통제단(「감염병 위기대응 지원본부*」)

*감염병 대응과 관련하여 사용

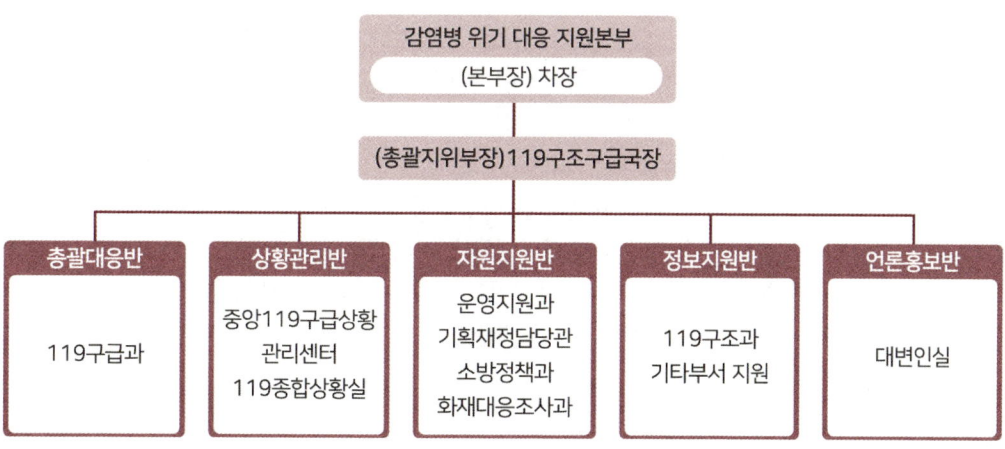

➕ 반별임무

구분	임무	담당부서
총괄대응반	• 감염병 재난 위기 경보 접수·전파, 단계별 대책 수립 및 시행 • 감염병 재난 상황정보(국내외) 분석·정리 및 보고서 작성 • 감염병 위기 대응 관계부처 회의 참석 등 협력관계 • 감염병 의심 환자 이송구급대 지정·운영, 관리 • 보건복지부 등 관계부처(기관) 협력체계 유지 • 위기 대응 본부장 지시사항 관리 등	119구급과
상황관리반	• 병원 간 전원 조치 및 중증 환자 이송지원 • 감염병 관련 의료 상담(재외국민 포함) 현황 관리 • 감염병 구급 대응 상황 일보(통계) 관리, 동향 보고 • 위기 상황 관련 정보수집·분석·전파·관리 • 감염병 의심 환자 이송구급대원 관리 • 비상연락체계 구축(비상소집, 비상연락망 현행화)	중앙119구급 상황관리센터 119종합상황실
자원지원반	• 사고 대응시 필요 예산·장비 등 긴급물자 지원 • 인사 발령(파견·지원) 등 필요인력 지원 • 소방대원 감염 방지, 청사 출입 관리 등 안전 관리 대책 • 소방대원 감염 발생 시 소방력 조정, 청사 폐쇄 등	운영지원과 기획재정담당관 소방정책관 화재대응조사과
정보지원반	• 중앙재난안전대책본부, 수습본부 운영인력 파견 • 감염병 대응 관련 범정부지원단 운영인력 파견	119구조과 119구급과
언론홍보반	• 감염병 재난 언론·여론 모니터링 및 대응 보도자료 배포 등 • 감염병 관련 대국민 행동 요령 홍보 및 교육 • 보도자료 작성 배포 및 재난 현장 취재지원 등	대변인실 119생활안전과

3) 대응 단계별 기관장 임무와 역할

① 위기대응 지원본부장 역할 : 감염병 위기관리 및 사고수습 총괄
- 예방 및 대비 단계
  ▶ 감염병 위기대응 실무매뉴얼 수립 및 정비 ▶ 감염병 환자 등 이송체계 구축·점검
  ▶ 감염병 재난 대책 수립 협력 ▶ 비상연락체계 구축(비상소집, 비상연락망 현행화)
- 대응단계
  ▶ 감염병 발생시 위기대응 지원본부 운영 총괄
  ▶ 24시간 소방상황실 지속 운영, 상황전파 및 보고체계 가동
  ▶ 감염병 환자 등 이송체계(전담구급대 지정 등) 구축·운영
  ▶ 중앙재난안전대책본부 및 유관기관 사고수습 협력체계 유지
  ▶ 대국민 소통 및 정보전달체계 확립
- 복구단계

> *위기관리 대응에 대한 평가
> *감염병 위기관리 및 위기대응 개선대책 마련
> *감염병 위기대응 실무매뉴얼 수정·보완

② 지역사회 불안감 감소 방법
　㉠ 감염보호복 착용, 구급대원을 발견한 시민들 불안감 해소를 위해 불안감 감소 조치를 해야함.
　㉡ 현장도착후 주민들 동선파악후 유동인구가 적은 통로를 이용. 이송계획을 세운다.
　㉢ 현장 도착하여 감염보호복을 착용한 구급대원에게 감염병 환자 출동인지 묻는 주민의 질문에 확인되지 않은 감염을 방지하기 위해 예방적으로 착용하고 있으며 감염병 확진 환자와의 관련성은 없음을 설명한다.
　㉣ 시·도별 여건에 따라 홍보용 자막, 멘트, 지역방송 등 다양한 방법을 활용할 수 있다.

4) 감염병 재난의료 대응단계

구분	위기 유형		주요 대응 활동
	해외 신종 감염병	국내 원인불명·재출현 감염병	
관심 (Blue)	해외에서의 신종 감염병의 발생 및 유행	국내 원인불명·재출현 감염병의 발생	• 감염병별 대책반 운영(질병관리청) • 위기징후 모니터링 및 감시 • 대응 역량 정비 • 필요시 현장 방역 조치 및 방역 인프라 가동
주의 (Yellow)	해외 신종 감염병의 국내 유입	국내 원인불명·재출현 감염병의 제한적 전파	• 중앙사고수습본부(중앙방역대책본부, 질병관리청) 설치·운영 • 유관기관 협조체계 가동 • 현장 방역 조치 및 방역 인프라 가동 • 모니터링 및 감시 강화
경계 (Orange)	국내 유입된 해외 신종 감염병의 제한적 전파	국내 원인불명·재출현 감염병의 지역사회 전파	• 중앙사고수습본부(중앙방역대책본부, 질병관리청) 운영 지속 • 중앙사고수습본부(본지부) 설치·운영 • (행안부) 범정부 지원본부 운영검토 • 필요시 총리주재 범정부 회의 개최 • 유관기관 협조체계 강화 • 방역 및 감시 강화 등
심각 (Red)	국내 유입된 해외 신종 감염병의 지역사회 전파 또는 전국적 확산	국내 원인불명·재출현 감염병의 전국적 확산	• 범정부적 총력 대응 • 필요시 중앙재난안전대책본부 운영

　　　　　　　　　　　　　　　　　　　　　　　　* 감염병 재난 위기대응 실무 매뉴얼(소방청)

CHAPTER 04 환자평가(현장, 환자평가)

01 현장평가

환자를 평가하는 최초의 과정. **감염, 안전, 환자의 상태**

1. 감염위험의 확인

① 보호용 장갑 착용: 혈액, 체액, 점막, 상처, 세균, 교차감염
② 가운, 마스크, 보안경 착용: 혈액, 구토물, 분비물, 출혈, 침습적 술기, suction 처치
③ N-95마스크, 호흡기: 결핵, 기관내 삽관, 구강흡인, 분무제 투여

표준주의 지침: (감염파트와 중복)

➕ 개인보호장비 일반원칙

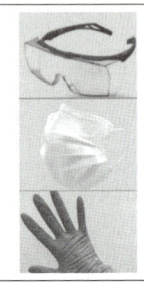

표준주의(보호안경, 장갑, 마스크)
표준주의는 구급활동에 있어서 가장 기본적인 지침이다. 환자의 혈액, 체액, 분비물, 배설물, 손상된 피부와 점막을 다룰 때 표준주의를 지켜 대원 스스로를 보호하며 환자의 안전을 도모해야 한다. 전파경로별 주의에는 접촉주의, 비말주의, 공기주의, 혈액주의가 있다. 이러한 모든 격리지침을 준수할 때 기본적으로 표준주의에 각각의 전파경로별 주의를 추가하여 준수해야 한다. 예시) 객혈, 토혈 환자 접촉시 가운 추가 착용 *별도의 감염병 대응 지침이 있을시 해당 지침에 따른다.

2. 현장의 안전성 확인

① 위험물확인, 전문가가 현장을 안전하게 할 때까지 지시를 기다린다.
② 보호복과 안전장비를 갖추고 구조와 구급을 실시한다.
③ 현장 접근 시 주변지역을 평가하고 안전을 확신하지 못하면 진입하지 않는다.
④ 잠재적인 위험요소와 목격자들의 표정을 확인한다.
⑤ 범죄 현장의 경우 경찰이 현장을 안전하게 할 때 까지 기다린다.
⑥ 범죄현장에서는 구급차의 불빛과 사이렌을 끄도록 하고 현장에서 보이지 않는 곳에 배치해둔다.
⑦ 위험지역의 경우 경찰로 하여금 저지선을 확보하게 하고 직속상관의 지시를 따른다.

3. 환자의 상태 파악

환자의 상태를 파악하면 중증도 분류, 이송의 필요성, 질병의 특성을 확인하는데 도움을 준다.
① 질병의 상태파악: 내과적 환자는 본인, 가족, 주변의 목격자를 통해 정보수집, 주 호소에 중점을 두고 살핀다.

② 손상기전(Mechanism of injury) : 손상의 원인 파악
- 외상이나 사고의 유형과 원인파악, 가능성을 고려한다.
- 현장안전의 확인, 손상유형파악, 둔기외상, 차량사고(전방, 후방, 측면, 차량전복, 안전벨트나 에어백 사용시)
- 관통상, 폭발외상, 낙상 등, 환자의 위치 및 수, 추가인원을 파악한다.

02 환자평가(1차평가)

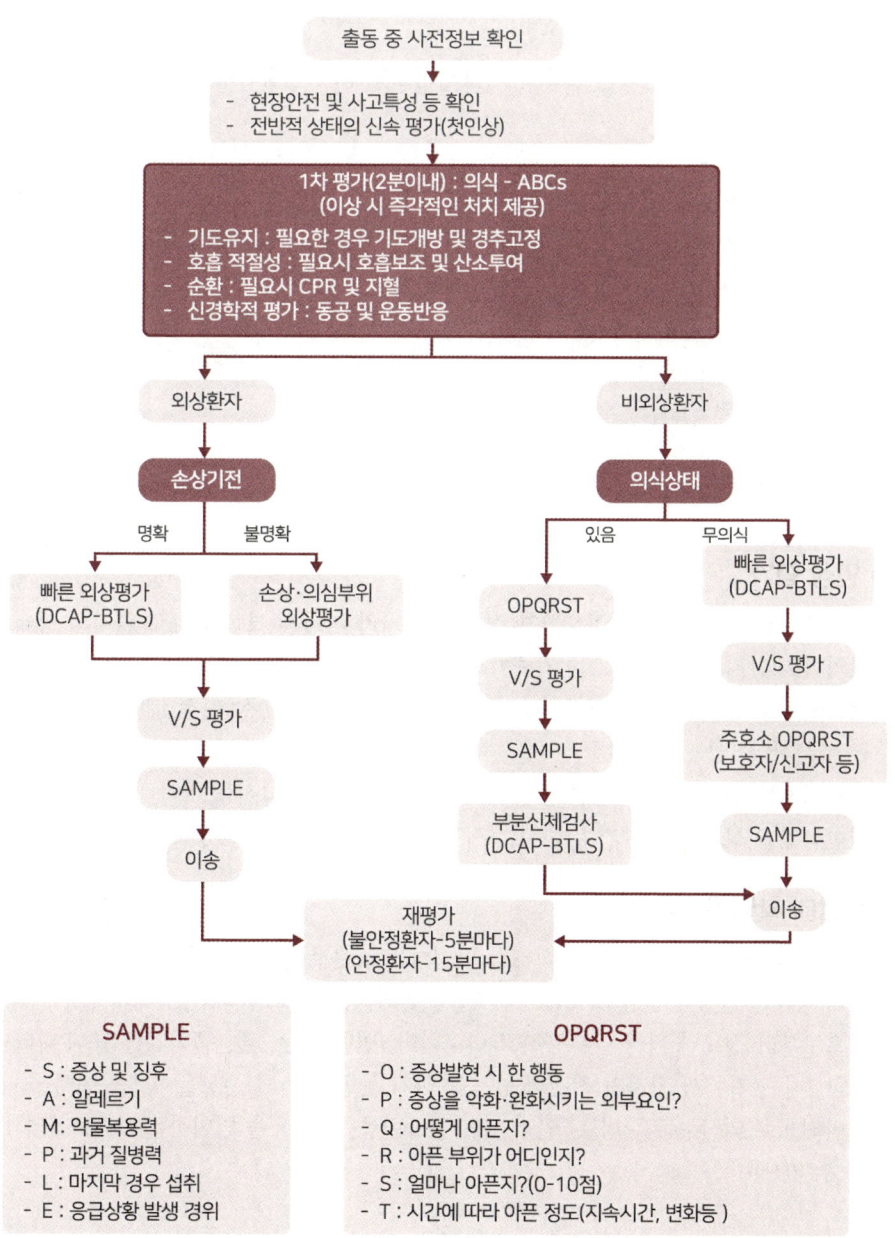

1. 1차 평가(Primary assessment)

(1) 1차 평가 개요
① 개념 : 1차 평가는 직접적으로 생명을 위협하는 치명적인 위험요소를 찾아내어 생명연장을 위한 처치를 긴급하게 취하는 단계이다.
② 목적 : 1차 평가의 목적은 치명적인 병변이나 손상을 발견하고 치료하는 것으로 기도폐쇄나 심정지 등 급박한 상황을 제외하고는 어떠한 경우라도 우선 1차 평가를 시행하여야 한다.
전반적인 1차 평가는 한 환자에서 **2분** 이내에 실시하지만 즉각적 응급처치의 필요성 여부를 결정하는 데 충분한 정보를 제공한다.
즉 환자의 의식을 확인하는 것으로 시작되는 1차 평가는 평가와 동시에 응급처치가 이루어져야 한다.
③ **1차 평가**의 내용
  ㉮ 첫인상 평가
  ㉯ 의식상태 확인 및 평가, 이른바 "ABCDE"로 불리어지는 단계
    A. 기도평가(Airway)
    B. 호흡평가(Breathing)
    C. 순환평가(Circulation)
    D. 신경학적 검사(Disability)
    E. 손상부위의 노출(Exposure)
  ㉰ 이송의 우선순위 결정

(2) 첫 인상 평가
① 첫 인상 평가는 일반적인 인상평가(전신상태), 1차 평가의 처음 단계로 환자의 상태가 어떤 단계의 상태인지, 즉각적으로 처치해야하는 것은 무엇인지를 판단하며 이송여부를 결정한다.
② "주 호소와 외적 모습에 대한 즉각적인 평가" 주변 환경, 손상 기전, 환자의 나이와 성별 등을 근거로 한다.
③ 내과환자는 질병의 정도 등을 파악하고 외상환자는 손상기전을 파악해야 한다.
④ 일반적인 인상을 평가하기 위해서는 시진, 청진, 촉진, 후각을 통해 파악한다.

(3) 의식상태 확인 및 평가
① 환자가 발생하였을 경우 의식 상태를 확인하는 것은 무엇보다 중요하다.
② 의식 상태는 환자의 반응 정도를 통해 알 수 있다. 정상적으로 뇌는 인체의 일부분이나 주변 환경으로부터 정보나 자극을 수용하고 반응한다. 반응은 눈, 말, 움직임을 통해 나타낸다.
만약 1차 평가에서 환자가 적절한 반응을 하지 못한다면 뇌 손상을 의심하여야 한다.
③ 일반적으로 의식수준은 명료, 언어반응, 통증반응, 무반응을 의미하는 "AVPU"의 4단계로 나눌 수 있으며,

환자 평가	의식상태	1차 (:) [ ]A [ ]V [ ]P [ ]U			2차 (:) [ ]A [ ]V [ ]P [ ]U			사고부위(복수선택 가능)
	동공반응	좌 [ ]정상 [ ]축동 [ ]산도 [ ]측정불가			[ ]반응 [ ]무반응 [ ]측정불가			
		우 [ ]정상 [ ]축동 [ ]산도 [ ]측정불가			[ ]반응 [ ]무반응 [ ]측정불가			
	활력 징후 [ ]불가 [ ]거부	시각	혈압	맥박	호흡	체온	SpO2	혈당체크
		:	/ mmHg	회/min	회/min	℃	%	mg/dL
		:	/ mmHg	회/min	회/min	℃	%	mg/dL
	환자 분류	[ ]응급 [ ]준응급 [ ]장재응급 [ ]대상 외 [ ]사망 ([ ]추정)						
구급대원 평가 소견		• 주 호소 : _____			• 발생시간([ ]추정) :			

코드 및 표기 방법	시각 : 의식상태 확인. 시각을 24시간제로 기록한다. 출동시간을 기록한 시계를 기준으로 함. [ ] A : 명료한 상태. 시간, 공간, 사람에 대한 정상적 반응 [ ] V : 말소리가 나야만 반응하는 경우 [ ] P : 통증자극에만 반응이 있음 [ ] U : 통증자극에도 반응이 없음

* "AVPU" 척도(AVPU Scale) 사용
- A(명료/alert): 환자 스스로 눈을 뜨고 질문에 반응이나 대답을 한다. 날짜, 장소, 이름 등을 기억.
- V(언어반응/verbal stimuli): 환자가 스스로 눈을 뜰 수 없고 질문에 적절한 반응이나 대답은 할 수 없으나 소리와 고함에 반응
- P(통증반응/pain stimuli): 환자가 언어에는 반응이 없으나 통증자극에 반응
- U(무반응/unresponsive): 환자가 통증에 대해서도 반응하지 않은 상태

④ 만일 의식상태가 명료하지 않은 경우 산소공급 등 응급처치를 하면서 이송
⑤ 떨어졌거나 자동차 충돌 또는 척추 손상을 일으킬 수 있는 사고를 당한 경우의 환자라면 우선적으로 척추 손상이 있는지 확인한다.
머리를 다친 환자는 확인이 될 때까지 척추 손상이 있는 것으로 본다. 척추 손상 여부를 확인하기 위해서는 환자의 손가락과 발가락을 꽉 쥐어 보아 감각과 움직임을 확인하고 환자에게 손을 쥐고 발을 쭉 펴도록 취해본다.

(4) 기도 평가(A : Airway)

① 생명을 위협하는 문제점들을 평가할 때 처치자는 항상 **기도, 호흡, 순환상태**를 평가, 기도 평가(A : Airway)는 1차평가에서 숨을 쉬는가? 기도의 개방유무
② 기도가 막혀 있다면 두부후굴– 하악거상법(비외상환자), 하악견인법(외상) 등을 사용, 흡인 또는 구인두기도기나 비인두기도기를 삽입하는 등 기도를 개방한다.
③ 상기도내 이물질은 흡인을 통해 제거해 주어야 하고 기도가 완전히 폐쇄된 경우에는 이물질 제거법을 이용한다. 의식이 없는 환자는 **혀**가 기도 폐쇄의 원인이 될 수 있음을 유의하며 기도를 개방해 주어야 한다.

(5) 호흡 평가(B : Breathing)

호흡 평가(B : Breathing)는 환자의 호흡이 정상적으로 이루어지고 있는지를 확인하는 단계를 말한다. 기도가 개방된 것이 확실하면 호흡을 확인한다.
- 보다
- 듣는다
- 느낀다

(6) 순환 평가(C : Circulation)

혈액량이 적절히 공급되는 지를 평가하는 단계

맥박유무, 외부출혈 유무, 피부를 통한 순환 평가

① 맥박유무

맥박은 요골동맥(손목), 대퇴동맥(허벅지), 경동맥(목), 등지에서 쉽게 느낄 수 있으나 일반적으로 요골맥박이 지나는 손목부위가 가장 촉지하기 용이하다.

2세 이하의 소아 등 유아의 경우에는 목 부분이 두꺼워 경동맥 확인이 쉽지 않으므로 **상완동맥을 촉지 한다.**

맥박이 없는 환자에게는 긴급히 심폐소생술(CPR)을 실시한다.

② 외부 출혈 유무

1차 평가를 통해 적절한 처치를 제공. 출혈이 심한 상태이거나 지속적인 출혈을 나타내는 부위를 1차 평가와 더불어 즉각적인 처치를 실시한 것.

③ 피부를 통한 순환 평가 : 차가운 피부는 부적절한 순환을 나타내는 징후이다.

피부는 평가하기 쉽고 피부색, 온도 그리고 상태(습도) 등으로 알 수 있다.

소아의 경우 모세혈관 재 충혈로 평가한다.(2초 이상시 비정상)

피부색, 피부온도, 상태

(7) 신경학적 검사(D : Disability) : 의식수준(LOC) 평가

동공의 상태와 사지의 운동성을 확인할 것

교감신경: 동공확장(산동)

부교감신경: 동공수축(축동)

동공모양	원인
확장	부교감신경계 차단하는 안약, 약물남용, 마약이나 향정신성 물질 섭취 (암페타민, 코카인, LSD, 마리화), 신경계 질환이나 두부 외상
이완	항히스타민제, 파킨슨병 약물, 삼환계 항우울제, 공포
비대칭	뇌졸중, 녹내장, 동맥류 또는 종양, 뇌허혈의 급성 발작
무반응	약물남용, 뇌의 산소결핍
불규칙모양	수술후, 급성 손상
일측성 편마비	뇌기능 장애, 뇌졸중
특정 위치 아래 마비	척수 이상
단일 사지마비	말초신경의 이상

(8) 환자 손상부위의 노출(E : Exposure)
① 위험한 문제들의 징후에 대한 신속한 조사를 수행하기 위해 신체를 노출시키는 것이다.
② 1차 평가는 짧은 시간 내에 환자의 생명이 위급한 상태인지 아닌지를 파악할 수 있으며 이에 대하여 신속한 응급처치 시행해야 한다.
③ 기도, 호흡기능, 순환기능의 순서로 응급처치를 수행하고 각 기능이 안정된 후에도 병원으로 이송될 때까지는 계속 평가, 환자상태가 충분히 안정된 후에는 다시 환자의 전신적인 상태를 평가해야 한다.

2. 2차 평가(Secondary assessment)
생명연장을 위한 처치를 긴급하게 취하는 1차 평가와는 달리 위협이 없는 상태에서 시행하는 전신적인 평가이다.

머리에서 발끝까지(Head to toes) 시진, 촉진, 타진, 청진 등의 방법으로 완전하고 세밀하게 이루어지는 평가로 내과적 문제와 손상과 관련 있는 문제들을 발견하기 위함이다.

1) 활력 징후(Vital Sign)평가: 환자상태를 나타내는 척도

➕ 활력징후의 정상범위

	체온(℃)	맥박(회/분)	호흡(회/분)	혈압(mmHg)	
				수축압	이완압
신생아	35.5~37.5	70~190	30~60	60~90	20~60
영아	37.4~37.6	80~160	30~50	74~100	50~70
유아	37.2~37.6	80~130	24~40	80~112	50~80
학령전기	37.0~37.2	80~120	22~34	82~110	50~80
학령기	36.7~37.0	75~110	20~30	84~120	54~80
청소년기	36.1~37.2	70~100	18~22	94~120	62~80
성인	36.1~37.2	60~100	12~20	90~120	60~80
노인	35.6~37.2	60~100	12~20	90~120	60~80

① 맥박(pulse)
　가. 주로 요골동맥(손목안쪽), 경동맥, 소아는 상완동맥을 촉지 한다.
　　　맥박의 수, 리듬(규칙성), 강도(Strength)가 어떠한가를 평가
　나. 소아의 맥박이 서맥(60이하)인 경우 기도와 호흡을 즉각적으로 평가하는데 산소결핍시 심장마비 전에 서맥이 나타나기 때문.
　　　호흡은 정상이나 서맥인 경우에는 많은 량의 산소를 공급해 주어야 한다.
② 호흡(Respiration)
　호흡 평가는 호흡의 수, 양상, 리듬, 질(호흡소리, 흉부팽창, 호흡노력), 깊이 그리고 규칙성을 살필 것.

호흡을 측정하는 방법: 가슴의 오르내림을 보는 시진, 흉곽에 손을 대고 측정 하는 촉진, 그리고 청진기로 듣는 청진이 있다

호흡이 분당 12회 이하이면 총량이 생명을 유지하기에 부족하다.

호흡수와 호흡리듬의 이상

정상 (normal)	급속호흡 (tachypnea)	과호흡 또는 과도환기 (hyperpnea, hyperventilation)	완서호흡 (bradypnea)
성인에서의 호흡속도는 분당 12~20번이며 소아에서는 44번까지 된다. 생후 6주 : 30~60bpm 6 month : 25~40bpm 3 years : 20~30bpm 6 years : 18~25bpm 10 years : 15~20bpm aduils : 12~20bpm	급속호흡의 원인은 제한성 폐질환, 늑막염증 흉통, 횡격막의 상승 등이다.	과호흡의 원인으로 운동, 불안, 대사성 산증이 있다. 혼수상태의 환자일 경우, 중뇌나 뇌교에 영향을 주는 경색, 저산소증, 저혈당증을 고려해야 한다. Kussmaul 호흡은 대사성 산증과 연관된 과호흡이다. 그것은 호흡수가 빠를 수도, 정상일 수도, 느릴 수도 있다.	완서호흡은 당뇨성혼수, 약물로 인한 호흡억제, 뇌압증가 등에 수반하여 2차적으로 나타날 수 있다.

체인-스토크스 호흡 (Cheyne-Stokes breathing)	실조성 호흡(biot씨 호흡) (ataxic breathing)	한숨호흡 (sighing respiration,)	폐쇄호흡 (obstructive breathing)
과호흡이나 무호흡이 교차한다. 어린이나 나이든 사람은 잠잘 때 정상적으로 이런 유형을 보이기도 한다. 다른 원인은 심부전, 요독증, 약물로 인한 호흡억제, 그리고 뇌손상(대뇌반구 양쪽이나 간뇌)등이다.	실조성 호흡의 특징은 예측할 수 없는 불규칙성에 있다. 호흡은 얕거나 깊고 짧은 기간 동안 멈춘다. 원인은 호흡억제와 연수부위의 뇌손상이다.	한숨 호흡은 자주하는 한숨으로 강조되며 이것은 과도환기 증후군(호흡곤란과 졸림이 원인)에서도 나타난다. 때로 하품이 정상적으로 나타나기도 한다.	폐쇄호흡시 기도저항의 증가로 인하여 호기가 증가한다. 만일 환자의 호흡 속도가 증가하면 그는 완전한 호기를 할 충분한 시간이 부족하다. 그의 가슴은 과도하게 확장되었으며 호흡은 보다 더 얕아진다.

    가. 비정상적인 tachypnea (분당 24회이상): 흥분, 대사이상, 쇼크, 두부손상

    나. 코고는 소리, 휘파람소리, 그르렁 소리, 새우가 우는소리: 기도 폐쇄 및 천식

    다. 쌕쌕거림, 꾸르륵 거리는 소리, 까마귀 소리, 천명음: 하부 기도폐쇄

③ 혈압(Blood pressure): 동맥벽에 미치는 혈액의 압력을 말한다.

④ 체온(Temperature)

    가. 체온은 피부와 호흡기계를 통해 열 생산과 열 소실을 조절한다. 체온은 체내 또는 중심부 환경을 평가 한다.

나. 정상체온은 36.5℃~37℃ 이다. 체온을 측정하는 일반적인 부위는 구강(입), 액와(겨드랑이)이지만 정확한 체온은 직장을 통해 측정한다. (구강보다 1℃내지 1.5℃ 정도 높다.)

⑤ 피부색

색, 온도, 피부상태를 평가.

순환정도를 평가하기 좋은 부분은 손톱, 입술, 하안검(아래쪽 눈꺼풀)이다.

피부온도와 상태는 장갑을 끼지 않은 상태에서 손등으로 측정해야 한다.

심하게 착색된 피부나 검은 피부는 손톱이나 공막, 입 안쪽의 점막에서 관찰할 것.

⑥ 동공

가. 빛을 비추기 전 양쪽 눈의 동공크기를 평가한다. 비정상인 경우는 의식장애를 의심해야 한다. 정상크기: 2~4mm

나. 빛 반응검사: 빛을 비추면 동공이 수축되고 빛을 치우면 다시 이완되어야 한다. 재평가를 위해서는 1~2초 후에 실시해야 한다.

다. 비대칭 동공은 뇌졸중, 두부손상, 안구손상을 의미하며, 반응결여는 약물 및 뇌의 산소결핍을 의미하고 동공의 크기와 동공반사는 다음과 같다.

㉮ 축소된 동공: 약물중독이나 중추신경계의 병변이 있는 환자에게서 관찰된다.

㉯ 양측의 동공크기가 다른 경우: 두부손상이나 뇌 병변 환자(일부 정상인도 다른 경우 있음)

㉰ 확장된 동공: 의식장애, 주로 심정지 후 30초이내에 일어난다.

㉱ 빛을 비추어도 동공이 수축하지 않는 경우: 질병이나 약물중독 혹은 시신경의 손상

㉲ 사망한 경우: 동공은 크게 확장되고 동공반사가 사라진다.

⑦ 운동기능 : 의식이 있는 사람이 신체를 움직이지 못하는 것을 마비라고 하는데 외상을 당한 후 신체를 움직이지 못하면 척추손상을 의심하여야 하며, 팔을 움직일 수 있으나 다리를 움직이지 못하는 것은 경부아래 쪽에서 발생한 척추손상을 의심하여야 한다.

⑧ 감각기능 : 손상이나 질병에 의하여 감각기능이 저하되거나 소실될 수 있으며 운동기능은 있으나 감각이 없는 경우 척추 손상의 징후가 된다.

㉠ 환자의 피부를 꼬집어 감각기능을 검사할 수 있으나 과도한 압박은 삼가 한다.

㉡ 손상이나 마비 후에 생기는 사지의 수의운동이 손실되면 감각기능도 소실된다.

㉢ 운동기능은 있지만 감각기능이 없으면 척추손상의 징후가 될 수 있다.

㉣ 피부감각의 소실을 동반한 심한 통증은 동맥의 폐쇄나 절단의 결과이므로 맥박이 촉지되지 않는다.

2) 환자 평가 시

- 신체검사 시 환자에게 사전에 동의를 구하고 검사방법을 설명한 후 시행한다.
- 척추손상이 의심되면 움직임을 최소화하고 고정을 시행한다.
- 환자 평가를 위해 응급처치를 지연시키거나 손상을 악화시켜서는 안 된다.

03 병력조사

환자의 주호소에 집중된 병력과 잠재된 손상을 평가, **두부, 경부, 흉부, 복부, 골반, 사지**등 순서적으로 평가

외상환자는 DCAP-BTLS, Deformities, Contusions, Abrasions, Penetrations, Burns, Tenderness, Lacerations, Swelling 등 8가지의 손상징후를 나타낸다.

1) 주호소/병력/신체검진시 다음의 방법을 이용한다.

주호소	병력	신체검진
OPQRST조사 방법	SAMPLE 조사방법	DCAP-BTLS조사방법
O(Onset):발병일 P(Provocation):유발요인 Q(Quality): 증상의 특성 R(Region): 방사 S(Severity): 증상의 심한정도 T(Time): 증상의 지속시간	S(Signs & Symptoms): 징후와 증상 A(Allergies): 알레르기 M(Medications): 약물 복용력 P(Past Illnesses): 과거병력 L(Last Oral intake): 마지막 식이 섭취 E (Event Prior): 응급상황 발생경위	머리에서 발끝까지 D(Deformities): 변형 C(Contusions): 좌상 A(Abrasions): 찰과상 P(Penetrations): 관통상 B(Burns): 화상 T (Tenderness): 압통 L (Lacerations): 열상 S (Swelling): 부종

2) 외상환자/ 비외상환자의 상태에 따라 신체검진 및 병력 조사의 우선순위와 항목이 달라지며 구체적인 순서는 아래와 같다

외상환자		
명확한 사고기전 빠른 외상평가		모호한 사고기전 주 호소 확인
머리 목: 목정맥 팽대, 기관 편위 가슴: 염발음, 호흡, 기이성 운동, 호흡음 복부: 강직, 팽만 골반/ 비뇨생식기: 움직일 때 통증, 피 소변 배설물 팔다리: 맥박, 움직임, 감각 후면	D C A P B T L S	부분신체검진 실시 손상부위와 사고기전에 의해 의심되는 부위에 대해 집중적으로 이학적 검진을 시행한다.

3) 활력징후 측정

　　SAMPLE 조사(환자, 보호자, 신고자 등)
- S- 증상 및 징후
- A- 알레르기
- M- 약물복용력
- P - 과거질병력
- L - 마지막 경구 섭취
- E - 응급상황 발생 경위

- 일차평가에서 발견하지 못한 생명을 위협하는 상황을 이차평가에서 발견한 경우 즉각적으로 처치한다.
- 이차평가를 통한 소견을 재검토하여 비 긴급 환자에서 긴급 환자의 범주로 포함시킬 것인지 결정한다.
- 이차평가는 한번 시행 후 종료하는 것이 아니고 환자의 변화하는 상태를 반영하기 위해 주기적으로 시행하여야 한다. 가능하다면 적어도 5~15분 간격으로 반복해서 시행 한다.

비외상 환자	
무의식환자 빠른 신체검진	의식이 있는 환자 병력청취
DCAP-BTLS 머리 목: 목정맥 팽대, 의학적 표시(치매, 당뇨등) 가슴: 호흡음 복부: 강직, 팽만 골반, 비뇨생식기: 피, 소변, 배설물 팔다리: 근골격계 통증, 의학적 표시(치매, 당뇨등) 후면	주호소 O – 증상이 있을 때 무엇을 하고 있었는지? P – 외부요인이 증상을 악화, 완화시키는지? Q – 어떻게 아픈지? R – 아픈 부위가 어디인지? S – 얼마나 아픈지?(0~10점) T – 시간에 따라 아픈게 어떤지? 　　　(통증 지속시간, 변화 등)
활력징후 측정 활력징후에 따라 OPQRST(보호자, 신고자 등) O – 증상이 있을 때 무엇을 하고 있었는지? P – 외부요인이 증상을 악화, 완화시키는지? Q – 어떻게 아픈지? R – 아픈 부위가 어디인지? S – 얼마나 아픈지?(0~10점) T – 시간에 따라 아픈게 어떤지? 　　　(통증 지속시간, 변화 등) SAMPLE력 조사	활력징후 측정 SAMPLE 조사 S – 증상 및 징후 A – 알레르기 M – 약물복용력 P – 과거질병력 L – 마지막 경구 섭취 E – 응급상황 발생 경위 부분신체검진: DCAP – BTLS 사고(질병)기전과 SAMPLE조사에 의해 잠정적으로 의심되는 부위 확인

① 두부
- 머리부는 **머리뼈와 얼굴로 나누어 평가**하며 변형이나 비대칭성이나 관련된 징후를 발견하기 위해 머리전체를 시진과 촉진하며, DCAP-BTLS와 염발음을 평가한다.
- **머리뼈**는 머리와 척추를 손으로 움직이지 않게 유지하고 옆, 후두부, 상부 등의 변색, 변형, 출혈, 열감 등을 촉진하고 따뜻하고 축축하게 느껴지는 부위는 혈액이나 뇌척수액 등이 혼재되어 있을 수 있으므로 주의한다.
- 골절된 파편들이 머리뼈나 뇌 안으로 들어가지 않도록 누르지 않는다.
- **귀**는 외이도의 조직액 누출여부, 연부조직 손상, 유양돌기의 반상출혈 여부, 구조적변형을 평가하고 유양돌기의 반상출혈은 두개골의 뇌기저부 골절을 의미(Battle's sign)한다.
- **얼굴**은 안면골 전체를 손가락으로 촉진하며 안와의 불안정, 비골의 대칭을 확인 한다.
- **안와**는 코에서부터 시작하여 양 눈 가장자리 방향으로 촉진하고 변색과 동공의 움직임, 출혈 등을 시진한다.

> 참고) 뇌기저부 골절사인:
> ① Raccon's eyes
> ② 유양돌기 sign
> ③ 귀나 코에서 뇌척수액 유출

- **눈** 주위의 검푸른 변색은 두개골의 뇌기저부 골절로 인한 너구리눈(Raccon's eyes)이며 머리를 움직일 때 눈이 같이 움직이면 인형눈 반응이라함(doll's eye R)
- **코**는 출혈여부, 분비물, 콧구멍, 기도장애 여부 등을 시진하고, 코에서 분비물이 흐르는 흔적이 있다면 혈액인지 맑은 체액인지를 확인할 것. 맑은 체액은 뇌척수액일 가능성이 있다.
- **입**은 치아, 기도폐쇄 여부, 혀의 열상, 구강내의 토물 등을 검사하고 환자로 하여금 이를 다물어 보도록 하여 이의 교합여부를 확인한다.

② 경부

목 외측과 전후면의 DCAP-BTLS와 염발음을 평가한다. 목부의 피하기종과 경정맥 팽만, 기관의 편위(기관의 위치여부)등을 살핀 후, 척추손상이 의심되면 경부 고정대를 착용시킨다.

③ 흉부
- 가슴부를 노출시킨 후 전체적으로 한번 살펴보고 좌우 양측이 대칭적인지를 확인한다음, DCAP-BTLS와 급성 호흡부전의 징후, 어깨의 대칭성, 근육의 통증 등을 평가한다.
- 가슴부 하부에 양손을 가볍게 올려놓고 양쪽 가슴부의 팽창성, 가슴부의 함몰, 기형여부를 관찰한다.
- 가슴부 타진시 과다공명음은 기흉과 관련, 탁음은 혈흉이나 늑막삼출액을 의심한다.
- 갈비뼈를 촉진 시 골절과 연부손상의 우려를 조심하고, 골절시에는 연가양흉곽의 분절과 하부의 혈관손상도 의심한다.
- 연가양 흉곽(Flail chest) 분절 발생시 시간이 흐르면 가슴 모순운동이 관찰된다.
- 호흡시 부속근육을 사용하는지, 노력성 호흡을 하는지, 미세한 잡음인 나음, 객담이 축적된 그르렁 거리는 소리 수포음, 호기때 발생하는 길고 높은 휘파람부는 듯한 천명음, 후두폐쇄나 후두경련으로 인해 발생하는 협착음 등의 비정상호흡음과 호흡이 매우 깊고 빠른 Kussmaul 호흡, 뇌의 호흡중추 이상으로 호흡수와 양이 점점 증가되었다가 감소하는 Cheyne-Stokes호흡, 무호흡과 과호흡이 불규칙으로 반복되는 Biot's(비오츠) 호흡 등을 평가한다.

④ 복부
- 복부 사분원의 DCAP-BTLS와 염발음을 확인하고 복부 대동맥의 박동성을 평가한다.
- 박동이 심하고 통증이 심하면 복부 대동맥류를 의심할 수 있다.
- 타박상 후 몇 시간이 지난 후에 발생하는 배꼽주위 징후와 옆구리주위 징후를 확인한다.
- 복막염을 평가하기 위해 반동압통을 확인하고 환자가 움츠리면 자극이 있다고 본다.
- 복부 팽만 여부로 복수를 확인한다.

- Cullen's sign: 배꼽주변의 변색, 급성췌장염, 복강내 출혈, 자궁외 임신으로 혈관 파열시
- Gray-Turner's: 옆구리의 (청홍자색 또는 녹갈색) 변색징후, 복강내 출혈시

⑤ 골반 및 생식기관
- 골반의 DCAP-BTLAS와 염발음(Crepitus)을 확인. 통증, 염발음, 움직임은 골반골절을 의심하고 골반을 고정한다.
- 환자가 통증이나 출혈, 불편감을 호소하지 않지만 생식기 부위가 축축하거나 출혈이 의심되면 대량 출혈이 발생할 수 있으므로 반드시 평가할 것.
- 남자환자가 지속적으로 발기되어 있으면 척추손상으로 인한 지속 발기증을 의심

⑥ 사지
- 팔은 요골동맥, 하지는 발등동맥이나 뒤정강동맥(후경골 동맥)등원위부 맥박을 촉지하여 순환을 평가하고 넓적다리(대퇴), 다리와 발의 전·후, 측부, 중심부의
- DCAP-BTLAS와 염발음을 확인한다.
- 손목에 의료표식 여부를 확인하고, 두 발바닥을 밀어보면서 양쪽의 힘을 비교해본다.
- 비대칭인 경우에는 신경계 손상을 의심할 수 있다.

⑦ 등 부위
척추손상 의심 시 척추 고정대를 착용시키고 통나무 굴리기법으로 환자를 눕혀 DCAP-BTLAS와 염발음(Crepitus)을 확인. 엉덩이의 손상을 평가하고 긴 척추고정판에 앙와위자세로 눕힌다.

⑧ 신경계
- 신경계 평가는 정신상태, 운동반응, 뇌신경기능, 반사 및 감각기능 등 5개 분야에 대한 평가이다.
- 정신 상태는 환자의 의식수준을 재평가하고 초기평가와 비교한다.
- COASTMAP을 이용한다.
    C: Consciousness: 의식수준과 주의집중을 평가
    O: Orientation: 지남력
    A: Activity: 환자의 활동과 움직임 평가
    S: Speech : 환자의 언어 속도, 발음 등을 평가한다.
    T: Thought: 사고력평가
    M: Memory: 기억력, 회상력 평가
    A: Affect: 정서와 내적심리 평가
    P: Perception: 환각상태 등을 알아보기 위한 지각력 평가한다.

4) 계통별 신체 검진(Head-to-Toe Evaluation)
상처(wound)와 변형(deformity), 압통(tenderness), 좌상(contusion), 출혈(bleeding), 부종(swelling)

세부평가 및 재평가		
세부평가	재평가	
	비외상환자	외상환자
D C A P B T L S 머리: 두피·두개골 염발음 눈: 변색, 양쪽 눈이 같은지, 이물질, 전방의 출혈 귀와 코: 배액 또는 출혈, 변색 입: 치아·이물질, 부종, 열상, 호흡 냄새, 변색 목: 목정맥팽대, 기도위치, 염발음 가슴: 이상한 움직임, 호흡음, 염발음 복부: 강직, 팽만 골반, 비뇨생식기: 움직일 때 통증 팔다리: 맥박, 운동, 감각, 모세혈관, 재충혈 후면	• 1차 평가 반복 의식(AVPU) 기도 호흡 순환 피부 임상 우선순위 확인 – 활력징후 재평가 및 기록 – 부분신체검진 재평가 　(특히 주호소 또는 손상) – 모든 처치 확인 적정산소, 출혈부위 지혈 등 – 환자상태 확인 15분마다(안정환자) 5분마다(불안정환자)	• 1차 평가 반복 의식(AVPU) 기도 호흡 순환 피부 임상 우선순위 확인 – 활력징후 재평가 및 기록 – 빠른 외상평가 – 모든 처치 확인 적정 산소, 출혈부위 지혈 경추 고정 등 – 환자 상태 확인 15분마다(안정환자) 5분마다 (불안정환자)

5) 순서정리
　① 심각한 손상이나 정신상태의 변화가 있는 중증 외상환자
　　　현장평가(손상기전 확인) → 일차평가 → 척추고정 → 우선 이송순위 결정
　　　→ 빠른 외상평가 → 이송중 정밀평가와 재평가(기본활력징후 평가, SAMPLE, 세부 신체검진)
　② 단일 손상의 경증환자(경증외상)
　　　현장평가(손상기전 확인) → 일차평가 → 이차평가(주호소, 손상부위에 집중된 신체검진)
　　　→ 기본 활력측정 → SAMPLE → 세부 신체검진
　③ 의식 있는 내과환자
　　　현장평가 → 일차평가 → 이차평가(주호소에 집중된 병력청취와 신체검진)
　　　→ 활력징후 측정
　④ 무의식 내과환자
　　　현장평가 → 일차평가 → 이차평가(빠른 신체검진) → 기본 활력징후 평가

04 이송 중 평가

(1) 의식상태 평가

초기 의식상태의 평가를 반복, 안정된 환자는 15분마다, 불안정 환자는 5분마다 지속적으로 평가한다.
초기평가 반복, 활력징후 재측정, 특정호소나 질병과 관련된 집중평가를 반복한다. 처치내용을 확인, 의식상태 평가 AVPU 검사를 실시한다.

(2) 호흡평가

기도적절성과 유관, 환자가 호흡을 하는가? 적절한 호흡인가?

보고, 듣고, 느끼기 방법, 뺨이나 손바닥을 환자의 입 가까이 대고 공기흐름을 느낀다.

① 기도개방: 기도폐쇄의 경우는 즉시 흡인을 실시하고 삽관환자의 경우는 튜브의 위치를 재확인 한다.

② 호흡률과 질: 갑자기 환자의 호흡률과 호흡노력이 증가하면 악화를 의미한다.

(3) 순환평가

① 맥박수가 증가 시 쇼크, 저산소증, 심부정맥 등을 의심한다.
② 맥박수의 감소는 두개 내 압의 상승이나 쇼크의 말기를 의심한다.
③ 청색증은 말초순환 저하를 의미, 하지의 청색증은 말초혈관 장애를 의미, 산소공급을 재확인
④ 약물투여 후 국소발적 이나 두드러기가 발생하면 약물의 부작용을 의심하고 투약을 중지한다.

(4) 활력징후

1) 혈압의 정상범위

	수축기압(mmHg)	이완기압(mmHg)
성인	90~150(평균120)	60~90(평균 80)
청소년기(11~14세)	88~140(평균114)	평균59
학령기(6~10세)	80~122(평균105)	평균57
학령전기(3~5세)	78~116(평균 99)	평균55
영아와 소아	80+2×나이(년수)	대략 수축기압의 2/3

2) 맥박의 정상범위

	맥박수(회)
성인	60~100
청소년기(11~14세)	60~105
학령기(6~10세)	70~110
학령전기(3~5세)	80~120
유아기(1~3세)	80~130
영아기(6~12개월)	80~140
영아기(0~5개월)	90~140

3) 맥박의 질

징후	맥박의 질
심한 운동, 고혈압, 출혈초기	빠르고 규칙적, 강함
쇼크, 출혈후기	빠르고 규칙적, 약함
체온증가, O_2 감소, CO_2 증가, 감정변화	빠르고 증가
약물중독, 두부손상, 소아의 저산소	느림
심정지	없음

4) 정상 호흡수

	호흡수
성인	12~20
청소년기(11~14세)	12~20
학령기(6~10세)	15~30
학령전기(3~5세)	20~30
유아기(1~3세)	20~30
영아기(6~12개월)	20~30
영아기(0~5개월)	25~40
신생아	30~50

5) 징후에 따른 호흡의 질

징후	호흡의 질
기도폐쇄 천식등의 내과적 요인 기도내 분비물 내과적 응급상황	코고는 소리(쌕쌕거림: 상기도), wheezing sing(휘파람 소리: 하기도) 휘파람 소리 그르렁 거리는 소리 흡기시 거친음 소리

6) 피부색과 체온

징후	피부색
혈관수축, 쇼크, 저혈압, 스트레스	창백
저산소	청색
고혈압, 열 노출, 흥분	홍조
간기능 약화	황색

징후	피부상태
쇼크, 불안	차갑고 끈적거림
열손실	차갑고 습함
추위에 노출	차갑고 건조
열에 노출	뜨겁고 건조 또는 뜨겁고 습함
추위에 노출, 공포	오한, 푸르스름한 입술, 소름

7) 동공

징후	동공의 모양
출혈, 안구의 약물 투여, 흥분	산동
수면제나 안구의 약물 투여	축동
뇌졸중, 두부나 안구손상	비대칭
뇌의 산소결핍, 특정 약물투여	반응 없음

memo

2025 이혜영 응급처치학개론

RESCUE

PART 02

전문응급처치학 각론

CHAPTER 01. 전문심장소생술
CHAPTER 02. 전문소아소생술
CHAPTER 03. 전문외상처치술
CHAPTER 04. 내과응급
CHAPTER 05. 특수응급

01 전문심장소생술

01 심정지

심정지는 환자의 의식이 없고 호흡이 없거나 비정상적인 호흡을 하면서, 심전도 모니터상 무수축 및 무맥성 전기활동이 보이는 경우에 해당한다.

비정상적 호흡은 흔히 임종 호흡이라하며 분당 3~4회의 느리고 불규칙하며 힘들게 호흡하는 모습을 보인다. 간혹 호흡과 함께 '끅' 하는 소리가 나기도 한다.

02 2020년 심폐소생술 가이드라인의 주요 개정 내용

① 심장정지 생존 환경에 대한 제언 및 새로운 생존사슬 개념
② 목격자의 심장정지 인지 및 심폐소생술 시행 과정에서 구급상담자의 역할 강화
③ 심폐소생술의 기본 술기 유지 및 기본소생술의 내용이 일부 변경
④ 현장 심폐소생술 시간에 대한 권고
⑤ 전문소생술 중 전문기도유지술, 약물, 소아 제세동 에너지 관련 권고의 변경
⑥ 소생 후 치료에서 목표체온유지치료, 응급 관상동맥 조영술, 예후 예측 및 재활치료에 대한 새로운 권고
⑦ 응급의료종사자의 심폐소생술 경험 및 치료수행도 관리
⑧ 병원 밖 심장정지의 신속 조치를 위한 사회관계망 서비스의 활용
⑨ 비대면 교육을 포함한 새로운 심폐소생술 교육 방법에 대한 제안
⑩ 코로나19감염환자, 의심환자에 대한 심폐소생술 가이드라인

1. **심장정지 생존 환경 구축의 필요성과 새로운 생존사슬 개념을 정립**

   병원밖과 병원내로 구분

   심장정지를 예방하기 위한 대책, 심폐소생술 교육, 심장정지 치료를 위한 시스템, 심장정지 치료 및 생존과 관련된 질 향상 활동을 비롯하여 병원밖 심장정지 생존 환경이 구축되어야 한다.
   ⇒ (일반구조자의 신속한 심폐소생술과 AED 처치)
   병원내 심장정지 생존 환경 구축을 위해 신속대응팀의 운영, 병원 직원에 대한 전문소생술 교육, 병원내 심장정지 치료 체계 구축하여 심장정지시 대응의 질을 향상 하도록 제안하였다.

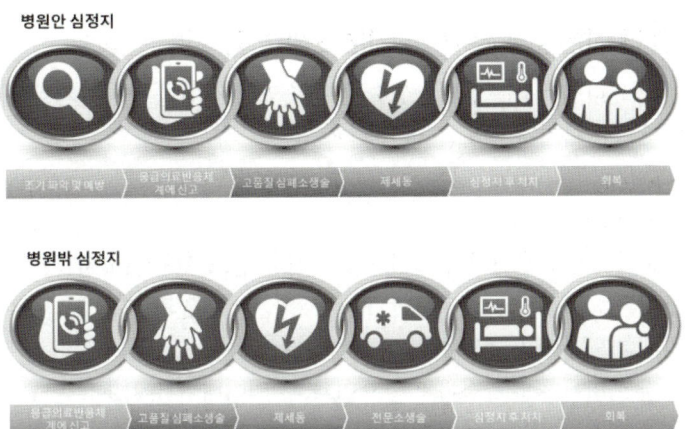

2. 구급 상담자의 역할 강화

1) 구급상황상담자는 심장정지가 의심되는 상황을 신고하는 목격자에게 적절한 질문을 하여 반응의 여부와 비정상적인 호흡상태를 파악할 수 있어야 한다.

2) 심장정지가 의심되는 경우에는 목격자가 즉시 심폐소생술을 하도록 도우며 심장정지 중 일부에서는 발작이 관찰될 수 있으므로 심장정지 환자에게 발생하는 **비정상 호흡과 간대성 근경련**을 파악하고 목격자에게 쉽게 설명해야 한다.

　가. 목격자의 심장정지 인지
　　① 심장정지 호흡:
　　　심장정지 발생초기 40~60%나타남. 느리고 불규칙하게 헐떡거리는 양상
　　　비정상, 코골이, 헐떡임, 간신히 혹은 가끔 호흡, 신음, 힘들어 보이는 호흡
　　② 맥박 확인:
　　　심장정지가 의심되면 **일반인들은 맥박**을 확인하지 않고 가슴을 압박한다.
　　　의료종사자는 맥박을 확인해야 하며 목동맥 확인시 **10초**가 넘지 않는다.
　　　목동맥과 대퇴동맥을 동시에 확인할 수 있다.

　나. 통화시 알아야할 내용:
　　① 응급상황이 발생한 위치(가능하면 사무실 이름, 방의 호수, 도로나 거리 이름)
　　② 응급상황의 내용(심장발작, 자동차사고 등)
　　③ 도움이 필요한 환자의 수
　　④ 환자의 상태
　　⑤ 환자에게 시행한 응급처치 내용(심폐소생술, 자동제세동기 사용 등)
　　⑥ 다른 질문이 없는지 확인한다.

3. 심폐소생술의 기본술기 유지 및 기본소생술 중 일부 변경
- 2020년 가이드라인에서는 심폐소생술 중 가슴압박 깊이를 향상하기 위해 환자를 침대 등의 장소에서 바닥으로 옮기지 않도록 권고했다.
  (환자가 침대에 누워있는 경우 가능하면 매트리스와 환자의 등 사이에 백 보드를 끼워 넣고 가슴압박을 시행)
- 구조자가 혼자이면 휴대전화의 스피커를 켜거나 핸즈프리(handsfree) 기능을 활성화한 후 즉시 심폐소생술을 시작하고 필요하면 구급상황(상담)요원의 도움을 받도록 권고했다.
- 이물에 의한 기도폐쇄가 발생한 환자가 기침을 효과적으로 하지 못하면 등 두드리기를 우선 시행하고 등 두드리기가 효과적이지 않으면 복부 밀어내기를 하도록 권고했다.(복부 밀어내기는 내장손상 위험이 높다.)

4. 현장 심폐소생술 시간을 제한
현장 응급의료팀이 기본소생술만 가능한 경우에는 6분(3주기), 전문소생술이 가능한 경우에는 10분(지도 의사의 직접 지도를 받은 경우에는 연장 가능)을 현장에서 시행 후 병원 이송을 고려할 것.

5. 전문소생술 중 전문기도유지술, 약물, 제세동 에너지 관련 권고의 변경
- 백마스크나 전문기도기 삽관 중(효과비슷) 하나를 선택할 수 있다.
- 윤상연골 압박: 기관을 후방으로 밀어내어 식도를 압박하는 술기. 심폐소생술을 방해할 수 있고 흡인의 부작용으로 권장하지 않음.
- 3회의 전기충격에도 제세동되지 않는 경우(불응성 심실세동)에는 항부정맥제인 아미오다론을 우선 투여했으나 아미오다론과 리도카인 두 약을 동등하게 쓸 수 있다.
- 2020년 가이드라인에서는 심장정지가 발생한 소아와 영아에게 충격필요리듬 치료를 위한 첫 제세동 에너지로서 2 J/kg를 권고 함.

6. 소생후 치료에서
- 소생후 치료에서 목표체온유지치료, 응급관상동맥조영술, 예후 예측 및 재활 치료
- 비 외상성 병원밖 심장정지 환자는 심장정지 치료센터 수준의 병원으로 이송
- 심장정지 치료센터는 24시간 관상동맥조영술과 목표체온유지치료를 포함한 포괄적 소생후 집중 치료가 가능하고 예후 예측을 위한 신경학적 평가를 위한 검사가 가능한 의료기관으로 정의하였다.

2020년 가이드라인에서는 심장정지 시 관찰된 심전도 리듬과 관계없이 심장정지로부터 순환회복된 후 반응이 없는 모든 환자에게 목표체온유지치료를 하도록 권고했다.
이전 가이드라인에서는 소생 직후 심전도에서 ST 분절 상승이 관찰되거나 심장성 심장정지가 의심되는 경우에는 응급관상동맥촬영을 하도록 권고했었으나 현재는

심정지로부터 회복된 후 기록된 심전도에서 ST 분절 상승이 관찰되는 경우, 심인성 쇼크가 지속되는 경우, 심실빈맥 또는 심실세동이 반복적으로 재발하는 경우에 응급관상동맥촬영을 하도록 권고했다.

- 2015년 가이드라인에서는 심장정지 후 혼수인 환자에 대한 예후 예측 시점은 **자발순환회복 후 72시간**으로 권고했으나,
2020년 가이드라인에서는 환자의 **체온이 정상으로 회복되고 난 72시간 이후**에 약물 효과를 배제한 상태에서 시행된 신경학적 검사, 생체표지자 검사, 몸감각 유발전위검사, 뇌파검사, 영상검사의 결과에 근거하여 다각적으로 접근할 것.

7. 응급의료종사자의 심폐소생술 경험 및 치료 수행도 관리
소생술 팀을 구성할 때 최근 소생술 경험이 있는 경력자를 포함하도록

8. 병원밖 심장정지의 신속 조치를 위한 정보통신기술의 활용
스마트폰을 활용하여 심장정지 발생시 현장 주변에 있는 구조자에게 알리는 것은 병원밖 심장정지 환자의 생존율을 높인다고 알려졌다.
2020년 가이드라인에서는 정보통신기술을 활용하여 사회 관계망서비스(social network service)를 활용하여 도움 요청 알림을 보내는 방법을 권고함.

9. 새로운 심폐소생술 교육 방법에 대한 제안
신종감염병이나 국가재난 상황에서 대면 실습교육이 불가능한 경우에 심폐소생술 교육을 할 수 있는 비대면 교육 모듈을 개발하도록 권고함.

10. 코로나19 감염 또는 감염 의심 환자에 대한 심폐소생술 지침
가이드라인에는 감염 예방을 위한 개인용 보호구의 착용방안
(마스크KF94 이상, 일회용 장갑, 일회용 방수성긴팔 가운, 고글 또는 안면 마스크등)

03 응급처치 절차 및 방법

구급대원이 판단하기에 환자가 반응이 없고 호흡이 정지되었거나 비정상적 호흡(가쁜 호흡, gasping)을 보일 경우(심정지로 확인되면)

① 심장 충격기 준비
- 구급대원이 1인(운전자 포함 1인탑승 구급차)인 경우 현장도착과 동시에 심장 충격기를 가져간다.
- 구급대원이 2인 이상일 경우 심장충격기를 준비하는 동안 다른 구급대원은 심폐소생술을 시행한다.
- 심폐소생술은 가슴압박, 기도확보, 호흡보조를 포함하며 구급대원이 2인 이상일 경우 심장충격기 준비와 함께 동시다발적으로 이루어질 수 있다.

② 가슴압박
- 구급대원은 필요할 경우 일반인에게 심폐소생술 참여 혹은 근처의 자동심장 충격기를 가져올 것을 권유할 수 있으며 해당 일반인이 심폐소생술을 할 경우 가슴압박만을 실시할 수 있다.
- 흉골복장뼈 아래쪽 절반 부위를 최소 5cm 깊이(6cm 초과안됨)로 분당100-120회 정도 속도로 빠르게 압박하며 압박 후 충분히 이완되도록 한다.
- 2인 이상일 경우, 상호점검하며 메트로놈, **흉부저항 감시 장비 사용**가능하다.
- 전문처치 및 원활한 심폐소생술을 위하여 필요시 **기계식 압박 장비**를 사용가능하며 장비 사용 방법은 관련 술기 지침을 따른다.
- 특수한 상황에서는 가슴압박의 중단을 최소화하기 위해 압박장치의 비 적응증을 제외하고 적극적으로 기계식 압박 장비의 사용을 고려해야 한다.

③ 기도확보 및 호흡보조
- 환자에게 외상의 증거가 없을 경우 모든 구급대원은 기도확보를 위하여 도수조작을 시행하고 입인두 기도기(oral airway)를 삽입한다.
- 구급대원이 1~2인 경우 심장압박을 지속하면서 비재호흡마스크로 15L/min 산소를 공급하며 수동적으로 호흡을 보조한다.
- 구급대원이 3인 이상인 경우 가슴압박이 효율적으로 시행되는 동안 백 밸브 마스크를 사용하여 15L/min 산소를 가슴압박 30대 호흡보조 2의 비율로 제공한다. 시행방법은 백 밸브마스크 술기 지침을 따른다.
- 심정지의 원인이 외상, 목맴에 해당하면 하악견인법 으로 기도확보 후 호흡보조를 시행한다.
- 심정지의 원인이 익수, 약물중독으로 인한 질식성인 경우 반드시 기도확보 후 백 밸브 마스크를 이용한 호흡보조를 시행한다. 익수에 의한 심정지는 익수 지침을 따른다.

④ 전문기도 유지술
- 기관 내 삽관에 대한 충분한 훈련 경험이 없는 구급대원은 성문상 기도유지기를 사용하고 충분한 훈련 경험이 있는 구급대원은 기관 내 삽관을 실시한다.
- 전문기도 유지술, 기관내 삽관, 성문상 기도기에 대한 충분한 훈련과 경험이 없는 구급대원은 백 마스크 인공호흡을 한다.
- 전문기도 유지술은 가능하면 구급차 이송이 시작되기 전에 시행한다.
- 기도확보가 적절히 시행되었는지 확인하기 위해서 환자의 양측 흉부 상승의 육안적 확인, 호흡음의 청진, 호기 말 이산화탄소 측정 장비 등을 이용한다.
- 전문기도 유지술이 시행된 경우 백 밸브마스크의 마스크를 제거하고 전문기도 삽입장비와 연결한 후 분당 12~15회의 속도로 가슴압박의 이완기에 호흡을 보조한다.
- 전문기도 유지술이 시행된 후 가슴압박은 가능한 중단 없이 시행되도록 한다.

04 심폐소생술

1. 심폐소생술 알고리듬

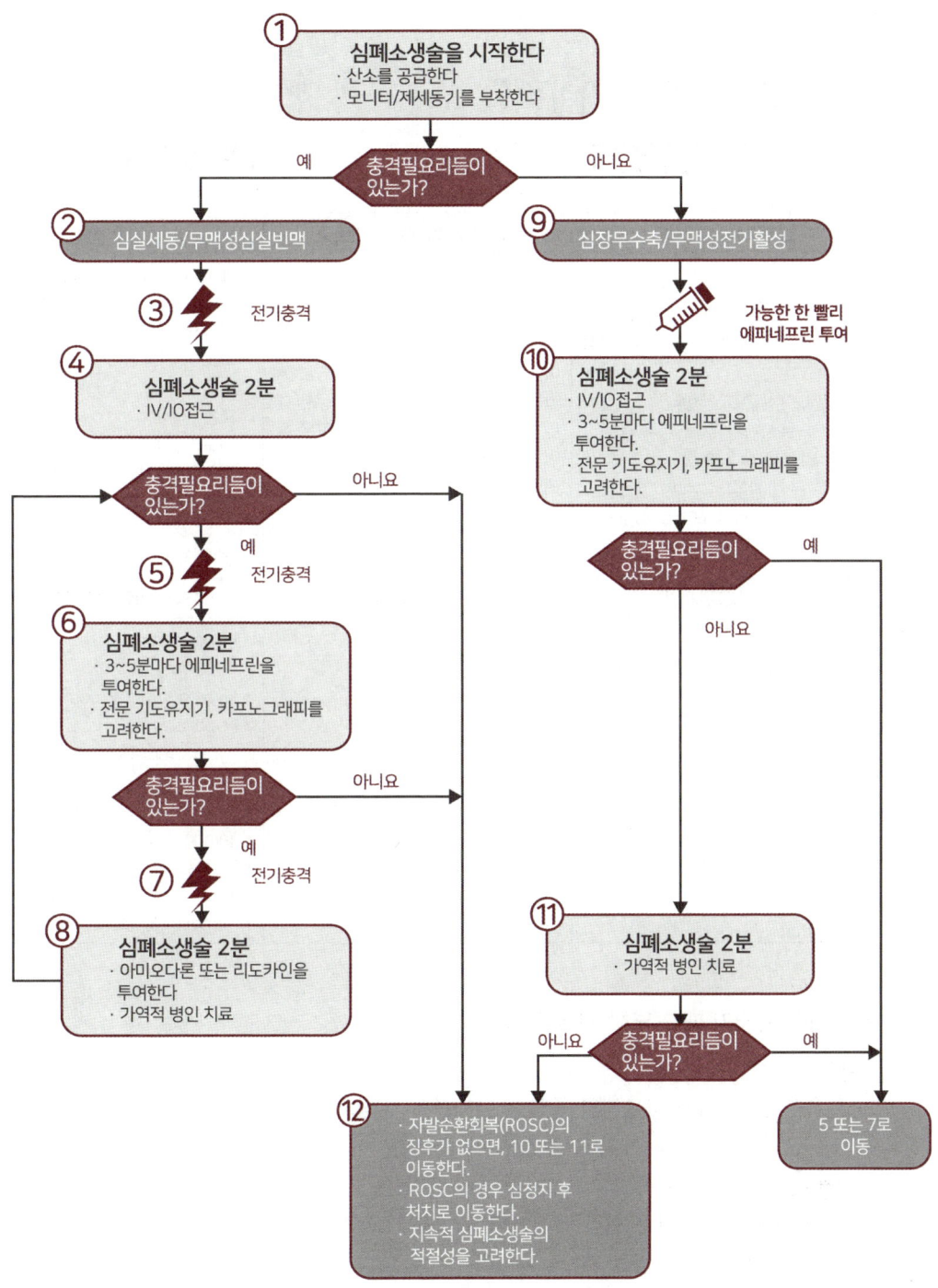

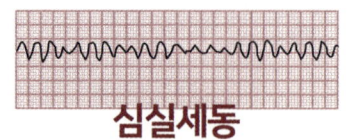
심실세동

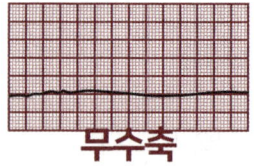
무수축

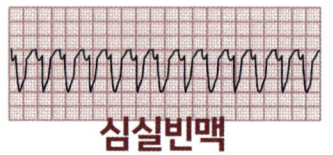
심실빈맥

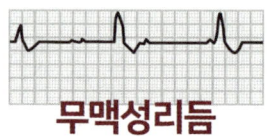
무맥성리듬

심폐소생술 능숙도	제세동에 필요한 전기충격	약물요법
힘껏5cm, 100~120회 압박, 완전한 가슴되팀이 가능하게 가슴압박 시 중단을 최소한 과도한 인공호흡은 피한다. 2분마다, 힘들면 교체한다. 전문기도유지기가 없는 경우 흉부압박 대 인공호흡비 30: 2 정량적 파형 카프노그래피 • $P_{ET}CO_2$가 낮거나 감소될 경우 심폐소생술 품질을 재평가 한다.	• 이상형: 제조업체 권장 에너지량 (예:최초 투여량 120~200J) 이 값을 모를 경우 사용 가능한 최대 에너지량을 사용한다. 두 번째 및 그 이후의 에너지량은 동일해야 하며, 더 높은 에너지량을 고려할 수 있다. • 단상:360J	• 에피네프린 IV/IO 투여량: 3~5분마다 1mg • 아미오다론 IV/IO 투여량: 최초 투여량:300mg 볼루스 이차 투여량:150mg 또는 리도카인 IV/IO 투여량: 최초투여량:1~1.5mg/KG 이차투여량:0.5~0.75mg/KG * I/O의 부위: **Humerus head**
전문기도유지기	**자발순환회복(ROSC)**	**가역적 병인-성인(5H 5T)**
• 기관내 삽관 또는 성문 전문기도유지기 • 기관내관 위치를 확인하고 모니터링하는 파형 카프노그래피 또는 카프노메트리 • 전문 기도유지기가 있는 상황에서 지속적인 가슴압박과 함께 6초마다 인공호흡을 1회실시한다. (10회 인공호흡/분)	• 맥박 및 혈압 • $P_{ET}CO_2$의 급격한 증가 (대개 ≥ 40mmHg) • 동맥내 모니터링에서 자발적 동맥압력 파형	• Hypovolemia • Hypoxia • Hydrogen ion(acidosis) • Hypokalemia hyperkalemia • Hypothermia • Tension pneumothorax • Tamponade, cardiac • Toxins • Thrombosis, pulmonary • Thrombosis, coronary

자동심장 충격기 패드 부착 시 주의사항

① 패드위치
- 우측가슴앞쪽과 좌측액와 중앙선 아래쪽을 원칙으로 한다.
- 구급대원이 판단하여 필요할 경우 아래의 위치에 부착할 수 있다.
    ⇒ 가슴앞쪽과 뒤쪽
    ⇒ 가슴앞쪽과 왼쪽 견갑골(어깨뼈)아래쪽
    ⇒ 가슴앞쪽과 오른쪽 견갑골아래쪽

- 여성의 경우 유방아래쪽으로 패드를 부착한다.
- 체내 삽입형 심장충격기가 있는 환자의 경우 체내 삽입형 심장 충격기나 심박 조율기에 직접 부착하지 말고 **떨어뜨려** 부착한다.
- 자동 심장충격기 패드를 피부 흡수형 제약패치에 직접 부착하지 않는다.
  (펜타닐패치를 붙인 경우 그 위에 붙이지 않는다.)
- 가슴에 털이 많은 경우는 면도 후 패드를 부착한다.
- 환자가 물속에 있거나, 흉부가 물에 젖어 있거나 혹은 환자가 땀에 흠뻑 젖어 있다면 물에서 꺼내 간단히 수건으로 물을 닦은 후 패치를 부착한다.

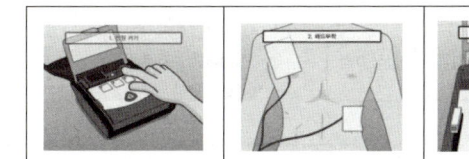

2. 성인 병원밖 심장정지 기본소생술 순서(일반인)

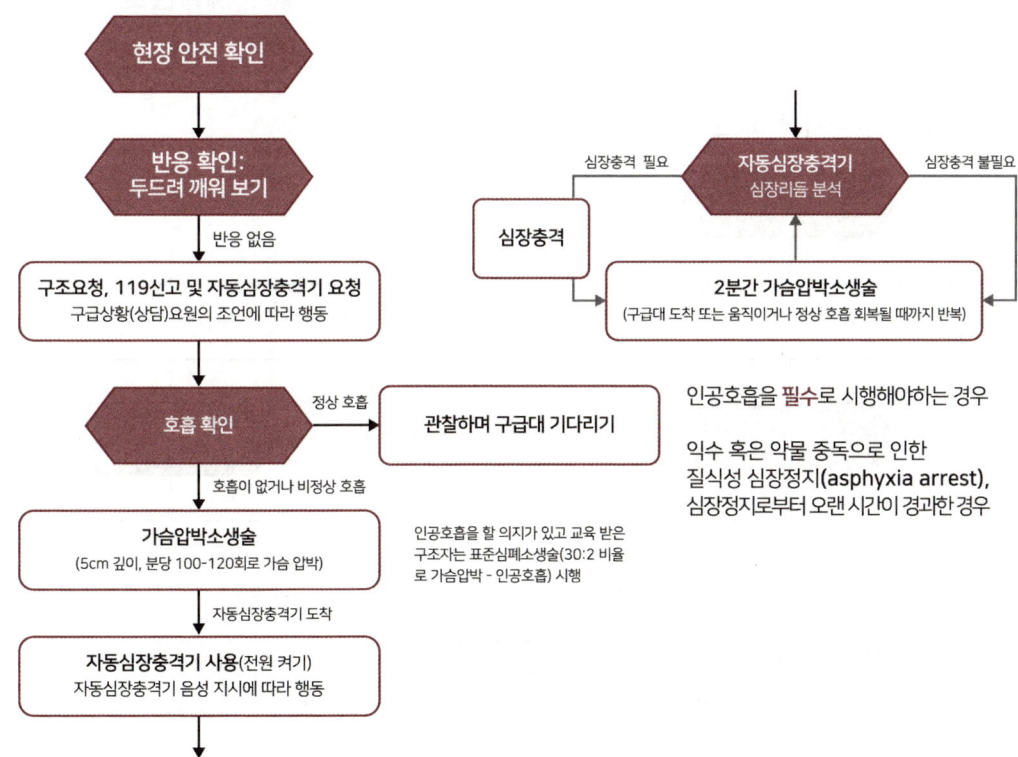

3. 감염의심환자 심폐소생술(일반인)

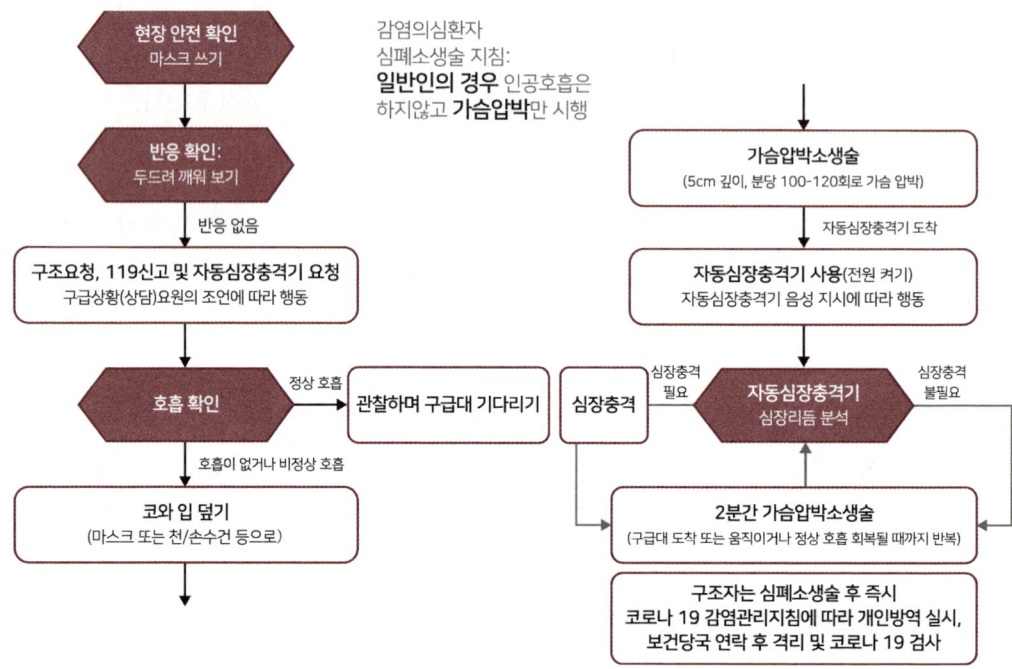

4. 감염의심환자 심폐소생술(의료인)

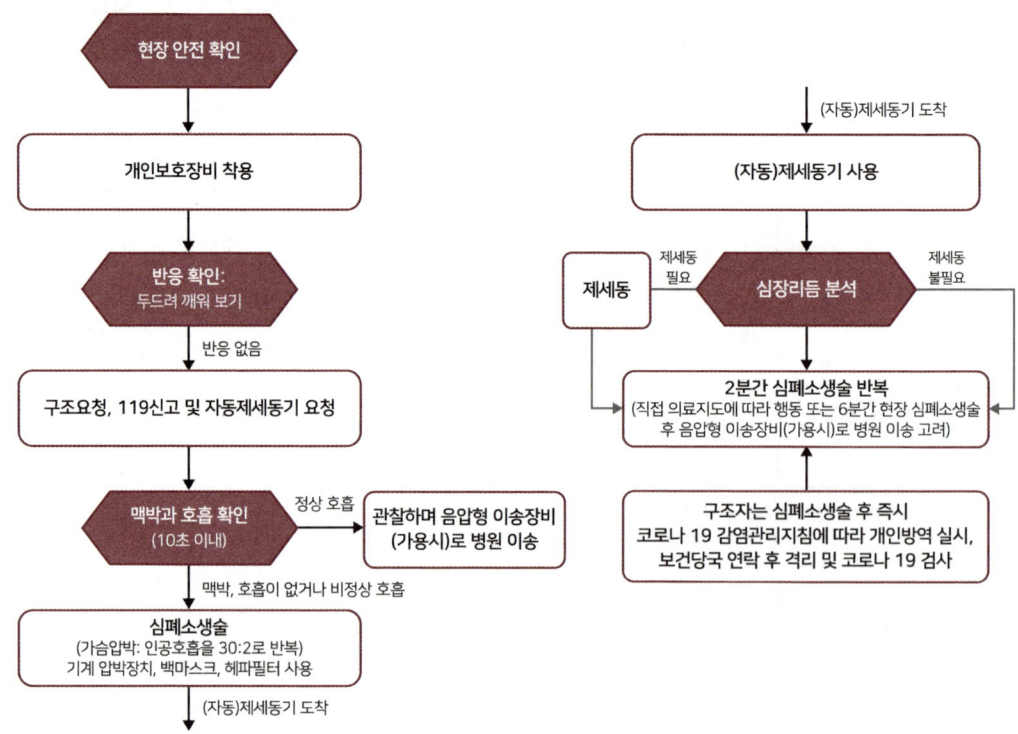

참고: 헤파필터: one-way 방향으로 감염환자의 숨이 밖으로 새어 나오지 않는다.

5. 의료인을 위한 아편계열 약물관련 응급상황

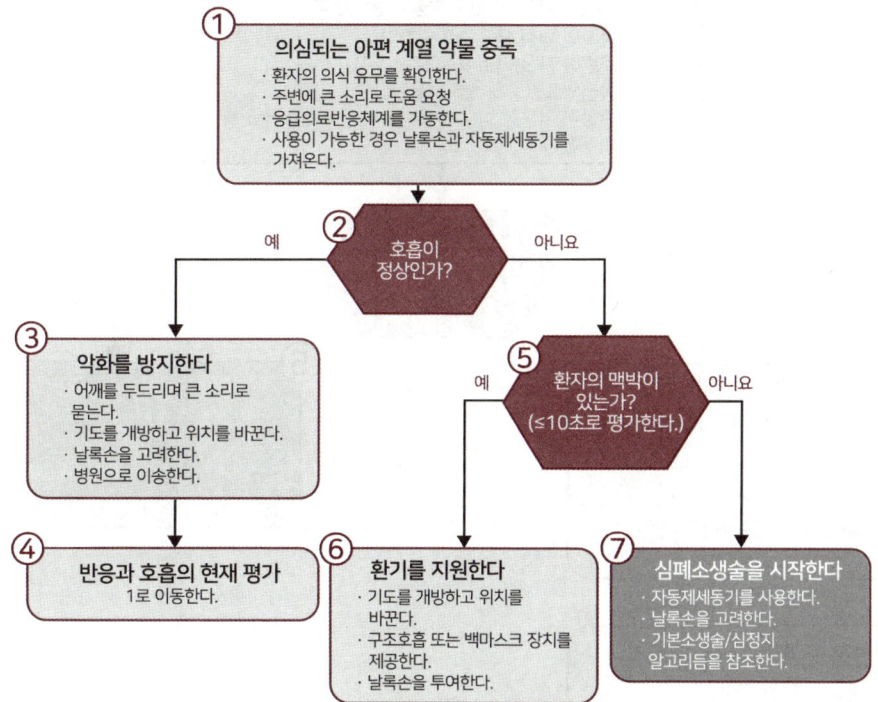

6. 일반인을 위한 아편계열 약물관련 응급상황

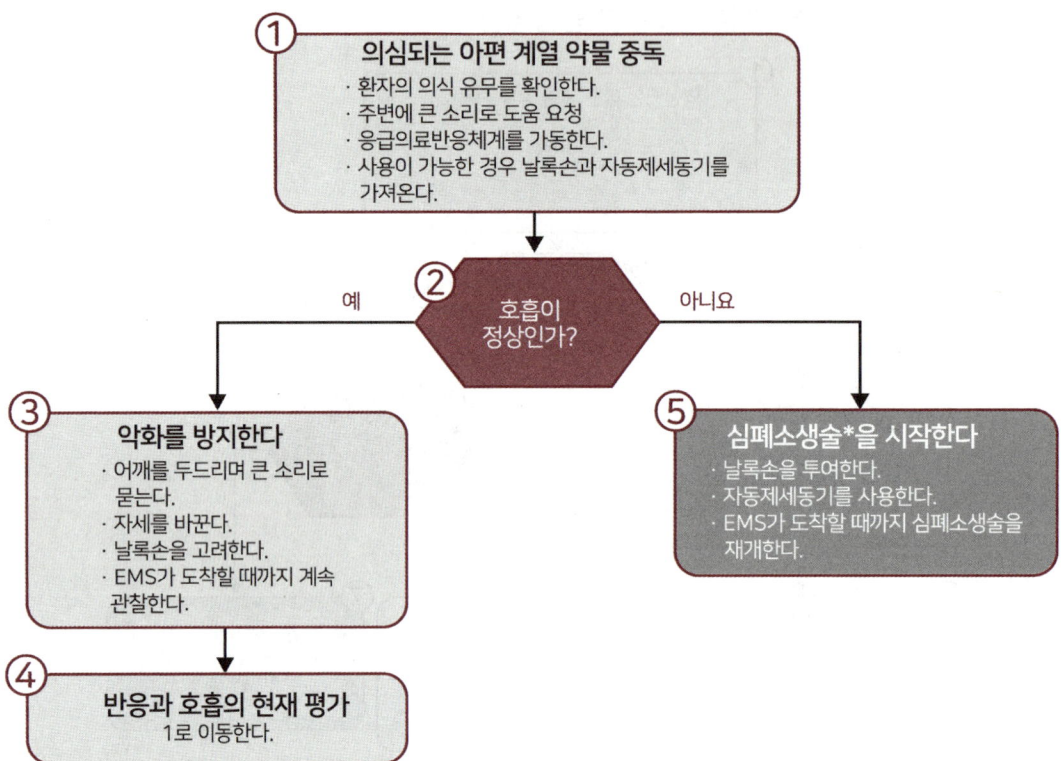

*성인 및 청소년 환자의 경우 구조자가 훈련을 받았다면 아편계 약물 관련 응급상황에서 가슴압박과 구조호흡을 수행하고 구조호흡 수행 훈련을 받지 않았다면 흉부압박 심폐소생술을 수행한다. 영아와 소아의 경우 심폐소생술에 구조호흡과 가슴압박이 포함되어야 한다.

ⓒ 2020 American Heart Association

> Naloxone은 아편유사제로 인한 증상을 예방한다. (호흡억제, 진정 및 저혈압)
> Onset: IV 투여후 1~2분내, 지속시간: 다양
> 반복투여가 필요할 수 있다.

7. 성인 심정지 후 처치 알고리듬

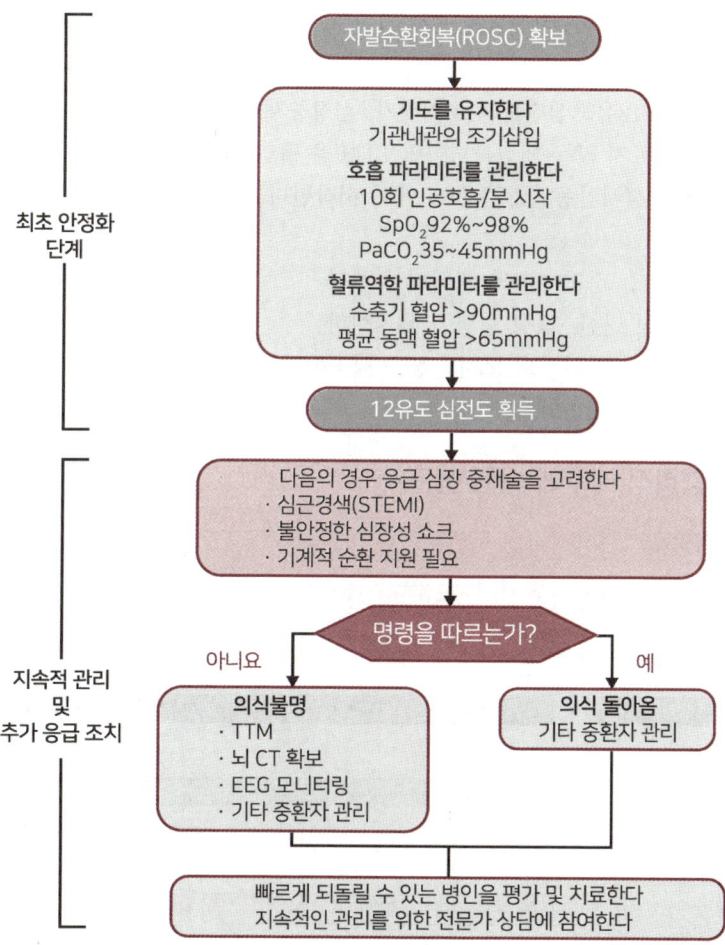

(1) 최초안정화 단계

ROSC후 우선 순위 결정이 필요한 경우 다음 단계를 따른다.

① 기도관리: 기관내관 위치를 확인하고 파형 카프노그래피 또는 카프노메트리를 모니터할 것.

② 호흡 파라미터 관리: SPO_2에 대한 FiO_2 92~98%, 10회 인공호흡/분 에서 시작하고, $PaCO_2$를 35~45mmHg를 유지하도록 한다.

③ 혈류역학 파라미터 관리: 목표 수축기 혈압 90mmHg또는 동맥 혈압 65mmHg가 넘도록 크리스탈로이드 또는 바소프레신 또는 근육수축제를 투여한다.

> 참고) 크리스탈로이드: 결정질 용액
> 출혈로 인한 순환혈액 손실 및 혈관내액, 혈관외액상실, 간질공간에서의 수분상실을 보충
> 락테이트, 0.45% 생리식염수, 0.9% 생리식염수, 5% 포도당

(2) 지속적 관리 및 추가 응급조치:

이러한 평가는 동시에 이루어져야 목표 온도 관리 결정시 심장 중재술로서 높은 우선순위를 얻을 수 있다.

① 응급 심장중재술: 12유도심전도의 초기평가, 심장중재술 결정을 위해 혈류역학 고려
② 환자가 명령을 따르지 않는 의식불명이면 TTM 을 빨리 시작하고 피드백 루프가 포함된 냉각 장치를 사용하여 **24시간동안 32~36도에서 시작한다.**
③ 기타 중환자 관리
 - 중심온도를(식도, 직장, 방광) 모니터링 한다.
 - 정상 산소, 정상 탄산, 정상 혈당을 유지한다.
 - 지속적 또는 간헐적 뇌전도 모니터링을 제공한다.
 - 폐 보호 환기를 제공한다.

8. 심정지 후 신경학적 예후에 대한 접근

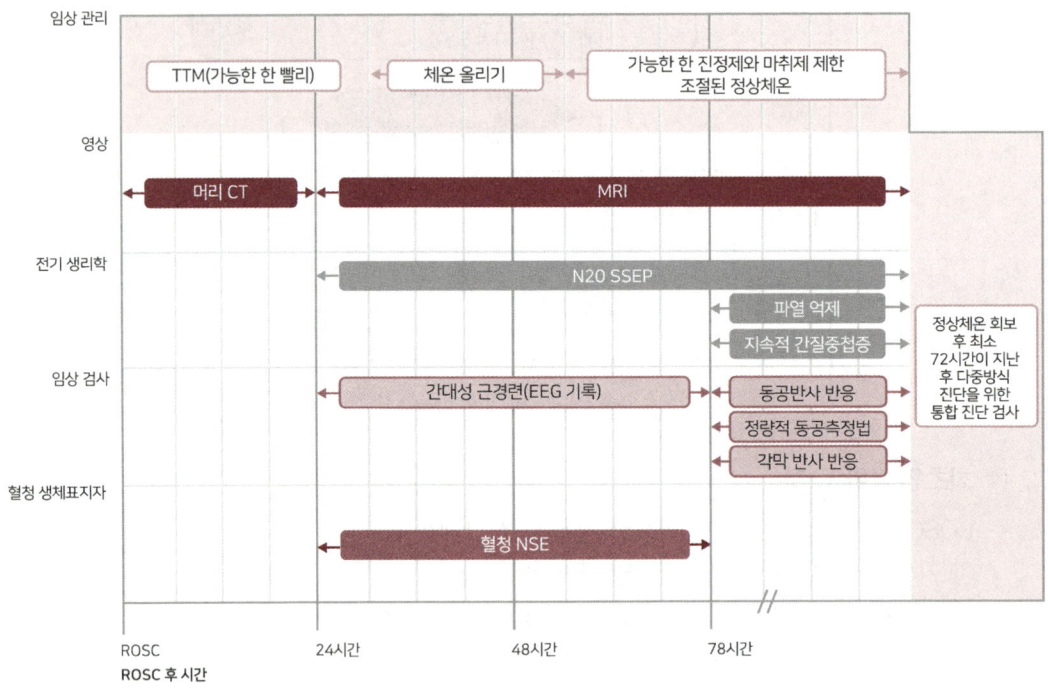

- N20 SSEP : 음성 20체성감각 유발전위 : 감각신경과 운동신경 전달경로의 이상 유무를 확인하는 검사
- 혈청(neuron-specific enolase)신경학적 예후의 예측

9. 임신 중 심정지 전문심장소생술

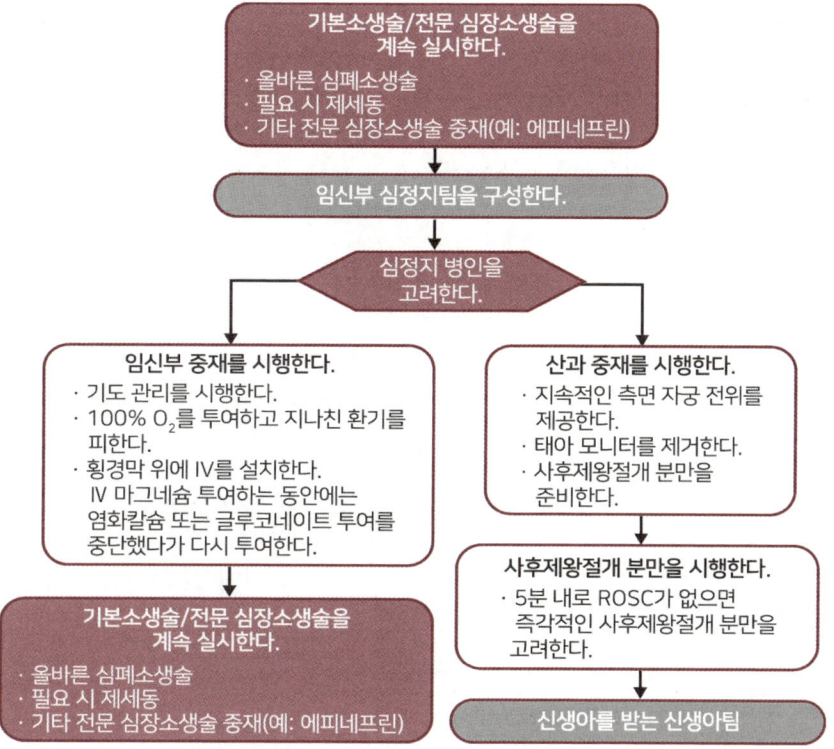

(1) 임신 중 심정지 환자의 병원안 전문심장소생술 알고리듬

① 팀 기획은 산과, 신생아, 응급치료, 마취과, 집중치료 및 심정지 서비스와 협력하여 수행되어야 함.
② 심정지가 발생된 임신부의 경우 우선순위에는 올바른 심폐소생술 제공, 대동정맥 압박 해제와 **측면 자궁 전위**가 포함되어야 한다.
③ 사후제왕절개 분만의 목표는 임신부와 태아 결과를 향상시킨다.
④ 사후제왕절개 분만은 이상적으로 **5분**이내에 시행한다.
⑤ 기관내삽관 또는 성문 전문 기도유지기를 제공한다.
⑥ 기관내관 위치를 확인하고 파형 카프노그래피 or 카프노메트리 시행함.
⑦ 전문 기도유지기가 있는 상황에서 지속적인 가슴압박과 함께 6초마다 인공호흡을 1회 실시한다. (10회 인공호흡/분)

(2) 주의할 점 ★(기출)

① 응급분만을 고려할 수 있는 임신기간은 최소 **20주** 제왕절개 고려
② 구급대원 중 1명은 환자의 자궁이동술기를 적용하여 **좌측**으로 밀어야 함.
③ 임신기간이 길수록 태아와 자궁에 의하여 횡격막이 상승하므로 가슴압박의 위치는 흉골의 아래쪽 절반부위가 아닌 **흉골의 중간부위**

④ 기관내 삽관 튜브는 통상보다 내경이 0.5~1.0mm 정도 작은 기관 튜브를 선택: 기도부종이 많음.

> **➕ 심폐소생술 유보**
> 의료지도를 요청해야 할 상황, 소생술 유보가 가능한 현장 상황의 판별
> 1. **사망의 명백한 임상적 징후**가 있는 경우
>   ① 사후경직
>   ② 시반
>   ③ 참수
>   ④ 신체(몸통)의 분리
>   ⑤ 부패
> 2. 심폐소생술을 원하지 않는다는 의학적 지시 또는 심폐소생술 포기
>   (DNAR: Do Not Attempt Resuscitation) 표식이 있는 경우
> 3. **법정 대리인**이 소생술 거부 의사를 표현하는 경우
> 4. 심폐소생술을 시행하는 **구급대원에게 심각한 손상**이 발생할 수 있는 위험 상황

10. 연령대별 심폐소생술 권장사항

	성인	소아	영아
환자상태	의식없음 호흡없거나 비정상호흡 10초이내에 맥박촉지 안됨.	호흡없거나 가쁜호흡 10초이내에 맥박촉지 안됨.	호흡없거나 가쁜호흡 10초이내에 맥박촉지 안됨.
의료종사자에 의한 인공호흡	10~12회/분	12~20회/분	
속도	100회 이상/분		
압박 깊이	최소 5cm	가슴전후 두께의 1/3 약 4~5cm	가슴전후 두께의 1/3 약4cm
압박 위치	복장뼈 아래 1/2		젖꼭지 연결선과 흉골이 만나는 곳의 바로아래 ★(23년 기출)
압박방법	두 손으로 압박	한 손 또는 성인과 같은 방법	2개의 손가락 또는 두 엄지손가락
흉벽반동	흉부압박 간 완전히 반동이 가능하게 함		
압박중단	10초미만		
기도	이마는 젖히고 턱은 들어올리는 자세(외상시 하악견인법)		
흉부압박 : 인공호흡	1~2인 구조 30:2	1인 구조 30:2 / 2인 구조 15:2	
구조자가 인공호흡 교육을 받지않은 경우	흉부압막만		
전문기도유지 장비로 환기	6~8초마다 인공호흡 1회(8~10회/분) ★(24년 기출)		
제세동	• 가능한 빨리 AED부착 및 사용 • 전기충격 전후 흉부압박 중단 시간 최소화 • 각 전기충격 직후 흉부압박으로 CPR 재개		
자동제세동	성인용 패드사용	소아용 충격량 감쇠기 사용	수동제세동기 사용 권장

05 특수상황 심정지

1. 이물질로 인한 기도폐쇄

(1) 기도폐쇄

만일 기도가 폐쇄되었다면 저산소증에 의해 4~6분 내에 사망한다.
응급상황의 우선순위는 기도유지이다.

1) 완전 기도 폐쇄

 즉시 사정, 호흡이 정지되고 청색증이 나타나며 명백한 원인 없이 의식이 사라진다.

2) 부분적 기도 폐쇄

 ① 부분적 기도 폐쇄는 공기흐름을 방해하며 근심스런 표정, 흡기와 호기시 협착음, 호흡보조 근육을 사용하는 힘든 호흡, 콧구멍이 벌렁거림, 불안증가, 불안정과 혼돈 등의 증상이 나타난다. 말기 증상으로 귓바퀴와 손톱 안쪽에 청색증이 나타난다.
 ② 부분적 기도 폐쇄는 점차 저산소증과 과탄산증을 유발하여 호흡 및 심장정지를 초래할 수 있다.
 ③ 음식에 의한 상기도 폐쇄는 의식 상실과 심폐정지를 유발시키며, 이물질은 부분 또는 완전 기도폐쇄를 일으킨다. 성인에서 폐쇄를 유발시키는 가장 흔한원인은 고깃덩어리이다.
 ④ 대상자는 말하거나 숨 쉬거나 기침을 할 수 없다. 질식이 되면 대상자는 누구나 엄지와 손가락으로 목을 움켜잡는다.

(2) 응급관리

1) 의식이 있는 경우

 ① 숨을 쉴 수 있고 기침을 할 수 있으면 부분적 폐쇄로 이때는 강하게 기침을 하도록 격려한다. 기침 중에 천명음이 들릴 수 있다.
 ② 대상자의 몸 뒤에 서서 대상자의 명치와 배꼽 중간 지점에 주먹을 쥔 한쪽 손의 엄지손가락이 배에 닿도록 위치시키고 다른 한쪽 손으로는 주먹 쥔 손을 감싼 다음 양손으로 복부의 윗부분 후 상방으로 힘차게 밀어 올린다. 한번으로 이물질이 빠지지 않으면 반복 시행한다.(하임리히법)

2) 의식이 혼미한 경우

 ① 가로막 아래 복부 밀어내기(하임리히법)를 시행한다.
 ② 복부밀어내기가 효과적이지 않거나 임신, 비만 등으로 인해 복부를 감싸 안을 수 없는 경우에는 가슴 밀어내기를 사용할 수 있다.

3) 의식을 잃은 경우

 성인 환자가 의식을 잃으면 구조자는 환자를 바닥에 눕히고 즉시 **심폐소생술을 시행한다.**

인공호흡을 하기 전 입안을 확인하여 이물질이 보이는 경우에만 제거한다.

4) 이물질에 의한 아나필라틱 쇼크환자는 응급처치로 기도 개방이 우선되어야 한다.
   ① 대상자를 흔들어보고 괜찮은지 물어본다. : 의식이 있다면 소생술을 시도하지 않는다.
   ② 대상자를 편평하고 단단한 표면에 똑바로 눕힌다.
   ③ 기도 개방 방법:
      가. 머리를 기울이고 턱을 들어 올리는 방법
      나. 턱을 밀어 올리는 방법: 하악각을 잡고 양손으로 밀어 올린다.
         목을 신전시키지 않으므로 목 부상이나 목 골절이 의심되는 경우 기도개방을 위한 안전한 방법이다.

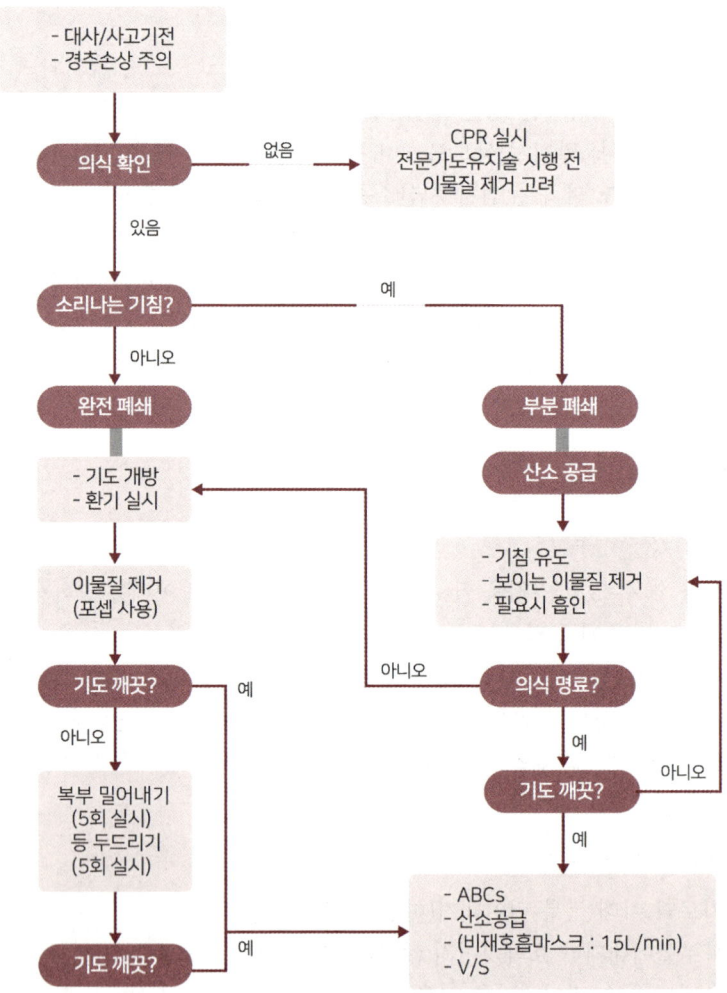

· 기도폐쇄 처치 중 환자가 의식을 잃으면 즉시 CPR 실시
· 환자상태(임신부· 비만· 노인· 영아)에 따라 적정 하임리히법 실시
· 구토에 대비

④ 이물질의 제거
⑤ 의식이 없는 경우 즉시 심폐소생술 시도: 정상적인 심폐기능을 회복할 수 있는 치료가 시작될 때까지 흉부압박과 기도개방, 인공호흡 실시

2. 외상성 심정지

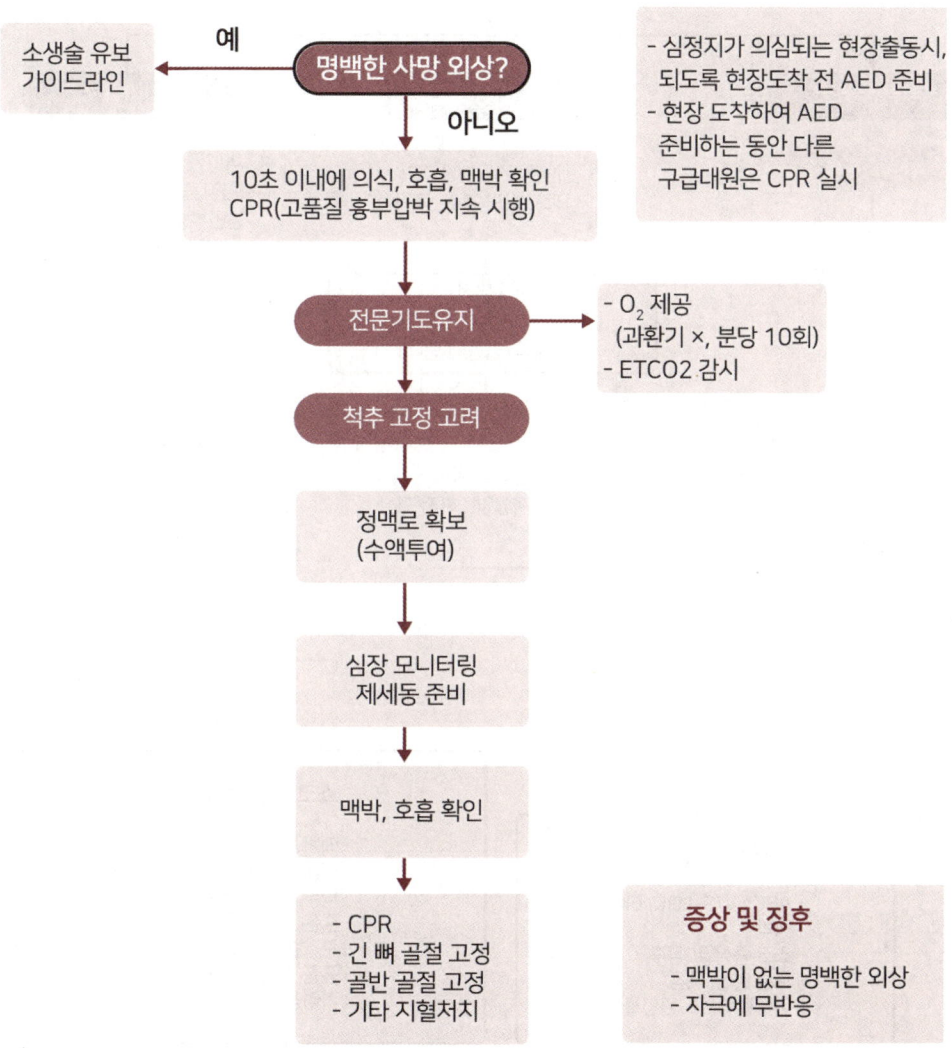

3. 쇼크

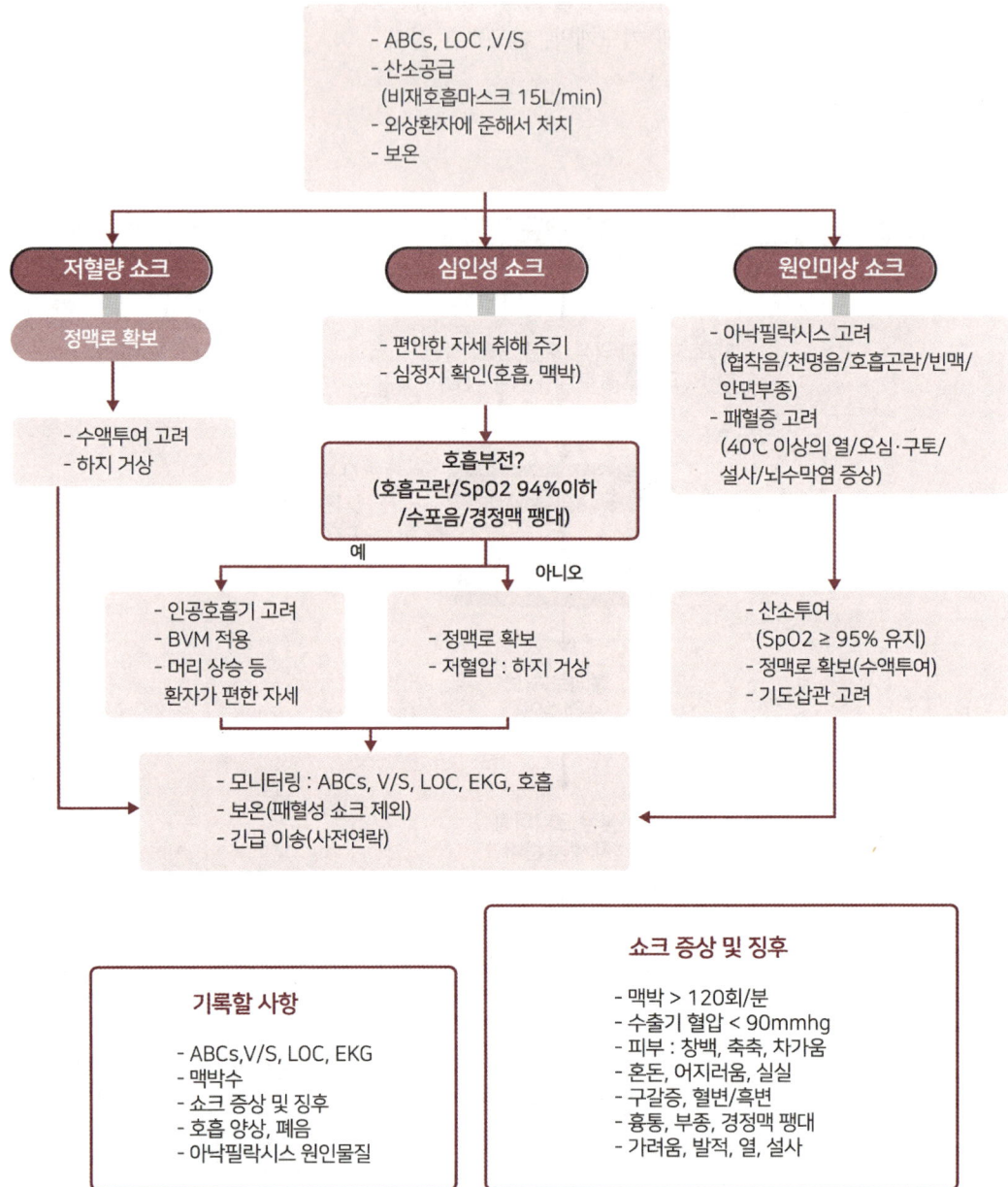

4. 전기 및 낙뢰손상

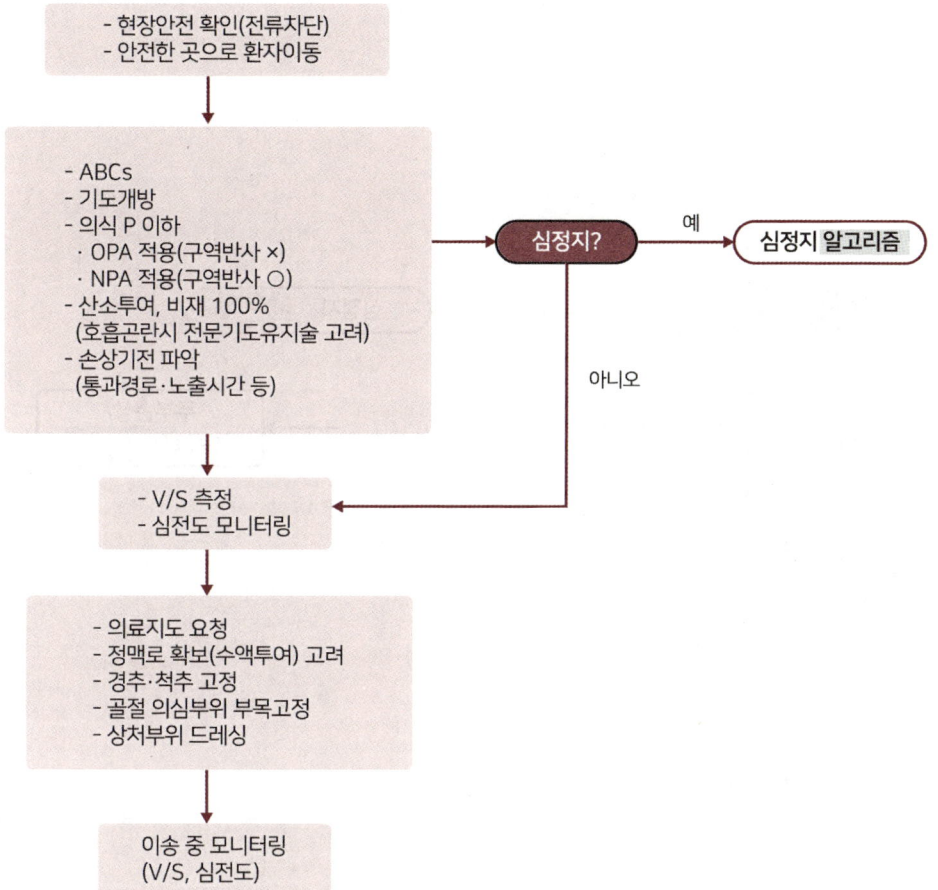

임상적 특징

- 전기화상
  · 전기가 들어가는 곳과 나오는 곳
  · 심한 조직 손상
  · 고압인 경우 심부조직 파괴와 골절
  · 치명적인 부정맥 발생 가능
- 낙뢰손상
  · 사망원인: 주로 호흡정지 또는 무수축
  · 피부에 고사리모양 무늬 특징

주의 사항

- 전원이 차단될 때까지 접근금지
- 고압전선은 한전이나 전기회사에 요청
- Trige와 달리 심정지 환자 우선 처치
- 화상전문병원에서의 치료 고려
- 갑자기 부정맥이 발생할 수 있음
- 모든 환자에게 척추고정

5. 익수

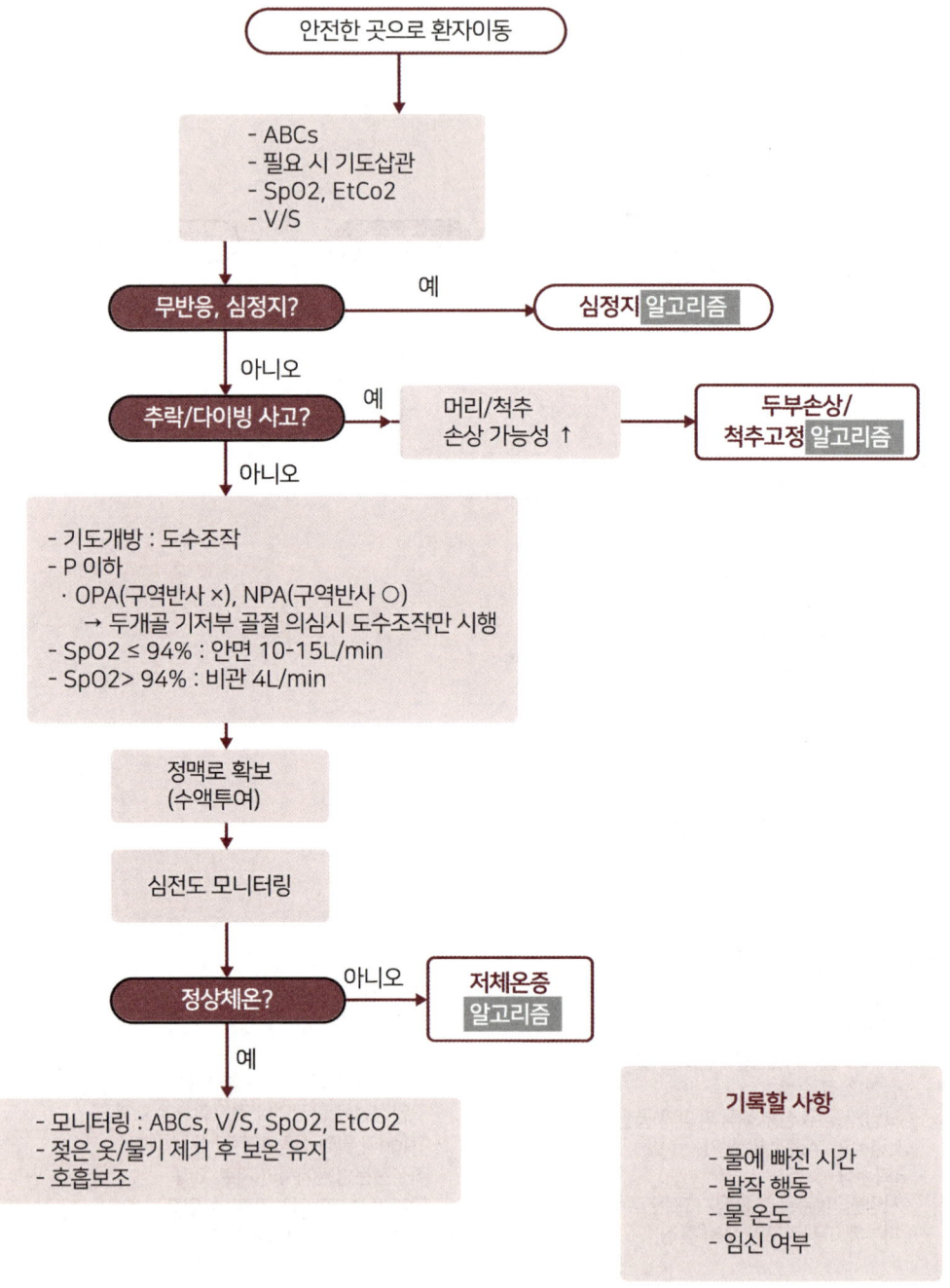

6. 저체온증

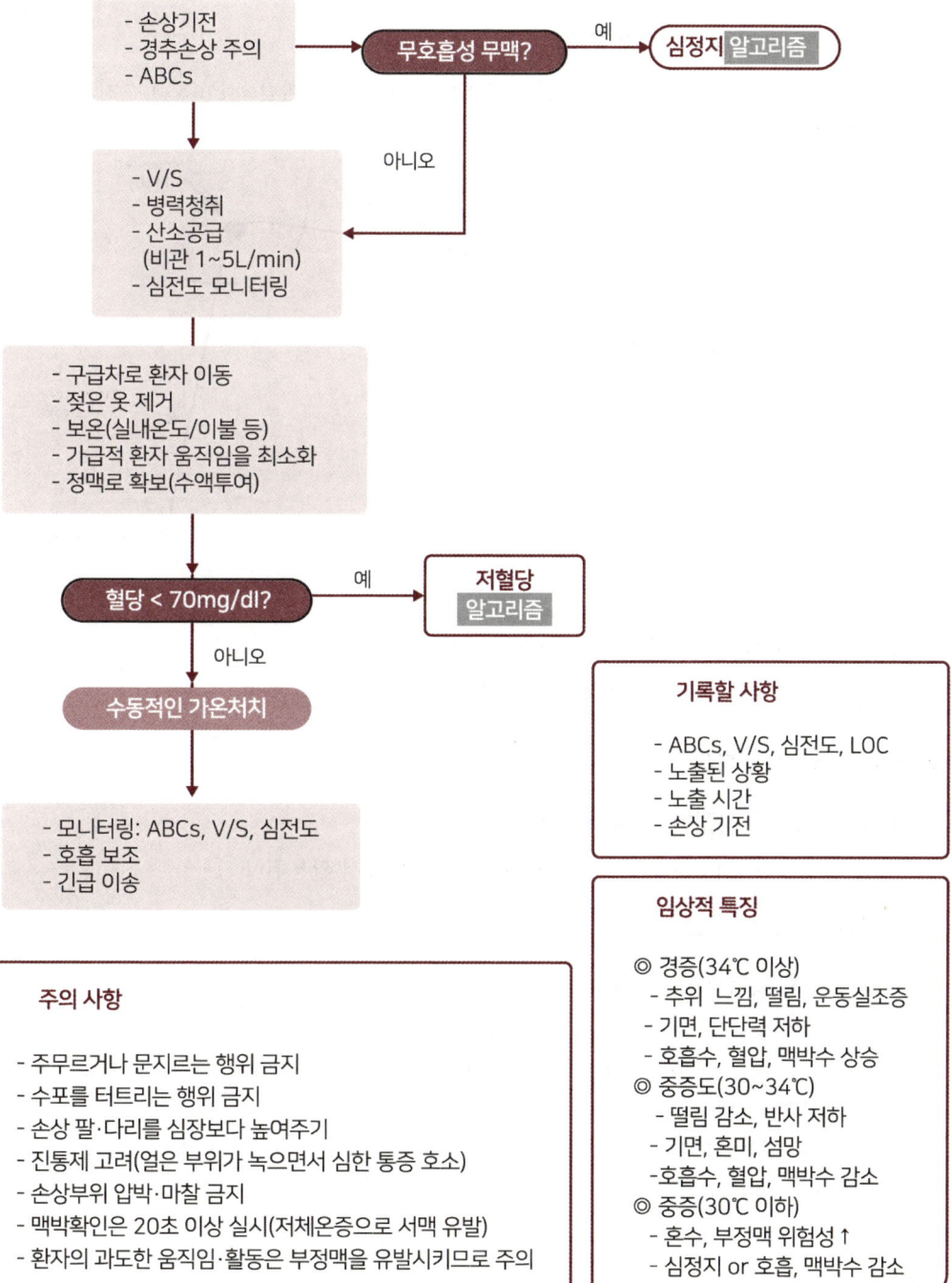

06 EtCO₂(End-tidal CO₂)

1. EtCO₂(End-tidal CO₂)의 의미 ★(기출)

날숨 시 이산화탄소 수치를 측정한 값, EtCO₂는 동맥혈이산화탄소($PaCO_2$) 수치를 반영하는데 그 차이는 약 3~5mmHg이다.

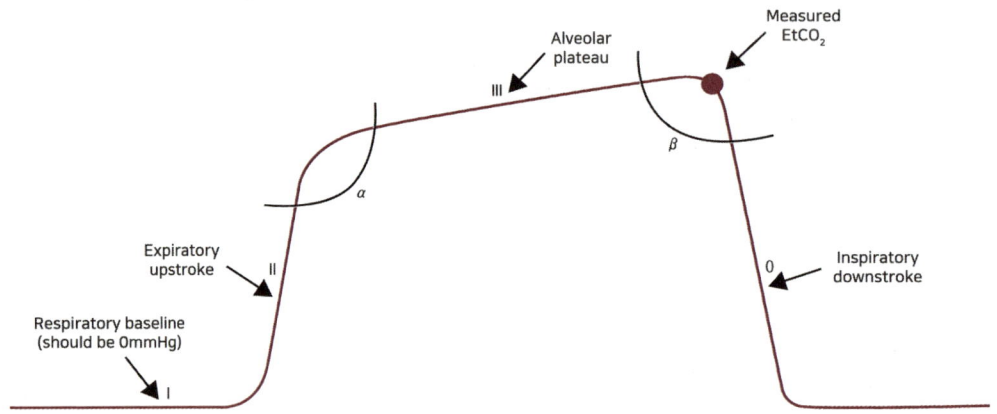

정상적인 EtCO₂의 수치는 35~45mmHg이다.
수치가 ↓ : 과 환기, 심박출량 감소, 대사의 감소
수치가 ↑ : 저환기나 심박출량 증가, 대사의 증가

2. EtCO₂ 수치의 활용

(1) 심폐소생술 중 적절한 순환의 평가

EtCO₂ 분압은 심폐소생술 과정 중 다음과 같은 상황에서 활용된다.

1) 심폐소생술의 효율성 평가

2) 자발순환 회복 가능성의 예측
   ① 심정지 상황일 때 체내에서는 이산화탄소가 계속 생성되지만 혈류가 없어 폐로 전달되지 못한다. 이런 경우 이산화탄소를 폐로 전달해 수치로 나타낼 수 있는 건 가슴압박으로 인한 심장박출량이다.
   ② 심정지 상황에서 EtCO₂ 수치는 가슴 압박의 적정성과 ROSC의 가능성을 평가하는 데 유용하게 사용된다.

③ 가슴 압박 중에도 EtCO₂ 수치가 10mmHg 미만으로 측정된다면 가슴 압박을 교정하거나 교대해야 한다. 갑자기 정상 수치로 증가한다면 **자발순환 회복**의 지표로 판단할 수 있다.

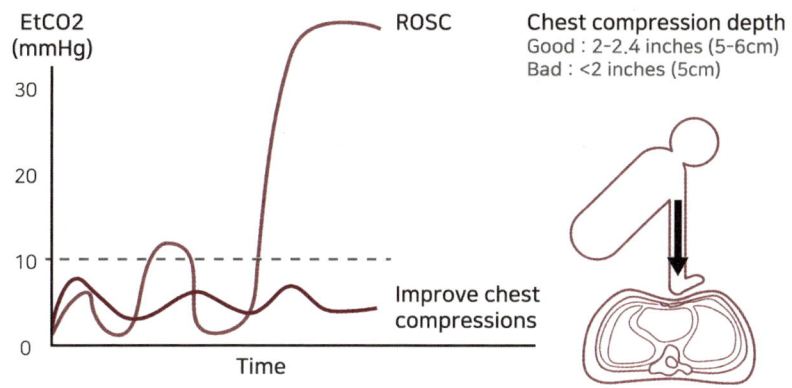

3) 기관 내 삽관 튜브의 정확한 삽입

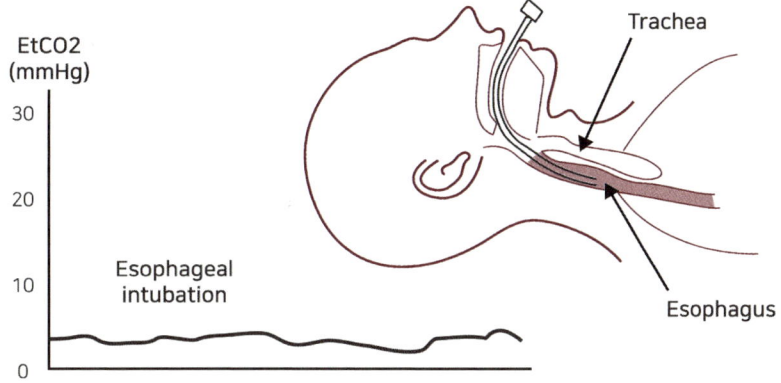

4) 지속된 CPR 시행 중 환자의 나쁜 예후 예측

    기관 내 삽관이 된 경우에 20분 이상 심폐소생술을 지속해도 EtCO₂ 수치가 10mmHg 미만으로 낮게 측정된다면 자발순환 회복될 가능성이 적다. 단 단독 지표로 사용해선 안 된다.

(2) 외상성 뇌 손상 환자의 적절한 환기 평가

    최근 JAMA surgery에선 병원전 TBI(Traumatic Brain Injury)환자에게 고유량의 산소투여와 필요시 삽관, 저혈압을 개선하기 위한 수액 투여, EtCO₂ 수치를 측정함으로써 **과호흡**을 피하도록 권고한다.

    외상성 뇌 손상 환자는 저산소증을 예방하기 위해 산소공급이 필수다.

    하지만 과 환기하면 뇌혈관 수축으로 인한 뇌의 산소공급 저하를 유발, 예방적 과 환기 역시 신경학적 예후를 악화한다. 따라서 심한 저산소증이나 과다환기 둘 다 환자의 사망률을 높인다.

(3) 저혈량성 혹은 심인성 쇼크로 인한 나쁜 관류의 평가

물론 중증으로 진행되는 쇼크의 경우 미리 맥박과 혈압의 증감으로 징후를 예상해야 하고 $EtCO_2$ 수치를 모니터링하여 감소 수치를 체크해야 한다.

(4) COPD·천식, 기타 호흡기 질환 환자의 환기 평가

$EtCO_2$ 수치는 폐 기능 장애가 있는 환자나 COPD·천식 혹은 폐색전증 같은 환자를 평가하는 데 도움을 줄 수 있다.

3. $EtCO_2$ 파형 읽기

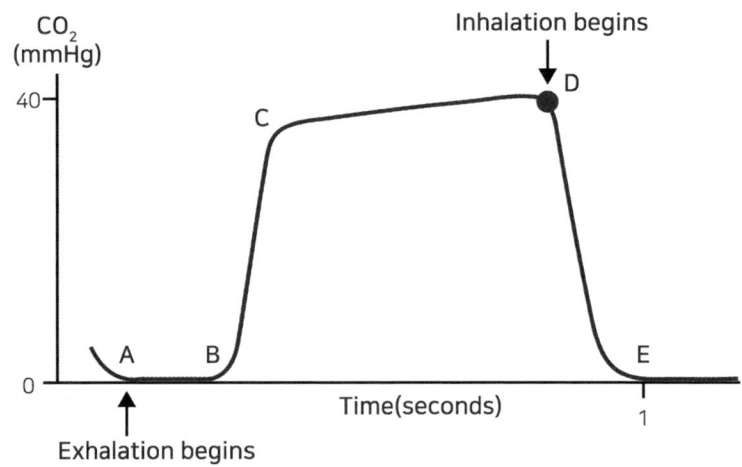

A-B : 사강(dead space)의 가스가 나오므로 값이 측정되지 않는다.

B-C : 폐포의 가스가 나오면서 이산화탄소값이 측정되고 농도가 증가한다.

C-D : C 지점에 이르면 대체로 일정한 농도가 호기말(D)까지 지속되며 마지막 D 값을 호기말이산화탄소 수치라고 한다.

D-E : 흡기가 시작되며 급속도로 농도가 낮아진다.

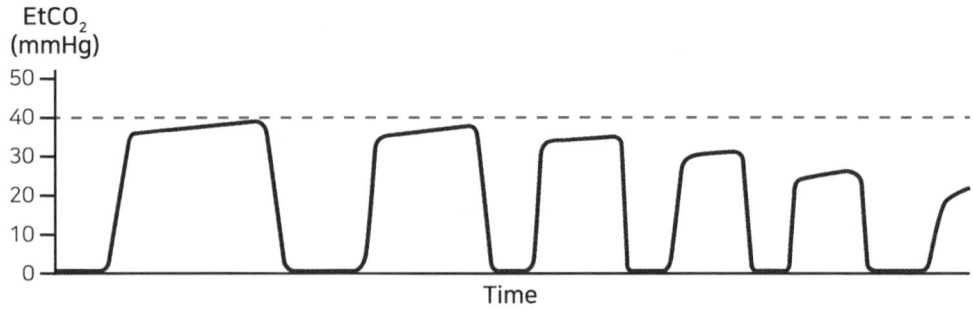

 과 환기, 빈호흡, 일회 호흡량 증가, 대사율 감소 또는 체온 저하를 의미

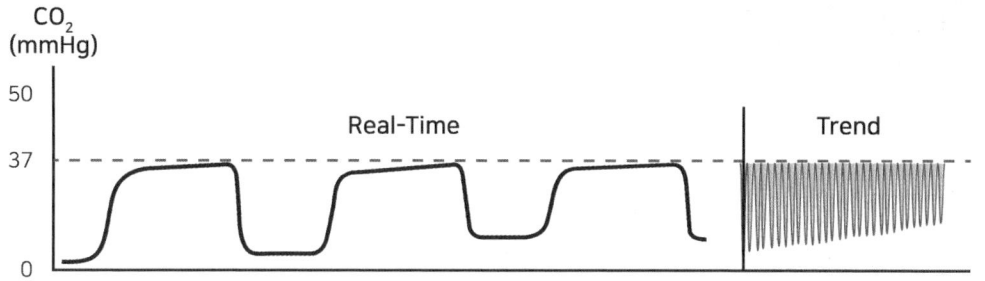

예 CO_2의 생성·폐 관류·심박출량 증가, 흡기를 들이마시는 것, $ETCO_2$기계에 이산화탄소 흡수제가 다 떨어진 것.

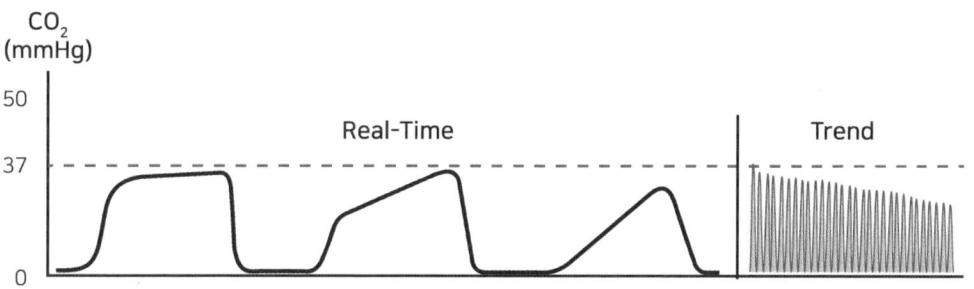

I-gel의 잘못된 삽입, 그 외에도 ETT가 막히거나 기도의 이물질 등으로 막히면 이러한 파형을 나타낼 수 있다.

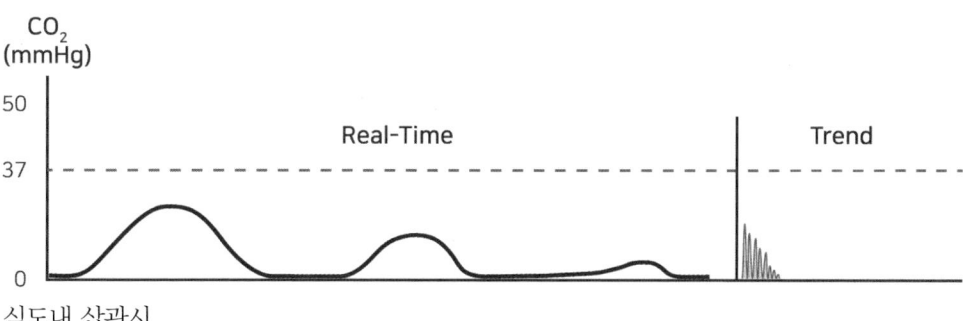

식도내 삽관시

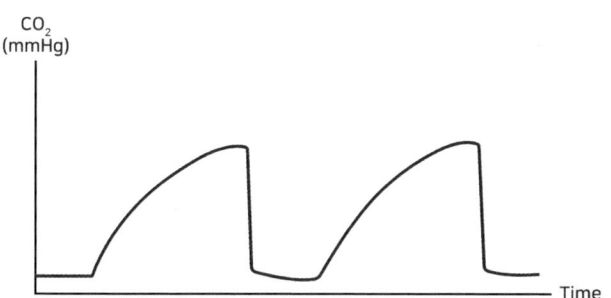

Bronchospasm, 전형적인 천식과 COPD 환자에게서 볼 수 있는 파형.
Shark fin 파형

02 전문소아소생술

- 신생아: 출산~4주
- 영아: 만1세 미만
- 만1세 이상 ~ 만8세 미만
- 소아: 만1세 이상~ 만 8세 미만
- 성인: 만 8세부터

01 주요 쟁점 및 변경 사항에 대한 요약

① **보조인공 호흡속도 변화:** 소아기본소생술 맥박은 만져지나 호흡 노력이 없거나 부적절한 영아 및 소아의 경우 3~5초마다 1회 인공호흡을 제공한다. (12~20회/분)

② **보조인공 호흡속도 변화: 전문기도유지기가 삽관된 상태에서**
 기존) 기관내삽관한 경우 가슴압박을 중단하지 않고 6초마다 1회(10회/분)의 인공호흡 속도로 환기
 → 나이와 임상상태를 고려하여 2~3초(20~30회/분) 마다 1회로 함. 초과한 속도는 혈류역학을 손상시킨다.

③ 커프있는 기관튜브는 삽관이 필요한 모든 연령대의 환자에서 공기 누출 및 튜브 교체 필요성을 줄이기 위해 권장한다.
 (기관내삽관을 시행한 영아와 소아의 경우 커프가 없는 ETT 대신 커프가 있는 ETT를 선택하는 것이 바람직하다. 크기 및 위치 및 커프 팽창압력(대 부분 20~25cm 미만 H_2O)에 대해 주의를 기울여야 한다.

④ 윤상연골 압박의 사용을 더 이상 권장되지 않음.

⑤ 에피네프린을 가능한 빨리 투여해야 하며, 제세동 불필요 리듬에서 심정지 시작 후 5분이내에 투여하는 것이 이상적이다.

⑥ 동맥라인이 있는 환자는 동맥혈압의 지속적인 측정을 통해 심폐소생술 품질이 향상된다.
 (심정지시 침습적 동맥혈압 모니터링이 진행중인 경우 확장기 혈압을 통해서 심폐소생술의 품질을 평가할 수 있다.
 심폐소생술을 받은 소아가운데 영아의 확장기 혈압이 최소 25mmHg , 소아는 30mmHg 인 경우 신경학적 결과와 생존률이 개선됨.)
 ROSC후 발작에 대한 평가가 되어야 하고 간질중첩증과 일체의 경련성 발작을 치료해야 한다.

⑦ 수액관리에 대한 적정한 접근과 혈압상승제가 필요한 경우에 에피네프린 또는 노르에피네프린 투여는 패혈성 쇼크의 소생술에 적절하다.

⑧ 부정맥, 심장차단, ST분절 변화 낮은 심박출량을 보이는 급성심근염 소아는 심정지 위험이 높다.
  신속하게 중환자실로 이동하는 것이 중요하고 일부 환자는 기계적 순환보조장치 또는 체외 생명 유지술이 필요할 수 있다.
⑨ 심정지 생존자를 위한 평가 및 지원
  소아 심정지 생존자는 심정지 후 최소한 첫해 동안 신경학적 평가를 진행할 것.

※ 생존사슬

참고)
간대성 근경련(Myoclonus): 근육이 불규칙적으로 수축
0.5초 이하의 짧고 규칙 또는 불규칙적인 수축
간질중첩증(뇌전증지속상태): 30분 이상의 지속적인 뇌전증 발작이나 발작간의 의식 회복없이 반복되는 발작

02 소아 심정지 기본소생술 알고리듬(의료제공자)

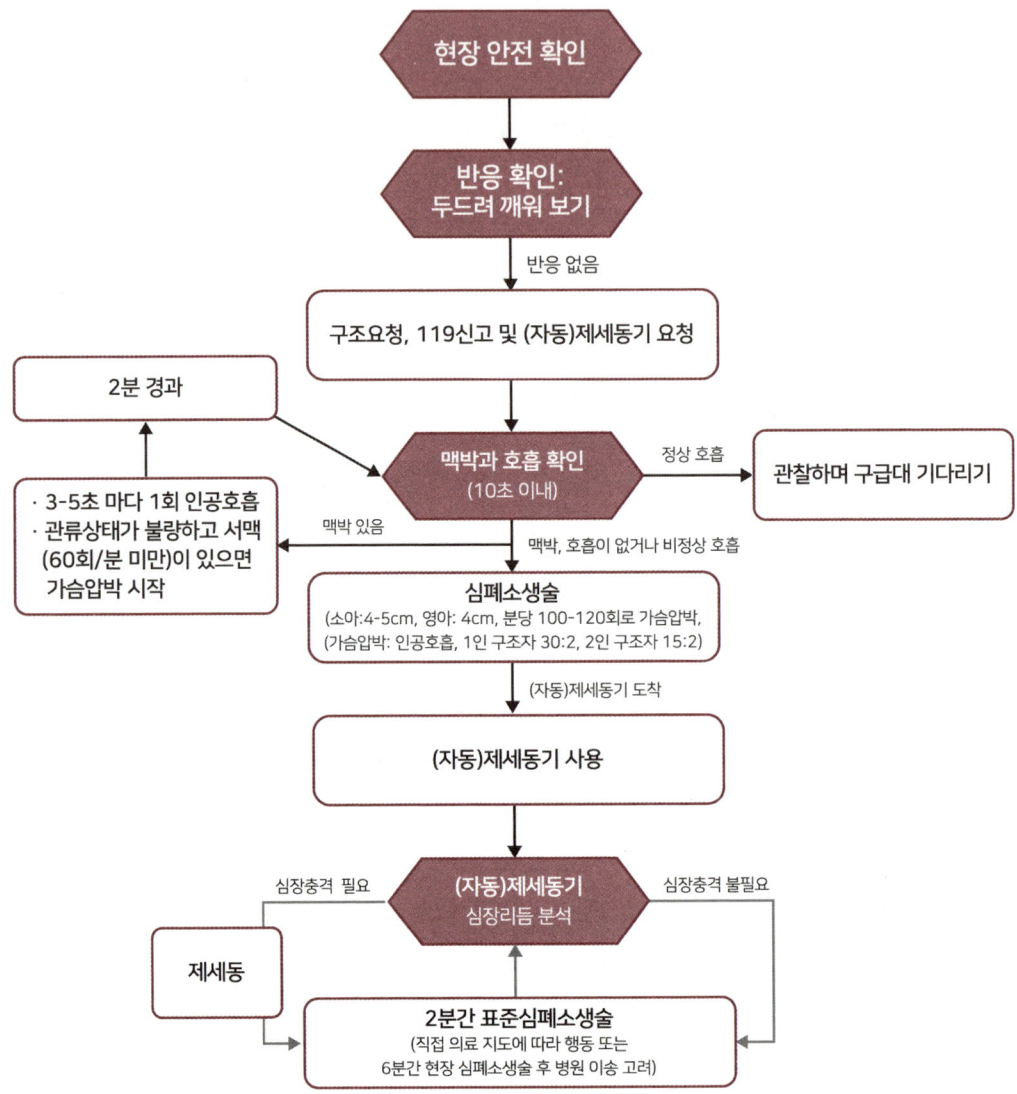

의료제공자를 위한 소아 기본소생술 참고표

치료	내용
소생술이 필요한 호흡	호흡이 없거나 심장정지 호흡(헐떡임)을 보일 경우
호흡과 맥박 확인	10초 이내에 무호흡(또는 비정상 호흡)과 맥박을 동시에 확인
가슴압박	영아에 대하여 구조자가 1인: 두 손가락 가슴압박법 영아에 대하여 구조자가 2인 이상: 두 손 감싼 두 엄지 가슴압박법 소아에 대하여 한 손 또는 두 손 손뒤꿈치 가슴압박법
	압박 위치: 영아는 젖꼭지 연결선 바로 아래의 흉골, 소아는 흉골 아래쪽 1/2 압박 깊이: 가슴 전후 두께의 최소 1/3 이상 압박(영아: 4cm, 소아: 4~5cm) 압박 속도: 분당 100~120회
가슴압박과 인공호흡 비율	(구조자가 1인인 경우) 가슴압박 : 인공호흡 = 30 : 2 (구조자가 2인 이상인 경우) 가슴압박 : 인공호흡 = 15 : 2
자발순환회복 후 인공호흡	맥박이 60회 이상이고 관류 상태가 양호한 경우 분당 12~20회(매 3~5초에 1회)
전문기도유지술 후 인공호흡	가슴압박과 무관하게 분당 10회(매 6초에 1회) 시행
심장 리듬 분석	가슴압박을 중단한 상태에서 시행
제세동 후 심폐소생술	제세동 후 즉시 가슴압박을 다시 시작

일반인 구조자를 위한 소아 기본소생술 참고표

치료	내용
소생술이 필요한 호흡	호흡이 없거나 심장정리 호흡(헐떡임)을 보일 경우
가슴압박	압박 위치: 영아는 젖꼭지 연결선 바로 아래의 흉골, 소아는 흉골 아래쪽 1/2 압박 깊이: 가슴 전후 두께의 최소 1/3 이상 압박(영아: 4cm, 소아: 4~5cm) 압박 속도: 분당 100~120회
가슴압박과 인공호흡 비율	가슴압박 : 인공호흡 = 30 : 2 인공호흡을 할 의지가 없거나 교육받지 못한 구조자는 가슴압박소생술 시행 코로나 19 유행 시에는 가슴압박소생술 시행
자동심장충격기	자동심장충격기가 도착하는 즉시 전원을 켜고 사용
심장 리듬 분석	가슴압박을 중단한 상태에서 시행
심장 충격 후 심폐소생술	심장 충격 후 즉시 가슴압박을 다시 시작

03 소아심장정지 전문소생술 순서

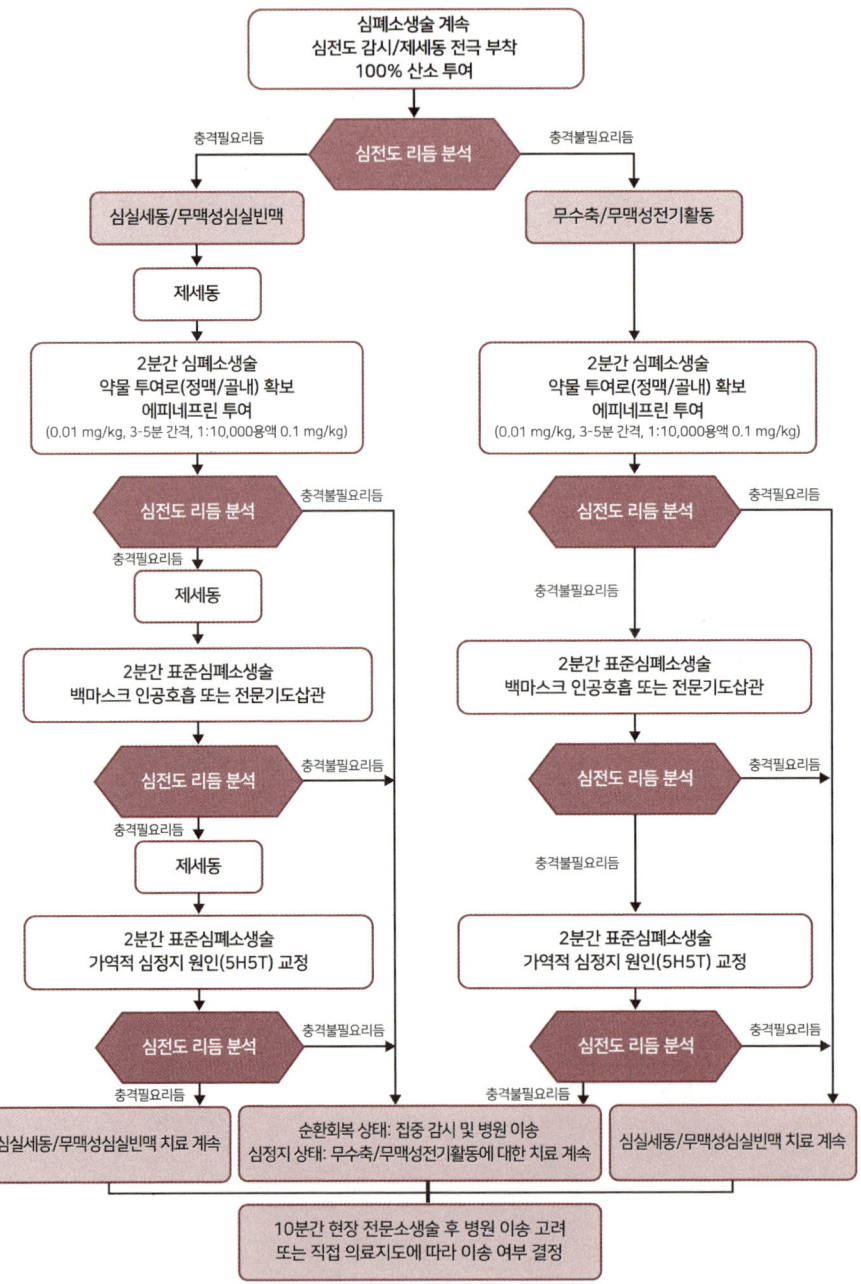

소아 심장정지 환자의 전문소생술 참고표

치료		내용
심전도 리듬 분석		2분간 가슴압박 후 심전도 리듬 확인과 압박자 교대
제세동		제세동 처음에 2 J/kg, 주 번째 4 J/kg 이상 성인 최대 용량 이하
가슴압박		최소 분당 100~120회의 속도로 압박, 15 : 2의 가슴압박 : 인공호흡의 비율로 시행 전후 가슴 두께의 최소 1/3 이상 또는 영아 4cm, 소아 4~5cm의 깊이로 압박
주사로 확보		전문기도유지술보다 우선하여 정맥 또는 골내 주사로 확보
전문기도유지술 후 인공호흡		전문기도유지술이 시행되기 전까지는 백마스크 환기법 전문기도유지술로 기도가 확보되면 6초에 1회(분당 10회) 호흡 및 과환기 금지
약물 투여	모든 심장정지 환자	에피네프린: 3~5분마다 0.01 mg/kg(1 : 10,000 용액 0.1 mL/kg)
	제세동 후에도 지속하는 심실세동/무맥성 심실빈맥	아미오다론: 5 mg/kg 일시에 투여, 불응성 심실세동/빈맥의 경우 최대 2번 투여 가능 리도카인: 1 mg/kg 정맥 또는 골내투여
심장정지 원인 조사 및 치료		저혈량혈증, 저산소혈증, 산증, 저/고칼륨혈증, 저체온, 폐색전증, 심근경색, 긴장성 기흉, 심장눌림증, 약물중독

소아 전문소생술에 사용하는 약물

치료	내용	특이사항
에피네프린	0.01 mg/kg(1 : 10,000 용액) 정맥내/골내 0.1 mg/kg(1 : 1,000 용액) 기관내 최대용량: 정맥 내/골내 1mg, 기관내 2.5mg	3~5분마다 반복 투여 가능
아미오다론	5 mg/kg 정맥 내/골내 15 mg/kg까지 두 번 추가로 투여 가능 최대 일 회 용량 300mg	• 심전도 및 혈압 감시 • 심장정지 시 정맥 덩이주사 • 관류 리듬이 있으면 20~60분에 걸쳐 천천히 투여(전문가와의 상의가 강력히 권장됨) • 다른 QT 연장 약제와 함께 사용시 주의하여야 하며 전문가가 자문해야 함
리도카인	덩이주사: 1 mg/kg 정맥 내/골내 지속주사: 분당 20~50 μg/kg	–
아데노신	0.1 mg/kg(최대 6 mg)	심전도 모니터 급속 정맥/골내 주사 후 씻어내기
아트로핀	0.02 mg/kg 정맥 내/골내 0.04~0.06 mg/kg 기관내(필요하면 한번 반복 투여) 최대 일 회 용량: 0.5 mg	유기인산 중독의 경우에는 고용량 투여를 고려
포도당	0.5~1 g/kg 정맥 내/골내	신생아: 5~10 mL/kg D 10W 영아와 소아: 2~4 mL/kg D 25W 청소년: 1~2 mL/kg D 50W
중탄산나트륨	한 번에 1mEq/kg씩 천천히 정맥 내/골내	적절한 환기 후 투여
염화칼슘(10%)	20 mg/kg 정맥 내/골내(0.2 mL/kg) 최대 일 회 용량: 2g	천천히 투여
황산마그네슘	10~20분에 걸쳐 25~50 mg/kg 정맥 내/골내 비틀림 심실세도에는 더 빠르게 최대 용량 2g	–

04 특수한 상황에서의 심폐소생술

특수상황 심정지: 이물에 위한 기도폐쇄, 외상, 익수, 특수한 의료도움이 필요한 소아

(1) 이물로 인한 기도폐쇄

1) 임상적 특징
   - 소아는 기도가 작고 본능적으로 입 안에 이물을 넣는 습성이 있어 사고에 의한 기도 폐쇄가 잘 발생한다.
   - 기도 폐쇄로 인한 사망 환자의 **90% 정도가 5세** 이하의 소아이다.
   - 모든 소아 환자의 호흡 곤란의 감별 진단에 기도이물에 의한 기도 폐쇄가 포함 되어야 한다.

2) 환자평가 필수항목
   - 의식 및 반응 평가
     의식이 없고 상태 반응이 없다면 심폐소생술 시행
     의식과 반응이 있다면 기도 및 호흡 평가
   - 기도 및 호흡 평가
     기침을 하고 목소리가 나오고 호흡을 할 수 있다 - 부분적 폐쇄
     기침을 못하고 목소리가 나오지 않는다 - 완전 폐쇄
   - 빠른 병력 청취
     증상 발생 시각
     의심되거나 목격한 이물의 종류
     목격자 응급 처치 여부
   - 감별 진단
     쌕쌕거리는 천명 - 하기도 폐쇄
     흡기 시 천명 - 상기도 폐쇄
     기침을 하고 목소리가 나오고 호흡을 할 수 있다 - 부분적 폐쇄
     기침을 못하고 목소리가 나오지 않는다 - 완전폐쇄

3) 응급처치 절차 및 방법
   ① '환자 초기 평가·처치 표준지침'에 따라 전반적인 평가 및 처치를 시행
   ② 부분 기도 폐쇄
     - 지시에 협조가 가능한 연령이면 기침을 계속하도록 격려한다.
     - 1세 이상 소아가 기침을 효과적으로 하지 못하는 경우 등 두드리기를 5회 시행하고 등 두드리기가 효과적이지 못할 경우 복부밀어내기를 5회 시행한다. 이물질이 제거되지 않으면, 등 두드리기와 복부밀어내기를 기도폐쇄가 해소되거나 환자가 의식을 잃기 전까지 반복한다.

- 환자가 의식을 잃으면 심폐소생술을 시작한다.
- 비강(코안) 캐뉼러 또는 안면마스크로 산소 10L/min로 코와 입주위에 대주면서 가까운 응급센터로 즉시 이송을 시작한다.

③ 완전 기도 폐쇄 ★(24년 기출)
- 기도 이물 제거술 (1세 미만)

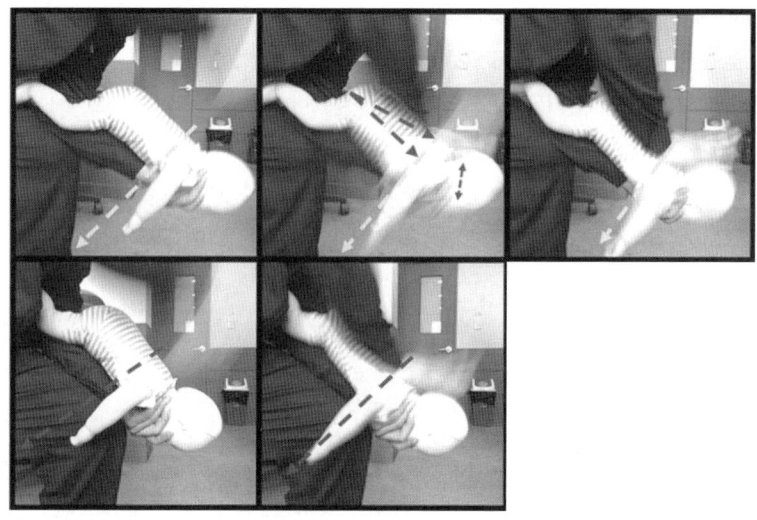

▲ [그림 3] 영아 기도폐쇄 등 두드리기의 추천 자세

- 아이의 턱과 얼굴을 손으로 고정한 뒤 자신의 팔뚝에 아이를 지지한 채 등이 보이게 뒤집는다.
- 아이의 머리가 바닥을 향하도록 자신의 허벅지에 팔뚝을 올려놓고 다리를 넓게 벌린다.
- 양쪽 어깨뼈 사이의 중앙을 손바닥과 손꿈치를 이용하여 5번 힘차게 때린다.
- 뒷머리를 고정한 채 샌드위치 모양으로 아이를 뒤집는다.
- 허벅지에 아이를 고정한뒤 아이를 받히지 않은 다른손으로 아이의 양쪽 젖꼭지를 이은 선 바로 아래 지점을 두 손가락으로 5번 힘차게 누른다.
- 엄지와 검지를 이용하여 입을 벌려 이물이 나왔는지 확인한다.
- 이물이 나오지 않았으면 위의 과정을 반복한다.
- 시술 도중 호흡이 멈추고 의식이 없어지면 바닥에 아이를 눕히고 심폐소생술을 시행한다.
- 영아는 간이 상대적으로 크기 때문에 내부 장기 손상 위험이 높아 복부밀어내기를 시행하지 않는다.

④ 1세 이상 (하임리히)
- 아이의 키가 작은 경우 시술자는 무릎을 꿇거나 아이를 의자에 올려놓아 아이를 등에서 껴안았을 때 자신의 가슴이 아이의 등에 닿도록 한다.
- 엄지를 나머지 네 손가락으로 감싼 채 엄지 쪽이 배에 닿도록 한 자세에서 왼손을 배꼽과 명치 사이에 놓는다.
- 오른손으로 왼손을 감싸지고 아이의 등에서 아이를 감싸 안는다.

- 아이의 머리를 숙인 상태에서 위에서 안쪽으로 힘차게 밀친다.
- 복부밀어내기를 이물이 나올 때까지 또는 의식이 없어질 때까지 시행한다.
- 시술 도중 호흡이 멈추고 의식이 없어지면 바닥에 아이를 눕히고 심폐소생술을 시행한다.

⑤ 마질 겸자를 이용한 제거술
- 의식이 있는 환자에서 기도 이물 제거술을 2회 시행해도 기도 이물이 제거 되지 않는 경우 마질 겸자를 이용한 제거술을 시도한다.
- 브로스로우 테이프 등을 이용하여 아이의 신체 크기에 맞는 후두경날을 선택한다.
- 후두경으로 혀를 젖히고 안쪽 후두를 관찰한다.
- 이물이 없다면 후두개를 같이 들어 올려 성대를 확인한다.
- 이물이 보이면 마질 겸자를 이용하여 이물을 집고 마질 겸자를 조심스럽게 뺀다.
- 의식이 없는 환자로 심폐소생술을 시행해야 한다면 기도 확보를 담당한 구급 대원은 마질 겸자를 이용한 제거술을 시도한다.

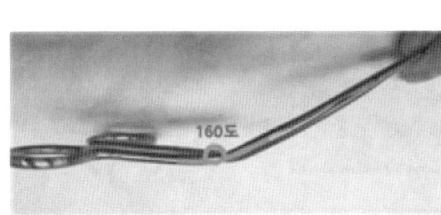 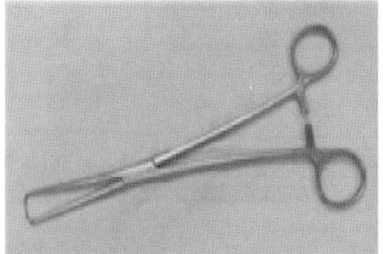

- 마질겸자를 이용한 제거술 중 시술자의 요청에 의해 가슴압박을 일시적으로 중단할 수 있다
- 이물이 보이지 않으면 전문기도 유지술을 시행한다.

(2) 외상

의도하지 않는 외상은 소아와 청소년 사망의 주요한 원인이 될 수 있다.

소아에게 둔상과 관통 손상으로 인한 심장정지는 사망률이 매우 높다. 긴장성 기흉, 혈흉, 폐 손상, 심장눌림증 등은 혈역학, 산소화, 환기를 방해할 수 있으므로 흉부 복부 외상에서는 흉부 손상을 항상 의심해야 한다. 관통 외상으로 인한 심장정지 후 가역적인 원인에 대한 조기 처치는 생존율을 상승시킬 수 있다.

외상으로 인한 심장정지 가이드라인에서는 출혈조절, 순환혈액량 회복, 기도확보, 긴장성 기흉에 대한 처치를 권고하고 있다.

이러한 처치는 일반적인 소생술과 동시에 진행되어야 한다.

외상을 입은 소아의 기본소생술시 유의해야 할 점
① 소아 외상 환자의 심장정지는 외상에 의한 저혈량증보다 호흡이 원활하게 유지되지 않아 발생하는 경우가 많다. 따라서 외상 환자의 경우에도 **환자의 호흡과 환기가 잘 유지되는지** 반드시 확인해야 한다.

② 부러진 치아 조각, 혈액 등으로 기도폐쇄의 가능성이 있으면 흡입 장치를 사용한다.
② 외부에 출혈이 있으면 눌러 지혈시킨다. 출혈 부위를 확인하기 위해서 옷을 벗기고 몸 전체를 확인. 확인 후에는 천으로 덮어주어 저체온증이 생기지 않도록 한다.
③ 척추 손상 가능성이 있으면 경추의 움직임을 최소화하고 머리와 목을 잡아당기거나 움직이지 않는다. 영아와 소아는 상대적으로 머리가 크기 때문에 경추를 굴곡시키지 않는 최상의 자세는 후두부를 몸통보다 약간 우묵한 곳에 위치시키거나 몸통을 약간 높인 자세로 눕혀서 척추 교정판에 정하여야 경추 굴곡을 피할 수 있다.
④ 다발성 장기 외상을 입은 소아는 가능하면 소아 전문가가 있는 외상 센터로 이송한다.
⑤ 관통 외상을 입은 맥박이 없는 소아를 위해 개흉술을 고려할 수 있다. 하지만 둔상으로 인해 맥박이 없는 소아, 영아에게 응급 개흉술을 시행하는 것을 권고하기에는 아직 근거가 부족하다.

(3) 익수

익수에서 물에 잠겼던 시간은 예후를 예측하는 중요한 인자이다. 그 외의 나이, 응급처치의 신속성, 물의 형태(담수 또는 해수등), 수온, 목격자의 유무는 신뢰할 만한 예후인자가 아니다.

얼음물에 익수된 경우는 익수 시간이 길더라도 생존 가능성이 있으므로 구조 시간을 연장할 수 있다. 익수된 소아는 물에서 꺼낸 후 즉시 심폐소생술을 시작해야 한다. 특수 훈련을 받은 구조자의 경우에는 물속에서부터 인공호흡을 시작한다. 물속에서의 가슴압박은 효율성이 없으므로 하지 않는다.

물이 기도폐쇄를 일으키는 이물로 작용한다는 증거는 없으므로, 희생자의 폐로부터 물을 빼내기 위하여 시간을 허비하지 않는다. 기도를 열고 2번 인공호흡 후 가슴압박을 하며 심폐소생술을 시작한다.

혼자 있다면 30:2로 가슴압박과 인공호흡을 5회 주기 시행하고 응급의료체계에 신고하며 자동제세동기를 준비하도록 한다. 두 명의 구조자가 있으면 첫 번째 구조자는 심폐소생술을 계속하고, 두 번째 구조자는 응급의료체계에 신고하고 자동제세동기를 준비하도록 한다.

05 심장정지 이외의 부정맥

1. 소아 서맥 알고리듬

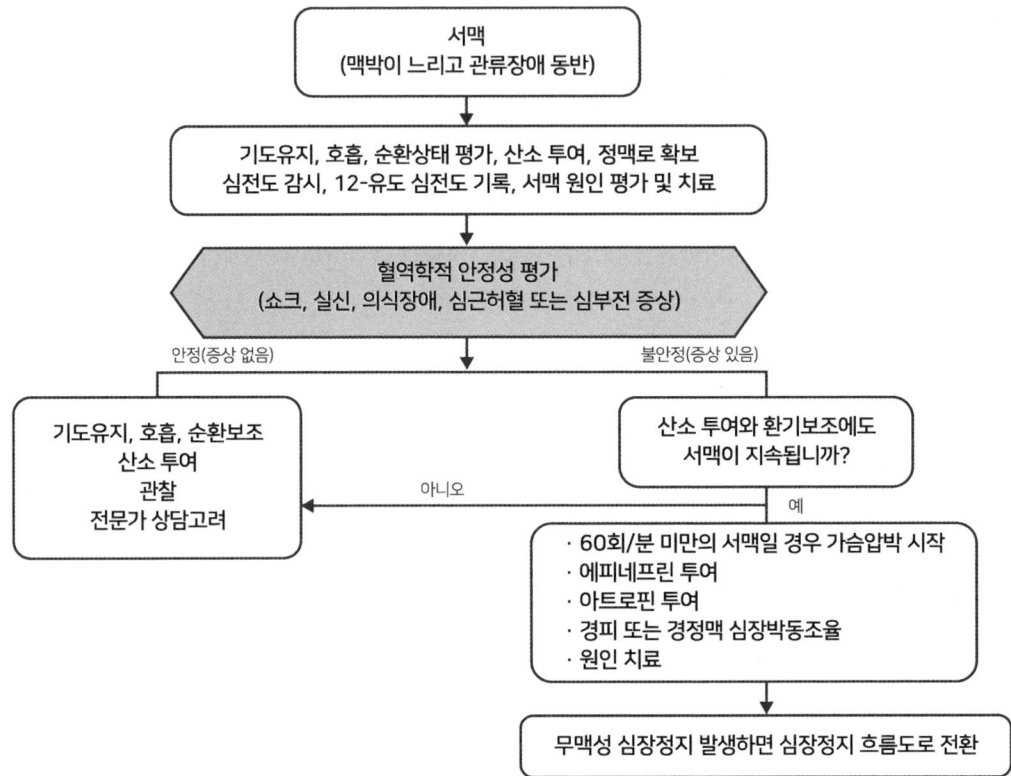

소아 서맥의 치료 순서

1) 서맥 용량/상세 내용
   ① 에피네프린 투여량:
      0.01mg/kg(1:10000용액) 정맥 내/ 골내 투여, 3~5분마다 반복.
      0.1mg/kg(1:1000용액) 기관내 투여
   ② 아트로핀 투여량:
      0.02mg/kg, 정맥 내/골내 투여(0.04~0.06mg/kg 기관내 투여)
      최소 0.1mg, 최대 단회 용량 0.5mg

2) 서맥의 원인
   저체온, 저산소증, 약물

2. 소아빈맥 알고리듬

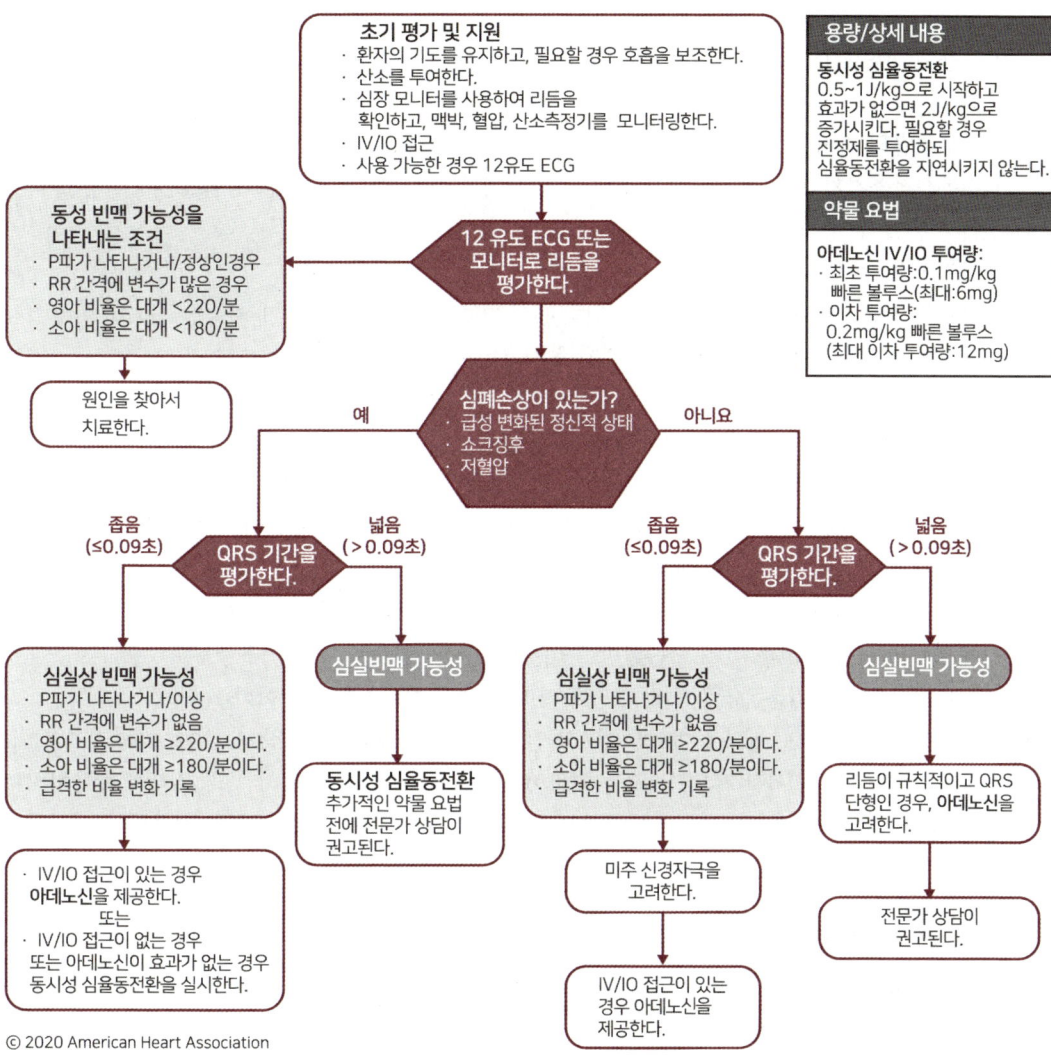

© 2020 American Heart Association

1) 소아빈맥 용량/상세내용

   동시성 심율동전환: 0.5~1J/kg으로 시작하고 효과가 없으면 2J/kg으로 증가
   필요할 경우 진정제를 투여하되 심율동 전환을 지연시키지 말 것.

2) 약물요법

   아데노신 IV/IO
   - 최초 투여량: 0.1mg/kg 빠른 볼루스(최대6mg)
   - 이차 투여량: 0.2mg/kg 빠른 볼루스(최대2차투여량12mg)

   아미오다론: 5mg/kg을 정맥 내/ 골내 20~60분 이상에 걸쳐 투여, 최대 일회 용량 300mg

3. 영아·소아 처치 시 고려해야 할 사항

- 영아는 수동 심장 충격기를 사용
- 수동제세동기가 없다면 소아용 충격량 감쇠기가 있는 자동심장 충격기를 영아에게 사용하도록 한다.
- 8세 미만의 소아는 소아용 충격량 감쇠기가 있는 자동심장 충격기를 사용 한다.
- 수동심장충격기와 충격량 감쇠기가 없는 경우 에너지량 조절이 가능한 성인용 자동심장 충격기를 사용할 수 있다.
- 자동심장 충격기 리듬 확인
- 자동심장 충격기의 패드 부착은 가슴압박과 호흡보조에 방해되지 않게 가능한 신속히 이루어지도록 하며 현장에서 반드시 심장충격기를 사용하도록 한다.
  (구급차가 정차중이거나 시동을 끈 상태에서는 리듬분석 가능함).
- 자동심장충격기가 리듬을 분석하는 동안 가슴압박 및 호흡보조를 멈춘다.
- 제세동이 필요하지 않은 경우 즉시 가슴압박을 비롯한 심폐소생술을 시작한다.
- 제세동이 필요한 경우 충전버튼을 누르고(장비에 따라 자동으로 충전되는 경우도 있음) 충전되는 동안 가슴압박을 시행한다.
- 충전이 완료되면 가슴압박을 멈추고 환자에게서 떨어진 후 제세동을 시행한다.
- 제세동을 시행한 이후 바로 가슴압박을 비롯한 심폐소생술을 재개한다.
- 자동심장충격기 리듬은 5주기(30:2=1주기)마다 혹은 2분마다 분석한다.
- 심폐소생술은 '2020 심폐소생술 가이드라인' 기준으로 적용하고, 현장에서 순수한 소생술(CPR 준비 이송 및 기타 시간 제외) 시간을 **최소 6분** 이상으로 하고 처치 시간 및 추가적 응급처치는 지도의사의 의료지도를 받아 처치 후 이송할 수 있다. 단, 외상성 심정지는 필요한 응급처치를 우선 제공하여야 한다.

4. 이송시 주의할점

- 심정지의 원인이 외상, 목맴, 질식, 익수에 해당하지 않으면 반응시간에 따른 지속적 가슴압박 시행 후 이송을 시작한다.
- 이송 시작 전 필요시 정맥로를 확보할 수 있다.(단, 이송을 지연시키지 않음)
- 이송 중 심폐소생술
  구급차 운행 중 심폐소생술을 지속하며 적절히(가슴압박의 지속성, 속도, 깊이, 호흡보조의 효과성(기도확보가 적절히 유지되고 있는지 등)) 이루어지고 있는지 점검한다. 이를 위하여 지속적 호기 말 이산화탄소 측정 장비를 사용할 수 있다.
- 이송 중 제세동 가능리듬을 확인하기 위하여 구급차를 멈추는 것은 구급차 교통사고 발생 및 안전사고 등이 발생될 수 있으므로 가능한 자제한다.
- 사전연락
  이송시작 전에 이송할 병원에 사전 연락을 취하여 환자의 소생술이 연속될 수 있도록 한다. 구급대원은 소방상황실에 이송할 병원에 사전 연락 및 수용가능 여부를 확인해 줄 것을 요청하고 환자의 상태 및 병원 도착까지의 예상시간 등의 정보가 해당 병원에 전달될 수 있도록 노력한다.
- 환자 인계
  구급대는 이송한 병원의 소생술이 시작될 때까지 소생을 위한 노력을 지속한다.
  이송병원의 의료진에게 심폐소생술 시행에 관련한 환자 정보를 전달한다.
- 기록
  환자 인계 후 구급활동일지 및 심폐정지환자 응급처치 세부 상황표를 완성한다.

5. 응급처치 시 주의사항

- 환자의 맥박을 **10초** 이상 확인하지 않으며 맥박이 불확실한 경우, 심폐소생술을 시작한다.
- 제세동 시행 후 심장충격기의 가슴압박 음성지시를 기다리지 말고 가슴압박을 지체 없이 시작해야 한다.
- 제세동 리듬의 분석 간격인 2분 동안에는 제세동 가능리듬이 관찰 혹은 심장 충격기에 의한 리듬분석 지시 등이 있더라도 가슴압박을 하던중이라면 계속 지속한다.
- 현장에서는 되도록 심장충격기 전원을 끄거나 환자에게서 제거하지 않는다.
  단 현장에서 환자 이동시 현장상황에 따라 심장충격기를 끌 수 있으나 이동 후 신속하게 전원을 연결한다.
- 환자의 움직임, 자발호흡, 소리, 기침, 심전도 상 정상리듬, 동맥의 파형, 호기 말 이산화탄소의 급격한 상승 등이 관찰되지 않는 한 환자의 소생여부를 확인하기 위하여 심폐소생술을 중단하고 의식 확인, 맥박촉지 및 혈압측정을 하지 않는다.
- 자발호흡 및 순환 회복 시 환자의식이 회복되더라도 삽입한 기도유지기 및 성문주위 기도확보 장비 또는 기관 내 삽관은 제거하지 않는다.(단 환자의 의식이 명료하여 구역반사 등을 보일 때는 의료지도 후 제거할 수 있다.)
- 협소한 엘리베이터가 있는 공동주택에서는 혈액 순환을 유지할 수 있도록 환자의 적절한 체위 유지를 위해 노력하고 가슴압박의 중단을 최소화 한다.

> ➕ **특수상황에서의 소생술 패혈성 쇼크시**
> 1. 수액 치료: 패혈성 쇼크환자는 빈번한 재평가를 통해 10mL/kg 또는 20mL/kg씩 수액을 분주하여 투여하는 것이 바람직하다.
> 2. 혈압상승제의 선택: 수액 불응성 패혈성 쇼크가 나타난 영아와 소아의 경우 초기 혈압상승제로 에피네프린 또는 노르에피네프린 중 하나를 사용할 것. (이용할 수 없을시에 도파민 고려)
> 3. 코르티코스테로이드 투여: 수액치료에 반응이 없고 혈압상승제 투여가 필요한 패혈성쇼크시 스트레스 용량 코르티코스테로이드를 고려할 것.
>   빠른 수액 소생술은 수액과다로 인해 기계적 환기가 요구되는 경향이 있었고, 결정질 또는 콜로이드 수액중 하나를 사용할 것.
> 4. 출혈성 쇼크 동반시: 가능하다면 결정질 수액대신 혈액 제제를 투여하는 것이 바람직하다. 농축적혈구, 신선냉동혈장, 혈소판의 이점

06 신생아소생술 2020 AHA 주요쟁점 및 변경사항

① 신생아 소생술은 개인 또는 팀으로 훈련하는 의료진을 통해 예상 및 준비가 필요하다.
② 대부분의 신생아는 즉각적인 탯줄절단이나 소생술이 필요하지 않고 모체와 접촉 하면서 모니터링 한다.
③ 저체온증 예방은 신생아 소생술에 중요한 사항이다.
  모유수유, 체온조절, 혈당 안정성을 높일것.
④ 폐의 팽창과 환기는 출생 후 지원이 필요한 신생아에게 우선 사항이다.
⑤ 심박수 증가는 효과적인 환기와 소생술 중재술에 대한 반응에서 가장 중요한 지표이다.
⑥ 태변으로 착색된 양수(MSAF)와 함께 출생한 영아는 활발한 영아와 활발하지 않은 영아 모두에 있어 기관 내 흡인이 권장되지 않는다.
  기관내 흡인은 양압환기(PPV) 제공 후 기도 폐쇄가 의심되는 경우에 한해 적용된다.
⑦ 신생아의 혈관 경로가 필요할 경우 탯줄 정맥 경로가 선호된다. IV 경로가 가능 하지 않으면 IO 경로를 고려한다.
⑧ 가슴압박은 기관내삽관이 포함되는 적절한 환기 교정 단계를 거친 후 환기에 대한 심박수 반응이 낮은 경우에 제공된다.
  가슴압박에 대한 반응이 약할 경우 혈관내 경로를 통해 에피네프린을 투여해야 한다.
  맥박 산소측정은 산소 요법을 조절하고 산소포화도 목표를 충족하는 데 사용된다.
  에피네프린에 대한 반응에 실패한 신생아 중에 혈액 손실 기록이 있거나 그와 일치하는 검사를 받은 신생아는 혈량 증량이 필요할 수 있다.
⑨ 모든 소생술 단계가 효과적으로 완료되었으나 **20분까지** 심박동 반응이 없다면 팀과 가족이 함께 치료 방향 수정을 논의할 것.

1. 신생아 심정지

출산부터 생후 4주까지 사망의 약 19%는 신생아 가사(질식성 호흡 부전)로 인한 것. 약 10%의 신생아는 출생 시 호흡을 개시하기까지 적절한 도움이 필요하다. 소생술이 필요한 신생아는 약 1% 정도이다.

1) 임상적 특징
   ① 신생아에게 산소 부족이 발생하면 초기에 빠른 호흡을 보이다 결국 호흡이 멈추게 되는데 이를 일차적 무호흡이라고 한다. 이때는 아기의 발을 두드리는 등의 자극으로 호흡이 회복된다.
   ② 일차적 무호흡 후에도 적절한 산소 공급이 이뤄지지 못하면 헐떡거리는 호흡 후에 **이차적 무호흡** 단계에 이르게 되는데 이때는 자극을 가해도 호흡이 회복되지 않고 반드시 **호흡보조**를 해야 하는 단계이다.

2) 환자평가 필수항목
   ① 다음 3가지 질문에 모두 '네' 대답이 나오면 소생술이 필요 없는 상태로 판단한다.

㉠ 만삭 출생아인가?
㉡ 잘 울거나 숨을 잘 쉬는가?
㉢ 근육 긴장도가 좋은가?
② 맥박 확인
두 손가락을 이용하여 5-10초 사이에 상완동맥(위팔동맥)을 만져 맥박을 확인한다.
자동 심장충격기 리듬 확인

3) 응급처치 절차 및 방법
- 응급처치 순서는 아래 그림을 따른다.
- 신생아 소생술의 가장 기본적인 처치는 환기이다. 가슴 압박은 **30초간의 산소 투여**와 적절한 양압 환기에도 불구하고 심박동수가 분당 **60회 미만**인 경우에 실시한다.
- 신생아에게 양압환기를 포함한 초기 호흡보조시 100% 산소로 시작하지 않도록 하며, 35주 미만 미숙아의 경우 저농도(21~30%), 만삭아와 35주 이상의 후기 미숙아에게는 **21%의 산소**로 소생술을 시작할 것을 권장한다.
- 가슴 압박과 환기는 **3:1**의 비율로 시행한다. 1분간 90번의 가슴 압박과 30번의 환기로 총 120번의 활동이 이뤄지도록 한다.
- 소생술이 필요 없는 신생아나 안정적인 상태로 회복한 경우라면 수건으로 닦아주고 마른 수건이나 방포로 덮어주어 체온을 유지할 수 있도록 도와준다.
- 맥박이 있더라도 산소공급과 **양압 환기에도 관류상태가 불량**하고 서맥(60회/분)이 있으면 가슴압박을 시작해야 한다.
- 태변을 흡입하게 되면 심각한 태변흡입 증후군을 초래할 수 있으므로 아이의 어깨가 나오기전에 구인두를 흡인한다.
- 이송 병원 선정이 어려울 경우 직접 의료지도를 요청한다.

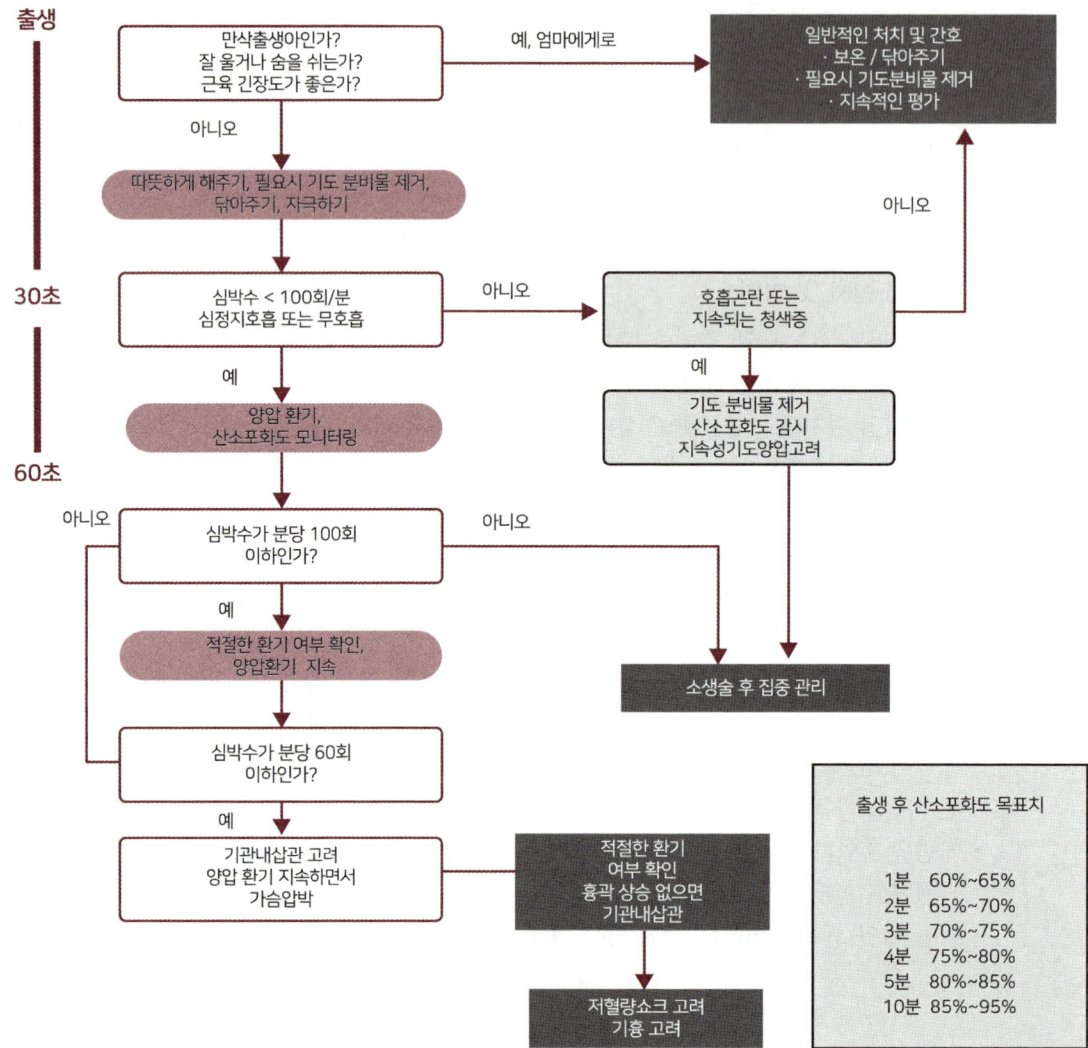

03 전문외상처치술

01 손상기전

- 손상기전 : 어떤 현상이 일어나기까지의 과정과 외상진료체계
- 외상은 손상을 의미하는데 심각한 손상기전이 없는 경우와 심각한 손상기전을 가진 경우로 분류한다.

1) 손상기전에 의한 분류:
   ① **직접외상:** 타박 골절, 압좌 골절, 관통 골절
   ② **간접외상:** 견열 또는 신장 골절
   각형성 골절, 회전골절
   각형성 – 장축 압박성 골절
   각형성 – 회전 – 압박골절

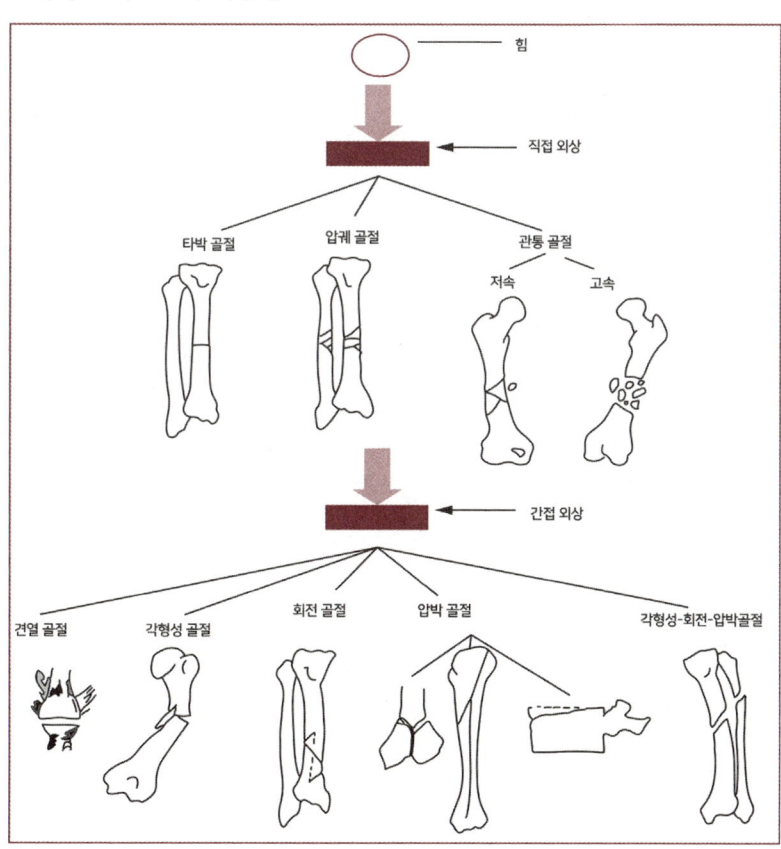

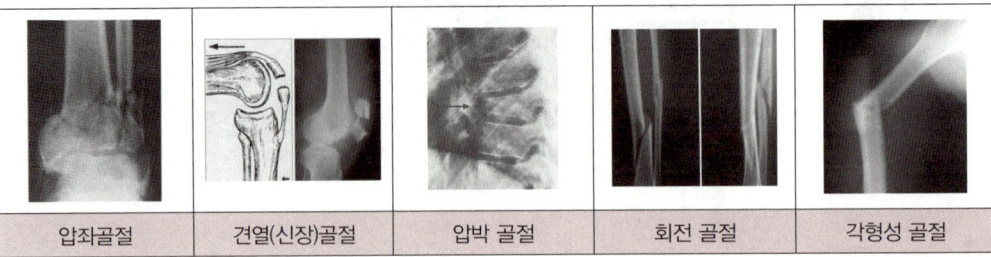

| 압좌골절 | 견열(신장)골절 | 압박 골절 | 회전 골절 | 각형성 골절 |

2) 심각한 손상기전이 없는 경우
   ① 현장조사와 1차 평가 후 손상기전을 다시 고려한다.
   ② 주호소와 손상기전에 기초, 주 호소에 집중된 신체검진을 실시한다.
   ③ V/S CHECK
   ④ SAMPLE 병력(sign, allergy, medications, pertinent past history, last oral intake, even leading to the injury or illness)조사

3) 심각한 손상기전이 있는 경우
   ① 현장조사와 1차평가 후 손상기전을 다시 고려한다.
   ② 머리와 목을 도수 고정한다.
   ③ 전문 응급구조사를 요청할 것인지를 고려한다.
   ④ 이송결정을 다시 고려한다.
   ⑤ 의식상태를 재평가하고, 빠른 외상평가를 한다.
   ⑥ 기본 활력징후를 평가한다.
   ⑦ SAMPLE 병력을 얻는다.

➕ 외상환자 1차평가 프로토콜(진료체계)

	절차	세부지침
1	현장안전	
2	감염방지	
3	손으로 머리고정	구조자는 환자 머리 위쪽으로 접근, 머리를 중립으로 고정한 후 유지한다.
4	의식유무 확인	환자의 어깨를 두드리면서 의식유무를 확인한다.
5	기도 열려있는지, 이물질 없는지 확인	손가락 교차법 또는 혀 턱들기법으로 입을 개방하여 입안의 이물질을 확인한다.
6	호흡유무 및 호흡양상 파악	가슴을 보면서 호흡음을 보고, 듣고, 느끼는 자세를 취한다.
7	순환상태 확인	구조자 쪽의 목동맥과 요골동맥의 맥박을 촉지한다.
8	AVPU에 따른 의식 상태 파악	"눈 떠 보세요" 말로 확인 후 가슴을 자극한다.
9	머리의 DCAP-BLS,TIC검사	DCAP-BLS, TIC, JVD, TD를 말하면서, 환자의 목을 시진하면서 양손으로 머리나 목의 부동 유지하면서 촉진 한다.

10	목의 DCAP-BLS, TIC 검사 및 목의 JVD, TD유무검사	DCAP-BLS, TIC, JVD, TD를 말하면서, 환자의 목을 시진하면서 양손으로 머리나 목의 움직임이 없도록 촉진한다.
11	적절한 크기의목보호대착용	목 보호대 선택을 위한 측정을 하고, 적절한 크기인지 확인한다.
12	상체노출	상체를 노출시키는 행위나 말을 한다.
13	가슴 DCAPP-BLS, TIC 검사, 폐음 청진	DCAPP-BLS, TIC라고 말하고 환자의 가슴을 시진하면서 양손으로 촉진한다. 좌우 양쪽가슴 빗장뼈 중간선에 제2~3갈비뼈 사이, 겨드랑 중간선의 제4~6갈비뼈 사이에서 청진한다.
14	배 DCAP- BTLS검사	DCAP-BTLS라고 말하면서 환자의 배 전체를 시진하면서 촉진한다.
15	하체노출	하체를 노출시키는 행위나 말을 한다.
16	골반부 DCAP-BLS,TIC검사	DCAP-BLS, TIC라고 말하면서 환자의 골반을 시진하면서 양손으로 촉진한다.
17	사지 DCAP- BLS, TIC검사	DCAP-BLS, TIC라고 말하면서 환자의 사지를 시진하면서 양손으로 촉진한다. PMS를 평가한다.
18	통나무굴리기(Log-roll)	보조요원과 함께 통나무굴리기법을 시행한다.
19	등쪽의 DCAP-BLS, TIC검사	DCALP-BLS, TIC라고 말하면서 환자의 등을 노출시키고, 시진하면서 한손으로 촉진한다.

* DCAPP, BLS, TIC

   Deformities(변형), contusion(좌상), abrasions(찰과상), punctures(천자상), paradoxical movement(기이성 운동), burns(화상), lacerations(열상), swelling(부종), tenderness(압통), instability(불안정), crepitus(염발음)

* JVD, TD, PMS

   JVD(jugular vein distention) 목정맥 팽만

   TD(trachea deviation) 기관편의

   PMS(pulse, movement, sensation) 맥박, 운동, 감각

4) 손상기전에 따른 분류

차량사고	1. 정면충돌: 차량사고의 32%를 차지한다.		
	① 내하방 이동: • 대시보드와 무릎충돌(정강이뼈,넙다리뼈,고관절 탈구, 골반뼈 골절) • 운전대에 얼굴과 흉부 충돌 (심장타박상, 대동맥 파열)	② 상방이동: • 운전대 넙다리충돌, 골절 • 운전대와복부압박(간열상, 속빈 장기 파열) • 흉부충돌(횡격막 파열) • 상향이동시 유리에 부딪힘: 두개골 및 안면부 골절, 두개내 손상, 목손상(과신전, 과굴곡, 압박)	③이탈: 안전벨트 미착용시 손상자가 차량 밖으로 이탈됨
	2. 측면충돌: 측면의 차량 구조물이 약하여 심한 손상을 유발(차량사고의 15%) 양측가슴(가로막파열), 좌측(지라, 폐), 우측(간)		
	3. 후방충돌: 차량사고의 9%,목의 과신전, 과굴곡으로 목뼈 또는 목뼈 주위의 인대 손상, 경추 손상을 유발, whiplash injury (채찍질 증후군):목이 뒤로 젖히면서 턱 관절 손상		
	4. 회전손상: 정면과 측면충돌과 유사한 형태. 자동차가 비스듬히 충돌시 회전하게 됨. 환자손상은 덜하다.		
	5. 전복: 무게중심이 높은 차량, 높은 곳에서 떨어지는 차량, 신체충격과 2차신체충격에 의한 손상이 많음.		

보행자 사고	1차손상 성인: 하지 소아: 가슴·배·상체 소아는 상체가 앞부분에 충돌하게 되고 반충격에 의해 지면과 충돌	2차손상: 충돌 후 차량위쪽으로 올라타면서 차량정면이나 후두에 2차충돌로 머리나 목 손상
		3차손상: 이후 차량 정지시 지면과의 3차충돌과 차량에 끼일 수 있다.
오토바이 사고	차량 자체의 보호장구가 없어 손상에너지가 그대로 운전자나 탑승자에 전달되므로 손상이 심함. 머리, 복부 또는 골반 튕겨나가면서 척추, 몸통의 손상, 미끄러짐에 의한 몸통, 팔다리의 찰과상, 화상이 발생	
추락사고	추락 높이, 추락지점의 상태: 성인 6M, 소아3M 이상 높이에서 낙상시 내부손상을 의심 발바닥부터 떨어질 경우: 척추의 압박골절, 족부의 발꿈치뼈, 발허리뼈 손상 손으로 짚을 경우: 노뼈와 자뼈의 손상 다이빙 손상: 목뼈 손상	
폭발	폭발로 인한 파장으로 갑작스럽 주위 압력 상승으로 인한 손상: 폐와 장 같이 비어있는 조직과 눈과 방광 같이 액체가 가득한 조직은 파장으로 파열될 수 있다. 대개는 외부적인 징후가 없으므로 주의 깊게 관찰해야 한다. 폭발 중심지점에서 바깥으로 퍼지는 고온의 연소가스의 움직임: 파장에 의해 환자가 튕겨져 나가는 손상 폭발로 날아가는 파편으로 인한 손상: 관통상, 열상, 골절 그리고 화상 등	
	1차 폭발 손상	폭발열과 과압 충격파에 의해서 발생
	2차 폭발 손상	파편에 의한 손상
	3차 폭발 손상	폭발에 의해 환자가 밀리거나 건물이 붕괴될 때 손상
	4차 폭발 손상	폭발에 의하거나 관련된 기타 손상
관통상	물체가 피부를 통해 몸 안으로 들어갔을 때 발생하는 손상 천공상은 관통상의 하나로 물체가 들어갔다가 밖으로 나올 때 발생 총상의 경우 관찰되는 상처 사입구: 탄환의 구경과 비슷함 사출구: 발생 가능한 내부 손상을 더욱 명확히 보여줌.	

02 연부조직 손상

인체의 피부, 지방조직, 근육, 혈관, 섬유조직, 막, 신경, 샘 조직 등이 손상된 경우
상처의 유형에 따라 폐쇄성 상처와 개방성 상처로 분류

(1) 폐쇄성 손상과 응급처치

내부적 손상, 피부자체는 파손되어 있지 않으나 하부조직이 으깨질 수 있으며 내출혈 동반, 폐쇄성 손상은 타박상, 혈종, 압좌상이 있다.

가. 타박상: 멍이 든 것으로 표피 손상은 거의 없으나 진피와 혈관 손상을 볼 수 있다. 상처부위는 통증, 부종, 변색이 나타나는데 부종과 변색은 즉시 나타나거나 하루 이틀 지연되기도 한다.

나. 혈종: 피부아래, 몸의 구획 내에 혈액이 고인상태, 두개골 등에서 잘 생기며 넓적다리는 밖에서 부어오르기 전에 1L이상의 혈액이 고일 수 있다. 혈종은 더 큰 혈관이 손상되어 많은 혈액 손실을 일으키는 등 많은 조직이 손상되는 것.

다. 압좌상: 피부파열은 없고 조직하부의 손상이 있으며, 외상유발 물체와 골격사이에서 흔히 발

생한다. 대부분 타격에 의하므로 타박상 이라고 한다. 흡인이나 압박에 의해 일어나기도 하고 비교적 가벼운 물체 즉 회초리, 혁대, 대나무자, 채찍 등으로 가격하면 외력이 가해진 양측에 출혈이 있는데 이를 중선출혈 이라고 한다.

청자색(초기) ⇒ 담청색(3~5일) ⇒ 녹색조(5~8일) ⇒ 녹황색 ⇒ 황갈색 ⇒ 황색조(10~14일) ⇒ 흡수(2-4주후)

- 넓적다리 내측부위나 성기주위의 좌상은 강간을 의심할 수 있다.
- 압좌손상의 특수형태로는 외상성 질식을 들수 있다. 가슴의 갑작스런 압력이 가해졌을 때 심장과 허파에 압력이 전달되고 가슴 내의 피를 밖으로 짜내어 머리와 목 그리고 어깨로 전달되는 현상, 호흡곤란, 흉부출혈반, 안면부종과 청색증, 결막하/공막 출혈, 두경부와 흉부의 점상출혈이 나타남.

※ 연부조직 손상의 특수형태

① **구획증후군**: 여러 이유로 인해 부종이 심해질 때 근육 구획 내의 압력이 증가하면서 그곳의 동맥을 압박하고 말단부의 혈액 공급을 차단하여 4~8시간 안에 구획 내 근육과 기타 연부조직이 괴사하는 질환을 의미

구획 증후군의 증상으로는 6P 사인을 보인다. 통증, 지각이상, 마비, 창백, 냉감, 맥박소실

② ★(23년 기출) **압좌증후군**: 무거운 물체에 깔린 사람이 그 압력원을 오랫동안(4시간이상) 치우지 못하면 혈액순환에 장애가 생기게 되며 이 때 이로 인해 죽은 세포에서 칼슘, 미오글로빈 단백질 의 독소가 생긴다. 이 독소는 급성신부전, 부정맥을 유발할 수 있지만, 이렇게 물체에 깔린 상태에서는 해당 부위의 혈액순환이 정상적으로 진행되지 않으므로 독소가 신체에 바로 퍼지지는 않는다.

그러나 이 때 원인물을 갑자기 제거하면 압궤 부위에 모여 있던 독소가 혈액을 타고 온 몸으로 퍼지게 되어 응급상황이 되고 사망을 할 수도 있다.

(2) 개방성 손상과 응급처치

1) 손상의 유형

피부가 절단되고 하부조직이 노출된 손상으로 열상처럼 외부로부터 절단되거나 안으로부터 골절된 뼈가 피부를 뚫고 외부로 손상을 일으키는 경우 등이 있다.

① 찰과상: 가장 경미하고 표면 모세혈관만 손상되고 손상표면이 넓으면 2차감염이 우려됨.
② 열상: 면속날, 유리, 금속조각 등 날카로운 면에 베인 것으로 깊고 찢겨 혈관, 신경이 같이 손상된다. 내부손상의 정도를 알 수 없다.
③ 천자상: 날카롭고 뾰족한 물체에 의한 손상, 개방구는 작으나 내부손상은 크다.
찌르는 물체에 의해 세균감염의 우려가 있으며 혐기성세균이 퍼지기 쉽고 복부는 탄력이 풍부하므로 자창관의 깊이가 날의 깊이보다 깊을 수 있다.

천공천자상의 경우는 얕거나 깊을 수 있는데 관통천자상의 경우는 유입구와 유출구가 있어서 상처가 두 군데 발생한다.
④ 박탈창: 피부 일부가 찢겨 늘어지거나 완전히 벗겨나가며 부분박탈과 완전박탈이 있다.

두부 손상에서 흔하고 피부가 벗겨질 정도는 예후가 심각하다.
⑤ 절단: 사지 등 신체 일부가 완전히 잘리는 경우로 출혈이 심하여 출혈성 쇼크에 빠질 수 있다.

2) 응급처치
① 드레싱과 붕대법
  목적: 지혈, 상처를 가능한 깨끗이 유지, 손상부위의 고정
  가. 드레싱의 종류
    ㉠ 일반: 크고 두꺼운 드레싱으로 배손상과 같은 넓은 부위를 덮는데 사용
    ㉡ 압박: 지혈에 사용되는 거즈패드를 우선 손상부위에 얹은 후 붕대로 감는다. 이때 먼 쪽 맥박을 평가해 붕대를 재조정 할 것.
    ㉢ 폐쇄: 공기유입을 막는 형태로 배나 가슴의 개방성 손상, 경정맥 과다출혈에 사용
    ㉣ 특수드레싱: 삼면밀폐드레싱
  나. 주의점
    손상부위를 볼 수 있도록 노출시킨다.
    드레싱한 부분을 현장에서 제거하지 말고 드레싱한 부위에 계속적으로 출혈양상이 보인다면 새로운 드레싱을 그 위에 덧대고 붕대로 감아준다.
  다. 붕대법의 종류 및 사용법
    ㉠ **붕대법**
      - 거즈나 탄력성 소재로 만들어 신체 일부 싸기 위해 사용, 먼쪽에서 몸쪽으로 감싸야 한다.
      - 목적: 드레싱 고정, 손상된 신체 부위의 지지나 고정, 압박, 상처 보호, 관절고정, 보온
      - 붕대 끝은 과도한 압박을 피할 수 있도록 반창고나 특별한 집게, 안전핀으로 고정
      - 붕대를 돌릴 때 당기는 힘이 균등하게 되도록 주의
      - 혈액순환과 신경검사에 필요한 손가락과 발가락은 감싸지 않는다.
        (손가락과 발가락 화상시 제외)
      드레싱 부위는 모두 붕대로 감싸 추가 오염을 방지한다. (삼면드레싱은 제외)
    ㉡ 바인더(binder)
      - 신체 특정 부위에 사용하기 위해 고안된 것
      - 천(플란넬, 모슬린)이나 탄력성 소재 등으로 만듦.
      - 목적: 복부와 회음부의 드레싱을 제자리에 고정

환행대붕대법 Circular turn	- 목적: 모든 붕대의 시작과 끝에 사용, 여러 번 감음 - 방법: 동일한 부위를 여러 번 겹쳐서 감음 - 적응: 손가락, 발가락처럼 신체 작은 부위, 원추형 신체부위 감을때 사용함.
나선대붕대법 (spiral turns)	- 목적: 손목, 상박과 같이 원통모양의 신체부위 감을 때 사용함 - 방법: 붕대의 1/2 또는 2/3 정도를 겹쳐 나선모양으로 올라가며 감음 - 적응: 허벅지, 다리, 팔뚝 원추형 신체부위에 효과적

나선절전대 붕대법 (spiral reverse turns)	– 목적: 전박, 허벅지, 장딴지처럼 원추모양의 신체부위 감거나 탄력이 없는 거즈 이용 – 방법: 환형대로 2번고정후 각 감기의 절반에서 꺽어 반대로 감아줌
8자 붕대법	– 목적: 혈액순환 위해 낮은 압력으로 관절 감을 때 　　　편안하게 관절 고정할 때 가장 적합함 – 방법: 붕대를 사선으로 오르내리면서 2/3 정도 겹치며 반복해서 감음 – 적응: 엄지손가락, 가슴, 어깨, 서혜부, 엉덩이에 특히 유효
수상붕대법 (spica bandage)	– 목적: 각을 만들기 위해서 상하행으로 서로 겹쳐 건너가게 하면서 감음 – 적응: 엄지손가락, 가슴, 어깨, 서혜부, 엉덩이등에 적합
회귀 붕대법	– 목적: 머리나 신체 절단부위 등을 감쌀때 적합함. – 방법: 신체 말단부위를 두 번 감아 붕대를 고정한 후에 붕대의 끝부분을 접어 반대부분으로 넘겨 붕대 2/3 정도가 겹치게 반복함.
T 바인더	– 모양이 T자 모양이라 T바인더라고 부른다. – 직장, 회음부, 서혜부의 드레싱을 고정하는데 효과적 – 여성 : 한 개의 T바인더 사용, 남성 : 두 개짜리 사용 – 직장, 회음부, 서혜부 드레싱
Many-Tailed 바인더	복부를 지지해 주거나 복부 또는 가슴부위의 드레싱 지지 – Scultetus바인더를 사용할 때: 바인더의 아래쪽 끝을 엉덩이 밑에 잘 놓되, 너무 낮으면 변기사용이나 보행에 불편
삼각건	– 팔을 지지해 주기 위해 사용
Staight 바인더	– 재료를 대개 15~20 cm 폭으로 몸통을 돌리고도 남을 정도의 길이로 길게 만든 것. – 흉부와 복부에 사용
8자형 바인더	쇄골 골절 시 8자형으로 만들어 지지용으로 사용

② 절단된 신체부위 처치

　습식 냉각 및 이송

　젖은 거즈로 감싼 신체 절단 부위를 비닐백에 보관, 비닐백을 찬물에 담근다. 얼음사용시 절단부위에 닿지 않도록 한다.

③ ★(23년 기출) 박힌 물체 처치

　관통한 물체를 제거하지 않고 상처부위에 고정시킨다. 물체 주위를 겹겹이 드레싱하고 움직이지 않도록 고정한다.

　지혈은 관통부위가 아닌 옆 부분을 직접 압박한다.

예외사항)
물체로 인해 환자를 이송할 수 없을 때
CPR등 응급한 상황에서의 처치에 방해가 될 때
단순히 뺨을 관통한 상태에는 기도유지를 위해 필요한 경우 제거가 가능하며 제거 후 볼 안쪽과 바깥쪽에서 동시에 손상부위를 압박한다.

④ 부목 고정
  ㉠ 목적: 골절부위와 탈구된 관절의 고정, 골절된 골편의 움직임을 최소화하여 통증을 감소 심한 출혈의 위험감소, 골절단에 의하여 혈관이 압박되는 것을 방지, 골절단에 의한 피부의 열상을 방지, 합병증 최소화
  ㉡ 적응증
    • 국소 동통 및 운동통, 기능장애를 동반한 골절
    • 손상부위의 변형이 있는 경우
    • 자세의 이상 비정상적인 운동이나 염발음이 나타나는 경우
    (염발음: Crepitus:마찰음, 완전골절로 인하여 뼈의 전위가 있거나 뼈의 두 면이 어긋났을 때 골절된 뼈를 움직이면 삐걱하는 소리, 싸각거린 듯, 덜컹거리는 소리)
  ㉢ 발생 가능한 부작용/합병증- 압박욕창
  ㉣ 술기 절차 및 방법
    • 일반적인 부목 고정 방법
      - 골절 및 외상 부위의 피복 및 신발을 제거하여 상처 부위 및 정도 변형 부종 등을 관찰한다.
      - 부목 고정 전·후에 손상부위 원위부의 순환(pulse) 운동(motor), 감각(sensory)를 평가한다.
      - 모든 상처는 부목을 대기 전에 소독된 거즈로 덮어 준다.
      - 부목 고정시에는 골절부위를 포함하여 근위부와 원위부의 관절을 모두 고정한다.
      - 손상된 관절은 원위부와 근위부에 위치한 뼈를 함께 고정한다.
      - 심하게 변형된 골절시 원위부를 조심스럽게 견인하여 부목을 댄다.
      - 견인 후에도 변형이 교정되지 않으면 손상된 그대로 고정한다.
      - 손상 부위의 위, 아래로 고정한다.
      - 중증 환자로 즉시 이송을 해야 하는 경우를 제외하고는 손상 부위의 부목 고정 후에 환자를 이동하도록 한다.

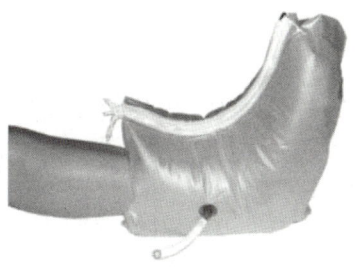

연성부목: 부드러운 재질로 만들고 손상된 사지에 사용. 공기부목 진공부목	공기 부목	투명한 재질로 상처부위가 노출되어 확인이 가능하며 상처부위의 지속되는 출혈 시 압박 효과가 있어 지혈도 가능하다는 장점이 있다. 온도 변화 및 고도 변화에 따라 압력이 변하여 덥거나, 고도가 높아지면 압력이 증가하여 문제가 발생할 수 있다는 단점이 있다.
	진공 부목	펌프를 이용하여 부목 내부를 진공으로 만들면 특수 소재가 견고하게 변하여 고정되는 부목이다 진공 부목은 신체의 어느 부위든지 원하는 자세로 부목을 사용할 수 있어 관절 부위와 같이 굴곡된 부분에서도 효과적으로 사용될 수 있다. - 평평한 곳에 진공부목을 반듯하게 펴고 알갱이들이 부목 전체에 고르게 퍼지도록 부목 표면을 손바닥으로 판판하게 편다. - 부목을 적용하려는 부위에 진공 부목을 놓고 적당한 모양을 잡는다. - 펌프를 진공부목에 연결하여 부목이 적절하게 단단해 질 때까지 공기를 뺀다.
경성부목		견고한 재료로 만들어지며 손상된 팔다리의 측면, 전면, 후면종류: 골절부목, 철사부목, 박스부목, 성형부목, 알루미늄 부목에 부착가능
견인부목 ★(24년 기출)		대퇴부 골절시 주로 사용되며 골절 부위의 지지와 고정뿐만 아니라 손상 시 발생되는 근육 경련 및 골절 부위가 서로 겹쳐져 발생되는 통증을 줄여주며 연부 조직손상을 방지하고 내부 출혈등의 합병증을 감소시킬 수 있는 장비, 대퇴골이나 관골의 골절시 사용한다.

03 화상

1. 열화상

기준으로 1도(표재성)화상, 2도(부분층)화상, 3도(전층) 화상으로 구분 한다.

	1도 화상	2도 화상	3도 화상
손상 정도	표피	표피전층, 진피일부	진피전층, 피하조직 대부분
피부색	붉은색	붉은색	갈색 또는 흰색 (마른가죽느낌)
증상	통증O/수포X	통증O/수포O	통증O/수포O
치유기간	1주내 회복	2주내 회복	피부이식 필요
응급처치	상처를 찬물이나 얼음물에 담그거나 찬물찜질을 하고 건조한 멸균 드레싱을 한다.	일반적인 화상시 에는 찬물에 담그고 건조한 멸균된 천으로 덮어서 상처를 보호하며, 안면부위 화상은 우선적으로 기도유지를 취해준다. 바셀린 연고, 화상연고, 소독제등을 사용하지 말 것.	멸균된 천으로 덮어서 상처를 보호하고 쇼크를 치료한다. 호흡곤란 감시 불에 탄 의복을 억지로 떼어내지 말고 상처에 얼음을 데지말 것. **얼음을 데면 저체온증을 유발.** 혈관을 수축, 순환장애를 유발, **흐르는 물을** 사용하는 것이 좋다. **연고 바르면 안됨.**

⇒ 참고) 연고는 열의 방출을 막기 때문에 화상 부위에는 바르지 말아야 한다.

(1) 임상적 특징

화상 자체만으로 즉사하는 경우는 거의 없음
동반된 **외상 기도 폐쇄 또는 유독가스 흡입** 등의 결과로 발생

- 중증 화상으로 **전문화상 센터에서의 치료가 유익**한 경우
    - 체표면적 5% 이상의 3도 화상
    - 체표면적 20% 이상의 2도 화상
    - 얼굴, 목, 손, 발, 회음부, 관절의 2도 이상 화상
    - 전기화상, 화학화상, 흡입손상
    - 동반된 중증 외상이 존재

> ⊕ **중증도 분류**
> 1. 성인:
>   ① 중증: 흡입화상이나 골절을 동반한 화상
>   손,발,회음부, 얼굴화상
>   체표면적 10%이상의 3도 화상,
>   체표면적 25%이상의 2도 화상인 10세이상 50세 이하의 환자
>   체표면적 20%이상의 2도 화상인 10세미만 50세 이후의 환자
>   영아, 노인, 기왕력이 있는 화상환자, 원통형 화상, 전기화상
>   ② 중등도: 체표면적 2%이상 10%미만의 3도 화상인 모든 화상
>   체표면적 15%이상 25%미만의 2도 화상인 10세이상 50세 이하의 환자
>   체표면적 10%이상 20% 미만의 2도 화상인 10세미만, 50세 이후의 환자
>   ③ 경증: 체표면적 2%미만의 3도 화상인 모든 화상
>   체표면적 15%미만의 2도 화상인 10세이상 50세 이하의 환자
>   체표면적 10%미만의 2도 화상인 10세미만, 50세 이후의 환자
> 2. 소아
>   ① 중증: 전층 화상과 체표면의 20%이상의 부분층 화상
>   ② 중등도: 체표면의 10~20% 부분층 화상
>   ③ 경증: 체표면의 10%미만의 부분층 화상

(2) 환자평가 필수항목

1) 이학적 검진

   ① 기도 평가: 흡입손상을 확인한다.
   - 얼굴과 두피 화상, 불에 탄 코털과 눈썹, 목 주위를 둘러 싼 화상
   - **쉰 목소리, 청진시 천명음, 구강 내 점막의 검댕/부종/발적, 검댕 섞인 가래**

   > 가. 유독가스 흡입: 일산화탄소, 시안화물, 황화수소, 부식성물질
   >   폐포와 모세혈관막 사이를 확산하여 세포에 산소 공급문제 발생.
   > 나. 기도열화상: 기도부종

   ② 화상의 진단: 화상을 입은 피부의 손상된 깊이와 신체부위의 면적을 평가하는 데에서 시작된다. 화상을 당한 신체 부위의 면적은 치료와 예후에 있어서 매우 중요한 문제이다.

2) **화상부위(면적) 계산하기: 9의법칙**

   우리 몸의 체표면적을 9% 혹은 그의 배수로 표현하는 방법으로 두경부를 9%, 가슴과 복부를 18%, 등을 18%, 상지를 9%, 하지를 18%, 회음부를 1%로 계산한다.

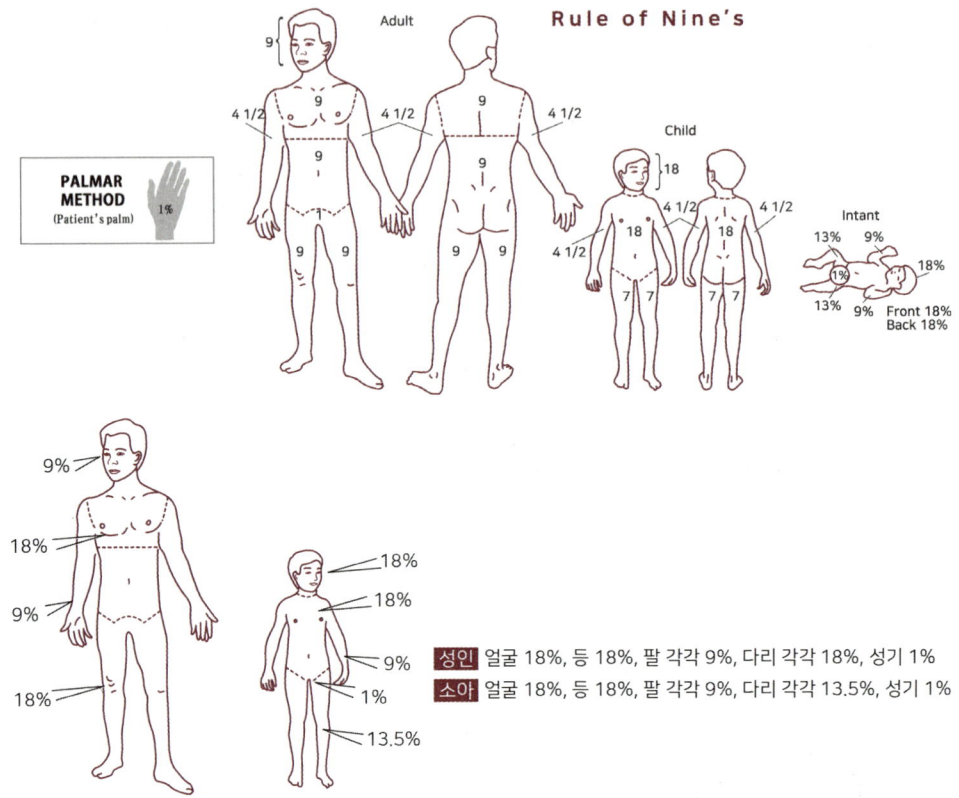

- 중요 신체부위 포함 여부: 얼굴, 목, 손, 발, 회음부, 관절
- 동반 손상의 확인

(3) 응급처치 시 주의사항

중증손상환자 기준에 해당하는 경우, 현장 처치시간은 **최대 10분미만**으로 최소화하는 것을 원칙으로 하고, 환자평가과정이나 정맥로 확보로 인해 이송이 지연되어서는 안된다.
- 화상 자체로 인한 쇼크는 드물고, 주로 동반 손상으로 인해 발생함.
- 화상환자에서 정맥로 확보는 종종 어려워 이송을 지연시킬 수 있다.
- 얼음찜질(괴사우려) 등 과도한 냉각으로 인한 저체온 발생에 주의한다.

1) 화상을 입은 환자의 응급처치
   ① 화염 화상의 경우 화상 부위의 구분이 잘 안된다면 **옷을 입은 채 찬물을 끼얹어 열기를 가라앉히고, 화상 부위는 차갑게 하되** 다른 부위는 환자를 눕혀서 체온이 급격히 떨어지는 것을 방지하기 위해 담요 등으로 덮어 준다.
   ② 화상의 상처는 깨끗한 마른 수건이나 멸균 드레싱으로 덮어준다.
   ③ 순환 상태, 기도 유지 및 호흡을 확인 한다.

2) 화상의 합병증과 치료 원칙
   ① 화상의 합병증: 욕창, 감염, 수축, 기형

② 화상의 치료원칙: 감염예방, 동통 치료, 상처치료, 체온유지, 쇼크 예방 혹은 소실된 체액의 보충
③ 3도 화상의 환자의 처치: 쇼크예방에 주력, 감염방지, 수분공급, 혈장수혈, 화상면을 멸균붕대나 거즈로 덮는다.
- 광범위하지 않은 물집이 터지지 않는 1도와 2도 화상은 생리식염수나 흐르는 찬물에 씻어 내리거나 찬물에 담가준다.
- 광범위한 2도, 3도 화상은 찬물로 씻거나 담그면 안되며, 충격과 감염을 예방하기 위하여 마른거즈를 대고 환부를 느슨하게 해준다.

3) 화상환자의 수액투여(파크랜드 공식) ★(24년 기출)

4ml X Kg X 2 or 3도 화상의 체표면적(%)= 24시간 동안 주어야 할 수액량
화상후 첫 8시간동안은 전체 수액의 1/2을 준다.
병원으로 이송하는 1시간내에는 초기 주입수액량으로 환자의 몸무게 당 0.25ml를 화상면적과 곱한 양을 주는 것이 일반적이다.
0.25 X Kg X 화상면적 = 수액량

* 개정된 파크랜드 공식
 열화상: 성인환자(**14세이상**) 2ml/Kg/% TBSA, 소아 3ml/Kg/% TBSA
 전기화상의 경우 성인, 소아 4ml/Kg/% TBSA

2. 특수화상(전기, 화학물질, 낙뢰)

(1) 전기화상

전기가 들어가는 곳과 나오는 곳의 심한 조직 손상
고전압: 근육수축 유발로 심부조직의 파괴와 골절 등 발생
전기흐름이 심장을 통과할 경우 치명적인 부정맥 발생
천만 볼트 이상의 직류전류가 0.1초 이하의 시간 동안 작용
사망원인은 주로 **호흡정지 또는 무 수축**
직접 낙뢰에 맞지 않아도 낙뢰 손상 발생 가능
피부에 **특징적인 고사리모양** 무늬가 생긴다.

환자평가 필수항목

1) 병력청취
 - 전류의 특성: 전압 및 교류/직류 여부
 - 신체 통과 경로(entry/exit wounds) 및 노출 시간
 - 손상기전 및 사고발생 당시 상황을 확인한다.
 - 환자의 과거력, 수술력, 약물 복용력, 임신여부 등을 확인한다.

2) 기도삽관 술기지침

　가. 무호흡

　나. 지속적인 의식상태 악화

　다. 심각한 호흡곤란의 발생: 호흡수 30회 분당 SpO_2 90% 미만

- **척추고정 적응증에 해당하지 않는 환자를 제외한 모든 환자에게 척추 고정을 시행한다.**
- 정맥로 확보가 필요한 경우 18G 이상으로 정맥로를 1개 이상

　가. 쇼크를 일으킬 수 있는 심각한 동반 손상의 존재(수축기 90mmHg 미만 혈압)시

　나. 심 정지 발생 시 '구급단계 심폐소생술 술기지침에 따라 소생술을 시행한다.

- **심폐소생술의 성공률이 매우 높으므로 신속한 기본 인명구조술(BLS)**
- 통상적인 화상에서와는 달리 이송 전 현장에서의 정맥로 확보 고려
- 골절이 의심되는 부위에 대한 부목고정을 시행하고 상처 부위는 깨끗하게 드레싱을 시행한다.
- 자동심장충격기를 부착하여 갑작스런 부정맥 발생을 대비 한다.

3) 응급처치 시 주의사항

　가. 전원이 차단되기 전에는 환자에게 접근하지 말아야 하고 **고압 전선은 반드시 전기회사에서 처리하도록 요청한다.**

　나. 다수의 낙뢰 손상자 발생 시 중증도를 분류하고 다음을 주의한다.

　다. 통상적인 외상 중증도 분류와 달리 **심정지 환자를 우선적으로 치료**한다.

　라. 자발호흡이 있는 환자들은 추가적인 조치가 없어도 생존 가능성이 높음

(2) 화학물질에 의한 화상

피부가 강산, 강알카리 등 부식성 물질에 노출되었을 때 초래되는 화상으로 다음과 같은 응급처치가 필요하다.

1) 산 및 알칼리 물질인 경우

　가. 가능한 빠른 시간 안에 모든 산, 알칼리, 부식성 제제를 **다량의 물로 닦아 내는 것이 중요하다.**

　나. 산이나 알칼리 물질에 접촉한 후 3분 이내에 실질적인 피부 손상이 진행되므로 이들 화학물질에 접촉한 후 1~2분 이내에 물을 주어 화학물질을 씻어 내면 조직 손상을 최소화 할 수 있다.

　다. 물 세척은 가능한 한 오래 하는 것이 좋다.(약 20분 이상)

　라. 가능한 한 수압을 낮게 유지하고 호스나 수도꼭지를 사용하여 장시간에 걸쳐 오랫동안 물 세척을 한다.

　마. **화학물질을 절대로 중화시키려고 해서는 안 된다.**

- 산성물질: 염산, 아세트산, 두피탈색제(과황산암모늄)
  　　　　　위 stomach에 손상 일으킴

> - 염기성 물질: 비누, 욕실이나 변기 세정제(암모니아수), 주방세제(탄산나트륨), 베이킹파우더, 차아염소산나트륨, 샴푸
>   식도에 손상일으킴

2) 건조한 석회인 경우

석회가루가 물에 닿으면 화학반응을 일으켜 열을 발생 시키므로 물 세척 전에 **마른 솔**로 부드럽게 석회부터 제거한다.

3) 페놀인 경우

불수용성이므로 물로 세척되지 않는다. 반드시 **소독용 알코올**을 사용하여 환부를 닦아 낸 다음 오랫동안 물을 부어 닦아 낸다.

4) 수산화나트륨

공기 중 수분과 반응, 기름안에 보관, 솔질로 부드럽게 제거
제거한 후 나트륨을 보관하는데 사용하는 기름을 상처위에 덮어준다.

5) 시안화물

물에 녹으면 청산이라는 맹독, 휘발성이 크고 아몬드 냄새가 나며 약간 쓴맛이 난다.
중독시 투여약물은 히드록소코발라민이다. (신경보호)

6) 발포제(수포작용제)

수포작용제(水泡作用劑)는 피부, 눈, 점막에 심한 통증과 염증을 일으키는 화합물이다. 노출즉시 오염을 제거해야 한다.

(3) 위험물질 노출

위험물질이라 함은 고체, 액체, 기체의 형태로 존재하며, 화합물, 방사선, 각종 독극물등 여러 가지로 그 종류가 다양하여 노출 사고 시 현장뿐만 아니라 구조대원, 주민, 행인, 의료인에게도 위험을 입힐 수 있다.

1) 임상적 특징

노출된 위험물질의 종류에 따라 매우 다양한 증상과 징후를 호소한다.
위험물질에 노출된 환자는 충분히 제염되기 전에는 일단 오염된 것으로 간주한다.

2) 현장평가 및 환자평가

- 현장의 안전을 확보하고 환자를 평가하는 것이 중요하다.
- 사고 지역을 위험지역으로 지정하여 인근 주민들에게 피해가 없도록 한다.
- 차량과 인구를 통제하여 교통을 원활하게 하고, 대량 오염의 확산을 방지한다.
- **구급차의 접근지점을 정한다.**
  ① 바람을 등지고 그 지점보다 높은 지점을 택함.

② 사고로 인해 전기줄이 도로에 노출 되었을 경우에는 **전봇대와 전봇대를 반경으로 한 원의 외곽**에 주차 시켜야 한다.
③ 유류 및 폭발물 등을 적재한 차량으로부터 **600~800미터 밖에 위치**해야 한다.
④ **차량 화재의 경우에는 30m** 밖에 위치해야 한다.

3) 위험물질의 정보 필요

위험물질 수송자의 인적 사항 및 차량번호
위험물질 제조회사 및 판별숫자(4자리 숫자)
위험물질 양과 상황 (유출/ 폭발 등)
- 사고현장 상황과 기후조건
- 선적자와 수취인

4) 위험물질 노출 환자의 평가

① 전제 조건
    가. 위험물질이 규명된 후
    나. 적절한 환자 제염 시행 후
    다. 개인보호 장비 착용 후
② 평가 내용
    가. 발생 환자 수
    나. 기도, 호흡, 순환 평가
    다. 호소하는 증상 및 동반 손상의 확인

5) 응급처치 절차 및 방법

① '환자초기 평가 처치 표준지침'에 따라 전반적인 평가 및 처치 시행
② 기도개방, 의식이 P이하인 경우 oral air way 삽입하여 기도유지. 구역 반사시 코 인두 기도기 삽입
③ 안면 마스크로 6~10mL 산소 투여
④ 산소투여 후 증상이 악화되면 기관내 삽관술을 실시한다.
- **증상악화기준**
    무호흡
    지속적인 의식상태 악화
    심각한 호흡곤란의 발생: 호흡수 30회이상 또는 SpO2 90%미만
⑤ 정맥로 확보가 필요한 경우 18G이상으로 정맥로를 1개이상 확보하여 300mL(소아 5ml/kg)의 생리식염수나 젖산 링거액을 투여하고, 혈압, 맥박수, 의식 등이 정상 범위로 회복되는지 체크한다.
- 쇼크가 지속될 경우 1L(소아는 10mL/kg)까지 수액을 지속적으로 투여한다.
    가. 쇼크를 일으킬 수 있는 심각한 동반 손상의 존재
    나. 수축기 혈압 90mmHg 미만

⑥ 진압 후 참여인력 및 장비제염(오염 물질을 제거)

6) 응급처치 시 주의사항
① 위험물질이 규명되기 전에는 사고 현장으로 진입 금지
② 제염으로 인한 저체온 발생에 주의
③ 처치와 이송을 분리하여 담당
④ 모든 항공기 이송 금지

04 출혈 및 쇼크

1. 출혈
혈액이 밖으로 유출되는 것을 출혈이라 하며 외출혈과 내출혈이 있다.

(1) 외출혈

1) 외출혈(예 코피)
① 동맥출혈: 심장박동에 따라 강하게 분출되며 선홍색을 띔, 압력이 크기 때문에 응고가 잘 되지 않는다. 지속적인 지혈이 필요하다.
② 정맥출혈: 지속적으로 일어나며 양이 많고 암적색을 띤다. 큰 정맥에서 출혈이 일어나는 경우 공기가 유입되어 공기 색전증을 유발하여 심장을 마비시킬 수도 있다.
③ 모세혈관출혈: 출혈되는 속도도 느리고 동맥혈 보다는 밝지 않은 적색. 경미한 외상 또는 찰과상으로 감염될 가능성이 높다.

2) 외출혈의 사정
- 25~40% 정도의 상당한 출혈은 생명을 위협한다. 아동의 경우 신체의 크기 및 체중에 따라 1/4~1/2L 정도의 손실도 위험하다.
- 출혈의 다른 징후가 있는지 잘 살피고 쇼크와 관련 징후로는 맥박이 증가하고 호흡이 얕고 빨라지며 피부가 차고 축축하며 거칠거나 의식이 안절부절 못하게 되는 혼돈상태가 된다.

3) 외출혈의 처치단계
- 직접 압박을 가하고 거상시키며 지압점을 찾아 압박함. 지혈대를 적용하며 산소를 투여한다.
- 부목과 얼음주머니 적용, 항 쇼크바지 사용, 지혈 시 감염의 가능성 염두 할 것.
- 반드시 장갑을 끼고 지혈을 시키며, 혈액이 분출시 보안경을 쓰고 가운을 입는다.
- 경미한 출혈시 멸균거즈를 이용하여 10분 이상 지혈하고 지혈이 되면 붕대를 감음. 한 번 상처 부위에 적용시킨 거즈는 떼어내지 않는다. 피에 젖은 거즈위에 새 거즈를 놓고 누르면서 피가 젖는지 계속 관찰할 것.
- 다량의 출혈 시 장갑 낀 손으로 재빨리 직접 세게 누른다. 지혈이 되면 거즈를 대고 누르며

드레싱 후 원위 부 맥박을 확인하여 맥박이 잡히지 않으면 순환이 될 수 있도록 조절함.
- elevation은 골절이나 탈구의 가능성이 있을 때 , 이물질이 박힌 경우, 척추 손상 시에 삼가 한다.
- 압박점 Pressure point :체표면 가까이에 분포된 주동맥부이며 압박 시 뼈에 닿는 듯한 느낌으로 압박함. 장기적으로 할 때는 30분이나 5분정도 압박을 풀어서 혈액순환을 재개시켜주어야 함.
- 지혈대 토니켓의 사용: 절단부가 깨끗한 경우는 두꺼운 드레싱이 효과적, 지혈대는 사지의 상처에 사용하는데 무릎이나 팔꿈치에 직접 대어서는 안됨. 7~8cm 이상이어야 함. 일단 지혈대가 적용된 후에는 풀거나 느슨하게 하지 말 것.
- 혈압기 커프: 사지의 동맥 출혈 조절을 위해 사용할 수 있으며 정상혈압인 사람에게 150mmHg적합하다.
- 부목 스프린트: 골절된 사지에 부목을 적용하게 되면 골절로 인한 출혈이 조절된다.
- 얼음주머니: 부종을 감소, 혈관수축, 출혈감소, 통증감소, 피부에 직접대지 말고 한번에 20분 이상 두지 말 것.

(2) 내출혈

1) 내출혈

    예 위궤양, 식도정맥류, 간이나 비장손상으로 인한 혈복증
    - 가벼운 타박상에도 내출혈이 생길 수 있다.
    - 흉부 및 복부혈관 파열시 몇 분 안에 사망하기도 한다.
    - 둔상(blunt trauma)은 그 압력에 의해 혈관과 장기가 파열되어 심한 내출혈이 생긴다.
    - 내출혈의 사정: 외부 상처 및 상해가 있는지 살필 것.

2) 내부 손상의 징후
    - 위궤양, 식도정맥류: 상부위장관의 출혈로 혈액이 섞인 토혈유발
    - 상부위장관 출혈: 외상 부식성 물질 섭취시, 퇴행성질환, 위장관 궤양이나 식도정맥류 파열시
    - 질출혈: 분만 후 자궁근 무력증
    - 폐 좌상이나 흉부손상시 혈흉: 갈비뼈 골절로 인한 폐나 늑간동맥 손상시
    - 객혈: 폐 속의 체액과 공기 거품이 섞여 분홍빛 거품가래로 분출된다.
    - 골반뼈 골절시 골반강이나 후복막으로 출혈 발생
    - 혈변이나 흑색변: 곧창자에서 출혈이나 대변이 섞이거나 머물면서 흑색으로 생김.

(3) 출혈의 4단계

- 1단계: 출혈량의 15% 미만, 혈액손실을 쉽게 보상, 맥압이나 혈압, 호흡수, 소변 량은 그대로이지만, 환자는 초조, 창백, 피부는 차갑다.
- 2단계: 15~25%, 호흡수 증가, 빈맥, 말초혈관 저항이 세지고 수축기 혈압을 유지시킨다. 안절

부절, 갈증을 느낀다.
- 3단계: 25~35%, 보상기전이 감당하지 못함. 혈압저하와 빈맥, 호흡곤란, 빈호흡, 불안, 초조, 갈증, 의식이 떨어지면 창백, 차갑고 식은땀을 흘린다.
- 4단계: 35% 이상, 맥박이 거의 느껴지지 않고 호흡이 매우 빠르고 얕다. 혼수와 무의식상태에 빠진다.

* 장기에 따른 출혈량
  골반골절 :2000ml
  넙다리뼈 골절 :1500ml
  정강뼈 :750ml
  위팔뼈 :750ml
  넓은 범위의 좌상 :500ml

* 특이사항
  비만한 환자: 체중의 7%가 혈액 (일반인보다 혈액이 적음)
  임부: 정상사람보다 50% 많다. 산모는 괜찮아도 태아가 문제가 생김.
  영아, 소아: 체중의 9%가 혈액이다.

(4) 응급처치
- 체강이나 기관의 내출혈 시에는 구급대원의 역할이 없다.
- 대퇴골 골절 같은 사지의 내부출혈은 공기부목 등으로 고정하고 **항 쇼크바지**를 착용한다.
- 지혈대를 이용한 지혈은 하지 않는다.
- 복부와 흉부는 항 쇼크바지를 사용한다.
- 10분마다 v/s, 구토대비 흡인기 준비
- 금식, 다리를 높힐 것.

2. 쇼크

(1) 원인에 따른 분류

1) 저 혈량성 쇼크
  ① 출혈성 쇼크
   - 다량의 전혈 손실로 인한 전신순환 혈액량의 부족으로 생긴다.
   - 혈류량의 15-20% 소실 시 발생한다.
   - 증상 : 정맥압의 감소, 말초저항의 증가, 빈맥 등
   - 45% 이상 소실 시 치명적이다.
  ② 체액 손실로 인한 쇼크
   - 화상: 손상받은 모세혈관과 간질세포를 통해 혈장 유실 및 전해질의 손실로 혈류량의 저

하로 생김
- 탈수성 쇼크: 과격한 운동, 심한 발한, 구토, 설사, 다량의소변배출, 당뇨병성 쇼크

2) 심인성 쇼크
- 심근이 기능이 충분하지 않거나 심장으로 가는 혈관의 막힘으로 인함이다.
- 심근경색 : 가장 일반적인 심인성 쇼크의 원인, 경색부위 주변만 약하게 수축함.
- 증상 : 심장펌프 활동이 약해짐, 심박출량 감소, 저혈압, 발한, 축축한 피부, 소변 배설량 감소, 의식 변화 초래

3) 혈관성 쇼크
- 혈관근육의 긴장력이 부적절하고 약해지면서 혈관 벽이 이완되고 수축력이 저하되면서 혈관의 구경이 증가되어 혈류속도가 저하되므로 충혈상태가 유발된다.
- 체내 혈액량이 고르게 분포되지 못한다.
- 혈관근의 심한 이완 : 혈압 저하, 정맥혈이 귀환 할때 혈류량이 감소해서, 심박출량 감소
- 조직의 무산소증 초래로 인한 세포 괴사 유발

① 아나필락틱 쇼크
- 항원-항체의 과민반응의 결과로 나타나는 급성 과민성 쇼크
- 관련 항원 : 약물과 화학물질, 독물, 음식물 등
- 혈관벽, 심장세포, 기관지 상피조직에서 주로 일어남.
- 병태생리 : 세포 손상으로 인한 대량의 히스타민, 세로토닌, 브라디키닌이 유리
  소동맥, 소정맥, 정맥 등의 확장
  모세혈관 투과성 증가로 인한 쇼크 유발
  항원 노출 시 수 분 이내 기관지 경련으로 인한 저 산소혈증 초래
- 증상 : 발진, 혈관부종, 피하조직과 점막의 부종, 후두개와 후두의 기계적 폐색
  광범위한 혈관 이완은 저혈압, 심박출량 감소, 뇌혈관 및 관상동맥관류 이상 초래

② 신경성 쇼크
- 혈관의 평활근을 조절하는 교감신경계 장애로 평활근과 혈관이 이완되어 동맥압이 감소되고 전신 혈관이 이완될 때 발생한다.
- 원인 : 심한 통증, 장기간 열에 노출, 스트레스, 신경손상, 척추손상, 광범위한 부위의 신경차단, 마취제 주사, cholinergic drug, a-adrenergic 차단제 등

③ 패혈성 쇼크
- 세균감염으로 세균에서 유리된 내독소의 작용으로 전신의 혈관이 확장되고 혈압이 저하되는 것
- 조직세포의 산소 부족과 심 박출량의 감소로 쇼크 증상 유발
- 원인균 : 그람 음성균, 포도상 구균, 연쇄상 구균 등
- 소인 : 영양실조, 면역억제, 광범위한 개방성 상처, 위장관계 병변 등

(2) 쇼크의 단계

1) 보상단계
정수압의 감소로 인한 전신 순환량이 증가
- 심박출량이 감소되면 교감신경이 자극되어 혈관이 수축되므로 혈압이 유지됨

2) 보상부전단계
- 계속적인 혈관수축으로 인한 정맥귀환이 저하되고 혈액 내 산소량이 저하된다.
- 모세혈관의 삼투력이 증가되고 괄약근은 이완된다.
- 모세혈관 압력이 높아지고 미세순환기계에 혈액이 정체되어 순환혈액량과 심장 기능이 저하되어 혈압이 하강됨.
- 귀환반응이 없어져서 쇼크 상태가 점점 심각해짐.

3) 비가역단계
- 세포의 허혈상태와 괴사로 기관의 기능이 저하되고 죽음에 이르게 된다.

(3) 쇼크의 증상과 징후

1) 증상
① 호흡수 변화: 빠르고 얕은 호흡
② 맥박변화: 심박동수 증가
③ 혈압변화: 혈압저하, 맥압의 변화(관상동맥 혈액순환유지-수축기압 60-70mmHg)
④ 체온변화 : 체온하강
⑤ 피부변화
- 외상성 또는 출혈성: 창백, 정맥 허탈, 청색증 및 정맥혈 팽대(심부전 및 폐색전)
- 저혈량성 쇼크 : 차고 끈끈한 피부, 창백, 심한 발한(말기)
- 패혈성 쇼크 : 건조하고 따뜻, 충혈, 다혈증/초기
- 청색증 : 폐색전증, 심부전, 쇼크의 후기에 혈류량이나 혈색소, 산소농도 저하시
⑥ 의식변화 : 뇌의 혈액공급 유지(수축기 혈압 40mmHg)
- 초기 : 불안, 안절부절/어지러움, 현기증(갑작스러운 쇼크),
- 진행 : 무기력함, 나른한, 혼미함, 민감, 혼수 등

2) 분류별 증상
① 저 혈량성 쇼크
- 초기 : 소변 삼투압과 비중 증가
- 진행 : 소변 삼투압과 비중 감소
- 교감신경계 자극 : 발한, 차고, 축축, 창백, 맥박 및 호흡수 증가, 청색증
② 심인성 쇼크
- 우심부전 : 경정맥 정체와 중심정맥압 증가

- 좌심부전 : 폐부종으로 인한 악설음, 폐모세 혈관압 증가, 이차적인 저 혈량성 쇼크로 혈압 저하, 교감신경 자극(피부조직 관류저하, 청색증)

③ 혈관성 쇼크

가. 아나필락틱 쇼크
- 초기 : 불편함, 혈관확장으로 인한 두통
- 진행: 불안, 현기증, 지남력 상실, 의식 소실, 기침, 쉰 목소리, 호흡곤란, 천명음, 소양증, 입술 및 혀의 부종

나. 신경성 쇼크
- 혈관수축능력 저하로 체액이 비정상적으로 분배되어 서맥과 저혈압이 나타남.
- 피부온도 ; 건조함

다. 패혈성 쇼크
- 초기(warm shock): 과도한 혈관이완으로 인해 따뜻하고 건조, 홍조를 띤 피부
- 진행(cold shock) : 심근억제 인자 유리, 정맥귀환량 감소, 피부(창백, 차고 축축), 체온저하, 악설음 및 천명음, 폐울혈, 의식변화, 혼미 및 혼수

(4) 쇼크환자 응급처치

① 병력청취: 심장질환 유무, 알레르기성 물질노출유무, 객혈이나 혈변등 위장관련 병력 유무
② 의식상태와 활력징후를 확인(맥박의 상승을 주의 할 것)
③ 호흡, 순환, 정맥로 확보

1) 호흡지지: 적절한 기도유지와 100% 산소공급
   - 기관 내 삽관 및 기관 절개, 기도 청결(분비물 제거)

2) 순환기능 지지

   항 쇼크바지 적용하여 하지의 정맥귀환을 돕는다.
   - 골반부터 발목까지 감싸고 혈압이 상승될 때 까지 압력을 주면 말초 저항을 증가시키고 환자의 심박출량을 증가시켜서 평균 동맥압을 상승시킨다.
   - 금기 : 뇌손상, 흉부외상, 임산부, 심인성 쇼크, 울혈성 심부전 등

3) 체위
   - 누운 자세에서 하지를 45도 상승하고 무릎을 곧게 뻗고 몸통을 수평하게 한다.
   - 흉부가 골반부보다 낮고 경부는 편안하게 하며 머리는 가슴과 같은 수준이거나 다소 높게 한다.

4) 체온 조절
   - 주의점 : 체온조절을 위해서 열을 이용해서는 안 된다. 오한이 있을 때는 적당한 한도 내에서 편안하게 보온을 한다.

5) 정맥로 확보하여 수액을 준다.(카테터는 길이를 짧게 1.5inch이하)

활력징후가 정상범위로 회복될 때까지 5분에서 10분마다 300ml(소아는 5ml/kg) 생리식염수나 젖산 링거액을 투여하고 쇼크가 지속되면 1L(소아는 10ml/kg)까지 투여 한다. 심장성 쇼크시 폐 부종이 없는 경우 생리식염수 250ml를 투여한다.

05 근골격계 손상

(1) 관절손상: 염좌, 불완전 탈구(아탈구), 탈구

① 염좌
인대나 조직이 심하게 늘어나거나 뒤틀려 다친 관절 손상으로 골절 통증에 의해 사지 운동에 장애가 나타남.
⇒ 응급처치 RICE(Rest, Ice, Compression, Elevation), 즉 쉬게 하거나 얼음으로 차게 하고 압박붕대로 압박, 올려주기 등이다.

② 아 탈구
강한 압력으로 관절이 분리되면서 인대가 늘어나는 현상으로 염좌보다 관절이 불안정하다. 부종과 통증이 심하고 운동범위가 제한되며 과굴곡, 과신전, 과외축 회전으로 흔히 발생한다.

③ 탈구
비정상 큰 힘으로 관절을 움직일 때 발생, 관절에서 완전히 이탈, 관절부위의 기형이 나타나고 통증과 부종이 있으며 인대 손상을 동반. 신경혈관계가 압박되면 통증이 심하고 즉시 치료하지 않으면 절단의 우려가 있음.

④ 응급처치 시
가. 순환, 감각, 운동기능을 확인할 것.
나. 안정, ice pack을 대주며, compression, Elevation, RICE)
다. 부목으로 고정(발견자세 그대로)
라. 탈구된 관절은 신경과 혈관의 2차 손상 우려가 있으므로 교정하지 않음.

(2) 골절: 뼈가 부러지거나 금이 간 상태

1) 종류

가. 폐쇄골절(단순): 피부의 손상이 거의 없고 상처가 없이 뼈가 부러짐
나. 개방골절(복잡): 골절부의의 피부가 찢겨져 있으며 뼈가 밖으로 튀어나와있고 감염의 우려가 있다.
다. 부전골절: 한쪽면만 분열되는 분열균열로 자라면서 뼈가 휜다, 소아에 많다.
라. 병적골절: 병변으로 인해 골 조직이 약화된 상태에서 외부충격으로 골절된 것.
마. 골단골절: 성장에 영향을 주는 골단에 골절이 생겨 성장기 소아에게 나타나며 적절히 치료하지 않으면 성장판 손상이 생길 수 있다.
바. 피로골절: 장기간 반복적인 스트레스에 의해 유발

2) 방향에 따른 분류
   가. 부전골절: 골격의 일부만 골절되는 것.
   나. 나선상 골절: 회전각에 의해 골절
   다. 횡상골절: 장축에 수직으로 골절
   라. 분쇄골절: 골격이 분쇄되면서 골절편이 발생
   마. 사골절(빗금): 비스듬한 각도로 골절되는 것.

3) 소아환자 손상
   ① 특징: 탄력성이 풍부하고 쉽게 절단되지 않으며 압박시에는 변형되기 쉬움.
   ② 종류
      ㉠ 생나무골절: 불완전한 골절로 뼈가 구부러진 것. 곡선의 볼록한 부분에서만 골절이 발생한다. 일부 골피질만 골절, 골절보다 내장손상이 많다.
      ㉡ 뼈끝골절: 외상으로 긴뼈의 뼈끝이 부러지는 것. 성장의 감퇴 혹은 장애로 이어지며 근위부 정강뼈(경골)에서 흔히 발생한다.
      ㉢ 팽창골절: 소아환자의 골격의 증가된 연골과 유연성에 의해 골격이 한쪽 방향으로 휘는 것.

4) 상지손상
   ① 어깨뼈부위 탈구: 제일 흔한 경우는 외상으로 인한 전방탈구로 젊은 층에서 대부분 재발한다. 공 던지는 자세가 되면 팔이 빠지는 느낌이 난다. 어깨가 음푹 꺼지거나 각이 진 것 같이 보인다.
      • 후방탈구는 팔이 안쪽으로 회전시키고 환자가 팔꿈치와 전완을 가슴에서 떼서 잡고 있다.
      • 하방탈구는 위팔뼈골두가 아래로 이탈된다.
   ② 빗장뼈(쇄골)골절
      • 빗장뼈를 손끝으로 만져보면 대부분의 경우 부러진 뼈끝이 만져진다.
      • 환자는 부상당한 쪽의 팔을 어깨위로 쳐들지 못한다.
      • 양팔을 밑으로 늘어뜨리면 부상당한 편 어깨가 다른 편 어깨보다 낮아진다.
   ③ 위팔뼈(상완골) 골절
      • 골절의 일반적인 증상이 나타난다.
      • 특별한 증상으로는 어깨관절의 운동을 할 수 없게 된다. 팔걸이와 붕대를 사용하여 구부린 상지를 가슴에 고정한다.

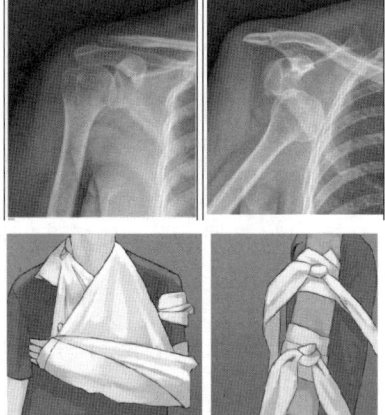

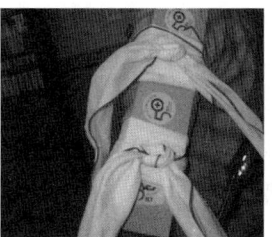

④ 팔굽관절(주관절) 골절:
- 팔을 구부리고 넘어질 때 생기며 6~12개월 사이의 어린이들에게 흔히 일어난다.
- 증상: 관절부위가 붓는다, 통증으로 팔을 구부렸다 할 수 없다.

⑤ 팔꿈치 탈구: 팔꿈치를 편채로 손을 앞으로 뻗치고 추락할 경우에 발생하며 어린이는 팔을 잡아당기기만 해도 탈구가 될 수 있다.

⑥ 노뼈(요골)와 자뼈(척골) 골절: 두 개의 뼈가 다 부러지거나, 손목 뼈마디가 부러졌을 때라도 그 부분을 움직이지 못할 수가 있다.

⑦ 수부, 손목부(수근부) 골절: 직접적인 외상으로 생기며 변형과 심한 통증을 동반하고 콜레스(colles)골절과 스미스(smith)골절의 두가지 유형으로 나타난다. colles 골절은 손목을 밖으로 뻗은 채 손바닥을 집고 넘어질 때 발생하며 손목이 포크 모양을 하게 된다.

smith 골절은 손목을 구부리고 손 등을 짚고 넘어질 때 발생한다.

5) 다리(하지) 손상

① 골반골절: 혈액소실이 2L를 초과할 수 있다.
척추골절과 같은 원인으로 골반 속의 장기, 혈관 및 방광의 손상이 따르기 때문에 더욱 주위를 요하는 부상이다. 응급처치는 전신 부목위에 양무릎과 발목을 함께 묶고 가장 편하다는 자세로 이동해서 가급적 빨리 병원으로 이송한다.

② 고관절(엉덩관절) 탈구: 엉덩 관절 탈구는 강한 물리적 충격에 의해서 일어나며 대부분 후방탈구가 발생한다.
전방탈구는 대퇴 골두를 전방으로 이탈시키고, 환자의 발과 무릎은 바깥쪽으로 돌아간다. 즉 하지가 후방탈구와 상반되는 형태를 나타낸다.
후방탈구는 넙다리뼈 머리를 엉덩이 쪽으로 이탈시키고, 환자는 무릎을 구부리고 다리와 발을 안쪽으로 돌린다. 대퇴부는 내측으로 회전되고 하지는 신체의 중앙선을 가로질러 내전되어 있다. 3~6개월 정도 치료를 해야 하며 응급처치는 탈구된 엉덩 관절을 탈구에 의한 변형을 그대로 유지하는 자세에서 부목고정을 시행한다.

③ **넙다리뼈(대퇴) 골절**: 부상자가 바로 누워서 발뒤꿈치를 들지 못하면 부러진 것으로 의심.
골절부위의 근육이 뼈를 잡아당기는 덧놓이는 현상으로 인해 다리가 짧아지고 발바닥이 옆

(외측)으로 누워버리는 기형이 됨.
- 처치와 이송이 어려워 119에 이송을 의뢰.
- 이송을 해야 할 경우에는 정강이뼈 골절시의 방법으로 처치 함.
  단, 3인 이상 이송법으로 들것을 이용하여 이송.

④ **당김덧대(견인부목) 적용**: 이 장치는 넙다리뼈 골절 때 사용하는데, 좌골과 서혜부에서의 역방향으로 견인을 하는 동안 발목을 잡아당겨 고정시키는 것에 의해 골절부가 움직이지 못한다. 이 고정견인은 강한 대퇴근육의 경련을 예방 해주는데, 견인하지 않으면 뼈 끝이 부딪히거나 겹쳐져 통증이 악화된다.

당김 덧대의 착용방법과 지침은 **5분** 이내에 이루어져야 한다.

➕ 당김덧대

	절차	세부지침
1	현장안전	
2	감염방지	
3	골절부위 노출과 지지	가위로 바지를 잘라 골절부위를 노출시키고, 골절원위부와 근위부를 지지한다.
4	손상된 다리 원위부 PMS 평가	손상된 다리 원위부의 맥박, 운동, 감각을 평가한다.
5	두손으로 당김	손상된 다리를 두 손으로 들어 일직선으로 당긴다.
6	당김 덧대 길이 측정	손상되지 않은 다리에서 덧대의 길이를 측정한다. 덧대의 길이는 궁둥뼈 결절(좌골조면)에서부터 발뒤꿈치를 지나 25~30cm 떨어진 곳, 또는 엉덩뼈능선(장골능)에서부터 발뒤꿈치를 지나 25~30cm 떨어진 곳이다.
7	당김 덧대 적용	손상된 다리의 움직임을 최소화하면서 당김덧대의 받침대를 세우고, 당김 덧대의 궁둥뼈(좌골)패드를 엉덩이와 다리 경계부위에 댄다.
8	궁둥뼈 고정끈 착용	살고랑 부위에 패드를 대고 궁둥뼈 고정끈을 착용한다.
9	발목고정끈 착용	발목고정끈을 발목의 안과 밖에 위치하도록 착용한다.
10	발목 고정끈과 당김 고리를 연결하여 당김	환자상태를 확인하면서 발목고정끈과 당김고리를 연결하여 조인다.
11	지지고정끈 착용	지지고정끈을 고정부위와 관골부위를 피하여 4개모두 착용한다.
12	당김 및 조임 확인	발목고정끈의 당김상태와 모든 고정끈의 조임상태를 손으로 확인한다.
13	손상된 다리 원위부 PMS 재평가	손상된 다리 원위부의 맥박, 운동, 감각을 재평가한다.
14	긴 척추 고정판에 환자이동	통나무굴리기법을 이용하여 긴 척추 고정판에 환자를 옮긴다.
15	의무기록	수행한 술기를 의무기록지에 기록한다.

6) **무릎관절 골절과 탈구**

전방탈구: 펴진다리가 무릎에서 들고 있는 모양

후방탈구: 무릎을 구부리고 발은 안으로 돌아가 있는 상태.

골절 시 통증, 부종, 압통, 삼출액이 있으며 무릎 뼈 탈구가 무릎관절 탈구보다 많다.

무릎 뼈 탈구는 무릎관절 탈구보다 혈관손상이 적고 무릎 중앙면을 따라 앞통 이 발생한다.

7) 정강뼈(경골), 종아리뼈(비골)골절

무릎과 발목사이에서 뼈가 부러진 것.

2개가 다 부러지면 골절의 일반적인 증세가 나타나고 1개만 부러지면 드물게 기형이 나타남. 발목 바로 위의 골절은 염좌로 오인할 수 있다.

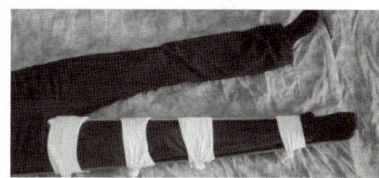 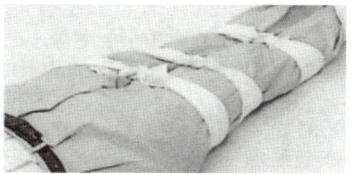

06 체강손상(흉부, 복부)

(1) 흉부손상

흉부손상이란 물리적인 힘에 의해 가슴 부위에 생기는 손상을 말한다. 생명을 위협하는 심각한 흉부 손상으로 긴장성 기흉, 공기가슴증, 동요가슴, 심장눌림증, 개방성기흉, 대량혈흉 혈액가슴 등이 있고 즉각적인 처치를 필요하다.

1) 임상적 특징

- 대부분의 흉부손상은 교통사고(운전대충돌, 안전벨트 등), 낙상, 직접가격 등으로 발생할 수 있고 관통상에 의해 개방성기흉(공기가슴증)등이 발생 할 수 있다.
- 흉부손상의 심각한 증상으로 저산소증과 호흡장애, 산혈증, 쇼크등이 발생한다.
- 호흡장애와 저산소증을 유발한다.
    - 늑골 갈비뼈와 흉골 복장뼈 골절은 통증에 의해 환기제한을 유발한다.
    - 다발성늑골 갈비뼈 골절은 동요가슴을 유발할 수 있으며 흡기를 제한한다.
    - 혈흉과 기흉은 폐포의 허탈을 유발하여 흡기를 제한한다.
    - 횡격막 손상은 폐의 확장을 방해한다.
- 순환부전을 유발한다.
    - 심근좌상은 심근수축을 억제하고 부정맥을 유발한다.
    - 심장눌림증 쇼크와 경정맥 팽대를 보일 수 있다.
    - 긴장성 기흉(공기가슴증)은 흉강내(가슴안)압력을 상승시켜 정맥환류를 억제한다.
    - 대량 혈흉(혈액가슴)은 출혈성쇼크와 폐쇄성쇼크를 보일 수 있다.

※ 흉부외상의 손상기전

① 폭발: 압력파는 조직손상을 유발, 속이 비고 공기로 채워진 장기에 큰 손상허파와 장, 눈과 방광 등 파열

② 압좌: 신체가 물체의 단단한 표면 사이에 끼어서 압력을 받는 경우, 외상성 질식, 횡문근 융해증

③ 감속: 이동하던 신체가 고정된 물체에 충돌할 때 발생한다.
- 전단력(어떤 면에 크기가 같고 방향이 서로 반대되게 면을 따라 평행되게 작용하는 힘)에 의해 심근과 대혈관, 폐나 기관의 파열이 우려된다. 기관지파열, 기흉 발생

④ 관통상

2) 환자평가 필수항목

가. 병력청취
① 흉부손상 관련 증상: 가장 흔한 증상은 흉통과 짧은 호흡이다
② 과거력: 기저 질환, 최근 투약력, 손상 전의 환자의 상태
③ 손상기전: 둔상 또는 관통상
- 관통상
  ㉠ 저에너지 손상: 칼, 작은 권총등 속도가 느린 물체에 의해 생김
  ㉡ 고에너지 손상: 고속 탄환

나. 신속한 외상초기평가
① 기도의 열린 상태를 확인하고 유지한다. 호흡곤란이 있는지 확인한다.
② 호흡수, 산소포화도를 포함한 활력징후를 측정한다.
③ 경정맥 확장이 있는지, 호흡보조근을 사용하는 지, 동요가슴이 있는지, 개방창 또는 출혈부위가 있는지, 직접 보고 양측 폐를 청진해서 호흡음 차이, 수포음 유무, 골절에 의한 뼈마찰음 등을 확인한다. 피하기종이나 압통 변형 등이 있는지 촉진한다.

3) 흉부 손상의 유형

가. 늑골 골절(Rib fracture)
1~3번: 골절시 강한 힘이 소요, 기관지 분지 손상, 대동맥 파열
4~8번: 가장 자주 발생
9~12번: 골절없이 내부손상이 많다.(지라, 간손상)
① 대부분 직접적인 외부 충격이나 압박에 의하여 발생하며 5-10번 늑골이 자주 골절된다. 골절 부위의 통증이 있고 늑골 변형, 타박상이나 열상을 발견할 수 있는 경우도 많다. 심호흡, 기침 또는 운동 시 심한 통증을 느끼게 되므로 얕고 빈번하게 호흡하며 손으로 골절부위를 지지하는 양상을 보인다.
② 응급처치로는 주로 호흡장애가 되는 통증을 감소시키고 기도유지 및 필요시에는 산소공급을 해준다. 환자가 편안한 자세를 취하도록 하고 단순골절인 경우에는 병원으로 이송하고 다발성 골절의 경우에는 삼각건으로 고정시킨다.

나. 연가양 흉부(Flail chest)
① 3개 이상의 늑골이 골절되고 각각의 늑골은 2곳 이상의 부위에서 골절되는 경우로 숨을 들이마시는 흡기 시에 골절분절 부위가 함몰되고 숨을 내쉬는 호기 시에 흉벽보다 부풀어 오르는 기이성 운동(paradoxical motion)을 보인다.

② 응급처치는 산소투여와 적극적인 호흡처치를 하며 연가양 분절을 단단히 지지하여 안정시키기 위해 환자를 들것의 바닥 쪽에 연가양 분절 부위가 위치하도록 약간 기대어 눕히거나 바로 눕히고 연가양 분절 부위에 모래주머니를 올려주면 환자의 호흡이 호전되는 경우가 많다.

다. 관통상(Penetrating injury)

날카로운 물체가 흉부를 관통하면서 유발되는데, 자상과 총상이 흔한 원인이며 흉강 안의 장기들을 손상시킬 수 있으므로 치명적인 경우가 많다. 이 때 기도 확보 및 산소투여가 필요하며 내부출혈(장기손상, 폐열상, 심장손상)로 쇼크가 발생할 수 있으므로 지속적인 관찰이 요구된다. 수축기 혈압이 80mmHg이하이면 마스트로 고정

라. 압박 손상(Crushing injury)

① 건물이 붕괴되어 무거운 물체가 흉부를 갑자기 압박할 때 흉강의 내부 압력이 급격히 상승하며 다발성 늑골 골절과 연가양 흉부를 유발시킨다.

② 안면, 경부의 청색증과 부종, 경정맥 팽대, 안구돌출등이 나타나며 적극적인 호흡처치를 하며 병원으로 이송한다.

마. 배흉부의 손상(Injury of the back of the chest)

배흉부에 물리적 충격이 가해지면 타박상, 늑골 골절, 열상, 근육 염좌 등을 유발시킬 수 있으며 충격부위에 심한 통증을 호소하며 척추손상의 가능성, 늑골 10~12번째의 손상시 신장손상이 우려된다.

바. 외상성 질식

① 흉부의 갑작스런 둔상에 의해 발생하며 압력에 의해 공기는 외부로 배출되고 혈액이 강제로 역류되면서 정상혈압을 벗어나 결국 혈관이 파열된다.

② 심한 호흡곤란, 경정맥 팽대, 충혈된 눈, 혀와 입술의 부종과 청색증, 쇼크증상이 나타난다. 기도의 개방과 산소공급을 하며 즉시 이송한다.

4) 흉부손상의 합병증

가. 개방성 기흉(Pneumothorax)

① 흉막강 내에 공기나 가스가 고여 폐의 일부 혹은 전체가 허탈된 상태이다. 폐와 흉강사이에 공기가 존재, 폐용적이 감소하고 또한 폐환기량도 감소하여 호흡기능 장애가 유발되며 결국 저산소증이 나타난다. 응급처치는 기도를 유지하고 산소투여, 개방창을 밀폐시키며 신속히 병원으로 이송시키는 것이다.

② **손상된 쪽의 호흡음이 감소하며 호흡곤란, 쇼크증상**이 생긴다.

③ 손상부위를 **3면 밀봉 드레싱**을 적용하고 산소를 공급, 긴장성 기흉으로 발전하는지 감시하며 다친 쪽이 아래로 가게 하여 이동한다.

나. 자연기흉(Spontaneous pneumothorax)

외상 이외 다른 원인에 의해 흉막강내로 공기가 누출되어 축적되는 상태로 폐가 허탈된다. 큰 수포가 파열되거나 결핵성 병변이 흉막강 내로 침식해서 발생한다. 환자는 갑작스러운 흉통과 호흡곤란을 호소하며 손상된 쪽의 호흡음이 감소하여 부가근육을 사용한

다. 응급처치는 기도유지 및 산소투여이다.
다. 긴장성 기흉(Tension pneumothorax)
① 외상이나 폐조직의 자연적인 파열로 인한 기흉 환자의 일부에서 흉강내에 축적되는 공기가 계속 증가하면서 주위의 장기를 압박하여 발생한다. 손상된 폐가 기능을 할 수 없고 더욱 대종격동이나 반대쪽 폐에까지 압력이 미친다.
② 증상은 급격히 악화되는 호흡곤란, 경정맥 팽대, 청색증, 수축기와 이완기혈압 차의 감소등이 있다.
③ 응급처치는 상승된 흉막 내압을 감소시키는 것으로 응급구조사나 의료진이 흉강 내로 주사바늘을 삽입하여 공기압을 감소(흉부감압)시킬 수 있으며, 개방창을 밀폐한 후 긴장성기흉의 소견이 나타나면, 즉시 개방창을 밀폐한 소독거즈를 제거함으로써 호흡곤란이 호전되나 일시적이므로 BVM으로 산소를 투여하며 이송해야 한다.
라. 혈흉(Hemothorax) : 3000cc의 혈액손실이 가능하다.
흉강 내로 혈액이 유입되어 축적된 것으로 개방성 또는 폐쇄성 흉부손상에서 모두 나타날 수 있다. 증상은 기흉과 매우 유사하지만 다만, 혈액손실로 인하여 혈압이 저하될 수 있다는 것이 다르다. 손상된 곳의 호흡음 저하, 선홍색 가래침, 납작한 경정맥등의 증상을 보이며 응급처치는 기도유지, 산소투여, 누운자세나 왼쪽으로 누운자세로 환자를 고정하고 이송한다.
마. 흡입성 흉부 창상(Sucking chest wound)
흡기 시 대기 중의 공기가 창상 부위를 통하여 흉강내로 빨려 들어가는 것을 말하며 외부 공기가 흉부 창상을 통하여 흉강내로 유입되어 기흉을 유발하고 기흉에 의한 호흡기능장애가 나타난다. 응급처치는 기도유지와 산소투여를 하면서 창상을 밀폐시키는 것이다. 폐쇄 드레싱의 3면만 밀폐시키고 아랫면은 호기 시 공기가 배출 될 수 있도록 한다.
바. 심낭압전(Pericardial tamponade)
둔상 및 자상에 의해 심낭에 혈액이 축적된다. 50ml만으로도 심낭압전이 유발되며 흉부 손상 시에 심장이나 혈관손상으로 인하여 출혈된 혈액이 심낭으로 유출될 수 있으며, 심장의 혈액충만이 부족해져서 혈압이 저하된다. 급격히 악화되면 신속히 감압처치를 해야 한다. 기도개방과 산소, 눕힌체로 이송한다.

※ **심장압전의 증상과 징후**
- 심음이 미약하다.(청진기로도 청진이 어렵다)
- 맥박이 약하고 빠르게 촉진된다.
- 혈압이 저하된다.
- 맥박압의 차가 좁아진다.(수축기 압력과 이완기 압력의 차이가 좁아진다)
- 경정맥이 팽대된다.

사. 폐좌상
① 자동차 사고나 추락사고와 같은 둔상에 의해 주로 발생하며 폐포의 충격으로 인해 폐포 혈관이 파열, 폐포의 모세혈관 손상으로 혈액이 폐포내로 유입·축적되어 산소와 이산화탄소의 교환이 어렵다.

② 흉통과 호흡곤란, 청색증, 늑골골절과 함께 발생한다. 기도개방, 산소공급, 호흡상태를 감시하며 이송.

아. 심근 좌상
① 물리적인 충격인 둔상에 의해 발생, 쇼크증상과 함께 맥박이 빠르거나 불규칙하다.
② 다발성 늑골골절, 흉골골절시 심근좌상의 가능성이 높다. 부정맥과 심근경색이 생길 수 있다. 누운자세, 기도개방, 고농도 산소 공급, 지속적으로 맥박을 관찰하며 이송.

5) 응급처치 절차 및 방법
① 환자 초기 평가 처치 표준지침에 따라 전반적인 평가 및 처치를 시행한다.
② 기도를 개방하고 환자의 의식이 P 이하인 경우 입인두기도기(oral air way)를 삽입하여 기도를 유지한다. 만약 환자가 구역반사를 보일 경우에는 이를 제거하고 코인두기도기를 삽입하여 기도를 유지한다. 단 두개골 기저부 골절이 의심되는 상황인 경우 코인두기도기를 삽입하지 않고 도수조작(두부후굴제외) 만 시행한다
③ 산소포화도가 되는 것을 막기 위해 비강(코안)캐뉼러로1~5L/min 또는 안면마스크로 6~10 L/min의 산소를 투여한다
④ 산소 투여 후에도 산소포화도가 94% 이하이거나 호흡부전이 있을 경우 백밸브마스크를 이용하여 100% 산소를 공급하면서 양압 환기를 시행한다.
⑤ 환자의 수축기혈압이 90mmHg 미만인 경우 18G 이상으로 정맥로를 1개이상 확보하여 300mL(소아는 5mL/kg)의 생리식염수나 젖산 링거액을 투여하고 혈압, 맥박수, 의식 등이 정상 범위로 회복되는지 확인한다. 쇼크가 지속될 경우 1L(소아는 10mL/kg)까지 수액을 지속적으로 투여한다.
⑥ 개방성기흉(공기가슴증)이 있는 경우 즉시 삼면 밀봉 드레싱을 한다.
⑦ 생명을 위협하는 외부출혈이 확인되면 멸균된 소독거즈로 압박하여 지혈 한다.
⑧ 동요가슴(호흡 시 모순운동)이 보이면 경추(목뼈)손상의 위험이 없는 환자의 경우 동요가슴분절이 아래쪽으로 가도록 측와위(옆누움자세)를 유지하고 경추(목뼈)손상의 가능성이 있는 환자의 경우 앙와위(바로누움자세)를 유지하면서 동요가슴분절 부위를 두꺼운 패드 및 붕대 등으로 압박 고정한다.
⑨ 혈압, 맥박, 호흡, 산소포화도를 지속적으로 감시하며 이송 한다.

6) 응급처치 시 주의사항
① 중증손상환자 기준에 해당하는 경우, 현장 처치시간은 최대10분미만으로 최소화하는 것을 원칙으로 하고, 환자평가과정으로 인해 이송이 지연되어서는 안된다.
② 상부 늑골, 갈비뼈 첫 번째, 두 번째 골절이 의심되는 경우 환자에게 매우 큰 외력에 의한 외상이 일어났음을 암시하므로 안정적인 상태여도 다른 주요한 손상의 동반되었을 가능성 특히 주요혈관손상, 두부손상 등을 항상 고려한다.
③ 하부 늑골(갈비뼈) 골절이 의심되는 경우, 비장(지라)이나 간 손상 등 복부손상 가능성 고려한다.

(2) 복부 및 골반손상

둔상환자에서는 복강 배안 내 출혈 가능성을 반드시 염두에 두어야 하며 복부 관통상에서는 복부 내부 장기의 손상을 고려해야 한다. 골반손상 시에는 골반강내 장기 손상과 골반골절에 의한 후복막강 출혈 가능성을 의심해야 한다.

1) 임상적 특징

- 복부 둔상은 교통사고, 추락, 가격, 등으로 복부에 직접 압력이 전해져서 내부 고형 장기나 유강장기가 손상되어 출혈과 복막염이 유발 되거나 감속에 의해 장간막 대혈관 등에 손상이 발생할 수 있다.
- 복부내 파열이나 장기손상에 의한 복강의 출혈은 겉으로 봐서는 쉽게 알수가 없으며 음주, 약물복용, 뇌손상이나 척추손상, 복부 주변 구조물 손상 등이 동반되는 경우에는 정확한 평가가 어렵다.
- 복강(배안)내 많은 양의 피가 고여 있어도 외형적인 변화가 없을 수 있으며 복막자극 증상이 나타나지 않을 수 있다.
- 골반 뼈의 골절은 수직력과 전후 압박력에 의해 발생할 수 있으며 골반 뼈 골절에 의해 골반강 내 장기의 손상과 쇼크를 일으킬 정도의 출혈이 동반될 수 있다.

가. 복부손상 유형:
① 복벽: 내장이 돌출되면 순환장애, 장이 막히거나 조직이 건조되어 위험.
② 장기손상:
속빈장기의 손상은 복강 내 감염을 초래한다.
방광, 담낭, 위나 창자는 소화액이 다량 방출되며 혈변이나 토혈, 혈뇨의 증상이 보인다.

나. 실질장기의 손상
① 지라: 다량의 혈액손실로 쇼크 유발 가능성
케르징후(kehr's sign): 환자가 누워있으면 가로막쪽으로 출혈이 고여 왼쪽 어깨부위로 연관되는 통증이 발생한다.
② 이자: 복강 중앙 심부에 위치하여 덜 손상받음. 관통상시 혈액 및 소화효소가 복강으로 들어가 중증 내부손상을 발생. 등쪽으로 퍼지는 상복부 통증을 호소한다.
③ 신장: 후복막강에 위치, 등이나 옆구리의 통증, 혈뇨가 나옴.
④ 간: 혈액이 풍부한 장기로 손상시 중증 내출혈로 이어짐.
우측 하복부 경계를 따라 통증발생, 가로막쪽으로 피가 고이고 오른쪽 어깨 통증을 유발함.

다. 복부손상 합병증:
① 혈종파열: 비장 또는 간의 혈종 파열은 복강 내 출혈을 유발하여 생명을 위협할 수 있다.
② 복부내 농양: 기관의 상처를 찾아내지 못할 경우 복강 내 농양이 발생할 수 있다.

③ 장폐색: 상처가 나은 후 또는 복부 수술 후 상처 조직이 형성될 때도 있다.

④ 복부 구획 증후군: 복부 기관도 손상을 입은 후에 붓는다.(특히 수술했을 경우). 복부에는 충분한 공간이 있지만 부종을 확인하지 않으면 결국 복부 압력이 증가하고 압력이 증가하면 기관을 짓누르고 혈액 공급을 제한하여, 통증을 일으키고 그 다음에는 기관을 손상시킨다.

라. 혈관손상: 복부의 동맥과 정맥은 관통상과 연관되며 후복막강, 복막강, 골반공간은 지속적 출혈을 발생할 수 있다.

마. 골반손상: 생식기관과 요관, 방광, 곧창자, 항문등의 손상 가능성

2) 환자평가 필수항목

- 병력청취
  - 복부 및 골반손상 관련 증상: 복통의 유무 및 위치 통증의 양상
  - 손상기전 및 사고발생 당시 상황을 확인한다.
  - 환자의 과거력, 수술력, 투약이력, 임신여부 등을 확인한다.
  - 복부전체를 살펴서 둔상, 창상, 열상의 흔적, 출혈, 이물질이 박혀 있는지, 압통, 비의도적인 근 긴장 반발통 여부를 확인한다.
  - 골반 뼈의 불안정성을 확인하기 위해 양쪽 장골마루를 눌러본다(단, 크게 흔들지 않도록 한다)

3) 응급처치

환자의 수축기혈압이 90mmHg 미만이 경우 18G이상으로 정맥로를 1개이상 확보하여 300mL(소아는 5mL/kg)의 생리식염수나 젖산 링거액을 투여하고 혈압, 맥박수, 의식 등이 정상 범위로 회복되는지 확인한다.
쇼크가 지속될 경우 1L(10mL/kg)까지 수액을 지속적으로 투여한다.

- 복부 상처에서 외부출혈이 확인되면 멸균된 소독거즈로 압박하여 지혈 한다.
- 내부 장기가 복부 밖으로 노출된 경우 정복을 시도하지 말고 생리식염수로 적신 거즈로 노출된 장기를 덮어서 건조를 막고 두터운 드레싱을 하되 압력을 가하지 않는다.

07 두경부, 척추 손상

1. 두부손상

(1) 임상적 특징

- 육안적으로 확인 가능한 두피 출혈이 없어도 두개골 골절이나 뇌출혈이 생길 수 있다.
- 두피손상의 경우 대부분 쉽게 회복되나 외부로의 심한 출혈이 있을 수 있으므로 주의를 요한다.
- 환자의 의식저하가 없는 경증 두부 외상은 일반적으로 가벼운 외상을 말하지만 지연성 출혈 등으로 인해 뒤늦게 증상이 나타나는 경우가 있어 지속적인 모니터링이 필요하다.

(2) 분류

외상성 뇌손상 TBI (Traumatic brain injury): 외상으로 뇌조직이 손상을 입는 것.
① 직접손상: 충격손상(충격지점에 발생), 반충격 손상(충격지점에서 튕기면서 멀리 있는 조직의 손상)
② 간접손상: 2차적인 손상, 외상 후 부종이나 감염, 전신 질환, 경기 등으로 인해 뇌조직의 손상이 생기는 것.

(3) 직접손상의 유형

1) 국소적 손상
① 뇌타박상(cerebral contusion): 충격, 반충격에 의해서 발생
② 머리 내 출혈: 출혈부위에 따라 나뉜다.
  가. 경질막바깥출혈: 외상에 의하여 뇌 경막외 공간에 출혈이 발생하여 뇌를 압박하고 있는 상태
  나. 경질막밑출혈: 경질막 아래와 거미막 사이 공간의 출혈, 교정맥의 출혈시 느리게 진행, 고령이나 만성적 알콜중독환자는 뇌의 크기가 줄어들어 머리 충격시 머리 내부의 움직임이 증가되거나 감소한다.
  다. 뇌내출혈(intracerebral hemorrhage): 뇌실질로 혈액을 공급하는 혈관 파열
  라. 지주막하 출혈: 뇌막은 경막, 지주막, 연막의 3종으로 구분하는데 가장 안쪽에 있는 연막과 지주막 사이에 있는 공간의 출혈.
  갑작스러운 심한 두통, 구역질과 구토, 망치로 맞아 깨질 것 같은 극심한 두통을 호소한다.

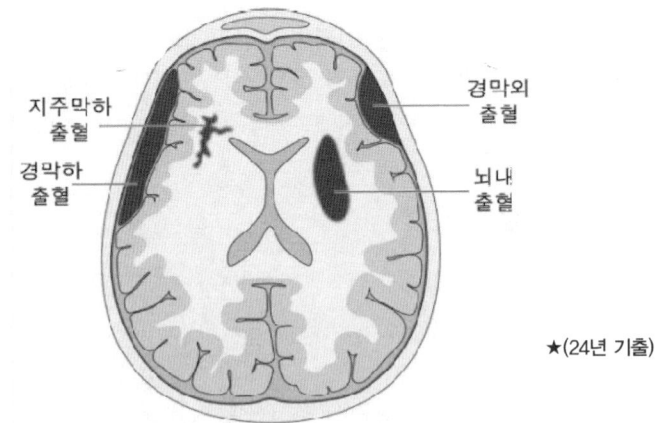

★(24년 기출)

2) 미만성손상
(Diffuse axonal injury, DAI): 머리 충격으로 인한 신경세포의 손상으로 전단력이나 잡아 늘이는 힘이 손상을 입음.

① 뇌진탕: 중증의 미만성 축삭손상
- 1등급: 경증, 의식 상실없음, 외상 후 기억상실 또는 뇌진탕 후 또는 증상이 30분미만 지속된다.
- 2등급: 보통, 1분미만 지속되는 의식상실, 사건 후 기억상실 또는 뇌진탕 후 징후 또는 증상이 30분 이상 24시간미만 지속된다.
- 3등급: 중증, 1분이상 지속되는 의식상실, 사건 후 기억상실이 24시간 이상 지속, 뇌진탕 후 징후 또는 증상이 7일이상 지속

② 중등 미만성 축삭손상: 축삭이 잡아당기는 힘, 찢는 힘이 작용, 집중불가, 지남력 감퇴, 역행성이나 진행성 기억상실증

③ 중증 미만성 축삭손상: 뇌줄기 손상, 양쪽 대뇌반구에 있는 다수의 축삭이 물리적으로 손상되어 뇌줄기까지 확대되는 기전, 영구적인 신경장애

(4) 손상의 진행과 증상

1) 머리뼈 또는 뇌 손상 징후

머리뼈 변형, 눈 아래 연부조직의 변색, 비대칭 동공, 귀나 코에서 피나 맑은 액체(뇌척수액), 눈 주의 반상출혈(너구리 눈), 귀 뒤 유양돌기 주변(Battle's sign), 의식저하, 기능장애

2) 얼굴골절 징후

눈 충혈과 멍, 변형, 치아 흔들림 또는 손상, 턱부위 부종

(5) 환자평가

1) 병력청취

① 현장확인후 손상기전(환자를 발견하였을 때 환자의 상태와 주위 상황, 손상 시간, 환자 머리에 가해진 힘을 확인)
- 과거력: 기저질환, 최근 투약력, 손상 전의 환자의 상태
- 환자에게 직접 병력을 청취하기 어려운 중증 두부손상일 경우 주변의 목격한 사람에게 많은 정보를 얻는다.
- 두부손상 관련 증상: 의식장애, 두통, 시야장애 및 시력, 경추(목뼈)부위통증, 감각/운동 이상

2) 신속한 외상초기평가

생명을 위협할 수 있는 손상유무의 확인과 처치를 위해서 신속한 외상 초기평가를 시행한다.
- 기도의 열린 상태를 확인하고 유지한다.
- 필요시 산소공급과 양압환기
- 의식 상태를 AVPU의 기준으로 5분마다 평가한다. 중증외상 세부상황표 대상자는 GCS로 평가한다.
- 동공반사, 사지운동을 평가하여 심각한 신경학적 이상 유무를 확인한다.

- 환자의 혈압, 맥박, 호흡수, 산소포화도를 포함한 활력징후를 5분마다 측정한다.
- 전신의 손상부위 및 두부손상의 동반 여부를 확인 한다.
- 현장도착 시 두부를 촉진하여 함몰 골절 여부를 확인 한다.
- 후경부를 촉진하여 압통이 있는지 확인 한다.
- 헬멧의 손상부위와 정도

3) 응급처치 절차 및 방법
   ① '환자 초기 평가·처치 표준지침'에 따라 전반적인 평가 및 처치를 시행한다.
   ② 기도를 개방하고 환자의 의식이 'P' 이하인 경우 입인두 기도기를 삽입하여 기도를 유지 한다. 만약 환자가 구역반사를 보일 경우에는 이를 제거하고 코인두기도기를 삽입하여 기도를 유지한다. 단, 두 개골 골절이 의심되는 경우 코인두기도기를 삽입하지 않고 도수조작(두부후굴 제외)만 시행한다.
   ③ 산소포화도가 94%가 이하일 경우 저산소증 교정을 위해 비강(코안)캐뉼러로 1~5L/min 또는 안면마스크로 6~10 L/min의 산소를 투여한다.
   ④ 뇌탈출의 징후(호흡이상, 동공반사 이상, 대뇌제거경직 등)가 보일 경우 머리를 30도 이상 높이는 두부거상 체위를 적용하고 100% 산소를 공급 하면서 과호흡을 적용 한다.
   ⑤ 두개골 골절의 징후(너구리눈, 귀 뒷부분의 반상출혈)로 코나 귀에서 혈액이나 뇌 척수액이 흐를 경우 막지 말고 닦아준다.
   - 모든 중증 두부손상환자는 경추(목뼈)보호대를 착용하고, 척추손상이 의심되는 경우 긴 척추고정판을 적용한다.
   - 의식이 명료하고 후 경부 압통이 없으며 신경학적 이상소견이 없는 65세 이하의 경증 두부손상환자의 경우 경추 보호대를 적용하지 않을 수 있다.
   - 환자의 수축기혈압이 90mmH미만인 경우 18G이상으로 정맥로를 1개 이상 확보하여 300mL(소아는 5mL/kg)의 생리식염수나 젖산 링거액을 투여하고 혈압, 맥박수, 의식 등이 정상 범위로 회복되는지 확인한다.
     쇼크가 지속될 경우 1L(소아는 10ml/kg)까지 수액을 지속적으로 투여한다.
   ⑥ 생명을 위협하는 외부출혈이 확인되면 멸균된 소독거즈로 압박하여 지혈 한다.
   ⑦ 혈압, 맥박, 호흡, 산소포화도를 지속적으로 감시하며 이송한다.

4) 헬멧 제거
   ① 헬멧을 제거하지 않아도 되는 경우: 기도나 호흡에 문제가 없고 환자평가에 방해가 되지 않으며 헬멧을 제거 시 더 위험할 때, 헬멧을 쓴 상태가 긴 척추고정판에 고정시켰을 때 머리의 움직임이 없을 경우
   ② 헬멧을 제거해야 하는 경우: 기도와 호흡을 평가 시 방해가 될 때, 인공호흡에 방해가 될 때, 헬멧 형태가 척추고정을 방해할 때, 헬멧을 쓰고 머리가 움직일 때, 호흡정지나 심장마비 시

5) 응급처치 시 주의사항

- 중증손상환자 기준에 해당하는 경우, 현장 처치시간은 최대 10분미만으로 최소화하는 것을 원칙으로 하고, 환자평가과정으로 인해 이송이 지연되어서는 안 된다.
- 초기 평가 시 의식장애가 없는 경증 두부손상의 경우에도 지연성 증상이 나타날 수 있으므로 주의를 요한다.
- 동반된 안면부 손상이나 구토물 등으로 기도가 폐쇄되지 않도록 유의한다.

2. 안면부 손상

안면부 손상은 손상당시 강한 힘이 가해졌을 것으로 추정할 수 있고 이와 동반된 두부손상의 가능성도 쉽게 예측할 수 있다.

안면부 상처의 형태는 타박상, 열상, 골절, 찰과상으로 열상이 가장 많으며 손상위치의 빈도는 안와손상이 가장 많고, 아래턱 손상, 전두골 손상, 위턱 및 관골손상, 측 두부 손상이 있었다.

그리고 안면부 손상의 가장 큰 특징은 기도폐쇄이며 그 가능성을 염두 해 두어야 한다.

1) 안면부 손상 시 기도폐쇄의 원인

① 구강 또는 비강 내 출혈 또는 분비물
② 구강 또는 인후두의 이물질이나 구토
③ 후두 또는 기관의 손상
④ 인후두 조직의 부종 또는 혈종
- 대량출혈의 가능성 : 대부분의 출혈은 압박에 의해 지혈이 가능하다.
- 증상 및 증후
    가. 외상뿐만 아니라 구강내 출혈, 부종, 혈종, 이물질의 여부를 관찰한다.
    나. 안구운동의 장애나 안와주위의 부종, 피하출혈이 있을 경우 안와골 골절의 가능성을 염두에 둔다.
    다. 귀나 코에서 출혈이 될 경우에는 기저골 골절의 가능성을 염두해 두어야 한다.

3. 경부손상

- 기도폐쇄의 가능성 – 부종, 출혈, 혈종에 의한 기도폐쇄의 가능성이 높다.
- 경추손상의 가능성에 유의한다.

1) 현장 평가, 조치

① 일반조치절차에 준한다.
② 중증외상의 여부를 판단한다.

2) 일차 및 이차 평가 및 처치

일반조치절차의 기준을 참조, 필요한 경우 경추 및 척추의 완전고정을 실시한다.
① 의식 저하가 나타난 환자는 외상성 의식저하의 지침을 참조한다.
② 중증 외상의 기준에 해당하는 모든 환자는 100%의 산소를 투여하고, 평가 및 처치 시 해당 지침을 참조한다.

3) 적절한 방법으로 기도를 확보하되 비 출혈이 있는 환자는 경비기도기를 사용하지 않는다.

4) 지혈 시 다음을 유의한다.
   ① 두피 및 안면부의 출혈은 압박하여 지혈한다.
   ② 구강 내 출혈은 흡인기로 제거하고, 치아의 손상여부를 확인한다.
   ③ 두부외상에 의한 코 출혈과 귀 출혈은 압박 또는 폐쇄하지 않고 멸균드레싱을 한다.

5) 두경부 손상환자의 세부신체검사는 다음과 같이 한다.
   ① 외부의 시진 및 촉진 : DCAPBTLS
   ② 눈
      - 안와의 청색 변색에 유의한다.
      - 동공의 크기와 대칭성, 대광반사의 유무를 검사한다.
      - 전방 출혈(기립시 눈동자 하부에서 적색 띠가 관찰됨)의 유무를 검사한다.
      - 대략적인 시력을 판단한다.
      - 눈동자의 움직임과 복시의 여부를 관찰한다.
   ③ 코와 귀
      펜 라이트를 이용, 출혈 및 액체의 저류와 누출을 확인한다.
   ④ 입
      - 구강 내의 혈액 및 이물의 여부를 확인한다.
      - 치아 및 혀의 손상 여부를 확인한다.
      - 치열의 교합 상태를 확인한다.

6) 이송 중의 평가, 처치
   ① 외상성 의식저하의 지침에 준한다.
   ② 안구손상이 의심되는 환자는 양쪽 눈을 거즈로 차폐한다.
   ③ 의식이 명료한 환자라도, 활력징후와 의식수준을 주기적으로 반복 측정한다.

4. 척추 및 척수 손상

(1) 임상적 특징
   - 대부분의 척수 손상은 교통사고 추락 운동 중에 일어난다.
   - 척수손상은 염좌(삠), 골절, 탈골 등의 척추 손상과 동반되기도 하고 단독 척수 손상으로도 일어날 수 있다.
   - 척수 쇼크의 초기증상으로 손상부위 이하의 이완성 마비와 저혈압, 서맥 등이 나타나고 후기증상으로 과 흥분성 경련성마비 이후 이완성마비, 호흡곤란 등이 발생할 수 있으며 심한고혈압, 피부충혈, 두통, 발한, 비 울혈등의 자율신경반사부전이 나타날 수 있다.

1) 척추 손상기전: P386 참고
   - 굴곡: 앞으로 굽은 것, 정면충돌과 다이빙시 발생

- 신전: 뒤로 굽은 것, 후방충돌 시
- 측면굽힘: 측면으로 충돌시
- 회전: 척추가 꼬인 것으로 차량충돌과 낙상에서 일어난다.
- 압박: 척추의 위와 아래가 직접 힘이 가해진 것으로 차량충돌이나 낙상, 다이빙시 발생
- 분리: 척수와 척추 뼈가 따로따로 분리되어지는 힘에 의한 손상으로 목매달기와 차량충돌
- 관통: 어떤 물체가 척수나 척주에 들어오는 경우로 총이나 칼에 의한 손상

2) 척수 손상 유형

① 척수 손상: 질병이나 외상에 의해 척추 내에 존재하는 중추신경계인 척수에 손상이 생김으로써, 척수가 지배하는 하지 및 상지의 운동, 감각과 자율신경 기능에 이상이 생기는 질환을 의미

  가. 척수진탕: 외상후에 심한충격등으로 인해 척수의 운동, 감각기능이 일시적으로 마비되었다가 24시간 이내에 자연스럽게 회복되는 것을 말합니다.
  나. 척수타박상: 척수가 멍든 상태, 연조직 손상, 혈관유출, 염증, 부종증상이 있다.
  다. 압박손상: 척추사이원반, 척추뼈 조각의 탈구나 주변 조직의 종창으로 발생
  라. 척수열상: 척추구멍에 유입되거나 척수가 파열될 정도로 구부러지는 경우 발생
  마. 척수절단: 척수 일부 또는 전체가 절단되는 손상, 하반신 마비와 요실금, 변실금 동반, 목뼈 부위의 절단: 요실금, 변실금, 사지마비

② ★(23년 기출) 척수증후군

  가. 전방 척수증후군(anterior cord syndrome): 전방 척수를 관류하는 동맥을 압박하여 발생, 척수 전각 세포의 기능 상실로 완전한 운동 신경 마비 및 통각, 온도 감각의 소실을 특징으로 하며 후각 세포의 기능은 있어 심부 감각, 가벼운 촉각, 고유 수용체 감각은 보존된다.
  나. 중심 척수증후군: 목뼈가 과신전되어 발생, 주로 경추손상에서 나타나며 다리보다 팔에 근력약화, 더불어 방광기능 이상, 다양한 감각기능의 결핍이 존재한다.
  다. 후 척수 증후군(posterior cord syndrome): 척수 후색(dorsal column)의 손상으로 심부 감각, 고유 수용체 감각, 진동 감각의 소실이 있으나 운동 신경 및 통각, 온도 감각등은 보존된다. 기능의 결핍이 존재한다.
  라. 브라운-세카르 증후군은 척수의 반절단을 특징으로 하며 가장 흔하게는 척추 외상 및 종양질환에서 발견된다. 척수 손상측의 편마비, 고유수용감각 손상과 반대측의 통각, 온도감각의 손상을 특징으로 한다.
  마. 마미(말꼬리)증후군: 마미란 요추1번이하 부위에 있는 신경근 모양을 말하며 마미신경근이 손상 내지 압박되어 골반 내 장기의 기능장애, 배뇨·배변장애, 성기능 장애나 요통, 하지의 감각이상과 운동마비증상 등이 발생하는 것.
  그 외 척수출혈, 척수쇼크, 신경성 쇼크, 자율신경과다 반사증후군이 올 수 있다.

(2) 환자평가 필수항목

1) 병력청취
   ① 척추손상 관련 증상: 특정 손상 부위 이하의 감각/ 운동이상
   ② 과거력: 기저 질환, 최근 투약력, 손상 전의 환자의 상태
   ③ 손상기전: 척수손상의 가능성이 있는 고위험손상 여부 확인
      (고속충돌/ 환자 위를 지나가는 사고/ 1m 이상 또는 5계단 이상 높이에서의 낙상사고/ 다이빙 사고/ 자전거 오토바이 사고)

2) 신속한 외상의 초기 평가 필요
   ① 기도의 열린 상태확인 유지
   ② 의식상태평가 (AVPU)
   ③ BP, HR, R, 산소포화도를 포함한 V/S 측정
   ④ 척추손상 의심할 수 있는 결손부위 특징 확인
      (운동능력/ 반사반응 이상소견(DTR, 바빈스키사인), 저혈압, 서맥, 감각기능, 요실금, 변실금, 방광기능, 장기능, 척추의 가운데 통증이나 압통)
      • 전신의 손상부위 및 두부손상의 동반여부 확인

3) 응급처치 절차 및 방법
   ① '환자 초기 평가 처치 표준지침'에 따라 전반적인 평가 및 처치를 시행한다.
   ② 기도를 개방하고, 환자의 의식이 'P' 이하인 경우 입인두 기도기를 삽입하여 기도를 유지한다. 만약 환자가 구역반사를 보일 경우에는 이를 제거하고 코인두기도기를 삽입하여 기도를 유지
      ⇒ 단 두개골 기저부 골절이 의심되는 상황인 경우 코인두기도기를 삽입하지 않고 도수조작(두부후굴제외)만 시행한다.
   ③ 산소포화도가 94% 이하일 경우 저산소증으로 인해 척수 손상이 더 진행되는 것을 막기 위해 비강(코안)캐뉼러로 1~5 L/min 또는 안면마스크로 6~10L/min의 산소를 투여한다.
   ④ 상부 경추 목뼈 손상으로 인한 호흡부전이 있을 경우 백 밸브마스크를 이용하여 100% 산소를 공급하면서 양압 환기를 시행한다.
   ⑤ 뇌 탈출의 징후, 호흡이상, 동공반사 이상, 제뇌 경직이 보일 경우 머리를 30도 이상 높이는 두부거상 체위를 적용하고 100% 산소를 공급하면서 백 밸브 마스크를 이용하여 과호흡을 적용한다.
   ⑥ 척추손상이 의심되는 모든 환자에게 척추 고정을 시행한다.
      • 환자의 척추를 최대한 부드럽게 배열을 확인하고 고정한다.
      • 환자의 경부를 검사하고 경추 목뼈 고정 기구를 적용한다.
      • 환자의 몸통부위를 검사하고 움직이지 않도록 고정 기구를 적용한다.
      • 척추를 최대한 일직선으로 유지하기 위해 환자의 머리나 목, 또는 등 부위에 적절한 양의 패드를 적용한다.

- 환자의 머리를 고정한다.
- 환자의 팔과 다리를 고정한다.
- 이송 중에 환자의 의식과 혈 역학적 지표를 지속적으로 재평가 한다.

(3) 척추고정

1) 적응증

   ① 의식 소실을 포함한 의식변화
   ② 고 위험 손상 기전으로 발생한 경우
   - ⇒ 고속 충돌 사고
   - ⇒ 환자 위를 지나가는 사고에 의한 손상
   - ⇒ 1m 이상 또는 5계단 이상 높이에서의 낙상
   - ⇒ 다이빙 등의 척추나 척수에 작용하는 힘을 동반한 손상
   - ⇒ 자전거 또는 오토바이 사고에 의한 손상

   ③ 중독 가능성이 있는 경우
   ④ 척추의 가운데 통증을 호소하거나 압통이 있는 경우
   ⑤ 신경학적 결손 증상 동반: 운동 또는 감각이상

2) 발생 가능한 부작용/합병증
   - 고정대와 닿는 피부의 압박 손상
   - 고정 상태에서 구토시 흡인의 가능성이 증가할 수 있다.

3) 술기 절차 및 방법
   - 환자의 크기에 맞는 척추고정판, 끈(straps), C-collar 를 준비한다.
   - 환자에게 척추고정에 대해 설명한다.

4) 고정판 종류 및 사용법

   ① 경추 목뼈 보호대

   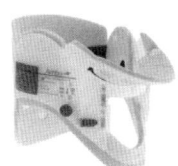

   ㉠ 앞쪽은 턱 아래로 삽입되어 머리 앞쪽을 단단히 고정하고 뒤쪽은 후두부 뒤쪽 융기 아래에 삽입되어 머리의 뒤쪽과 경추(목뼈)를 보호하다.
   ㉡ 적절한 크기의 경추 목뼈 보호대를 선택
   ㉢ 환자의 턱 끝에서 흉골(복장뼈) 절흔까지
   - 한 구급대원은 환자의 머리를 움직이지 않도록 고정하고 다른 구급대원은 적절한 크기의 C-collar를 환자 머리 뒤편으로 삽입한 후 앞 쪽은 턱 아래에 고정하여 착용시킨다.

   ② 긴 척추 고정판(long back board)
   - 두부를 손으로 고정(두부고정 전까지는 다른 사람이 손으로 고정)하고 척추를 최대한 일직선으로 유지하면서 환자를 위로 옮긴다.(통나무굴리기 방법을 사용하거나 여러 명이 함께 드는 방법을 사용)

- 끈으로 척추 고정판에 사지와 몸통을 고정시킨다. 환자 아래와 주변의 빈 공간에 패드를 채운다.

③ **구출고정판**

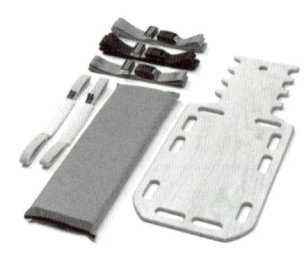

자동차 사고와 같이 한정된 공간에 앉아 있는 상태의 환자를 구출하거나 움직일 때 경추와 척추를 보호하기 위해 사용. 이 장치를 착용한 후 환자는 완전한 척추고정을 위해 긴 척추고정판으로 옮겨져야 한다.

㉠ 소형 척추 고정판
- 앉은 자세로 발견된 경추(목뼈)손상 의심 환자에게 적용할 수 있으며 소아에서는 긴 척추 고정판 대용으로 사용할 수 있다.
- 환자에게 머리나 목을 움직이지 않도록 설명한 후 시행 한다.
- 환자의 등 쪽으로 고정판을 넣는다.
- 경추(목뼈) 패드를 받치고 끈으로 상반신과 머리 턱을 고정한다.
- 환자를 손상공간에서 구조한다.

㉡ KED(Kendricks Extrication Device) : 구출고정장비

가. 앉아있는 상태에서의 경추고정
　① 환자의 뒤쪽에서 손으로 경추를 고정한다.
　② 경추보호대를 정면의 목 아래쪽부터 끼워 넣는다.
　③ 경추보호대를 목 뒤로 돌려서 감는다.
　④ 고정테프(접착천)를 붙이고 계속해서 손으로의 고정을 유지한다.

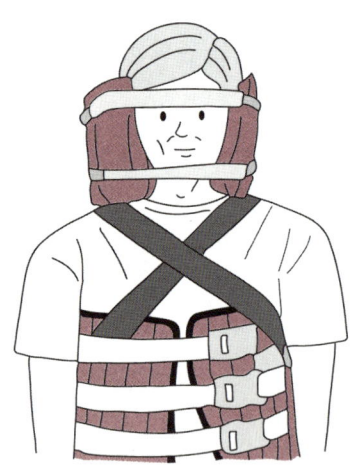 

나. 구출고정대 실시요령(구조대 3명이 필요)
　① 손으로 환자의 머리와 목을 고정한다.
　② 적절하게 경추보호대를 장착한다.
　③ 구출고정대를 환자의 등뒤에 조심스럽게 위치시킨다.

④ 구출고정대를 몸통의 중앙으로 정열하고 날개부분을 겨드랑이에 밀착시킨다.
⑤ 중간, 하단, 상단 순으로 몸통고정끈을 연결하고 조인다.
⑥ 양쪽 다리고정끈을 연결하고 조인다.
⑦ 머리도 함께 고정한다.
⑧ 각종 고정끈의 조임상태를 재확인 한다.
⑨ 척추고정판을 준비하고 환자의 엉덩이 부분에 댄다.
⑩ 환자의 척추 정열을 유지한 채 환자의 등이 척추고정판쪽으로 가도록 90도 회전시킨다.
⑪ 환자를 척추고정판에 눕힌다.
⑫ 환자를 끌어서 척추고정판에 정열한다.
⑬ 환자의 몸통, 허리, 다리부분을 척추고정판의 고정끈으로 고정시킨다.
⑭ 환자의 머리를 머리고정장치로 고정한다.
⑮ 환자를 들고 들것으로 옮긴다.

5) 환자 고정 시 주의사항
- 환자의 자세를 만들기 위해 환자에게 힘을 가하지 않도록 한다.
- 경추(목뼈)고정 또는 머리 고정 시 구토가 발생할 경우 흡인되지 않도록 주의한다.
- 운동용 헬멧을 착용한 환자의 경우 헬멧은 그대로 두고, 안면 부분의 마스크만을 기도 확보를 위해 제거한다.
- 오토바이 헬멧을 착용한 경우에는 기도 확보를 위해 풀 페이스 형태의 헬멧은 척추고정판에 옮기기 전에 제거한다.

6) 노인 및 소아에서의 주의사항
- 노인의 경우 관절경직, 얇은 피부로 인해 척추 고정판에 불편함을 많이 느끼고 공간이 많이 생길 수 있다. 수건, 담요 등을 이용하여 움직임을 최소화 한다.
- 영아는 상대적으로 머리가 크기 때문에 어깨를 들면서 패드를 댄다.
- 소아의 경우에는 단단하고 편평한 바닥에 머리와 어깨를 중립적으로 유지 한다.
- 환자의 수축기혈압이90mmHg미만인 경우 18G이상으로 정맥로를 1개 이상 확보하여 300mL(소아는 5mL/kg)의 생리식염수나 젖산 링거액을 투여하고 혈압, 맥박수, 의식, 등이 정상 범위로 회복되는지 확인한다.
- 쇼크가 지속될 경우 1L(소아는 10mL/kg)까지 수액을 지속적으로 투여한다.
- 생명을 위협하는 외부출혈이 확인되면 멸균된 소독거즈로 압박하여 지혈 한다.
- 혈압, 맥박, 호흡, 산소포화도를 지속적으로 감시 하며 이송한다.
- 중증손상환자 기준에 해당하는 경우 현장 처치시간은 최대 10분미만으로 한다.

08 환경응급

1. 익수(침수와 익사)

액체에 빠져 호흡곤란을 경험하는 것을 침수, 저산소증으로 진행되어 심정지에 이르는 것을 익사 상태라고 한다.

(1) 임상적 특징

- 물에 빠지게 되면 물을 폐로 흡입하여 폐부종이 발생하게 되고 결국 저산소증이 되어 무호흡 및 심정지로 이어진다.

  > • dry drowning (건성익사): 소량의 물이 흡입된 직후 신체방어기전으로 후두경련이 일어난 경우로 저산소증으로 사망할 수 있다.

- 익수의 단계:
  ① 수영
  ② 공포
  ③ 몸부림
  ④ 반사적 수영
  ⑤ 무호흡/호흡정지
  ⑥ 물을 삼킴
  ⑦ 구토
  ⑧ 헐떡거림
  ⑨ 기도로 물이 들어감
  ⑩ 거품 섞인 혈액으로 기도 폐쇄
  ⑪ 경련
  ⑫ 사망

(2) 환자평가 필수항목

1) 병력청취
   - 물에 실제로 빠졌는지 여부, 추락과 같은 외상 가능성
   - 침수시간/ 물의 온도/ 민물·바닷물

2) physical ex
   - 반응여부(무반응, 이상반응, 정상 반응)
   - 호흡상태(무호흡, 이상 호흡, 정상 호흡)
   - 의식상태
   - 구토
   - 기침(분홍빛 거품이 섞인 가래를 배출함)

(3) 익수 후 증상

① 저 산소혈증, 저산소증, 과잉탄산, 산독증, 기도폐쇄, 전해질 불균형, 급성호흡부전, 부정맥, 기관지 경련을 초래한다.
② **바닷물**에서의 익수는 3.3%~3.5%정도의 고농도 염화나트륨 용액이 폐포내에 흡입되므로 폐포 내에 물이 고이게 되어 **산독증, 저 산소혈증**으로 사망한다.
③ **민물**에서의 익수는 들이마신 물이 저장액이므로 **삼투현상**에 의해 폐 모세혈관 내에 수분이 흡수되어 **적혈구 용혈현상과 부종**이 일어나고 폐포는 허탈 되어 심한 호흡부전으로 사망하게 된다.

(4) 응급처치

① 익수 시 심정지 원인이 저산소증이라는 관점에서 일반적인 심폐소생술의 순서는 '기도유지→인공호흡→가슴압박' 이다.
② 호흡이 멎었으면 헤엄을 치면서 물속에서라도 기도유지와 인공호흡(구강 대 구강)을 실시한다.
③ 육지로 나온후 경동맥 촉지가 안 될 때에는 가슴 압박을 실시한다.
④ 의식이 있는 경우 눕혀서 보온하고, 전신 마사지로 몸을 덮어 준다. 젖은 옷은 체온을 빼앗고, 몸에 밀착되어 가슴의 움직임을 방해하여 인공호흡의 효과를 감소하므로 처치를 계속하면서 마른 옷을 입히거나 모포로 보온한다.
⑤ 무반응, 심 정지 환자
　가. 기도확보
　　• 기도확보를 위해 도수조작(두부후굴 제외)을 시행, 입인두 기도기 삽입한다.
　　• 기관내 삽관
　　• 기도확보 후 양측 흉부상승 육안으로 확인, 호흡음청진, 호기말 이산화탄소 장비로 체크한다.
　　• 산소(분당10-15L)를 연결하고, 백 밸브마스크를 사용하여 호흡을 보조한다.
　　• 전문기도 삽입술이 시행되지 않은 환자에서는 백 밸브마스크를 환자의 얼굴에 밀착시키고 가슴압박과 인공호흡의 비가 30:2가 되도록 호흡을 보조한다.
　　• 전문기도 삽입술이 시행된 경우 백 밸브마스크의 마스크를 제거하고 전문기도 삽입장비와 연결한 후 6초에 한번 분당10회 가슴압박의 이완기에 호흡을 보조한다.
　　• 전문 기도삽입술이 시행된 후 가슴압박은 가능한 중단 없이 지속적으로 시행되도록 한다.
　나. 가슴압박
　　• 구급대원은 필요할 경우 일반인에게 심폐소생술 참여 혹은 근처의 자동심장 충격기를 가져올 것을 권유할 수 있으며 해당 일반인이 심폐소생술을 할 경우 가슴압박만을 실시 할 수 있다.
　　• 가슴압박은 환자의 가슴 한가운데를 최소 5cm 깊이(6초과안됨)로 분당 100~120회의 속도로 빠르게 압박하며 압박 후 충분히 이완되도록 한다.
　　• 구급대원이 2인 이상일 경우 적절한 가슴압박이 시행되고 있는지 압박 깊이, 속도, 압박 대 이완의 비 등을 지속적으로 상호 점검하고 격려한다. 적절한 가슴압박을 모니터하기 위하여 메트로놈 흉부저항 감시장비 등을 사용할 수 있다.

- 가슴압박을 위한 기계식 장비의 사용은 각 지역 소방본부의 지침에 따른다.

다. 자동심장 충격기 리듬 확인
- 심정지로 확인되면 심장 충격기를 준비한다.
- 환자 흉부의 물기를 완전히 닦는다.
- 자동심장충격기의 패드 부착은 가슴압박과 호흡보조에 방해되지 않게 가능한 신속 하게 이루어지도록 한다.
- 자동심장 충격기의 리듬이 분석되는 동안 가슴압박 및 호흡보조를 멈춘다.
- 제세동이 필요하지 않는 경우 즉시 가슴압박을 비롯한 심폐소생술을 시작한다.

※ 저온에서 심정지일 경우
- 저온이 아닌 경우의 심정지 치료 순서대로 치료를 시행한다.
- 재가온 치료를 시행한다.
- 재가온 치료는 심폐소생술을 시행하는 인력외에 추가 인력이 있을 경우 시행한다.
- 구급차 내 히터를 작동시켜 실내온도를 최대한 높인다.
- 온장고에 보관되어 있던 따뜻한 수액을 겨드랑이와 사타구니에 적용한다. 이때 수액이 피부에 직접 닿지 않게 수건이나 거즈로 싸서 적용한다.

※ 심정지가 아닌 환자
- 척추 손상이 의심되는 환자는 척추고정을 실시한다.
- 호흡곤란 환자는 산소포화도 94%이하의 환자 또는 분당 호흡수 30회 이상인 환자에 분당 10리터 이상의 산소를 안면마스크로 투여한다. 그 외 경증의 호흡곤란환자(Sp94초과) 분당 4리터 산소 비관으로 투여)

※ 저체온 환자

구급차내 히터를 작동시켜 실내온도를 최대한 높인다.
온장고에 보관되어 있던 따뜻한 수액을 겨드랑이와 사타구니에 적용한다. 이때 수액이 피부에 직접 닿지 않게 수건이나 거즈로 싸서 적용한다.

⑥ 응급처치 시 주의사항
가. 환자구출을 위해 물에 뛰어들지 말고 기구나 로프를 이용해 환자를 구조한다.
나. 이물에 의한 기도 폐쇄가 아니면 폐의 물을 제거하기 위한 시도는 하지 않는다.
다. 다이빙 사고 등 외상에 의한 척추 손상 가능성에 대해 고려하고 조치한다.
라. 척추 손상이 의심되지 않는 경우 척추고정은 하지 않는다.
마. 저체온에 의한 심정지의 경우, 체온이 35도 이상이 될 때까지 소생술을 중단하지 않아야 한다.
바. 침수환자는 증상이 경미 하더라도, 지연성 흡인성 폐렴 발생 가능성으로 반드시 의료기관으로 이송한다.

2. 잠수응급

(1) 잠수 손상의 분류

가. 수면에서의 손상: 줄이나 해초에 의해 몸이 꼬여 발생

나. 하강 시 손상: 압력손상, 유스타키오관을 통해 비인두와 중이 사이의 압력 균형이 유지하지 못할 경우 발생, 중이의 통증, 이명, 현기증, 청력손실, 비강에서 발생 시 중증 전두동, 상악골 안구 아래 부위의 통증을 호소한다.

다. 바닥에서의 손상: 질소중독, 고농도의 질소 혹은 다른 가스가 뇌 기능에 미치는 영향에 의해 발생

라. 상승시 손상: 감압병, 잠수 후 상승하는 과정에서 이미 압박을 받고 있는 폐속의 공기는 팽창하게 되고 호흡을 하지 않을 경우 폐포가 파열된다.
동맥공기 색전증, 세로칸 기흉, 공기가슴증 발생

(2) 잠수 손상의 유형

1) 감압병

① 잠수 시 갑작스러운 압력 저하로 혈액 속에 녹아 있는 기체가 폐를 통해 나오지 못하고 혈관 내에서 기체 방울을 형성해 혈관을 막는 질환이다.

② 수심10M 이상으로 잠수하는 경우 급속히 상승하거나 신체조직이 질소로 포화되기에 충분한 시간까지 잠수하고 있는 경우에 생긴다.

③ 특히 **수심 25 m를 초과하여 잠수를 할 경우는 감압병 발생률이 현저히 커지는 것으로 보인다.**

④ 분류

㉠ 제1형 감압병: 근골격계 통증, 피부 증상, 림프 증상이 이에 속하며 대체로 경미한 편이다. 근골격계 통증, 어깨, 팔꿈치, 손목, 무릎처럼 관절 부위에 호발 한다.
이러한 통증은 조금씩 진행되는 양상을 보이며 관절을 움직여도 완화되진 않는다. 피부 가려움증, 반점이나 피부색 변화, 부종 등도 나타날 수 있다.

㉡ 제2형 감압병은 1형보다 더욱 심각한 형태로 신경계 증상, 내이 증상, 심폐 증상 등이 여기에 속한다. 마비, 근력약화, 시각 장애, 배뇨이상 등과 같은 증상이 나타날 수 있다. 어지럼증, 이명, 구토 등과 같은 내이 증상도 여기에 속하며, 비활성 기체 기포가 폐나 심장에 영향을 주어 발생하는 흉통이나 호흡곤란, 기침 등의 증상도 2형에 속한다. 영구적인 장애나 죽음에 이를 수도 있으므로 더욱 적극적인 치료가 필요하다.

⑤ 감압병 응급처치: 일차평가, 공기가슴증 검사 및 처치, 비재호흡마스크로 고농도 산소공급, 앙와위를 유지, 재감압이 가능한 병원으로 이송

---

* 감압병 치료
1. 농도100% 산소를 멈추지 않고 흡입, 과거에는 머리를 낮추어 뇌색전증을 예방한다고 했으나 현재는 뇌부종 위험때문에 수평자세를 권장.

> 2. 수액을 공급한다.(의식이 있다면 알코올이 없는 음료나 물을 마시도록 한다.) 등장액 주입
> 3. 진통제 사용은 정밀진단을 방해하므로 주지 않는다.

2) 폐 과압사고

수면으로 급상승시 주변 압력은 급감하게 되고 폐에 있던 공기가 팽창하면서 폐포막의 파열로 출혈, 폐에서 주변조직으로 공기가 배출되면서 공기가슴증, 피하기종, 종격동 기흉이 발생한다. 복장뼈 아래의 통증과 호흡장애가 온다.

3) 동맥공기 색전증

동맥 공기 색전증은 동맥 내 공기방울로 인해 기관으로 가는 혈액 공급이 차단되는 것을 말함. 폐의 내부 압력이 상승하면 폐포가 파열되고 이로 인해 공기가 형성되면서 순환계내로 유입되고 날카롭고 찢어지는 듯한 통증, 뇌졸중같은 혼란증상, 현기증, 시각장애, 의식저하, 신경장애가 올 수 있다.

4) 세로칸 기흉(종격동 기종)

외상, 염증, 종양 등으로 인한 인접장기의 천공, 또는 폐, 식도 질환에 의해 종격 내에 공기가 존재하는 상태이다.
무증상이거나 흉골하 동통, 호흡곤란, 일반적으로 기흉을 동반하는 경우가 있다.
혈압의 감소, 좁은 맥압, 목소리의 변화, 청색증 증상이 있다. 비재호흡마스크를 통한 고농도의 산소를 투여한다.

5) 질소중독

깊은 물속에 잠수했을 경우 발생하며 뇌를 포함한 체내의 질소 밀도가 높아져 마치술이나 약에 취한 듯한 반응을 보이며 무의식에 빠진다.

3. 고공병

① 고산병: 높은 고도에서 산소 부족으로 발생. 두통, 피로, 메스꺼움 또는 식욕부진 등이 있으며 심각한 경우 호흡 곤란, 혼돈, 혼수상태가 올 수 있다.
많은 사람들의 경우, 이는 8,000피트(2400미터) 이상에서 발생한다. 증상 발현시 하산이 필요하고 중증인 경우 고압산소요법이 필요하다.
② 고지대 폐부종: 고지대에서 혈류의 변화로 폐압상승 및 고혈압에 의해 발생한다. 소아가 가장 취약하며 여성에 비해 남성이 더욱 자주 발생한다. 마른기침, 수포음, 호흡곤란, 청색증, 기침 시 거품 섞인 가래, 혼수/사망
③ 고지대 뇌부종: 원인은 없으며 급성 고산병, 고지대 폐부종이 있는 환자에게서 진행성 신경 감퇴의 형태로 나타남. 뇌 조직 내부의 체액 증가로 인해 뇌압이 상승된다.
정신상태 변화, 운동능력 실조, 혼수상태, 부분적인 신경학적 증상이 동반된다.

4. 체온으로 인한 질환

(1) 체온관리

체온균형을 유지하기 위해 신경계, 순환계, 피부, 땀, 떨림기전으로 필요한 변화를 자극 시킨다.

1) 열 생산

① 기초대사율(BMR:생명을 유지하기 위해 필요한 에너지의 양)

안정시대사율 resting metabolic rate, RMR은 날마다 사람과 다른 짐승들이 휴식 시기에 들이는 에너지의 양이다. 성별, 연령, 음식섭취, 운동, 호르몬, 교감신경계의 활동 등에 의해 영향을 받는다.

표준상태: 잠에서 깨어난 뒤 완전한 휴식상태에서 12-18시간 금식하고 편안한 25도의 온도에서 30-60분 동안 절대안정 후 에너지 이용 속도를 측정한다.

② 근육운동

몸이 떨리면 열 생산량이 정상의 4~5배가 증가된다. 운동과 같은 수의적인 골격근수축 에너지가 발생한다.

③ 교감신경계 자극

nor-epinephrine, epinephrine에 의한 교감신경계 자극은 신체의 대사율을 증가시킨다.

에피와 노에피는 글리코겐을 분해하기 위해 근육과 간 조직을 자극한다. 글리코겐이 대사되면 포도당은 에너지원으로서 세포에서 이용된다.

에피와 노에피는 혈당치가 정상이하로 떨어지면 방출되고 갈색지방조직은 노 에피에 의한 교감신경의 자극으로 열을 방출한다.

④ 갑상선 호르몬

티록신은 세포대사율 증가, 세포의 신진대사 증가, 열생산 자극 ⇒ 화학적 열생산, 뇌, 고환, 지라와 망막에 있는 세포를 제외한 모든 세포의 대사율 증가에 영향을 미친다. 과다분비 시 만성적으로 체온0.5도 상승시킨다.

⑤ 체온상승

체온이 상승함에 따라 세포자극, 열생산과 대사율을 증가시킨다. 체온1도 상승시 열 생산율은 13%증가

2) 열 소실

① 피부

복사, 대류, 전도 및 증발에 의한 열의 이동은 주로 피부에서 이루어진다.

열의 양은 피부와 주위 공기층 사이의 온도 경사도에 비례하며, 피부순환에 의해 조절된다. 이때 온도경사도는 피하지방과 근육의 두께, 옷의 두께, 색깔에 의해서 영향을 받는다.

피부온도가 15℃ 이하로 감소되면 오히려 피부혈관이 확장되는 반응이 나타나는데 이는 냉자극에 대한 혈관의 직접적인 반응으로 혈관이 마비되고 bradykinin이 분비되어 혈관이 확장되기 때문이다.

② 폐
　호흡기로부터 수분이 증발 되므로 체열이 손실된다.
③ 소화, 비뇨기계
　대변과 소변의 배설을 통한 체열 손실량은 매우적다. 전체의 1%에 불과하다.

(2) 체온조절기전

1) 체온조절요소
　① 체온조절중추
　　체온조절중추는 시상하부 중 전 시상하부의 온열중추(체열손실중추)와 후 시상하부의 한랭중추(체열생산중추)이다.
　　체온조절중추는 기준점이 37℃로 되어 있는 항온조절기처럼 작용한다.
　② 구심성 회로: 피부의 온도수용체 - 척수 - 시상하부
　　체온조절중추는 온도수용체, 즉 냉각수용체와 온각수용체에 감지된 정보가 척수를 통해 시상하부로 전달된 피부체온에 대한 정보를 받게 된다.
　　피부에는 냉각수용체가 온각 수용체보다 10배가 많으며 주로 사지 등의 말초에 많이 분포한다. 반면 온각 수용체는 가슴이나 머리에 많이 분포한다.
　　두 수용체가 가장 조밀한 부위는 손과 얼굴이다.
　③ 원심성 회로: 시상하부의 정보 - 뇌간 - 척수 - 효과기 - 혈관운동 및 발한

(3) 체온조절의 방법

체온이 낮을 때 피부의 털들이 서게 되어 소름이 끼치게 된다.
털이 서면 털과 털 사이에 공기층이 생기게 되어 열이 보존 된다.

1) 발열
　어떤 병적원인으로 체온이 상승
　시상하부의 온도 기준점의 상승으로 체열생산기전이 활성화되므로 체온이 정상범위보다 상승한다.

2) 발열시 일어나는 생리적인 변화
　① 기초대사의 상승
　② (그로인한) 단백질의 분해촉진
　③ 수분의 증발로 인한 탈수
　④ 전해질의 감소
　⑤ 심기능의 항진
　⑥ 호흡의 촉진
　⑦ 자율신경 실조에 의한 많은 증상 등이 나타나게 된다.

3) 해열제의 역할

타이레놀과 아스피린과 같은 해열제는 시상하부에서의 발열성 prostaglandin 합성을 억제함으로써 기준점을 낮추어 해열작용을 한다.

4) 발열의 단계

오한기 → 발열기 → 종식기

① 오한기/상승기
- 열이 올라가고 있는 시기(10-40분 지속)
- 증상: 오한, 혈관수축, 차갑고 창백한 피부, 전율, 기모근 수축(소름)

② 발열기/고온기
- 상승한 지정 온도에 도달되어 상승된 체온이 일정기간 지속되는 시기
- 증상: 피부 상기, 빠른 맥박과 호흡, 구강점막건조, 탈수, 소변량 감소, 요 비중증가

③ 종식기/회복기
- 열소실 기전이 일어나는 때
- 증상: 말초혈관 이완, 열 소실증가, 발한, 골격근 긴장 감소

5) 열의 종류와 양상

① 간헐열(intermittent fever)

1일 1℃ 이상 차이를 나타내면서 열이 오르고 정상 혹은 그 이하까지 떨어지는 형태

② 이장열(remittent fever)

1일 체온차가 1℃ 이상이면서 하루에도 체온 변화가 심하고 정상체온보다 높은 형태

③ 지속열, 계류열(continued fever)

체온상승이 며칠 혹은 몇 주 동안 계속되며 약간의 변화는 있으나 항상 고열상태가 지속되는 것. 장티푸스, 일본뇌염, 성홍열, 수막염 환자

④ 재귀열(relapsing fever)

1-2일 간격으로 비정상체온과 정상체온이 반복적으로 변화하는 형태

(4) 고온관련질환

1) 열사병

높은 기온과 습도에 폭로되어 열을 적절히 방산시키지 못하고 열 조절부전 상태에 빠진 것. 심부온도가 40.6도 이상이며 중요3대증상인 **중추신경장애, 체온의 상승, 무한증**을 보인다. 의식변화, 불안, 이상행동, 신경질적 반응, 환각, 경련, 운동 실조, 의식소실 및 혼수증상, 호흡과 빠른 맥, 낮은 혈압, 마르고 뜨거운 피부

2) 열탈진(일사병)
- 땀을 많이 흘리고 전해질 공급 부족으로 탈수와 전해질 이상 발생
- 체온은 정상에서 40℃ 까지 다양
- 대개는 의식 상태는 정상

- 두통, 어지러움, 피로, 무기력, 구토 증상
- 빈맥, 실신, 과호흡, 저혈압, 발한

3) 열 경련★(기출)
   - 과도한 신체 활동으로 인한 발한과 염분소실로 갑작스런 불수의적인 근육 경련
   - 체온은 정상인 상태

4) 열 실신
   - 더운 환경에 노출시 적응하지 못하고 발생하는 기립성 실신으로 뇌혈류가 정상으로 돌아오면 의식이 정상으로 돌아온다.

5) 열 부종
   더운 환경으로 손과 발, 발목에 부종이 생김.

6) 응급처치
   ① 고온환경으로부터 이동시키고 의복을 제거한다.
   ② '환자 초기 평가 처치표준지침'에 따라 평가, 처치 시행
   ③ 의식이 정상인 환자
      열경련, 열실신, 열탈진 의심환자는 경구로 전해질 음료 투여, vital sign과 산소포화도 Check하면서 이송한다.
   ④ 의식이 떨어진 환자(V 이하): 열사병 의심 환자
      - 즉시 이송을 하면서 처치를 시작한다.
      - 환자를 편평한 곳에 반듯하게 눕혀 안정을 취하게 하고 수축기혈압이 90mmHg 미만이 아닌 경우에는 흡인을 방지하기 위해 상체를 30도 정도 올려준다.
      - 기도를 개방하고 환자의 의식이 'P' 이하인 경우 입인두 기도기를 삽입하여 기도를 유지한다. 만약 환자가 구역반사를 보일 경우에는 이를 제거하고 코인두기도기를 삽입하여 기도를 유지한다.
      - 의식이 V이고 말초산소포화도가 94%이하인경우, 안면마스크를 통하여 6~10L/min의 산소를 투여한다.
      - 의식이 P, U이고 말초산소포화도가 94%이하인경 경우
        백밸브마스크를 통하여 10~15L/min 의 산소를 투여하고 필요한 경우 양압 환기를 시행한다.
      - 즉시 혈당을 측정하여 70미만이면 정맥로를 확보하여 50% 포도당액 50mL(10% 포도당 용액을 2mL/kg)을 투여 한다.
      - 수분보충을 위해 경구 투여를 하면 안 되고 정맥로를 확보하여 300mL(소아는5mL/kg)의 생리식염수나 젖산 링거액을 투여하고 혈압, 맥박수, 의식, 등이 정상 범위로 회복되는지 확인한다. 쇼크가 지속될 경우 1L(소아는 10mL/kg)까지 수액을 지속적으로 투여한다.
      - 열부종이 발생한 부위는 심장보다 높게 올린다.

(5) 저체온증

우발성(환경성), 대사성, 시상하부 이상 혹은 중추신경 기능 이상, 약물유발 성, 패혈증, 피부 질환, 의인성(수액 요법 등에 동반)에 의해 생긴다.

저 체온증은 임상적으로 중심체온(심부체온)이 35℃ 이하로 떨어진 상태를 말한다.

인체의 열 생산이 감소되거나 열소실이 증가될 때, 또는 두 가지가 복합적으로 발생할 때 초래되며, 저 체온증은 갑자기 생기거나 점차적으로 발생할 수 있다. 체온이 정상보다 낮아지면 혈액 순환과 호흡, 신경계의 기능이 느려진다.

1) 분류

가. 경증(경한): 심부체온이 33~35℃인 경우, 일반적으로 떨림 현상이 두드러지고 피부에 '닭살'로 불리는 털세움근(기모근) 수축 현상이 일어난다. 피부 혈관이 수축하여 피부가 창백해지고 입술이 청색을 띠게 된다. 기면 상태에 빠지거나 발음이 부정확해지기도 한다.

나. 중등도: 심부체온이 29~32℃의 경우를 말하며, 의식 상태가 더욱 나빠져 혼수상태에 빠지게 되고, 심장 박동과 호흡이 느려진다. 근육 떨림은 멈추고 뻣뻣해지며 동공이 확장되기도 한다.

다. 중증: 심부체온이 28℃ 이하가 되면 중증의 저체온 증 상태가 되어 심실세동과 같은 치명적인 부정맥이 유발되어 심정지가 일어나거나, 혈압이 떨어지며 의식을 잃고 정상적인 각막 반사나 통증 반사 등이 소실된다.

2) 원인

추운 환경에 노출되면 인체는 정상적으로 떨림과 근육 긴장, 대사량 증가 등을 통해 체온을 유지한다. 이러한 체온 유지는 대표적으로 시상하부의 조절로 이루어진다.

저 체온증을 일으키는 몇 가지의 원인을 살펴보면 다음과 같다.

가. 우발성(환경성) 저체온증

추운 환경에 노출되어 나타나는 것으로 특히 옷을 충분히 입지 않고 비에 젖거나 바람에 맞으면 위험하다. 보통 16~21℃ 이하의 수온에서 잘 일어난다.

나. 대사성 저체온증

다양한 내분비계 질환(갑상샘 기능저하증, 부신기능저하증, 뇌하수체 기능저하증)에서 기인하며, 저혈당 발생 시에도 동반될 수 있으며, 뇌손상이나 종양, 뇌졸중과 같은 중추신경계 이상 역시 저 체온증을 유발할 수 있다. 알코올 중독이나 약물 중독 환자에게 저 체온증이 자주 나타나는데, 알코올은 혈관을 확장시켜 열 발산을 증가시키고 중추신경계를 억제하여 추위에 둔감해지게 되고, 이 결과로 저체온증이 생기게 된다.

다. 기타

패혈증의 경우에도 시상하부의 온도 중추 기능을 마비시켜 저체온 증을 일으키기도 한다. 또한 머리에 심한 외상을 입었을 때에도 저체온에 빠질 수 있다.

3) 응급처치 절차 및 방법

① 젖은 의복 제거 및 마른 담요로 환자를 감싸고 저온환경에서 환자를 이동시켜 저온 노출로부터 환자를 보호한다.

② 무맥성 또는 무호흡, 저체온 심 정지 치료 프로토콜을 따른다.

심정지로 확인되면 심장 충격기를 준비한다.

구급대원이 2인 이상일 경우 심장충격기를 준비하는 동안 다른 구급 대원은 심폐소생술을 시행한다.

심폐소생술은 다음의 가슴압박 기도확보 호흡보조를 포함하여 실시한다.

2020년 심폐소생술 가이드라인을 따른다.

4) 응급처치 시 주의사항

환자에 대한 과도한 조작은 부정맥을 유발 시킨다.

체온 측정이 불가능한 상황이라면 몸을 만져보고 떨림이 있는지 확인하여 체온을 추정한다. 저체온 증에 의한 심정지 상태에서는 정상 체온에서 보다 훨씬 오랜 기간 동안 뇌의 생존 가능성을 유지할 수 있다. 따라서 저체온에 의한 심정지의 경우 신체의 분리 등의 명백한 사망의 증거가 없으면 무조건 심폐소생술을 시행한다.

(6) 동상

인체는 섭씨 15℃(화씨 59°F) 이하에서 피부에 가까운 혈관을 수축시켜 중심 체온을 유지한다. 추운 날씨나 환경에 오랜 시간 노출되면, 혈관이 지속적으로 수축함으로써 신체 말단부에 공급되는 혈류가 감소하여 조직이 손상되며 이것이 바로 동상이다.

손가락, 발가락, 귀, 코 등에 잘 생긴다.

신체 조직은 섭씨 영하 2℃(화씨 28°F) 이하가 되면 얼기 시작하며, 세포 내에 얼음 결정이 생겨 손상된다. 이 세포들이 재 가온되며 세포가 터지면 추가 손상이 생긴다. 또한 체액과 단백질이 손상된 혈관으로 새어 나와 부종과 수포를 일으킨다.

동상 환자의 75%는 무감각을 겪으며 초기에는 가벼운 건드림, 통증, 온도에 대한 감각이 소실되고 혈관이 심하게 수축되어 손상이 되면 지각 마비(무감각증)가 온다.

1) 동상의 분류

표재성 손상 : 1도, 2도 동상

심부 손상: 3도, 4도 동상

① 1도 동상

    가. 부분적인 피부의 동결, 발적, 부종이 있고 수포나 괴사는 없으며 때때로 손상발생 5~10일 후에 피부 박탈이 생길 수 있다.

    나. 일시적인 화끈거림, 고동치거나 쑤시는 양상의 통증, 땀이 많이 날 수 있다.

② 2도 동상

    가. 피부 전층의 손상, 발적, 부종이 있고, 맑은 액체가 들어 있는 작은 수포, 피부 박탈 및

흉터를 일으키는 수포 등이 나타난다.
나. 감각 저하, 고동치거나 쑤시는 통증이 나타난다.
③ 3도 동상
가. 피부 전층의 손상 및 피하층의 동결이 나타나고, 자줏빛 혹은 출혈성 수포가 나타나며 피부괴사, 청회색으로 변색한다.
나. 처음엔 손상 부위가 나무조각과 같이 무감각하다가 이후 화끈거리고 쑤시는 듯한 양상의 통증이 나타난다.
④ 4도 동상
가. 피부 전층, 피하층, 근육, 인대, 뼈의 동결이 나타나고, 부종은 거의 없으며, 초기에 얼룩덜룩한 반점, 진한 빨강 혹은 청색증 나타나고 이후 건조되면서 검은색으로 변한다.
나. 관절의 쑤시는 듯한 통증을 호소할 수 있다.

2) 동상의 치료

동상 치료에는 급속 재 가온법을 사용하고 섭씨 37~42℃ 정도의 온수조에 피부가 말랑말랑해지고 홍조가 생길 때까지 동상 부위를 담가서 녹인다. 대개 30~60분 정도가 소요되며, 이때 상당히 통증이 심하므로 특별한 금기가 없으면 진통제를 사용할 수 있다. 일단 피부가 녹으면 혈액응고 억제제(blood-thinning medication), 항 염증제, 항생제 등으로 치료하고 일부 괴사 조직을 제거할 수 있다. 고단백 식사와 금연도 치료에 도움이 된다.

3) 동상의 응급 대처법

① 환자를 따뜻한 곳으로 옮긴다.
② 젖은 옷을 벗기고, 따뜻한 담요로 몸 전체를 감싸준다.(전열구는 좋지 않다.)
③ 혈액순환을 위해 동상부위를 즉시 38~42도 정도의 따뜻한 물에 20~40분간 담근다.
④ 따뜻한 물을 보충해 가면서 물이 식지 않도록 한다.
(다시 추위에 노출시켜서는 안된다. 환부로 가는 혈액순환이 손상됨.)
⑤ 귀나 얼굴의 동상은 따뜻한 물수건을 대주고 자주 갈아주거나 귀나 코, 안면 등은 따뜻한 손을 얹어 피부 색깔과 감각이 돌아올 때까지 계속 놓아둔다.
⑥ 소독된 마른 거즈를 발가락과 손가락 사이에 끼워 습기를 제거하고 서로 달라붙지 않도록 한다.
⑦ 동상 부위를 약간 높게 해서 통증과 부종을 줄인다.
⑧ 통증 완화를 위해 진통제를 사용한다.
⑧ 궤양이 생겼으면 파상풍 접종을 받는다.

09 중증손상(다발성 손상, 중증 외상소생술)

외상환자의 중증도 평가 및 분류 지침은 생리학적 불안정성, 외상의 해부학적 부위, 손상기전, 환자의 기저질환 등을 고려하여 판별한다.

생리학적 불안정성은 활력징후 및 의식수준에 따라 평가하며, GCS가 (glasglow coma scale) 13점 이하, 수축기 혈압이 90mmHg이하, 분당 호흡수가 10회 미만 또는 29회 이상인 경우 생존률이 낮다.

1. 다발성 외상환자의 평가 시 중요사항

① **호흡기 기능 평가(기도확보)**, 기도폐색을 유발할 수 있는 안면부 골절, 구강이나 비강, 인후등의 손상, 경부에 심한 피하기종이 있는 경우 구강을 포함한 기도부위에 출혈이 있는 경우 반드시 기도삽관을 시행할 것. (이때 호흡부전이 생겼다면 이유를 찾아볼 것 긴장성 기흉, 개방성 기흉, 폐좌상, 동요흉, 심각한 두부손상과 저 혈량성 쇼크는 뇌의 저 산소증으로 중추성 호흡부전을 초래할 수 있다. 양압 환기 시행할 것)

② **쇼크 및 수액치료**

③ **수혈** 쇼크 환자에서 혈관 내 순환량의 회복뿐만 아니라 산소 운반 능력의 회복을 위하여 수혈이 필요하다. 전통적으로는 혈색소 수치를 10 g/L 정도 유지하는 것이 수혈 치료의 목표였지만, 최근에는 과도한 수혈이 염증 반응을 악화시킬 수 있으므로 7-9 g/L 정도의 혈색소 수치를 유지하는 것으로 권장되고 있다. 출혈의 원인을 치료하기 전에 혈압을 너무 빠르게 올리면 오히려 출혈이 더 심해질 수 있으므로, 정상 혈압보다 약간 낮게 유지하여 요골동맥이 만져질 정도의 혈압을 유지하는 것이 권장된다.

합병증 ⇒ 전신성 염증 반응 증후군

2. 다발성/ 중증손상

외상: 구급대원은 병원전 단계인 현장에서 외상 **환자의 중증도를 정확하게 평가**하고 분류한 후에 근거리의 의료 기관을 거치지 않고 외상의 중증도에 근거하여 적정 수준의 의료 기관을 선정하여 이송해야 한다. 다음의 기준에 해당하는 경우, 다발성 또는 중증외상환자로 분류한다.

➕ GCS(glows coma scale) 참고

기준	행동		점수
Eye Response 눈반응	spontaneously	자발적으로 눈을 뜬다.	4
	to voice	부르면 눈을 뜬다.	3
	to pain	통증에 의해 눈을 뜬다.	2
	none	눈뜨지 않음	1
Verbal response 언어반응	orientated	지남력 양호함.	5
	confused	혼돈된 대화	4
	in-appropriate words	부적절한 언어 (단어를 사용하나 문장을 만들지 못함)	3
	incomprehensible sounds	이해 불가능한 소리(신음소리)	2
	none	말하지 않음, 기관절개 및 기관내 삽관 상태	1

	obey commands	명령에 따른다.	6
Motor response 운동 반응	localize pain	통증부위 인식 가능	5
	withdraws	회피굴곡반응 (정상적인 굴절반응으로 통증자극을 피하기 위해 움직인다)	4
	abnomal flexion	이상굴곡반응 (제피질경직 decorticate rigidity: 어깨 내회, 주먹을 꽉 쥔 손)	3
	abnomal extension	이상신전반응 (제뇌경직 decerebrate rigidity: 팔의 내전, 주먹을 꽉 쥐고 손목과 팔목과 다리는 신전)	2
	none	전혀 움직이지 않음	1

♣ 중증외상의 평가기준은 **생리학적소견 〉 신체검사 소견 〉 손상기전 〉그 외 구급대원 판단**의 순서 우선순위로 선택하며 다른 항목의 소견과 중복되지 않도록 한다.

3. 중증외상의 기준

(1) 생리학적 기준

- AVPU 의식수준 V이하 또는 글라스고우 혼수척도 ≤13
- 수축기혈압 〈 90mmHg
- 분당호흡수 〈 10 혹은 〉 29

(2) 신체검사 소견에 따른 기준

- 관통 또는 자상(머리, 목, 가슴, 배, 상완부, 대퇴부)
- 동요가슴(flail chest)
- 두 개 이상의 근위부 긴뼈 골절
- 압궤(crushed), 피부가 벗겨진(degloved), 썰린사지=짓이기다(mangle)
- 손목, 발목 상부의 절단
- 골반 뼈 골절
- 열린 또는 함몰 두개골 골절
- 마비

(3) 손상기전에 따른 기준

1) 추락

- 성인: 6m이상 (건물 3층 높이 이상)
- 소아: 3m이상 (건물 2층 높이 이상)

2) 고위험 교통사고

→ 차체 눌림 찌그러짐(차량전복): 30cm이상 안으로 밀림/45cm이상 차체 찌그러짐
→ 자동차에서 이탈(튕겨져 나감)
→ 동승자의 사망

3) 자동차 대 보행자/ 자전거 사고
- 충돌로 나가떨어짐, -치임
- 시속 30km 이상의 속도에서의 사고

4) 30Km 이상 속도의 오토바이 사고

5) 폭발사고

※ 유의점: 환자의 증상이 경증일지라도 증상과 관련 없이 위의 사고 기전에 해당 되면 표시하여 기록한다.

- 중증외상센터로의 이송을 심각하게 고려해 볼 수 있는 환자의 의학적 질병상태 및 특수상황이 분류에 해당될 경우 이송병원 선정은 직접 의료지도를 요청하여 지도에 따른다.
  - 위험한 나이: 성인 55세 이상, 소아 10세 이하
    항응고 질환, 출혈성 질환
    화상과 외상이 동반된 경우
    투석이 필요한 말기신장 콩팥 질환
    시간 지연에 민감한 사지 손상
    임신 20주 이상
  - 구급대원의 판단

(4) 수정된 외상 점수

글래스고 혼수 척도		수축기 혈압		호흡률	
GCS	포인트	SBP	포인트	RR	포인트
15 - 13	4	〉89	4	10 - 29	4
12 - 9	3	76 - 89	3	〉29	3
8 - 6	2	50 - 75	2	6 - 9	2
5 - 4	1	1 - 49	1	1 - 50	1
3	0	0	0	0	0

이 세 가지 점수(Glasgow Coomatic Scale, 수축기 혈압, 호흡기 비율)는 RTS = 0.9368 GCS + 0.7326 SBP + 0.2908 RR의 가중 합계를 구하는데 사용된다.

RTS의 값은 0 - 7.8408 범위에 있다. RTS는 다계통 부상이나 중대한 생리학적 변화 없이 심각한 머리 부상을 보상하기 위해 글래스고 코마인 스케일에 크게 가중된다. RTS 〈 4의 문턱값은 다소 낮을 수 있지만 외상 센터에서 치료해야 하는 환자를 식별하기 위해 제안되었다.

(5) 중증 외상소생술

외상에서 심혈관계 상태는 저혈량, 저혈압, 저관류중 하나이상이 신체에 영향을 미친다. 다발성 외상은 중추신경계, 호흡계, 심혈관계가 관여하는 경우가 많으므로 쇼크, 다발성 외상소생술은

심한 손상환자가 외상센터로 이송한다.

1) 환자평가 필수항목

　① 병력청취
　　　- 환자의 나이, 의학적 질병상태 등의 정보를 수집 한다.
　　　- 손상기전에 대한 정보를 수집한다.
　② 신속한 외상초기평가
　　　- 생명을 위협할 수 있는 손상유무의 확인과 처치를 위해서 신속한 외상 초기평가를 시행한다.
　　　- 환자의 혈 역학적 상태와 증상을 평가한다.
　　　- 환자의 의식 상태와 동공반사 사지운동을 평가한다.
　　　- 전신의 손상부위를 확인한다.
　　　- 처치와 함께 이송 중 활력징후, 산소포화도, 의식 등의 평가를 5분마다 반복한다.

2) 응급처치 절차 및 방법

　기도를 개방하고 환자의 의식이 "P" 이하인 경우 입인두 기도기를 삽입하여 기도를 유지한다. 만약 환자가 구역반사를 보일 경우에는 이를 제거 하고 코인두기도기를 삽입하여 기도를 유지한다. 단, 두개골 기저부 골절이 의심되는 상황인 경우 코인두기도기를 삽입하지 않고 도수조작(두부후굴 제외)만 시행한다.
- 외상으로 인한 저산소증 교정을 위해 안면마스크로 6~10L/min의 산소를 투여한다.
- 경추(목뼈)고정을 시행한다.
- 생명을 위협하는 외부출혈이 확인되면 멸균된 소독거즈로 압박하여 지혈한다.
- 환자의 수축기혈압이 90mmHg(소아의 저혈압 기준은 출생후~1개월: < 60, 1~12개월 < 70, 1~10세미만인 < 70+(나이×2), 10세이상은 < 90 (mmHg) 미만인 경우 18G이상으로 정맥로를 1개이상 확보하고 300mL(소아는 5mL/kg)의 생리식염수나 젖산 링거액을 투여하고, 혈압, 맥박수, 의식 등이 정상 범위로 회복되는지 확인한다.)
쇼크가 지속될 경우 1L(소아는 10mL/kg)까지 수액을 지속적으로 투여 한다.
- 산소포화도, 심전도를 포함한 지속적인 활력징후 감시를 시행 한다.
- 평가 및 처치, 이송 중 저체온에 빠지지 않도록 유의한다.
- 적응 증에 해당되는 경우 해당 부위 척추고정을 하여 이송을 준비한다.
- 이송 중 처치에 대한 의료지도를 받고 이송할 의료 기관에 환자상태를 알린다.

3) 응급처치 시 주의사항

- 중증손상환자 기준에 해당하는 경우 현장 처치시간은 최대 10분미만으로 최소화하는 것을 원칙으로 하고 환자평가과정으로 인해 이송이 지연되어서는 안 된다.
- 환자의 모든 자세변환은 통나무 굴리기 법으로 한다.
- 손상부위별 또는 생리학적 이상의 처치는 각각의 지침을 따른다.

CHAPTER 04 내과응급

01 호흡계 응급질환

1. 호흡기계
상부기도(Upper Airway): 비강, 인두, 후두
하부기도: 기관, 기관지, 허파꽈리, 허파

2. 호흡관리
- 외호흡: 허파꽈리의 모세혈관에서의 가스교환
- 내호흡: 혈액과 세포사이의 가스교환
- 전도영역: 코안 – 인두 – 후두 – 기관 – 기관지 – 세기관지 – 종말세기관지
- 호흡영역: 호흡세기관지 – 허파꽈리관 – 허파꽈리

3. 호흡기능과 호흡운동

(1) 호흡기능
1) 환기(Ventilation): 외부 공기와 허파꽈리 속 공기의 교환
2) 확산(Diffusion): 허파꽈리 속 공기와 혈액 사이 분압 차에 의한 가스 교환
3) 관류: 허파모세혈관을 통해 혈액이 순환하는 것. 효과적인 관류가 일어나기 위해서는 충분한 혈액량이 필요하고 허파모세혈관이 혈액을 모든 부분의 허파조직으로 운반해야 하기 때문에 혈관들이 막히거나 차단되어서는 안 됨.

(2) 호흡 조절
- 가로막, 바깥갈비 사이근 수축 시 가슴확장과 허파 팽창(들숨)
- 이완 시 축소(날숨)
- 호흡 조절 기전
  ① 호흡조절 중추에 의한 조절
  ② 화학수용체에 의한 조절
  ③ 기계수용체에 의한 조절

> 참고) CPAP금기증
> ① 의식저하 또는 자발호흡이 없는 경우 ② 심한 안면부 외상동반시
> ③ 혈역학적 불안정상태 ④ 기흉이 의심될 때

1) 호흡중추

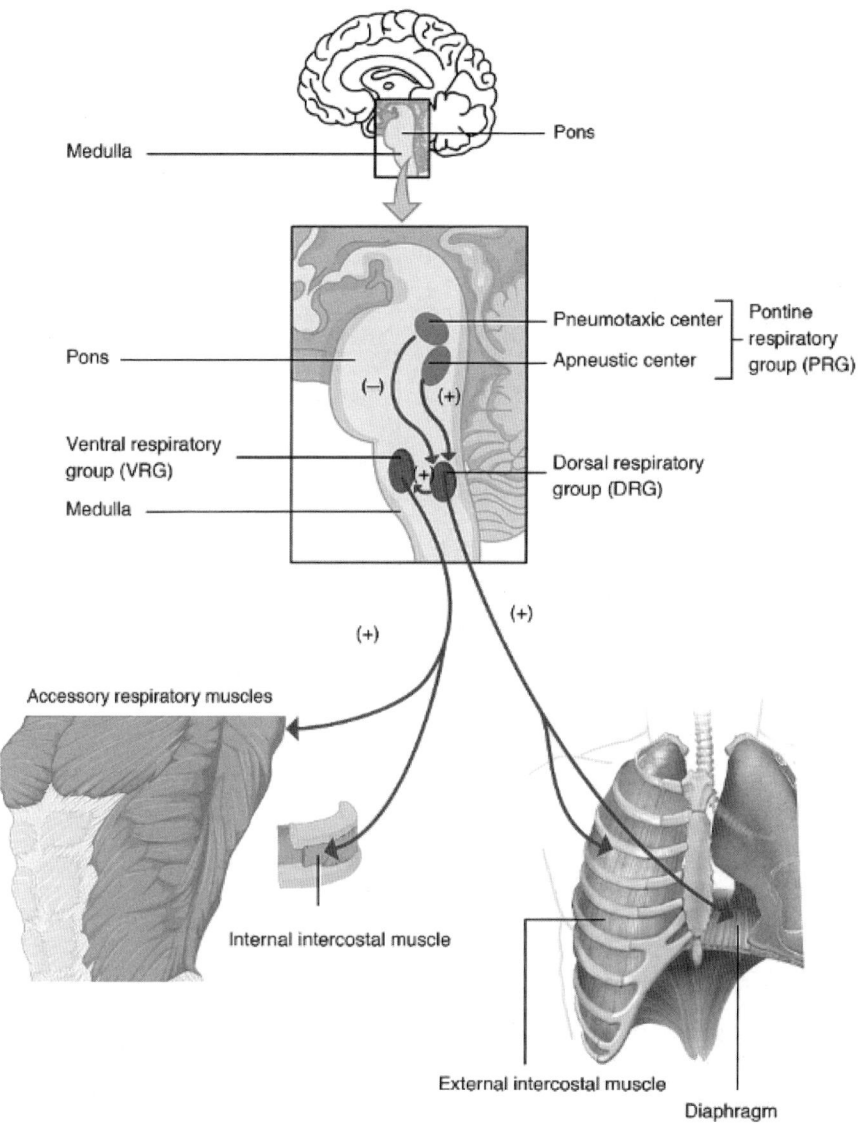

① 숨뇌 medulla
- 등쪽호흡군: 들숨신경세포로 구성, 주기적인 가로막 조절
- 배쪽호흡군: 들숨/날숨 신경세포가 혼재

② 다리뇌 pons
- 지속흡입중추: 숨뇌 등쪽호흡군 세포 흥분
- 호흡조정중추: 숨뇌 등쪽호흡군 세포 억제(우세)

2) 화학 수용체 혈중 CO_2 에 의해 조절

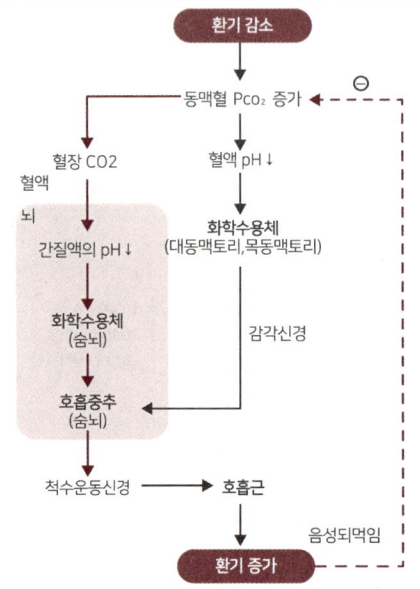
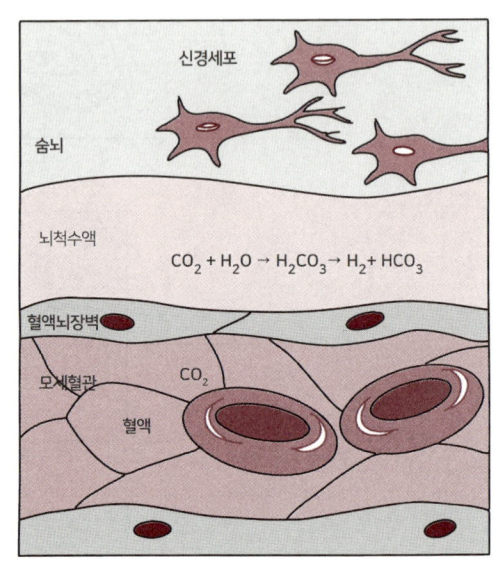

혈액의 CO_2 농도와 pH변화에 의해 음성되먹임조절이 이루어진다.
혈액 뇌장벽에 의해 CO_2는 뇌척수액으로 통과하지만 H^+은 통과하지 않음.

혈중CO_2가 증가하면 혈액과 뇌척수액의 pH를 저하시켜 간접적으로 호흡을 자극한다.

① 주위의 화학적 조성(PO_2, PCO_2, pH)의 변화 감지
② 중추화학수용체
    ⇒ 숨뇌 배가쪽 존재하는 세포, PCO_2, pH에 민감
    ⇒ 혈중 PCO_2↑→ 뇌척수액의 pH↓ → 숨뇌 화학 수용체 자극
③ 말초 화학수용체
④ 목동맥 토리(carotid body), 대동맥 토리(aortic body)
    ⇒ 혈중 PCO_2↑→ 뇌척수 액의 pH↓ 목 동맥토리의 혀인두 신경 자극
       대동맥 토리의 미주신경 자극
       숨뇌 호흡중추 자극

3) 기계수용체에 의한 조절
  ① 헤링-브로이어 반사(Hering-Breuer reflex)
     들숨 → 허파의 뻗침수용기(stretch receptor) 자극 → 숨뇌 들숨신경세포 억제
  ② 잠수 반사(diving reflex)
     차가운 물에 얼굴과 코 수용기 자극 → 무호흡, 서맥 → 허파로 물 흡입 방지

4) 호흡기계 평가

① 일차평가: 숨소리/질식/기도가 막혔는지/무호흡인가/기도확보 및 호흡과 순환
② 병력청취: 주호소/ 현재병력/ 과거병력/ 건강상태 조사
③ 신체검진: 동맥혈 가스분석검사: 조직의 산소화 능력 및 상태, 폐의 환기능력 및 상태 산, 알칼리 상태등을 분석

PaO_2: 80~100mmHg, pH: 7.35~7.45, HCO_2: 22~26mEq/L이다.

가. 입술(pursed lip breathing): 폐쇄성 폐질환이 있는 환자는 기도저항이 증가되어 호기가 길어지는데 이때 숨을 내쉴 때에는 입술을 오므리고 천천히 숨을 내쉰다. 폐렴이나 폐종양 같은 폐에 물이 차 있거나 밀도가 높을 때 나타남.
나. 객담증가: 녹황색은 감염의 징후, 노란색이나 회색은 염증이나 알레르기 핑크색은 폐부종, 객혈은 암이나 결핵, 기관지염을 나타냄.
다. 목의 부종과 감염 여부, 목정맥 팽대(우심실 기능부전)
라. 가슴은 시진, 청진, 촉진, 타진을 통해 평가
마. 팔다리 부종, 발적, 곤봉형손가락(COPD)

4. 호흡기능의 장애

① 환기장애: 상기도·하기도 장애, 신경계 손상으로 인한 비정상호흡
② 확산장애: 가스의 확산장애(허파꽈리의 구조나 가스교환을 변화시키는 질병)
③ 관류장애: 저혈량 요인에 의해 혈류가 부적절하여 정상 과류 저하, 헤모글로빈 감소, 폐색전증

(1) 저산소증

저산소증은 호흡기능의 장애로 숨쉬기가 곤란하여 체내 산소 분압이 떨어진 상태로 동맥혈 가스 검사를 시행했을 때 산소분압이 60mmHg 미만이거나 산소포화도가 90% 미만일 경우를 의미 저산소증은 허파꽈리 저환기, 1회 호흡량의 저하로 인한 부적절한 폐포내 환기로서 혈액내의 탄산가스가 축적, 고 탄산가스 혈증을 초래한다.

폐부종이나 조직으로 산소공급에 장애가 있을 때도 나타난다.

빈맥, 빠르고 얕은 호흡, 호흡곤란, 안절부절 못함, 현기증, 코의 화끈거림, 늑골 하·갈비사이의 퇴화, 청색증 등이다.

호흡시 통증 나타남. 만성 저산소증인 환자는 피로해 보이며 폐내 환기의 증가, 혈색소 농도의 증가 및 곤봉 모양의 손가락 나타남.

(2) 비정상 호흡양상

정상	급속호흡 (Tachypnea)	과호흡 / 과도환기 (Hyperpnea / Hyperventilation)	완서호흡 (Bradypnea)

• 호흡속도
  – 성인 : 분당 15~20회
  – 소아 : 분당 ~44회
	• 원인 : 제한성 폐질환, 늑막염성 흉통, 횡격막의 상승	• 원인 : 운동, 불안, 대사성산증
		• 혼수상태 환자일 경우 중뇌나 뇌교에 영향을 주는 경색, 저산소증, 저혈당증을 고려할 것
			• 원인 : 당뇨성 혼수, 약물로 인한 호흡억제, 뇌압증가

① 체인스톡 호흡: 과호흡과 무호흡이 교차한다.
  • 원인: 심부전, 요독증, 약물로 인한 호흡억제, 뇌손상(대뇌반구 양쪽이나 간뇌), 어린이나 나이든 사람은 잠잘 때 정상적으로 보이기도 한다. 무호흡기간이 점점 증가되고 감소되는 호흡양상으로 두 개 내압상승.
  • 극히 작은 호흡으로 시작해 차츰 깊고 수가 많은 호흡이 되고, 다시 차츰 호흡이 얕아지며 20~30초 가량의 무호흡 시기로 이행한다.
  • **임종직전, 뇌졸중, 뇌종양, 요독증, 심부전, 마약 또는 수면제 복용 시 나타남.**
② 쿠스마울 호흡: 빠르고 깊은 호흡양상으로 신장 기능상실, 대사성 산증, 당뇨병성 케톤산증시 나타난다.
③ 지속성 흡식 호흡: 짧은 날숨과 지속적인 들숨의 호흡양상으로 뇌 줄기의 병변시 나타난다.
④ 비오씨(Biot's) 호흡: 호흡주기 사이에 짧은 휴식기가 있는 빠르고 가쁜 호흡으로 중추신경계나 머리손상시 나타남.

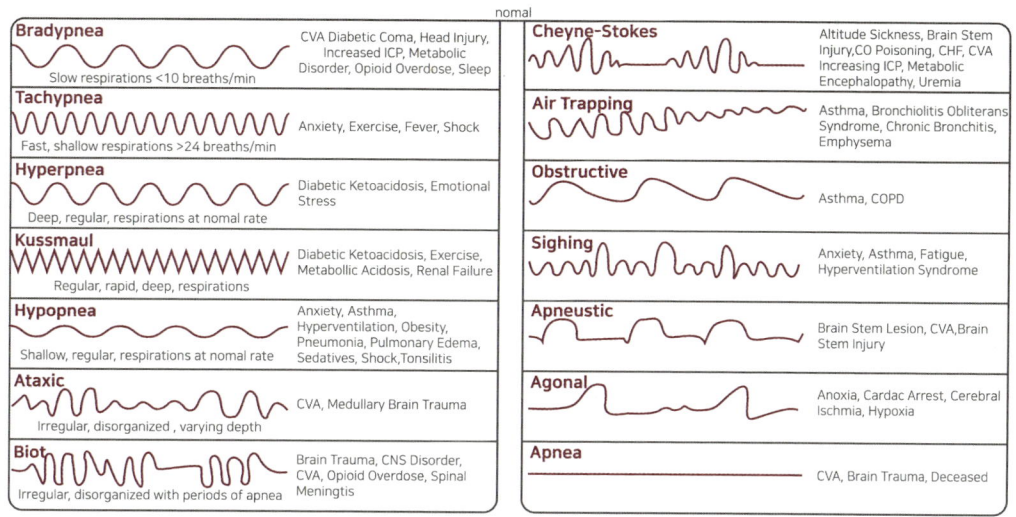

(3) 비정상 호흡음

가. 거품소리(수포음, rale): 기도 안에 가래, 혈액 등과 같은 이물질로 인해 호흡을 함에 따라 기도벽으로 부터 떨어지거나 움직여서 생기는 소리.
   예) 폐결핵, 폐렴, 기관지염, 천식

나. 쌕쌕거림(천명, wheezing): 날숨 때 발생되는 깊고 높은 휘파람 부는 듯한 소리, 부분적으로 좁아진 기도를 통과 시 발생한다. ex) 기관지 협착, 천식, 이물질

다. 가슴막(마찰음, pleural friction rub): 가슴막염(흉막염, pleurisy)으로 인한 염증 때문에 윤활능력을 상실한 내장가슴막(내장측흉막, visceral pleura)과 벽가슴막(벽측흉막, parietal pleura)이 숨을 쉴 때마다 마찰을 일으켜서 발생하는 소리이다.
   약하게 눈을 밟는 소리나 가볍게 바가지 긁는 소리와 비슷한 비연속적인 음을 청진기를 통해 들을 수 있으며 삼출물이 많아질수록 마찰이 줄어들어 소리가 작아진다.
   예) 폐렴, 폐색전증(pulmonary embolism), 흉막염

라. 그렁거림(협찹음, stridor): 숨이 막힐 것 같은 거친 숨소리, 들숨과 날숨이 서로 다른 비연속적인 소리를 내는 데 들숨에서 나는 소리를 협착음 이라고 한다.
   협착음은 상기도가 막혔을 때 공기의 흐름에 의해 형성되는 난기류(turbulent)나 소용돌이(vortex) 때문에 기도의 벽이 떨려서 나는 소리이다.
   예) 기관, 후두개, 후두 등의 상기도 폐색

(4) 일반적인 응급처치

- 기도유지, 경추 손상시(목뼈) 목 부위 고정한 채로 기도 보호 유지
- 호흡장애 시 산소투여
- 저 산소증시 산소투여

- COPD 환자는 우선 산소투여(저산소요법, CO_2 retention주의)
- 반좌위, 좌위
- 진통제로 안위 증진

5. 호흡기 질환

(1) 상부 기도 폐쇄시

1) 원인
   가. 감염: 바이러스와 박테리아에 의한 후두기관 기관지염(예 크룹)
   　　　　인두와 후인두주위의 농양
   　　　　설편도염, 후두개염
   나. 종양
   다. 물리적, 화학적
   　　relaxed tongue, 앙아위로 누워있을 때 **혀**가 목뒤로 밀려서 상기도를 막았을 때 코골기 호흡이 나타남
   　　Food/ Artificial tooth(틀니)
   　　burning of upper airway, edema of the larynx
   라. allergy: 소양감, 쉰목소리, 흡기시 흡착음, 완전폐쇄
   바. 외상성: injury to the neck or face

2) 응급처치
   ① 혀가 목구멍을 막았을 때는 두부후굴 하악거상법, 하악견인법으로 기도를 연다.
   ② 코인두기도기, 입인두 기도기로 개방시킨다.
   ③ 말을 할 수 있는 경우에는 기침을 유도하고, 말을 못하면 하임리히법 시행.
   ④ 의식이 없는 경우 두부후굴- 하악거상법, 하악견인법, 변형된 하악견인법으로 기도개방, 환자코를 막고 2번의 환기시도 회복이 안 되면 변형된 하임리히법을 시행한다.
   (한 손꿈치를 환자의 배꼽과 흉골 하단에 놓고 다른 손을 먼저 손위에 얹는다. 구조자의 어깨가 환자의 배 바로 위에 있도록 앞으로 몸을 이동하고 환자의 머리를 향해 빠르게 윗쪽으로 눌러 밉니다. 혀와 하악을 들어 올리고 손가락으로 이물을 꺼낸다.)

(2) 폐쇄성폐질환

폐쇄성폐질환: COPD에는 만성 폐색성 기관지염과 폐기종 두 개의 폐 장애가 포함(기종, 만성기관지염) pursed lip breathing이 특징

1) 증상 및 징후
   호흡장애(호기시 나음, 호기곤란, 호흡수 증가), 청색증

2) 응급처치

앉은 자세 벤츄리 마스크로 분당 1~1.5L 산소 공급, CO_2 retention을 피하기 위하여 정확하고 일정한 FiO_2를 철저히 조정(고농도 투입에 의한 호흡이 멈출 수 있는 것 주의!)
⇒ PaO_2: 55~60 mmHg (SaO_2 88-90%)이상 유지
→ CO_2 Retention 이 일어나면 PH를 관찰!

4) 폐기종: 장기간의 smoking과 관련

주원인은 가스교환 표면적이 좁아진 것. 종말세기관지의 원위부 폐포 벽의 파괴.
폐포 막의 손실로 폐 조직에 대한 공기의 비율이 증가함.
세 기관지벽이 약화되고 폐 내의 잔여공기량은 증가.
동맥 내 산소분압은 저하되고 다혈구증 때문에 피부는 분홍색을 띠며 체중감소 호흡곤란, 호흡음저하, 아침 기침, 흉곽의 팽창이 제한되고 호기가 길어짐. 호흡의 휴식기간이 줄어들고, 호흡을 하기 위한 열량소모로 야윈 모습, 천명과 건성 수포음이 들린다.

5) 만성기관지염 ★(23년 기출)

증상 및 징후: 장기간 흡연 후 발생하고 호흡기의 점액분비세포 증가, 다량의 객담을 분비한다. 허파꽈리는 이완이 없고 확산은 정상이나 폐포환기량 감소로 가스교환량이 감소되고 저산소증, 과이산화탄소 혈증, 불안, 두통, 인격변화, 폐의 혈관수축, 폐성 고혈압 등이 나타난다. 저산소증은 적혈구 생산을 증가시켜 다혈구증을 나타내고 청색증을 보인다.
건성수포음, 우심부전 동반, 목 정맥 팽창, 말초부 부종, 간 충혈 증상을 나타낸다.

6) 응급처치

① 폐기종과 동일하게 저산소증 제거
② 기관지수축 환원
③ 기도확보
④ 2L이하/분으로 보충산소 투여
⑤ 벤츄리 마스크로 24~35%의 산소투여
⑥ 링거액이나 생리식염수 IV 투여
⑦ 기관지 이완 약제 albuterol, meta proterenol 등을 연무나 분무기로 투여한다.

(3) 천식

1) 증상 및 징후

기도의 수축으로 인한 기도폐쇄와 기도 내 점액의 과다생성, 기도의 만성적 염증성 질환
흡기보다 **호기시의 호흡곤란**이 크며 알레르기로 발생이 가능하고 촉발인자에 노출 되지 몇 분 이내에 2단계반응이 일어난다.
① 1단계는 히스타민 등의 화학매개물이 유리되어 기관지의 평활근이 수축되고 기관지를 둘러싸고 있는 모세혈관에서 체액을 분출시키므로 기관지 수축, 기관지 부종
⇒ 호기성 기류저하로 천식성 발작을 유발

② 2단계는 촉발인자에 노출 된지 6~8시간 이내

초기증상은 잦고 지속적인 기침, 호흡곤란과 천명음

중증도가 증가하면 허파꽈리내에 공기가 증가하여 흉곽의 과도팽창, 빈 호흡, 보조근육을 사용하는 호흡(pursed lip breathing)

극심한 증상은 숨을 멈추고 한 단락의 말을 하거나 한 문장의 말을 다 말하지 못함.

기이맥(흡기중에 수축기혈압이 10mmHg 이상 하강함), 빈맥, 말초혈관의 산소포화도 저하

2) 응급처치

① 100%고농도 산소투여를 하며 앉은 자세로 안정
② 초기 사용약제는 알부테롤(기관지 확장제, 흡입용)투여
③ 코르티코 스테로이드 투여
④ 아미노필린의 IV
⑤ 1:1000 에피네프린 0.3ml 피하주사

(4) 상기도 막힘증(크룹, croup)

1) 증상 및 징후

상기도감염으로 개 짖는 듯한 기침 소리를 내며 열이 나고 밤에 증상이 심하다.
후두경련이 일어나고 호흡곤란이 동반되며 거친 숨소리를 낸다.
가장 흔한 원인균은 RNA virus인 Parainfluenza virus이며 3개월에서 3세까지의 아동에게 잘 나타난다.

2) 응급처치

환자가 있는곳의 습도를 높여주고 수액요법과 휴식을 취해준다.
열이 있을 경우 해열제를 투여하고 환기를 해준다.

(5) 폐 색전증

1) 증상 및 징후

혈전, 지방색전 등이 폐동맥을 막아 혈관을 통과하는 혈류가 완전히 차단되는 것으로 폐혈류가 저하되어 저 산소혈증을 초래한다.
혈전 유발인자는 장기간의 부동, 혈전성 정맥염, 심방세동이며 폐색전 발생시 우측심장이 저항을 받게 된다. 환자의 증상과 징후는 폐색의 크기와 위치에 따라 다르다.
증상은 호흡곤란, 흉통, 빈 호흡, 빈맥, 우심부전, 혈압저하 등이 나타난다.

2) 응급처치

기도확보로 환기를 돕고 최고농도로 산소를 투여한다.
Lactated Ringer's 용액과 생리식염수를 투여할 수도 있다.

(6) 과환기증후군(과호흡)

수족경련: 사지가 펴지고 손가락은 꼬여지는 상태, 서서히 악화되는 호흡곤란, 공포감 불안시 나타남. 스스로 호흡조절이 어렵고 빠른 호흡, 흉통, 무감각

과다한 이산화탄소 배출로 호흡성 알칼로시스를 유발한다.

신경과민, 현훈감, 입주변과 손발의 무감각과 얼얼한 감각, 경련 등이 발생한다.

① 정신적인 스트레스가 원인인지 확인한다.
② 분당 호흡수가 30회 이상이다.
③ 산소가 연결되지 않은 비재호흡마스크를 씌우고 환자의 호흡이 안정되는지 알아본다. (비닐봉투나 종이봉투를 이용한 재호흡 요법은 이산화탄소 증가보다는 혈중 산소분압의 감소가 심하게 나타나므로 사용하지 않는다.)
④ 응급처치는 격려, 호흡참기, 산소공급
⑤ 환자의 손을 들어 환자의 얼굴위에 떨어뜨려 본다. → 얼굴로 떨어지면 뇌졸중이나 다른 질환을 의심.

(7) 급성호흡곤란 증후군(Acute Respiratory Distress Syndrome, ARDS)/비심인성 폐부종

혈관 투과성이 증가되고 허파조직에서 체액 제거 능력이 저하되어 허파의 간질 공간 내 체액 축적으로 발생하는 폐부종의 형태

(8) 후두개염: 세균감염으로 인해 후두개에 염증이 생김.

후두개 부종, 연하곤란, 기도를 막아 호흡곤란, 겨울과 봄에 발생 2~7세에 흔하다.

통증으로 음식물이나 침등을 삼키지 못하고 입으로 흘릴수 있으며 고열, 인후통, 목소리 변화, 머리를 옆으로 기울이거나 뒤로 젖히고 숨을 쉬는 자세를 보인다.

숨을 들이쉴때 쌕쌕거리는 소리가 난다.

치료는 항생제와 스테로이드를 사용한다.

02 심혈관질환 EKG

1. 자극 형성 장애로 인한 부정맥

(1) 동방결절(SA-node)에서 발생되는 부정맥

전도장애는 동방결절에서 발생된 흥분파가 심방, 심실로 전달되지 않고 전도계의 어딘가에서 차단된 상태

1) 동방블록 (SA Block ; sino-atrial block):

> 동기능부전 치료: 아트로핀: 0.5~2.0 mg iv bolus, isoproterenol 1~4μg(마이크로그램/min iv infusion
> 가역적인 원인이 없고 동기능 부전에 의한 증상이 있는 경우 영구형 심장박동기 삽입 고려

① 동성서맥(Sinus bradycardia)

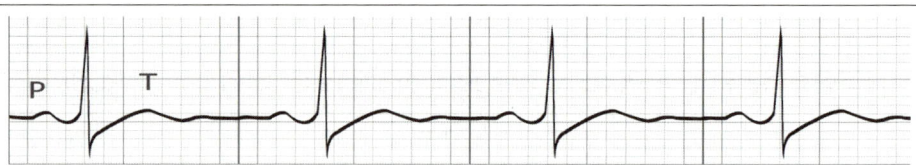

EKG특징: SA node에서 60회/분 이하의 자극을 보낼 때	치료: 대부분 필요 없음. 항콜린 제제: 아트로핀1mg을 정주 　　　　　Isoproterenol(교감신경흥분제) 투여 불응성 서맥: 영구적 인공 심박동기 이식
원인: 미주신경의 활동 증가 또는 교감신경 긴장 저하 보통 수면시, 갑상선 기능저하증, 뇌압상승, 황달, 영양실조, 저체온 - MI, hypothyroidism, 운동선수가 휴식 시 디지탈리스, 베타차단제, 모르핀, 베라파밀, 딜티아젬투약시	

② 동성빈맥(Sinus tachycardia)

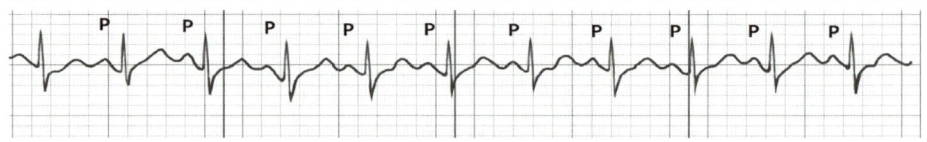

EKG특징: 100~180회/분의 빈맥, 정상 파형, 규칙적 리듬 동방결절에서 P파가 시작하지만 심박동이 빠르면 T파에 감추어짐 PR간격, QRS는 정상범위 혹은 짧아짐	치료: 질환 없이 나타나는 경우는 치료 특별히 필요 없음 베타차단제: 맥박 수 감소, 심근 산소소모 감소 　　　　저혈압이나 angina가 있으면 digoxin이나 β-adrenergic inhibiting agents를 사용하기도 함.

원인: 교감신경 활성화 　　　부교감신경 활동 감소 (미주신경 억압) 　　　운동, 저산소증, 흥분, 불안, 커피, 담배, 알콜 섭취, 식사 후, 기초 대사량 증가시(정상적인 생리적 기전) 　　　저혈압, 갑상선 기능 항진증, 임신, 빈혈, 출혈, 발열 약물: 교감신경 효능제(아드레날린), 부교감신경 억제제(아트로핀)	증상: 무증상 혹은 심계항진

③ 동성부정맥(Sinus arrhythmia) 동방결절에서의 흥분발생이 고르지 못함

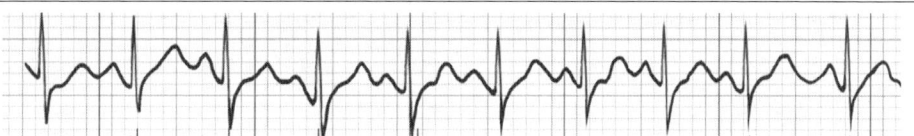

EKG특징: 　가. **호흡성 동성 부정맥**: 호흡주기에 따라 심박동이 빨라지거나 느려지는 경우, 건강한 젊은이나 소아에게 호발 (흡기시 심박수↑,호기시↓) 　나. **비호흡성 동성부정맥**: 호흡주기와 무관하게 심박수가 불규칙적으로 변화, 노인에게 호발 RR간격이 서로 다른데 P파의 모양과 **PR간격이 모두 일정**하다면 동성부정맥	치료: 호흡에 따른 정상반응이므로 특별히 필요치 않음. 　　　증상이 없으면 치료 없이 관찰하나 증상이 있으면 인공심박동기 치료를 함.
원인: 미주신경활동 변화에 의한 경우가 가장 흔함	증상: 호흡과 관련이 있으며 젊은이들에게 흔하고 치료안함. 　　　서맥으로 인한 현기증, 실신, 운동 시 호흡곤란

④ 동성심정지(Sinus arrest) SA node가 전기자극 형성을 일시적으로 못하는 상태

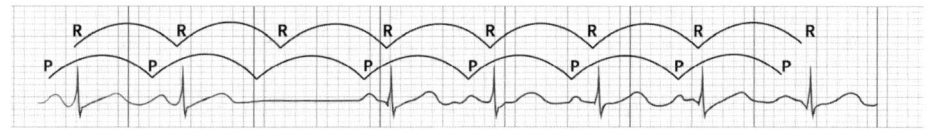

EKG특징: 동방결절에서 수축자극이 전혀 발생하지 않음 　　　P파, QRS군이 동방결절에서 다음 자극이 일어날 때까지 나타나지 않음, 긴 휴지기발생, 3초이상 P파를 관찰 못함	치료: 증상 없으면 관찰 　　　아트로핀(심박동, 심박출량 증가)
원인: 미주신경 활동 증가, 동방결절의 전기자극 형성 장애 　　　관상동맥질환, 심근허혈, 심근경색 　　　저산소증, 고포타슘 혈증, 디지털리스(강심제) 중독 　　　동방결절에는 문제가 없으나 생성된 전기 자극이 심방으로 전도되는 과정에서 문제	증상: 증상 없으면 관찰

2. 심방에서 발생되는 부정맥

> **심방조기박동의 치료**: 증상이 있을 때 베타 차단제 우선 사용

① 심방 조기수축(PAC, APC): SA node의 심박조절자 역할을 심방벽의 이소성 초점에서 하는 경우, SA node에서 자극 주기 전 심방에서 먼저 자극을 주면 조기 심방 수축

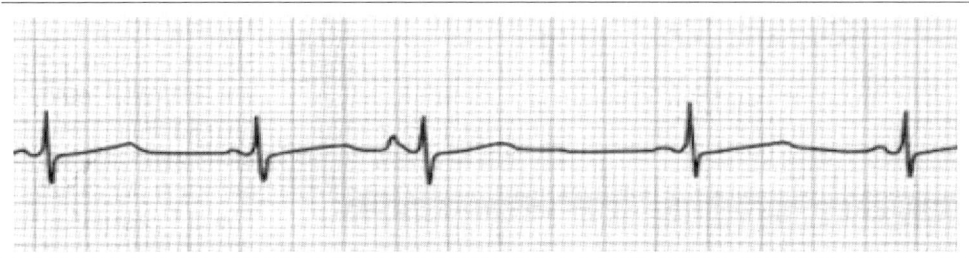

EKG특징: 조기에 나타나는 변형 또는 거꾸로 된 P파, 정상 QRS파, PR간격이 정상보다 단축	치료: 특별한 치료없이 자연히 없어지는 경우 많음 증상이 있으면 베타 교감신경 차단제 사용
원인: 교감신경 흥분 스트레스, 카페인, 심방비대, 심근허혈 등 정상, 비정상 모두 나타날 수 있다.	

② 심방 발작성 빈맥 = 심방 빈맥 (MAT:Multifocal Atrial Tachycardia): 심방내 다른 부위에서 발생하는 부정맥, p파가 점점 올라오다가 선행 T파에 감추어진 P파

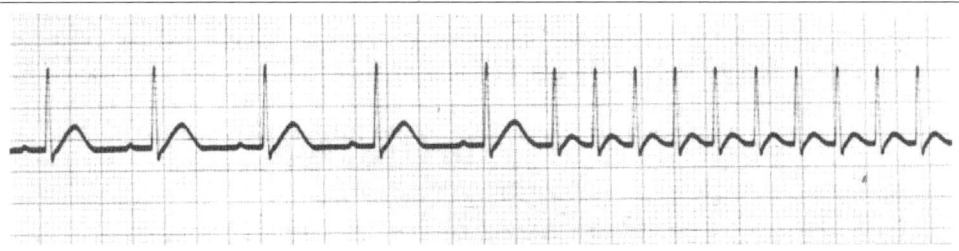

EKG특징: 160~240회/분, P파 있으나 심실박동이 높을 때 선행된 T파에 감춰짐. PR 간격 짧아짐.	치료: 발작시 미주신경 자극(**경동맥 마사지**, 발사바 수기, eyeball pressure), propranolol, digitalis, verapamil등
원인: 디기탈리스 중독, COPD, 관상동맥질환, 류마티스성 심질환, 신경과민, 피로등	증상: 심계항진, 혼돈, 현기증, 졸도(뇌와 다른 장기의 관류는 저하되어 발생), 젊어서 발생, 일생동안 반복

③ 심방조동 (AFL ; Atrial Flutter)

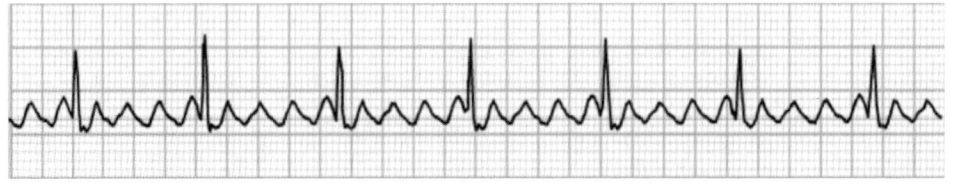

EKG특징: 250~400회/분, 심방이 빠르고 규칙적으로 흥분상태, 갑자기 발생 지속되다가 스스로 중지 또는 심방세동으로 전환될 수 있다. PR간격측정 안되며 동성P파 볼수 없다. P파의 기저선 위치에 **톱니모양**의 조동파생성 심방과 **심실박동수가 2:1, 3:1, 4:1** 정도로 차이가 나게 된다.	치료: 방실블록 유도, 심실반응을 느리게 ① 심실박동수저하:칼슘채널차단제(Verapamil, diltiazem), 베타단제 또는 digitalis ② 전기적동리듬전환(**혈압이 불안정하거나 증상이 심한 경우**): overdrive pacing, cardioversion 50~100J) ③ 항부정맥제 digoxin, Amiodaron ④ 전극도자 절제술: 약물치료에 실패하거나 재발시 ⑤ 항응고요법: 심방세동 환자와 같은 기준 적용
원인: 허혈성 심질환, COPD, 판막질환, 울혈성 심부전증, 디지탈리스 중독, 저산소증, 무균성 심외막염, 심방내 회귀성 현상(회로), 갑상선 기능항진증, 알코올 중독 등일 때는 정상심장에서도 나타남	증상: 원인과 심실박동수에 따라 임상증상 결정됨. 심실박동수가 빠르면 심계항진, 어지러움, 호흡곤란, 심부전 증상이 생긴다.

④ 심방세동 (AF ; Atrial Fibrillation)

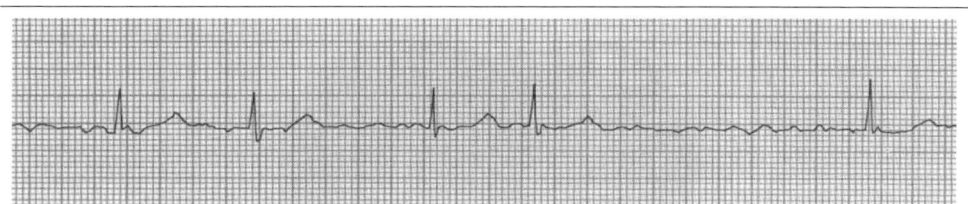

EKG특징: 심방벽에서 발생되는 이소성 자극에 의해 심방 여러부위가 아주 빠르고 불규칙적으로 흥분, 효과적인 심방수축을 못하는 상태, 300~600/분, 매우 불규칙 가장빠른 리듬, **구분가능한 P파없고 불규칙한 파상형태(잔물결 모양)**, QRS군이 불규칙, PR간격 측정안됨. 맥박결손: 심첨맥박과 말초맥박의 차이가 있다. 심방세동이 계속되면 심근허혈로 ST와 T파의 변화가 생기고 울혈성심부전 발생	치료: 심실박동 조절, 정상 동성리듬 회복을 통해 합병증을 예방 베타교감신경차단제, 칼슘차단제(verapamil), digoxin 항응고제 투약하여 혈전형성 예방
원인: 고혈압, 판막질환, 관상동맥질환, 선천성 심장기형(류마티스, 허혈성, 승모판) 고혈압과 심부전 동반시 40% 발생 비심혈관계 요인: 갑상선항진증, COPD	증상: 심방성 부정맥은 방실결절의 자극차단에 의한 안전판 기능으로 심박수가 감소되므로 생명에는 큰 지장이 없지만 즉시 치료해야 한다. 좌심방의 혈전이 생김
급성치료: 1) 빈맥이 있지만 안정된 경우: 경구약제, 불안정한 경우에는 정맥주사 베타차단제, 칼슘차단제 2) 빈맥성 부정맥과 함께 좌심실 기능의 심한 저하나 절 혈압이 동반된 특별한 경우: 정주용 amiodarone이나 digoxin투여 3) 심박수가 느린 경우:아트로핀 0.5~2mg 투여 4) 서맥에 증상이 동반된 경우: 긴급 심율동전환 또는 임시형 인공심박동기를 시술.	급성율동조절 대부분의 심방세동은 급성 발작 후 수 시간 또는 수일 내에 저절로 종료된다. 하지만 아래의 경우, 항 부정맥제를 주입하여 율동전환을 시행한다. ① 환자상태가 나빠져 심율동전환이 적응되거나 ② 적절한 심박수 조절에도 증상이 있거나 ③ 율동조절 전략을 선택한 경우

3. 방실연접부(AV junction ; Aterioventricular junction) 장애 AV junction 와 His bunddle을 포함

① 방실 접합부 조기수축 (premature junctional contraction)

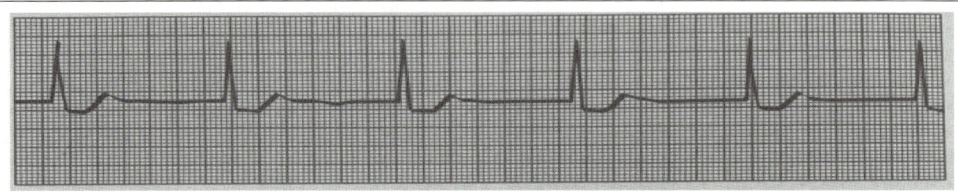

EKG특징: 방실접합부의 이소성 박동으로 다음 동방결절의 자극전에 조기에 만들어진 리듬, 심실이 수축함과 동시에 심방을 통해서 자극이 이동되며 P파는 QRS군에 가려서 잘 보이지 않거나 거꾸로 나타나며 심방이 심실수축 후에 나타나므로 QRS군이 P파 보다 먼저 나타나기도 하고 앞에 나타날 경우 PR간격이 짧아짐.

원인: 디기탈리스 중독, 방실접합부의 자동성 증가, P파가 QRS의 전·중·후에 나타날 수 있다. 40~60회/분 동방결절에서의 미주신경의 활동증가

② 발작성 상심실성 빈맥(Paroxysmal supraventricular tachycardia, PSVT)
  ㉠ 방실결절 회귀성 빈맥(AV nodal reentrant tachycardia, AVNRT)
  ㉡ 불현성 우회로를 이용한 방실회귀성 빈맥 (AV reentrant tachycardia utilizing concealed bypass tract)

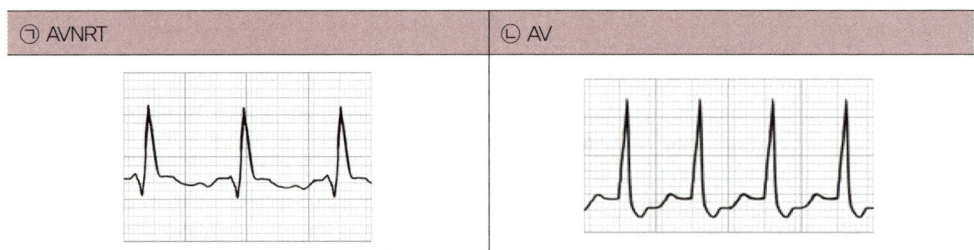

㉠ AVNRT	㉡ AV
EKG특징: 방실결절의 이중전도 특성이 주원인. 심방에서 심실로의 전도로는 완속이고, 심실에서 심방으로는 급속전도로 이루어짐.	EKG특징: 심실에서 심방으로만 전기가 전달되는 특성을 가진 근조직으로 구성된 **우회로가** 있어 발생하는 빈맥이다.

증상:
- 발작이 시작되고 끝나는 순간을 자신이 분명하게 알 수 있다. (QRS가 극히 짧은 간격으로 나타나며 QRS 모양은 정상. P파 역위)
  심박수 150-200회/분, RR 간격은 규칙적
- 증상은 수초에서 수 시간까지 지속될 수 있다.
- 어지러움, 숨참 등의 증상이 동반되고 증상이 예기치 않게 발생하고 멈춘다.

원인: 선천성 기형, digitalis 중독

치료: ① 경동맥 마사지(vagal maneuver)를 실시하여 미주신경을 자극
  ② 발살바법(Valsalva maneuver)
  ③ 혈역학적으로 불안정한 경우 심 율동 전환을 시행한다.(Biphasic 50~100J)
  ④ 아데노신 6mg을 정주하고 돌아오지 않으면 12mg을 준다.
  ⑤ **베라파밀 5~10mg IV** : 딜티아젬, 베타차단제를 투여한다.
  ⑥ digitalis 투여 중지

4. 심실에서 생기는 장애

His bundle이하에서 생기는 장애로 atrial or junctional arrhythmia보다 더 심각한데 대부분 기질적인 심장질환으로부터 발생

> 심실조기박동의 치료:
> 1. 기저 심질환에 대한 치료 우선.
> 2. 베타차단제: 특히 허혈성 심질환 동반 시
> 3. 항부정맥제(flecainide, amiodarone 등): 다른 약제에 저항성일 경우
> 4. 전극도자 절제술: 약물치료에도 불구하고 심실조기박동으로 인한 증상이 심하고 빈도가 잦을 경우 또는 좌심실기능 부전이 동반되어 있는 경우 고려할 수 있다.

① 심실조기수축 (PVC=VPC ; premature ventricular contraction)심실 스스로 수축, 정상 QRS, 비정상 PVC가 번갈아 가면서 나타남. QRS 간격 〉 120ms

PVC=VPC	
EKG특징: 심실 이소성 병소의 조기박동 SA node에서 자극이 생기기 전 심실의 자극 발생 선행하는 P파 없음. PR 간격은 측정할 수 없음 QRS파형이 0.12초 이상으로 비정상적으로 넓고 깊다. 조기에 나타남. **위험한 PVC는 심실세동을 예고한다.!**	종류: ① 심실성 이단맥: PVC와 정상QRS가 교대로 나타남. ② 심실성 삼단맥: 2개의 정상QRS 후에 PVC가 나타남. ③ 다원 심실조기수축: 서로 다른 위치에서 PVC가 시작됨. 서로 모양이 다름 ④ paired PVCs : 2개의 PVC가 연속으로 나타나는 것. ⑤ R on T 현상: PVC 후에는 정상 T파의 정점의 흥분성이 항진되어 심실에 가해지는 작은 자극에도 T위에 R파가 겹쳐져 심실세동을 잘 일으킴(급성MI일 때 심함)
원인: sinus node 이상에 의한 부정맥으로 가장 흔하다. 기질적 심장병 환자에게 많이 발생. 심장의 기질적 변화없이 교감신경 흥분, 자극제인 담배, 커피 과량 섭취 시에도 발생되는 일반적인 부정맥 증상: 심계항진, 목과 가슴의 불편감, 협심증, 저혈압 등	치료: 기질적 심질환이 없을시 안정이 우선. 심부전을 동반하는 경우는 디기탈리스 투여로 심실의 기능을 강화 심실세동을 예방: lidocaine, quinidine, procainamide(항부정맥제) 베타교감신경차단제, 삽입형 제세동기

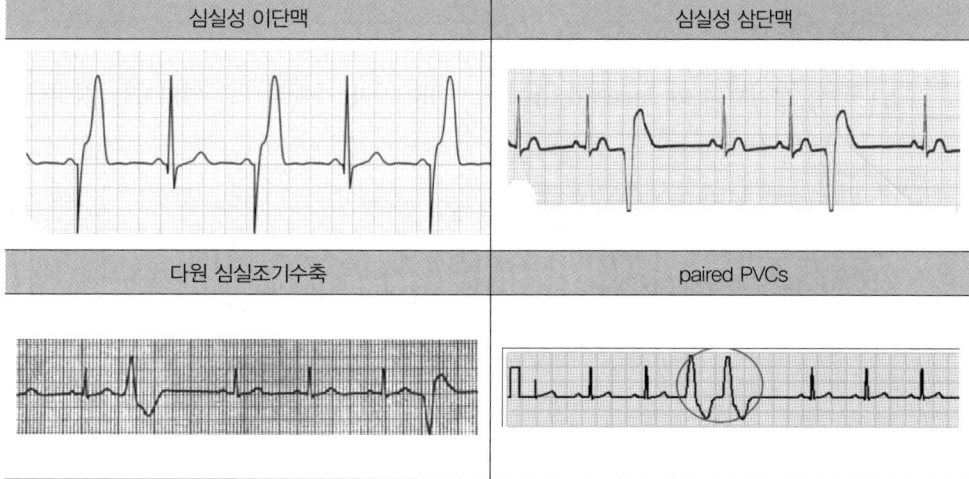

| 심실성 이단맥 | 심실성 삼단맥 |
| 다원 심실조기수축 | paired PVCs |

R on T 현상	
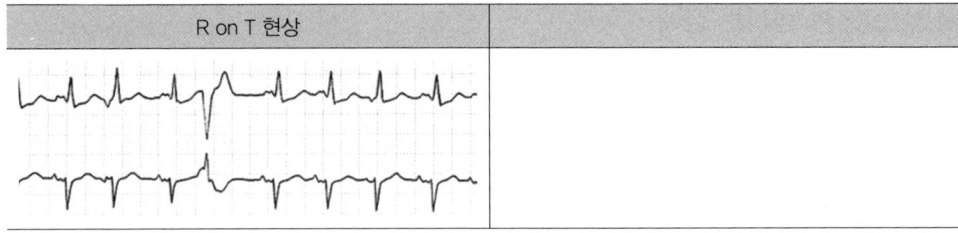	

② **심실빈맥(Ventricular tachycardia, VT)**: 심실의 전도계나 심근에서 유발, 심실조기박동이 3회 이상 반복

심실빈맥이 30초 이상지속(지속성), 증상이 적고 30초 이내에 멈추는 것(비지속성), 같은 모양이 계속(단형),

일정하지 않고 여러형태(다형)⇒ 다형은 심박수가 빠르고 불안정 심실세동으로 악화될 가능성 높음.

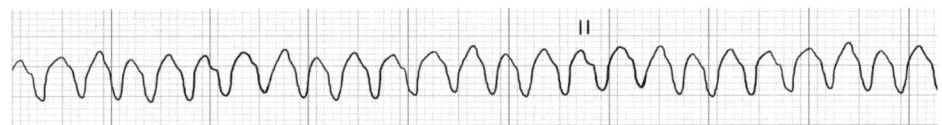

	치료:
EKG특징: 심실 안에서 매우 빠른 (전기신호)가 (반복)되면서 그 결과 정상적인 맥박이 아닌 **비정상적으로 빠른 박동**과 불안정한 맥박이 만들어지는 상황이다. QRS파 넓음≥0.20초, 심실조기수축 3개이상 지속 박동수는 (100~250회)/분이며 때로 심실세동 이나 심정지로 진행하기도 한다.	① 맥박 있는 환자는 산소공급을 하면서, 정맥로를 확보해 Lidocaine (1~1.5)mg/kg 정주한다. ② 효과없을시: (프로카인아미드)를 17mg/kg까지 20~30mg/분의 속도로 정주한다. ③ 효과 없을시 (아미오다론) 150mg을 5% 포도당수액 100mL에 믹스해 10분 이상 정주한다. C/V 200J 맥박 없을시 제세동(pulseless): 200J(biphasic), 360J(monophasic)
원인: 관상동맥질환이며 가장 흔한 것은 (심근경색)이다. 심근경색 치료 시 흉터에서 (심실빈맥)이 발생할 수 있다.	증상: 가슴압박감, 오심, 구토 등의 증상이 있을 수 있다.

③ 다원성 심실빈맥(torsades de points) QRS파가 계속적으로 변화되는 심실빈맥의 형태 "twisting of the peaks"

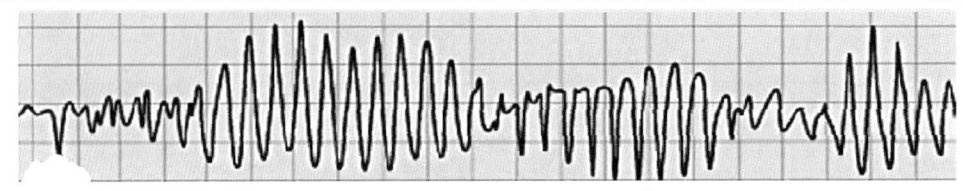

EKG특징: - QT 간격 지연, 모양이 일정치 않은 QRS파가 비교적 규칙적이거나 불규칙적으로 나타나며 심실 박동수는 150-300회/분, QRS파는 넓고 비틀려 있음	치료: ① 원인 약물을 중단.(전해질이상, QT 간격을 연장시키는 원인 약제의 중단) ② 마그네슘제를 IV로 투여 bolus로 1차 투여, 2차로 1.6g을 천천히 IV bolus, 이후 2.5~16.5 mg/min IV infusion. 보충:1.2~1.6g을 24시간에 걸쳐 IV infusion. ③ Isoproterenol(Beta-anonist) ④ Over drive pacing
원인: 3도방실차단, 약물(procainamide, quinidine 등)이나 전해질 불균형 (hypokalemia, hypomagnesemia)	증상: 두근거림, 어지러움, 현기증

④ 심실세동(Ventricular fibrillation, VF)심실벽의 여러 이소성 자극에 의해 심실이 단지 떨고 있는 전기적인 극도의 흥분상태 → 심박출량 없고, 의식도 없고 호흡도 없는 임상적인 사망단계(clinical death): 3-5분내 즉시 치료요망

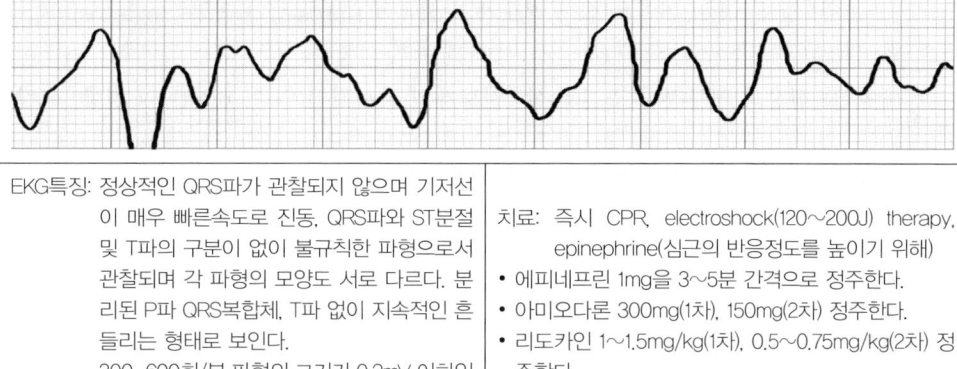

EKG특징: 정상적인 QRS파가 관찰되지 않으며 기저선이 매우 빠른속도로 진동. QRS파와 ST분절 및 T파의 구분이 없이 불규칙한 파형으로서 관찰되며 각 파형의 모양도 서로 다르다. 분리된 P파 QRS복합체, T파 없이 지속적인 흔들리는 형태로 보인다. 300-600회/분 파형의 크기가 0.2mV 이하인 미세한, 이상한, 거친으로 정의한다.	치료: 즉시 CPR, electroshock(120~200J) therapy, epinephrine(심근의 반응정도를 높이기 위해) • 에피네프린 1mg을 3~5분 간격으로 정주한다. • 아미오다론 300mg(1차), 150mg(2차) 정주한다. • 리도카인 1~1.5mg/kg(1차), 0.5~0.75mg/kg(2차) 정주한다.
원인: 심한 myocardial damage, hypothermia, electrolyte 불균형	증상: 의식도 없고 호흡도 없는 임상적인 사망단계 (clinical death)

⑤ 심실조동(Ventricular Flutter, VFL)

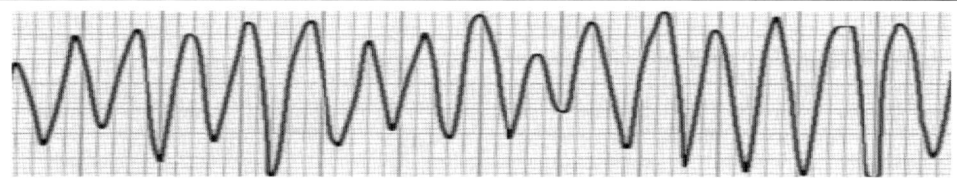

원인: 급성심근경색, 강심제 중독증	
특징: Sine wave, 150~300회/분 심박출량이 없으므로 임상적 의미나 치료도 VF와 마찬가지 기계적인 심실수축, 혈액방출이 정지된상태 ⇒ 치명적	치료: D/C SHOCK, C/V

⑥ 심정지(cardiac arrest): 심장의 박동이 멈춘 상태

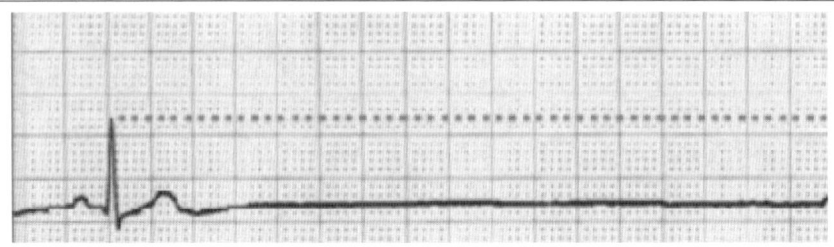

치료: DC shock, CPR, drug

증상: 의식소실, 무호흡, 경동맥맥박 소실, 동공산대(동공은 심정지 후 45초가 지나면 산대되기 시작해 2분 후 고정됨)

5. 자극 전도(conduction) 장애로 인한 부정맥

- 전도장애는 동방결절에서 발생된 흥분파가 심방, 심실로 전달되지 않고 전도계의 어딘가에서 차단된 상태, 흔한 원인은 심장 전도계의 섬유화(fibrosis)와 경화증(sclerosis)이다(약 50%) 대표적인 것이 레네그레(Lenegre)병과 레브(Lev)병이다.
- 원인: 심장의 영구적인 조직 손상, 전도계의 일시적인 염증, digitalis 영향, 고칼륨혈증

(1) 동방블럭 (SA Block ; sino-atrial block)

동방결절에서 형성된 자극이 주위 심방으로 전달 안됨.

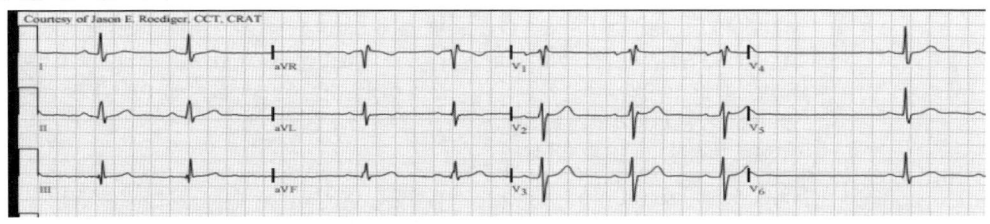

EKG특징: 블록이 발생한 곳에서 P파와 QRS군이 보이지 않음, 수축이 없는 시간이 정상적인 PP간격의 2배, 또는 3~4배 등으로 지연됨(심박수 1분에 40회 이하)

| 원인: 심근경색, 류마티스 심염, 염증성 심질환, 약물중독 | 치료: 원인치료, 인공 심박 조율기사용 |

(2) 방실블럭(atrio-ventricular block)

AVB동방결절에서 발생된 충격파가 AV junction(방실결절과 His bundle)을 통과할 때 지연되거나 부분적 혹은 완전히 차단되는 경우, AV block; 주로 junctional damage에 의한 것.

1) 증상

서맥으로 전신쇠약감, 현기증, 실신, 운동시 호흡곤란, 심부전 등의 증상이 나타납니다. 증상은 방실차단 부위에 따라 증상이 경미하거나 심하여 응급실로 오는 경우도 있습니다. 심하면 갑자기 사망할 수도 있습니다.

2) 진단

서맥으로 인한 증상의 원인은 다양하여 감별진단을 잘 해야 합니다. 진단은 다음과 같이 합니다.

심전도 : 방실차단의 진단에 매우 도움을 줍니다. 서맥증상이 있을 때 검사한 심전도는 특히 진단에 도움이 됩니다.

활동중 심전도(홀터기록) : 서맥증상이 가끔 나타나는 환자에 대하여는 일상생활을 하면서 심전도를 24시간 기록하는 검사로 진단에 도움이 되며, 특히 환자가 호소하는 증상이 서맥과 관련이 있는지 아는데 중요합니다.

심전기생리학적 검사 : 방실차단을 진단할 수 있으며, 방실차단부위도 진단할 수 있습니다.

3) 분류

① 1도 방실차단 : 심방의 전기자극이 심실로 느리게 전도됨.
② 2도 방실차단 : 전도가 가끔 차단됨.
　모비츠 I형: 심방의 전기자극이 심실로 점점 느리게 전도 되다가 한번씩 차단됨.
　모비츠 II형: 심방의 전기자극이 심실로 일정하게 전도되다가 갑자기 한번씩 차단됨.
③ 고도방실차단: 2개 이상의 P파 후에 QRS군이 나타나는 2:1, 3:1, 4:1 등의 방실전도 장애를 말하며, 대부분 영구형 심박동기 치료가 필요하다
④ 3도 혹은 완전 방실차단 : 심방의 전기자극이 심실로 전도가 완전히 되지 않음.

① 1도 방실블럭

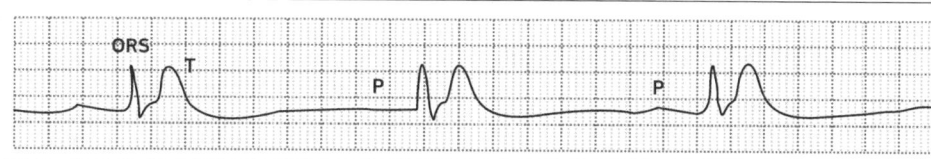

EKG특징: AV node의 전도가 느려져 PR interval이 0.2초 이상 지연될 때	치료: atropine, digitalis 투여

원인: 관상동맥질환, 디기탈리스 중독

② 2도 방실블럭: AV junction에서 전도장애가 더욱 심한 경우 그로 인해 intermittent dropped QRS 발생

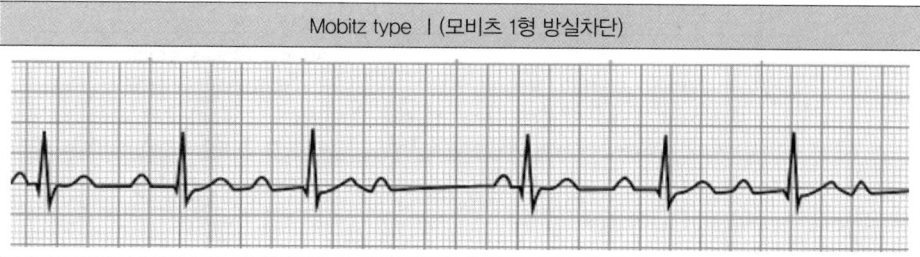

PR 간격이 조금씩 늘어지면서 AV 블록이 발생
- Irregular pulse가 있으나 대부분 기능적인 장애와 관계가 많음, 치료 필요치 않고 예후 좋음

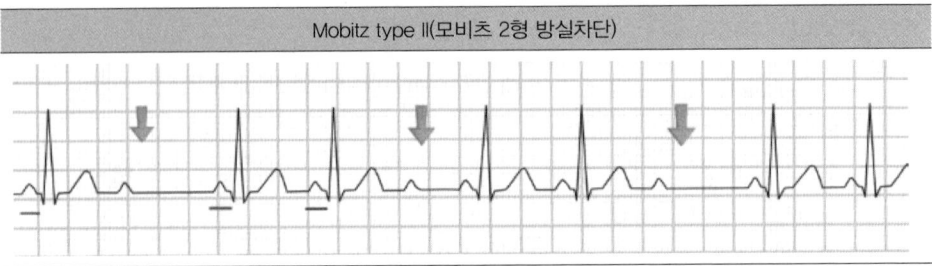

PR 간격이 일정하다가 QRS가 빠지는 것.
MI(inferior wall MI)
type II 가 type I 보다 더욱 심각하다. 그리고 third degree AV block으로 발전하기가 쉽다
치료:. atropine, isoproterenol 투여, pacemaker 삽입
원인: His purkinje system이상이다.

③ 고도방실

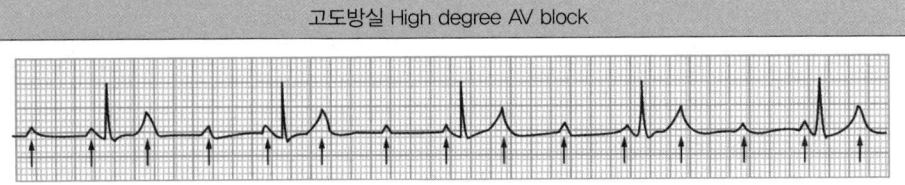

2개 이상의 P파 후에 QRS군이 나타나는 2:1,3:1,4:1등의 방실전도 장애를 말하며, 대부분 영구형 심박동기 치료가 필요하다.

④ 3도 방실차단: 완전 심장블록

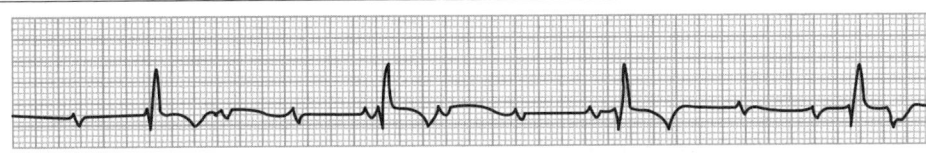

EKG특징: 심방과 심실은 전기적으로 완전히 해리되어 심방과 심실이 독립적으로 수축하는 상태 P파 따로, QRS군 따로, P파는 존재하지만 PR 일정한 패턴 없음	치료: epinephrine, isoproterenol IV, 영구 인공심박동기 삽입
원인: His-purkinje 시스템의 장애 MI(anterior wall MI), congenital anomalies, cardiac surgery, myocarditis, drug toxicity	Adams-Stokes attack: 3도 방실블럭에서 심실의 수축지연(5-10초 혹은 그 이상)으로 인하여 뇌혈류량이 감소되기 때문에 환자가 심한 현기증과 실신, 경련을 일으키는 발작증 → 뇌 혈류량 감소(무의식, 사망)

⑤ 각블럭(Bundle branch block: BBB): His bundle 아래의 심실내 전도 이상으로 QRS의 특징적인 변화를 볼 수 있다.

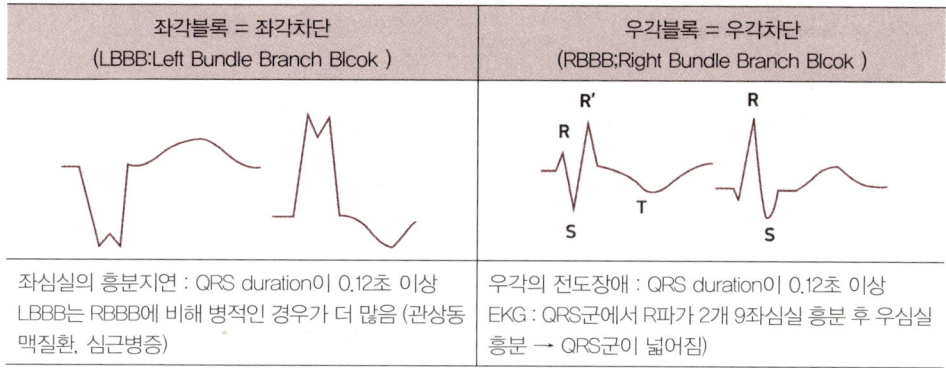

좌각블록 = 좌각차단 (LBBB:Left Bundle Branch Blcok)	우각블록 = 우각차단 (RBBB;Right Bundle Branch Blcok)
좌심실의 흥분지연 : QRS duration이 0.12초 이상 LBBB는 RBBB에 비해 병적인 경우가 더 많음 (관상동맥질환, 심근병증)	우각의 전도장애 : QRS duration이 0.12초 이상 EKG : QRS군에서 R파가 2개 9좌심실 흥분 후 우심실 흥분 → QRS군이 넓어짐

6. 허혈성 심질환

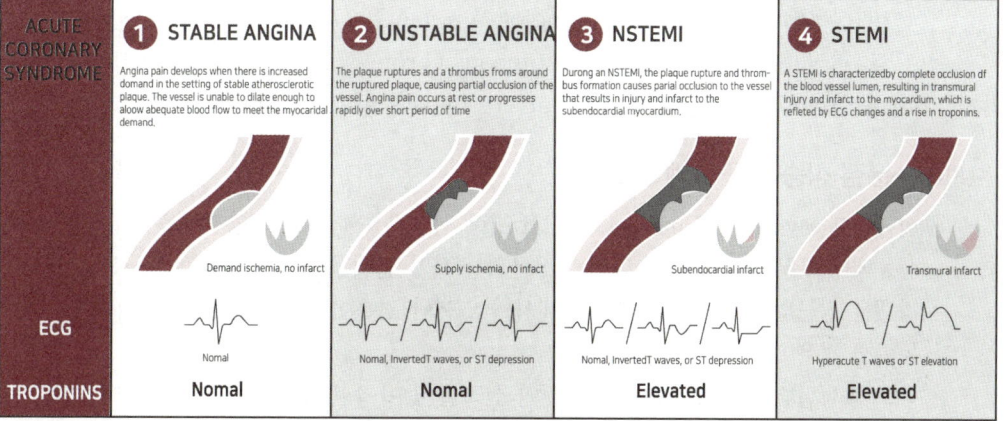

(1) 안정형 협심증(Stable angina)

안정시에는 증상이 없고 운동이나 흥분상태, 흡연등 과도하게 일을 많이 해야 하는 경우에 산소와 영양분을 공급받지 못해서 가슴부위에 통증이 생기는 증상. 명치부위가 약 5~10분이내에 쥐어짜는 듯한 통증을 느낀다. 휴식이나 안정시 니트로글리세린 약제에 의해서는 완화가 된다.

원인은 심장동맥의 동맥경화증에 의한다. 동맥경화증이란 동맥의 내막에 지방과 콜레스테롤이 쌓여서 죽종이 생기는 것을 말하며 죽종이 생긴 동맥은 혈관의 내경을 작아지게 한다. 이로 인해서 혈류가 감소되고 심근에 산소와 양분이 차단되어 흉통을 느낀다.

(2) 불안정형 협심증/ST-분절 비상승 심근경색(Unstable angina/NSTEMI)

- 병이 심해지면 안정 시에도 발생하고 시간도 길어질 수 있는데 이런 경우를 불안정형 협심증이라고 한다. 불안정형 협심증은 운동 시에는 물론이고 안정 시에도 흉통이 발생하며 흉통의 빈도가 많아지고 기간이 길어지며 니트로글리세린 설하정 으로도 흉통이 잘 없어지지 않는다.

- ST-분절 비상승 심근경색은 임상양상은 불안정형 협심증과 같으나 심근괴사를 동반해 검사에서 심장형 크레아틴키나제(CK-MB), 심근단백질 트로포닌 I, 트로포닌 T(TnI, TnT) 수치가 상승한다.

1) 특징
    - 운동 시 뿐만 아니라 안정 시에도 전 흉부, 흉골 뒤쪽의 흉통
    - 운동 시에만 흉통이 발생하는 것으로 시작해서 안정 시에도 생기는 등, 노작성에서 악화되는 경향이 있다.
    - 통증이 수 분 ~ 20분 정도 지속, 좌측어깨, 양측어깨, 좌측 팔 방사통
    - 허혈성 심질환의 기왕력, 가족력이 있는 경우
    - 위험인자가 복수로 존재(고령, 남성, 흡연, 지질이상, 당뇨, 고혈압 등)

2) 응급처치
    ① 발작 시 니트로글리세린 설하정 투여, 아스피린 복용, 헤파린 정주
    ② 항협심증 제제 투여
    ③ 관상동맥 조영술(Coronary angiogram, CAG)
    ④ 경피적 관상동맥 중재술(Percutaneous coronary intervention, PCI)
    ⑤ 관상동맥 우회수술(Coronary artery bypass graft, CABG)의 적응을 검토

(3) ST-분절 상승 심근경색(STEMI)

- 심근경색(Myocardial infarction, MI)이란 심장근육에 산소와 영양분을 공급하는 동맥인 관상동맥이 부분 혹은 완전히 막혀서 심근의 괴사가 일어난 것이다. 이 중 ST-분절 비상승 심근경색은 심근의 심내막하 층까지만 괴사가 일어난 경우이고 ST-분절 상승 심근경색은 전층을 동반한 경우이다.
- 주로 좌심실벽이 두껍고 활동량이 많아 산소를 많이 소비하므로 좌심실에서 발생한다.
- 급성 심근경색에 의한 사망을 급사라고 하며 가슴을 쥐어짜는 듯한 통증을 느끼고 주로 흉골 하부를 시작으로 목, 왼팔, 양팔로 방사통이 생긴다.
- 오심, 발한, 부정맥, 실신 등의 증상이 발생할 수 있다.

1) 원인

    심장동맥의 죽상경화증

2) 응급처치 및 치료
    ① O_2 2~4L/min, 침상안정
    ② 산소포화도, 심전도 모니터링
    ③ 생리식염수 혹은 5% 포도당수액으로 정맥로 확보
    ④ 니트로글리세린 설하정 투여(최대 5분간격으로 3번) 0.3~0.6mg
    ⑤ 항 혈소판제: 아스피린, 클로피도그렐, 프라수그렐, 티카그렐러
    ⑥ 항응고제(항트롬빈제): 비분절 헤파린, 에녹사파린, 폰다파리눅스

⑦ 섬유소 용해제: 유로키나제, 알테플라제, 스트렙토키나제
⑧ 경피적 관상동맥 중재술(Percutaneous coronary intervention, PCI)
⑨ 베타차단제(Beta blocker, BB)
⑩ 칼슘채널 차단제(Calcium channel blocker, CCB)
⑪ 베타차단제가 금기, 혹은 니트로글리세린과 베타차단제로 증상호전 없는 경우
⑫ 베라파밀, 딜티아젬 사용
⑬ 통증조절: 모르핀 2~4mg 정주
⑭ 안지오텐신 전환효소 억제제(Angiotensin converting enzyme inhibitor, ACEi), 안지오텐신 수용체 차단제(Angiotensin receptor blocker, ARB)

※ 니트로글리세린 투여의 금기
- 수축기 혈압이 90mmHg 이하
- 분당 50회 미만의 서맥 환자
- 심부전이 없는 상태에서 분당 100회 이상의 빈맥일 때
- 발기부전제를 복용한 경우: 최근24시간 이내에 비아그라, 레비트라 등을 복용하였거나, 48시간 이내에 시알리스를 복용하였을 때
- 니트로글리세린 투여 후 수축기 혈압이 20mmHg 이상 감소한 경우
- 니트로글리세린에 과민반응이 있었던 환자
- 녹내장환자, 두부외상이나 뇌출혈, 중증 빈혈 환자
- 우심실경색 의심 환자

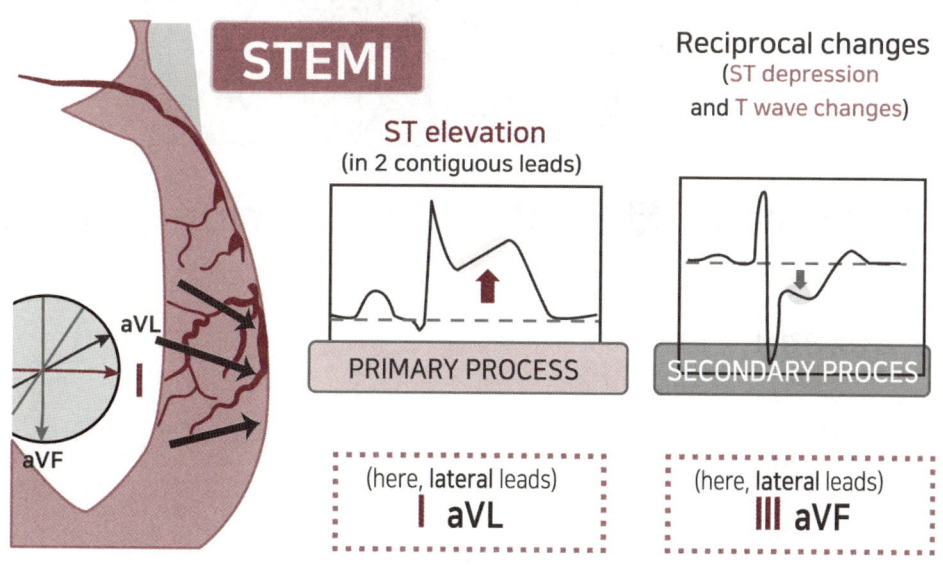

참고) 직접의료지도 요청기준
① 환자가 NTG를 소유하지 않는경우
② 투여후 저혈압이 생긴경우
③ 우심실 경색 의심시 NS 500CC 정주시
④ 12유도 심전도 시행후 정상이 아니거나 의사의 판단이 필요할때
⑤ 자동판독이 안되는 경우(해석이 필요할 때)
⑥ ST분절상승시 이송병원에 사전연락
⑦ 지속적 CPAP을 사용시

(4) 심근경색 부위 ★(23년 기출)

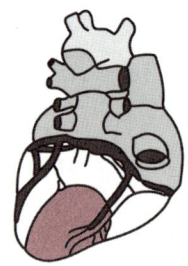 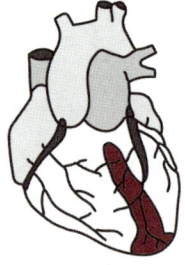 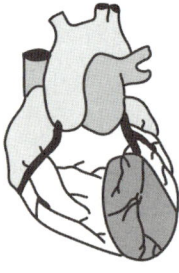 

I	aVR	V1	V4
II	aVL	V2	V5
III	aVF	VE	V6

■ Inferior   ■ Septal   ■ Anterior   ■ Lateral

급성심근경색
- 전중격벽 : ST상승(V1-V2리드)
- 전벽 : ST상승(V3-V4리드)
- 하벽 : ST상승(II, III, aVF리드)
- 외벽(I, aVL, V5-6)
- 후벽 : ST크게 하강, 0.04초 이상 넓은 R Wave(V1, V2리드)

(5) 급성 심근경색증 심전도의 시간적 변화

① Ischemia: tall T wave
② Injury: ST segment elevation
③ Infarct: abnomal Q wave

시간	심전도	
① Ischemia가 발생직후 : Hyper-acute tall positive T wave		T파의 변화 초기, 심내막의 허혈로 인해 T파높이가 증가 다음으로 전층의 허혈로 인해 T파가 역전 허혈시기가 지나면 원상태로 돌아온다.
② Myocardial injury가 발생하면서 ST 분절이 상승한다.		1시간 내 심근괴사가 시작되면서 ST분절이 눈에 띄게 상승한다. 이때 혈전용해제를 투여해야 한다.
③ Myocardial infarct 이 발생하면 abnomal Q wave가 발생한다.		경색 부위에 따른 비정상 Q파 발생
④ 심근괴사가 scar tissue로 대체되면, R파 감소, Q파 발생, ST분절 하강, T파역전		동시에 T파 역전이 일어난다. 혈액 재관류의 좋은 징후이다.
⑤ Q파, T파가 바탕선으로 회귀하면서 평탄해진다.		Q파가 보이면서 T파가 역전이 있는 경우 급성기가 지난 recent or previous MI 이다.
⑥ 시간이 지나면서 Q파만 남는다.		심근괴사의 징후로 deep Q wave가 관찰됨.

(6) 전해질 불균형에 따른 심전도 변화

전해질의 정상수치
- 칼륨(K) : 3.5 - 5.5mEq/ℓ
- 나트륨(Na) : 135 - 145mEq/ℓ
- 칼슘(Ca) : 8.3 - 10.0mg/dℓ
- 인(P) : 2.5 - 4.5mg/dℓ

PaCO$_2$: 35~45
SaO$_2$:95~100 PH:7.35~7.45, HCO$_3$:22~26

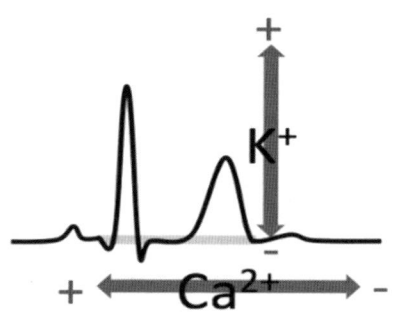

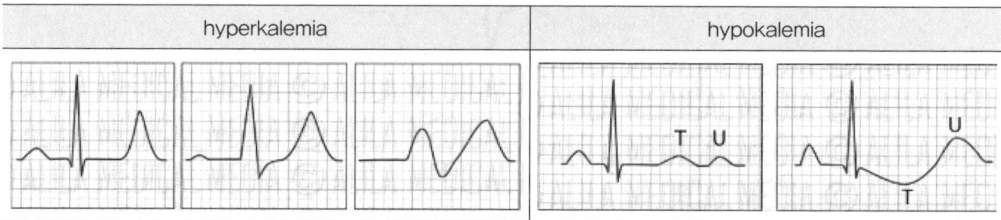

	high	low
K+	peaked T파, P파 소실 PR간격 연장 QRS 확대 Sine파: QRS와 T파가 합쳐짐 VF 또는 무수축 QTC 단축	T파의 진폭 감소 T파 소실 또는 역전 ST분절 하강 U파 QTC 연장 VT 또는 TdP로 진행 QTC 연장
Calcium	T파의 경사 증가 PR간격 연장 QRS 확대	U파 심실부정맥 TdP로 진행 (순서대로)QRS widening Peaked T파
Magnesium	PR 간격 연장 QRS 확대 QTC 간격 연장	PR 간격 연장 QRS 확대가 심해짐. T파 소실 TdP로 진행

7. 심부전/ 폐부종 환자의 처치

심근 손상으로 심부전이 발생하면 폐정맥압 상승으로 폐부종이 발생한다. 폐부종이 발생하면 폐포와 폐모세혈관 사이에 액체가 축적되어 가스의 교환이 방해를 받아서 호흡곤란과 빈호흡이 발생한다. 심한 경우 핑크색 거품의 가래를 뱉어낸다.

(1) 환자평가 필수항목

1) 병력청취

호흡기 질환의 병력과 함께 호흡곤란에 관한 병력을 얻기 위해
- OPQRST(Onset, Provocation, Quality, Region, Severity, Time)의 약어로 질문 한다
- Onset: 호흡곤란이 시작되었을 때 무엇을 하고 있었는지, 호흡곤란이 언제 시작되었는지 갑자기 시작 되었는지, 서서히 악화되었는지 물어 본다.
- Provocation: 무엇이 호흡곤란을 유발시켰는지 어떻게 하면 호흡곤란이 완화되는지 어떤 자세에서 호흡곤란이 심해지는지 물어 본다.
- Quality: 숨을 들이쉴 때와 내쉴 때 언제 더 숨이 찬지 흉통 등의 동반된 증상은 어떠한지, 동반된 증상이 있는지 물어 본다.
- Region: 어디에 증상이 있는지, 다른 곳으로 퍼지는지 물어본다.
- Severity: 호흡곤란이 어느 정도 심한지 이전에도 심한정도가 어떠했는지 물어본다.
- Time: 호흡곤란이 얼마나 오래 지속되는지 물어 본다.

2) 이학적검진: 병력청취를 통한 초기 진단과 함께 시작한다.

① 의식상태: AVPU 측정법
② 활력징후를 체크한다
③ 혈압: 저혈압 수축기혈압 〈 90mmHg, 고혈압성위기 수축기혈압 〉 200
④ 맥박수: 빈맥(교감신경항진 또는 저산소증의 징후), 서맥(저산소증 → 심정지 임박)
⑤ 호흡수: 빈호흡, 호흡 양상
⑥ 산소포화도: 산소공급의 기준이 되는 산소포화도를 측정한다.
⑦ 신체검진
  가. 얼굴: 숨을 쉬는 양상, 청색증 유무
  나. 목: 경정맥 팽창
  다. 흉부: 외상 및 만성질환의 징후 통 모양의 흉곽 등
  라. 사지: 말초 청색증 및 곤봉지(만성 저산소혈증), 정강이부위 함요부종(pitting edema)
⑧ 심부전의 증상비교

좌심부전	우심부전
호흡곤란, 청색증, 빈맥, 시끄럽고 힘든 호흡, 거품소리 기침, 혈액이 있는 가래, 심장의 말발굽 리듬	빈맥, 목정맥 울혈 및 박동, 다리부종, 간과 비장이 울혈, 복부팽만 및 복수

(2) 응급처치 절차 및 방법
① 환자 초기 평가·처치 표준지침에 따라 전반적인 평가 및 처치를 시행한다.
② 심전도 측정기가 있는 경우 3유도 심전도 검사를 시행 한다
③ 기도를 유지하고 산소포화도가 94%이하일 경우 저산소증 교정을 위해 비강 캐뉼러로 1~5L/min의 또는 안면마스크로 6~10 L/min 산소를 투여한다
④ 심혈관계, 호흡기계, 신경계 기왕력이 있는 환자나 산소투여 후 산소포화도가 95% 이상이안 되면 비재호흡마스크를 이용하여 11~15L/min의 산소를 투여한다.
⑤ 산소투여로 산소포화도가 호전되지 않으면 100% 산소를 투여하면서 저장낭을 갖춘 백밸브마스크(산소 15L/min)이용하여 양압 환기를 실시한다.
⑥ 양압환기에 반응이 없고 의식소실 및 청색증이 심해지면 심정지를 확인하고 심정지 지침 을 따른다.
⑦ 전문기도 유지술을 실시하는 경우 기관내삽관에 대한 충분한 훈련 경험이 없는 구급대원은 성문상 기도유지기를 사용하고 충분한 훈련 경험이 있는 구급대원은 기관내 삽관을 실시 한다.
⑧ 호흡기계질환자는 산소투여이후 흡입용 기관지 확장제를 투여한다.(환자가 해당약물을 휴대하고 있는 경우)
⑨ 심혈관계 기왕력이 있는 환자는 앉은 자세 취한다.
⑩ 혈압이 안정되고 의식이 있는 급성호흡곤란 발생환자에서 가스교환을 원활히 하고 호흡에 대한 부담을 완화하기 위해 지속적 양압 환기CPAP를 사용한다.
CPAP:(Continuous Positive Airway Pressure)

03 내분비계질환

1. 당뇨(저혈당)

(1) 급성 저혈당 의증

한번 측정한 혈당수치가 성인 70mg/dL(3.9mm), 소아 60mg/dL(3.3mm)미만이면서 의식의 저하, 식은 땀, 경련, 무의식 등의 증상을 보이는 경우 급성 저혈당의증 이라고 한다.
지속적인 저혈당증은 신경학적인 합병증과 심정지 등을 유발할 수 있다.

1) 병력청취

　당뇨환자의 당뇨약 과다복용, 음식물의 섭취부족, 신체활동량 증가

2) phsical ex

　저혈당은 공포감을 느끼게 하고, 신경과민, 오심, 구토, 두근거림과 손 떨리는 증상이 생기며 주요증상으로는 식은땀과 빈맥을 동반한 의식저하이다.

3) 응급처치

　① 혈당을 체크한다.
　② 환자의 의식이 명료하고 구역반사가 있다면 경구로 포도당용액을 줄 수 있다.
　　경구투여: 50% 포도당 용액을 마시도록 한다.
　　- 10세 미만: 25 그램(50ml)
　　- 10세 이상: 50 그램(50ml)
　　- 의식수준이 낮거나 구역반사가 없다면 정맥로를 확보한다.
　　- 의료지도를 얻은 후 지도하는 용량의 포도당 용액을 주입한다.
　　- 10세미만: 10% 포도당 용액 2mL/kg
　　- 10세이상: 10% 포도당 용액 50mL
　　- 최초 포도당 용액을 주입한 후 10% 포도당을 정맥으로 점적 주사하여 혈중 포도당 농도를 유지하도록 한다.
　　- 병원도착 또는 의료인 인계시까지 30~60분 간격으로 휴대용 혈당계를 이용하여 말초혈관 포도당 농도를 반복 측정한다.
　　- 만약 구토를 할 경우 흡입기를 이용하여 흡입 한다.

4) 응급처치 시 주의사항

　- 매우 높거나 낮은 혈당에서는 휴대용 혈당계를 이용한 측정치에 오류가 있을 수 있으므로 반복하여 측정하는 것이 오류를 줄일 수 있다.
　- 첫 번째 포도당 투여 후에도 의식이 회복되지 않는 경우 다른 질환으로 인한 것인지를 고려하고 필요한 경우 의료지도를 요청하여 추가 포도당 투여 여부를 결정하여야 한다.
　　(뇌졸중/ 두부외상/ 경련성질환/ 심정지 상태/ 대사성 의식장애)

(2) 당뇨병 대사합병증

1) 개요

당뇨병의 급성 대사합병증으로 당뇨병성 케톤산증(DKA)와 고삼투압성 고혈당 증후군(HHS)이 있다. DKA는 일반적으로 제1형 당뇨병에 빈번히 발생하고 HHS는 주로 제2형 당뇨병에서 발생하지만 임상에서는 두 질환 사이의 구분이 명확하지 않은 경우도 흔히 있다.

2) 임상 양상

① 고혈당으로 인한 다음 다뇨
② 쇠약, 무기력, 구역, 구토, 식욕부진, 복통, 위장관 운동 감소, 장마비
③ 신체검사에서 탈수와 산혈증에 의한 이차적인 소견으로 피부와 점막의 건조, 경정맥압 감소, 빈맥, 기립성 저혈압, 정신기능저하 및 Kussmaul 호흡을 보임.

3) 당뇨병성 케톤산증의 진단

① 병력 청취
② 신체검사
③ 진단 기준 및 초기 응급검사
    가. 고혈당, 혈중 케톤 양성, 대사성 산증
    나. 초기 응급검사
        CBC with differential count
        혈당검사(eyetone), 소변검사
        소변 케톤검사, 혈청 케톤검사(beta-hydroxybutyrate)
        혈액화학 검사, 간기능검사, 신장기능검사, 췌장기능검사, 심장효소검사
        동맥혈가스분석 : pH, PCO_2, bicarbonate

4) 치료 : 수액 보충 요법 ★(기출)

① 혈장량 증가 및 신장혈류량 유지를 위하여 손실된 수분 보충을 내원첫 24시간 이내 교정하도록 한다.
② 심장기능이 정상이면 처음 60분 동안 0.9% saline 1 L를 정맥 투여한다.
③ 이후 수액은 교정나트륨 농도(corrected Na+)에 따라 선택한다.
    만일 정상 혹은 고나트륨혈증인 경우에는 초기 수액 보충은 0.45%saline을 투여하고,
    만일 정상 혹은 저나트륨혈증인 경우에는 0.9%saline을 선택한다.

5) 치료 : 인슐린 투여

① 초기에 속효성 인슐린(RI) 10-20 U를 정맥 주사(혹은 0.1-0.15 U/kg)혹은 근육주사(0.3 U/kg)로 투여한다.
② 이후에는 5-10 U/hr (혹은 0.1 U/kg/hr) 속도로 지속적으로 정맥 투여한다.

(3) 고삼투성 비케톤성 혼수(고삼투성 고혈당 상태)

1) 개요

HHS는 주로 제2형 당뇨병에서 발생하지만 다양한 정도의 케톤증과 산혈증이 동반될 수 있다. 적극적이며 적절한 치료에도 불구하고 사망률이15-30%로 DKA의 〈 5%에 비해 더 높다.

2) 임상양상

가장 전형적인 환자는 고연령의 제2형 당뇨병 환자로 수 주간의 다뇨, 체중감소 및 경구 섭취 불량한 상태로 지내다가 정신 혼동, 기면, 혼수가 유발된다.
신체검사에서 심한 탈수 상태, 고삼투압, 저혈압, 빈맥 및 정신 상태 이상을 보인다. DKA에 특징적인 구역, 구토, 복통 및 Kussmaul 호흡을 보이지않는 점이 특징이다.

3) 유발 요인

심근 경색, 뇌졸중 등의 현재 앓고 있는 심각한 질환에 의할 경우가 많으며, 폐혈증, 폐렴 등 중증 감염 여부를 확인해야 한다. 과거 뇌졸중, 치매 등의 질환으로 거동이 어렵거나 수분 섭취가 어려운 사회 조건에서 HHS가 조장될 수 있다.

4) 병태생리

상대적인 인슐린 결핍과 수분 섭취 부족에 의한다.

5) HHS 진단

① 고혈당 〉 1000 mg/dL
② 고삼투압 〉 350 mosm/L
③ 신장질소혈증(Prerenal azotemia)

6) 치료

① 기본적인 치료는 DKA와 동일하다. 하지만, HHS는 질환이 장기간 지속된 후 발병하므로, 수분 소실량 및 탈수 정도가 DKA보다 더 심하다.
② HHS 환자는 흔히 고령이며, 정신 기능의 이상이 초래되어 있으며, 동반된 기저 질환에 생명을 위협할 수 있는 유발 요인이 존재할 수 있기 때문에 더 많은 주의를 필요로 한다.

2. 갑상선중독성 위기

갑상선중독증이 극도로 악화되어 나타나는 임상 증후군으로 빈도는 드물지만 치료하지 않으면 사망할 수 있다
진단기준이 불명확하고, 검사소견이 갑상선기능항진증과 차이가 없어 정확한 발생 빈도는 예측하기 어렵다. 갑상선 기능 항진증으로 입원하는 약 1~2% 정도로 추정한다.

1) 주요증상

발열(38.5℃ 이상), 빈맥(발열의 정도에 비해 더 심하다), 위장관 증상(구역, 구토, 설사

등), 중추신경계 증상(의식장애로부터 혼수까지 다양) 등이다.
부정맥(동성빈맥외), 울혈성 심부전(고령자나 기저 심질환이 있는 경우)
혼탁과 안절부절, 혼수
비록 빈도는 드물지만 치료하지 않으면 사망률이 10~75%에 이른다.

2) 응급치료법

① **항갑상선제**의 투여, 1~2시간 후 무기 요오드를 투여하여 이미 생성되어 갑상선내에 저장되어 있는 호르몬의 방출을 억제한다.
② **Lugol 용액을** 사용하며 5방울의 Lugol 용액을 충분히 희석시켜 6시간마다 경구 투여한다.
③ 해열제는 사용하며 이 경우 **acetaminophen**을 사용한다.(아스피린이나 일반적 비스테로이성 소염진 통제의 경우는 증상을 악화시킨다.)
④ 외부에서 **얼음 찜질이나 알코올 마사지** 등의 방법을 병행하는 것도 효과적이다.
⑤ 10% 포도당 용액에 **정맥주사, 디지탈리스제 및 이뇨제**를 사용하여 심부전을 조절한다.

3. 급성 부신 위기(Adrenal Crisis)

코티솔이 충분하지 않을 때 발생하는 생명을 위협하는 상태

➕ Renin-angiotensin-aldosterone 상호체계

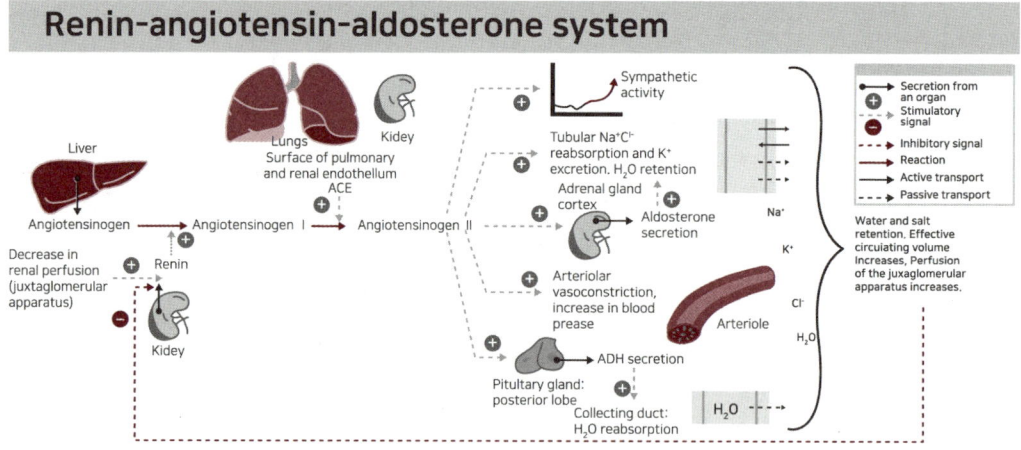

(1) 부신피질 기능항진증(쿠싱증후군)

1) 원인

   당류코르티코이드 과잉(cortisol 과잉)

2) 병태생리와 임상증상

   ① 단백질 대사장애 : 과도한 이화작용 ; 가는 사지, 전신허약, 피로, 골다공증, 피부약화, 상처치유 지연
   ② 지방 대사장애 : 지방의 비정상적 분포 ; moon face, buffalo hump, 체간 비만

③ 탄수화물 대사장애 : 식후 고혈당, 당뇨병
④ 염증과 면역반응장애 : 바이러스와 진균 감염에 취약
⑤ 수분과 전해질 대사장애 : 체중 증가, 부종, 고혈압, 저칼륨혈증, 저 나트륨혈증, 대사성 알칼리증
⑥ 정서적 불안정 : 불안, 우울, 정신증
⑦ 혈액학적 장애 : 안면홍조, 혈전색전증
⑧ 과도한 androgen 활동 : 다모증, 두피 모발 소실, 여드름, 월경 변화, 성욕 변화
⑨ 색소침착 : 멜라닌 색소 자극

3) 처치

피부가 약하므로 정맥로 확보시 주의

⇒ **부신 위기** : 안절부절, 탈수, 빈맥, 저혈압, 체온상승, 구토, 쇼크 ; 응급상황이므로 corticosteroid 용량 증가, 수액공급, 전해질 투여, 부정맥, 고칼륨혈증 저나트륨혈증, 심한 저혈압, 쇼크주의

(2) 부신피질 기능항진증 (원발성 알도스테론증)

병태생리와 임상증상

1) Aldosterone 과잉 → 신장에서 Na 재흡수 자극 → Na, 수분 정체 → 체액량 증가, 고혈압 → 좌심실비대 → 심전도 변화, 망막병변
2) Aldosterone 과잉 → K 상실 → 근 쇠약, 지각이상, 반사감소, 마비, 심전도 변화, 부정맥, 강심제 과민성

- 신 세뇨관의 농축력 상실로 수분상실 증가 → 다뇨, 다갈, 고 나트륨 혈증
- 수소이온의 과도한 상실 : 저 칼륨성 알칼리증 → 혈청 칼슘 수준 감소 : 테타니, 감각이상
- **고혈압, 저칼륨혈증, 테타니, 알칼리증 증상 및 징후 주의 관찰**
- Valsalva 수기, 과격한 움직임 주의

(3) 부신피질 기능저하증 (Addison's disease)

- 당류코르티코이드 결핍
- 탄수화물, 단백질, 지방 대사 부적절 → 저혈당
- 알도스테론 분비 감소 → 탈수, 저혈량, K 배출 감소, 저나트륨혈증
- 안드로겐 결핍 → 성적 특성 변화
- 심리 사회적 상태 : 무기력, 우울
- 부신위기 : **심한 저혈압(가장 특징적), 혼수, 오심과 구토, 복부 경련과 설사, 청색증, 발열** 등

04 신경계응급질환

1. 척수손상(Spinal cord injury)

(1) 척추손상기전

손상분류	손상기전	골절형태	동반손상
1. 굽힘(굴곡) 손상	• 머리가 운전대나 앞유리에 부딪치는 정면 충돌 • 등이나 후두에 대한 충격 • SCI의 가장 빈번한 손상기전	• 척추체의 전방부 쐐기골절 (wedge fx.)—척추체 압박골절 • C4-C7, T12-L2에서 빈도가 높다.	• 후방 인대들의 단열 • 후방 요소의 골절: 가시(극)돌기, 추궁판, 추궁근 • 추간판의 파괴 • 추체의 전방 탈구
2. 수직-압박 손상	• 머리에 수직 혹은 축성 충격(다이빙, 파도타기, 떨어지는 물체) • 굴곡 손상과 밀접한 연관성이 있음	• 종판의 함몰골절 • 파열골절(복합골절) • 눈물방울 골절(terdrop fx.) – Tear drop fx: 경추의 과한 굴곡 손상으로 발생, 눈물방울 형태	• 골파편이 척수 내에 박힘 • 추간판의 파열
3. 젖힘(과신전) 손상	• 차의 뒷범퍼를 받치는 것 같은 강한 후방력 • 고정된 물체에 턱이 부딪치면서 넘어짐(주로 노인)	• 후방 구조물 골절: 가시(극)돌기, 추궁판, 후관절면 • 척추 전방의 견열골절 (avulsion fx.)	• 앞세로(전종)인대의 파열 • 추간판의 파열 • 경추손상과 동반: 흉요추 손상에는 약한 영향
4. 굽힘-돌림 (굴곡-회전) 손상	• 돌린 척추에 뒤에서 앞으로 가해지는 힘(예: 승객이 운전자를 향하고 있을 때 차 뒷범퍼를 충돌 당할 경우)	• 후방 추궁근, 관절면, 추궁판의 골절(척추분절은 후방인대가 파열되면 매우 불안정)	• 후방인대와 극간 인대의 파열 • 척추 후관절의 아탈구 혹은 탈구 • 흉추, 요추부, 후관절의 잠김(lock) 발생

(2) 척수 손상 환자의 평가서: NIBBLES

- N Neurological examination 신경학적 검사
- I   Immobility 부동성
- B Bladder 방광
- B Bowel 배변
- L Lung 폐
- E Extremity 사지
- S Skin 피부

(3) 사지마비(Quadriplegia) vs 하반신 마비(Paraplegia)

- C level 손상: 사지마비
- T, L level손상: 하반신마비
- T12이상 손상: 감각소실, 방광과 창자 경직
- L1이하 손상: 방광과 대장 이완

2. 불완전 척수손상(증후군) ★(23년 기출)

불완전 척수 증후군

척수시상로 (spinothalamic tract)
- 통각, 온도 감각
- 신경 섬유 교차 (즉, 반대편 감각을 담당)

척주(dorsal column)
- 진동, 고유감각
- 연수에서 교차, 척수레벨에서는 교차하지 않는다

피질척수로 (corticospinal tract)
- 운동신경

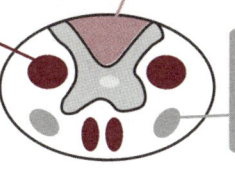

전방척수증후군	중심척수증후군	브라운-세커드증수후군
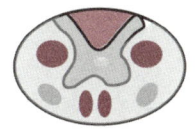	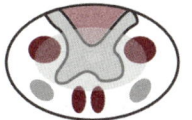	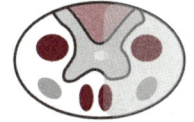
- 손상레벨 아래의 운동, 통각, 온도 감각의 양측소실 - 진동, 고유감각은 정상 - 과굴곡(몸이 앞으로 과하게 굽혀지는) 손상 혹은 전척수동맥 파열 시 발생	- 운동, 감각의 이상 - 상지가 하지보다 더 많이 영향받음 - 과신전 손상 - 경추질환이 있는 노인에게서 호발할 수 있음	- 손상측의 운동, 진동, 고유감각 소실 - 손상 반대측의 통각, 온도 감각 소실 - 관통상 혹은 측부압박손상에 의해 발생할 수 있음

(1) 브라운-세커드 증후군(Brown Sequard syndrome)

척수가 한쪽에 손상을 입었을 경우, 편절단(hemisection)이 되었을 경우
증상은 비대칭적, 가쪽 기둥의 손상으로 인해 반사가 소실, 간대성 경련(ankle clonus), Babinski sign의 출현
등쪽 기둥의 손상으로 고유수용성, 운동 , 진동감각 손상
반대쪽: 척수시상로(lateral spinothalamic tract)의 손상, 통각과 온도감각의 손상

(2) 앞척수증후군(전척수증후군, Anterior cord syndrome) ★(기출)

목뼈(경추) 부위의 굴곡 손상으로 인하여 척수 앞부분에 손상을 입거나 전척수동맥의 혈관공급장애로 척수전방 2/3 부분이 손상을 당한 경우
목뼈(경추) 디스크, 탈구로 인한 앞(전)척수의 압박 시에도 발생
피질 척수로 손상, 운동기능이 소실, 팔보다 다리가 심함.
척수시상로의 손상으로 **통증과 온도감각이 소실**
척수후방의 **촉감, 진동감, 위치감각 어느 정도 보존**

(3) 중심척추증후군(중심성증후군, Central Cord Syndrom)

특성: **목뼈(경추)부위의 과신전**, 척추관이 퇴행성으로 좁아져 발생
출혈이나 부종이 일어나 압축력이 작용하여 척수의 중심부에 손상

척추 골절이나 전위 없이도 발생, C5-6, C6-7에 호발

신경학적 손상: 다리 < 팔

지각장애, 통각이나 온도 감각(양측), 촉각, 진동감, 위치감각 등은 부분적

(4) 뒤척수증후군(후척수증후군, Posterior Cord Syndrome)

특성: 보기 드문 증상, 뒤쪽 기둥의 기능 손상, 척수로 손상, 만성 매독에 의해

운동기능, 통증, 촉각은 보존되고 고유감각과 이점식별감각, 서화감각, 입체감각인지는 소실

보행은 큰 폭으로 걷는 걸음 양상

(5) 엉치신경 보존(Sacral Sparing)

특성: 항문주위감각, 곧창자(직장), 조임근(괄약근) 수축, 엉덩이 부위의 피부감각, 발가락 굽힘근(굴곡근)의 능동적인 수축은 가능.

(6) 말총신경증후군(마미 증후군, Cauda Equina Syndrome)

이 부위는 완전 가로(횡) 절단이 일어날 수 있고 수많은 신경근이 있고 비교적 넓은 부위에 퍼져있기 때문에 불완전손상이 잘 일어남.

손상된 축삭의 재생이 이전 신경이 지배하던 경로를 따라 회복이 일어나지 않고 완전회복이 어려움.

(7) 척수쇼크(spinal shock)

척추의 골절, 탈구, 손상, 직접적인 척추의 타격

호발부위: C5-7, T12-L1

목뼈(C)의 골격

가. 탈구는 급격한 굴곡(신전회전)으로 인해 사지마비

나. C2-T1 이하 손상으로 인해 하반신마비

다. 손상 직후: 이완성 마비 → 이완성 마비, 경련성 마비로 전환

라. T thoracic 부위는 하위부에서 압박골절: 척수뒤굽음(후만)이 증가, 신경관의 침해가 발생

마. L lumbar부위는 압박골절, 복합골절로 인해 완전 골절, 탈구증이 많이 발생

바. 혈관장애와 생화학적 변화로 손상 부위에 괴사와 경색이 발생

> ⊕ **깊은힘줄(심부건)반사검사(DTR test)**
> 손상수준에 따른 근 긴장도에 대한 좋은 평가지표
> 위팔두갈래근힘줄반사(Biceps tendon reflex):C5-6
> 위팔세갈래근힘줄반사(Triceps tendon reflex):C6,7
> 넙다리네갈래근힘줄반사(Quadriceps tendon reflex):L2,L3,L4
> 아킬레스힘줄반사(Achilles tendon reflex):S1,S2

척수손상의 평가방법: 감각기능검사, 호흡평가, DTR, 근긴장도평가, ROM, 상위운동신경세포

반사검사

➕ 상위운동신경세포반사 검사:

바빈스키반사 Babinski's reflex	오펜하임반사 Oppenheim's reflex	호프만징후검사 Hoffmann's test	고환올림근반사 (거고근반사, Cremasteric reflex)	망울해면체반사 (구해면체반사, Bulbocavernosus reflex)
발뒤꿈치에서 엄지발가락 아래 부분까지 반사망치의 뾰족한 부분으로 긁어 올린다. Negative: 발가락들을 모아 구부리거나 별다른 반응을 보이지 않음 Positive: 엄지발가락이 신전되고 제 발가락들은 굴곡 및 외전되어 마치 부채를 편 모양	검사자의 손가락으로 환자의 정강이뼈 능선(장골능, iliac crest)을 따라 내려가면서 자극 Negative: 별다른 반응 없이 압통만 호소 Positive: 바빈스키 양성반응과 동일(확진검사로 사용)	환자의 가운데 손가락(중지) 손톱 끝을 압박하면 엄지, 시지, 중지가 구부러지는 징후 Negative: 아무런 징후 없음	대퇴내측부를 긁어내리면 고환올림근 수축에 의해 동측 음낭이 머리 쪽으로 올라가는 반응	남자: 음경의 귀두 여자: 음핵 부분을 자극 → 항문조임근(항문괄약근)이 반사적으로 수축하는 반응 Positive: 장과 방광의 반사적 지배가 정상 → 음부신경(S2–S4)의 지배가 존재하고 있다는 증거

▲ 호프만 반사

3. 허혈성 뇌졸중

(1) 기전

허혈 손상의 기전 CBF(cerebral blood flow) ↓

→ 산소, glucose ↓

- anaerobic glycolysis → lactic acidosis ATP depletion → Edema

  Brain edema는 뇌경색 환자의 가장 흔한 사망 원인, 혈관성 뇌부종(Vasogenic edema)의 경우 허혈 발생 20분 후 시작되어 2~5일 이내 최대

→ 뇌용적 ↑ → Brain hernia 유발

(2) 뇌경색(cerebral infarction)의 분류

분류	
대혈관 뇌경색 = 혈전성 뇌졸중	주원인 : atherosclerosis • 기타 원인 : 동맥박리, 동맥염, 섬유근육형성이상 등 • 죽상경화부위의 혈관내피세포손상으로 혈전생성 → 혈관폐색 초래 → 허혈과 경색 초래

심장색전증에 의한 뇌경색	• 비판막성 심방세동에 의해 생긴 mural thrombus가 유리되어 색전증 발생, MI, endocarditis 등이 원인 • 전구증상 없이 갑자기 발병
소혈관 또는 소공성 뇌경색 (Lacunar)	• 소동맥, 세동맥에서 발생하는 경색 • 원인 : 고혈압, 당뇨병 • 뇌동맥계는 분지를 많이 할수록, 분지의 크기가 작아질수록 뇌의 중심부에 위치하므로 소동맥의 폐쇄되면 중심부에 작은 크기의 경색 생김
기타	• 모야모야병, 혈관염, 동맥박리 등

1) TIA (transient ischemic attack) 일과성허혈발작

　① 원인: microemboli가 혈류 차단
　　• 혈류장애로 갑작스러운 비 경련성의 일시적, 가역적인 국소, 신경학적 이상 혹 시력의 이상, 지속시간 15분 이내, 3시간 내 회복(24시간 이내 증상이 완전히 사라짐)
　　• 처음 발생 한 후 10~20%에서 90일 이내 뇌경색 발생의 50%가 24~48시간 이내 발생
　② 진단: 원인질환 파악(뇌종양, 경막하 혈종), 심장검사
　③ 치료 - 항 혈소판제제(Aspirin), 항응고제(warfarin), 아스피린 복합체

2) 소 공성 뇌졸중(Lacunar infartion)

　• 뇌의 작은 penetrating artery occlusion에 의해 발생
　• 0.2-15mm의 작은 뇌경색
　• 호발부위 : 기저신경절, 시상, 뇌낭, internal capsule
　• 증상)
　　- 편마비/감각 뇌졸중(반대측 모든 감각 소실)
　　- 인지기능 저하
　　- 운동장애
　　- 반대편 다리와 팔의 운동장애
　　- 반대편 다리와 얼굴의 쇠약감

3) 뇌경색(cerebral infarction)

　① Internal carotid artery(ICA) occlusion = 내경동맥 폐색
　　• 죽상경화증이 가장 호발하는 부위, 혈전형성이 가장 흔함
　　• Ophthalmic Artery 일시적 폐쇄 : 일시적 시력 소실
　　• ICA 폐쇄
　　• 측부순환이 충분하면 증상이 없을 수도 있음
　　• 관류압 감소 시 hemodynamic infarction 발생
　　• 측부순환이 충분하지 않으면 대뇌반구의 2/3 손상
　　　→ 반대측 hemiplegia, sensory disturbance, global aphasia, 심한 뇌부종으로 사망
　② Middle cerebral artery(MCA) occlusion = 중간대뇌동맥
　　• MCA infarction은 전체 뇌경색의 50%

- Superior division : frontal lobe의 motor center 손상
    - → 반대쪽의 hemiplegia(특히 arm), motor aphasia, hemianesthesia
      주로 parietal, temporal lobe 손상
    - → 반대쪽의 hemianopsia(반맹), sensory aphasia(감각실어증)
- ③ Anterior cerebral artery(ACA) occlusion = 전대뇌동맥
    - ACA 는 대뇌 안쪽의 혈액공급 담당
    - frontal lobe의 motor center 손상→ 반대쪽의 hemiplegia(팔에 비해서 더 심하게 나타나는 반신마비가 나타남, 다리위주로 증상이 옴),
    - motor aphasia(운동언어상실증), hemianesthesia(편측무감각)
      주로 parietal, temporal lobe 손상
      → 반대쪽의 hemianopsia(반맹증)
      반맹증이란 두 눈 시야의 반 정도가 결손 되어 보이지 않는 것, sensory aphasia(감각언어상실증)

(3) 허혈성 뇌졸중의 Vital sign 관리

① if renal insufficiency 또는 heart failure
  - 140/90 mmHg 이하
  - 130/85 mmHg 이하

② if diabetes
  - 130/80 mmHg 이하

③ Acute stage
  - **target BP : 160~180 / 90~ 100mmHg**
  - 220/120mmHg 이상일 경우 혈압조절 시작
  - thrombolysis 받은 환자 : systolic BP 180mmHg 이하 유지
  - 갑작스런 혈압강하를 하지 않음

  BT : Hypothermia 권장
  - fever는 허혈성 병변의 악화, ICP 상승 유발

(4) 허혈성 뇌졸중의 약물요법

뇌졸중의 일차예방을 위한 항혈소판제

① 1차 선택 약제 : ASPIRIN, Clopidogrel(Plavix), 혈소판의 응집 억제, 재발성, 색전성 뇌졸중 예방

② Anticoagulation agent(항응고제)
  Heparin, Low molecular weighted heparin(LMWH) Warfarin

③ Statin ; 환원효소 억제제
  Simvastatin(Zocor), Lipitor , crestor
  콜레스테롤 수치와 관계없이 뇌졸중 예방에 사용

④ 고용량혈액희석법

　　Hct. 30~35% 유지, 심박출량 증가, 뇌관류 증진→ 허혈↓

⑤ T-PA (Tissue plasminogen activators) 적응증★(기출)
- NIHSS 〉 4점
- On set 3시간 이내(증상 발생이 명확한 경우)
- Non-contrast CT 상 : 출혈소견 없음
- 수축기혈압 185mmHg↓, 이완기혈압 110mmHg↓
- 금기 기준 참고

※ 정맥내 혈전용해술 적응증★(기출)

1. 신경학적 장애가 동반되고 경미하지 않은 허혈성 뇌졸증
2. 신경학적 장애가 자발적으로 신속히 호전되지 않아야 함.
3. 신경학적 장애가 심한 환자는 치료시 주의해야 함.
4. 거미막하 출혈로 인한 증상이 아니어야 함.
5. 최근 3개월이내에 두부외상 및 뇌졸증이 없어야 함.
6. 최근 3개월이내에 심근경색이 없어야 함.
7. 최근 21일이내에 소화기 및 비뇨기계 출혈이 없어야 함.
8. 최근 14일이내에 주요수술을 시행하지 않았어야 함.
9. 최근 7일이내 압박불가능한 동맥 천자를 시행하지 않았어야 함.
10. 두개내 출혈의 과거력이 없어야 함.
11. 혈압은 185mmHg/ 110mmHg 이내로 조절할 것.
12. 신체 검진 당시 출혈 및 외상이 발견되지 않아야 함.
13. 경구 항응고제를 복용하고 있다면 INR 1.7이하이어야 함.
14. 48시간이내 헤파린을 투여받았다면 aPTT가 정상범위 이내로 저절되어야 함.
15. 혈당 수치는 50mg/dL(2.7mmol/L) 이상이어야 함.
16. 혈소판 수치는 100000mm3 이상이어야 함.
17. 경련후 발생한 신경학적 장애가 아니어야 함.
18. CT에서 뇌반구의 1/3이상인 다엽경색이 아니어야 함.
19. 환자 또는 보호자가 치료에 따르는 위험과 이득에 대해 이해하고 있어야 함.

05 소화기계 (위장, 간담도췌장) 응급질환

1. 복통

1) 복통의 종류
   ① 내장통증: 속빈 장기는 내장통을 일으킨다. 둔하고 아픈 듯, 간헐적으로 통증생김
   ② 벽쪽통증: 벽쪽 복막으로부터 유발, 복막의 부분 자극으로 집적 나타남.
   ③ 연관통: 실제 느껴지는 곳이 아닌 부위에 생기는 통증
   (대동맥 박리:양측어깨 사이의 통증, 충수염: 배꼽주위의 통증 등)

2) 복통의 위치
   ① 우상복통: 위염, 담낭염, 소화불량
   ② 좌상복통: 췌장염, 위염, 십이지장 궤양, 위궤양
   ③ 우하복통: 충수돌기염, 대장암, 여성질환(자궁근종, 난소질환, 자궁외임신, 골반질환), 고환의 염전
   ④ 좌하 복통: 과민성대장증후군, 게실염, 여성질환
   ⑤ 복부전체 통증: 급성복막염, 급성대장염, 궤양성 대장염, 장폐색
   ⑥ 옆구리통증: 신우신염, 요로결석, 디스크, 맹장염(RT)
   ⑦ 배꼽주위통증: 탈장, 소장염, 맹장염, 난소낭종

2. 위장관계 응급질환

(1) 위장관 출혈

위장관 출혈은 응급실 내원 환자의 가장 많은 원인 중 하나로, 토혈, 흑색변, 혈변, 빈혈 등으로 나타난다. 상부위장관출혈은 식도, 위 그리고 근위부 십이지장에서 발생하는 출혈이며, 하부위장관출혈은 십이지장의 원위부 이하에서 발생하는 출혈을 말한다.

상부위장관출혈은 피를 토하는 토혈이나 새까만 변을 보는 흑색변으로 나타날 수 있으며, 약 1000cc이상의 상부위장관 출혈이 있으면 선홍색의 혈변으로 나오게 된다.

1) 위장관출혈의 원인
   ① 상부 위장관 출혈: 소화성 궤양 (약 50%), 소화성 궤양 환자가 비스테로이드성 소염제나 항혈소판제/항응고제를 복용하는 경우 궤양 출혈의 위험성이 증가
   상부위장관 암, 미란성 위염, 식도 열상, 식도정맥류, **말로리바이스** 손상(반복적인 구토로 식도가 찢어짐)★기출, 식도염, 십이지장염증
   ② 하부위장관 출혈: 치핵, 고령의 경우 혈관확장증, 게실, 그 외 종양, 장염(감염성 장염, 염증성 장질환, 허혈성 장염)

2) 증상
   ① 상부 위장관 출혈:

㉠ 흑색변
㉡ 토혈: 선홍색 또는 커피색
㉢ 기립성 저혈압, 심박동수 증가, 실신, 어지러움, 오심, 발한, 갈증
㉣ 상복부의 쓰리고 불편한 찢어지는 듯한 통증
㉤ 식도나 위점막의 파열, 식도정맥류파열시 쇼크증상(의식변화, 빈맥, 식은땀)
② 하부 위장관 출혈 증상:
㉠ 흑색변
㉡ 선홍색 대변
㉢ 경련성 통증, 구역과 구토
㉣ 복강내의 출혈시 복부팽만, 창백하고 의식변화의 쇼크증상

(2) 질환

1) 식도정맥류
간경화증에서 유래하는 **문맥압**의 상승으로 식도 점막하층의 정맥이 확장되는 질환(파열되기 전까지 증상 없다.)
알코올이나 부식성 물질을 섭취 시 유발되며 선홍색의 피를 토한다.
쓰리고 찢어질 것 같은 느낌과 쇼크증상을 보인다.
응급처치로는 기도유지와 산소공급, 수액을 주면서 이송한다.

2) 위염
포도구균, 바이러스, 살모넬라, 헬리코박터, 아니사키스 등 감염성 질환과 폭음, 폭식, 담즙역류 등, 흡연, 약물, 허혈, 쇼크, 스트레스 등에 의한 위염이 있다.

3) 위궤양
위점막의 일부가 결손 되어 조직이 노출된 상태
① 급성위궤양: 강한 스트레스, 쇼크, 두부외상, 두개골 뇌수술 후에 급격히 발생
② 만성위궤양: 만성소화성 궤양으로 위(25%), 십이지장(75%)에 발생하며 가족력이 있고 혈액형이 O+형인 사람에서 많이 발생한다.

4) 장질환(intestinal disease)
① 장폐색증(Lleus)
장관의 내강이 막히거나 꼬여 폐쇄된 것과 탈장, 장중첩, 장염전, 종양등에 의한다.
식욕감퇴, 발열, 피로, 구역과 구토, 체중감소, 탈수등이 생긴다.
응급처치
1) V/S측정, NPO시킴
2) 정맥로 확보
3) 처방에 따라 L-tube(18~20Fr)삽입할 수 있도록 준비한다.(감압&흡인)
4) 장 연동을 촉진하기 위해서 여러 차례에 걸쳐 체위를 바꿔준다.

② 장중첩증(Intussusception)

장 중첩증이란 마치 망원경을 접을 때처럼 장의 한 부분이 장의 안쪽(내강)으로 말려 들어간 것을 말한다.

원인이 없는 경우와 원인이 있는 경우(멕켈 게실, 용종 등)가 있다.

소아에게 많이 나타나며 심한 복통, 구토, 혈성 점액성대변 등의 증상을 보임.

가. 응급처치
- 활력징후를 잰다.
- 금식시킨다.
- 구토물, 혈성 점액성 대변이 보였다면 버리지 말고 응급실에 인계해준다.

나. 응급실에서의 처치
- 항문을 통하여 공기나 조영제를 넣어 장관 내 압력을 증가시켜 중첩된 장을 풀어준다.

5) 장의 염증(Intestinal inflammation)

① 충수염(막창자 꼬리염, Appendicitis)

갑자기 복통을 일으키며 막창자 끝에 붙어 있는 10cm 길이의 충수돌기의 염증

배꼽주변의 통증을 시작으로 오른쪽 하복부 통증으로 국한된다.

통증의 위치는 맥버니점(McBurney's point)으로 배꼽과 위앞 엉덩뼈가시(상전장골극, anterior superior iliac spine; ASIS)를 이은 직선을 2:1로 나누는 지점이다

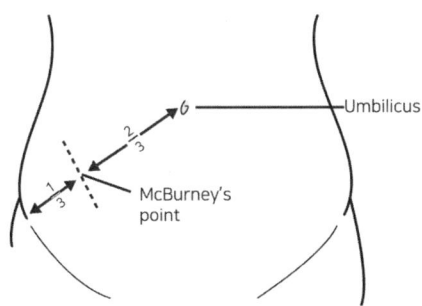

② 복막염 (Peritonitis)
㉠ 복통, 복부팽만, 오심, 구토, 미열, 저혈압, 빈맥 등의 증상이 있다.
㉡ 혈액검사 상 염증소견(WBC↑, ESR 항진)이 나타난다.
㉢ 선 자세에서의 복부 단순 X-ray상에서는 마비성 장폐색(소장,대장 모두 가스상↑)이 나타남.
㉣ 응급처치
  1) V/S측정
  2) NPO설명
  3) EKG & SPO2 monitoring을 시작한다.
  4) H/S 1L를 18G로 정맥로를 확보하고 혈압을 유지한다.

(3) 위 천공 (Ulcer Perforation)

1) 증상

심한 복통, 오심, 구토, 식욕부진, 오한, 발열, 화학성 복막염, 세균성 패혈증, 저혈량성 shock를 초래 할 수 있다.

2) 응급처치

① V/S측정
② 수술상황에 대비해 NPO하도록 한다.
③ EKG & SPO₂ monitoring을 시작한다.
④ H/S 1L를 18G로 정맥로를 확보하고 혈압을 유지한다.

3. 간, 담낭 및 췌장 질환

(1) 간질환의 증상

① 황달: 피부, 눈 흰자위 황색으로 변함(혈액속 빌리루빈 증가)
② 간종대
③ 복수
④ 소화기 증상

(2) 간질환의 종류 및 증상

1) 간염(hepatitis)

① 급성간염
- 증상: 식욕부진, 구토, 초기 증상은 감기와 비슷

② 만성간염
- 증상: 자각증상이 심하지 않아 제때에 발견이 안 되는 경우가 많음. 황달(노란색피부와 눈색깔), 피로감, 무기력증, 골치 아프고 윗배가 무거운 느낌. 식욕감소 (개인차 있음)
- 치료 안 되면 간경변으로 발전

2) 간부전(hepatic failure)

- 간기능이 25%이하로 떨어졌을 때 발생.
- 간부전의 합병증: 간성 뇌병변증, 간성혼수 등이 나타남.

① 원인: 간경변 악화로 간세포가 괴사되고 urea cycle(요소회로)손상으로 혈중 암모니아가 증가한다.
② 증상: 의식 혼란, 자율신경 변화, 심하면 호흡에서 암모니아 냄새

3) 간성혼수(Hepatic encephalopathy)=간성뇌증

간의 기능이 저하되어 생기는 혼수, 음식으로 섭취한 단백질은 분해되어 암모니아가 되고, 암모니아는 간에서 요소로 변환되어 몸 밖으로 배출되는데 간 기능이 저하되면 암모니아가 제대로 처리되지 않고 뇌에 나쁜 영향을 미침.

① 원인
    ㉠ 약물, 중추신경억제제제, 진통제
    ㉡ 질소성분의 증가(고단백식이, 고 질소혈증, 위장관 출혈, 변비)
    ㉢ 저칼륨혈증으로 인한 alkalosis
    ㉣ 저산소증,
    ㉤ 감염(패혈증)

② 간성뇌증의 증상
    ㉠ 진행된 간질환이 있는 경우에 수반되므로 환자의 신체 진찰에서 근육소실, 황달, 복수, 수장홍반, 부종, 거미상 혈관, 간성구취 및 퍼덕이기 진전(flapping tremor) 등을 확인할 수 있다.
    ㉡ 간성혼수 상태에서는 혈액과 CSF ammnonium 수치가 상승되고 환자는 혼수상태에 빠지게 된다.
      – 의식이 없는 상태이므로 환자상태를 잘 살필 것.(기면상태)
      – Flapping tremor(퍼덕이기 진전)
      – 활력징후(V/S)를 측정한다.
      – 정맥로를 확보하고 처방에 따라 Lactulose: ~45ml p.o bid 또는 qid로 투여한다.
      – 처방에 따라 **관장**: Tap water or 5DW 200cc + lactulose 200cc mix retention enema) 실시 후 stool 양상과 환자의 의식정도를 사정한다.

(3) 담낭질환

1) 담낭의 기능
- 간에서 생성된 담즙을 담낭에 농축, 저장하고 분비
- 담즙의 주성분: 담즙산염, 담즙색소, 콜레스테롤
- 담즙산: 십이지장에서 지방의 유화, 분해효소의 작용 촉진 지방의 소화흡수 촉진
(담즙은 회장에서 재흡수 되어 간으로 돌아감)

2) 담낭염, 담석증
① 담낭염
    ㉠ 원인: 담낭, 담관에 염증
    ㉡ 증상: 상복부 통증, 구토, 고열, 담석증일 때 통증 심함, 촉진 시 광범위한 오른쪽 및 오른쪽 갈비뼈 부위에 압통(머피징후), 구역이나 구토(지방 섭취 많으면 통증 심함)

② 담석증
　㉠ 원인: 담낭, 담관 속에 담즙 성분에 의해 담석 생성
　㉡ 증상: 황달, 오한, 열, 복부 통증, 오심, 구토, 소화불량
　㉢ 증상이 있다면 특징적인 것은 담관 산통이다. 담관 산통의 특징은 **명치와 오른쪽 위쪽 배에 발생하는 지속적이고 심한 통증** 또는 중압감이며, 우측 견갑 하부(날개뼈 아래)나 어깨 쪽으로 통증이 퍼져 나간다.
　㉣ 대개 통증은 갑자기 시작되고 1~6시간 동안 지속되며, 서서히 또는 갑자기 소실된다.

(4) 췌장질환

1) 췌장 기능
   - 내분비 췌장 세포: 인슐린, 글루카곤, 소마토스타틴등 분비
   - 외분비 췌장 세포: 탄수화물, 지방, 단백질의 소화에 관여하는 각종 효소 분비

2) 췌장염
   ① 원인
   　- 급성 췌장염: 담석증, 과다 알콜섭취, 혈중 지질증가
   　- 만성 췌장염: 알콜 섭취
   ② 증상
   　좌 상복부 통증, 등으로 가는 방사통, 오심, 구토, 복부 팽만, 지방 변, 출혈, 쇼크, 좌상복부의 피하출혈이나 종창, 심하면 사망
   ③ 응급처치
   　활력징후(V/S)를 잰다.
   　편안한 자세로 앉히고, 정맥로를 확보한다.
   　Nasogastric tube를 삽입할 수 있도록 준비한다.

06 비뇨생식(Urinary system)

1. 신장질환

(1) 급성 신부전(Acute renal failure)
신장 기능이 갑자기 떨어진 상태. 신장 기능이 떨어지면 몸 안의 노폐물 배출에 문제가 생겨 요독이 쌓이고 수분과 전해질의 균형이 깨진다.
① 증상: 무뇨, 핍뇨(500ml/d이하) 산혈증, 오심, 탈수, 소변량 감소, 구토, 경련, 전신 부종, 고혈압, 울혈성 심부전, 폐부종, 고칼륨혈증, 산혈증, 경련
② 처치: ABC 모니터링, 고농도 산소투여, 저혈압시 하지거상

(2) 만성 신부전
3개월 이상 신장이 손상되어 있거나 신장 기능 감소가 지속적으로 나타나는 질병
① 원인: 당뇨병성 신장질환(41%), 고혈압(16%), 사구체신염(14%)
② 증상: 신장 기능이 저하되면서 피곤함, 가려움증, 식욕부진 등의 요독증상이 나타난다. 말기 신부전에 이르면 호흡곤란, 식욕부진 및 구토 등의 증상이 더욱 심해지면서 투석이나 신장이식 필요
③ 요독증 서리(uremic frost), 고칼륨혈증, 폐에서의 마찰음

> 참고) frost: 땀에 요소 성분 때문에 피부에 황백색의 결정을 보이는 것.

(3) 신장결석
① 원인: 요의정체 및 농축, 세균 감염, 대사 이상, 결석 성분을 포함하는 식품의 과잉 섭취
② 증상: 오심, 구토, 혈뇨, 옆구리 통증(30~60분 이내 강한 찌르는 듯한 통증으로 진행하여 서혜부로 이동한다.)
③ 요도 아랫부분에 있으면 야뇨증, 빈뇨, 급뇨, 혈뇨, 배뇨시 통증

2. 비뇨기 질환

(1) 비뇨생식기의 손상
외력에 의하여 발생하는 신장과 방광 생식기의 손상, 타박상에서 파열, 남성 생식기의 경우 절단 등의 손상.

1) 임상적 특징
환자가 호소하는 증상이 불명확한 경우가 많으므로 손상의 가능성을 의심할 것.
양측 하부늑골 갈비뼈 옆구리 또는 상복부의 손상이 있을 때 신장 콩팥 손상의 가능성을 염두해 둔다.
골반, 뼈 골절을 포함한 하복부 손상이 의심될 때 방광 및 요로계의 동반손상 가능성을 고려

한다.

2) 병력청취
   - 비뇨생식기 손상 관련 증상: 신장 손상이 가장 흔하다.
   - 손상기전 및 사고발생 당시 상황을 확인한다.
   - 임신여부, 약물복용력, 수술력, 과거력 등을 확인한다.

3) 신속한 외상초기평가
   - 기도 유지, 호흡곤란이 있는지 확인한다.
   - 활력징후 측정
   - 외상환자의 2차 평가를 통하여 옆구리나 치골상부에 열상이나 멍이 없는지 확인한다.
   - 흉·요추 고정을 시행할 때 환자의 등으로부터 장갑에 묻어나는 혈액이 없는지 확인한다.
   - 요도 끝에 혈뇨가 없는지 확인할 것.

4) 응급처치
   단독손상 보다는 동반손상이 흔하므로 그에 대한 처치를 우선한다.
   - 흉·요추부의 통증이 심할 때 척추고정기로 고정
   - 골반 뼈 골절이 의심될 때 골반 뼈 고정장치(골반뼈 압박밴드)나 복대적용
   - 남성 외생식기의 완전 절단 시에는 절단된 조직 처치 술기 지침을 따른다.

5) 처치 시 주의사항
   ① 중증손상 환자이면 처치시간은 **최대10분미만**으로 최소화한다.
   ② 생식기 손상 환자에서 성폭행 등의 가능성이 없는지 주의한다.
   ③ 복부 및 골반손상의 동반이 흔하기 때문에 이에 대한 주의가 필요하다.

(2) 고환염전
고환 및 부고환이 혈관구조물이 꼬여 결국 혈류장애를 초래하는 질환이다.
사춘기나 유아에 흔하며 갑자기 음낭과 하복부에 통증과 부종
보통 음낭을 위로 들어올리면 통증을 더 호소한다.
증상이 시작된지 **6시간 이내**라면 손으로 교정, 그 이후 수술
- 급성이 정관이 꼬여 고환의 혈액 순환이 손상된 상태
- 외상, 격렬한 운동, 이유 없이 발생
- 밤에 더 심함
- 음낭의 부종, 발적, 발열, 통증
- 괴사되면 오히려 통증 없음

(3) 요관석
① 요관석은 70% 정도가 20~50세에 발견되며 3:1의 비율로 남성에게 호발한다.
② 증상: 통증(측복부 통증, 산통), 혈뇨, 위장관 증상, 방광자극증상 늑골척추각의 타진에 의한

통증의 유무

(4) 양성전립샘 비대증 (BPH)
상피세포 수의 증가와 지지조직이 비대된 것
50대 이상 남성의 50%에서 발생
① 원인
- 노화과정과 관련된 내분비 장애 영향
- 테스토스테론과 에스트로겐의 비율변화로 인한 전립선부 요도선 주위의 진행성 종창
- 위험요인: 가족력, 환경, 포화지방산 섭취 등

② 병태생리
- 전립선 내부에서 발생/요도압박 → 폐색
- 합병증: 요폐와 관련/급성요정체, UTI, 패혈증
- 잔뇨로 소변 알칼리화 유발 → 결석

③ 처치: 간헐적 도뇨 또는 유치카테터 삽입으로 폐색 증상 완화

(5) 지속적 발기
성적욕구 없이 발기가 조절되지 않고 오래 지속되는 상태
음경이 커지고 딱딱해지며 통증발생
① 원인: 신경성, 혈관성, 약물성으로 발생
② 응급처치: 음경순환 손상, 배뇨의 문제 발생, 24~36시간 이내에 해결해야 함
- 전립샘 마사지, 진정과 휴식
- Demerol 투여: 저혈압의 효과
- 도뇨관 삽입

(6) 요로감염
① 상부요로감염: 콩팥 깔때기염(급성신우신염): 옆구리에서 압통
② 하부요로감염: 요도, 방광 남성의 경우 전립샘 포함
③ 증상: 배뇨시 통증, 잦은배뇨, 배뇨의 시작과 유지곤란, 배뇨중이나 직후에 발생되는 타는 듯한 통증
④ 콩팥 깔때기염(급성신우신염): 통증이 심하고 발열, 옆구리와 등의 통증, 늑골척추각의 통증 (로이드징후)
⑤ 하부요로감염: 창백하고 차고 축축한 피부, 치골부위에서 압통

07 조혈계 응급질환

1. 적혈구의 이상(Abnormality of RBC)

1) 빈혈(Anemia)

적혈구수가 감소하여 혈색소량의 절대치가 부족해서 나타나는 증상
정상인은 말초혈액 중에 적혈구수가 450만~500만 /mm3, 혈색소 12~16g/dℓ, 적혈구 용적 40~45%
빈혈의 원인: 적혈구 생성 감소, 용혈성 질환, 실혈 등

2) 낫 적혈구병

낫(초생달) 모양의 적혈구를 특징으로하는 헤모글로빈, 낫 모양의 세포는 딱딱하므로 매우 작은 혈관(모세 혈관)을 통과하기가 어려워 혈류가 막히게 되며 모세 혈관이 막힌 부위에서는 조직으로의 산소 공급량이 감소한다.
① 원인: 유전자 이상으로 이상 적혈구의 과다 파괴
② 증상: 황달, 열이나며 숨이 가빠지고 장골, 복부 및 흉부통증이 동반되는 경우 낫적혈구 위기를 나타냄.
③ 혈류공급의 부족으로 시간이 경과됨에 따라 비장, 신장, 뇌, 뼈 및 기타 기관을 손상

2. 백혈구의 이상(Abnormality of WBC)

백혈구는 골수에서 분화 성장하며 말초혈액에 6000~8000/mm3 개가 있다.
염증이 있거나 심한 스트레스, 일부 약물을 복용 후에 증가한다.

3. 출혈성 질환

1) 혈소판 이상

① 특발성 혈소판 감소성 자반병(Idiopathic thrombocytopenic purpura ; ITP)
  ㉠ 혈소판 감소에 의한 출혈질환 중 혈청에 존재하는 항 혈소판 항체에 의해 혈소판이 파괴되는 자가 면역성 기전에 의해 일어난다.
  ㉡ 발생빈도가 가장 높고 바이러스 감염인 독감을 앓고 난후에 발병한다.
  ㉢ 혈소판 수 5,000~10,000/mm3으로 감소한다(정상 15만 ~ 40만/mm3).
② 혈전성 혈소판 감소증(Thrombotic thrombocytopenic purpura ; TTP)
  ㉠ 주로 젊은 여성에서 발병한다.
  ㉡ 전신내장 기관의 모세혈관 내에 fibrin 혈전을 만들어 혈소판이 감소한다.

2) 응고기전 이상

① 혈우병(Hemophilia)
  Hemophilia A : 응고인자 중 8번 인자 결핍

Hemophilia B : 응고인자 중 9번 인자의 선천적 결손
반성열성 유전으로 남자에서 자주 발생한다.
② Von Willebrand 병
제8인자의 응고활성 감소하므로 사소한 이상에서도 출혈이 있다.(피부와 점막출혈)
비출혈(코피), 잇몸출혈이 특징인 유전적 장애
③ 파종성 혈관내 응고증후군(Disseminated intravascular coagulation syndrome : DIC)
패혈증, 급성저혈압, 독사에 물린 경우, 암, 산부인과의 응급상태, 심한외상, 대수술 후에 나타난다.
전신의 작은 혈관내에서 혈전이 자주 발생한다. fibrinogen과 혈소판이 혈전형성으로 감소하고 섬유소 분해산물(FDP)이 증가한다. 혈전은 폐와 콩팥에 자주 발생한다.
용혈성 수혈반응: 얼굴홍조, 과다호흡, 빈맥, 불안감, 두드러기, 천명음, 발열, 청색증.

4. 일반적인 평가

① 의식확인, ABC 평가
② 출혈 및 패혈성 쇼크, 감염등의 증상 확인할 것.
③ 허약감, 어지러운증상 확인
④ 악성빈혈시 한쪽의 감각이상을 호소한다.
⑤ 자가면역질환, 낫적혈구빈혈시 눈에 이상증상을 확인한다.
⑥ 황달이나 소양증 확인

08 면역계 질환

면역계는 세균, 바이러스, 기생충 같은 미생물에 감염되지 않도록 보호해준다.
또 암으로부터 인체를 보호하며 손상된 조직을 복구하는 데에도 도움을 준다.
인간은 이미 만들어진 특정한 방어기전을 갖고 태어나지만, 대부분의 면역성은 병원체에 노출되고 난 다음 후천적으로 생긴다.

1. 면역계 질환의 종류

① 후천성 면역결핍
② 자가 면역질환
③ 전신성 홍반성 낭창
④ 경피증
⑤ 쇼그렌 증후군
⑥ 다발성 근염과 피부근염
⑦ 류마티스 다발성 근육통
⑧ 측두 동맥염
⑨ 결절성 다발 동맥염
⑩ 베체트 증후군

2. 인체의 방어기전

1) 체액성 면역(Humoral immunity)
   - 항체(antibody)에 의해 생성 (항체 매개 면역)
   - 박테리아나 외부 독소에 대항하는 주요 방어기전

2) 세포매개 면역(Cell-mediated immunity)
   - 반응에 관여하는 림프구(lymphocyte)에 의해 생성
   - 바이러스, 곰팡이, 기생충, 일부 박테리아에 대항
   - 이식 장기 거부반응 (reject transplanted organs)
   - 비정상적으로 분열하는 세포 제거 기전

3. 과민반응(Hypersensitivity)

항원(외부물질)에 비정상적으로 반응하는 상태
① Antibody-mediated hypersensitivity
  가) Type I : 즉각성 anaphylactic/allergy (immediate)
  나) Type II : 세포독성 cytotoxic
  다) Type III : 면역복합체성 immune complex

② Cell-mediated hypersensitivity
라. Type IV : 지연성(세포매개성)

가. Type I: 즉각성 (immediate)
   항원과 IgE(비만세포, 호염기구) 결합
   강력한 화합매개체(히스타민, 프로스타그란딘) 분비
   ㉠ 국소적 반응(알레르기, allergy)
      알레르기 소인이 있는 사람(atopy person), 감작된 항원(allergen)
   ㉡ 전신적인 반응(아나필락시스, anaphylaxis)
      페니실린, 벌에 쏘임, 땅콩, 혈압강화에 의한 순환장애, 기관지 수축에 의한 호흡장애

나. Type II: 세포독성(cytotoxic)
   세포나 조직항원에 대한 항체가 표적세포의 표면에 결합
   항원-항체 반응이 보체활성화, 표적세포막 손상, 염증유발
   부적합수혈, 신생아 RH 부적합에 의한 용혈성 질환, 신장염(사구체 질환)

다. Type III: 면역복합체(immune complex)
   순환하는 항원-항체 복합체가 형성되어 유발됨
   류마티스 관절염(rheumatoid arthritis), 루푸스(systemic lupus erythematosus, SLE)

라. Type IV: 지연성, 세포매개성(delayed, cell-mediated)
   감작된 T 림프구가 림포카인 분비, 대식세포와 염증세포 유인
   24-48시간후 결핵(Tuberculosis, TB)
   진균감염, 곰팡이감염, 접촉성 피부염

4. 자가면역질환

1) 자가면역질환이란: 정상항원이 변형되어 면역체계가 변형된 항원 공격

2) 외부항원과 유사한 항원 결정기를 가진 정상세포와 교차반응
   - 자가면역성 질환에 걸리기 쉬운 요인
      ① 유전적 요소 (6번 염색체의 유전자와 관련)
      ② 여성 > 남성
      ③ 유전적으로 취약한 사람에서 감염(주로 바이러스)시
   - 치료(Treatment) : **corticosteroids, cytotoxic drugs**

3) 자가면역성질환(Autoimmune Diseases)
   ① 루푸스(Systemic lupus erythematosus, SLE) : 전신질환, 특징: 뺨의 나비모양의 발진, 광과민성, 구강궤양, 신부전, 신증후군등

② 류마티스 열(Rheumatic fever) : 심장과 관절에 염증
③ 사구체신염(Glomerulonephritis) : 신사구체의 염증
④ 자가면역혈액질환(Autoimmune blood diseases) :
빈혈(anemia), 백혈구감소(leukopenia), 혈소판감소(thrombocytopenia)
⑤ 갑상선염, 갑상선저하증
⑥ 독성 미만성 갑상선종, 갑상선 항진증
⑦ 자가면역성 질환(Autoimmune Diseases)

5. 알레르기 및 아나필락시스

아나필락시스 반응은 항원에 노출된 후 수초에서 수시간까지 발생할 수 있지만 대부분은 30분 이내에 발생한다.
① 경증 알레르기반응: 가려움증, 두드러기, 오심 등 (호흡곤란, 저혈압 등은 없음)
② 중증 알레르기반응(맥관부종, 아나필락시스): 협착음, 천명, 심한 복통, 호흡곤란, 빈맥(빠른맥), 쇼크, 입술, 혀, 얼굴의 부종

(1) 환자평가

1) 병력청취
   - 원인약물이나 항원유발원 노출력
   - 과거력: 아나필락시스 발병력 또는 아토피/천식
   - 침넘김이나 호흡에 어려움이 있는지 확인
   - 보호자가 없는 무의식 환자인 경우는 가능한 알러지와 관련된 표식(팔찌, 목걸이, 각종 신분 증 등)을 확인한다.

2) 이학적 검진: 질환의 중증도를 결정하여야 한다.
   - 환자의 활력징후와 심전도, 산소포화도 감시를 시행하여 빈맥(빠른맥), 저혈압, 쇼크 유무를 확인
   - 두드러기, 피부 부종의 위치 및 범위
   - 경부 및 양측 폐야 청진을 하여 협착음, 천명음 유무를 확인

3) 아나필락시스 여부: 아나필락시스의 진단기준에 맞는지 확인하여야 한다.

   아나필락시스는 피부, 점막, 호흡기계, 소화기계, 심혈관계, 신경계 등에서 최소 두 개 이상의 장기에서 임상증상이 발생하는 경우가 전형적인 형태이나, 일부 벌독 알레르기 환자에는 저혈압, 빈맥, 흉통과 같은 갑작스러운 심혈관계의 반응이 단독으로 나타나기도 한다.

4) 아나필락시스의 진단 기준

	양상
기준1	수 분에서 수 시간 사이에 피부증상(예: 전신두드러기, 홍조, 입술·구강 혈관부종)이 있으면서 호흡기계 증상(예: 천명음, 분당호흡수>29회, 산소포화도<94%) 또는 심혈관계 허탈 증상(수축 기혈압 90mmHg

기준2	미만, 의식 수준 V 이하)이 있는 경우
기준2	이미 알고 있는 유발인자에 노출된 후 갑자기 혈압저하가 발생하여 수축기 혈압이 90mH 미만 인 경우 (성인 기준)
기준3	이미 알고 있는 유발인자에 노출된 후 급작스럽게 피부·점막의 증상, 호흡기계 증상, 심혈관계 허탈 증상, 위장관계 증상(복통, 구토) 중 둘 이상의 장기 증상이 있는 경우

(2) 응급처치

1) 경증
   - 환자가 알고 있는 알레르기 원인이 있을 경우 제거한다.
   - 가려움증으로 과도하게 피부를 긁는 것을 방지한다.

2) 아나필락시스 반응
   - 환자가 알고 있는 알레르기 원인이 있을 경우 제거한다.
   - 기도를 유지하고 산소를 투여
   - 저장백이 있는 안면마스크를 이용하여 100% 산소를 공급한다.
   - 산소포화도를 유지할 수 없는 경우 기관 삽관, 후두마스크 등을 이용하여 전문기도유지술을 시행한다. 전문 기도유지술 시행 자격 및 방법은 기본심폐소생술 및 기도삽관, 성문상기 도유지기 술기 지침을 따르며 가능하면 구급차 이송이 시작되기 전에 시행한다.
   - 환자의 혈압이 낮을(수축기혈압<90 mmHg) 경우, 다리를 올려주고 정맥로를 확보하여 300mL(소아는 5mL/kg)의 생리식염수나 젖산 링거액을 투여하고, 혈압, 맥박수, 의식 등이 정상 범위로 회복되는지 확인한다.
   - 쇼크가 지속될 경우 1L(소아는 10mL/kg)까지 수액을 지속적으로 투여한다.

3) 에피네프린 용량★(기출)
   - 경증: 두드러기, 소양감 1:1000 0.3~0.5mg 근육주사
   - 경증: 상·하기도 부종, 위장관계증상 및 징후 1:10000 0.1mg IV(성인: 0.1~0.35)

4) 에피펜(자동주사)
   - 성인(30Kg) 0.3mg 근육주사, 소아(15~30Kg) 0.15mg 근육주사
   - 주사부위: 대퇴 중간의 전외측

5) 에피네프린 자동주사(자가투여용 에피네프린)
   - 아나필락시스로 판단되는 경우 에피네프린 자동주사를 근육 주사한다.
   - 에피네프린 자동주사의 노란색 캡을 제거한다.
   - 대퇴부 허벅지 중간의 전외측에 90도 각도로 검은색 주사 끝을 대고 누른다. 클릭 소리가 들리면 약제 투여가 시작된 것으로 약 10초간 누르고 있다가 뗀다.
   - 약제가 투약되었는지 여부 확인을 위해 자동주사의 표시창을 확인하고, 주사 부위를 약 10초동안 마사지한다.

- 허벅지에 상처와 감염이 있는 경우 해당 부위는 피해서 주사한다.

(3) 주의사항

① 환자가 알고 있는 알레르기 원인이 있다면 더 이상 노출되지 않도록 한다.
② 흡기시 **그렁거리는** 호흡음이 있고 입술이 심하게 부어 있는 경우, 상기도 부종으로 기도폐쇄가 임박했음을 의미하므로 기도유지를 위하여 조기에 전문기도유지술을 고려한다.
③ 아나필락시스로 추정된 환자에서 에피네프린 자동주사기 사용시 30kg 이상은 성인용을 사용하고, 30kg 미만은 소아용을 사용한다.
④ 근육 주사 위치로 **대퇴부**는 저혈압 상태에서도 혈류량이 유지되는 부위이므로, 다른 부위의 근육보다도 추천된다.
⑤ 첫 번째 투약에 대한 치료 반응과 아나필락시스의 중증도에 따라 에피네프린을 추가적으로 투여할 수 있다. 에피네프린 반복 투약은 필요에 따라 5 ~ 15분 간격으로 시행할 수 있다.
⑥ 에피네프린 권고용량 투약 후 창백, 떨림, 불안, 심계항진, 어지러움, 두통 등의 부작용이 발생할 수 있으나 대부분 일시적인 증상이다.
⑦ 심혈관계 질환이 있는 환자에서 에피네프린을 사용할 경우 급성관상동맥증후군이 발생할 위험이 있어 주의가 필요하나 사용 금기는 아니다.
⑧ 근육 주사의 부작용으로 주사 부위에 혈종이 발생할 수 있다. 이런 경우 붕대를 사용하여 압박하며 이송하도록 한다.

09 감염응급질환

1. 감염
병원체인 병원미생물이 숙주의 생체 내에 침입 또는 점막의 표면에 붙어 증식한 상태. 병원체가 내부조직을 침범한 상태.

(1) 면역

1) 항체(Antibody)
- 형질세포(plasma cell)에 의해 생성되는 글로블린(단백)
- 면역기능 강조(면역 글로블린, immunoglobulin)
- Immunoglobulin M(IgM): 외부항원 자극에 처음 형성, 혈류에존재, 곰팡이감염
- Immunoglobulin G(IgG): 감염 시 주요역할, 조직과 혈류에 존재, 태반통과
- Immunoglobulin A(IgA): 혈류에 존재, 점액에 의해 생산되고 분비됨. 모유에서 분비되어 모체면역제공
- Immunoglobulin E(IgE): 비만세포(mast cell)나 호염구(basophil)에 붙어 있음 혈류에 존재, 알레르기 반응과 기생충 감염 시 증가
- Immunoglobulin D(IgD): 혈류에 소량 존재

(2) 감염경로

1) 직접전염

전염원과 악수나 키스, 성교 등 직접 접촉하면서 감염되며, 특히 호흡계통 전염병은 환자에게서 배출되는 침, 가래, 대화중에 흩어지는 침을 흡입하면서 발생한다.

2) 간접전염

병원체가 배설된 후 물건이나 생물 등 매개체를 통해서 전염되는 경우.

(3) 감염증의 일반적 경과

① 잠복기: 병원체가 숙주 체내에 침입해서 발증에 이르기까지 일정한 기간.
② 전구증상: 각 감염증마다 어느 정도 일정하고 그 질환의 특징이 없으며 일정치 않은 증상이 나타나는 경우.
③ 발증 후 감염증의 경과: 미생물측 인자(병원성, 독력 등)와 숙주측 인자(저항력) 그리고 치료에 따라 다르며, 일반적으로 회복기를 거쳐 치유되거나 혹은 숙주가 감염증을 이겨내지 못하고 사망한다.
④ 1.2차 감염: 처음 감염을 1차감염, 다음의 감염을 2차감염이라 한다.
⑤ 혼합감염 및 중복감염(군교대중)
  가. 혼합감염(mixedinfection): 단일숙주에 2종 이상의 병원체가 동시에 감염.

나. 중복감염(균교대증, superinfection): 감염증에 대해 항균체를 사용하였을 때 감염 원인균과 항균계에 감수성이 있는 상재균은 사멸하고 항균제에 저항성이 있는 균만 이상증식하여 질병을 일으키는 경우.

다. 기회감염
건강한 사람에게는 질병을 일으키지 못하는 약독균 또는 비병원균이 저항력이 떨어진 환자에게 감염되는 경우.

라. 병원내 감염
병원 내에서 발생한 미생물에 의해서 감염, 발증된 경우.
감염을 받는 대상으로는 입원환자는 물론 그 보호자, 외래환자, 방문객, 의사, 간호사, 의료종사자들이 포함.

(4) 숙주 측의 감염방어 인자

병원미생물에 대한 숙주의 방어기전은 여러 숙주세포들 간에 상호작용을 할 수 있는 복잡한 방어망이 있다.

1) 특이적 감염방어기구

체액면역은 B림프구가 생성되는 면역글로불린에 의한 특이적 반응.
세포면역은 T림프구에 의한 비 특이적 반응(specific reaction).

2) 비 특이적 감염방어기구

① 숙주의 감수성
선천적 소인, 성, 연령, 호르몬, 비타민, 신진대사의 이상, 피로 등에 따라 잠복기 및 발증에 다소 차이가 생긴다.

② 생리적 방어 장벽
피부, 점막면은 균의 침입을 막고 호흡기에서는 코 안 내에서 이물 여과, 기도에서 해소반사, 기관지 상피의 섬모운동에 의한 이물질의 배출 등이 있다.
소화관 - 위산에 의한 균의 억제
요로 - 물리적인 배뇨작용에 의한 세정작용
피부 - 피부기름샘, 땀샘에서의 분비물에 의해 이물을 제거
점막면 - 분비하는 용균효소 등의 항균작용물질 및 IgA항체의 분비가 대표적.

③ 인체의 정상균 무리
피부, 소화관, 호흡기, 입안, 외음부와 같이 외계와 직접 또는 간접으로 접하는 장소는 일정한 균종의 세균이 정착하고 있다.

④ 체액성 저항인자
미생물이 피부의 방어기전을 통과하여 체내에 침입하는 경우 숙주의 분비액 및 체액 중에는 선천적으로 방어할 수 있는 비 특이적 저항인자들이 작용.
용균효소(라이소자임): 항균물질에 작용하는 효소로, 과립성, 단핵구성 혈액세포에서 발견되며, 주로 침, 땀, 유즙, 눈물에 존재.

락토페린: 눈물, 정액, 모유, 쓸개즙, 코, 인두, 기관지, 자궁경부, 작은창자점막의 분비물에 존재.

위산: 낮은 PH(보통1.0~2.0)이므로 대부분의 미생물은 위를 통과하면서 사멸.

프로페르딘: 혈청 중의 단백 성분이며 보체(C3)와 더불어 작용하여 그람양성균, 바이러스 등을 사멸시킨다.

인터페론: 바이러스의 증식을 억제할 수 있는 특징.

혈액중의 항균물질: 혈소판에서 유리되는 lysin, plakin, 백혈구 유래의 leukin, phagocytin이 알려져 있다.

⑤ 포식작용

(5) 특정 감염병

1) 장티푸스

발병기전은 S. Typhi 가 경구로 체내에 들어가 작은창자에 이르러 점막을 통과하여 돌창자의 림프절에 도달하는데, 장티푸스균이 1000만 이상이 되면 대부분이 질병을 일으킨다. 혈류를 따라 지라, 간, 골수로 파행되어 이들 장기 내 큰포식 세포 내에서 증식하여 질병을 일으킨다. 발열, 오한, 복통 등의 증세를 보인다.

> 참고) Salmonella Typhi: 그람음성 혐기성 막대균, 소장의 장상피 세포층을 통과, 림프절을 통해 전신으로 퍼짐.

2) B형간염★(기출)

간에 직접적인 영향을 미치는 치명적인 바이러스 혈액 또는 체액에 의해 전파, 피로감, 오심, 식욕부진, 두통, 열, 황달의 증상

개인보호장비를 갖추고 B형간염 예방접종을 한다.

3) 결핵

전세계적으로 발병하는 만성전염병, 인형결핵균과 우형결핵균이 있다.

결핵균은 인형결핵균(Mycobacterium tuberculosis).

보통 감염 후 3주가 되면 균이 있는 조직에서 균항원과 반응하여 혈류에서 단핵구, 림프구를 끌어 모아 활성화시켜 전형적인 육아종을 형성한다.

임상증상은 일차 결핵증 시에는 별다른 증상을 보이지 않지만 이차 결핵증 시에는 작은 병소가 허파꼭지부분에 국한되어 별로 증상이 나타나지 않는다.

4) 바이러스 감염

바이러스의 특성, 바이러스는 20~450nm의 아주 작고 구조가 간단한 입자로 감염능이 있는 상태의 바이러스 입자를 바이리온(virion)이라 부른다.

전자현미경으로만 볼 수 있으며, 숙주세포 내에서는 활성이 있으나 세포 밖에서 활성이 없는 고분자.

세균, 원충, 진균, 조류, 식물과 동물 등의 살아 있는 세포 내에서만 증식 할 수 있는 편성세

포내 기생체.

감염증 치료와 예방법으로 사람세포에서 자연적으로 생산되는 인터페론이나 핵산억제 물질이 있다.

5) 바이러스 감염의 분류

전신성 감염 : 마마, 홍역, 황열, 뎅기열,
중추 신경계통 감염 : 뇌염, 무균성 수막염, 소아마비, 광견병, 홍역
호흡계통 : 인플루엔자, 파라이플루엔자, 아데노바이러스, RSV
피부친화성 감염 : 두창, 대상포진, 단순포진
설사 유발 : 엔테로바이러스, 아데노바이러스가 원인바이라스
소아설사유발: 로타바이러스
선천성 기형 : 태아에 감염되어 선천성 기형을 유발
　　　　　　선천성 거대세포감염증, 풍진 증후군
안 감염 : 아데노 바이러스는 결막염, 유행성 출혈성결막염을 일으킨다.
샘 감염 : 침샘 등에 감염을 유발하며 홍역, 거대세포바이러스 등이다.

6) 바이러스의 종류

① DNA바이러스
- 외피보유 DNA : 마마의 Fox virus, 단순포진(herpes simplex), 수두(chicken pox), 대상포진의 헤르페스바이러스(herpers virus), 버킷림프종 등.
- 외피 비보유 DNA바이러스 : 유행성 결막염을 일으키는 아데노바이러스, 자궁경부암을 일으키는 사람유두종바이러스, B형 간염바이러스 등.

② RNA바이러스
- 외피보유 RNA : 사람 및 동물의 인플루엔자의 감염중인 광견병의 병원체인 랍도바이러스(Rhabdoviridae), 격심한 출혈 열을 일으키는 필로바이러스(Filovi ridae), 사람에서 바이러스에 의한 발암이 처음으로 확인된 성인 T세포 백혈병의 원인인 바이러스인 HTLV-1과 후천성 면역결핍증후군(AIDS)의 병원미생물로 유명한 HIV가 속한 레트로 바이러스 등이 있다.
- 외피 비보유 RNA바이러스 : 급성 척수전각염을 일으키는 폴리오바이러스, 수족구병에 의한 엔테로바이러스, B-3에 속한 피코르나 바이러스, A형 간염바이러스 등이 있다.

2. 대표적인 감염성 질환

(1) 봄철 전염병

1) 홍역(Measles)

경로: 비말 등의 공기매개감염, 환자의 비, 인두 분부물과 직접 접촉
임상특성
① 전구기 : 전염력이 가장 강한 시기이며, 발열, 기침, 콧물, 결막염, 특징적인 구강 내 병

변(Koplik's spot)이 나타남
② 발진기 : 홍반성 구진성 발진이 목 뒤, 귀 아래에서 시작 몸통 팔다리 순서로 퍼진다
③ 회복기 : 발진이 사라지면서 색소침착

> 참고) Koplik's spot: 아랫니 맞은편 구강점막에 충혈된 반점

2) 유행성이하선염 (Mumps)

유행성이하선염 전파경로, 잠복기간, 전염기간, 임상특성, 예방법 안내
전파경로: 비말 등의 공기매개감염, 환자의 비, 인두 분비물과 직접 접촉
임상특성: 발열, 두통, 근육통, 구토 및 귀 또는 목까지 부을 수 있음.
침샘(주로 귀밑샘)이 단단하게 부어올라 동통과 압통을 느낌.

3) 풍진 (Rubella)

전파경로: 비 인두 분비액의 비말(공기)이나 직접 접촉
임상특성: 귀, 목, 후두부의 임프절이 통증을 동반하여 커진다.

4) 수두 (Varicella)

수두 (Varicella) 전파경로, 잠복기간, 전염기간, 임상특성, 예방법 안내
전파경로: 수포액의 직접접촉이나 공기를 통한 전파
임상특성
① 전구기 : 발진이 발생하기 1 ~ 2일전, 권태감, 미열
② 발진기 : 주로 몸통, 두피, 얼굴에 발생하여 반점, 구진, 수포, 농포, 가피의 순으로 진행
③ 회복기 : 가피가 형성되며 회복

(2) 여름철 전염병

1) 콜레라 (Cholera)

전파경로: 환자와 보균자의 대소변에 오염된 식수나 음식물로 감염
(날것, 설익은 해산물, 최근에는 조개, 새우, 게 등 패류의 원인이 많음)
임상특성:
전형적인 증상은 잠복기가 지난후 과다한 물설사가 갑자기 시작되고, 구토 동반
심할 경우 쌀뜨물 같은 설사와 구토, 발열, 복부통증이 있을 수 있음.

2) 장티프스 (Typhoid fever)

전파경로: 환자와 보균자의 대소변의 오염된 물 또는 음식물
보균자가 부주의하게 다룬 우유나 유제품
임상특성: 지속적인 발열, 두통, 권태감, 식욕부진, 느린 맥박, 초기에는 변비, 후기에는 설사, 기침과 인후통, 호흡곤란 등

3) 세균성이질

전파경로: 불완전급수와 식품매개로 주로 전파

환자나 보균자의 대변으로 오염된 물이나 음식물로 감염(환자가 배변후 만진 문고리, 타월 등에 의해 전염)

임상특성: 심한 복통, 오한, 고열, 점액과 혈액이 섞인 설사 등

(3) 가을철 전염병

1) 신증후군출혈열 (유행성 출혈열)

전파경로: 감염된 설치류(등줄쥐, 집쥐)의 소변, 대변, 타액 등으로 분비되는 바이러스를 흡입하여 감염됨

임상특성 : 발열, 출혈, 신장 병변

2) 렙토스피라증

전파경로: 감염된 동물(쥐)의 소변으로 오염된물이나 흙

전염기간: 감염된 동물의 소변에 오염된 젖은 풀, 흙, 물 등과 접촉할 때 점막이나 상처난 피부를 통해 감염

발생 시기: 추수기 전후 (7~11월)

3) 쯔쯔가무시증 ★(24년 기출)

전파경로: 좀 진드기가 서식하고 있는 관목 및 잡목 숲

감염된 진드기유충에 물려 감염 (사람에서 사람으로의 직접전파는 안됨.)

발생 시기: 추수기 (10 ~ 11월)

임상특성: 진드기가 문 곳에 피부 궤양이나 특징적인 가피를 (ESCHAR)형성

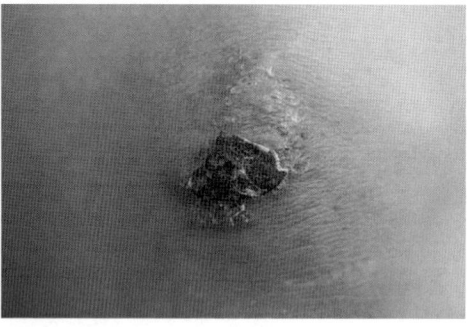

(4) 겨울철 전염병

1) 인플루엔자(유행성 독감)

(5) 감염병 분류

* 코로나19 바이러스 2023년 8월31일자 2급에서 4급으로 변경

⊕ 법정감염병 분류 체계 개편

* 이 표는 2024년 4월 17일을 기준으로 감염관리청의 홈페이지의 공개기준으로 구성하였습니다.

구분	제1급감염병 (17종)	제2급감염병(21종)	제3급감염병 (28종)	제4급감염병 (23종)
유형	생물테러 감염병 또는 치명률이 높거나 집단 발생 우려가 커서 발생 또는 유행 즉시 신고하고 음압격리가 필요한 감염병	전파가능성을 고려하여 발생 또는 유행시 24시간 이내에 신고하고 격리가 필요한 감염병	발생 또는 유행 시 24시간 이내에 신고하고 발생을 계속 감시할 필요가 있는 감염병	제1급~제3급 감염병 외에 유행 여부를 조사하기 위해 표본감시 활동이 필요한 감염병(7일)
종류	가. 에볼라바이러스병 나. 마버그열 다. 라싸열 라. 크리미안콩고출혈열 마. 남아메리카출혈열 바. 리프트밸리열 사. 두창 아. 페스트 자. 탄저 차. 보툴리눔독소증 카. 야토병 타. 신종감염병증후군 파. 중증급성호흡기증후군(SARS) 하. 중동호흡기증후군 거. 동물인플루엔자 인체감염증 너. 신종인플루엔자 더. 디프테리아	가. 결핵 나. 수두 다. 홍역 라. 콜레라 마. 장티푸스 바. 파라티푸스 사. 세균성이질 아. 장출혈성대장균감염증 자. A형간염 차. 백일해 카. 유행성이하선염 타. 풍진(선천성) 풍진(후천성) 파. 폴리오 하. 수막구균 감염증 거. B형헤모 필루스 인플루엔자 너. 폐렴구균감염증 더. 한센병 러. 성홍열 머. 반코마이신내성황색포도알균(VRSA) 감염증 버. 카바페넴내성장내세균속균종(CRE) 감염증 추가) E형간염	가. 파상풍 나. B형간염 다. 일본뇌염 라. C형간염 마. 말라리아 바. 레지오넬라증 사. 비브리오패혈증 아. 발진티푸스 자. 발진열 차. 쯔쯔가무시증 카. 렙토스피라증 타. 브루셀라증 파. 공수병 하. 신증후군출혈열 거. 후천성면역결핍증(AIDS) 너. 크로이츠펠트-야콥병(CJD) 및 변종크로이츠펠트-야콥병(vCJD) 더. 황열 러. 뎅기열 머. 큐열 버. 웨스트나일열 서. 라임병 어. 진드기매개뇌염 저. 유비저 처. 치쿤구니야열 커. 중증열성혈소판감소증후군(SFTS) 터. 지카바이러스 감염증 추가) 매독(1기) 매독(2기) 매독(3기) 매독(선천성) 매독(잠복) 엠폭스(원숭이두창)	가. 인플루엔자 나. 매독 다. 회충증 라. 편충증 마. 요충증 바. 간흡충증 사. 폐흡충증 아. 장흡충증 자. 수족구병 차. 임질 카. 클라미디아감염증 타. 연성하감 파. 성기단순포진 하. 첨규콘딜롬 거. 반코마이신내성장알균(VRE) 감염증 너. 메티실린내성황색포도알균(MRSA)감염증 더. 다제내성녹농균(MRPA)감염증 러. 다제내성아시네토박터바우마니균(MRAB)감염증 머. 장관감염증 버. 급성호흡기감염증 서. 해외유입기생충감염증 어. 엔테로바이러스감염증 저. 사람유두종바이러스 감염증 처. 코로나바이러스19

● 급별 신고기간 세분화 및 명확화
  (기존) 1~4군 지체없이 → (변경) 1급 즉시, 2~3급 24시간 이내

- 감염병명 변경
  수막구균성수막염 → 수막구균 감염증
  폐렴구균 → 폐렴구균 감염증
- 전수감시 감염병(1~3급) 신고의무자 추가
  치과의사 추가
  의사, 한의사, 치과의사, 의료기관의 장, 군의관, 소속부대장, 감염병병원체 확인기관의 소속 직원, 감염병병원체 확인기관의 장 그 밖의 신고의무자
  그 밖의 신고의무자:
  일반가정 세대주(세대원), 학교·공연장·운송수단·음식점 등 여러사람이 모이는 장소의 관리인(대표자)
  신고의무자가 아니더라도 감염병환자(사망자)로 의심되는 사람을 발견한 자
- 신고 : 의사, 치과의사, 한의사, 의료기관의 장 → 관할 보건소로 신고
- 보고 : 보건소장 → 특별자치도지사 또는 시장·군수·구청장 → 특별시장·광역시장·도지사 → 질병관리청으로 보고
  신고대상감염병 : 1군 전체 + 홍역 + 결핵
- 업무종사의 일시 제한
  대상 : 콜레라, 장티푸스, 파라티푸스, 세균성이질, 장출혈성대장균감염증, A형간염에 감염된 집단 급식소 및 식품접객업자
  제한기간: (기존)증상 및 감염력이 소멸되는 날까지 → (변경)감염력이 소멸되는 날까지 (증상 제외)
- 신고의무자 벌칙 규정 확대
  대상 : 감염병환자등의 발생(사망)에 해당하는 사실을 발견한 신고의무자가 신고를 게을리 하거나 거짓으로 신고한 경우
  (기존) 1~4군 벌금 200만원 이하 →
  (변경) 1~2급은 벌금 500만원 이하, 3~4급은 벌금 300만원 이하, 그 밖의 신고의무자의 경우 벌금 200만원 이하
- 감염병 분류
  1) 신종감염병증후군 : 급성출혈열증상, 급성호흡기증상, 급성설사증상, 급성황달증상 또는 급성신경증상을 나타내는 신종감염병증후군
  2) 장관감염증 : 살모넬라균 감염증, 장염비브리오균 감염증, 장독소성대장균(ETEC) 감염증, 장침습성대장균(EIEC) 감염증, 장병원성대장균(EPEC) 감염증, 캄필로박터균 감염증, 클로스트리듐 퍼프린젠스 감염증, 황색포도알균 감염증, 바실루스 세레우스균 감염증, 예르시니아 엔테로콜리티카 감염증, 리스테리아 모노사이토제네스 감염증, 그룹 A형 로타바이러스 감염증, 아스트로바이러스감염증, 장내 아데노바이러스 감염증, 노로바이러스 감염증, 사포바이러스 감염증, 이질아메바 감염증, 람블편모충 감염증, 작은와포자충 감염증, 원포자충 감염증
  3) 급성호흡기감염증 : 아데노바이러스 감염증, 사람 보카바이러스 감염증, 파라인플루엔자

바이러스 감염증, 호흡기세포융합바이러스 감염증, 리노바이러스 감염증, 사람 메타뉴모바이러스 감염증, 사람 코로나바이러스 감염증, 마이코플라스마 폐렴균 감염증, 클라미디아폐렴균 감염증

4) 해외유입기생충감염증 : 리슈만편모충증, 바베스열원충증, 아프리카수면병, 샤가스병, 주혈흡충증, 광동주혈선충증, 악구충증, 사상충증, 포충증, 톡소포자충증, 메디나충증

➕ 기타 감염병 분류

구분	기생충 감염병	세계보건기구 감시대상 감염병	생물테러 감염병	성매개 감염병	인수공통 감염병	의료관련 감염병	검역감염병
정의	기생충에 감염되어 발생하는 감염병 (7종)	세계보건기구가 국제공중보건의 비상사태에 대비하기 위하여 감시대상으로 정한 질환 (9종)	고의 또는 테러 등을 목적으로 이용된 병원체에 의하여 발생된 감염병 (8종)	성 접촉을 통하여 전파되는 감염병 (7종)	동물과 사람 간에 서로 전파되는 병원체에 의하여 발생되는 감염병 (11종)	환자나 임산부 등이 의료행위를 적용받는 과정에서 발생한 감염병 (6종)	외국에서 발생하여 국내로 들어올 우려가 있거나 우리나라에서 발생하여 외국으로 번질 우려가 있어 검역법에서 검역대상 감염병으로 지정한 감염병
기타 감염병 분류	1. 회충증 2. 편충증 3. 요충증 4. 간흡충증 5. 폐흡충증 6. 장흡충증 7. 해외유입기생충감염증	1. 두창 2. 폴리오 3. 신종인플루엔자 4. 중증급성호흡기증후군(SARS) 5. 콜레라 6. 폐렴형 페스트 7. 황열 8. 바이러스성출혈열 9. 웨스트나일열	1. 탄저 2. 보툴리눔독소증 3. 페스트 4. 마버그열 5. 에볼라열 6. 라싸열 7. 두창 8. 야토병	1. 매독 2. 임질 3. 클라미디아 4. 연성하감 5. 성기단순포진 6. 첨규콘딜롬 7. 사람유두종바이러스 감염증	1. 장출혈성대장균감염증 2. 일본뇌염 3. 브루셀라증 4. 탄저 5. 공수병 6. 동물인플루엔자 인체감염증 7. 중증급성호흡기증후군(SARS) 8. 변종크로이츠펠트-야콥병(vCJD) 9. 큐열 10. 결핵 11. 중증열성혈소판감소증후군(SFTS)	1. 반코마이신내성황색포도알균(VRSA) 감염증 2. 반코마이신내성장알균(VRE) 감염증 3. 메티실린내성황색포도알균(MRSA) 감염증 4. 다제내성녹농균(MRPA) 감염증 5. 다제내성아시네토박터바우마니균(MRAB) 감염증 6. 카바페넴내성장내세균속균종(CRE) 감염증	1. 콜레라 2. 페스트 3. 황열 4. 중증 급성호흡기 증후군(SARS) 5. 동물인플루엔자 인체감염증 6. 신종인플루엔자 7. 중동 호흡기 증후군(MERS) 8. 에볼라바이러스병 9. 그 외 보건복지부장관이 긴급 검역조치가 필요하다고 인정하여 고시하는 감염병 - 급성출혈열증상, 급성호흡기증상, 급성설사증, 급성황달증상 또는 급성신경증상을 나타내는 신종감염병증후군 - 세계보건기구가 공중보건위기관리 대상으로 선포한 감염병* - 엠폭스 등 위 각호에 준하는 긴급검역조치가 필요한 감염병 * 2022.12. 기준 : WHO 공중보건위기관리대상(PHEIC) 감염병 : 코로나19, 폴리오, 엠폭스

10 중독질환

1. 중독질환

중독은 신체기관에 해를 끼치는 물질에 노출되었을 때 발생하며 직업적, 환경적, 유흥적, 악용으로 발생한다.

(1) 침투경로에 따른 분류, 특징

1) **피부**: 이황화탄소, 4에틸납, 니트로벤젠 등은 피부를 통하여 흡수, 모낭, 피지선, 한선에서 흡수.
2) **소화기관**: 유해화학물질은 음용수 및 식품과 함께 침입하지만 소화기관에서의 흡수는 제한되며 분해력이 강한 소화액에 의해 흡수가 제한되기도 한다. 소화기를 통한 침입은 **독성이 약하나 장기간 축적**되어 중독을 일으키는 경우도 있다.
3) 호흡기관: 호흡기를 통한 화학물질의 흡수 여부는 **크기와 성질**에 따라서 결정된다.
   - 분진의 크기가 5㎛이상은 상기도 점막에 부착되어 섬모운동에 의하여 외부로 배출되고 0.5㎛이하의 크기는 허파꽈리에서 호기시 밖으로 배출된다.
   0.5~5㎛인 물질이 허파꽈리를 통하여 체내에 침입하여 **독성을 나타냄**.
   - 암모니아와 아황산가스: 물에 대한 용해도가 높아 흡입된 대부분의 가스는 **상기도 점막에 흡수**되어 즉각적인 자극증상을 유발.
   - 염소와 포스겐($COCl_2$을 가지는 질식성 유독가스:염화카르보닐)
   물에 대한 용해도가 낮아 상기도 자극증상은 경미, 수시간 경과 후 **하기도 자극**증상이 현저함.

(2) 임상적 특징

- 무증상에서부터 중증의 증상까지 다양하게 나타날 수 있으며 의식의 변화, 저혈압, 고혈압, 호흡저하, 빈맥, 부정맥, 경련 등이 나타날 수 있다.
- 중독 증후군: 각 약물마다 특징적인 임상 양상을 나타낸다.

2. 농약

식량 생산을 위해 불가피하게 사용되는 이른바 경제적 독약으로서 오남용으로 인해 인체로 흡수되는 경우가 많으며 자살을 목적으로 마시거나 사용 중 흡입되어 응급상황이 발생한다.

(1) 농약의 분류
  ① 대상목적에 따라: 살충제, 살균제, 제초제
  ② 화학성분에 따라: 유기인계, 유기염소계, 카바메이트계, 피레트로이드계, 페녹시계
  ③ 제형에 따라: 유제, 수화제, 액제, 수용제, 분제, 입제, 훈연제 등
  ④ 생태학적 독성기준에 따라서 : 맹독성, 고독성, 보통독성, 저독성
(2) 농약의 이름
  ① 화학물질을 의미하는 화학명

② 국제표준화기구(ISO)에서 권장하여 통용되는 일반명
③ 농약의 형태를 첨가하여 표기하는 품목명
④ 상품명

　　예 패러쾃
　　　– 화학명: 1,1′-dimethyl-4,4′-bipyridinium
　　　– 일반명: paraquat dichloride
　　　– 품목명: 패러쾃 디클로라이드 액제
　　　– 상품명: 제조사에 따라 그라목손 인티온, 뉴속사포, 파라손

(1) 농약의 분류

① **살충제**: DDT, 말라티온, 파라티온 등. 동물의 신경계에 장애를 초래함.
② **살균제**: 곰팡이, 박테리아를 죽이는 농약으로 보통 **수은, 비소**를 포함. 균체를 구성하는 물질의 합성을 저해하거나 그 합성에 필요한 에너지원인 ATP의 생성을 억제하는 호흡저해제.
③ **제초제**: 잡초제거. 2·4-D와 2·4·5-T 등. 인체에 농축되면 출산장애를 일으킨다. 광합성, 단백합성, 세포분열을 억제하거나 호르몬 작용을 저해한다.

1) 작용특성에 따라 분류

① **식독제**: 해충이 먹이와 함께 약제를 먹게 하는 것.
　　㉠ 유기인계 :(탄소 골격 화합물에 인이 결합한 물질을 주원료로 하여 제조한 농약. 현재 가장 흔하게 사용되는 농약의 종류이다.)

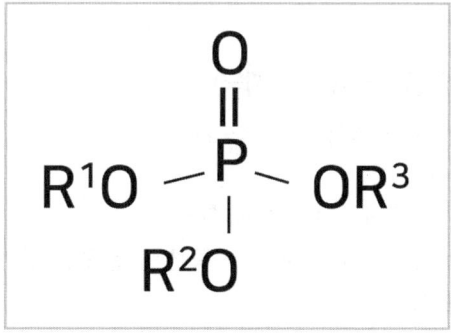

유기인산 작용기의 일반적인 화학구조

　　P을 중심으로 O, S 위치에 따라 phosphage, thiophsphate
　　LD50(rat)=100mg/kg
　　쥐의 무게가 1kg이라고 가정시 100mg을 섭취했을 때 10마리중 5마리가 치사
　　다이아지논, 아세페이트, 클로르피리포스, 펜티온 등
　　㉡ 카바메이트계 :(살충제 중에서 카르바메이트 구조를 가지고 있는 화합물) 메티오카브, 티오디카브 등
　　㉢ 비티(Bt) 계: 비티아이자와이, 비티쿠르스타키 등

② **접촉독제**: 약제가 해충의 체벽(**표피**)에 **접촉**하여 체내로 침투함으로써 독작용을 나타내는 약제
③ **침투성살충제**: 약제를 식물의 뿌리(일부는 잎)에 처리하여 식물체 내로 흡수, 이행시켜 약제를 처리하지 않은 부위에도 분포하게 함으로써 흡즙성 해충을 방제하는 것.
    ㉠ 카바메이트계 : 벤퓨라카브, 카보퓨란 등
    ㉡ 합성피레스로이드계 : 에토펜프록스
    ㉢ 네오니코티노이드계 : 디노테퓨란, 아세타미프리드, 티아메톡삼 등

* **피레스로이드계**:

$$C_{21}H_{20}Cl_{2}O_{3}$$

천연피렌트린의 주요 살충성분은 에스테르형태의 6개 성분이며 일반적으로 **포유동물에 대한 독성이 낮고** 수분과 광에 의해 쉽게 분해된다.
합성피레스로이드계는 어류에 대한 독성이 강하여 수도용으로는 금지, 옥내에 서식하는 위생해충과 저곡해충 방제용으로 사용되었다.

2) **살충제(콜린성약물: 부교감신경자극)**
- 유기인계, 카바메이트계, 피렌스린계
- 특징
  - ㉠ 무스카린성 증상(무스카린성 수용기는 아세틸콜린 수용체 중에서 무스카린으로 약리작용이 모방되는 수용체이다.) **침분비, 눈물분비, 발한, 구역, 구토, 배뇨, 배변, 기관지분비물** 등이 나타난다.
  - ㉡ 니코틴성 증상: 니코틴성 아세틸콜린 수용체(nicotinic acetylcholine receptor)는 신경전달물질에 의해서 조작되는 이온 채널(ion channel)의 개방 및 폐쇄를 통해서 신경세포와 근육세포 간의 전기적 신호전달(electronic signaling)을 조절한다.
  (산동), 빈맥, 근육의 연축, 근력저하, 경련, 호흡부전, 마비 등이 나타날 수 있다.
  마비에 의한 호흡부전, 기관지분비물, 경련 등에 의해 사망할 수 있다.
  해독제로는 아트로핀, 2-PAM(pralidoxime)을 사용한다.

① 살충제I(유기인계)

급성 혹은 만성 중독 유발, 초기에는 **콜린성 접합부**에서 자극증상이 나타나며 골격근은 **지속적인 탈분극**으로 **탈진상태**에 빠진다. 중추신경계도 초기에는 흥분상태였다 결국 의식저하가 생긴다.

가. 증상 및 징후: 급성 1~2시간 내에 발현, 증상은 무스카린성, 니코틴성, 중추신경계에 대한 작용으로 분류된다.
  ㉠ 무스카린성: 구토, 설사, 복통, 기관지경련, 축동, 느린맥, 땀, 침 및 기관지분비물 증가
  ㉡ 니코틴성: 근연축, 진전, 근력약화 등이 나타나고 대개 호흡근 마비에 의해 사망. 혈압과 맥박수는 니코틴성 작용에 의해 증가되기도 하고 무스카린성에 의해 감소되기도 한다. 니코틴성인 경우가 더 일반적이다.
  ㉢ 중추신경계성: 초조, 경련, 혼수, 영구적인 말초성 신경병증을 초래하는 경우도 있다.

나. 응급처치:
  ㉠ 활성탄과 하제를 투여, 환자가 설사증상이 있으면 하제는 생략
  ㉡ 경과시간이 짧으면 위세척시행

② **살충제II (카바메이트계)**

독성의 기전은 아세틸콜린 에스테라제를 억제하여 무스카린성, 니코틴성 부위 및 중추신경계에서 **아세틸콜린이 과도하게 축적**되게 하는 것이다. 유기인계와 비슷하지만 독성은 그에 비해 약하다.

가. 증상 및 징후: 콜린성 자극의 증상과 징후가 30분이내에 나타나는 것이 보통이지만 1~2 시간이 지나서도 나타나지 않을 수 있다. 증상의 지속시간이 6시간 이내로 짧고 자기 한정적이다.(self-limiting)

나. 응급처치:
  ㉠ 활성탄투여
  ㉡ 갑작스런 경련, 혼수, 호흡억제의 위험이 있으므로 구토를 유발시키지 않는다.

③ **살충제III(피레스린계=Pyrethrin)**
- 피레스린은 천연살충제. 피레스로이드는 합성 화합물. 곤충의 기문이나 피부를 통해 유입되며, 신경축삭의 세포막에서 이온전달체계를 와해시켜 신경계를 마비시킴으로써 곤충을 사망시킨다. 또한 Na 유입을 지연시켜 억제성 경로를 차단한다.
- 포유동물에서의 경구 독성은 100~1000mg/kg 이상이고, 잠재적 경구치사량은 10~100g이다.
- 위장관을 통해서는 흡수가 잘 되지 않는다. 사람에게는 과민반응이나 자극효과를 준다.
- 기관지경련, 구인두 부종 등 아나필락시스 반응이 나타날 수 있고 쇼크, 천명, 피부작열감, 손발 저림, 무감각, 홍반, 눈에 노출시 각막염, 상피박리등의 각막손상을 일으킬 수 있다.
- 대량 섭취시(**농축용액 200~500mL**) 경련, 혼수, 호흡정지가 유발될 수 있다.

④ 치료방침
　㉠ 환자 대피후 가능하면 산소를 투여
　㉡ 피부 노출시 충분한 양의 물과 비누로 씻어낸다.
　㉢ 비타민E를 함유한 식물성 기름을 국소적으로 도포하면 감각이상이 완화.
　㉣ 눈에 들어갔을 때는 충분한 물로 세척. 그후 fluorescin 검사(형광안저혈관검사:조영제인 플루오레신을 주사한 후 안저를 관찰)를 시행하여 각막손상의 소견이 있으면 안과의사에게 의뢰.
　㉤ 섭취시에는 활성탄과 하제 투여. 활성탄이 즉시 투여될 수 있으면 위세척은 불필요

3) 제초제
① 제초제I(Paraquat:파라콰트): 흡입, 경구, 경피 등 침입 경로에 관계없이 폐독성을 나타낸다.
파라코 액제(그라목손), 다이코(레그론)
잡초 제거를 위해 사용되는데 수용액에서 강력한 양이온 상태로 존재하며 고농도(20 ~ 24%)가 섭취되거나 피부에 접촉되면 부식성 손상을 유발할 수 있다. 흡수된 후 수일에 걸쳐서 폐포에 농축된다. 이어서 **지질과산화**로 **폐 섬유화**가 초래된다.
만약 위내에 음식물이 존재하면 파라쿼트와 결합하여 흡수를 방지하고 독성을 줄일 수 있으며 식물이나 **토양에 접촉**되어도 파라쿼트는 **불활성화** 되어 더 이상 독성을 나타내지 않는다.

가. 파라쿼트 중독의 임상경과

1기	1~5일	국소적 부식손상: 인후통, 점막위궤양, 각혈
2기	2~8일	신, 간손상의 징후, 핍뇨, 무뇨, 황달, 발열, BUN/Cr상승, AST/ALT상승, 혈중빌리루빈치 상승
3기	3~14일	폐 섬유화, 호흡곤란, 빈호흡, 청색증 폐부종, 폐확장부전증, 흉막삼출, 동맥혈산소분압 감소, 호흡부전

나. 치료방법
　㉠ 위세척 실시, 활성탄, 하제
　㉡ **산소투여는 폐포에서 지질과산화를 악화시킬 수 있으므로 피할 것.**
　㉢ 현저한 저산소증에서는 **산소를 공급**, SpO_2를 60mmHg로 유지하기에 필요한 **최소한의 농도**만을 사용한다.
　㉣ 혈액관류(매일 8시간 동안)를 하기도 한다.

② 제초제Ⅱ (유기인계)
글라신(근사미, 라운드엎, 한사리: 글리포세이트,) 글루포시네이트 암모늄(바스타, 삭술이)
유기인이라는 이름이 붙었지만 유기인계 살충제와는 작용이 다르다. 경도의 항콜린에스테라제 작용이 있는 것도 있다.
　㉠ 글리포세이트는 원체의 반수치사량(LD50)이 10g/kg 로 독성은 식염의 1/3이다.
　　 글리포세이트는 낮은 독성을 감안할 때 사인은 같이 첨가된 계면활성제에 의한 것으로

추정된다.
ⓒ 글루포시네이트는 글루타민 합성효소에 대한 길항작용에 의하여 독작용을 나타낸다. 암모니아를 고정하는 글루타민산을 합성하는 과정이 장애를 받으므로 식물에서는 암모니아가 축적되어 살초작용이 나타나고 사람에서는 안구진탕, 의식장해, 호흡수의 감소, 무호흡발작, 간대성경련이 나타날 수 있다.
(글루타민산 합성이 저해되기 때문에 글루타민산이 탈 탄산해야하는 **GABA의 생성이 지연**되어서 경련이 일어나는 것으로 추정된다.)
ⓒ 치료방법
- 경련이 발생하면 다이아제팜을 주사한다.
- 무호흡발작의 증상이 있는지 살펴본다.
- 글리포세이트의 치료: 계면활성제 치료에 준한다.

③ **제초제Ⅲ (카바메이트계)**
그라노크(벤나프 입제), 그만매(에스프로카브·시노설프론 입제),
노난매(피라조설푸론에칠·모리네이트 입제), 논다매(모리네이트·이마조설푸론 입제),
두배논(디메피퍼레이트·벤설푸론 입제) 등

카바메이트계 살충제와는 달리 항콜린에스테라제 작용이 없거나 혹은 약하다. 어떤 것은 **독성이 식염보다 훨씬 낮고, 콜린에스테라제 활성저해와는 무관하여 중독의 위험이 거의 없는 것도** 있다.
카바메이트 제초제 및 살진균제는 구조적으로 질소원자에 결합하는 기에 따라 카바메이트 살충제와 구별된다.
벼농사에서 잡초를 제거하는데 사용되는 선택성 제초제인 **치오카바메이트**는 포유동물에 대하여 경도의 독성을 가지고 있다
모노치오 카바메이트인 **오심, 설사, 복통, 발열, 무력감**, 결막염 등의 증상이 나타난 사례가 있다.

치료방법
활성탄과 하제 투여(활성탄이 즉시 투여되면 위세척은 생략), 증상 있으면 대증요법

3. 의약품

① **마약성 진통제**(헤로인, 옥시코돈, 모르핀 등)
흔한 증상으로는 의식의 저하, 축동(동공수축), 호흡저하 등을 보이며, 그 밖에도 저체온, 서맥(느린맥), 호흡부전에 의한 사망, 급성 폐손상 등을 나타낸다. **날록손**을 해독제로 사용할 수 있다.

② **교감신경흥분제**(코카인 암페타민 등)
흔한 증상으로는 흥분, 산동, 동공 확대, 발한, 빈맥(빠른맥), 고혈압, 고체온 등을 보이며 그 밖에도 경련, 횡문근융해증, 급성심근경색이 발생할 수 있으며 경련, 심장마비, 고체온

등에 의해 사망할 수 있다

③ **아세트아미노펜**(타이레놀 등)

초기에는 무증상에서 구역, 구토 등을 보이며, 독성 용량(>10g/일, 200mg/kg/일)을 넘은 경우 비가역적인 간손상을 초래할 수 있다.
해독제로는 N-acetylcysteine(NAC)을 경구 또는 정맥 투여한다.

④ **삼환계 항우울제**(TCA)

경련, 부정맥, 저혈압, 의식의 변화 등을 유발할 수 있으며 **심전도변화**(빈맥, QRS말단 40mmsec의 우측변위, PR간격, QRS간격, QT간격의 연장) 등을 나타낼 수 있으며 이는 주로 노출 **6시간** 이내에 발생하며 36~48시간 정도 지나면 사라진다
해독제로 중탄산나트륨를 사용할 수 있으며 이는 심장전도 이상, 심실부정맥 수액 처치에 반응하지 않는 저혈압이 있을 때 사용한다.

⑤ **심장약물**(항고혈압 약, 항부정맥 약 등)

저혈압, 서맥, 부정맥, 의식의 변화 등이 발생할 수 있다. 베타차단제, 칼슘차단제의 해독제로는 각각 글루카곤, 염화칼슘이 있으며, 수액처치에 반응하지 않는 저혈압시 글루카곤을 투여하며, 글루카곤에 반응하지 않을 때 염화칼슘을 투여한다.

⑥ **수면 진정제**(벤조디아제핀, 바비튜레이트 등)

의식의 저하, 불분명한 발음, 운동실조 등이 흔하게 나타나며, 그 밖에도 혼수, 무의식, 호흡 저하, 무호흡, 서맥 등을 나타낼 수 있다.
벤조디아제핀의 해독제로는 flumazenil이 있으나 사용은 제한적이다. 치료에 있어 가장 중요한 요소는 호흡보조이다

⑦ **저혈당 약제**(설포닐유레아, 인슐린 등)

의식의 변화, 발한, 빈맥, 고혈압 등이 흔하게 생기며 마비, 불분명한 발음, 이상행동, 경련 등을 보일 수 있으며, 경련과 이상행동 등에 의해 사망에 이를 수 있다. 해독제로는 **포도당**을 정주하거나 먹을 수 있다면 먹도록 한다.

4. 가스

일산화탄소(CO) 중독

일산화탄소는 산소의 250배의 결합력을 가지고 헤모글로빈과 결합하여 oxyhemoglobin의 포화도를 감소시키고 혈액의 산소 운반능력을 떨어뜨린다. 두통, 시력감소, 구토, 혼미, 운동실조, 호흡곤란 및 빈호흡, 경련, 심전도의 변화, 부정맥, 실신, 흉통 등이 발생하며 심각한 중독의 경우에는 혼수상태를 나타낼 수 있다.
치료방법 고용량의 산소투여가 필요하며, 필요시 고압산소 치료를 시행할 수 있다.

① 노출된 환경에서 대피시키고 산소를 투여
② 구조자는 반드시 개인용 호흡장비를 착용할 것.
③ 가능한 가장 높은 농도의 산소를 100%를 투여할 것.
④ 밀착된 마스크나 기관내 튜브를 통하여 산소를 투여한다. 일산화탄소헤모글로빈 농도가 5% 이하로 내려갈 때까지 치료를 계속한다.

⑤ 고압산소기로 2~3기압하에서 100% 산소를 공급하여 일산화탄소의 제거를 촉진한다.
⑥ 고압산소요법은 1기압의 산소에 신속하게 반응하지 않는 중증의 중독환자나 산모 또는 신생아에서 고압산소기를 빠른 시간내에 사용할 수 있는 경우에 유용하다.

5. 부식제(sodium hyroxide, sodium hypochlorite 등)

화학작용을 통해 피부조직을 태우거나 파괴, 부식시키는 물질. 상기도 손상 및 비심인성 폐부종 유발, 점막손상과 영구적 반흔, 광범위성 손상을 유발하는 액화괴사 및 응고성 괴사 등에 의해 사망 할 수 있다.

6. 환자평가

1) 병력청취

중독 물질, 약물의 종류, 노출 경로, 노출된 시간, 다른 노출자는 없는지 확인한다.
중독의 의도를 파악한다: 사고, 자살, 범죄등 구분
현장 정보: 빈 약물 통, 보관함, 특이한 냄새, 이상한 물질 유무, 환자의 직업이나 취미 등, 유서 등이 있는지도 확인한다.

2) 이학적 검진

- 환자의 심폐기능을 평가한다.
- 기도, 호흡, 순환상태를 확인한다.
- 기도, 호흡, 순환상태를 안정화 시킨 후 체온, EKG, 산소포화도, 저혈당 유무 확인
  환자의 전신 상태 확인, 흥분, 혼돈, 둔감한지 평가한다.
- 피부상태를 확인
  (청색증, 홍조, 발한, 건조, 손상, 약물주입 흔적, 물집, 외상, 출혈성 경향)
- 동공상태(동공의 크기, 동공반사, 안구진탕, 과도한 눈물 분비)

> 참고) 안구진탕증: 안구가 제멋대로 움직이는 증상, 안구가 초점을 맞출수 없는 상태

- 입안을 확인, 과도한 침분비, 혹은 건조한지. 청진을 통해서 기관지 분비물, 천명음, 심장박동을 확인
- 복부는 장음을 청진, 복부 압통, 경직,
- 방광이 팽창되어 있는지
- 사지 근육의 힘, 진전이나 연축되었는지 확인
- 환자의 의복상태 확인, 약물이 있는지 확인

3) 응급처치 절차 및 방법

① '환자 초기 평가 처치 표준지침'에 따라 전반적인 평가 및 처치를 시행한다
② 환자의 의복이 독성 물질에 오염되어 있을 시에는 모두 제거한다. 많은 양의 물을 이용하여 독성 물질이 없어질 때까지 환자를 세척한다.
③ 기도를 개방하고 환자의 의식이 P 이하인 경우 입인두 기도기 삽입. 기도유지

④ 일산화탄소 중독환자에게는 산소포화도 수치와 상관없이 비재호흡 마스크를 이용하여 15 L/min의 산소를 투여한다.
⑤ 파라쿼트 제초제 중독에서는 중증 호흡부전이 생기지 않는 한 산소를 투여하지 않는다.
⑥ 혈역학적으로 불안정하고 쇼크 징후가 보이면 하지를 거상한다.
⑦ 정맥로 확보 300mL(소아5mL/kg) N/S, 젖산링거액, 혈압, 맥박, 의식이 정상 범위로 회복되는지 확인, 쇼크지속시 1L까지 소아(10mL/kg)지속적으로 투여한다.
⑧ 혈압, 맥박, 호흡, 산소포화도 지속적 감시 이송한다.

4) 응급처치 시 주의사항

① 의복이 독성 물질에 오염이 되었다면 가능한 모든 의복을 제거하도록 한다.
보호자도 보호 장비를 구비하도록 하여 보호자 및 구급대의 2차적인 독성 물질에 대한 오염을 막도록 한다.
② 중독환자에게 가장 중요한 평가는 **기도, 호흡, 순환**상태와 안정화임을 명심할 것.
③ 구토는 독성물질에 종류에 따라 달라질 수 있으므로 억지로 시행하지 않으며 만일 구토할 경우에는 흡인되지 않도록 고개를 옆으로 돌리고 필요시에는 흡인기를 이용한다.

5) 이송병원 선정 지침

- 해독제가 필요한 경우, 해독제를 구비한 병원정보를 관할 구급상황관리센터에 요청하여 지역응급센터로 이송
- 자살을 시도한 환자가 의식이 정상이고 생체활력징후가 안정적이면 정신과진료가 가능한 가까운 지역응급의료센터기관으로 이송한다.

6) 독극물 & 해독제

독극물	해독제
Acetaminophen (아세트아미노펜, 타이레놀)	N-acetylcysteine (엔 아세틸시스테인)
β-blocker, CCB, Hydrogen Fluoride (항고혈압약, 항부정맥약)	Glucagon, Ca Chloride (글루카곤, 염화칼슘)
Carbamate or Organophosphate (카바메이트계, 유기인계)	Atropine, 2-PAM (아트로핀, 2-팜)
Benzodiazepine (벤조디아제핀)	Flumazenil (플루마제닐)
Opioids(헤로인, 옥시코돈, 모르핀)	Naloxone (날록손)
TCA (삼환계항우울제), Cocaine (코카인), Salicylates(살리실산염)	Sodium Bicarbonate (중탄산나트륨)
Sulfonylurea, Insulin(설포닐유레아, 인슐린)	Glucose (포도당)
MeOH, et Glycol (메탄올, 글리콜 등)	Ethanol (에탄올)
Methemoglobin (메트헤모글로빈)	Methylene Blue (메틸렌블루)
Snake Bite (뱀 교상)	Antivenin (항뱀독소)
Cyanide(시안화물)	Cyanide Kit (시안화물 키트)
Iron(철)	Deferoxamine (디페록사민)
Digoxin (디곡신)	Digoxine Immune Fab(디곡신 면역 팹)

> ➕ **농약 원제 및 농약활용기자재의 표시기준 제4조(표시방법 및 기준)등**
> - 농약용도의 표기는 농약 문자 왼쪽에 표시하되 용도구분에 따른 바탕색은 '농약' 문자 폭에 맞춰 다음 표와 같이 하고 전반적인 바탕색은 같은 계열의 색깔을 배색하여 다른 용도 구분과 혼돈되지 않도록 한다.
> - 바탕색
>
> | 살균제 | 살충제 | 제초제 | 비선택성제초제 | 생장 조정제 | 기타약제 | 혼합제 및 동시방제용농약 |
> |---|---|---|---|---|---|---|
> | 분홍색 | 녹색 | 황색 | 적색 | 청색 | 백색 | 해당농약색깔병용 |
>
> - 액체상태인 제초제의 경우에는 용기 마개의 색깔을 황색으로 한다
> - 농약품목별 급성독성 정도에 따라 독성분류 색띠를 고독성은 '적색', 보통 독성은 '황색', 저독성은 '청색'으로 구분하여 포장지 최하단 (앞면 또는 전체면)에 포장지 높이의 10%이상(또는 이상)두께의 색띠를 표시하여야 한다.

7) 응급실에서의 처치

의식, 동공크기 확인하고 활력징후를 잰다. EKG, SpO2 monitoring 적용
무엇을 먹었는지 확인하고 증거물을 가지고 오게 한다.
의식이 없을 경우 기관 삽관 준비
ABGA sample 후 산소 공급(단, 그라목손 중독일 경우는 산소공급을 해서는 안된다)
처방에 따라 수액 연결, 응급혈액검사와 소변검사를 한다.
Gastric lavage 관을 삽입하고 세척할 수 있도록 준비
일반촬영 의뢰하고 처방에 따라 활성탄과 sorbitol을 섞어 준비
동공의 반응과 크기를 재확인 하고 atropine을 투여한다.
입원여부를 의사와 결정하고 적절한 추후 관리를 한다.

7. 동물/곤충/뱀 교상/해양 동물 독

(1) 동물교상

1) 병력

① 동물의 종류 및 사육 여부 확인(야생동물이면 포획가능한지 여부)
   광견병 백신접종 유무, 교상 발생 지역이 광견병 위험지역인지 확인
② 환자 상태 조사
   만성질환 여부, 감염질환 예방접종력
③ 사람 교상: B,C형 간염, 에이즈 보균자 문진, 검사

2) 신체검사

교상 상처는 손, 팔다리 신경, 혈관 손상유무 → 말단부위 혈액순환 감각, 운동이상 여부 평가

3) 피부상처, 관절의 침범여부 평가, 소아에서는 두부, 흉부 손상 확인
   - 검사: 영상검사, 세균배양검사
4) 응급처치:
   ① 상처탐색, 가능하다면 세척, 소독, 통증조절
   ② 감염예방(항생제 필요)
      ㉠ 파상풍 예방
      ㉡ 바이러스 감염 예방
      ㉢ B형, C형 간염항체검사, HIV검사(efavirenz: 에파비렌즈는 HIV/ AIDS를 치료하고 예방.
      상품명 **서스티바**로 시판된 약물로는 바늘에 찔린 부상과 같은 잠재적인HIV 바이러스 노출 후에도 사용가능하며 경구 투여 한다.
      ㉣ 공수병 예방
      애완동물에게 물릴 경우 7~10일 관찰, 동물이 이상이 없으면 광경병 접종 불필요
      야생견이나 야생동물에게 물리면 예방접종 시작, 국립과학수의검역원을 통해 광견병감염 검사를 진행, 예방접종 중단 여부 판단
      ㉤ 공수병 예방원칙
         - 세척, PVI, 알코올등의 **항바이러스 소독제로 소독**

         > 참고) PVI:povidone iodine(포비돈 요오드)

      - **광견병 면역글로불린 투여**
         - 20IU/kg 가능한 전량을 상처에 투여, 불가능한 경우 백신 투여 부위의 원거리 둔부에 근주.(7일간 유지)
         - 교상환자에게 공수병 **백신**
           교상후 0,3,7,14, 28일에 **총 5회 투여**
           투여부위: 삼각근 근주, 둔부는 항체생성이 낮아 투여하지 말 것.
           성인과 소아 용량이 같다.

➕ 면역글로불린과 백신의 투여방법

		면역글로불린	백신
약품명		캄람주(Rabies immunoglobulin)	베로랍주(Rabies vaccine)
교상 후	면역력이 없는 환자	*중등도 III에 해당하는 경우 투여 총 1회 투여(0일), 20 IU/kg 주사	총 5회 투여(0일, 3일, 7일, 14일, 28일) *면역글로불린 반대쪽 삼각근에 근육주사
	면역력이 있는 환자		총 2회 투여(0일, 3일)

예방 혹은 노출 전 접종		1. 기본접종: 총 3회 투여(0일, 7일, 21일 또는 28일) 2. 추가접종: 1년 후에 접종 뒤 매 5년마다 접종 *고농도의 바이러스를 다룰 경우에는 6개월마다, 수의사 등 고위험 직업군의 경우에는 2년마다 항체가 검사를 시행하여 0.5 IU/ml 이하일 경우에 추가접종

(2) 벌이나 벌레에 쏘인 경우

① 환자를 벌이 없는 곳으로 이동
② 피부에 벌침이 박혀 있는지 확인. 핀셋이나 손가락으로 끝부분을 집으면 오히려 더 들어간다. 신용카드 같은 것을 이용 침을 피부와 평행하게 옆으로 긁어주면서 제거
③ 비누와 물로 씻고 얼음주머니 15~20분간 대주며 붓기를 가라앉힘.
④ 피부에 스테로이드연고. 진통제를 쓸 수 있다.
   과민성 반응시에는(구토, 호흡곤란 등) 심폐소생술 실시하면서 이송

기타)

독거미에 물렸을 때
① 거미에 물렸을 때는 우선 거미의 사진을 찍어둔다.
② 카메라가 없으면 거미의 크기와 모양을 기억하여 메모해 둔다.
③ 시간이 지날수록 붓고 통증이 있다면 병원으로 간다.

독나방에 쏘였을 때
① 독나방 가루가 피부에 묻으면 빨간 가루를 뿌린 것 같은 발진이 나타난다.
② 즉시 소독하고 스테로이드 연고를 바른다.

(3) 뱀에 물렸을 경우★(기출)

독사에 물리면 신경계가 마비되어 호흡곤란등으로 사망할 수 있다.
독사교상은 피부를 관통하거나 긁히는 등 하나 이상의 흔적이 있어야 하며 물린 후 30~60분부터 국소증상이 나타난다. 국소증상은 통증, 부종, 홍반, 반상출혈 등이고 전신증상은 오심, 구토, 입주위 감각이상, 손가락 끝 저린 감각, 전신쇠약등이다.
독사교상은 1~2개의 **독아 자국**을 남기고 일반 뱀은 말 발굽 모양의 한 두줄의 치아자국을 남긴다.
자상의 위치가 지방조직에 물리면 몸통이나 혈관보다는 덜 위험하다.
옷을 입었을 경우 물린 상처가 깊지 않아서 독물방출이 없는 경우가 많다.

응급처치:
① 안전한 곳으로 이동, 20분내에 국소통증, 종창, 무감각, 무력감 등이 나타나지 않으면 사독에 의한 것이 아니라고 생각하면 됨.
② 안정, 체온유지, 의료기관으로 이송, **교상부위는 심장보다 아래, 기능적 자세로 고정시키고**

물린부위에서 5~10cm정도 심장쪽에 가까운 부위를 압박대를 이용해 피가 통할 정도로 묶는다.

③ 얼음을 대지 말고 물린 부위를 절개하지 않는다.
(주의사항: 얼음찜질은 권장되지 않는데 이는 독소를 비활성화 시키지 못할 뿐만이 아니라, 동상의 위험성에 의해서 조직괴사의 위험성이 높아지기 때문이다.
입으로 흡입하는 것은 권장하지 않음. 입을 통해 독이 체내로 흡수 될 수 있고 입안의 세균에 의한 2차적인 세균감염을 일으킴
전기나 불로 지지는 행위는 도움이 되지 않음.
뱀에 물린 환자는 구토, 복통 및 의식저하가 발생할 수 있으므로 음식과 음료를 주지않고 특히 알코올은 혈액을 순환시키므로 독이 빨리 퍼지게 한다.)

④ 항독소가 있는 병원으로 이송

※ 독사는 머리가 삼각형이고 물린 앞쪽에 두 개의 이빨자극이 있다.

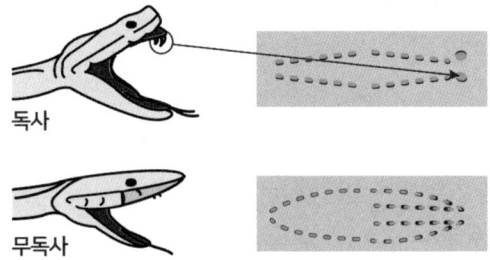

독사

무독사

(4) 진드기

① 진드기 제거
진드기 제거는 가급적 즉시 실시.
진드기는 구부러진 핀셋을 가능한 한 피부에 밀착시켜 진드기를 잡은 다음에 바로 잡아 당겨서 제거하는 것이 가장 좋다. 진드기 대가리는 몸체에 딸려 빠져 나오지 않고 염증을 지속시킬 수 있으므로 제거해야 한다.

② 소독제 도포

③ 라임병을 막기 위한 경구용 항생제나 항히스타민제제

(5) 해양동물

1) 해파리

촉수와 접촉되면 홍반을 동반한 채찍모양이 상처가 생기고 통증, 발열, 오한, 근육마비를 유발하게 된다. 해파리가 있으면 물에서 나와야 하며 사람을 쏘는 해파리는 떼를 지어 다닌다. 수영하는 사람을 촉수로 감아 꼼짝 못하게 하는 고깔해파리가 제일 위험하다.

※ 응급처치
① 바닷물로 상처를 씻고 자상 부위를 문지르지 않는다.
② 환자진정, 기도유지

③ 중탄산나트륨을 상처에 부어 독침과 용해물을 형성하거나, 해파리 독침에 식초를 첨가하여 부벼 낸다.
④ 상처와 심장사이를 림프선이 흐를 정도의 세기로 묶는다.
⑤ 상처 부위에 열을 가하거나 43~45도 정도의 고온으로 온찜질 한다.
⑥ 모래로 문지르면 독소가 더 방출될 수 있다.
⑦ 감염 지속시 비브리오의 가능성 염두할 것.

2) 복어

복어가 먹이를 잡는 여름에서 겨울에 걸쳐서 간장의 독력이 증가한다.

양식복어는 무독성이거나 천연보다 약하다. 복어를 자극하면 함께 있는 송사리를 죽일 만큼의 TTX를 피부로부터 방출, (TTX: tetrodotoxin)

TTX는 소화관으로부터의 흡수는 빠르고 증상은 식후 **30분에서 4시간30분** 사이에 나타나는 경우가 대부분. 사망은 4시간 이내, 쉽게 회복되는 경우는 12시간 정도에 증상이 완전히 없어진다.

※ 응급처치
① 구토가 자연 발생되지만 기다리지 말고 적극 구토를 유발, 위세척, TTX가 섞여 있지 않도록 구강, 비강을 깨끗이 한다
② 호흡마비의 진행이 빠르므로 인공호흡과 호흡관리를 적절하게 하면 구명할 수 있으며 저혈압은 도파민이 효과적이다. 분당1~5mg/kg을 점적 정주하고 20까지 증량.
③ 체온저하 시 보온에 유의한다. 근육마비증상에는 항 콜린에스테라제가 효과적이다.

⑪ 안과/치과/이비인후과 응급질환

1. 안과적 손상
안과적 손상이란 외력에 의하여 발생하는 안구와 눈꺼풀 안와 골의 손상을 말한다 안구의 손상은 비관통상과 관통상 그 밖에 눈꺼풀의 타박상 및 열상과 안와골의 골절 등이 발생할 수 있다.

2. 안과 응급질환
① 녹내장: 안압이 높아 시신경을 압박하여 시신경의 손상, 위축됨.
  - 개방각녹내장(만성 녹내장): 유전, 시간이 흐르면서 안압상승, 시각을 잃기 전까지 증상을 느끼지 못함.
  - 폐쇄각녹내장(급성 녹내장): 질환이 있는 눈에 통증이 갑자기 발생, 시력감퇴와 시야가 흐려짐. 눈은 빨갛고 부은것처럼 보임, 촉진시 안구가 긴장된 것처럼 느낌, 약물이나 수술을 통해 안압을 줄일 것.
    영구적인 실명상태가 된다. 응급 내원 시 항녹내장 점안제 사용, 일시적인 감압시술을 해야함.
② 전방출혈(앞방출혈): 눈의 앞방에 혈액이 축적되는 질환, 시간을 위협하기 때문에 검사필요. 외상성 질환, 비외상성 질환(낫적혈구빈혈, 당뇨, 눈의 종양)
③ 각막열상: 안구의 앞쪽 1/6을 차지하는 각막과 뒤쪽 5/6을 차지하는 공막부위에 조직이 찢겨진 것.
④ 각막궤양: 각막의 상피세포가 탈락된 상태를 의미합니다. 대부분 감염과 동반되는 경우가 많으므로 일반적으로 감염성 각막염이라고도 합니다.
  각막 상피의 저항력이 약해져서 감염이 일어난다.(렌즈)
  막 궤양이 진행되면 각막 상피 아래에 존재하는 각막 실질층에 융해가 일어난다. 궤양이 심해지면 각막천공 일어남.

(1) 임상적 특징
안통, 이물감, 시야장애 및 복시 등의 증상을 호소할 수 있다.
두부손상을 동반할 수 있다.

(2) 환자평가 필수항목

1) 병력청취

  안과적 손상 관련 증상: 시력/ 시야장애, 안구통, 이물감 등
  손상기전 및 사고발생 당시 상황을 확인한다.
  임신여부, 약물복용력, 환자의과거력, 수술력 등을 확인한다.

2) 신속한 외상초기평가
  - 기도의 열린 상태를 확인하고 유지한다 호흡곤란이 있는지 확인한다.

- 혈압, 맥박, 산소포화도를 포함한 활력징후를 측정한다.
- 눈꺼풀 부종으로 안구를 관찰하기 어려운 경우 설압자 등을 이용하여 조심히 눈꺼풀을 접어 올려 안구내 출혈, 동공 크기 및 대칭성, 대광반사 등을 평가한다.
- 현장에서의 시행할 수 있는 시력 평가를 시행한다.
  ⇒ 빛을 볼 수 있는지, 처치자의 손가락 수를 셀 수 있는지 평가한다.
     사물이 2개로 보이지 않는지 평가

(3) 눈의 응급처치

① 눈에 이물이 들어갔을 때: 눈을 비비지 말고 생리식염수로 씻기.
   위 눈꺼풀 안쪽이 이물질도 윗 눈꺼풀을 젖혀서 뺄 수 있다.
   만약 쇳가루가 들어갔다면 노력하지 말고 병원으로 갈 것.

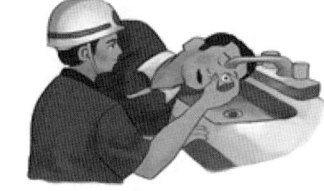

② 화학물질이 들어갔을 때 : 흐르는 물로 씻기: 화학물질이 들어간 눈을 아래로, 최소30분이상 씻기

③ **이물질이 박힌 경우**
   제거하려 하지 말 것.
   종이컵을 이용, 다친 눈을 가린 후 손상되지 않은 눈도 가릴 것.

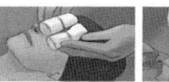

   안구의 움직임을 인한 2차적 손상을 예방하기 위한 것.
   (정상눈의 안구가 움직이면서 손상된 안구도 같이 따라 움직인다.)
   눈가림으로 인한 환자의 두려움을 설명하고 안정시키고 이송할 것.

④ 열상을 입은 경우
   눈을 압박하거나 비비지 않는다.
   안구노출시 안구가 마르지 않도록 젖은 거즈로 덮어준다. 상처입지 않은 눈도 종이컵이용, 안정시켜 이송

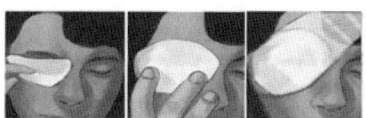

⑤ 눈을 맞았을 때
   안구를 압박하지 말고 얼음찜질 하지 말 것.
   뿌옇게 보이거나, 시야의 제한, 물체가 여러개로 보일 경우 병원으로 즉각 이송
   (주의할 점: 눈 타박상을 입었을 때 흔히 하는 잘못된 행동은 눈을 비비거나 차가운 물이나 얼음팩을 눈에 갖다 대는 것이다. 눈에 타박상을 입었다면 눈을 깨끗한 수건이나 천으로 가린 후 병원을 찾아 검진을 받는 것이 바람직하다. 눈이 아프다고 해서 성급하게 피를 닦거나 눈에 손을 댔다가는 증상을 악화시킬 수 있다.)

3. 치과적 손상

치과적 손상이란 외력에 의하여 발생하는 치아와 연조직의 손상을 말한다.
치아의 손상은 파절, 탈구, 진탕, 적출이 있고 연조직은 좌상, 반상출혈, 열상등의 손상을 입을 수 있다.

1) 임상적 특징

안면부 및 두경부 손상을 동반할 수 있다.

낙상이나 운동경기 중에 발생한 외상에 의해 유발 된다.

치아가 적출된 경우 환자의 기도 내에 적출된 치아가 남아 있을 수 있다.

2) 환자평가
   - 병력청취
   - 적출된 치아를 갖고 있는지 물어 본다.
   - 치아적출이 언제 발생하였는지 물어본다. 치료와 예후에 매우 중요함
   - 손상기전 및 사고발생 당시 상황을 확인 한다.

3) 신속한 외상초기평가
   - 기도의 열린 상태를 확인하고 유지 한다 호흡곤란이 있는지 확인 한다.
   - 혈압, 맥박, 산소포화도를 포함한 활력징후를 측정한다.
     ⇒ 구강내 열상, 출혈, 적출된 치아부속물 또는 치아 이물질 유무 등을 확인 한다.
     ⇒ 안면부 또는 두경부 손상 등 동반 가능한 손상을 함께 평가한다.

4) 응급처치 절차 및 방법
   ① 환자 초기 평가 처치 표준지침 에 따라 전반적인 평가 및 처치를 시행 한다.
   ② 적출된 치아에 대한 적절한 처리 탈구된 치아 술기 지침 참조 가 중요하다.
      치아의 뿌리를 만지거나 씻어내지 않는다.
      이송 중에는 치아를 우유 또는 생리식염수에 넣어 이송한다.
      출혈이 심한 연조직 손상은 거즈를 이용하여 압박 드레싱을 적용한다.
   ③ 입인두기도기의 적용이 필요할 때 여러 개의 치아가 흔들린다면 치아가 적출되지 않도록 조심스럽게 시행한다.
      적출된 치아가 유치일 경우에는 재이식을 하지 않지만 적출된 치아가 유치인지 명확하지 않을 경우에는 치과적 처치가 가능한 의료 기관으로 이송함을 원칙으로 한다.
      소아일 경우 아동학대 가능성이 있으므로 주의한다.

4. 코의 응급질환

(1) 코피

1) 코피가 날 때 처치법
   ① 안정
   ② 고개를 앞으로 숙이기
   ③ 지혈솜이나 휴지로 양쪽 콧망울을 적어도 10분이상 압박하기
   ④ 멈춘 후 4시간 이내 코를 풀거나 후비는 행동은 하지 않음

2) 병원에 가야하는 경우

① 코피 양이 많은 경우

② 1시간 이내로 멈추지 않는 경우

③ 출혈 부위가 뒤쪽에서 나는 경우

(2) 축농증 = 부비동염

상기도 감염의 2차적인 증상

얼굴의 압박감, 두통, 인후염, 전두동이나 상악동에 통증, 인두가 콧물로 인해 충혈되고 목의 림프절이 붓는다.

5. 입과 목의 질환

1) 인두/편도선 염

① 원인: 바이러스

② 증상: 빨갛게 부은 목구멍, 목의 림프절이 비대 및 통증, 발열, 두통 및 구토

2) 아구창

① 원인: 칸디다 알비칸스(입 안 진균성 감염), 당뇨병, 에이즈환자, 유아에게 발생

② 증상: 흰색의 침착물, 입안점막이 홍반색, 부종, 통증으로 침을 삼키기 힘듦.

3) 편도염

① 원인: 그룹A베타 용혈성 사슬알균

② 증상: 인후염과 통증, 얼굴의 부종과 열이 발생, 침을 삼키기 힘듦, 턱과 목의 샘에 통증 발생

③ 응급처치: 기도확보 후 산소투여

4) 루드비히 안자이나 (Ludwig's angina)

① 원인: 주요 원인은 하악 전치부나 소구치 부위에 발생한 충치와 치근단 염증이다. 턱 아래 공간의 염증은 주로 심한 충치나 치주염으로 인해 발생한 세균이 구강 바닥으로 침투하여 발생한다.

② 증상: 열감, 경부 운동 제한, 목 주변 부종

㉠ 혀가 위로 상승하여 혀가 2개처럼 보임(대표적인 증상)

㉡ 목 통증, 목 부종, 목 발적, 혀의 부종, 연하 곤란, 경부 운동 제한

㉢ 귀의 통증, 침 흘림

㉣ 발열, 피곤, 피로감

㉤ 혼수 혹은 다른 의식 상태의 변화, 호흡 곤란

6. 귀의 응급질환

(1) 고막천공
특징: 청력감소, 통증, 고름이나 피가 나옴. 귀에서 벌소리가 들림.

(2) 메니에르병
특징: 심각한 어지러움과 오심·구토 증상, 한쪽으로 청각의 소실이 있다.

(3) 귀에 벌레가 들어갔을 때
- 손전등을 비춰서 유도
- 벌레 때문에 통증이 있으면 알코올이나 식용유를 넣어서 벌레를 죽인다. (단 고막에 구멍이 있으면 넣으면 안됨)

12 비 외상성 근골격계 질환

1. 염증성 질환

1) 류마티스 관절염(Rheumatoid arthritis)

   증상다발성 관절염, 관절통, 열감, 손마디가 뻣뻣해짐, 관절의 경직
   류마티스 관절염은 관절 주위를 둘러싸고 있는 활막이라는 조직의 염증으로 인해 발생하는 질환.

   ① 원인:류마티스 관절염의 정확한 원인은 알려지지 않음. 유전적으로 류마티스 관절염의 소인이 있는 사람이 어떤 외부 자극을 받으면 인체 내 면역체계가 자신의 몸을 비정상적으로 공격하여 염증이 발생한다고 추정

   ② 증상

   류마티스 관절염의 초기 증세는 주로 손마디가 뻣뻣해진다. 특히 아침에 자고 일어난 직후에 이 증상이 심하게 나타나고 1시간 이상 관절을 움직여야만 뻣뻣한 증세가 풀린다.

2) 전신성 홍반성루푸스(systemic lupus erythematosus)

   전신 홍반성 낭창은 주로 가임기를 포함한 젊은 여성에게 발병하는 대표적인 만성 자가면역 질환

   ① 원인: 아직 밝혀지지 않았다. 다만 다른 자가면역 질환처럼 감염에 의해 유발된 이상 면역 체계에 호르몬, 유전적, 환경적 요인이 복합적으로 작용하면서 질병으로 발전한다고 추정.
   하이드랄라진(고혈압 치료제)과 프로카인아마이드(부정맥 치료제) 등의 약을 복용한 사람은 루푸스와 관련된 항체를 만들어 낸다.

   ② 증상

   ㉠ 피부, 점막 증상

   80~90%의 환자에게서 뺨의 발진, 원반성 발진, 광 과민성, 구강 궤양 등

   ㉡ 근골격계 증상: 관절통과 관절염

   ㉢ 신장 증상: 25~75%의 환자에게 신장 기능 저하가 발생

   ㉣ 뇌신경 증상

   우울증, 불안, 주의력 결핍, 집중력 저하, 기억력 장애, 두통 등, 정신병이나 심한 발작이 일어나기도 한다.

   ㉤ 루푸스로 인한 전신의 염증은 여러 합병증을 일으킨다.
   혈관 수축으로 인한 레이노 현상, 스테로이드 치료제로 인한 골다공증이다.

3) 강직척추염

   ① 원인

   강직성 척추염 환자에게서는 대부분 다른 사람에게는 잘 나타나지 않는 항원(HLA-B27)이 나타나며 이 유전적 인자를 가졌다면 발생할 가능성이 크다.

② 증상

가장 흔한 증상은 허리 통증, 모든 환자에게 나타난다. 주로 잠을 자고 일어난 후에 허리가 뻣뻣하면서 통증이 느껴지고 활동하다 보면 허리의 통증이 약해지거나 사라지는 특징을 보인다.

엉덩이 관절, 어깨 관절 등이 붓거나 아프고, 발뒤꿈치, 갈비뼈 등에 통증이 발생하며 더 심해진다. 눈의 염증이 나타날 수 있고, 드물게는 심장, 신장(콩팥), 대장 등에 관련 증상이 생김.

4) 통풍

통풍은 관절에 통증과 부종을 일으키는 일종의 관절염이며 보통, 1주 또는 2주 동안 지속하다가 사라지나. 통풍 발작은 흔히 엄지발가락이나 하지에서 시작한다.

통풍은 혈청 요산염이 축적되면 생긴다.

통풍 발작은 흔히 밤에 갑자기 시작하며, 심한 통증 때문에 잠에서 깬다. 또한, 관절의 부종, 발적, 열감, 그리고 뻣뻣함을 느낄 수 있다.

2. 퇴행성 질환

1) 골관절염: 관절의 마모로 염증이 생김

① 증상

주로 아침에 일어나는 통증과 강직성, 부기, 비빔소리가 들린다. 통증

골관절염은 뼈의 관절면을 감싸고 있는 관절 연골이 마모되어 연골 밑의 뼈가 노출되고, 관절 주변의 활액막에 염증이 생겨서 통증과 변형이 발생하는 질환.

2) 골다공증: 뼈의 조직이 얇아지고 밀도가 낮아지는 것.

3) 디스크

3. 감염성 질환

연조직의 감염(연조직염, 근막염, 괴저등)

1) 연조직염: 피부의 상처로 인해 피부와 연조직의 감염이 발생한다. 부기와 통증이 있다.

2) 근막염: 피부와 근육, 주변조직이 괴사되는 세균성 감염.

3) 괴저: 연조직 감염의 영향으로 조직의 혈액공급이 차단되면서 발생하는데 피부가 검게 변하며 삼출액이 나오며 고약한 냄새가 난다.

4) 골수염

골수염은 여러 원인으로 골수에 균이 침입하여 염증이 생긴 질환을 의미한다.

① 원인

골수염은 외상으로 인한 상처를 통해 세균이 침투한다. 혈행성 골수염은 상기도 감염, 종기 등에 있는 균(황색포도상구균, 연쇄구균, 폐렴균, 인플루엔자균 등)의 혈류를 통한 감염으로 발생된다.

② 증상

전신 증상으로는 피로감, 발열, 식욕 부진이며 체중 감소, 미열, 지속적인 팔다리 통증이 천천히 생긴다.

뼈에 고름이 생기고, 피부 표면으로 고름이 나오는 구멍이 생긴다.

CHAPTER 05 특수응급

01 소아응급질환 (소아, 신생아)

1. 소아평가

① 현장평가
② 소아평가삼각구도(PAT)를 이용한 평가
③ 1차평가 ABCDE, 이송결정
④ 2차평가

(1) 소아평가 삼각구도

시각, 청각, 외모를 통해 첫인상을 평가한다. 1차 평가의 우선순위를 정할 수 있다.

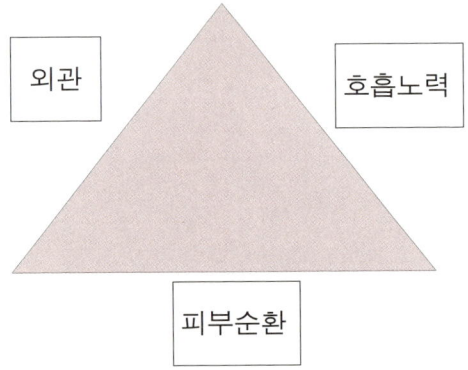

① 외관(Appearance)
　T : tone, 근육강도: 검진 시 아기의 움직임을 살핀다.
　I : Interactiveness: 상호작용
　C : Consolability, 달램: 돌봄에 의해 달래지는가?
　L : look: 얼굴에 시선을 잘 고정하는가?
　S : speech 언어상태, 말하거나 우는 것
② 호흡노력: 호흡수나 청진시 정상적인 호흡음인가?
　비정상호흡음, 비정상 체위, 퇴축, 비익확장, 머리를 앞뒤로 젖히는지
③ 피부순환: 중심순환의 상태를 파악하기 위한 지표
　피부와 점막의 색, 청색증 확인
　⇒ 소아의 해부학적 차이 설명은 소아응급단원 맨 뒤에 있습니다.

2. 신생아 질환

① 미숙아 무호흡
② 호흡곤란증후군
③ 태변 흡인증후군
④ 기관지 폐 이형성증
⑤ 패혈증/ 괴사성 장염
⑥ 영아산통

(1) 미숙아 무호흡(AOP) Apnea of prematurity

특징: 20초 이상 자발적호흡 소실, 근육긴장 저하, 서맥, 피부색 변화 수반

1) 병태생리

미숙한 신경학적 화학적 호흡 조절기전, 미숙한 호흡반사
흉곽 및 호흡 유지 근육 허약, REM 수면 시 관찰, 미숙아에게 흔한 증상

2) 증상: 지속적인 무호흡 발작

3) 치료적 중재

약물: 메틸잔틴, 테오필린, 카페인요법
비강 CPAP, 비강 간헐적 양압환기, 모니터링
부드러운 촉각 자극: 가슴이나 등을 부드럽게 문지르거나 자세를 변경시킴
산소 투여, 흡인, Ambu bagging
간헐적 자극: 물침대, 전동 침대

(2) 호흡곤란증후군(RDS)

Respiratory distress syndrome(호흡곤란증후군, RDS)
폐성숙도의 미숙으로 폐포를 팽창시키는 물질(surfactant, 표면활성제)이 부족하여 호흡곤란이 초래되는 질환으로서 미숙아에게 호발

1) 병태생리

원인: 산모의 흡연, 당뇨, 조산(28주미만의 아기), 1500g미만의 낮은 체중의 아기
미숙아들은 가스교환을 효과적으로 할 만큼 폐가 완전하게 발달되기 전에 태어남.
즉 RDS는 폐의 구조적, 기능적 미숙의 조합으로 초래
표면활성제 부족: 재태기간 36주에 성숙
표면활성제 역할: 폐포의 공기-액체 경계면의 장력(surface tension)을 감소시켜 폐포 확
장을 용이하게 하고, 폐포가 쭈그러지는 것을 방지하는 물질
그중 lecithin과 phosphatidyglycerol 성분이 제일 중요한 역할
발병기전: 폐포 내 표면 활성물질 부족으로 폐포 collapse, 폐포 모세혈관 내피의 손상으로

혈액 성분이 폐포 내로 유출되어 폐포 내피에 유리질막(hyaline membrane) 형성 →
폐포는 쭈그러지고 굳어 폐 팽창도가 심하게 감소

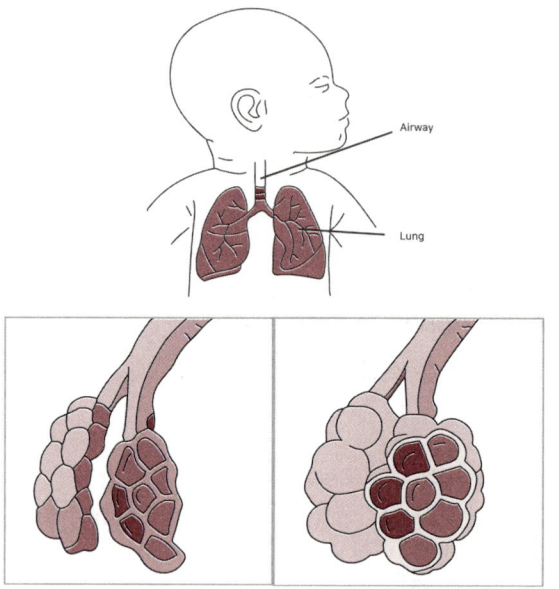

2) 임상 증상

호흡곤란
빈맥
늑골간, 늑골하 견축(chest retraction)
비강확대, 청색증

3) 치료적 중재

① 표면활성제 투여: **기관내 삽관**을 통해
합병증: 폐출혈, 점액 전색(mucus plugging)
② 산소요법
목적: 조직에 적절한 산소 공급, 저산소증에 의한 젖산축적 예방, 산소 독성 영향 피하는 것. Hood, CPAP 등의 인공호흡기

(3) 태변 흡인증후군(MAS: Meconium aspiration syndrome)

저산소성 스트레스의 결과로 자궁내에서 태변이 유출되는 것. 즉 태변이 함유된 양수를 태아나 신생아가 자궁내에서 첫 호흡시 기도로 흡인된 상태

1) 병태생리

만삭아, 과숙아, 재태기간 37주 미만 영아
태변을 삼키거나 흡입 → 기도폐쇄 → 공기흡인을 위한노력이 더 많은 태변을 흡입함 →
폐혈관 저항 → 동맥관을 통한 우-좌 단락 형성 → 심한 저산소증, 산증

2) 증상

출생시 피부나 제대에 태변 착색

빈호흡, 저산소증, 그렁거림, 비강 확장, 흉부 견축

청색증, 술통형 가슴

3) 치료

분만 직후 흡인(폐쇄의 사인이 정확할 때 입 → 코 순서로)

Ambu bagging 금지

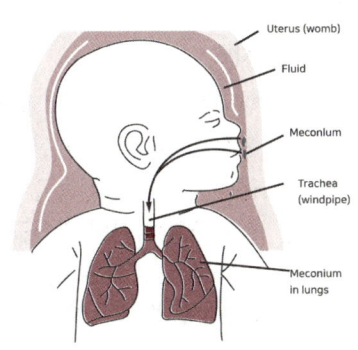

(4) 기관지폐 이형성증

RDS를 가진 영아에게 나타날 수 있는 병리적인 과정

신생아 호흡곤란증후군으로 인해 인공환기 요법과 산소 치료를 받았던 환자에서 발생하는 만성 폐질환으로서, 재태연령이 낮고 출생체중이 적은 미숙아에서 흔히 발생한다.

기관지폐 이형성증은 아직 발달이 이루어지지 않은 미숙한 폐에 손상이 가해짐으로써 일어나는데 이러한 폐 손상은 여러 가지 인자의 상호작용으로 이루어진다.

1) 병태생리

① 원인

기계환기

산전 감염

산소 보충

폐혈량 증가와 관련

② 폐 변화: 미숙한 폐, 폐 손상 - 폐포벽이 두꺼워지고 섬유증식이 일어남

③ 섬모 활동의 감소로 인해 기도 폐색

2) 치료적 중재

예방이 중요

양압 환기 시 낮은 압력 유지

낮은 산소 흡인농도 유지

코르티코 스테로이드(dexamethasone)

(5) 패혈증(sepsis, septicemia)

혈류에 세균(박테리아) 감염으로 전신증상을 나타내는 질환

1) 병태생리

식균작용 장애, IgA 혹은 IgM의 결핍, 모체에서 IgG 전달부족으로 쉽게 감염

고위험 영아는 정상아의 4배, 남아가 여아의 2배 걸리기 쉬우며, 모유영양아 에서는 낮음

2) 임상증상: 전신증상, 불분명

3) 치료

영구적 손상방지 → 조기발견과 관리
적절한 배양검사를 실시한 후 즉각적으로 정확한 항생제 투여 필요
균 배양검사결과 나올 때까지 우선 ampicillin과 aminoglycoside투여
원인균 밝혀지면 원인균에 맞는 항생제 선택
순환유지, 호흡유지, 면역요법
산소, 수액, 산-염기 균형, 보온, 수혈, 에너지 소모가 안 되도록 한다.

(6) 괴사성 장염(Necrotizing Enterocolitis, NEC)

미숙아나 다른 고위험 영아에게 발생 빈도가 증가하고 있는 장의 급성 염증성 질환으로 미숙아에게 매우 흔함

1) 병태생리

원인이 잘 밝혀지지는 않았으나 위장관계 혈관 손상이 있는 영아에게서 발생하는 것으로 알려짐
저산소증으로 인한 장의 허혈
병원성 세균증식
농도가 진한 조제유, 조기수유(속도)

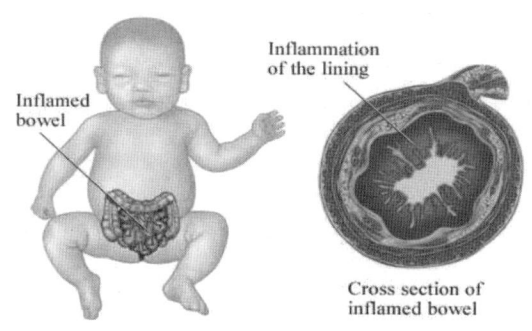

2) 임상 증상

복부팽만, 혈변, 마비성 장폐쇄
무기력, 섭취불량, 저혈압, 무호흡, 구토, 소변량 감소, 저체온
수유시작 후 4~10일 후 주로 발병 (그러나 4시간 혹은 30일 후에도 가능)

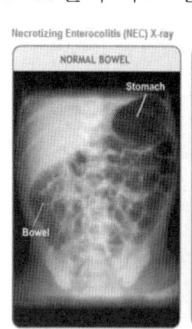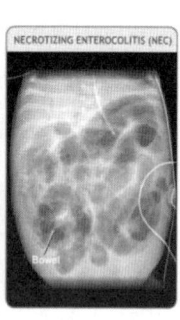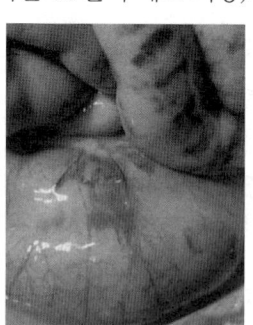

3) 치료 및 중재

출생 시 저 산소증아는 24~48시간 NPO(필요시에는 모유수유)
위장흡인
항생제 투여
수액, 산-염기 평형

조기발견 중요: 복부둘레 측정
장천공, 패혈증, 심혈관 쇼크 모니터
직장체온측정과 복부압력 금기(복위로 눕히지 않음)
기저귀 채우지 말고 와위나 측위로 멸균수 혹은 전해질 공급할 것.

(7) 영아산통

영아 산통은 신생아나 생후 2~3개월 된 아기가 신체에 어떤 병이 없는데도 발작적으로 심하게 계속 우는 증상이다. 흔히 '배앓이'라고 한다. 발작적인 울음과 보챔이 하루 3시간, 최소 한 주 동안 3회 이상 발생할 때 영아 산통이라고 한다.

1) 증상

① 분유를 먹을 때 공기를 더 많이 삼키거나 삼킨 공기가 트림으로 나오지 못해 뱃속에 가스가 찬다.
② 생후 2~3주부터 4~5개월까지 아기들에게 흔히 나타난다.
③ 발작 시에는 주먹을 꼭 쥐고 있으며, 발은 보통 차갑지만 열이나 구토·설사 등의 증세는 나타나지 않는다.
④ 하루에 3시간 이상 울면 영아산통 의심해 보아야 하며 보통 오후 6시부터 10시 사이에 많이 울어댄다.

3. 신생아에 대한 처치 과정

① 보온 유지 및 기도내 이물질 제거: 구형흡입기로 우선 입을 흡인하고 그 다음에 코를 흡인한다. 코를 먼저 흡인하면 신생아는 헐떡거리거나 호흡을 시작하게 되고 이때, 입에 있는 태변, 혈액, 체액, 점액이 허파에 흡인될 수 있다.

```
신생아 출생직후 정상 SPO₂
1분 60~65%
2분 65~70%
3분 70~75%
4분 75~80%
5분 80~85%
10분 85~95%
```

② 신생아를 소아용 침대에 한쪽으로 눕히고 구형흡입기로 다시 입, 코 순으로 흡인한다.
③ 호흡평가: 기도내 이물질을 제거한 순간부터 자발적으로 호흡하는 것이 정상이며 30초 내에 호흡을 시작해야 한다.
만약 그렇지 않으면 호흡을 격려해야 하는데 등을 부드럽게 그리고 활발하게 문지르거나 손가락으로 발바닥을 자극한다. 하지만 발바닥을 치켜들고 손바닥으로 쳐서는 안되며 호흡이 있으나 팔다리에 약간의 청색증이 있다고 해서 등을 문지르거나 발바닥을 자극해서는 안 된다.
태어나서 수분 동안은 이런 팔다리의 청색증이 정상이다.
만약 호흡이 얕고 느리며 없다면 40~60회/분 인공호흡을 실시해야 한다.

④ 심박동 평가

왼쪽 유두 윗부분에서 제일 잘 들리며 100회/분 이하이면 40~60회/분 인공호흡을 실시해야 한다.

30초 후에 재평가해서 60~80회/분이고 심박동수가 올라갔다면 계속 인공호흡을 실시하고 30초 후에 재평가를 해야 한다. 만약 60회/분 이하이며 올라가지 않았다면 인공호흡과 더불어 가슴압박을 실시해야 한다.

가슴압박 횟수는 120회/분이며 양 엄지손가락은 복장뼈 중앙에 나머지 손가락은 등을 지지하고 압박해야 한다.

압박 깊이는 가슴의 1/3정도이고 호흡과 가슴 압박의 비율은 1:3 이 되어야 하며 1분에 90회의 가슴압박과 30회의 호흡으로 실시해야 한다.

⑤ 호흡과 맥박은 정상이나 몸통에 청색증을 계속 보이면 산소를 공급해야 한다.

산소는 10~15L/분 공급하며 직접 주는 것이 아니라 **얼굴 가까이 산소튜브**를 놓고 공급해야 한다.

⑥ 이송 중에 계속 평가를 실시해야 한다.

4. 미숙아의 응급처치

미숙아는 태어나는 순간부터 처치가 필요하다.

① 보온을 유지한다. 지방축적이 충분하지 않기 때문에 저체온증의 위험성이 높다. 물기를 닦고 이불을 감싸주고 모자로 머리의 열손실을 막는다.
② 기도내 이물질을 제거한다. 입과 코로부터의 이물질을 흡인한다.
③ 상태에 따른 소생술을 실시한다. **(임신주수가 적은 경우)** 소생술을 준비한다.
④ 산소를 공급하는데 직접적인 공급은 피하며 **(코 주변)**에서 산소를 공급한다.
⑤ 오염되지 않도록 한다. 미숙아는 감염되기 쉬우므로 산모가 분만중에 대변을 보았다면 닿지 않도록 주의하고 미숙아의 얼굴에 구급대원의 호흡이 직접적으로 닿지 않도록 한다.
⑥ 구급차 내 온도를 올린 후 이송한다. 적절한 온도는 32~38도이며 이송전에 온도를 맞춰 놓는다. 여름인 경우는 냉각기를 사용해서는 안되며 창문을 이용해 온도를 조절하며 바깥공기가 닿지 않도록 해야 한다. 가급적 닿은 상태로 이송한다.

5. 소아의 기도처치

(1) 소아의 기도처치에 필요한 해부적·생리적 고려사항

① 얼굴, 코 그리고 입이 작다 : 쉽게 분비물에 의해 폐쇄될 수 있다.
② 상대적으로 혀가 차지하는 공간이 크다: 무의식 상태에서 쉽게 기도를 폐쇄시킬 수 있다.
③ 기관이 부드럽고 유연하다: 기도유지를 위해 목과 머리 과신전 하면 기도가 폐쇄될 수 있다. 또한 머리를 앞으로 굽혀도 폐쇄된다.
④ 흡인 시 인두의 자극으로 **심박동이 갑자기 떨어질** 수 있다. 저산소증으로 느린 맥이 나타날 수 있다.

⑤ 유아는 입보다 코를 통해 숨을 쉰다: 만약 코가 막히면 입으로 숨을 쉬는 법을 모른다.
⑥ 가슴벽은 부드럽고 호흡할 때 호흡보조근보다 가로막에 더 의존한다.
⑦ 소아는 호흡기계 문제시 단시간에 호흡수를 늘려 보상작용을 할 수 있다: 보상작용은 복근을 포함해 호흡보조근을 사용하며 호흡곤란으로 빠르게 심정지가 일어나기도 한다.
⑧ 저산소증은 급속한 심정지를 일으키는 느린 맥(60회이하)을 초래할 수 있다.

(2) 소아의 기도에 대한 처치

흡인: 주의 깊게 효과적으로 흡인할 것.

① 분비물 또는 입과 코의 기타 액체 성분을 흡인해야 하며 특히 의식장애가 있는 경우 중요하다. 구형흡입기, 연성흡입관 또는 경성흡입관이 사용될 수 있으며 환자의 나이와 상황에 따라 달라진다.
② 흡인은 잠재적인 위험성을 갖고 있는데 특히 저산소증을 주의할 것. 흡인전에 100% 산소를 공급하거나 15L/분 산소를 공급해 저산소증을 예방해야 한다.
③ 15초 이상 흡인해서는 안 된다. 인두 깊숙이 흡인하면 미주신경을 자극해 느린 맥이나 심정지를 유발한다.
④ 눈으로 보이지 않는 깊이까지 흡인해서는 안되며, 지연된 흡인은 저산소증을 초래하기 때문에 흡인시간이 한번에 15초를 넘지 않는다.
⑤ 유아의 경우 비강호흡을 하므로 코가 막히지 않도록 해야 하며 너무 깊게 흡입관이 들어가지 않도록 주의해야 한다.

(3) 소아의 입인두기도기 처치법

① 설압자를 입에 넣어보고 기침, 구토반사가 있으면 중지하였다가 머리 위치를 변경해서 기도를 개방하고 비강기도기 사용을 고려한다.
② 기도기 플랜지(입구)가 입술에 닿을 때까지 **회전없이** 바로 기도기를 삽입한다.
③ 구토반사가 없다면 설압자를 넣고 머리쪽으로 약간 벌리면서 혀를 누른다.(공간을 벌려 기도기를 넣기 편하게 하기 위해서이다.)
④ 삽관 후 기침 또는 구토반사가 있으면 기도기를 제거하고 필요하다면 흡인해 준다.
⑤ 입인두 기도기는 크기는 **입 가장자리와 귓불 사이** 길이를 재어 결정하면 된다.

(4) 소아의 코인두기도기 처치법

① 구토반사가 있는 소아환자에게 인공호흡을 유지 시 효과적이다.
② 1년이하의 신생아에게는 사용되지 않는다.
③ 콧구멍 크기에 맞는 기도기를 선택해야 하며 환자의 새끼손가락 크기와 비슷하다.
④ 적당한 크기의 기도기를 선택 후 기도기 끝에 수용성 윤활제를 바른다. 비중격을 향해 사선으로 기도기를 넣는다.
⑤ 천천히 코인두 내로 넣는다. 삽입 도중 기침이나 구토반사가 나타나면 즉시 제거하고 머리위치를 변경해 기도를 개방, 유지 시킨다.

⑥ 합병증으로 비출혈이 나타나며 비익 부분을 눌러 지혈처치를 실시해야 한다.
⑦ 다른 합병증으로는 머리뼈 골절로 부적절하게 삽관되어 코 또는 두 개 내 손상을 유발할 수 있다. 코, 얼굴 또는 머리 외상이 있는 경우에 코인두기도기를 사용해서는 안된다.

(5) 소아의 인공호흡 시 주의사항

① 호흡정지 또는 호흡부전시 즉각적으로 고농도의 인공호흡을 실시해야 한다.
② 소아의 인공호흡 비율은 전문 기도유지기가 없는 경우 흉부압박 대 인공호흡비는 **15 : 2**이다. (12~20회/분)
전문 기도유지기의 경우 지속적 가슴압박을 제공하고 **2~3초**마다 호흡을 불어넣는다.
③ 각 호흡은 1초간 하고 가슴이 부풀어 오를 정도의 일회 호흡량을 유지한다.
④ 과도한 압력이나 산소량은 피해야 한다. 백은 천천히 지속적으로 눌러야 하며 가슴이 충분히 올라갈 정도면 된다.
⑤ 적정한 크기의 마스크를 사용해야 한다.
⑥ 자동식 산소소생기는 소아에게 사용해서는 안 된다.
인공호흡 도중에 종종 위 팽창이 나타난다. 위 팽창은 가로막을 밀어 올리고 허파의 팽창을 제한해서 효과를 떨어뜨린다. 이 경우 비위관을 삽입할 필요가 있다.
⑦ 입, 코인두기도기는 다른 방법으로 기도를 유지할 수 없고 인공호흡을 지속시켜야 할 때 사용되어야 한다.
⑧ 인공호흡 동안 흡인을 할 경우에는 경성 흡인관을 사용해 기도 뒤를 자극하지 않도록 주의해서 사용한다.
⑨ 인공호흡 동안 목이 과신전 되지 않도록 주의해야 한다.
⑩ 턱 밀어올리기법은 머리 또는 척추 손상 환자를 인공호흡 시킬 때 사용해야 한다.
⑪ BVM에 부착된 저장낭을 사용해 100%산소를 공급해 준다.
⑫ 산소 주입구가 달린 포켓마스크를 사용한다면 고농도 산소를 연결시켜 줘야 한다.

(6) 소아의 기도폐쇄시 주의점

① 기도 폐쇄와 하기도 질환의 차이점을 구분할 것. 그 이유는 각각에 대한 응급 처치가 다르기 때문이다. 예를 들면 **상기도 폐쇄**에 대해 보이는 이물질을 손가락으로 제거하는 것은 올바른 처치법이지만 기도질환에서 손가락을 입에 넣는 것은 기도 폐쇄를 유발할 수 있는 경련이 나타날 수 있기 때문이다.
② 하기도 질환에서는 천명음 대신 씨근덕거리는 소리가 들리고 호흡을 힘들게 한다.

6. 소아의 쇼크

(1) 증상 및 징후

① 호흡곤란을 동반하거나 동반하지 않은 빠른 호흡
② 창백하고 차가운 축축한 피부
③ 말초 맥박이 약하거나 촉지되지 않음.

④ 모세혈관 재충혈 시간이 2초 이상
⑤ 의식변화
⑥ 우는데도 불구하고 눈물을 흘리지 않음(탈수 징후)
⑦ 소변량 감소(기저귀 교환시기나 화장실 가는 것이 보통 때보다 적은지)
⑧ 신생아인 경우 숨구멍(대천문, 소천문)의 함몰

(2) 저혈량 쇼크에 따른 기관의 반응

① 경증(실혈량 30%이하시): 약하고 빠른 맥박, 정상 수축기 압(80~90+ 2×나이), 흥분, 혼돈, 울음, 모세혈관 재충혈 지연, 소변량 줄어듦.
② 중등도(실혈량 30~ 45%) : 약하고 빠른 맥박, 말초맥박 촉지 안됨, 낮은 수축기압 (70~80+ 2×나이), 기면상태, 통증에 둔한 반응, 청색증, 모세혈관 재충혈 지연, 소변량 아주조금
③ 중증(실혈량 45%이상): 서맥 후 빈맥, 저혈압(〈70+ 2 X나이), 이완기압 촉지 못함, 혼수상태, 창백, 차가운 피부, 소변량 없음

(3) 아프가 점수

증상 \ 점수	0	1	2
심박수	없음	〈100/분	≥100/분
호흡	없음	느리거나 불규칙	좋으며 잘 운다
자극에 대한 반응 (카테터를 코속에 넣어 관찰)	반응이 없음	얼굴을 찡그림	기침하거나 재채기 함
근 긴장력	늘어져 있음	사지를 약간 굴곡함	활발히 움직임
피부의 색깔	청색 또는 창백	몸통은 홍색, 손발은 청색	전신이 분홍색
비고	출생 후 1분이 지났을 때는 7~8점, 5분이 경과한 때는 8~10점을 정상으로 봄		

① 10점 정상
② 6점이하 : 태아의 가사상태, 응급처치 필요
③ **아프가 점수의 채점**은 생후 **1분과 5분**에 각각 2번 판정하여 점수를 낸다.
④ 생후 1분에 측정한 점수는 신생아의 가사유무를 판단. 응급처치의 필요성 여부를 조사
⑤ 생후 5분에 측정한 점수는 신생아의 예후를 판정한다.

7. 소아 호흡곤란

(1) 임상적 특징

소아는 바이러스에 의한 호흡기 감염이 매우 흔하다
연령과 계절에 따른 흔한 호흡 곤란의 원인을 파악해야 한다.
갑작스런 호흡곤란의 경우 기도이물에 의한 원인을 반드시 감별해야한다

(2) 감별진단
- 천명음(쌕쌕거림/wheezing) : 세기관지염, 천식, 마이코플라즈마 폐렴
- 나음(수포음/rale) : 폐렴
- 호흡수 감소, 호흡운동 감소: 두부 외상, 경련, 중독
- 흡기 시 천명, 컹컹거리는 기침 : 크룹, 기도 이물
- 흡기 시 천명, 목소리 변화, 침을 흘림 : 후두개염, 후인도농양

(3) 환자평가 필수항목
① 병력청취,
  - 증상 발생 시각, 기도 이물 발생 가능성, 과거력, 먹고 있는 약
  - 기침, 콧물 등 호흡기 증상
  - 외상
② physical Ex
  - 의식 확인: AVPU 측정법으로 의식 확인
  - 기도와 호흡평가: 호흡수, 비정상적 호흡음, 비정상적 호흡 운동 평가
③ 흡기 시 기도음, 호기 시 천명음을 확인한다.
④ 그렁거림(grunting)소리 확인한다. – 호기 끝에 '끙' 소리를 내며 힘을 주는 소리
⑤ 갈비뼈 사이가 움푹 들어간다.
⑥ 횡격막 아래로 복부가 움푹 들어간다.
⑦ 흉골(복장뼈) 위쪽 피부가 흡기 시 움푹 들어간다.
⑧ 코 날개가 벌름 거린다.
⑨ 가슴과 배의 움직임이 시소처럼 서로 엇갈려 움직인다.
⑩ 머리가 호흡에 맞춰 들썩 들썩 거린다.
  - 산소 포화도 측정

(4) 응급처치 절차 및 방법
① 체위: 심각한 상기도 폐색일 경우 소아는 재채기 자세를 취하여 기도가 뻗쳐서 공기가 통과하도록 확보해 주며, 하기도 폐색을 동반한 소아는 곧은 자세로 앉아서 앞으로 몸을 숙이고 팔을 뻗는 **트리파트 자세**를 취하게 한다. 이러한 자세는 호흡시 보조근육의 도움을 얻고자 함이다.
② 산소투여
만성 호흡질환이 있는 소아는 많은 산소는 주어서는 안되며 신생아의 호흡곤란이나 청색증, 호흡기질환의 징후를 보이는 신생아는 100%산소를 공급해 준다.

(5) 상기도 폐쇄
기도폐쇄는 분비물, 혈액, 이물질 등에 의해 발생하거나, 간질발작 중이나 발작 후의 아동에게서 공통적으로 나타난다.

두부후굴, 하악거상법, 하악견입법을 시행, 기도유지를 위해 구인두기도나 비인두기도 또는 기관내 삽관을 실시하고 백밸브 마스크로 환기를 시행한다.

(6) 크룹

후두기관의 기관지염, 상기도의 바이러스 감염이 원인이다.
후두개 하부조직의 부종과 개짖는 듯한 기침소리 "컹컹", 천명음이 발생한다.
미열을 동반하고 밤에 심해진다.
에피네프린의 분무는 혈관을 수축하여 상기도의 부종을 완화시켜 상기도 염증에 효과가 있다.

(7) 하부기도 폐쇄

천식, 기관지염, 이물질이 흡입되었을 때 일어난다.
호흡기감염, 간접흡연, 과도한 스트레스가 원인이 되며 기온차에 의해서도 일어날 수 있다.
증상으로는 점막이 붓거나 분비물이 과도하게 발생하고 천명음이 들린다.
치료제로는 흡입용기관지 확장제를 투여하거나 에피네프린을 투여한다.

8. 소아 경련

열성 경련이 가장 흔하다 일부의 소아 경련 환자는 뇌전증 중첩증(뇌전증) 지속적 경련상태를 보이기도 한다.
소아발작은 기도폐쇄, 흡인, 부적절한 호흡으로 인한 저산소증, 뇌손상 등의 합병증을 유발할 수 있다.

(1) 임상적 특징

1) 열성 경련

① 대부분 5분 이내에 멈추게 된다 6개월~ 만 6세에서 흔하다.
② 열이 발생하는 초기에 경련이 발생하는 경우가 많다.
③ 손, 발에 힘이 들어가고 규칙적으로 흔드는 긴장성간대성 발작을 보인다.
④ 15분 이상 지속되거나 24시간 동안 2회 이상의 경련, 부분 발작의 경우 검사가 필요하다.

2) 비열성 경련

기존 뇌전증 간질 환자가 약복용을 성실히 하지 않거나 잠을 잘 못자거나 감기 등 바이러스 감염에 걸린 경우 잘 조절되던 경련이 다시 발생할 수 있다.

3) 감별 진단

① 열성 경련, 뇌수막염, 뇌염
② 두부 외상, 다발성 외상
③ 중독
④ 저혈당
⑤ 뇌종양

⑥ 뇌전증(간질) 환자의 약 순응도 저하 혹은 감염으로 인한 경련

4) 환자평가 필수항목

- 병력 청취
  - 나이
  - 경련 발생 시각
  - 발열이 있는가?
  - 머리 외상이 있는가?
  - 이전에 경련을 한 적이 있는가? 항 경련제를 먹고 있는가?
    physical 예 혈당검사를 시행한다.
    경련의 양상을 관찰 머리, 눈, 목이 한 쪽으로 돌아가는가?
    손, 발에 힘이 들어가고 규칙적으로 움직이는가? 대칭적인가?
    경련 시작과 끝나는 시간을 기록한다.
    경련이 멎은 경우라면 환자의 의식 상태를 확인 한다.

5) 응급처치 절차 및 방법

- '환자 초기 평가 처치 표준지침'에 따라 전반적인 평가 및 처치를 시행한다.
- 기도와 호흡 평가 및 처치
  - 토사물의 기도 흡인 방지를 위해 머리를 한 쪽으로 돌려준다
  - 닫힌 입을 벌리기 위해 억지로 손을 넣거나 입인두 기도기를 삽입하지 않는다
  - 경련이 지속되면 산소 10L/min를 환자 입 주위에 대준다(blow by)
  - 산소 투여에도 산소포화도<90% 이면서 청색증 등 호흡곤란 징후가 관찰 되면 백밸브마스크 양압환기로 호흡 보조 시작
  - 경련이 멈춘 후에는 혈압 맥박수 호흡수 및 산소포화도를 측정 기록한다.
- 열에 대한 처치
  경련이 지속되거나 의식이 회복되지 않은 상태에서 절대 입으로 약을 먹이지 말 것.
- 경련이 계속되는 경우의 처치
  - 일반 처치 : 목이나 가슴 배를 조이는 옷 벨트 등을 느슨하게 풀어주고
  - 경련 시 움직이지 못하도록 고정하는 행위는 하지 않는다. 단, 낙상이나 외상이 생기지 않도록 한다.
  - 정맥로 주사 확보

9. 소아 발열

프로스타글란딘E의 생산을 억제하는 아세트아미노펜, 이부프로펜 등의 해열제를 사용한다. 아스피린은 소아청소년에서 **라이 증후**군이라는 심각한 상태를 일으킬 수 있어서 사용하지 않는다. 해열제 사용에 있어 아세트아미노펜은 통상 10-15mg/kg 용량을 4시간 간격으로 먹일 수 있으며 하루 최대 60-90mg/kg 용량을 초과하지 않도록 해야 한다. 영아도 안전하게 사용할 수 있는 약이지만 과량을 복용하게 되면 전격성 간부전이 발생할 수도 있다.)

(1) 임상적 특징

① 대부분 바이러스 감염에 의한다.
② 세균에 의한 심각한 감염, (폐렴, 세균성 관절염)등의 빈도는 감소하였다.
③ 생후3개월 미만에서 체온 38℃ 이상인 경우 **패혈증·뇌수막염·요로감염**등으로 인한 발열일 가능성을 의심해야 한다.)
④ 생후 3개월 이상 및 영아 및 소아에서 체온 **38.2℃ 이상**인 경우 임상적으로 의미 있는 발열로 판단한다.(고열이 3일 이상 계속되면서 가래와 기침이 심하거나 흉부당김 증상, 호흡수가 평소보다 많이 빨라진다면 **폐렴**을 의심해야 한다.)
⑤ **요로감염**이 배뇨통을 동반하며 열이 난다.
⑥ **가와사키병은** 전신 혈관에 염증이 생겨 열이 나는 급성 열성 혈관염이다.
　다양한 모양의 피부 발진, 결막충혈, 손발가락 부종, 임파선염 증상 등이 생긴다. 대개 고열과 함께 증상이 나타남.
　가와사키병이 생기면 심장에 혈액을 공급하는 관상동맥에 **염증**을 일으킨다. 관상동맥류, 관상동맥류 파열, 급성 사망 등으로 이어지기 쉽다. 협심증도 생기기 쉽다.
⑦ **뇌수막염은** 뇌와 척수를 둘러싸고 있는 막인 수막의 감염질환
　성인보다 소아에게 잘 생기고 하루에서 며칠동안 호흡기 감염성 질환과 고열, 두통, 목이 뻣뻣한 증상이 있으며 식욕부진과 일부 소아에게는 발열을 유발한다.
　숫구멍이 볼록해진다.

(2) 감별 진단: 계절별 유행하는 감염병

- 늦가을 ~ 봄: 로타, 바이러스 장염
- 가을 ~ 초봄: 호흡기 바이러스 감염에 의한 폐렴, 세기관지염
- 늦봄 ~ 초가을: 장바이러스에 의한 구내염, 수족구염, 뇌수막염

(3) 환자평가 필수항목

1) 병력청취

- 발열 발생 시각, 발열 기간
- 발열과 동반된 증상: 기침, 설사, 발진, 콧물, 구토
- 출생력(미숙아 여부), 과거력(열성 경련 포함), 먹고 있는 약
- 해열제 복용 여부
- 예방 접종 시행 여부: 특히 폐구균 및 헤모필루스 인플루엔자균(뇌수막염)에 대한 접종력을 확인한다.

2) 이학적 검진

- 의식 확인: AVPU로 의식 확인
- 호흡 평가: 기도 확인 및 호흡수, 비정상적인 호흡음 호흡 운동 평가

- 순환 평가: 피부 소견을 관찰, 입 주위 청색증, 창백함, 얼룩덜룩함(mottling)
- 창백함 여부, 체온 측정

3) 발열의 원인을 파악하고 적절한 치료가 반듯이 필요한 CASE
① 3개월 미만의 영아에서 38도 이상의 발열이 있는 경우(생후3개월 미만의 영아가 열이 날 경우에는 **패혈증, 뇌수막염, 요로감염** 등의 심각한 원인일 가능성을 의심할 수 있다.)
② 발열이 4~5일 지속되고 아이가 축 늘어져 활기가 없을 때
③ 발열이 짧게 지속되더라도 7일이상 재발하는 어린이.

(4) 응급처치 절차 및 방법
- 환자 초기 평가 처치 표준지침 에 따라 전반적인 평가 및 처치를 시행
- 발열과 함께 경련, 호흡 곤란이 발생한 경우 해당증상에 맞는 응급처치 시행
- 이송 중 오한이 없다면 아이의 옷을 벗기거나 얇게 입힌다.

10. 소아의 외상
소아의 가장 흔한 외상은 열상, 화상, 폐쇄성 두부손상, 사지골절, 다발성 외상등이 있다.

(1) 손상의 유형

소아가 수상하는 일반적인 손상의 기전	소아 손상의 일반적인 형태
보행자 사고	저속: 하지골절 고속: 다발성손상, 머리 및 목 손상, 하지 골절
차량 동승자	안전벨트 미착용: 다발성 손상, 머리 및 목손상, 두피 및 안면 열상 안전벨트 착용: 흉부 및 복부 손상, 하부 척 골절
높은 곳에서의 낙상	낮은 높이: 상지 골절 중간 높이: 머리, 목 손상, 상지 및 하지 골절
자전거에서의 추락	헬멧 착용하지 않음: 머리, 목, 두피 및 안면 열상, 상지 골절 헬멧 착용: 상지 골절 자전거 핸들에 부딪힘: 복강 내 손상

일단 손상이 배제되기 전에는 모든 기관이 손상을 받았다고 간주한다.
다발성 손상의 소아는 급속도로 나빠져 심각한 합병증이 생길 수 있다. 그러므로 조기에 전문기관으로 이송할 것.

(2) 소아 외상 점수(PTS)

점수	+2	+1	-1
체중	20kg초과	10~20kg	10kg 미만
기도	정상	구인두 혹은 코인두 기도기삽입, 산소투여	기도삽관, 윤상 갑상연골 절개술 혹은 기관절개술 상태

수축기혈압	90mmHg 초과 말초혈관 맥박 및 관류 정상	50~90mmHg 경동맥/대퇴동맥 촉지 가능	50mmHg 미만 맥이 약하거나 없음
의식수준	명료	의식 둔화 혹은 소실	혼수 혹은 무반응
골절	없음	단순, 폐쇄성	개방성 혹은 다발성
피부	없음	좌상, 찰과상 근막을 침범하지 않는 7cm이하의 열상	조직 소실, 모든 형태의 총상 또는 근막을 침범하는 자상

score 8점 미만이면 Level I trauma center로 transter

(3) 소아 환자의 독특한 특징 고려: 해부학적 양상

① 소아는 크기가 매우 작아 차의 범퍼와 부딪히거나 추락할 때 단위 면적 당 받는 에너지가 더 크다. 지방조직과 결체 조직이 적고 여러 가지 장기가 인접해 있어서 **다발성 장기 손상**의 빈도가 높다. 어릴수록 머리가 상대적으로 더 크기 때문에 **두부 둔상의 빈도가 높다.**

② 소아의 골격은 석회화가 덜 되어 뼈의 골절이 없어도 내부 장기의 손상을 보일 수 있다. 예로 소아에서 **늑골골절 없이** 흉곽의 **다른 연부조직**이나 심장, 종격동의 구조물들이 손상을 입을 수 있다.

③ 작은 소아일수록 머리통과 얼굴 중앙 부위의 크기 차이가 심하다. 후두부가 커서 바로 누웠을 때 경추 부위가 수동적으로 굴곡되어 후인두부위가 막혀 버린다.

따라서 수동적으로 경추를 굴곡시키는 것을 피하며, **얼굴의 중앙 부위가 척추 보드와 평행한 자세를 취한다.** 1인치 두께의 패딩을 영아또는 1-3세의 몸통 아래에 두면 척추의 자연적인 배열이 유지된다.

입 인두의 연부 조직이 구강의 크기에 비해 커서 후두를 보기가 어렵다. 후두는 깔때기 모양으로 생겨 분비물이 인두 뒤쪽 공간에 잘 모인다.

소아의 후두와 성대는 더 아래쪽에 있으며, 목의 앞쪽에 있다.

정상적으로 바로 누워서 해부학적인 자세를 취한 경우에 기도 삽관을 위한 성대를 보는 것이 더 힘들다. (바로 누우면 목이 앞으로 꺾임)

영아의 기관은 5cm이고 18개월이 되면 7cm이 되므로, 이러한 이러한 사실을 모르면 깊게 삽관하여 우측 주 기관지로 삽입하게 되며, 이는 부적절한 환기, 우연한 튜브의 이동 및 기계인 압력 손상을 유발 할 수 있다.

최적의 기관 삽관 튜브의 깊이는 적절한 튜브 크기의 세배 정도이다.

예를 들어 4.0ETT라면 잇몸을 기준으로 12cm가 적절하다.

튜브의 크기를 간단히 아는 법은 **소아의 콧구멍이나 새끼 손 크기의 지름을 이용하는 것이다.** Broselow Pediatric Emergency Tape에는 적절한 기관 튜브 크기도 나열되어 있다.

예상 크기의 한 사이즈 위 아래로 준비 할 것.

조치) 부분적으로 기도가 폐쇄되었으며 자발적으로 호흡하는 환아에서는 안면부의 면을 스트레쳐나 들것과 평행하게 유지하여 **경추의 중립적인 배열을 유지하면서 기도를 최적화** 한다.

기도확보는 하악거상법, 턱 올리기법을 쓰면서 양손으로 경추의 내고정을 시행한다. 입과 구인두의 분비물을 제거한 후 보조적으로 산소를 투여한다.

의식이 없을 시 산소화 기구를 이용하여 기계적인 방법으로 기도를 유지한다.

④ 체표면적: 체중 대 표면적의 비율은 출생 시 가장 높고 성장해 감에 따라 감소한다. 따라서 어릴수록 열에너지 손실이 많아서 소아에서는 심각한 스트레스 적 요소가 된다.

저체온증이 금방 생기며 저혈압이 있는 환자에서 합병증이 쉽게 온다.

⑤ 심리적인 상태: 아주 어린 소아는 감정적인 불안정 때문에 스트레스, 통증, 위협이라고 생각되는 것이 다가올 때 퇴행적인 심리학적 행동을 보인다.

낯선 사람과 어려운 상황에서 의사소통하는 것이 제한적이어서 병력청취와 협조적인 검진이, 특히 통증을 유발하는 조작일 경우 극도록 어렵다.

⑥ 장기적인 효과

소아에게서 가장 중요한 사항이다. 손상 이후의 정상적인 성장과 발달에 영향을 미친다.

소아는 경한 손상을 입었다 하더라도 소아는 뇌기능, 정신과적 적응, 장기 기능의 지속적인 장애를 가질 수 있다.

⑥ 소아 치료에서 ATLS(전문외상처치술)원칙(Advanced Tramatic Life Support)

기도유지 → 경부고정 → 산소투여 → 수액로 확보 및 순환기능 유지 → 응급 초음파검사 → 의식상태 판정 → 방사선검사 → 위장관 튜브와 뇨관 삽관 → 전신적인 이학적 검사와 신경학적 검사 → 추가검사 → 최종처치(입원, 수술)

ABCDE의 A는 성인과 같다. 기도를 확보하여 적절한 산소화를 유지하는 것이 목적이다. 기도 확보에 실패하여 산소화와 환기의 실패하는 것이 소아 심정지의 가장 큰 원인이다. 그러므로 소아에서는 기도관리가 최우선이다.

(4) 소아의 응급약물 적용시 주의점

① 진정을 시킬 때 etomidate(o.3mg/kg)이나 midazolam(0.3mg/kg)을 투여할 수 있다.
② midazolam의 해독제는 flumazenil 이며 미리 준비해야 한다.
③ succinylcholine과 같은 작용시간이 짧은 신경근차단제를 쓴 후 삽관 하고 나서 튜브를 고정한다.
④ 아트로핀은 구강 분비물을 줄여 시야를 더 좋게 한다.
⑤ 용량은 0.01~0.03mg/kg이며 한 번 줄수 있는 최대 용량은 0.5mg로, 삽관하기 1~2분 전에 준다.

(5) 소아의 저혈압

비가역적 쇼크를 나타내며 45%이상의 순환혈액량의 소실을 의미한다.

⊕ 정상수치 참고)

연령대	체중	심박수(회/분)	혈압(mmHg)	호흡수(회/분)	소변량(ml/kg/hr)
영아(1~12월)	0~10	< 160	> 60	< 60	2.0
걸음마(1~2세)	10~14	< 150	> 70	< 40	1.5
학령전기(3~5)	14~18	< 140	> 75	< 35	1.0
학동기(6~12)	18~36	< 120	> 80	< 30	1.0
청소년기(13세이상)	36~70	< 100	> 90	< 30	0.5

11. 신생아 가사

신생아 가사는 분만 전, 중, 후에 태아나 신생아가 어떤 원인이든지 전신 순환이 잘 이루어지지 않아 탄산가스 제거 및 산소 공급이 원활히 이루어지지 않아 생기는 질환을 의미한다.

(1) 신생아 가사의 원인

① 임신: 어머니의 당뇨병, 자간증, 저혈압, 고혈압, 출혈, 다태아, 고령 산모의 초산, 알코올 중독, 향정신성 약물 중독
② 출산: 조기 양막 파수, 난산, 두위 분만, 꼬임이나 목감기 등의 제대 압박, 제대 탈출, 전치 태반, 태반 조기 박리, 제왕절개술(수술이 필요한 원래 질환 때문에 시행하는 경우), 양막염, 출산 직전 진정제 및 진통제 사용
③ 태아: 자궁 내 성장 지연, 미숙아, 과숙아, 신생아 용혈성 질환, 양수 과다증, 양수의 태변 착색

태아나 신생아가 저산소증으로 가사 상태가 되면 일차성 무호흡이 일어난다. 이때 산소 공급과 적절한 자극을 제공하면 자발적 호흡이 돌아온다. 그러나 이러한 처치가 이루어지지 않으면 이차성 무호흡으로 진행되고 가사 상태가 되면 처음에는 심박출량이 거의 변하지 않으나 곧 혈액의 재분배가 일어나 신장, 위장관, 피부, 간, 근육, 폐로 가는 혈류가 감소하여 이들 장기가 먼저 손상된다. 저산소증이 계속되면 심박출량이 감소하면서 결국 뇌, 심장 등으로 가는 혈류마저 감소하여 이 장기들도 손상된다.

① 중추 신경계
  의식 혼미, 무호흡, 근육 이완, 동공 확대, 뇌출혈
② 호흡기계
  얕은 호흡, 무호흡, 호흡 곤란, 폐부전, 폐출혈
③ 심혈관계
  쇼크, 심부전, 저혈압, 부정맥, 호흡 곤란, 청색증
④ 신장 및 위장관계
  부종, 신부전, 핍뇨, 괴사성 장염, 장천공, 장출혈
⑤ 대사계
  저체온증, 대사성 산증, 저혈당증, 전해질 이상

신생아 가사는 대부분 분만 전후로 발생하므로, 빨리 적절한 소생술을 시행하고 집중 치료를 시작하는 것이 가장 중요. 산소 호흡을 시키고 기도를 깨끗하게 열어 준 후에도 신생아 무호흡이 지속되면 지체 없이 소생술을 시행한다. 그 정도에 따라 인공호흡, 심장마사지 또는 심폐소생술을 시행하며, 그래도 심장이 잘 뛰지 않으면 약을 투여 한다.

12. 생리적인 황달

혈중 빌리루빈농도 20mg/dL 신생아의 약 60%에서 나타난다. 생후 2일째에 시작되어 3~5일째 가장 심하다. 정상아는 7일, 미숙아는 14일 정도 되면 사라진다. 눈의 흰자, 얼굴, 몸통에 가볍게 오는 것이 정상이다.

황달의 예방은 생후 조기에 모유수유를 시작하고 하루10회 이상 수유시키는 것이 도움이 된다. 신생아의 대변을 모니터한다. 모유수유를 조기에 시작하고 빈번하게 수유하며 포도당, 분유, 물 먹이는 것을 자제한다.

① 병리적황달: 출생직후 나타나며 혈액내 빌리루빈 농도가 15~20mg/dL 이상. 합병증으로 핵황달 발생 가능성 있음.
② 생리적황달은 대개 8일이내에 없어지기 때문에 별다른 치료가 요구되지 않지만 병리적 황달은 **광선요법과 조기모유수유**를 시작해야 한다.
③ 핵황달은 빌리루빈이 뇌세포에 들어가 뇌 세포를 노랗게 착색시키는 신경학적 증후군이다. 대개 2~5일쯤에 나타나고 아기가 늘어지며, 식욕부진, 모로반사의 소실등이 일어난다.
핵황달은 혈액 내에 적혈구가 파괴되면서 발생하는 빌리루빈이 증가하여 나타난다. 정상적으로는 빌리루빈이 간에서 처리되어 담즙과 소변을 통해서 체외로 배설되어야 한다. 매독, 호지킨 병, 췌장암, 담관암, 용혈성 빈혈과 질환, 담즙 배설 통로인 담도가 막히는 경우에도 핵황달이 발생할 수 있다.
　가. 증상
　　초기에 특별한 증상이 없어 다른 질병과 구별하기 힘들지만 며칠이 지나면 아기가 축 처져 건드려도 잘 반응하지 않고 젖을 잘 빨지 않으며, 정상적인 신경 반사가 나타나지 않고, 근육의 힘이 떨어지는 등의 현상이 나타납니다. 이어서 1~2주 동안 근육 경직, 후궁반사, 경련, 모로 반사 소실, 발열이 나타납니다. 시간이 지나면서 피부에 색소가 침착되어 눈 흰자위가 노란색으로 바뀝니다. 이는 보통 얼굴부터 시작해서 가슴으로 내려가 복부까지 도달한 후 팔과 다리로 퍼집니다.
　　아기는 근육 경련을 일으키고, 째지는 듯한 울음소리를 내며, 신경질적인 반응을 보인다.
　나. 핵황달 예방:
　　간접 빌리루빈 수치를 낮추는 것, 이를 위해서 **광선 요법과 교환 수혈** 방법을 이용. 가장 효과적인 것으로 알려진 광선 요법은 420~470nm 파장 사이의 푸른 빛을 띠는 형광등을 이용하여 1~3일 정도 쬔다.

⊕ 약 계산하기

소아 체표면적으로 약용량 구하기 Clark식 = (환아 체표면적 / 성인 체표면적) × 성인 약용량

$$\text{용량} = \frac{\text{환아의 체표면적}}{\text{성인의 체표면적}} \times \text{성인용량}$$

무게(kg)	나이	체표면적(m*m)
3.3	신생아	0.22
6.6	3개월	0.33
8	6개월	0.4
9	9개월	0.42
10	12개월	0.45
13	2년	0.55
16	4년	0.7
20	6년	0.8
27	8년	1
30	10년	1.1
40	12년	1.3
50	14년	1.5
70	성인	1.8

※ 체표면적에 의한 소아 약용량 계산식

체표면적당 약용량이 알려져 있는 경우, 체표면적 환산표나 공식으로 체표면적을 구하여 약용량을 계산할 수 있다. 그렇지 않은 경우에는 성인 체표면적 1.8㎡에 해당하는 성인용량을 소아의 체표면적에 맞게 환산할 수도 있다.

$$\text{체표면적(㎡)} = \sqrt{\frac{\text{키}(cm) \times \text{체중}(kg)}{3600}}$$

1. 체표면적을 구한다. (환아) $= \sqrt{\frac{70 \times 12}{3600}} = \frac{28.982.}{60}$

2. 용량을 구한다.
    환아 = 0.4830... 0.4830/1.7 × 250mg= 71.036...(뒤에 숫자가 더 있음)
    성인 = 1.7

대략 71 정도 투약

⊕ 마약성 진통제

Drug	Dosage
Pethidine	• 1~1.5 mg/kg(정주, 근주, 피하: 최대 용량 100 mg)
Morphine	• 정주: 0.05~0.1 mg/kg(최대 10 mg/회) • 피하: 0.1~0.2 mg/kg (최대 15mg/회)
Fentanyl	• 1~4 µg/kg (서서히 정주), 2~4시간 (신생아 또는 유아) 또는 30-60분(1세 이상) 간격 반복 토여 가능 • 지속적 정주: 1~2 µg/kg 정주 후 0.5~2 µg/kg/hr (필요 시 증량)

02 부인과 질환(산과응급)

> 1. 임신기관 중 생리적 변화
> 2. 응급분만(분만 1, 2기)
> 3. 신생아 평가
> 4. 계속적인 산모처치(분만 3기)
> 5. 분만 합병증
> 6. 임신 중 응급상황과 처치
> 7. 임산부 CPR (2020 AHA 기준으로)

1. 임신기간중 생리적 변화

혈류량과 혈관분포 증가: 맥박증가, 혈압감소

자궁이 커지면서 소화기계 압박: 구토 가능성

자궁이 하대정맥을 눌러 심장으로 가는 혈류량을 감소: **앙와위**는 저혈압과 태아절박가사를 초래함.→ 산모를 **좌측**으로 눕히고 엉덩이 아래를 이불로 지지하면 호전된다.

임신중기에는 태아가 빠르게 성장하며 5개월에는 자궁이 배꼽선에서 만져지며 말기에는 자궁이 윗배에서 만져진다. ⇒임신말기 자궁은 소화기계를 압박

횡격막은 정상보다 1,2 늑간 정도 위에 위치하며 1회 호흡량은 40% 증가된다.

임신부는 혈류량과 심박동수가 증가하고 생식기계에 공급되는 혈관의 수와 크기가 증가한다. 이 때문에 혈압을 감소시킨다.

(1) 임신1기(~ 12주)

기초체온이 고온기를 계속 유지했다가 12주에 기초체온이 떨어지기 시작하여 출산할 때까지 정상으로 유지된다. 체내 혈액총량이 늘어남. 임신지속을 위해 황체호르몬이 계속 분비, 자궁으로 가는 혈액의 양이 늘어나서 대사작용이 활발해지면서 땀이 많이 난다. 질 분비물의 양이 늘어난다.

(2) 임신2기(13~27주)

혈압은 5~15mmHg 정도 감소하고, 맥박은 계속 증가, 심박출량은 20~25% 증가, 혈장 40~50% 증가(대부분 혈장액의 증가)

(3) 임신3기(28~40주)

혈압은 정상, 맥박 15~20/분당 증가, CVP는 체위에 따라 변화

임신말기에 호흡수는 40% 증가, 과호흡으로 $PaCO_2$가 30mmHg 정도 됨.

2. 응급분만

분만은 3단계로 나눠진다.

임신말기에 태아는 회전해서 머리가 보통 아래로 향하게 되며, 회전하지 않으면 둔위가 된다.

(1) 산과력

월경력(초경연령, 기간, 빈도, 규칙성, 월경량, 월경곤란증 유무, 마지막 월경)

① 분만 예정일: **마지막 생리 날짜 + 약 40주**
- 네겔 법칙: LMP 에서 월 - 3 or 9, 일 + 7 ex) 2011년 7월15일
  EDC = 2012년 4월 22
- HOF(자궁저부 높이) 마지막 생리 날짜를 기억하지 못하는 임신부는 **자궁저 길이**를 측정해서 추정한다.
  (자궁저 길이: 누운상태에서 배꼽아래 치골에서부터 자궁의 가장 높은 부분까지 배의 곡선을 따라 잰다.
- 자궁저부 길이: 30cm(정상), 25cm미만(고위험)

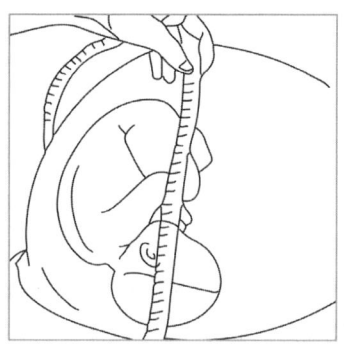

(20주: 약 20cm, 28주 약 28cm)

② 20주에서 31주 사이의 임신부는 자궁저의 길이가 임신주수와 거의 일치하므로 **치골결합에서 자궁저까지 거리**를 cm로 측정해 임신주수를 추정할 수 있다.
- 맥도날드 법칙(20주전은 맥도날드 측정은 정확하지 않아 cm로 측정하지 않고 finger breadth)로 표시
  - 자궁저부 높이 × 2/7 = 임신월 수
  - 자궁저부 높이 × 8/7 = 임신주 수

(2) 분만순서

자궁 수축 시작 및 얼마 간격으로 통증이 오는지 체크한다.

분만1기 (개구기)	자궁경부 개대, 규칙적인 자궁수축을 시작으로 자궁목이 얇아지고 점차적으로 확장되어 완전히 확장 될 때까지(10cm) **완전 개대(10cm) 초산부는 8시간, 경산부는 5시간**
2기 (배출기)	태아가 분만경로로 들어와 태어남. 초산부는 약 50분, 경산부 20분 정도 소요된다. 자궁수축이 강해져 **2~3분 간격으로 오고 1분이상 수축**이 온다. 양막의 파열이 일어난다.
3기	태아가 나온 후 기타 태반, 제대, 양막등이 나올 때까지, 약 30분내에 이루어짐.

후부위의 정상 분만 과정의 순서: 진입 - 하강 - 굴곡 - 내회전 - 신전- 원상회전과 외회전 - 만출

① 본격적인 진진통이 시작되면 태아의 머리는 아래로 내려오고 자궁벽은 붉게 충혈 되고 경부는 짧고 얇아진다.
② 분만이 다가오면 수축시간이 짧아지고 수축 빈도는 30분에서 3분으로 줄어든다.
③ 양막 파열시 정상적으로 깨끗해야 하며 녹색이나 노란색을 띠는 경우 태아 스트레스로 인해 태변으로 오염되었음을 짐작할 수 있다.
④ 분만 1기에 자궁 경부가 확장되면서 피가 섞인 점액질 덩어리가 나오는데 이를 '**이슬**'이라고 한다. 분만에 걸리는 시간은 4~6시간으로 다양하다.
⑤ **분만 2기는 자궁수축 빈도**가 증가하고 통증이 심해진다. 산모는 대변을 보고 싶어 한다. 이는 태아가 내려오면서 직장을 누르기 때문이다. 이때 산모를 화장실에 가게 하면 안 된다.
⑥ 배림현상(태아의 머리가 질의 입구로 나왔다 들어갔다가 하는 현상)을 확인한다. 회음부가 불룩 튀어나와 있거나 태아의 일부분이 보이는지 평가한다. 배림현상이 보이면 곧바로 분만준비를 해야 하며 산모에게 설명 후 질 부위를 노출시킨다.
⑦ 분만준비로 시트로 양 다리를 감싸고 엉덩이와 회음부 아래 놓는다.
⑧ 자궁수축을 촉지 한다.
　산모에게 설명 후 장갑을 낀 손으로 산모의 배꼽 윗배에 놓는다.
　이때에는 옷 위에서 촉지가 가능하다.
　자궁이 수축기간과 빈도를 평가한다.
⑨ 초산이며 긴장감이나 배림현상이 없다면 이송을 실시해야 한다. 2분단위로 자궁수축을 보인다면 분만이 곧 진행됨을 알 수 있다.

(3) 정상 분만 중 처치(구급대원이 2명이라면 추가인원을 요청할 것)
① 시작하기 전에 개인보호 장비를 착용한 후 산모를 침대에 눕히고 이불을 이용하여 엉덩이를 높여주고 다리를 세워 벌리고 있게 한다. 엉덩이 아래의 공간은 **60cm**를 유지한다.
② 구토에 대비해 협조자는 산모의 머리맡에 위치하도록 한다.
③ 태아의 머리가 보이면 장갑을 착용하고 태아의 머리를 지지해 준다.
　㉠ 한 손은 손가락을 쫙 펴서 태아의 머리 아래에 두어야 하는데 이때, 숨구멍을 누르지 않도록 조심해야 한다.
　㉡ 다른 한 손으로는 질과 항문 사이가 찢어지지 않도록 소독된 거즈로 지지해 주어야 한다.
　㉢ 태아를 잡아당겨서는 안 된다.

ⓔ 태아의 머리가 보이는데도 양막이 터지지 않았다면 손가락이나 분만세트 안에 있는 클램프로 양막을 터트린다. 태아의 입과 코에서 멀리 떨어진 막을 터트린다.
④ 머리가 나왔다면 제대가 목을 감고 있는지 확인한다.
　　㉠ 확인하는 동안 산모에게 힘을 주지 말고 짧고 빠른 호흡을 하도록 격려한다.
　　㉡ 그동안 제대를 느슨하게 해줘야 하는데 찢어지지 않도록 조심해야 한다.
　　㉢ 우선 태아의 목 뒤 제대 아래로 두 손가락을 넣어 앞으로 당긴 후 머리 위로 넘겨야 한다.
　　ⓔ 만약 느슨하게 할 수 없다면 즉각적으로 2개의 제대감자로 결찰한 후에 자르고 태아의 목을 감고 있는 제대를 풀어내고 분만을 진행시킨다.
⑤ 태아의 기도를 확인할 것.
　　㉠ 대부분의 태아는 머리를 아래로 하면서 질 밖으로 나와서 왼쪽이나 오른쪽으로 머리를 돌린다. 이때 주의할 점은 산모의 항문 쪽에 닿지 않도록 하는 것이다.
　　㉡ 태아의 머리가 나왔다면 한 손으로 계속 지지해 주고 다른 손은 소독된 거즈로 닦고 구형흡입기로 입, 코 순으로 흡입한다.
　　㉢ 구형흡입기를 누른 다음 입에 약 2.5~3.5cm 넣어 흡인하고 뺀 후에는 수건에 흡인물을 버린다.
　　ⓔ 이 과정을 두세 번 반복하고 코는 1~2번 반복한다. 코에는 1.2cm이하로 넣어야 한다.
⑥ 어깨가 나오는 것을 돕는다.
　　㉠ 부드럽게 태아의 머리를 아래로 향하게 하여 위 어깨가 나오는 것을 돕는다.
　　㉡ 위 어깨가 나오고 아래 어깨가 나오는 것이 늦어지면 태아의 머리를 위로 살짝 올려 나오는 것을 돕는다.
⑦ 태아를 지지한다.
　　㉠ 태아가 다리까지 나왔다면 머리를 낮추고 한쪽으로 눕혀 입과 코에 있는 이물질이 나오도록 한다.
　　㉡ 구형흡입기로 다시 입과 코를 흡입하고 제대에 맥박이 만져지지 않을 때까지 태아와 산모 높이가 같도록 유지한다. 신생아를 포로 싼다.
⑧ 제대에 맥박이 촉지 되지 않으면 제대를 결찰하고 자른다.
⑨ 신생아에 대한 평가와 처치가 즉각적으로 이루어져야 한다.
⑩ 분만 3기에서의 제대와 태반분리에 대해 준비한다.

3. 신생아 평가

(1) 아프가 점수

출생후 1분과 5분에 각각 측정, 건강한 신생아의 점수의 합은 10점이다.
생후 1분의 점수가 1~8점, 6점이하이면 신생아의 집중관리가 필요. 기도확보 및 체온유지를 하면서 병원으로 이송한다.

징후	0	1	2	점수	
				1분	5분
외관(피부색)	푸른색, 창백함	분홍빛 몸색, 사지 파란색	완전한 분홍빛		
맥박수(심박동)	전혀없음	100보다 낮음	100이상		
찡그림(자극반응성)	반응없음	찡그림	운다		
활동성(근육상태)	생기가 없음	사지를 조금 구부림	활동적으로 움직임		
호흡(호흡이상유무)	없음	느리고 불규칙함	크게 운다		
총 점					

→ 7~10점: 태아는 활발하고 원기왕성 함.
→ 4~ 6점: 다소 질식된 상태, 산소공급이나 자극이 필요함.
→ 4점이하: 아주 질식된 상태, 즉시 심폐소생술이 필요함.

(2) 신생아 처치과정

① 보온 유지 및 기도 내 이물질 제거: 구형흡입기로 우선 입을 흡입하고 그 다음에 코를 흡인한다. 입과 코 주변의 분비물은 소독된 거즈로 닦는다.
  ⇒ 코를 먼저 흡인 시 호흡을 시작하게 되어 입에 있는 태변, 혈액, 점액이 허파에 흡인 될 수 있다.
② 신생아를 소아용 침대에 한쪽으로 눕히고 구형흡인기로 다시 입, 코 순으로 흡인한다. (품에 안고 실시할 수 있음)
③ 호흡평가
  가. 기도 내 이물질을 제거하면 자발호흡이 30초 이내에 시작하게 되며
  나. 만약 그렇지 않으면 호흡을 격려해야 한다. 등을 부드럽게 문지르거나 손가락으로 발바닥을 자극한다.
  다. 발바닥을 치켜들거나 손바닥으로 치는 등의 행위를 해서는 안 되며 호흡이 있고 팔 다리에 청색증이 조금 보이는 것은 정상이므로 자극할 필요는 없다.
  라. 만약 호흡이 얕고 느리며 무 호흡시에는 40~60회/분 인공호흡을 실시한다.
  ⇒ 구강대 마스크 이용 시 신생아용 소형 펌프를 사용하고 유아용 백 밸브 마스크를 사용할 때에는 백을 조금만 짜야한다. 30초 후에 호흡을 재평가해서 호전되지 않는다면 계속 실시한다.
④ 심박동 평가
  가. 왼쪽 유두 윗부분에서 직접 들으며 100회/분 이하이면 **40~60회**/분 인공호흡을 실시한다.
  나. 30초 후에 재평가해서 60~ 80회/분이고 심박동수가 올라갔다면 계속 인공호흡을 실시하고 30초 후에 재평가 한다.
  다. 만약 60회/분 이하이면 인공호흡과 가슴압박을 실시한다. 120회/분이며 양 엄지손가락은 복장뼈 중앙에, 나머지 손가락은 등을 지지하고 압박, 압박 깊이는 가슴의 1/3이 되

고 1분에 90회의 가슴압박과 30회의 호흡을 실시한다.

라. 호흡과 맥박은 정상이나 몸통에 청색증을 계속 보이면 산소를 공급한다. 산소는 10~15L/분 공급하며 직접 주는 것이 아니라 얼굴 가까이 산소튜브를 놓고 공급할 것.

마. 이송 중에 평가를 실시한다.

(3) 제대(탯줄) 결찰

지혈의 목적으로 혈관을 동여매어 내용물이 통하지 않게 한다. 정상적으로 제대를 결찰하거나 잘라내기 전에 스스로 신생아가 호흡을 시작하며 제대를 결찰하거나 잘라내기 전에 손가락으로 맥박이 뛰지 않는 것을 확인해야 한다.

가. 보온유지 : 태아의 몸을 감싸고 있는 회백색의 물질인 태지는 보호막이므로 물로 없애지 말고 포로 전신을 감싼다.

나. 제대감자로 제대가 찢어지지 않도록 결찰 한다.

다. 첫 번째 제대감자의 높이는 신생아로부터 약 10cm정도 떨어져 결찰하고 두 번째는 첫 제대에서 신생아 쪽으로 5cm정도 떨어져 결찰한다.

라. 소독된 가위로 제대감자 사이를 자른다. 자른 후에는 결찰을 풀 수 없다. 태반측 제대는 다른 곳에 닿지 않도록 하고 신생아편 제대 끝에는 출혈되지 않는지 확인한다. 출혈시 현 제대감자에 가깝게 다른 것으로 결찰한다.

⇒ 신생아가 호흡하지 않는다면 제대를 결찰하면 안 된다.

4. 계속적인 산모처치(분만 3기)

1) 태반처치

① 분만 후 수분 또는 30분정도를 기다리고 제대를 당겨서 태반을 방출시키지 않는다.

② 방출이 어려우면 하복부에 힘을 주도록 하고 손으로 원형을 그리면서 부드럽게 마사지 해준다.

③ 태반이 나오기 전에 **250cc정도의 질출혈이 있을 수 있고** 태반이 나오면 약간의 출혈이 있을 수 있다. 태반이 나오지 않거나 태반이 나온 후에 출혈이 심하면 병원으로 빨리 이송한다.

④ 태반은 환자와 함께 병원으로 이송해야 한다. 태반을 깨끗한 대야 또는 플라스틱 용기나 백에 넣어서 보관하고 만약 신생아와 분리되지 않았다면 신생아가 태반보다 높은 위치에 있지 않도록 주의한다.

2) 분만 후 질 출혈(정상적으로 500cc 이상은 출혈되지 않음)

회음부위가 찢어지면서 출혈과 불편감을 호소할 수 있다. 멸균거즈로 압박하고 드레싱을 한다.

① 질 검사를 시행하지 않는다.

② 산소투여, V/S CHECK

③ 출혈로 적셔진 패드와 거즈 교환, 보관하여 의료진에게 전달

④ 항 쇼크바지는 다리에 착용한다.

5. 분만 합병증

(1) 제대탈출

태아보다 제대가 먼저 나오는 경우로 태아와 분만경로 사이에 눌리게 된다. 이는 태아로 가는 **산소공급을 차단**하기 때문에 위급한 상태로 둔위분만이나 불완전 둔위분만의 경우, 양수조기파열 시에 나타난다.

응급처치 목적은 병원 이송 전까지 태아에게 산소를 최대한 공급하는 것.

제대탈출시 응급처치
① 산모의 둔부를 올리고 산소를 공급한다. 보온을 유지한다.
② 손가락을 넣어 아기 머리를 제대로부터 멀어지게 한다.(⇒제대를 안으로 밀어 넣지 않는다. 골반뼈 사이에 끼임 주의)
③ 제대에 가해지는 압력을 낮추기 위해 질 안으로 손을 넣고 손가락 몇 개로 제대를 누르고 있는 태아의 신체 일부를 부드럽게 밀어낸다.
④ 촉진 후 제대순환이 되는 지 확인한다. 촉촉한 멸균거즈로 제대를 감싸놓는다.

(2) 둔위분만

엉덩이나 양 다리가 먼저 나오는 분만형태로 신생아에게 외상 및 제대 탈출 위험이 높다.
응급처치
① 둔부를 올리고 머리를 낮추고 산소를 공급하며 보온을 유지한다.
② 다리를 잡아당기는 등의 분만을 시도해서는 안된다.
③ 만약 아기의 엉덩이가 나온다면 손으로 지지한다.

(3) 불완전 둔위분만

팔 다리가 먼저 나오는 형태로 둔위분만의 경우는 발이 먼저 나온다.
이 경우 병원으로 빨리 이송해야 한다. 배림(crowning)때 머리가 아닌 손, 다리, 어깨 등이 나오며 제대가 나오기도 한다.

응급처치:
① 제대가 나와 있다면 앞서 언급한 제대 탈출에 따른 처치를 실시한다.
② 골반이 올라오도록 머리를 낮춘다.
③ 비재호흡 마스크로 고농도 산소를 공급한다.
④ 신속하게 병원으로 이송한다.

(4) 다태아 분만

일반 분만과 같은 응급처치를 제공한다. 다태아 임부는 배가 보통 임부보다 크며 한 명을 분만한 후에도 크기의 변화가 적고 분만수축이 계속된다. 다태아는 일반 태아보다 작으며 두 번째 분만은 보통 수분 내에 이루어지며 둔위분만이 경우는 드물다.

응급처치:

① 추가지원을 요청한다.

② 두 번째 분만 전에 제대를 결찰 한다.

③ 태반은 한 개 이거나 여러 개일 수 있다. 태반은 일반 분만과 같이 처치한다.

④ 태어난 순서를 식별하기 위해 각 태아별로 태어난 시간을 기록한다.

(5) 미숙아 분만

① 보온을 유지한다.

② 기도 내 이물질을 제거할 것.

③ 상태에 따라 소생술을 실시할 것.

④ 코 주변에서 산소를 공급한다.

⑤ 산모가 분만중에 대변을 보았다면 닿지 않도록 주의하고 미숙아의 얼굴에 구급대원이 호흡이 직접적으로 닿지 않도록 한다.

⑥ 구급차 내 온도를 올린 후 이송: 적절한 온도범위는 32~38도 이며 이송 전에 온도를 맞춰 놓는다. 여름에 냉각기를 사용해서는 안 되며 창문을 이용해 온도를 조절 바깥바람을 직접 쐬지 않도록 한다.

(6) 태변흡인

태아의 태변은 태아나 임부의 스트레스를 나타내는 징후로서 태변은 양수를 녹색이나 노란갈색으로 착색시킨다. 태변을 흡인한 태아는 호흡기계의 위험성이 높다.

① 흡인하기 전에 신생아를 자극하지 말고 입을 먼저 흡인하고 코를 흡인한다.

② 기도를 유지하고 신생아를 평가한다. 태변은 분만으로 인한 태아의 스트레스를 나타내는 징후이며 소생술이 필요할 수도 있다.

6. 임신 중 응급상황과 처치

(1) 자연유산

임신 기간 20주내에 유산되는 경우, 자궁조직과 태아가 질 밖으로 나오는 것을 말한다. 배의 경련이나 통증을 동반한 질 출혈을 호소한다.

환자 평가 및 처치과정:

① 임신주수를 수집하고 24~25주 이상일 때는 태아의 생명을 살릴 수도 있다.

② V/S, 신체검진을 실시한다. 질 출혈이 심하다면 패드를 대준다.

③ 산소를 공급하고 자궁에서 나온 물질은 병원에 인계한다.

(2) 임신중 경련

경련시에는 호흡이 원활하지 않아 태아에게 산소가 잘 전달되지 않는다.

원인으로는 경련병력이 있거나 임신으로 인한 임신중독증인 경우다.

자간증 환자는 임신 후기에 경련증상이 나타난다.

자간증상 및 징후는 두통, 고혈압, 부종이 있다.
응급처치:
① 주변의 위험한 물건 등을 치운다.
② 기도가 개방되었는지 확인하고 유지한다.
③ 비재호흡마스크 적용, 필요시 백 밸브 마스크로 인공호흡을 돕는다.
④ 필요시 흡인기구를 사용
⑤ 좌측위로 환자를 이송한다.

(3) 자간증

임신 20주 이후에 일어나는 질환으로 생체 기관으로의 불량한 관류를 동반하고 고혈압, 단백뇨, 얼굴, 팔, 다리등 전신의 부종을 특징으로 하는 자간전증의 심한 형태로 신경학적 기저 질환 없이 **경련이나 혼수**가 동반된 경우를 말한다.

자간증은 임신을 종결함으로써 가역적으로 회복될 수 있어 분만 자체가 치료가 될 수 있으나 태아의 상태를 동시에 고려하여야 한다.

1) 임상적 특징

　① 위험 인자
　　• 만성 고혈압
　　• 당뇨
　　• 비만
　　• 신장질환
　　• 이전 임신에서 자간증의 병력이 있을시, 다태임신, 양수과다증

　② 증상
　　• 두통 및 혼수
　　• 경련 : 보통 **입주위에서 얼굴이 비틀**어지는 것 같이 시작 한다.
　　• 시각변화
　　• 주로 상복부 통증과 구역
　　• 호흡곤란
　　• 골반통
　　• 출혈: 질, 잇몸, 비뇨기계
　　• 발열: **경련 후 39도가 넘으면 예후가 좋지 않다.**
　　• 심한 단백뇨 및 핍뇨
　　• 뇌출혈

2) 환자평가

　① 병력청취
　　　- 자간증 임신부는 일반적으로 의식 저하 경련 시야 장애 상복부 통증 등의 주소를 가질 것이므로 산모의 주소에 맞는 일반적인 병력 청취를 시행한다.

- 분만 예정일: 모르면 마지막 생리 날짜로 예측한다.
- 최근의 몸무게 변화
- 초산부인지 경산부인지 알아보며 자간증은 초산부에서 더 잘 발생 한다.
- 과거력: 고혈압, 결핵, 당뇨
- 약물 병력
- 자간증 위험인자에 대한 병력 청취를 시행 한다.

② physical Ex.
- 시야 장애여부를 확인
- 태아의 움직임이 느껴지는지 확인
- 활력징후 측정
- 혈압측정: 160/100mmHg이상의 고혈압일 경우 중증의 자간전증을 시사 함.
  - 임신성 고혈압: 수축기혈압 > 140mmHg, 이완기 혈압 > 90 mmHg 또는 이상 임산부의 평소 알고 있던 혈압에 비해 수축기혈압이 30mmHg이상 증가하거나 이완기혈압이 20mmHg 이상 증가할 때 의심한다.
  - 심박수: 동성빈맥(빠른맥)을 많이 보인다.
  - 산소포화도 체크

③ 응급처치 절차 및 방법

'환자 초기 평가 처치' 표준지침에 따라 전반적인 평가 및 처치를 시행한다.

㉠ 경련이 지속되는 환자

환자를 편평한 곳에 반듯이 눕혀 안정을 취하게 한다.

기도를 유지하고 안면마스크를 통하여 6~10L/min 의 산소를 투여한다.

㉡ 경련이 종료된 환자

20주가 넘은 임신부는 혈액순환을 좋게 하기 위해 좌측 측 와위 자세를 취한다.

기도를 유지하고 비강(코안) 캐뉼러로 1~5L/min 의 산소를 투여한다.

경련할 것을 대비하여 정맥로를 확보한다.

④ 응급처치 시 주의사항
- 경련이 멈춘 환자라도 이송 도중 경련이 다시 발생할 수 있으므로 정맥로를 확보한다. 분만 이후에도 자간증에 의한 경련이 발생하는 경우가 있으므로 주의한다. 대부분 분만 후48 시간 내에 발생하지만 4주까지도 발생할 수 있다.

⑤ 치료: 대부분 출산 후 사라진다.

항경련제, 마그네슘을 투여해서 경련을 조절

고혈압시 하이드랄라진, 라베타롤 제제를 간헐적으로 투여한다.

(4) 자궁외 임신

자궁 외 임신은 수정란이 정상적인 위치인 자궁몸통의 내강에 착상되지 않고 다른 곳, 즉 난소에서 나온 난자를 자궁까지 운반하는 난관, 난자를 생산하는 난소, 자궁을 지지하는 여러 인대, 복강, 자궁의 입구에 해당하는 자궁경부 등에 착상되는 임신을 말한다.

① 자궁 외 임신(ectopic pregnancy)인 경우, 질 출혈, 점적출혈과 복통, 저혈압, 자궁경부를 움직일 때 압통, 어깨까지 방사된 통증을 유발, 기절(syncope) 등이 나타날 수 있다. **흑갈색 출혈, 출혈량이 적고 계속해서 흐르지 않으며 출혈로 인해 아랫배가 불러온다.**

(5) 임신중 질출혈

임신초 질출혈은 자연유산의 징후로 볼 수 있으며 임신 후기(37주~40주)에는 태반박리, 전치태반등으로 일어날 수 있다.
① 20주 넘은 임신부는 좌측 측와위(옆누음) 자세 취하게 한다.
② 임신부 엉덩이 아래 깨끗한 소독포를 깔아준다.
③ 임신 후기 질 출혈 환자는 병원으로 최대한 빨리 이송한다.
④ 현장이나 이송 중 질출혈에 의한 거즈를 대어주고 출혈의 양과 성상을 파악할 수 있도록 거즈 수를 확인하고 이송병원에 인계한다. (**예** 4X4 거즈 1장당 최대 12mL 흡수)
⑤ 출혈을 막기 위해 질 안으로 거즈 등을 삽입하지 않는다.

(6) 임신중 외상

임부와 태아 모두에게 영향을 미친다.
가. 개인보호장비, 현장안정평가를 마치고 1차평가를 실시한다.
나. 병력, 신체검진, 생체징후를 측정, 많은 양의 산소를 공급하고 좌측위로 환자를 이송한다.

7. 임산부 CPR(AHA 2020 GUILD LINE)

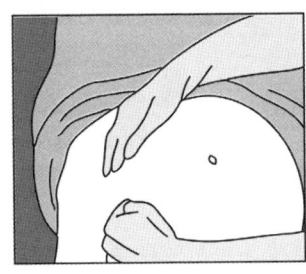 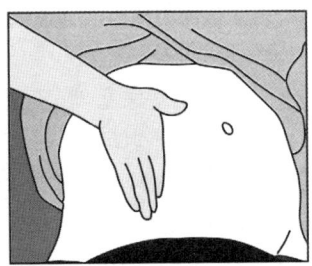

① 팀 기획은 산과, 신생아, 응급치료, 마취과, 집중치료 및 심정지 서비스와 협력하여 수행되어야함.
② 심정지가 발생된 임신부의 경우 우선순위에는 올바른 심폐소생술 제공, 대동정맥 압박 해제와 측면 자궁 전위가 포함되어야 한다. **최소20주(기출)는 되어야 제왕절개 시도함.**
(**임신20주** 이상의 임신부는 똑바로 누운 상태에서 커다란 자궁에 의해 하대정맥과 대동맥이 눌릴 수 있다. 이는 심장으로 혈액이 들어가고 나오는 길목을 막아 혈액순환을 방해하여 효과적인 순환을 방해하여 효과적인 가슴압박을 저해하는 요인이 된다. 그러므로 **한손이나 양손으로 자궁을 우측에서 좌측으로 밀어주거나 딱딱한 판을 이용하여 30도 정도 좌측으로 몸을 기울어 줄수 있도록 체위를 변경한다.**)

③ 사후제왕절개 분만의 목표는 임신부와 태아 결과를 향상시킨다.
④ 사후제왕절개 분만은 이상적으로 **5분**이내에 시행한다.
⑤ 기관내삽관 또는 성문 전문 기도유지기를 제공한다.
⑥ 기관내관 위치를 확인하고 모니터링하는 파형 카프노그래피 or 카프노메트리 시행함.
⑦ 전문 기도유지기가 있는 상황에서 지속적인 가슴압박과 함께 6초마다 인공호흡을 1회 실시한다. (10회 인공호흡/분)

임신 말기에 가까운 임신부에 있어서는 일반 성인에서의 가슴압박 위치보다 조금 더 위쪽을 압박해야 한다. (흉골의 아래쪽 절반이 아닌 **흉골의 중간부위**)

임신부 심정지의 잠재적 병인

A. Anesthetic complications(마취제 합병증)
B. Bleeding(출혈)
C. Cardiovascular(심혈관계)
D. Drugs(약물)
E. Embolic(색전증)
F. Fever(열)
G. (일반적 심정지의 비산과 원인, H와 T로 시작하는 증상)
  H Hypertension(고혈압)

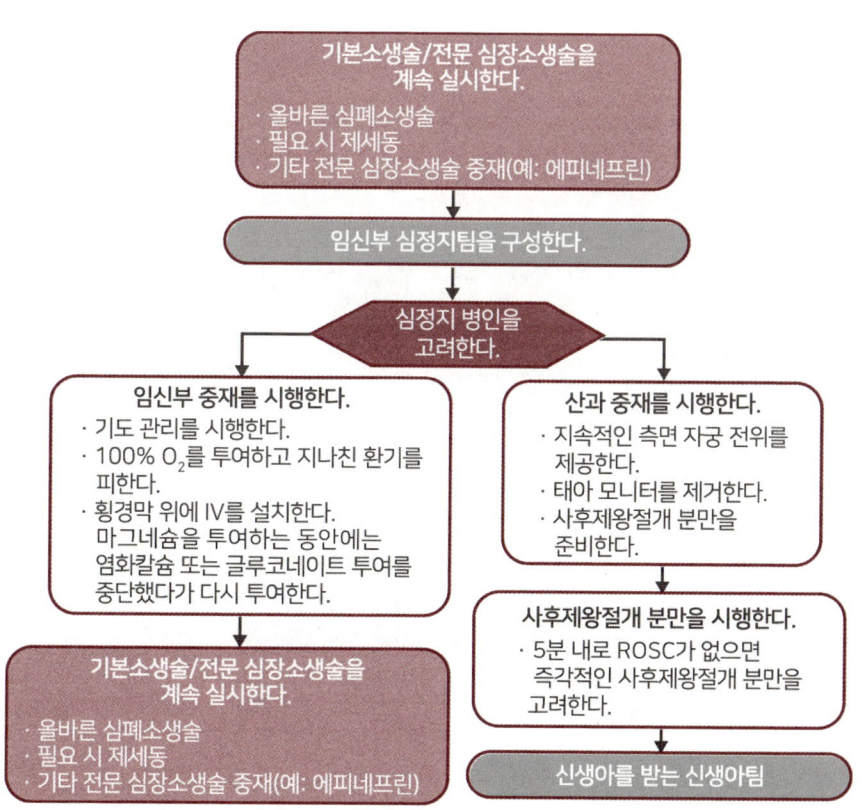

03 정신질환과 행동 응급

1. 행동응급

정신과적 응급상황을 보이는 환자들의 일반적인 증상과 징후는 공포나 불안감, 이상한 외모와 위생상태 불량, 반복행동과 폭력적이고 위협적인 움직임, 흥분하거나 자기 파괴적 행동 등이다.

1) 정신내적 원인과 기질성 원인

행동의 변화를 일으키는 원인들은 개개인의 문제에서 발생한다.
이러한 행동은 우울증, 금단, 긴장증, 난폭, 자살행동, 타살행동, 편집성 반응, 공포증, 히스테리성 전환증, 지남력 장애와 혼란 등 내재된 상태에서 급성기 때 나타난다.
기질적 원인은 알코올, 약물, 내과적 질병이나 치매와 같은 것이 있다.

2) 정신장해의 원인

내인성 요인	유전 인자의 손상 등과 같은 선천적인 원인. 간질, 조울증, 정신분열, 정신박약등
외인성 요인	외상, 알코올 중독, 과로, 마약 중독, 약품 중독, 뇌막염 등 대부분이 생활환경에 의한 후천적인 것. 기질성 정신병, 중독성 정신병 등으로 구분
심인성 요인	정신적 충격, 번민, 노이로제, 히스테리 등의 우발성 정신질환 내적요인과 복합적으로 작용

3) 심인성 정신장해

경악반응 (환경반응)	• 전쟁이나 화재, 지진 등 생명이 직접 위협받는 것과 같은 급성 스트레스로 생긴 생물학적 반응이다. • 넋이 빠진 상태, 반대로 충동적, 무통제한 과잉된 운동이 생기는 운동 폭발이라는 정신 증상을 보인다.
심인반응	• 일반적인 대처 능력으로는 대처할 수 없는 파국적 체험이 유발요인이 되어 강렬한 공포나 노여움, 절대적 무력감 등의 감정반응이 야기된 결과 생긴 정신적, 신체적 장해 • 망상반응, 기도정신병, 감응정신병
신경증	• 정신적 원인에 의해서 또는 신체적인 증상이 일어나는 상태 • 히스테리, 강박신경증, 신경쇠약 등.

4) 외인성 정신장해

기질성 정신장해	뇌 자체에 기질성인 병변이 수반되어 나타나는 정신장해이다. 치매, 뇌혈관장해, 뇌종양, 뇌병변성 질환 등에 의한 장해 등이다.
증상성 정신장해	뇌 이외의 신체질환에 의한 정신장해를 지칭한다. 내분비질환, 대사성 질환, 혈액질환, 교원병, 외상 후 수술 등이 있다.
중독성 정신장해	화학물질의 섭취에 의한 정신질환을 의미한다. 알코올, 각성제, 마약류 등이 원인이 되는 정신장해이다.

5) 주요 정신장해의 종류

사고장해	사고과정, 사고 형태, 사고 내용과 관련된 장해이다. 정신분열증의 하나인 망상이 대표적이다.
의식장해	자신과 환경을 확실히 알고 있는 상태를 의식천명이라 하고 그 청명도나 충실도 등이 어느 정도 이상 상실된 경우
기억장해	정보, 경험, 자극을 유지하고 인지하는 능력인 기억 중 어느 하나라도 상실 도는 손상되는 장해를 말한다.
지각장해	환경 내의 여러 물체나 상황을 바르게 인식하는 감각 처리의 결함에 따른 장해이다. 현재 존재하는 것이 잘못된 것으로 지각되는 '착각'과 실재하지 않는 것이 지각되는 '환각'이 있다.
지능장해	지능이란 어떤 과제에 반응해서 추상적 사고나 상징의 이해에 의해 순응하고 학습하는 능력인데, 지능장해는 정신발육의 지체, 치매, 간질후유증 등에 의해 일어나는 상태.

6) 외상 후 스트레스 장해의 종류

급성	증상이 나타난 후 증상 기간이 3개월 미만인 경우
만성	증상이 나타난 후 증상 기간이 3개월 이상인 경우
지연성 ★(24년 기출)	스테레스 발생 후 적어도 6개월 이후 증상이 나타나는 경우

2. 환자접근 방법

① 구급대원 자신을 소개하고 무엇을, 어떻게 도와줄 것인지를 설명한다.
② 환자의 감정을 이해하고 말에 응답한다.
③ 환자의 행위나 의견을 추측하지 말고 긍정적 신체언어를 사용한다.
④ 환자와의 거리는 약 1m정도 떨어진다.
⑤ 환자의 감정 변화와 행동을 주시한다.

3. 환자평가

(1) 병력청취

1) 정신 질환 병력

2) 행동이상이나 정신과적 응급상황으로 고통 받는 환자의 평가

　① 무기소지 등의 현장 안전 확인
　② 구급대원 자신을 소개하고 무엇을 어떻게 도와줄 것인가를 설명한다.
　③ 환자의 행동과 의식상태 평가
　④ 환자의 주호소에 집중하고 내 외과적 상태 확인
　⑤ 병력수집

4. 응급처치

① 개인과 현장안전을 우선한다.

② 1차 평가 동안 모든 생명의 위협적인 문제들을 치료한다.
③ 행동 응급상태를 초래할 수 있는 내·외과적 상태에 주의한다.
④ 환자와 대화할 시간을 갖으며, 문제점을 논의하도록 격려한다.
⑤ 환각적인 정신감정에 동조하지 않는다.
⑥ 도움이 된다고 생각되면 가족이나 친구를 포함시킨다.
⑦ 환자를 흥분하게 하는 사람이나 물건을 치운다.

5. 특수 정신과 질환

(1) 우울증

무기력감과 절망감을 특징으로 하는 기분장애

식욕증가나 감소, 체중증가나 감소, 불면증, 권태감, 가치상실과 부적절한 죄의식, 죽음이나 자살에 대한 반복적인 생각을 갖음.

처치: 1. 지지적 치료를 하고 항우울제 투여
      2. 자살 사고에 대한 질문을 조심스럽게 하면서 말을 하도록 한다.

(2) 불안장애

증상: 과호흡, 미칠 것 같고 죽을 것 같은 두려움, 두근거림, 두통과 호흡곤란, 비현실감, 떨림과 발한, 빈뇨와 설사

(3) 행동 이상 및 자살

1) 행동 이상

행동 이상이란 정신 질환 약물 남용 혹은 기타 질환으로 인해서 비정상적인 행동을 보이는 경우를 말한다.

행동 이상 환자는 환자 본인 혹은 주변인에게 해를 가할 가능성이 있기 때문에 구급 대원은 현장도착 시에 일차적으로 현장 안전을 확보해야 한다. 안전을 확보한 후에 행동 이상의 원인에 대한 평가와 필요한 응급 처치를 수행하고 동반된 손상 혹은 중독에 대해 확인해야 한다.
주의점) 내외과적 질환에 의한 증상일 수 있음

2) 자살이란

청소년기에 가장 많으며 여자가 시도하는 비율이 높고 상대적으로 남자는 성공률이 높다. 자살 가능성이 높은 것은 스트레스 정도와 관련이 있으며 다음과 같은 요소들이 있다.

가. 자살시행에 대한 계획의 표현
나. 과거에 시도한 적이 있는지 확인
다. 가족력(우울증, 자살)
라. 동성연애자 또는 고독감이 증가되었는지
마. 알코올이나 약물남용, 외상, 불치병 등
바. 자살기구를 소유하고 있는지 확인

3) 임상적 특징

    우울, 불안, 초조, 감정 변화
    환청, 환시
    망상
    폭력, 난폭 행동
    자살 시도
    가정 폭력, 성폭력, 아동학대

4) 환자평가 필수항목

    - 병력청취: 정신 질환 병력(약물 복용 여부 / 외래 치료 여부 / 정신과 입원치료 여부)
        - 환자 본인 혹은 주변인에게 손상이나 위협을 가하는지 여부
        - 알코올 등 약물 남용 / 중독 동반 여부
        - 동반 손상 여부
        - 당뇨: 저혈당
    - 이학적 검진
        - 섬망, 중독, 금단증, 약물 부작용 등의 내과적 질환에 의해 유발된 행동 이상을 감별한다.
        - 환청(지도하는 목소리), 죄악망상, 피해망상 등의 정신병적 징후를 확인
        - 생체징후 및 휴대용 혈당계로 말초혈관 혈당 측정

5) 응급처치 절차 및 방법

    ① 기본처치 및 주의점
        현장 안전 확보, 환자 안정화, 환자 임상 평가순으로 진행.
        행동 이상 환자에 대한 응급 처치는 일차적으로 현장 안전을 확보한 후에 수행한다.
        현장 안전 확보 이전까지 구급대원은 환자와 일정 거리를 유지한다.
    ② 구급대원이 접근하기에 위험한 현장 환경에 행동 이상 환자가 있거나 무기 등의 위험한 물건을 소지하고 있거나 난폭한 행동을 하는 경우에는 경찰에 통보하고 협조를 요청하여 현장 안전이 확보된 후에 응급처치를 수행한다.
    ③ 현장 안전이 확보되면 행동 이상 환자를 안정화시켜야 한다. 초기 안정화 시에는 일차적으로 구두로 환자를 진정시켜서 안정하도록 하고 응급 처치에 순응하도록 협력 관계를 구축한다.
    ④ 구두로 협조가 되지 않는 경우에는 경찰 협조하에 신체구속을 수행한다.
    ⑤ 환자가 안정화되면, 생체 징후를 측정하고 말초혈액의 혈당을 검사 한다.
    ⑥ 저혈당이 확인되면 정맥 주사를 확보하고 50% 포도당 용액mL를 주사한다.
    ⑦ 환자 임상 평가 후에 동반된 손상이나 중독에 대해서 평가한다.
    ⑧ 손상에 대한 응급 처치를 수행하고 중독 환자의 경우에는 복용한 물질의 종류와 양, 복용 시간을 확인해야 한다.

⑨ 자살을 시도한 환자의 경우 자살 시도방법에 대해 확인하고 병원 도착시 의료진에게 정보를 제공해야 한다.
⑩ 중독을 통한 자살 시도의 경우 복용한 물질의 종류, 양, 시간을 현장에서 확인하며, 복용한 물질의 종류를 모르는 경우에는 응급실로 자살에 사용한 물질을 가져와서 의료진에게 전달한다.

6) 경찰 협조 요청

행동 이상 및 자살 환자에서는 구급대원이 현장 도착 후에 [정신건강증진 및 정신질환자 복지서비스 지원에 관한 법률] 제44조제, 제50조에 근거하여, 다음과 같은 경우에 경찰에 통보하여 협조를 요청해야 하며 필요한 경우, 구급차에 같이 동승할 것을 요청할 수 있다.

> ➕ **경찰관 직무집행법제 제4조(보호조치 등) 관련경찰공무원의 의무규정**
> ⇒ 환자가 있는 공간이 위험해 일차적으로 환자를 안전한 곳으로 이동해야 하는 경우
> ⇒ 환자가 주변인에게 해를 가할 수 있는 위험한 물건을 가지고 있는 경우
>   예 칼, 둔기, 등
> ⇒ 환자가 난폭한 행동을 보여 구급대원에게 해를 가할 수 있는 경우
> ⇒ 환자를 이송하기 위해서 경찰의 협조가 필요한 경우
>
> ➕ **정신건강증진 및 정신질환자 복지서비스 지원에 관한 법률 참고사항**
> 제 5장: 보호 및 치료
>   제39조 (보호의무자)
>   제40조(보호의무자의 의무)
>   제41조(자의 입원등)
>   제42조(동의 입원등)
>   제43조 보호의무자에 의한 입원)등
>   제44조(특별자치시장·시장·군수·구청장에 의한 입원)
>   제50조 (응급입원)

7) 신체구속

행동 이상 환자의 이송시에는 다음과 같은 경우에 경찰에 협조를 요청하여 환자를 이송해야 한다.

- 환자가 응급 처치 및 정신과 진료가 필요하나 이송을 거부하는 경우
- 구급대원은 경찰에 통보하여 경찰이 현장에 도착한 후에 경찰의 협조 하에 환자를 의료기관 으로 이송한다.
- 경찰의 협조 하에 환자 이송시에는 현장에 도착한 구급대원 (2인이상)과 경찰(2인이상) 이동시에 참여하여 환자를 안전하게 이송하도록 한다 이 과정에서 환자의 난폭 행동으로 인해 환자 본인 혹은 주변인의 부상 가능성을 항상 유의해야 한다.
- 경찰 협조 하에 환자의 이송 과정에서는 병원도착 시까지 주기적으로 2차 손상이 없는지 확인해야 한다.

- 정신보건센터, 자살예방센터에 현장 위기 개입 서비스를 요청 하여 환자를 현장에서 초기에 안정화시킬 수 있다.

8) 이송 거부
- 행동 이상 환자는 동반된 손상과 중독 등에 대한 응급 처치와 정신과 진료를 신속하게 받아야 하며 이를 위해 원칙적으로 모든 환자를 의료기관으로 반드시 이송해야 한다.
- 환자 안정화, 신체 구속, 정신보건 위기개입, 서비스 연계 등 가능한 수단을 모두 동원하였으나 이송이 불가능한 경우에는 직접의료지도 하에 이송 거부를 결정한다.
- 이송 거부 사유에 대해 구급일지 및 이송거부 확인서에 기록 한다.
- 이송 거부로 이송을 하지 않을 경우에는 환자의 상태 악화 시에 즉시 구급차 출동을 요청하도록 환자와 보호자에게 설명 한다.

9) 직접의료지도 요청기준
- 환자(미성년자 및 금치산자 등 자의적인 의사표현이 불가능한 경우에 한하여 법적인 보호자가 확인된 경우에는 보호자)가 이송을 거부하는 경우 신체구속의 시행기준에 해당하지 않지만 신체구속이 필요하다고 생각 되는 경우
- 동반된 손상이나 중독에 대한 응급처치과정에서 직접의료지도가 필요한 경우
- 경찰에 통보하였으나 적절한 경찰의 협조가 이루어지지 않는 경우

(4) 조증장애

조증은 조울증으로 불려 지는 양극성 장애, 조증기에는 고무되어 있다가 활동성의 분명한 증가와 **수면욕구의 감소를 보이는 반면 성욕은 항진된다.** 난폭하지 않다면 침묵하여야 하고 난폭하다면 처치를 해야 한다. 환자와 대화시에는 눈높이에 맞추고 망상에 대해서는 싸우지 말 것.

(5) 정신분열증

후기청소년에서 성인기 초기에 발병한다.
환각, 망상, 부적절한 행동, 와해된 언어(지리멸렬), 음성증상(피상적 정감, 언어결핍, 의욕상실) 등이 있으며 **2개이상의 증상**을 보인다.
① 긴장형 정신분열증: 긴장성 혼미
② 망상형 정신분열증: 피해망상, 과대망상, 망상적 질투 또는 환각을 가짐

6. 정신과에서 흔히 쓰는 약

① 졸로프트(Zoloft) : 우울증, 공황장애, 강박증 완화 약, 부작용: 자살충동증가, 공격성, 분노, 졸리고 두통, 악몽등.
② 렉사프로(Lexapro): 우울과 불안증에 사용, 졸림, 피로감, 감정기복, 수면장애
   금단현상: 눈동자를 움질일 때 빙빙도는 느낌, 자살충동 강화
③ 콘서타, 페니드, 메디키넷(메틸페니데이드):
   콘서타는 ADHD와 기면증의 치료제로 대표적인 중추신경 각성제이다. 자신감과 의욕을 준다.

남용, 의존성이 심해진다. 금단증상으로 우울증, 자살충동이 발생
④ 플루옥세틴: 프로작(Prozac)이란 이름으로 널리 알려져 있는 선택적 세로토닌 재흡수 억제제 계열의 항우울제이다. 우울증, 강박 장애, 폭식증, 공황장애, 월경 전 불쾌장애(PMDD)의 치료에 널리 사용된다. 메스꺼움, 두통, 불면증, 설사, 피로감, 자살충동이 일어남.
⑤ 팔리페리돈: 정신분열병(조현병)의 치료, 정신분열 정동장애의 급성 치료, 어지럼움, 떨림, 근긴장이상, 기립성 저혈압, 실신, 환청, 망상, 정신병 악화, 강박장애, 자살시도등의 부작용이 있다.
⑥ 쿠에타핀: 정신분열병, 양극성장애 보조요법: 자살충동을 높임
⑦ 졸피뎀: 불면증의 단기 치료에 사용되는 약물
신체적·정신적 의존성이 생기고 반동성 불면증, 비현실감, 사지의 저림 및 무감각, 환각, 간질성 발작, 신체적 접촉에 대한 과민성, 두통, 근육통이 생길수 있다.

7. 환자신체구속 (Restraint)

환자 자신은 물론 주변 사람이나 구급대원을 해칠 우려가 있는 환자에게 환자 결박을 고려할 수 있다 성공적인 처치를 위해 중요한 사항은 환자의 권리에 대한 고려 적절한 절차 및 방법에 근거하여 결박을 적용하는 것이다.

(1) 원칙

환자 **본인 및 주변사람, 구급대원을 해칠만한 즉각적인 위협이 있는 경우에 한**해서만 제한적으로 결박을 적용해야 한다.
환자 신체 결박의 가장 중요한 고려사항은 **안전을 위해서라는 점**을 구급대원 가족 및 환자본인에게 주지시키는 것이 필요하다.
공격적인 환자를 대응하기 전 반드시 경찰의 협조를 구해 현장에 동시에 도착하도록 하는 것이 좋으며 만약 구급대원이 **현장에 먼저 도착한 경우라면 경찰이 올 때까지 적극적인 물리적 결박을 적용해서는 안 된다.**
현장에 도착한 **경찰관의 소속 및 성명 신고 시각 등을 기록**해 두어야 한다.

(2) 환자평가

공격적인 행동을 유발할 수 있는 상태에 대한 고려가 필수적이다 즉 급성 정신병적 상태 이외에 경련 후 상태 저혈당증 저산소증 뇌 손상 약물 중독 등의 원인에 의해서도 유발 될 수있으므로 원인을 감별하는 것이 중요.

(3) 신체구속의 유형

1) 구두 억제(Verbal restraint)

① 솔직하고 정확하고 차분한 말투로 접근해야 하며 거짓말을 하거나 위협하거나 자극하는 것은 상황을 악화시킨다.
상황을 단계적으로 천천히 해결하려 해야지 상황을 통제하려고 해서는 안 된다.

② 직접적인 눈 맞춤은 피해야 하고 환자의 개인적인 공간에 침입하는 느낌을 주어서도 안 된다.
③ 불필요하거나 갑작스러운 움직임을 보여서는 안 된다.
④ 환자를 존중하며 환자의 존엄성을 유지하려는 태도를 보이는 것이 중요하다.
⑤ 상황이 확대될 때를 대비하여 지원 인력을 요청할 것.
⑥ 구급대원은 빠져나올 수 있는 출입구 가까이에 위치해야 하며 환자가 출입구 가까이 위치하도록 해서는 안 된다.

2) 물리적 억제
① 환자에게 적용할 수 있는 억제대는 부드러운 것 (시트나 손목 억제대 등)과 단단한 것(플라스틱이나 가죽재질로 된 억제대)의 두 종류가 있다.
② 환자에게 허용하는 움직임의 범위에 따라 억제 방법이 달라질 수 있다.
③ 환자가 구토하거나 호흡곤란을 보이는 경우 즉시 억제대를 제거해야 한다.

3) 신체구속 절차 및 주의사항
① 신고 직후 혹은 현장 도착 직후 경찰에 연락하여 도움을 요청해야 하고 경찰이 동반되지 않은 상태에서는 물리적 결박을 시행하지 않아야 한다. 필요 시 추가 구급인력 배치를 요청해야 하고 신체결박 절차를 지휘할 팀 리더를 정한다.
② 보호자에게 신체구속에 대한 서면동의를 반드시 받도록 한다. 구속 전 동의서 작성이 원칙이나 상황이 급박한 경우 구두동의 하에 구속을 시행한 이후 동의서를 작성하거나 녹음 및 녹취 등의 증빙자료를 기록 보관할 수도 있다.
③ 환자 자신과 주변사람들을 보호할 수 있는 가장 최소한의 방법이자 가장 덜 침습적인 방법을 사용하도록 해야 하지만 이송 중 환자와 구급대원의 안전을 보장할 수 있는 방법은 전체 결박인 경우가 대부분이다.
④ 얼굴 머리와 목 부위에는 아무것도 결박하지 말아야 한다. 다만 환자가 침 뱉는 행동을 할 수 있으므로 일회용 마스크 등을 착용시킬 수는 있다.
⑤ 인간적인 방법으로 억제대를 적용하며 가능한 한 환자의 존엄성을 존중해야 한다.
환자와 가족에게 지금 억제대를 적용할 것임을 이것이 환자 본인과 다른 사람의 안전을 보장할 수 있는 최선의 방법임을 설명해야 하며 가능하다면 구속복(straight jacket)을 착용토록 한다.
⑥ 억제대를 적용한 환자를 엎드린 자세로 두면, 기도폐쇄, 심정지, 흡인 등이 발생할 수 있으므로 금지한다.

(4) 신체구속 후 환자 감시
억제대가 적용된 환자의 기도 순환 및 호흡과 의식 상태를 자주 확인해야 한다.
혈압, 맥박, 호흡, 산소포화도를 지속적으로 감시 하며 이송한다.
결박을 시행한 원위 부위의(손끝, 발끝)순환, 움직임, 감각을 확인한다.

(5) 신체구속 시 기록상황

① 환자의 의식 상태
② 구두 통제에 반응이 없었다는 내용의 기록
③ 결박의 필요성, 적용한 결박 방법
④ 적용한 억제대의 종류
⑤ 환자결박 후 결과
⑥ 결박 과정 중 환자나 구급대원이 입게 된 손상
⑦ 이송 중 결박 환자에게 적용한 감시(모니터링) 방법
⑧ 이송 중 환자의 자세(예: 앙와위)
⑨ 생체징후
⑩ 원위부의 감각, 순환 체크내용 기록
⑪ 이송 당시 환자 상태
⑫ 구속에 대한 서면동의서

04 노인 & 특수상황 응급

1. 인체의 노화현상

일반적으로 노년기는 65세 이상을 의미하며, 75세 이상이 되면 초고령기 라고 말한다. 15~30% 체지방 감소, 30%대사율 감소, 항상성 조절 감소, 연골과 추간판 핵이 얇아지면서 5cm정도의 신장이 감소한다.

- 흉벽의 근육경직성 증가, 폐의 탄력성 감소와 공기흐름 장애, 호흡기 근육 강도와 내성의 감소, 폐활량과 최대호흡량 감소, 산소흡수력 감소 등이 나타난다.
- 신장의 배설능력이 감소, 전립선 비대, 배뇨장애가 생긴다.
- 골다공증, 흉추의 만곡증 증가로 척추후굴증, 무릎과 고관절의 변형이 일어나며 타액량이 줄어 위에서의 소화력이 떨어지고 식도의 운동감소로 연하가 곤란하고 역류현상이 나타나기 쉽다.
- 대뇌피질의 세포 수 감소와 뇌 무게가 감소하며 뇌로 가는 혈류량도 적어진다.
- 신경전달 속도가 감소, 감각과 운동능력이 저하된다.
- 심장의 좌심실벽은 두꺼워지고 혈관의 탄력성이 떨어지며 고혈압과 동맥경화가 진행된다.

2. 노인환자 평가 시 주의점

① 이름을 사용하여 대화한다.
② 청각장애 유무를 확인한다.
③ 답변이나 반응에 시간적인 여유를 가진다.
④ 질병으로 인한 것인지, 노화로 인한 것인지 구별이 어렵다.
⑤ 불분명하고 대수롭지 않은 증상이 나타난다.
⑥ 주호소와 원발성 질환을 구별할 것.
⑦ 동시에 여러 가지 질환을 앓고 있다.
⑧ 사회적, 정서적 요인이 작용한다.
⑨ 질병에 대한 몸의 반응이 변화되는 경우가 많다.
⑩ 자살 가능성이 높다는 것을 인식할 것.

3. 노인환자에게 볼 수 있는 흔한 증상

(1) 섬망(급성혼란상태)

섬망은 비교적 흔한 질환. 전체 병원 입원 환자의 10~15%가 섬망을 경험하며, 특히 수술 후 또는 노인에게 흔하게 나타난다. 섬망은 심각한 내과적, 외과적 또는 신경학적 질환이나, 약물 중독 또는 약물 금단 상태에서 나타난다. 단일 질환이 아니라 다양한 원인 질환에서 공통적으로 나타날 수 있는 증후군이다.

증상)
① 수면 장애
② 환시: 커튼이나 벽에 있는 옷을 보고 "도둑이다" 혹은 "남자가 저기 있다"라며 겁을 먹는다.

③ 지남력 저하: 의식 장애, 집중력 저하
⑤ 사고장애: 비논리적인 사고, 피해망상, 의심 등이 흔히 나타난다.
⑥ 정신 운동 장애: 과다 각성, 초조, 과민성, 산만함.
　　　　　　　 반대로 각성 저하, 혼동, 진정 등을 보이는 경우도 있다.
⑦ 일몰현상: 주로 밤에 심해지고, 낮에는 호전되는 경우가 많다
⑧ 공격적, 충동적인 행동
⑨ 단기기억과 회상의 결핍(후향성과 전향성 회상의 기억상실)
⑩ 빈맥, 동공확대, 발한
⑪ 일주일정도 지속하고 완전회복이 가능하지만 치매와 동반될 수 있다.

(2) 낙상

흔한 유형의 외상이다
- 환자의 낙상 평가시 둔부 및 골반, 가슴, 아래팔, 위팔 등을 촉진 및 검진하는 것이 중요 하다.
- 골절과 함께 심각한 뇌 또는 배 손상이 있을 수 있기 때문에 의식소실 및 심장 등의 이상 징후와 낙상 원인에 대해서도 평가해야 한다.
- 활력징후 측정 시 혈압 및 맥박을 주의 깊게 평가하고 특히 심부정맥 불규칙한 맥박에 주의해야 한다.

(3) 자동차 사고

노화가 진행될수록 측면 또는 말초 시야가 감퇴하기 측면 충돌사고를 유발시킬 수 있다.
자동차 사고에 의한 손상은 충돌기전에 광범위하게 의존하고 젊은 환자들보다 사망률이 높다.
- 목뼈손상은 가장 흔한 손상으로 노화로 뼈가 약하기 때문에 초기 평가 단계에서 즉각적인 목뼈 고정 장치를 적용한다.
- 쇼크 시 저혈압과 빠른 맥이 일반적인 징후이나 노인의 경우 젊은 환자 보다 높게 혈압이 측정되고 만성 심질환 등의 약을 복용하는 경우에는 빠른 맥도 나타나지 않아서 쇼크의 일반적인 징후가 보이지 않기 때문에 심각한 자동차 사고를 당한 모든 노인환자는 **쇼크 상태로 가정**하고 처치 한다.

(4) 머리손상

낙상, 교통사고, 폭행으로 많이 발생 된다.
- 피부가 얇고 혈관이 약하기 때문에 심각한 손상을 초래할 수 있다.
- 머리손상 후 의식변화가 있다면 심각한 머리손상 가능성이 있다.
- 혈전용해제인 쿠마딘과 같은 약물을 복용하는 환자는 경미한 손상이라도 치명적인 출혈 위험성이 있다.
- 목뼈골절 위험이 높기 때문에 항상 척추고정을 실시하고 나이로 인하여 척추변형으로 앙와위시 머리가 척추보호대에 닿지 않을 수 있으니 담요나 수건을 이용하여 자세를 고정 한다.

(5) 학대

노인환자를 평가하고 치료할 때 정신적 신체적 학대의 가능성에 대해서도 고려해야 한다.
학대는 가족구성원, 간병인, 다른 연장자에 의해서 일어날 수 있다.
종류로는 신체학대, 성학대, 정서 혹은 심리적 학대, 방임, 유기, 재정적 혹은 물리적 착취 및 자기 무시 등이 있다.
노인학대가 의심되면 직접적인 신고가 필요하지 않더라도 이송 병원에 그 사실을 알리고 기록해야 한다.

(6) 실신

뇌로 가는 혈류의 저하로 발생되는 일시적인 의식 소실이다.
노인은 부정맥이나 저혈압으로 발생할 수 있다.

(7) 가슴통증과 빠른호흡

- 노인환자에서 심장 발작 시 가슴 불편함이 없을 수 있다.
- 빠른 호흡은 노인환자에 있어 심장에 이상이 생겼다는 징후일 수 있다.
- 가슴통증 또는 빠른 호흡이 있는 경우 불안정한 상태임을 고려하고 고농도 산소공급과 주의 깊게 평가를 해야 한다.
- 만성적인 가슴통증 환자는 니트로글리세린을 투여할 수 있다.
- 환자의 가슴통증 빠른호흡은 협심증의 대표적인 증상이다.

(8) 복통

- 복통은 다양한 질병의 증상으로 노인환자에서 매우 심각할 수 있다.
- 젊은 사람보다 충수돌기염 등 상태에 따라 사망률이 10배이상 높다.
- 배 동맥 파열로 인한 복통은 치명적인 상태이기 때문에 주의해야 한다.

2. 특수상황 응급처치(범죄, 성(sex), 학대)

(1) 성폭행

이란 본인이 동의 없이 이루어진 일체의 성 행위로서 부적절한 접촉으로 질, 항문, 구강으로의 성기 삽입, 성 관계, 강간 미수, 아동 추행 등을 모두 포함하는 개념이다.
성폭행은 언어적 시각적 혹은 본인이 원하지 않는 상태에서 이루어진 모든 종류의 성적 접촉을 지칭하는 것으로 성기의 삽입여부가 기준이 되는 것이 아니다.

1) 병력청취

환자로부터 성과 관련된 과거 병력 및 환자가 죄책감을 느끼게 만들 수 있는 모든 질문은 하지 말고 구급대원은 환자에게 이번 성폭력과 관련된 자세한 내용에 대해 묻지 말고 최소한의 정보만 기록한다.

- 환자가 대답하는 언어 그대로 답변을 기록한다.
- 피해 날짜 및 시각, 피해 장소
- 심각한 손상이 있는 경우가 아니라면 환자의 성기 주변을 검진하지 말아야 하며 **심각한 손상이 의심되는 경우라면 환자에게 반드시 허락을 받은후 검진을 시행**해야 함.

2) 응급처치 절차 및 방법
① '환자 초기 평가 처치 표준지침'에 따라 전반적인 평가 및 처치를 시행하여 생명을 위협하는 손상이 있는지 우선 확인하고 해당 지침을 참조하여 처치한다.
② 환자가 옷을 갈아입는 것, 소변을 보거나 씻거나 샤워하거나 양치질은 가능한 하지 못하도록 한다.
③ 정신적인 지지 및 안전한 환경을 제공하며 환자와 의사소통을 하는 사람의 수를 한정하도록 한다.

3) 응급처치 시 주의사항
- 현장에 경찰이 없는 경우라면 신고 후 병원까지 대동하고, 이 때 현장에 도착한 경찰의 소속 및 성명, 신고 시각 등을 기록한다.
- 정서적인 위기 상황에 처해있을 수 있으므로 피해자와 같은 성별의 구급 대원이 출동하는 것이 권장된다.
- 성폭력의 피해자가 반드시 여성인 것만은 아니라는 점을 주의한다.
- 추후 분실 및 책임의 문제가 있으므로 환자와 함께 이송하는 소지품은 경찰과 함께 확인하고 이를 기록에 남긴다.
- 경찰과 함께 사건 현장 및 증거를 보존한다.
- 환자가 사용한 모든 섬유류는 환자와 함께 응급실에 두고 온다.

4) 직접의료지도 요청기준
- 보호자나 환자가 이송을 거부하는 경우
- 심각한 비뇨생식기 손상이 동반된 경우

5) 이송병원 선정 지침
모든 성폭력 피해 환자는 **성폭력 응급키트**가 있고 **산부인과 진료가 가능한 의료기관**으로 이송하는 것이 원칙이며 성폭력 피해자 전담의료기관 해바라기센터 로 이송하는 것이 권장된다.

> ➕ **성폭력 응급키트**
> 성폭력 응급키트란 성폭력 증거채취 등을 위한 의료용품을 모아놓은 것으로서 성폭력 피해자의 진료를 담당하는 의료 기관에서 증거 수집을 원활하게 하기 위하여 여성가족부에서 개발 배포하는 의료용품 세트로 증거채취용 봉투, 슬라이드글라스, 면봉, 손톱깎이 및 빗, 각종절차에 필요한 서류가 있음.

(2) 범죄현장

현장조사 또는 사건경위에서 범죄가 확실하거나 의심되는 모든 출동에 해당 되는 상황을 의미하며 이런 경우에도 구급대원의 가장 중요한 역할은 다른 현장 출동 상황과 마찬가지로 질병이나 외상 환자에게 구호행위를 제공하는 것을 잊지 않아야 한다.

1) 환자평가

환자에 대한 평가는 일반 출동 상황과 동일하게 시행하는 것이 원칙이며 생명을 위협하는 손상이 있는지 우선 확인한다.

2) 응급처치 절차

① 가장 중요한 것은 구급대원 및 주변인의 안전이므로 반드시 현장안전을 확보해야 한다.
② 관할 경찰서에 신고하고 현장출동을 요청한다. 이 때 현장에 도착한 경찰의 소속 및 성명 신고 시각 등을 기록한다.
③ 의료 기관으로 즉시 이송이 필요한 중증 환자이고 안전이 확보된 경우 사법 경찰의 도착을 기다리기 위해 시간을 지체하지 말고 즉시 필요한 처치와 함께 이송을 한다.
④ 중증 환자가 아니거나 협조가 되지 않을 경우에는 사법 경찰이 현장에 도착할 때까지 기다리고 응급처치 및 이송을 위해 필요할 경우 사법에게 환자 구속 경찰을 요청할 수 있다.

환자의 처치에 필요한 경우를 제외하고는 현장을 보존하는 것이 원칙이나 처치 과정 중 현장 훼손이 불가피 하다면 실시한 모든 것을 기록한다. 환자에 대한 응급처치는 환자의 증상 및 징후에 해당된 표준지침을 따른다.

3) 직접의료지도 요청기준

- 현장 증거보존과 환자 처치 사이의 우선순위가 **경찰의 의견과 상충**될 때
- 경찰이 현장 증거 수집의 목적으로 피해자를 의료 기관으로 이송하는 것을 저지할 때

(3) 아동학대

어린이의 행복과 안녕을 저해하는 모든 종류의 신체적 정신적 성적 공격과 방임을 일컫는 말

1) 병력청취

아동학대의 가능성을 의심할 수 있는 가장 중요한 단계 다음의 내용을 모두 확인하여 기록함
손상 후 119신고까지의 시간이 6시간이상 지연된 경우 의심
손상의 목격자를 찾고 손상 경위를 자세하게 기술한다.

① 병력의 일관성: 여러 사람 혹은 한사람의 진술이 도중에 변경, 상충될 경우
② 병력의 적절성: 어린이의 발달과정과 맞지 않는 사고 경위 제시 할 것.
  - "침대가구에서 떨어졌다" : 뒤집기가 가능한 생후 6~7개월 이전에는 불가능한 손상
  - "수도꼭지를 틀어 화상을 입었다": 수도꼭지 회전은 생후 24개월 후에 가능한 일
③ 최근 응급실 방문한 횟수: 비슷한 손상으로 수차례 응급실을 방문하거나 신고한 경우
④ 보호자의태도: 너무 공격적이거나 죄책감이 강하거나 무관심한 경우에 의심할 것.

2) Physical ex
① 시진: 전신을 탈의하고 피부의 화상, 멍, 상처를 찾음
- 멍: 멍의 색깔로 수상 시기를 판정할 수 있다는 과학적인 근거는 없음
  다만 아주 오래되어 탈색중인 멍과 최근손상으로 붉은 빛이 도는 멍이 섞여 있다면 반복적 구타를 의심.
- 이상한 화상
- 다리미, 젓가락, 난로의 옆면, 격자무늬와 같은 기하학적 모양의 화상
- 장갑 혹은 양말을 끼운 듯한 모양의 화상(gloves and stocking pattern):뜨거운 물에 담가 생긴 화상
- 도넛 모양 화상 : 항문을 제외한 나머지 둔부의 화상
- 허벅지 안쪽과 같이 생기기 어려운 부위의 화상
- 의심스러운 열탕 화상: 정상은 상체에 화상이 많고 하지로 갈수록 화상 부위가 적어야 하나 여기 저기 흩어진 양상의 화상은 의심할 것.
- 대칭적인상처: 입 주위(재갈), 목 주위(목조름), 귀 앞뒤(귀를 잡아당기는 손상)
- 물린 자국
② 전신상태가 불량한 경우: 발육장애, 영양실조 및 탈수, 불량한 위생상태 및 피부감염 등
③ 그 외 일반적인 신체 검진을 자세하게 시행한다.

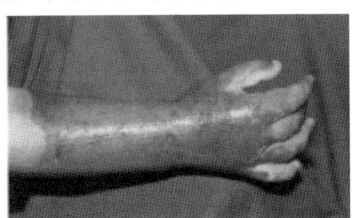

glove and stocking pattern/ doughnut- shape burn

3) 응급처치 시 주의사항
- 현장의 학대 증거에 대해 가능한 한 모두 기록 한다.
- 기록을 완성하기 위하여 현장에서 의료 기관으로의 이송이 지연되어서는 안 된다.
- 학대가 의심되고 학대자로 의심되는 사람이 있는 경우라도 이를 공개적으로 비난하거나 싸워서는 안 된다. 그럴 경우 도주 인멸의 우려가 있고 결코 문제 해결에 도움이 되지 않으므로 차라리 증언을 해 줄 **다른 가족이나 주변인을 면담**하도록 한다.
  아동학대가 의심될 경우 구급대원은 그 직무상 아동학대를 신고할 의무가 있으므로 직접 신고한다.
  또한 의료지도를 요청 지도의사에게 아동학대 사실을 알리고 이를 구급일지에 기록한다.
- 경찰에 도움을 요청해야 할 경우는 환자나 부모 보호자가 보는 앞에서 하지 않도록 한다.
- 피해 아동을 현장에서 격리하는 것이 필요하다면 의학적 검사가 필요하지 않더라도 병원으로 이송해야 하고 이송한 후 담당 의사에게 아동 학대 사실 및 주변 정황을 알린다.
- 병원으로 이송을 하지 않게 되는 경우에도 역시 직접의료지도를 요청 하여 지도의사에게

아동학대 사실을 알리고 **출동일지를 기록하여 증거를** 남겨야 한다.

4) 구급일지에 기록할 내용

① 피해아동의 이름 생년월일 및 나이
② 부모나 법적 보호자의 이름, 생년월일 및 나이
③ 추정 가해자의 이름 나이 및 생년월일 전화번호와 주소
④ 신고내용
⑤ 신고자의 이름 주소 및 전화번호
⑥ 환자부모 및 보호자가 말하는 **그대로의 내용을 인용부호 큰 따옴표를 이용해 기입**
⑦ 환자, 부모 및 보호자의 비정상적인 반응이나 행동이 관찰되면 기입 현장과 현장 주변의 상태, 같이 있던 사람들에 대해서도 기입 직접의료지도를 요청했다면 지도의사의 성명, 신고 시각 및 고지내용
⑧ 병원에 이송했다면 피해아동을 인계 받은 의료진의 성명, 인계 내용

5) 이송병원 선정 지침

- 아동학대 의심 환아가 중증외상의 기준에 해당하는 경우 가까운 권역외상 센터 또는 지역 응급외상센터 이상의 의료기관으로 이송
- 이송한 후에는 담당 의사에게 아동 학대 사실 및 주변 정황을 알림을 원칙으로 한다.
- 특히 성학대가 의심되는 경우: 해바라기센터로 이송

2025 이혜영 응급처치학개론

RESCUE

PART 03

부록

CHAPTER 01 별표

■ 응급의료에 관한 법률 시행규칙 [별표 1]

응급증상 및 이에 준하는 증상(제2조제1호관련)

1. **응급증상**
   가. 신경학적 응급증상 : 급성의식장애, 급성신경학적 이상, 구토·의식장애 등의 증상이 있는 두부 손상
   나. 심혈관계 응급증상 : 심폐소생술이 필요한 증상, 급성호흡곤란, 심장질환으로 인한 급성 흉통, 심계항진, 박동 이상 및 쇼크
   다. 중독 및 대사장애 : 심한 탈수, 약물·알콜 또는 기타 물질의 과다복용이나 중독, 급성대사장애(간부전·신부전·당뇨병 등)
   라. 외과적 응급증상 : 개복술을 요하는 급성복증(급성복막염·장폐색증·급성췌장염 등 중한 경우에 한함), 광범위한 화상(외부신체 표면적의 18% 이상), 관통상, 개방성·다발성 골절 또는 대퇴부 척추의 골절, 사지를 절단할 우려가 있는 혈관 손상, 전신마취하에 응급수술을 요하는 중상, 다발성 외상
   마. 출혈 : 계속되는 각혈, 지혈이 안되는 출혈, 급성 위장관 출혈
   바. 안과적 응급증상 : 화학물질에 의한 눈의 손상, 급성 시력 손실
   사. 알러지 : 얼굴 부종을 동반한 알러지 반응
   아. 소아과적 응급증상 : 소아경련성 장애
   자. 정신과적 응급증상 : 자신 또는 다른 사람을 해할 우려가 있는 정신장애

2. **응급증상에 준하는 증상**
   가. 신경학적 응급증상 : 의식장애, 현훈
   나. 심혈관계 응급증상 : 호흡곤란, 과호흡
   다. 외과적 응급증상 : 화상, 급성복증을 포함한 배의 전반적인 이상증상, 골절·외상 또는 탈골, 그 밖에 응급수술을 요하는 증상, 배뇨장애
   라. 출혈 : 혈관손상
   마. 소아과적 응급증상 : 소아 경련, 38℃ 이상인 소아 고열(공휴일·야간 등 의료서비스가 제공되기 어려운 때에 8세 이하의 소아에게 나타나는 증상을 말한다)
   바. 산부인과적 응급증상 : 분만 또는 성폭력으로 인하여 산부인과적 검사 또는 처치가 필요한 증상
   사. 이물에 의한 응급증상 : 귀·눈·코·항문 등에 이물이 들어가 제거술이 필요한 환자

■ 응급의료에 관한 법률 시행규칙 [별표 2] 〈개정 2010.3.19〉

구조 및 응급처치 교육의 내용 및 실시방법(제6조제1항 관련)

1. 교육 실시방법
가. 시·도지사는 매년 10월 31일까지 다음 연도 교육계획을 수립하여 중앙응급의료센터의 장에게 제출하여야 한다.
나. 시·도지사는 교육계획 수립 시 교육 대상자별로 형평성을 고려하여 교육대상자를 선정하여야 한다.
다. 시·도지사는 매년 3월 31일까지 전년도 교육결과 보고서를 보건복지부장관에게 제출하여야 한다.

2. 교육 내용 및 시간

교육 내용	교육 시간
1. 응급활동의 원칙 및 내용 2. 응급구조 시의 안전수칙 3. 응급의료 관련 법령	1시간
기본인명구조술(이론)	1시간
기본인명구조술(실습)	2시간

■ 응급의료에 관한 법률 시행규칙 [별표 3] 〈개정 2014.5.1.〉

이송처치료의 기준(제11조 관련)

구분	요금의 종류	구급차의 운용자	
		법 제44조제1항제1호부터 제4호까지에 따른 의료기관 등	법 제44조제1항제5호에 따른 비영리법인
일반 구급차	기본요금 (이송거리 10km 이내)	30,000원	20,000원
	추가요금 (이송거리 10km 초과)	1,000원/1km	800원/1km
	부가요금 (의사, 간호사 또는 응급 구조사가 탑승한 경우)	15,000원	10,000원
특수 구급차	기본요금 (이송거리 10km 이내)	75,000원	50,000원
	추가요금 (이송거리 10km 초과)	1,300원/1km	1,000원/1km
공통	할증요금 (00:00~04:00)	기본 및 추가요금에 각각 20% 가산	

비고:
(1) "이송거리"는 환자가 구급차에 실제로 탑승한 거리임.
(2) 응급환자가 선박 및 항공기에 탑승한 경우의 이송처치료의 기준은 보건복지부장관이 따로 정하여 고시함.

■ 응급의료에 관한 법률 시행규칙 [별표 4] 〈개정 2023. 2. 24.〉

중앙응급의료센터의 설치·운영기준(제12조 관련)

1. 공통기준
    가. 중앙응급의료센터에는 대형재해 등의 발생 시 응급의료지원을 할 수 있는 시설·장비 및 인력을 갖추어야 한다.
    나. 중앙응급의료센터에는 전국의 응급의료종사자 교육 및 훈련을 담당할 수 있는 시설·장비 및 인력을 갖추어야 한다.
    다. 중앙응급의료센터에는 응급의료기관 등에 대한 평가를 실시할 수 있는 전문인력 또는 장비를 갖추어야 한다.
    라. 중앙응급의료센터에는 응급의료기관 등과 응급의료종사자에 대한 지도를 할 수 있는 전문인력 또는 장비를 갖추어야 한다.

2. 시설기준
    중앙응급의료센터 운영 및 업무수행에 필요한 사무실, 회의실, 교육·세미나실, 물류창고 등 시설을 갖추어야 한다.

3. 조직 및 인력기준
    가. 조직기준
        1) 응급의료분야의 특수성을 고려하여 중앙응급의료센터 조직은 다른 직제와 분리하여 독립적으로 구성 및 운영되어야 되고, 응급의료센터장의 업무 수행의 전문성이 보장되어야 한다.
        2) 업무수행을 위해 필요한 경우에는 중앙응급의료센터에 하부 조직을 둘 수 있다.
    나. 배치기준
        1) 중앙응급의료센터장: 1명을 두되, 보건복지부장관과 협의하여 임명한다.
        2) 실장: 필요한 경우 2개 이상의 팀을 총괄하는 실장을 둘 수 있다.
        3) 팀장 및 팀원: 팀에는 팀의 실무 관리를 총괄하는 팀장을 두고, 팀장을 포함하여 2명 이상의 팀원을 둔다.
    다. 자격기준
        1) 중앙응급의료센터장: 다음의 어느 하나에 해당하는 사람
            가) 다음 요건을 모두 충족하는 「의료법」에 따른 의료인
                (1) 응급의료 분야에서 10년 이상 진료 경력이 있는 사람
                (2) 응급의료 진료 및 연구 분야에서 5년 이상 부서장으로 근무한 경력이 있는 사람
            나) 5급 이상 공무원으로서 국가 또는 지방자치단체에서 보건사업에 관한 행정업무에 5년 이상 종사한 경력이 있는 사람
        2) 실장 및 팀장: 응급의료에 관한 법 제25조에 따른 업무 수행에 필요한 분야에서 5년 이상 실무를 담당한 경력이 있는 사람

4. 운영기준
    가. 중앙응급의료센터장은 매년 12월 31일까지 다음 연도의 운영계획을 수립하여 보건복지부장관에게 제출해야 한다.
    나. 중앙응급의료센터장은 사업계획 및 실적, 예산·결산 및 조직운영 현황 등에 관한 자료를 반기별로 보건복지부장관에게 제출해야 한다.
    다. 중앙응급의료센터장은 조직, 인사, 급여, 그 밖에 운영에 필요한 규정을 두고 이에 따라 센터를 운영해야 하며, 다음의 기록 및 서류를 갖추어야 한다. 다만, 필요한 경우에는 보건복지부장관과 협의하여 달리 운영할 수 있다.
        1) 중앙응급의료센터의 연혁 및 운영에 관한 기록
        2) 중앙응급의료센터장 등의 인사에 관한 기록
        3) 최근 3년 동안의 법 제25조에 따른 업무수행에 관한 자료
    라. 중앙응급의료센터의 운영에 관한 회계는 다른 사업에 관한 회계와 분리하여 처리해야 한다.

■ 응급의료에 관한 법률 시행규칙 [별표 5의2] 〈개정 2022. 11. 22.〉

권역응급의료센터의 지정기준(제13조제2항 관련)

1. 시설기준·장비기준·인력기준

   가. 시설기준

   1) 응급실 시설은 서로 인접하고 다른 의료시설과 구별되어야 하며, 응급실과 응급전용 중환자실·입원실 및 수술실, 검사실·중재실·MRI실 등은 수평 또는 수직으로 바로 연결될 수 있도록 최대한의 근접성을 갖추어 설치·운영해야 한다.
   2) 감염병환자를 위한 음압격리병상 및 일반격리병상은 응급실 인근에 다른 구역과 분리하여 설치할 수 있으며, 소아환자를 위한 응급실을 별도 운영하는 경우 소아환자 진료구역도 응급실 다른 구역과 분리하여 설치할 수 있다.
   3) 응급실 입구 환자 분류소에서 감염의사환자를 선별하고, 일반 응급환자와 동선을 분리하여 음압격리병상 등에서 격리진료를 받을 수 있도록 시설을 갖추어야 한다.
   4) 응급실 전용 시설기준

시설	시설기준	비고
가) 환자 분류소	• 환자진입구와 인접하여 설치할 것 • 중증도 분류에 필요한 장비와 비품을 갖출 것 • 충분한 환기가 이루어지도록 할 것	감염의사환자를 위한 마스크 등 보호 장구를 비치할 것
나) 소생실	• 최소 20㎡의 전용면적을 확보하고, 각각의 내변이 3m 이상이 되도록 할 것	환자 진입구 및 구급차출입구와 인접되게 설치할 것
다) 처치실	• 최소 20㎡의 전용면적을 확보하고, 각각의 내변이 3m 이상이 되도록 할 것 • 감염방지를 위해 손세척이 가능할 것	
라) 응급환자 진료구역	• 각 병상마다 상지·하지 전동방식 높이조절 기능 및 시각적 차폐 시설을 갖출 것 • 산소와 음압을 공급하는 설비를 갖출 것 • 10병상 이상을 확보할 것	병상 간 간격은 1.5m 이상을 확보할 것
마) 중증응급환자 진료구역	• 출입통제가 가능한 별도의 구역으로 구성하고 무정전 시스템을 갖출 것 • 각 병상마다 상지·하지 전동방식 높이조절 기능 및 시각적 차폐 시설을 갖출 것 • 산소, 음압, 고압공기를 공급하는 설비를 갖출 것 • 8병상 이상을 확보할 것	
바) 음압격리병상	• 외부로부터 완전히 밀폐될 것 • 필터링된 급기·배기, 음압제어 및 환기가 가능한 시설을 갖출 것 • 각 병상은 1인 격리실로 설치할 것 • 내부 전체를 관찰할 수 있는 창문 또는 폐쇄회로 텔레비전(CCTV)을 설치할 것 • 개인보호장비를 착용하거나 손세척을 할 수 있는 전실을 갖출 것 • 2병상 이상을 확보할 것	일반격리병상은 중증응급환자 진료구역 병상 수에 포함됨
사) 일반격리병상	• 외부로부터 완전히 차폐될 수 있을 것 • 각 병상은 1인 격리실로 설치할 것 • 내부 전체를 관찰할 수 있는 창문 또는 폐쇄회로 텔레비전(CCTV) 설비를 갖출 것	

시설	시설기준	비고
아) 소아응급환자 진료구역	• 3병상 이상을 확보할 것 • 각 병상마다 시각적 차폐 시설을 갖출 것 • 산소와 음압을 공급하는 설비를 갖출 것 • 3병상 이상을 확보할 것	• 소아전문응급센터가 아닌 경우에만 적용 • 병상 간 간격은 1.5m 이상을 확보할 것
자) 방사선실·일반촬영실·CT촬영실	• 신체 전 부위 촬영이 가능할 것 • 산소와 음압 공급설비를 설치할 것	중증응급환자 진료구역 인근에 설치할 것
차) 응급전용 입원실	• 30병상 이상을 확보할 것 • 병상당 4.3㎡ 이상의 공간을 확보할 것	당일 응급의료 책임자가 입원·퇴원을 결정할 것. 다만, 전문진료과 중환자실 병상인 경우 입퇴원시 당일 응급의료 책임자의 동의를 받을 것 • 전문진료과 중환자실 내 병상은 응급전용임을 표기하고 환자 대장을 관리할 것
카) 응급전용 중환자실	• 20병상 이상을 확보할 것. 다만, 20병상 중 10병상은 전문진료과의 중환자실내 응급전용 중환자병상을 지정하여 운영할 수 있다. • 「의료법 시행규칙」 별표 4의 중환자실 규정을 준수할 것	
타) 응급전용 수술실	• 병원 내 수술실 중 하나를 응급환자 전용으로 지정하여 사용할 것 • 응급환자 전용 수술실이 사용 중인 경우, 별도의 수술실 1실을 응급환자 전용으로 지정하여야 함	응급전용 수술실 사용권한을 당일의 응급의료 책임자에 부여할 것
파) 보호자 면담실	• 외부로부터 시청각적으로 차단할 수 있을 것 • 환자의 상태 설명을 위한 시설을 갖출 것	
하) 전용 주차장	• 응급실 입구에 인접하고, 평면으로 연결되어 있어야 할 것 • 응급환자 전용 표기가 되어 있을 것	구급차 2대 이상 주차 공간을 확보할 것
거) 보호자 대기실	• 최소 100㎡의 전용면적을 갖출 것 • 입원환자의 인원수에 따라 면적을 조정할 수 있음	30명 이상이 동시에 대기할 수 있는 공간으로 편의시설설치가 가능할 것
너) 회의실	20명 이상을 수용하여 교육·회의할 수 있도록 시청각 기자재 등을 갖출 것	• 질 관리를 위한 컨퍼런스 등을 수행할 것
더) 재난 및 응급의료 지원실	재난, 교육, 의료지도 등 권역 내 응급의료 업무를 하기에 충분한 공간을 확보할 것	• 응급실과 인접하지 않은 공간에 설치 가능함

5) 의료기관 시설기준

시설	시설기준	비고
가) 검사실	• 혈액성분검사(CBC), 혈액화학검사(Chemistry), 동맥혈 가스분석(ABGA) 및 요검사(U/A)가 가능할 것 • 심근효소검사, 혈액응고검사가 가능할 것	• 24시간 운영할 것 • 응급환자에 우선 사용되도록 할 것
나) MRI실	• 신체 전 부위의 촬영이 가능할 것 • 산소와 음압을 공급하는 설비를 설치할 것	
다) 중재실	• 위내시경실, 담관내시경실, 기관지내시경실 각각 1실 이상 갖출 것 • 혈관조영실, 심혈관조영실 각각 1실 이상 갖출 것 • 각 시설은 산소와 음압을 공급하는 설비를 설치할 것	
라) 혈액은행	• ABO 및 Rh Typing, 교차 시험(Cross Matching), Coomb's Test 검사가 가능할 것	
마) 주산기 시설	• 신생아실을 갖출 것 • 분만실을 갖출 것	

나. 장비기준
　1) 응급실 전용 장비

품명	개 수(단위: 개)						비고
	일반구역	소아구역	중증구역	소생실·처치실	중환자실	격리병상	
가) 12유도 심전도기	1		1				
나) 심장충격기	1	1 (소아용 패드구비)	1	1	2	1	전원연결 없이 사용, 동기화 심전환 가능할 것
다) 인공호흡기			5병상당 1	1실당 1	3병상당 1	5병상당 1	호흡방식 조절가능, 경고장치가 있을 것
라) 무영등				1실당 1			
마) 이동 X-선 촬영기			1		1		
바) 이동식 초음파 검사기			1				심초음파검사 가능할 것
사) 환자 감시장치	5병상당 1	5병상당 1	1병상당 1	1실당 1	1병상당 1	1병상당 1	심전도, 혈압, 혈중산소포화도 측정이 가능할 것
아) 이동환자 감시장치		1					
자) 기도흡입기	1병상당 1	1병상당 1	1병상당 1	1실당 1	1병상당 1	1병상당 1	
차) 산소량 조절장치	1병상당 1	1병상당 1	1병상당 1	1실당 1		1병상당 1	
카) 급속혈액가온주입기				1	1		
타) 정맥 주입기	5병상당 1	5병상당 1	1병상당 1	1실당 1	1병상당 1	1병상당 1	약물 투여량의 정량조절이 가능, 경고장치가 있을 것
파) 보온포				1실당 1	1		가온이 가능할 것
하) 중심체온 조절유도기				1			
거) 심부체온 측정장비				1			
너) 이동 심근효소측정기			1				
더) 연령별 기도 확보 장비 및 보조호흡 도구		1					
러) 소아를 위한 기타 연령별 기구·소모품		1					

머) 무선장비 및 전산장비	1	TRS 단말기 구비, 응급의료정보 입력·조회
버) 구급차	특수구급차 1대 이상을 포함한 구급차 2대	응급실과 교신할 수 있는 장비를 갖출 것

2) 의료기관 내 확보해야 하는 장비

장비	기준
가) 뇌압감시장비	24시간 사용이 가능해야 하며, 응급환자에 우선적으로 사용될 수 있게 할 것
나) 인공심폐순환기(ECMO)	
다) 지속적 신 대체 요법(CRRT) 장비	
라) 인큐베이터	

다. 인력기준

○ 응급실 전담 인력기준

인력	인력기준	비고
가) 의사	• 응급실 전담 응급의학전문의: 5명 이상 • 소아응급환자 전담전문의: 1명 이상 ※ 소아응급환자 중심으로 진료 • 응급실 전담전문의: 전년도 응급실 내원 환자수가 30,000명을 초과하는 경우, 1명을 확보하고 매 10,000명마다 1명을 추가 확보할 것 ※ 소아응급환자 전담전문의는 응급실 전담전문의 수에 포함 ※ 응급실 전담전문의는 응급의학과, 내과, 외과, 정형외과, 신경외과, 신경과, 심장혈관흉부외과, 소아청소년과, 마취통증의학과, 영상의학과 전문의 중에서 확보할 것	• 응급실 중환자 진료구역 내에는 24시간 응급의학전문의 1명 이상이 상주할 것 • 응급실 일반 진료구역 내에는 24시간 의사 1명 이상이 상주할 것 ※ 소아전문응급센터인 경우 소아응급환자 전담전문의는 별표 6의 기준을 별도 적용
나) 간호사	• 응급실 전담 간호사 25명 이상 • 소아응급환자 전담 간호사 1명 이상 확보 • 전년도 응급실 내원 환자수가 30,000명을 초과하는 경우 3명을 추가 확보하고, 매 5000명마다 3명을 추가 확보할 것 ※ 소아응급환자 전담 간호사는 내원 환자당 추가 확보해야 하는 응급실 전담 간호사 수에 포함	• 응급전용 중환자실 및 응급전용 입원실과 별도로 할 것 ※ 소아전문응급센터인 경우 소아응급환자 전담간호사는 별표 6의 기준을 별도 적용
다) 응급구조사	• 재난, 교육, 전원관리 등을 위해 1급 응급구조사 5명 이상 • 구급차 운영을 위해 구급차 1대당 2명 이상	구급차 및 관련 인력은 위탁하여 운영할 수 있을 것
라) 그 밖의 인력	• 간호사, 응급구조사 또는 보건의료정보관리사의 면허·자격을 가진 사람 2명 이상 • 응급의료종사자 및 환자의 안전을 위한 청원경찰 또는 경비원 등의 보안인력 1명 이상	• 응급의료 정보 관리 및 제공 업무를 전담할 것 • 24시간 응급실 전담으로 1명 이상이 상주할 것

2. 일반 운영기준(법 제26조제2항에 따른 권역응급의료센터의 업무)
   가. 권역응급의료센터의 장은 응급환자의 진료를 위해 응급실과 각 전문진료과의 당직 인력을 확보하고 관련 부서 간 협력체계를 가동해야 한다.
   나. 권역응급의료센터의 장은 불시에 발생하는 중증응급환자를 수용하기 위하여 중환자실과 일반병동의 예비병상, 응급전용 수술장 등을 확보해야 한다.
   다. 권역응급의료센터의 장은 가용가능한 응급의료 자원의 현황, 주요 응급질환별 수용가능 여부, 응급환자의 내원 및 퇴실에 대한 정보를 보건복지부장관이 정하는 바에 따라 중앙응급의료센터로 전송해야 한다.
   라. 권역응급의료센터의 장은 감염의사환자의 선별, 음압격리병상 등 감염예방 시설의 운영, 동선분리 및 감염예방활동, 보호자 및 방문객 출입통제 등 응급실 감염예방 및 확산방지를 위한 지침을 마련하고 시행되도록 해야 한다.
   마. 권역응급의료센터의 장은 가목부터 라목까지의 조치 및 제18조의3에 따른 중증도 분류의 지도 및 시행을 위해 당일 근무하는 응급실 전담전문의 중 응급의료 책임자를 지정해야 한다.
   바. 제18조의3에 따른 중증응급환자가 내원하면 응급실 전담전문의가 직접 진료해야 한다. 다른 전문진료과목 전문의의 진료가 필요한 경우「응급의료에 관한 법률」제32조에 따라 호출해야 하며, 호출된 전문의는 해당 환자를 신속히 진료해야 한다.
   사. 중증응급환자를 다른 의료기관으로 이송하는 것을 최소화하되, 불가피하게 이송하는 경우 당일의 응급의료 책임자와 해당 진료과목 전문의가 직접 이송을 결정해야 하며, 이를 중앙응급의료센터에 통보해야 한다.
   아. 마목 및 바목에 따른 중증응급환자의 적정시간 내 진료, 다른 의료기관에서 이송되어온 중증응급환자의 적극적 수용 등에 대하여, 법 제17조에 따라 보건복지부장관이 실시하는 평가를 매년 통과해야 한다.
   자. 응급실 근무자 등은 소속, 전문과목, 면허·자격, 성명이 표기된 이름표를 달아야 하며, 면허·자격에는 전문의, 레지던트, 인턴, 간호사, 응급구조사 등이 구체적으로 표기되어야 한다.
   차. 중증응급환자에 대한 책임 진료와 권역 내 재난·교육, 구급대에 대한 의료지도 등 그 밖에 권역응급의료센터의 운영에 관한 세부적인 사항은 보건복지부장관이 정한다.
   카. 법 제15조의2에 따른 비상대응매뉴얼에 규정된 다수사상자 발생 시 즉시 출동할 수 있는 팀을 3개 이상 조직하되, 각 팀은 의사 1명 이상, 간호사 또는 응급구조사 2명 이상, 행정 업무를 담당하는 사람 1명 이상으로 각각 구성한다.

■ 응급의료에 관한 법률 시행규칙 [별표 6] 〈개정 2022. 11. 22.〉

전문응급의료센터의 지정기준(제16조제1항관련)

1. 삭제 〈2015.8.19.〉
2. 화상센터
    가. 시설기준

시설내용		개수	단위면적 (m²)	총면적 (m²)	비고
응급 진료 실	환자분류소	1	30	30	• 환자진입구와 바로 인접되게 설치할 것
	소생실	2	20	40	• 환자진입구 및 구급차출입구와 바로 인접되게 설치할 것 • 소규모수술이 가능한 장비 및 인력을 갖출 것
	간호사실	1	20	20	• 소생실 전면에 설치할 것
	환부세척실	1	20	20	
	응급환자 진료구역	1	165	165	• 최소 30병상 이상을 확보할 것
	검사실	1			• 장비기준에 의한 장비를 이용하여 검사를 하기에 충분한 공간을 확보할 것 • 24시간 혈액성분 및 화학 검사, 동맥혈가스분석, 요검사가 가능하도록 장비가 구비되어 있어야 함
	방사선실 ·일반촬영실	1	30	30	
	수술실 및 처치실	1	40	40	
응급 진료 실외 의 장소	수술실	1	60	60	• 화상환자 전용으로만 이용하고, 중환자실과 인접되게 설치할 것
	중환자실의 병상	8	10	80	• 총면적은 중환자실에 있는 간호사실·의사실 및 물품보관소를 제외한 면적임
	입원실의 병상	30	4.3	130	
	멸균처치실의 병상	2	16	32	• 화상처치용 침상 및 멸균시설
	화상처치실	1	60	60	• 샤워기 및 소용돌이꼭지(Whirlpool tab)가 설치되어 있을 것
	회의실 및 도서실	1	60	60	
기타		원무행정실·의사당직실·보호자대기실 및 주차장을 설치하되, 그 기준은 별표 7의 지역응급센터의 기준에 의한다.			

(주)
1. 위의 개수·단위면적 및 총면적기준은 최소기준임
2. 검사실 및 방사선실중 CT촬영실은 종합병원의 시설을 이용할 수 있는 경우 이를 두지 아니할 수 있다.

나. 인력기준

인력	인력기준	비고
1) 의사	• 응급의학과 전문의 2명 이상 • 일반외과 전문의 1명 이상 • 성형외과 전문의 2명 이상	• 응급실에 24시간 전문의 1명 이상이 근무할 것
2) 간호사	• 15명 이상	
3) 응급 구조사	• 구급차 1대당 2명 이상	
4) 그 밖의 인력	• 응급의료종사자 및 환자의 안전을 위한 청원경찰 또는 경비원 등의 보안인력 1명 이상 • 구급차 1대당 운전기사 2명 이상	• 보안인력은 24시간 1명 이상이 상주할 것 • 별표 5의2 제1호다목라) 또는 별표 7 제2호다목에 따라 권역응급의료센터 또는 지역응급의료센터의 응급실에 전담 상주 인력을 둔 경우에는 보안인력을 갖춘 것으로 봄 • 법 제44조제2항에 따라 구급차의 운용을 위탁한 경우에는 관련 인력을 위탁하여 운영할 수 있음

다. 장비기준

장비	소생실	응급실
제세동기	1	1
인공호흡기	1	1
주입기(Infusion Pump)	2	3병상당 1
이동 X-선 촬영기	1	
CT촬영기	1	
산화질소(N_2O) 마취기	1	
환자감시장치	1	5병상당 1
이동환자감시장치	1	
부착형흡인기	1병상당 1	1병상당 1
급속혈액가온주입기 (Rapid infusion warmer)	1	
보온포(가온·냉각기능공유)	1	

무선통신설비 및 전산시설 : 응급의료지원센터와 교신할 수 있는 통신설비와 응급의료정보제공을 위한 전산장비 등의 시설을 갖추어야 함
구급차 : 특수구급차 1대 이상을 포함한 구급차 2대. 다만, 법 제44조제2항의 규정에 따라 구급차의 운용을 위탁한 경우 이를 갖추지 아니할 수 있다.

3. 심혈관 센터

　가. 시설기준

시설내용		개수	단위면적 (m²)	총면적 (m²)	비고
응급 진료실	환자분류소	1	30	30	• 환자진입구와 바로 인접되게 설치할 것
	소생실	2	20	40	• 환자진입구 및 구급차출입구와 바로 인접되게 설치할 것 • 소규모수술이 가능한 장비 및 인력을 갖출 것
	간호사실	1	20	20	• 소생실 전면에 설치
	응급환자 진료구역	1	165	165	• 최소 30병상 이상을 확보할 것
	검사실	1			• 장비기준에 의한 장비를 이용하여 검사를 하기에 충분한 공간을 확보할 것 • 24시간 혈액성분 및 화학 검사, 동맥혈가스분석, 요검사가 가능하도록 장비가 구비되어 있어야 함
	심초음파실	1	20	20	• 소생실 옆에 위치할 것
	방사선실 • 일반촬영실	1	30	30	
	수술실 및 처치실	1	40	40	
응급 진료실외의 장소	수술실	1	50	50	• 종합병원의 수술실로 갈음할 수 있음
	중환자실의 병상	10	10	100	• 총면적은 중환자실에 있는 간호사실·의사실 및 물품보관소를 제외한 면적임
	입원실의 병상	30	4.3	130	
	혈관촬영실	1	60	60	• 응급실에 설치한 경우에는 별도로 설치하지 아니할 수 있음
	심장검사실	1	60	60	• 심초음파·부하검사 및 심전도검사 등을 할 수 있을 것
	회의실 및 도서실	1	60	60	
기타		원무행정실·의사당직실·보호자대기실 및 주차장을 설치하되, 그 기준은 별표 7의 지역응급센터의 기준에 의한다.			

(주)
1. 위의 개수·단위면적 및 총면적기준은 최소기준임
2. 검사실은 종합병원의 시설을 이용할 수 있는 경우 이를 두지 아니할 수 있다.

나. 인력기준

인력	인력기준	비고
1) 의사	• 응급의학 전문의 2명 이상 • 심장내과 전문의 3명 이상 • 소아과 심장 전문의 1명 이상 • 심장혈관흉부외과 전문의 1명 이상	• 응급실에 24시간 전문의 1명 이상이 근무할 것
2) 간호사	• 15명 이상	
3) 응급 구조사	• 구급차 1대당 2명 이상	
4) 그 밖의 인력	• 응급의료종사자 및 환자의 안전을 위한 청원경찰 또는 경비원 등의 보안인력 1명 이상 • 구급차 1대당 운전기사 2명 이상	• 보안인력은 24시간 1명 이상이 상주할 것 • 별표 5의2 제1호다목라) 또는 별표 7 제2호다목에 따라 권역응급의료센터 또는 지역응급의료센터의 응급실에 전담 상주 인력을 둔 경우에는 보안인력을 갖춘 것으로 봄 • 법 제44조제2항에 따라 구급차의 운용을 위탁한 경우에는 관련 인력을 위탁하여 운영할 수 있음

다. 장비기준

장비	소생실	응급실
제세동기	1	1
인공호흡기	1	1
주입기(Infusion Pump)	2	3병상당 1
이동 X-선 촬영기	1	
CT촬영기	1	
심초음파검사기	1	
환자감시장치	1	5병상당 1
이동환자감시장치	1	
부착형흡인기	1병상당 1	1병상당 1
급속혈액가온주입기 (Rapid infusion warmer)	1	
보온포(가온·냉각기능공유)	1	

무선통신설비 및 전산시설 : 응급의료지원센터와 교신할 수 있는 통신설비와 응급의료정보제공을 위한 전산장비 등의 시설을 갖추어야 함
구급차 : 특수구급차 1대 이상을 포함한 구급차 2대. 다만, 법 제44조제2항의 규정에 따라 구급차의 운용을 위탁한 경우 이를 갖추지 아니할 수 있다.

4. 독극물센터
    가. 시설기준

시설내용		개수	단위면적 (m²)	총면적 (m²)	비고
응급 진료실	환자분류소	1	30	30	• 환자진입구와 바로 인접되게 설치할 것
	소생실	2	20	40	• 환자진입구 및 구급차출입구와 바로 인접되게 설치할 것 • 소규모수술이 가능한 장비 및 인력을 갖출 것
	간호사실	1	20	20	• 소생실 전면에 설치할 것
	응급환자 진료구역	1	165	165	• 최소 30병상 이상을 확보할 것
	위세척실	1	20	20	• 환자진입구와 바로 인접되게 설치 할 것
	고압산소실	1	50	50	
	검사실	1			• 시설기준에 의한 검사를 시행하기에 충분한 공간을 확보할 것 • 24시간 혈액성분 및 화학 검사, 동맥혈가스분석, 요검사가 가능하도록 장비가 구비되어 있어야 함
	방사선실 • 일반촬영실 • CT촬영실	1 1	30 60	30 60	
	수술실 및 처치실	1	40	40	
응급 진료실외 의 장소	중환자실의 병상	10	10	100	• 총면적은 중환자실에 있는 간호사실·의사실 및 물품보관소를 제외한 면적임
	입원실의 병상	30	4.3	130	• 30병상 이상을 설치할 것
	독극물 정보센터	1	60	60	
	회의실 및 도서실	1	60	60	
기타		원무행정실·의사당직실·보호자대기실 및 주차장을 설치하되, 그 기준은 별표 7의 지역응급의료센터의 기준에 의한다.			

(주)
1. 위의 개수·단위면적 및 총면적기준은 최소기준임
2. 검사실 및 방사선실중 CT촬영실은 종합병원의 시설을 이용할 수 있는 경우 이를 두지 아니할 수 있음

나. 인력기준

인력	인력기준	비고
1) 의사	• 응급의학 전문의 3명 이상 • 중독 전담의 2명 이상	• 응급실에 24시간 전문의 또는 중독전담의 1명 이상이 근무할 것
2) 간호사	• 15명 이상	
3) 응급 구조사	• 구급차 1대당 2명 이상	
4) 그 밖의 인력	• 응급의료종사자 및 환자의 안전을 위한 청원경찰 또는 경비원 등의 보안인력 1명 이상 • 구급차 1대당 운전기사 2명 이상	• 보안인력은 24시간 1명 이상이 상주할 것 • 별표 5의2 제1호다목라) 또는 별표 7 제2호다목에 따라 권역응급의료센터 또는 지역응급의료센터의 응급실에 전담 상주 인력을 둔 경우에는 보안인력을 갖춘 것으로 봄 • 법 제44조제2항에 따라 구급차의 운용을 위탁한 경우에는 관련 인력을 위탁하여 운영할 수 있음

다. 장비기준

장비	소생실	응급실
제세동기	1	1
인공호흡기	1	1
주입기(Infusion Pump)	2	3병상당 1
이동 X-선 촬영기	1	
CT촬영기	1	
초음파검사기(심초음파 검사 기능)	1	
산부인과진찰대	1	
산화질소(N_2O) 마취기	1	
환자감시장치	1	5병상당 1
이동환자감시장치	1	
부착형흡인기	1병상당 1	1병상당 1
급속혈액가온주입기 (Rapid infusion warmer)	1	
보온포(가온·냉각기능공유)	1	
고압산소탱크	1	

무선통신설비 및 전산시설 : 응급의료지원센터와 교신할 수 있는 통신설비와 응급의료정보제공을 위한 전산장비 등의 시설을 갖추어야 함
구급차 : 특수구급차 1대 이상을 포함한 구급차 2대. 다만, 법 제44조제2항의 규정에 따라 구급차의 운용을 위탁한 경우 이를 갖추지 아니할 수 있다.

5. 소아센터

가. 시설기준

1) 소아 응급실 전용시설 기준
   ○ 소아 응급실은 소아청소년 응급환자를 위한 전용시설로 성인을 위한 응급실과 구분되도록 설치·운영되어야 함.
   ○ 감염병 환자를 위한 음압격리병상 및 일반격리병상은 소아 응급실의 다른 구역과 분리하여 설치할 수 있음.

시설	시설기준	비고
가) 환자 분류소	• 환자진입구와 인접하여 설치할 것 • 중증도 분류에 필요한 장비와 비품을 갖출 것 • 충분한 환기가 이루어지도록 할 것	감염의사환자를 위한 마스크 등 보호장구를 비치할 것
나) 처치실	• 최소 20㎡의 전용면적을 확보하고, 각각의 내변이 3m 이상이 되도록 할 것 • 감염방지를 위해 손세척이 가능할 것	
다) 응급환자 진료구역	• 각 병상마다 시각적 차폐 시설을 갖출 것 • 산소와 음압을 공급하는 설비를 갖출 것 • 5병상 이상을 확보할 것	병상 간 간격은 1.5m 이상을 확보할 것
라) 중증응급환자 진료구역	• 출입통제가 가능한 별도의 구역으로 구성하고 무정전 시스템을 갖출 것 • 각 병상마다 시각적 차폐 시설을 갖출 것 • 산소, 음압, 고압공기를 공급하는 설비를 갖출 것 • 2병상 이상을 확보할 것	
마) 음압격리병상	• 외부로부터 완전히 밀폐되고 필터링된 급기·배기 및 음압제어, 환기가 가능한 시설을 갖출 것 • 각 병상은 1인 격리실로 설치할 것 • 보호구 장비 및 손세척을 할 수 있는 전실을 갖출 것 • 1병상 이상 확보할 것	일반격리병상은 중증응급환자 진료구역 병상 수에 포함됨
바) 일반격리병상	• 외부로부터 완전히 차폐될 수 있을 것 • 각 병상은 1인 격리실로 설치할 것 • 내부 전체를 관찰할 수 있는 창문 또는 폐쇄회로 텔레비전(CCTV) 설비를 갖출 것 • 1병상 이상 확보할 것	
사) 소아응급환자 전용중환자실	• 2병상 이상을 확보할 것 • 「의료법 시행규칙」 별표 4의 중환자실 규정을 준수할 것 ※ 권역응급의료센터인 경우 응급전용중환자실 중 2병상을 소아응급환자전용으로 배정할 수 있음	당일 응급의료 책임자의 동의하에 입원·퇴원을 결정할 것
아) 소아응급환자 전용입원실	• 6병상 이상을 확보할 것 • 병상당 4.3㎡ 이상의 공간을 확보할 것	
자) 보호자대기실	보호자 대기실 내에 별도의 수유실을 구비할 것	

2) 의료기관 시설기준

시설	시설기준	비고
가) MRI실	• 신체 전 부위의 촬영이 가능할 것 • 산소와 음압을 공급하는 설비를 설치할 것	• 24시간 운영할 것 • 응급환자에 우선 사용되도록 할 것
나) 검사실 등	• 소아환자의 초음파 검사가 가능할 것 • 연령별 장비를 구비하여 소아환자의 소화기 내시경 검사가 가능할 것	
다) 혈액은행	ABO 및 Rh Typing, 교차 시험(Cross Matching), Coomb's Test 검사가 가능할 것	
라) 주산기 시설	• 신생아실을 갖출 것 • 분만실을 갖출 것	

나. 장비기준

1) 소아 응급실 전용장비

장비명	개 수(단위: 개)	
	중증응급환자 진료구역	응급환자 진료구역
가) 제세동기	1	
나) 인공호흡기	1	
다) 이동 환자 감시장치	2	
라) 급속 혈액가온주입기	1	
마) 주입기(infusion pump)	1병상당 1	5병상당 1
바) 환자 감시장치	1병상당 1	5병상당 1
사) 부착형 흡인기	1병상당 1	
아) 초음파검사기	1	
자) 골강내 주사기구	1	
차) EKG	1	
카) Capnography	1	
타) ENT unit	1	
파) 보온포(가온·냉각기능)	1	
하) 소아용 네뷸라이저	3	

※ 소아환자를 위한 기구 및 소모품을 연령별로 확보하여야 함

2) 의료기관 내 확보해야 하는 장비

장비	기 준
가) 뇌압 감시장비	24시간 사용이 가능해야 하며, 응급환자에 우선적으로 사용될 수 있게 할 것
나) 인공심폐순환기(ECMO)	
다) 지속적 신 대체 요법(CRRT) 장비	
라) 인큐베이터	

다. 인력기준
  1) 소아 응급실 전담인력

인력	인력기준	비고
가) 의사	• 전문의 2명 이상을 포함한 소아응급환자 전담의 4명 이상(이 경우 전담의는 3년차 레지던트 이상을 의미한다) • 전년도 응급실 내원 소아청소년환자수가 15,000명을 초과하는 경우 전담전문의 1명을 추가 확보하고, 매 10,000명마다 소아응급환자 전담전문의 1명을 추가 확보할 것	소아전문응급센터에 24시간 소아응급환자 전담 전문의 또는 3년차 이상 레지던트가 1인 이상 상주할 것 ※ 권역응급의료센터가 내원환자 대비 추가 확보해야 하는 응급실 전담전문의에 포함됨
나) 간호사	• 소아응급환자 전담간호사 10명 이상 • 전년도 응급실 내원 소아청소년환자수가 15,000명을 초과하는 경우 전담간호사 3명을 추가 확보하고, 매 5000명마다 소아응급환자 전담 간호사 3명을 추가 확보할 것	소아응급환자 전용중환자실 및 입원실 인력과 별도 ※ 권역응급의료센터가 내원환자 대비 추가 확보해야 하는 응급실 전담간호사에 포함됨
다) 그 밖의 인력	• 간호사, 응급구조사 또는 보건의료정보관리사의 면허 또는 자격을 가진 사람 1명 이상	• 응급의료 정보 관리 및 제공 업무를 전담할 것
	• 응급의료종사자 및 환자의 안전을 위한 청원경찰 또는 경비원 등의 보안인력 1명 이상	• 24시간 1명 이상이 상주할 것 • 별표 5의2 제1호다목라) 또는 별표 7 제2호다목에 따라 권역응급의료센터 또는 지역응급의료센터의 응급실에 전담 상주 인력을 둔 경우에는 보안인력을 갖춘 것으로 봄

  2) 의료기관이 확보해야 하는 소아청소년과 전문인력

인력	비고
소아청소년과 전문의 5명 이상	소아전문응급센터 전담인력과 별도

라. 삭제 〈2019. 12. 31.〉

■ 응급의료에 관한 법률 시행규칙 [별표 7] 〈개정 2020. 12. 16.〉

지역응급의료센터의 지정기준(제17조제2항 관련)

1. 시설기준

구분	개수	단위면적 (m²)	총면적 (m²)	비고
가. 환자분류소	1			• 환자진입구와 인접하여 설치할 것 • 중증도 분류에 필요한 장비와 비품을 갖출 것 • 충분한 환기가 이루어지도록 할 것 • 감염병 의심환자를 위한 마스크 등 보호 장비를 비치할 것
나. 응급환자진료구역	1	110	110	• 20병상(음압격리병상 및 일반격리병상을 포함한다) 이상을 확보할 것
다. 음압격리병상	1			• 외부로부터 완전히 밀폐될 것 • 필터링된 급기·배기, 음압제어 및 환기가 가능한 시설을 갖출 것 • 각 병상은 1인 격리실로 설치할 것 • 내부 전체를 관찰할 수 있는 창문 또는 폐쇄회로 텔레비전을 설치할 것 • 개인보호장비를 착용하거나 손세척을 할 수 있는 전실을 갖출 것
라. 일반격리병상	2			• 외부로부터 완전히 차폐될 것 • 각 병상은 1인 격리실로 설치할 것 • 내부 전체를 관찰할 수 있는 창문 또는 폐쇄회로 텔레비전을 설치할 것 • 음압격리병상 1병상 이상을 포함한 격리병상을 3병상 이상 갖출 것
마. 검사실	1			• 장비기준에 따른 장비를 이용하여 검사하기 위한 충분한 공간을 확보할 것. 다만, 종합병원의 검사실을 이용할 수 있는 경우에는 검사실을 두지 않을 수 있음 • 24시간 혈액 성분 및 화학 검사, 동맥혈가스분석, 요검사를 할 수 있는 장비를 갖출 것
바. 방사선실 (일반촬영실)	1			• 외래환자용과 구분되는 별도의 시설일 것
사. 처치실	1	15	15	• 간단한 수술 및 처치를 할 수 있는 처치대 1병상을 설치할 수 있는 면적일 것
아. 원무행정실	1			• 종합병원과 별도로 입퇴원 및 의료보험청구업무를 하는 경우에는 그에 필요한 면적을 확보할 것
자. 의사당직실	1			• 의사 2명 이상이 숙식할 수 있는 공간일 것
차. 보호자대기실	1			• 20명 이상이 동시에 대기할 수 있는 공간으로서 대기의자, 호출시설 등 편의시설의 설치가 가능할 것
카. 주차장				• 구급차 2대를 포함한 4대의 차량을 동시에 주차할 수 있는 공간을 확보할 것

비고: 위의 개수·단위면적 및 총면적 기준은 최소기준을 의미함.

2. 인력기준

인력	인력기준	비고
가. 의사	• 응급실 전담전문의 2명 이상을 포함한 전담의사 4명 이상	• 24시간 전문의 또는 3년차 이상 레지던트 1명 이상이 근무할 것
나. 간호사	• 응급실 전담간호사 10명 이상	• 24시간 응급실 전담간호사 3명 이상이 근무할 것
다. 그 밖의 인력	• 간호사, 응급구조사 또는 보건의료정보관리사의 면허·자격을 가진 사람 1명 이상	• 응급의료 정보 관리 및 제공 업무를 전담할 것
	• 응급의료종사자 및 환자의 안전을 위한 청원경찰 또는 경비원 등의 보안인력 1명 이상	• 24시간 응급실 전담으로 1명 이상이 상주할 것

3. 장비기준

장비명	기준
가. 심장충격기	1대 이상
나. 인공호흡기	1대 이상
다. 주입기(Infusion Pump)	5병상마다 1대 이상
라. 초음파검사기	1대 이상
마. 산부인과진찰대	1대 이상
바. 환자감시장치	5병상마다 1대 이상
사. 이동환자감시장치	1대 이상
아. 부착형흡인기	1병상마다 1대 이상
자. 부착형산소(Wall O_2 unit)	1병상마다 1대 이상
차. 급속혈액가온주입기 (Rapid infusion warmer)	1대 이상
카. 보온포	1대 이상
타. CT촬영기	1대 이상. 다만, 종합병원의 CT촬영기를 이용할 수 있는 경우에는 갖추지 않을 수 있음
파. 일반 X-선 촬영기	1대 이상
하. 이동 X-선 촬영기	1대 이상
거. 특수구급차	1대 이상. 다만, 법 제44조제2항에 따라 구급차의 운용을 위탁한 경우에는 갖추지 않을 수 있음
너. 무선통신설비 및 전산시설	응급의료지원센터와 교신할 수 있는 통신설비와 응급의료정보의 제공을 위한 전산장비 등의 시설을 갖출 것

■ 응급의료에 관한 법률 시행규칙 [별표 7의2] 〈개정 2023. 2. 24.〉

권역외상센터의 요건과 지정기준(제17조의2제2항 관련)

1. 일반기준
외상환자 진료를 위한 외상 소생실, 방사선실, 중환자실, 수술실은 상호간에 구획되어야 하고, 수평 또는 수직으로 바로 연결될 수 있도록 최대한 근접성을 갖추어야 하며, 기존 시설과는 독립적으로 설치·운영되어야 한다.

2. 개별기준
가. 시설기준

시설		개수	단위면적 (㎡)	총면적 (㎡)	세부기준
외상 소생 구역	외상 소생실 (치료실)	2	20	40	• 환자출입구 및 구급차출입구와 바로 인접하게 설치할 것 • 헬기장, 외상 중환자실의 병상, 외상수술실로 직접 연결되는 전용동선을 확보할 것 • 소규모 수술이 가능한 장비 및 인력을 갖출 것
	외상 환자 진료 구역	1	40	40	• 최소 6병상 이상을 확보할 것 • 의료가스와 음압공급유닛을 확보할 것
	외상 통제실	1			• 119, 구급차, 항공이송대 등과 직접 연결하여 환자 상태를 전달받고 통제·지도할 수 있는 유무선 통신설비를 확보할 것 • 입·퇴원하는 중증외상환자의 정보를 입력·관리할 수 있는 전산장비를 구비할 것 • 기능유지를 위한 인력을 갖출 것
외상 수술실		2	50	100	• 청결구역과 오염구역을 구분할 것 • 기능유지를 위한 인력을 갖출 것
외상 중환자실의 병상		20	10	200	• 총면적은 중환자실에 있는 간호사실, 의사당직실 및 물품보관소 등을 제외한 면적이며, 이들 시설을 포함한 전체 시설면적은 600㎡ 이상(병상당 30㎡ 이상)일 것
외상 입원실의 병상		40	4.3	172	• 총면적은 입원병상에 있는 간호사실, 의사당직실 및 물품보관실, 청결실, 오물처리실 등을 제외한 면적이며, 이들 시설을 포함한 전체 시설면적은 900㎡ 이상(병상당 22.5㎡ 이상)일 것
회의실 및 의사실		1			• 회의실에는 시청각 기자재를 완비할 것 • 20명 이상이 동시에 이용할 수 있을 것 • 회의실과 의사실은 공동으로 사용할 수 있음
의사 당직실		1			• 4명 이상이 동시에 휴식·대기할 수 있을 것 • 탈의, 세안 등이 가능하고, 필요시 남녀 구분할 것 • 중환자실, 입원실 병상의 전체 시설면적에 포함됨
방사 선실	일반 촬영실	1			• 외상전용 이동 X-선 촬영기 1대를 보유할 것 • X-선 촬영할 수 있는 시설을 외상소생실 침대 위에 갖춘 경우 일반촬영실을 설치한 것으로 봄
	CT 촬영실	1			• 권역외상센터로 지정된 종합병원(이하 "종합병원"이라 함)의 시설과 공동사용 가능하나, 외상환자 발생 시 외상환자가 우선 사용할 수 있도록 할 것
	혈관 조영실	1			• 외상환자 전용으로 설치할 것

MRI실	1			• 응급의료센터의 시설과 공동사용 가능하나, 외상환자 발생 시 외상환자가 우선 사용할 수 있도록 할 것
검사실	1			• 혈액성분 및 화학 검사, 동맥혈가스분석, 요검사가 24시간 가능하도록 장비가 구비되어 있을 것 • 기능유지를 위한 전담 검사인력을 갖출 것 • 종합병원의 시설과 공동사용 가능
혈액은행	1			• 필요한 혈액제제를 보존하고 24시간 신속하게 혈액제제를 공급할 수 있도록 할 것 • 기능유지를 위한 전담 관리인력을 갖출 것 • 종합병원의 시설과 공동사용 가능
헬기장				• 「공항시설법」에 따른 헬기장의 설치기준을 준수할 것 • 옥상헬기장의 경우 외상소생구역, 외상수술실, 외상중환자실로의 이동통로가 있도록 할 것

(주) 위의 개수, 단위면적 및 총면적기준은 최소기준임

나. 인력기준

인 력	비 고
의사 1) 외과, 심장혈관흉부외과, 정형외과 및 신경외과의 외상환자 전담 전문의를 각 1명 이상 둘 것 2) 24시간 외상팀과의 연계·지원 및 외상환자 치료 등을 위한 응급의학과 전문의를 1명 이상 둘 것 3) 외상환자에게 즉시 수술 또는 혈관조영술을 시행하기 위한 마취통증의학과 전문의 및 영상의학과 전문의를 각 1명 이상 둘 것	모든 인력은 권역외상센터의 전담 인력이어야 한다. 다만, 의사의 인력기준 중 2)의 응급의학과 전문의와 3)의 마취통증의학과 전문의 및 영상의학과 전문의는 종합병원 내 해당 과의 전문의 업무를 수행할 수 있다.
간호사 1) 외상소생구역: 상시 2명 이상의 간호사를 둘 것 2) 외상 중환자실의 병상: 「의료법 시행규칙」 별표 4 제2호아목에 따른 간호사 수를 둘 것 3) 외상 입원실의 병상: 「의료법 시행규칙」 별표 5에 따른 종합병원 구분란의 간호사 수를 둘 것	
그 밖의 인력 • 중증외상환자의 등록 및 통계자료의 작성 등을 위하여 임상경험이 있는 간호사 또는 실무경력이 있는 보건의료정보관리사 등을 2명 이상 둘 것	

다. 장비기준

장비명	외상 소생실	외상환자 진료구역	외상 중환자실	외상 수술실
환자감시장치	1실당 1	1병상당 1	1병상당 1	1실당 1
약물주입기	1실당 4	1병상당 2	1병상당 4	1실당 4
제세동기	1실당 1		2	1실당 1
인공호흡기	1실당 1		3병상당 2	
무영등	1실당 1			1실당 1
수술대	1실당 1			1실당 1
전기수술기(Electrosurgical unit)	1		1	1실당 1

장비				
체온조절장치	1		3	
이동용 인공호흡기	1		2	
마취기	1			1실당 1
이동형 외상환자 침대		3		
급속혈액가온주입기		2	2	1실당 1
이동형 환자감시장치		1	2	
초음파검사기 (심초음파 가능한 장비)		1	1	
비침습적심박출량감시장치		1	2	
지속적신대체요법(CRRT)			3	
심부저체온유도장치			1	
체외막산소공급기(ECMO)			2	
중환자용 전동침대			1병상당 1	
흉벽진동기			2	
중앙환자감시시스템			1	
체외순환기				1
이동형 방사선발생장치(C-arm)				1
자가수혈기(Cell saver)				1

(주) 이동용 인공호흡기 중 1대는 MRI실에서 사용이 가능하여야 하며, 외상소생실의 경우 수술이 가능한 침대를 갖춘 경우 수술대를 갖춘 것으로 봄

라. 운영기준

1) 의료기관의 장은 24시간 365일 중증외상환자 진료가 가능하도록 외상환자 전담 전문의를 중심으로 3개 이상의 외상팀을 구성하고, 외상팀 단위로 신속 대응체계 및 당직체계를 운영하여야 한다.
2) 의료기관의 장은 다발성 외상을 포함한 중증외상환자에 대한 포괄적인 응급대응과 치료가 가능하도록 각 외상팀별로 전문과목 구성과 과목별 인원수를 산정하여 외상환자 전담 전문의를 배치하여야 한다.
3) 의료기관의 장은 권역외상센터의 시설과 장비는 반드시 외상환자 전용으로 사용하되, 의료기관 내 다른 시설과 장비에 대해서도 응급상황인 경우에는 외상환자가 우선적으로 사용할 수 있도록 해야 한다. 다만, 「재난 및 안전관리 기본법」 제3조제1호에 따른 재난 및 이에 준하는 상황이 발생한 경우에는 예외로 하며, 세부사항은 보건복지부장관이 정한다.
4) 외상응급수술을 위해 외상수술실을 항상 사용할 수 있도록 하는 등 그 밖에 권역외상센터 운영에 대한 세부적인 사항은 보건복지부장관이 정한다.

■ 응급의료에 관한 법률 시행규칙 [별표 7의3] 〈신설 2020. 2. 28.〉

정신질환자응급의료센터의 지정 기준(제17조의3제1항 관련)

1. 시설 기준

「정신건강증진 및 정신질환자 복지서비스 지원에 관한 법률 시행규칙」 별표 3에 따른 시설과 다음 표에 따른 시설을 모두 갖출 것

시설	기준
가. 응급전용 입원실	「정신건강증진 및 정신질환자 복지서비스 지원에 관한 법률」 제50조에 따라 입원하는 환자(응급실에서 진료를 받은 후 입원하는 환자로 한정하며, 이하 "응급입원환자"라 한다) 2명 이상을 수용할 수 있을 것
나. 응급전용 보호실	1개 이상. 이 경우 자해 및 폭행 등을 예방할 수 있는 안전장치를 갖추어야 한다.

비고
정신질환자응급의료센터로 지정을 받으려는 응급의료기관의 응급실 외의 공간에 응급전용 입원실과 응급전용 보호실을 두려면 응급의료기관의 정신건강의학과 등 병동의 일부 입원실과 보호실을 응급전용 입원실과 응급전용 보호실로 지정해야 한다.

2. 인력 기준

인력	기준
가. 정신건강의학과전문의	최소 2명을 두고, 응급입원환자가 30명을 초과하는 때에는 응급입원환자 15명당 1명을 두되, 그 끝수에는 1명을 추가한다. 이 경우 정신건강의학과전공의 1명은 정신건강의학과전문의 0.5명으로 본다.
나. 간호사	응급입원환자 4명당 1명을 두되, 그 끝수에는 1명을 추가한다.

비고
1. 정신질환자응급의료센터에는 정신건강의학과전문의 또는 정신건강의학과전공의 1명 이상이 항상 근무하고 있어야 한다.
2. 정신질환자응급의료센터의 인력은 「정신건강증진 및 정신질환자 복지서비스 지원에 관한 법률 시행규칙」 별표 4에서 입원환자 수에 따라 두는 인력에 포함될 수 있다.

■ 응급의료에 관한 법률 시행규칙 [별표 8] 〈개정 2020. 12. 16.〉

지역응급의료기관의 지정기준(제18조제1항 관련)

1. 시설기준

구분		개수	단위면적 (m^2)	총면적 (m^2)	비고
가. 환자분류소		1			• 환자진입구와 인접하여 설치할 것 • 중증도 분류에 필요한 장비와 비품을 갖출 것 • 충분한 환기가 이루어지도록 할 것 • 감염병 의심환자를 위한 마스크 등 보호 장구를 비치할 것
나. 응급환자 진료구역	전년도 연간 응급실 내원환자수가 1만명 이상인 경우	1	55	55	• 10병상(음압격리병상 및 일반격리병상을 포함한다) 이상을 확보할 것
	전년도 연간 응급실 내원환자수가 1만명 미만인 경우		27.5	27.5	• 5병상(음압격리병상 및 일반격리병상을 포함한다) 이상을 확보할 것
다. 음압격리병상		1			• 외부로부터 완전히 밀폐될 것 • 필터링된 급기·배기, 음압제어 및 환기가 가능한 시설을 갖출 것 • 각 병상은 1인 격리실로 설치할 것 • 내부 전체를 관찰할 수 있는 창문 또는 폐쇄회로 텔레비전을 설치할 것 • 개인보호장비를 착용하거나 손세척을 할 수 있는 전실을 갖출 것
라. 일반격리병상					• 외부로부터 완전히 차폐될 것 • 각 병상은 1인 격리실로 설치할 것 • 내부 전체를 관찰할 수 있는 창문 또는 폐쇄회로 텔레비전을 설치할 것 • 음압격리병상 또는 일반격리병상을 1병상 이상 갖출 것
마. 검사실		1			• 24시간 혈액 성분 및 화학 검사, 동맥혈가스분석, 요 검사를 할 수 있는 장비를 갖출 것. 다만, 병원의 검사실을 이용할 수 있는 경우에는 검사실을 두지 않을 수 있음
바. 처치실		1			• 간단한 수술 및 처치를 할 수 있는 구분된 공간일 것
사. 원무행정실		1			• 일반환자용 원무행정실도 사용 가능함
아. 의사당직실		1			• 의사 1명 이상이 숙식할 수 있는 공간일 것
자. 보호자대기실		1			• 10명 이상이 동시에 대기할 수 있는 공간으로서 대기의자, 호출시설 등 편의시설의 설치가 가능할 것
차. 주차장					• 구급차 1대를 포함한 2대의 차량을 동시에 주차할 수 있는 공간을 확보할 것

비고: 위의 개수·단위면적 및 총면적 기준은 최소기준을 의미함.

2. 인력기준

구분		인력기준	비고
가. 의사	전년도 연간 응급실 내원환자수가 1만명 이상인 경우	• 응급실 전담의사 2명 이상	• 24시간 응급실 전담의사 또는 병원 당직의사 중 1명 이상이 근무할 것
	전년도 연간 응급실 내원환자수가 1만명 미만인 경우	• 응급실 전담의사 1명 이상	
나. 간호사	전년도 연간 응급실 내원환자수가 1만명 이상인 경우	• 응급실 전담간호사 5명 이상	• 24시간 응급실 전담간호사 2명 이상이 근무할 것
	전년도 연간 응급실 내원환자수가 1만명 미만인 경우		• 24시간 응급실 전담간호사 1명 이상이 근무할 것
다. 그 밖의 인력		• 응급의료종사자 및 환자의 안전을 위한 청원경찰 또는 경비원 등의 보안인력 1명 이상	• 보안인력은 24시간 1명 이상이 상주할 것(응급실 이외 의료기관의 보안업무 겸임이 가능함)

3. 장비기준

구분	기준
가. 심장충격기	1대 이상
나. 인공호흡기	1대 이상
다. 주입기(Infusion Pump)	5병상마다 1대 이상
라. 환자감시장치	5병상마다 1대 이상
마. 부착형흡인기	1병상마다 1대 이상
바. 부착형산소(Wall O$_2$ unit)	1병상마다 1대 이상
사. 일반 X-선 촬영기	1대 이상
아. 특수구급차	1대 이상. 다만, 법 제44조제2항에 따라 구급차의 운용을 위탁한 경우에는 갖추지 않을 수 있음
자. 무선통신설비 및 전산시설	응급의료지원센터와 교신할 수 있는 통신설비와 응급의료정보의 제공을 위한 전산장비 등의 시설을 갖출 것

■ 응급의료에 관한 법률 시행규칙 [별표 9] 〈개정 2015.1.8.〉

응급의료시설의 설치기준(제23조제1항 관련)

1. 의료기관의 외부에 법에 따라 지정받은 응급의료기관의 명칭과 혼돈되지 않는 범위에서 응급환자진료기관임을 표기할 것.
2. 응급환자의 진료를 위한 20제곱미터 이상의 별도 공간을 확보하고, 간단한 처치 및 시술을 위한 병상을 구비할 것.
3. 의사 1명 및 간호사 1명 이상이 24시간 근무할 것.
4. 의료기관 내에 다음 각목의 장비가 구비되어 24시간 이용할 수 있을 것.
   가. 일반 X-선 촬영기
   나. 혈액 성분 및 화학 검사, 동맥혈가스분석, 요성분 등을 검사할 수 있는 장비
5. 심폐소생술에 필요한 후두경 등 기도삽관장비를 구비하고 있을 것.

■ 응급의료에 관한 법률 시행규칙 [별표 14] 〈개정 2017. 12. 1.〉

응급구조사의 업무범위(제33조관련)

1. 1급 응급구조사의 업무범위
   가. 심폐소생술의 시행을 위한 기도유지(기도기(airway)의 삽입, 기도삽관(intubation), 후두마스크 삽관 등을 포함한다)
   나. 정맥로의 확보
   다. 인공호흡기를 이용한 호흡의 유지
   라. 약물투여 : 저혈당성 혼수시 포도당의 주입, 흉통시 니트로글리세린의 혀아래(설하) 투여, 쇼크시 일정량의 수액투여, 천식발작시 기관지확장제 흡입
   마. 제2호의 규정에 의한 2급 응급구조사의 업무

2. 2급 응급구조사의 업무범위
   가. 구강내 이물질의 제거
   나. 기도기(airway)를 이용한 기도유지
   다. 기본 심폐소생술
   라. 산소투여
   마. 부목·척추고정기·공기 등을 이용한 사지 및 척추 등의 고정
   바. 외부출혈의 지혈 및 창상의 응급처치
   사. 심박·체온 및 혈압 등의 측정
   아. 쇼크방지용 하의 등을 이용한 혈압의 유지
   자. 자동심장충격기를 이용한 규칙적 심박동의 유도
   차. 흉통시 니트로글리세린의 혀아래(설하) 투여 및 천식발작시 기관지확장제 흡입(환자가 해당약물을 휴대하고 있는 경우에 한함)

■ 응급의료에 관한 법률 시행규칙 [별표 15의2] 〈개정 2020. 6. 26.〉

응급의료 전용헬기의 장비·의약품·환자인계점 관리 등에 관한 기준(제38조제2항 관련)

1. 응급의료 전용헬기가 갖추어야 하는 기종·안전장치·의료장비 및 의약품의 기준

구분	내용
가. 기종	1) 항공기의 기령(機齡)이 15년 이하일 것 2) 8인승 이상으로서 동시에 2명의 환자 이송이 가능할 것 3) 최대 이륙중량이 2,500킬로그램 이상일 것 4) 항속거리가 600킬로미터 이상일 것 5) 쌍발엔진(Twin Engine)을 장착할 것 ※ 2)부터 4)까지에 따른 기준은 「항공기등록규칙」 제20조제1항제6호 및 별지 제12호서식에 따른 항공기 제원 및 성능표의 내용으로 판단한다.
나. 안전장치	1) 헬기 위치 추적 장치 2) 비상위치무선표지시설(ELT) 3) 항공기 간의 공중 충돌 방지 장비 4) 조종실 음성기록장비(CVR) 및 비행자료 기록장비(FDR) 5) 항공관제용 무선통신장비 및 비상용 무선통신장비 6) 항공기의 비상 착수를 위한 부양 기구(Flotation Device for Helicopter Ditching). 다만, 해상 운항이 필요하지 않은 지역에서 운용되는 경우에는 갖추지 않아도 된다.
다. 의료장비	1) 탈부착이 가능한 이동식 들것 2개 2) 고정식 및 이동식 의료용 산소공급장치 3) 인공호흡기 4) 환자감시장치 및 심장충격기 5) 탈부착이 가능한 이동식 흡인기 6) 경추고정장비, 견인부목, 척추고정판 및 골반고정기 7) 주입속도의 설정과 탈부착이 가능한 이동식 주입펌프 2개 8) 수액걸이 4개 9) 이동식 초음파검사기 10) 화학검사장비 및 심장효소검사장비 11) 자동흉부압박장비 12) 청진기, 펜라이트, 후두경 세트, 마질 겸자, 하임리히 밸브, 백밸브마스크, 후두마스크 기도기 등을 포함한 구급가방
라. 의약품	1) 비닐 팩에 포장된 수액제제 2) 심폐소생술 및 부정맥처치를 위한 약물 3) 혈압상승제 4) 주사용 항고혈압제 5) 주사용 비마약성진통제 6) 진정 및 항경련제 7) 근육이완제 8) 뇌압강하제 9) 50퍼센트 포도당액 10) 부신피질호르몬제 11) 주사용 항히스타민제 12) 항구토제, 진경제 및 제산제 13) 설하용 니트로글리세린 14) 흡입용 기관지확장제 15) 소독제

2. 환자인계점의 선정과 관리

　가. 환자인계점의 선정

　　　1) 환자인계점은 응급의료 전용헬기(이하 이 호에서 "헬기"라 한다)를 배치한 병원, 헬기 조종사 또는 관련 전문가의 의견을 수렴하여 시·도지사가 선정한다.

　　　2) 헬기의 이착륙이 가능한 면적을 확보하여야 한다.

　　　3) 헬기의 하강풍(下降風)에 의한 비산물(飛散物)이 적은 편평한 지면이어야 한다.

　　　4) 헬기의 이착륙에 지장을 주는 장애물이 없어야 한다.

　　　5) 헬기를 운영하는 지역 내에 환자인계점이 적정하게 분포하도록 그 개수와 간격을 조정하여야 한다.

　나. 환자인계점의 관리

　　　1) 시·도지사는 환자인계점의 관리자를 지정하고, 관리자가 없는 곳은 지역 내 공무원 또는 공무원을 대리하는 자가 관리업무를 수행할 수 있도록 하여야 한다.

　　　2) 시·도지사는 환자인계점의 관리자에게 해당 공간이 헬기의 이착륙에 사용되는 장소임을 통보하여야 한다.

　　　3) 환자인계점에는 해당 공간이 헬기의 이착륙에 사용되는 장소임을 알리는 안내판을 부착하여야 한다.

　　　4) 시·도지사는 환자인계점의 선정·취소·일시적 사용중지 및 관리자의 인적사항 변경이 있는 경우에는 중앙응급의료센터의 장과 헬기를 배치한 병원에 통보하여야 한다.

　　　5) 헬기 조종사가 운항 중에 환자인계점의 이상을 발견한 경우에는 운항이 종료된 즉시 해당 시·도지사에 보고하여 필요한 조치를 할 수 있도록 하여야 한다.

3. 그 밖에 응급의료 전용헬기의 장비·의약품 및 환자인계점 관리 등에 관한 세부 사항은 보건복지부장관이 정한다.

■ 응급의료에 관한 법률 시행규칙 [별표 16] 〈개정 2017. 12. 1.〉

구급차등에 갖추어야 하는 의료장비·구급의약품 및 통신장비의 기준(제38조제3항 관련)

1. 특수구급차

구분	장비 분류	장 비
가. 환자 평가용 의료장비	신체검진	가) 환자감시장치(환자의 심전도, 혈중산소포화도, 혈압, 맥박, 호흡 등의 측정이 가능하고 모니터로 그 상태를 볼 수 있는 장치) 나) 혈당측정기 다) 체온계(쉽게 깨질 수 있는 유리 등의 재질로 되지 않은 것) 라) 청진기 마) 휴대용 혈압계 바) 휴대용 산소포화농도 측정기
나. 응급 처치용 의료장비	1) 기도 확보 유지	가) 후두경 등 기도삽관장치(기도삽관튜브 등 포함) 나) 기도확보장치(구인두기도기, 비인두기도기 등)
	2) 호흡 유지	가) 의료용 분무기(기관제 확장제 투여용) 나) 휴대용 간이인공호흡기(자동식) 다) 성인용·소아용 산소 마스크(안면용·비재호흡·백밸브) 라) 의료용 산소발생기 및 산소공급장치 마) 전동식 의료용 흡인기(흡인튜브 등 포함)
	3) 심장 박동 회복	자동심장충격기(Automated External Defibrillator)
	4) 순환 유지	정맥주사세트
	5) 외상 처치	가) 부목(철부목, 공기 또는 진공부목 등) 및 기타 고정장치(경추·척추보호대 등) 나) 외상처치에 필요한 기본 장비(압박붕대, 일반거즈, 반창고, 지혈대, 라텍스장갑, 비닐장갑, 가위 등)
다. 구급 의약품	1) 의약품	가) 비닐 팩에 포장된 수액제제(생리식염수, 5%포도당용액, 하트만용액 등) 나) 에피네프린(심폐소생술 사용용도로 한정한다) 다) 아미오다론(심폐소생술 사용용도로 한정한다) 라) 주사용 비마약성진통제 마) 주사용 항히스타민제 바) 니트로글리세린(설하용) 사) 흡입용 기관지 확장제
	2) 소독제	가) 생리식염수(상처세척용) 나) 알콜(에탄올) 또는 과산화수소수 다) 포비돈액
라. 통신 장비		다음의 어느 하나의 장비를 갖추어야 한다. 다만, 「119구조·구급에 관한 법률」에 따른 119구조대 및 119구급대의 구급차에 대해서는 소방관계 법령에서 따로 정할 수 있다. 가) 법 제15조에 따라 구축한 응급의료정보통신망 나) 「전파법」에 따라 할당받은 주파수를 사용하는 기간통신서비스의 이용에 필요한 무선단말기기

2. 일반구급차

구분	장비 분류	장 비
가. 환자 평가용 의료장비	신체 검진	가) 체온계(쉽게 깨질 수 있는 유리 등의 재질로 되지 않은 것) 나) 청진기 다) 휴대용 혈압계 라) 휴대용 산소포화농도 측정기
나. 응급 처치용 의료장비	1) 기도 확보 유지	기도확보장치(구인두기도기, 비인두기도기 등)
	2) 호흡 유지	가) 성인용·소아용 산소 마스크(안면용·비재호흡·백밸브) 나) 의료용 산소발생기 및 산소공급장치 다) 전동식 의료용 흡인기(흡인튜브 등 포함)
	3) 순환 유지	정맥주사세트
	4) 외상 처치	외상처치에 필요한 기본 장비(압박붕대, 일반거즈, 반창고, 지혈대, 라텍스장갑, 비닐장갑, 가위 등)
다. 구급 의약품	1) 의약품	가) 비닐 팩에 포장된 수액제제(생리식염수, 5%포도당용액, 하트만용액 등) 나) 에피네프린(심폐소생술 사용용도로 한정한다) 다) 아미오다론(심폐소생술 사용용도로 한정한다)
	2) 소독제	가) 생리식염수(상처세척용) 나) 알콜(에탄올) 또는 과산화수소수 다) 포비돈액

3. 선박 및 항공기에 갖추어야 하는 의료장비·구급의약품 및 통신장비의 기준은 보건복지부장관이 따로 정하여 고시한다.

■ 응급의료에 관한 법률 시행규칙 [별표 16의2] 〈개정 2017. 12. 1.〉

구급차 장착 장비의 기준과 정보 수집·보관·제출 방법 및 동의 절차(제38조제4항 관련)

1. 구급차 기본 장착 장비 기준
   가. 구급차 운행기록장치는 「교통안전법 시행규칙」 제29조의2제1항에서 정한 운행기록장치의 기준에 적합하여야 한다.
   나. 구급차 영상기록장치는 「산업표준화법」 제12조에 따른 한국산업표준에 적합한 자동차용 사고영상기록장치로 한다.
   다. 구급차 요금미터장치는 제11조에 따른 이송처치료를 금액으로 표시하여야 하며 전기로 작동하는 방식이어야 한다. 구급차 요금미터장치에 관하여 이 규칙에서 정한 것 외에는 「자동차관리법」 제47조와 같은 법 시행규칙 제94조 및 제95조의 택시요금미터에 관한 규정을 준용하며, 이 경우 "택시요금미터"는 "구급차 요금미터장치"로, "택시요금체계"는 "제11조에 따른 이송처치료 요금체계"로 보되, 검정에 관한 사항은 택시요금미터에 관한 사항을 따른다.
   라. 구급차 영상정보처리기기는 구급차 내부의 조도를 고려하여 이송 중 응급처치의 내용을 파악하기에 적합한 영상촬영 기능과 그 영상을 디지털방식으로 저장할 수 있는 기능을 가진 것으로 한다.

2. 정보의 수집·보관·제출 방법 및 동의 절차
   가. 구급차 운행기록장치 및 영상기록장치
      1) 구급차 영상기록장치는 차량 전면 방향 등의 외부만 촬영하도록 장착하고 교통사고 증거수집이나 범죄의 입증 또는 예방 목적 외에는 사용할 수 없다.
      2) 구급차 운행기록장치에 기록된 운행기록은 6개월간 보관하고, 구급차 영상기록장치에 기록된 영상기록은 1개월간 보관하며, 보관 기관이 만료한 때에는 지체 없이 파기하여야 한다.
      3) 구급차 운행 기록 및 영상 기록은 운행기록장치 및 영상기록장치 또는 저장장치(개인용 컴퓨터, CD, 휴대용 플래시메모리 저장장치 등을 말한다. 이하 같다)에 보관하여야 한다.
      4) 구급차 운행 기록 및 영상 기록의 제출은 기록파일을 인터넷 또는 저장장치를 이용하여 제출한다.
      5) 구급차 운행 기록 및 영상기록 장착에 따른 정보 수집·보관 및 제출 관련 세부 사항은 보건복지부장관이 정한다.
   나. 구급차 요금미터장치
      1) 법 제44조제1항제2호, 제4호 및 제5호에 따른 자가 운용하는 구급차는 구급차 요금미터장치를 장착하여야 한다. 다만, 「의료법」 제35조에 따라 개설된 부속 의료기관이 운용하는 구급차의 경우에는 장착하지 아니할 수 있다.
      2) 구급차 운용자는 구급차의 내부에 구급차 이용자에게 요금이 잘 보이도록 요금미터장치를 장착하여야 한다.
   다. 구급차 영상정보처리기기
      1) 구급차 운용자는 영상정보처리기기를 응급처치의 내용을 파악할 수 있는 적절한 위치와 각도로 환자실에 설치하여야 하고 임의로 변경이 불가능하도록 하며, 녹음기능은 사용할 수 없다.
      2) 구급차 영상정보처리기기는 이송 중인 환자(이송을 돕기 위하여 환자와 탑승한 보호자 등을 포함한다. 이하 같다) 및 환자에게 응급처치를 제공하고 있는 응급의료종사자 등에 대한 영상정보를 수집한다.
      3) 구급차 운용자는 구급차 운행시 영상정보처리기기가 항상 작동하도록 하여야 하며 임의로 차량 내 조명이나 영상정보처리기기의 전원을 끄는 등 영상정보 수집을 방해하는 행위를 해서는 아니 된다.
      4) 구급차 운용자는 환자 등 구급차 이용자에게 서면으로 영상정보 수집 동의여부를 확인하여야 한다. 다만, 환자 등이 의사표시를 할 수 없는 상태에 있는 경우에는 그러하지 아니하다.
      5) 구급차 영상정보처리기기에 의하여 수집된 영상정보는 1개월간 보관한다.

6) 구급차 운용자는 환자 또는 보호자가 쉽게 알아볼 수 있도록 환자실내에 「개인정보 보호법 시행령」 제24조에 따라 설치 목적 및 장소, 촬영 범위 및 시간, 관리책임자의 성명 및 연락처, 영상정보처리기기 설치·운영을 위탁한 경우 수탁관리자 성명(또는 직책)·업체명 및 연락처 등이 기재된 영상정보처리기기 설치사실에 대한 안내판을 설치하여야 한다.
7) 구급차 운용자는 영상정보처리기기 운영·관리 방침을 수립하고 이를 해당 기관의 인터넷 홈페이지 등에 게재하여 정보주체에게 공개하여야 한다.
8) 구급차 운용자는 구급차 영상정보처리에 관한 업무를 총괄하여 책임질 구급차 영상정보 관리책임자를 지정하여야 하며, 지정된 관리책임자 외의 자는 개인정보보호법령에서 정하는 바에 따라 임의로 이를 열람할 수 없다.
9) 구급차 운용자는 법률에서 정하는 등 특별한 경우를 제외하고 수집된 영상정보를 목적 외로 이용하거나 제3자에게 제공할 수 없다.
10) 구급차 운용자는 영상정보가 분실·도난·유출·변조 또는 훼손되지 아니하도록 안전성 확보에 필요한 조치를 강구하여야 한다.
11) 이 규칙에서 정한 것 외에 구급차 영상정보와 관련된 사항은 개인정보 보호법령에서 정하는 바에 따른다.

■ 응급의료에 관한 법률 시행규칙 [별표 17] 〈개정 2021. 9. 24.〉

구급차등에 갖추어야 하는 장비 등의 관리기준(제38조제5항 관련)

1. 감염예방을 위하여 구급차등은 주 1회 이상 소독하고, 구급차등에 갖추어진 의료장비도 사용 후 소독하여야 하는 등 청결하게 관리되어야 한다.
2. 감염관리를 위한 소독약제, 감염관리방법 등 기타 세부 사항은 보건복지부장관이 정하는 방법에 따른다.
3. 구급차등의 의료장비, 구급의약품, 통신장비, 구급차 운행기록장치 및 영상기록장치, 구급차 요금미터장치 및 영상정보처리기기가 항상 사용 가능한 상태로 유지되어야 한다.
4. 구급차등의 의료장비 및 구급의약품은 적정한 온도와 습도 등을 유지하여 보건위생상 위해가 없고 효능이 떨어지지 않도록 관리되어야 한다.
5. 구급차등의 연료는 최대주입량의 4분의 1 이상인 상태로 유지되어야 하는 등 차량 자체는 항상 사용 가능한 상태로 유지되어야 하며 정기점검 등이 이루어져야 한다.
6. 사고를 대비한 책임보험 및 종합보험에 가입되어 있어야 하고, 비상등, 신호탄, 소화기 및 보온포가 준비되어야 한다.
7. 구급차등의 통신장비는 응급의료지원센터 및 응급의료기관과 항상 교신이 이루어 질 수 있도록 관리되어야 한다.
8. 구급차는 「구급차의 기준 및 응급환자이송업의 시설 등 기준에 관한 규칙」에서 정하는 사항에 따라 관리·운영되어야 한다.
9. 구급차등의 내부에 환자 또는 그 보호자가 잘 볼 수 있도록 해당 구급차등의 이송처치료의 금액을 나타내는 표를 부착하여야 하고, 환자를 이송하는 경우에는 환자 또는 그 보호자에게 구급차의 이송요금에 관한 사항을 알려야 한다.
10. 구급차 요금미터장치가 장착된 구급차의 내부에는 신용카드 결제기를 설치하여야 하고, 환자를 이송하는 경우에는 요금미터장치를 사용하여 운행하여야 하며, 환자 또는 그 보호자가 신용카드 결제를 요구하면 응하여야 한다.
11. 구급차등의 운행기록을 기재하는 구급차등 운행기록 대장을 비치·작성하고 구급차등 운용자는 이를 3년간 보관하여야 한다.

■ 응급의료에 관한 법률 시행규칙 [별표 18] 〈개정 2023. 2. 24.〉

행정처분의 기준(제45조 관련)

1. 일반기준
    가. 2 이상의 위반행위가 2 이상의 업무정지, 2 이상의 자격 또는 면허정지에 해당하는 때에는 중한 처분기준에 나머지 각각의 처분기준의 2분의 1을 더하여 처분한다.
    나. 위반행위의 횟수에 따른 행정처분 기준은 최근 1년간 같은 위반행위로 행정처분을 받은 경우에 적용한다. 이 경우 기간의 계산은 위반행위에 대하여 행정처분을 받은 날과 그 처분 후 다시 같은 위반행위를 하여 적발된 날을 기준으로 한다.
    다. 나목에 따라 가중된 행정처분을 하는 경우 가중처분의 적용 차수는 그 위반행위 전 행정처분 차수(나목에 따른 기간 내에 행정처분이 둘 이상 있었던 경우에는 높은 차수를 말한다)의 다음 차수로 한다.
    라. 4차 위반을 한 경우에 있어서 3차 위반의 처분기준이 업무정지인 경우에는 개설허가취소 또는 영업허가취소를 하거나 의료기관을 폐쇄(의료법 제30조제3항의 규정에 따라 신고한 의료기관에 한한다)하여야 하며, 면허 또는 자격정지인 경우에는 면허 또는 자격취소를 하여야 한다.
    마. 개별기준에서 정하는 행정처분의 기준이 당해 처분권자가 의료정책추진 또는 국민보건에 중대한 영향을 미치는 사유가 있다고 인정하는 경우에는 그 처분을 감면할 수 있다.

2. 개별기준

위반사항	근거법령	행정처분기준		
		1차 위반	2차 위반	3차 이상 위반
가. 응급의료종사자가 법 제6조제2항을 위반하여 업무중 응급의료를 행하지 아니하거나 응급의료 요청을 정당한 사유없이 거부 또는 기피한 경우	법 제55조제1항제1호	면허 또는 자격정지 2개월	면허 또는 자격정지 3개월	면허 또는 자격취소
나. 응급의료종사자가 법 제8조를 위반하여 응급환자에 대한 우선 응급의료 등의 조치를 하지 아니한 경우	법 제55조제1항제1호	면허 또는 자격정지 7일	면허 또는 자격정지 15일	면허 또는 자격정지 1개월
다. 법 제18조제2항을 위반하여 다수의 환자발생에 따른 보건복지부장관, 시·도지사 또는 시장·군수·구청장의 명령을 거부한 경우				
1) 응급의료종사자	법 제55조제1항제1호	면허 또는 자격정지 1개월	면허 또는 자격정지 2개월	면허 또는 자격정지 3개월
2) 의료기관 및 구급차등을 운용하는 자	법 제55조제3항제1호	업무정지 1개월	업무정지 2개월	업무정지 3개월
라. 의료기관 또는 구급차등을 운용하는 자가 법 제22조제1항에 따른 미수금의 대지급을 부정하게 청구한 경우	법 제55조제3항제2호	업무정지 1개월	업무정지 2개월	업무정지 3개월
마. 법 제24조제1항에 따른 이송처치료를 과다하게 징수하거나 같은 조 제2항을 위반하여 이송처치료 외의 별도의 비용을 징수한 경우				
1) 응급의료종사자	법 제55조제1항제2호	면허 또는 자격정지	면허 또는 자격정지	면허 또는 자격정지

위반사항	근거 법조문	1차 위반	2차 위반	3차 위반
2) 구급차등을 운용하는 자	법 제55조제3항제3호	1개월 업무정지 1개월	1개월 업무정지 2개월	1개월 업무정지 3개월
바. 의료기관 및 구급차등을 운용하는 자가 법 제28조제3항을 위반하여 특별한 사유없이 응급의료지원센터의 장의 협조요청을 거부한 경우	법 제55조제3항제1호	업무정지 15일	업무정지 1개월	업무정지 2개월
사. 응급의료기관이 법 제32조제1항을 위반하여 비상진료체계를 갖추지 아니한 경우	법 제55조제3항제1호	업무정지 15일	업무정지 1개월	업무정지 2개월
아. 응급의료종사자가 법 제32조제2항을 위반하여 응급환자에게 중대한 불이익을 끼친 경우	법 제55조제1항제3호	면허 또는 자격정지 15일	면허 또는 자격정지 1개월	면허 또는 자격정지 2개월
자. 응급의료기관이 법 제33조제1항을 위반하여 응급환자를 위한 예비병상을 확보하지 아니하거나 응급환자가 아닌 사람이 예비병상을 사용하게 한 경우	법 제55조제3항제1호	업무정지 15일	업무정지 1개월	업무정지 2개월
차. 법 제34조에 따라 당직의료기관으로 지정받은 의료기관이 응급의료를 하지 아니한 경우	법 제55조제3항제4호	업무정지 15일	업무정지 1개월	업무정지 2개월
카. 응급의료기관으로 지정받지 아니한 의료기관(종합병원은 제외한다)이 법 제35조의2를 위반하여 신고하지 아니하고 응급의료시설을 설치·운영한 경우	법 제55조제3항제1호	업무정지 15일	업무정지 1개월	업무정지 2개월
타. 응급구조사가 법 제36조의2제3항 또는 제5항을 위반하여 다른 사람에게 자기의 성명을 사용하여 법 제41조에 따른 응급구조사의 업무를 수행하게 하거나 응급구조사 자격증을 다른 사람에게 빌려준 경우	법 제55조제1항제3호의2	자격취소		
파. 응급구조사가 법 제37조에 따른 결격사유에 해당하는 경우	법 제55조제1항제4호	자격취소		
하. 응급구조사가 법 제39조에 따른 응급처치에 필요한 의료장비, 무선통신장비 및 구급의약품의 관리·운용과 응급구조사의 복장·표시 등 응급환자 이송·처치에 필요한 사항에 관한 준수사항을 위반한 경우	법 제55조제1항제1호	자격정지 7일	자격정지 15일	자격정지 1개월
거. 응급구조사가 법 제40조를 위반하여 직무상 알게 된 비밀을 누설하거나 공개한 경우	법 제55조제1항제1호	자격정지 1개월	자격정지 2개월	자격정지 3개월
너. 응급구조사가 법 제42조를 위반하여 의사로부터 구체적인 지시를 받지 아니하고 응급처치를 행한 경우	법 제55조제1항제5호	자격정지 15일	자격정지 1개월	자격정지 2개월
더. 응급구조사가 법 제43조제1항에 따른 보건복지부장관이 실시하는 보수교육을 받지 아니한 경우	법 제55조제1항제6호	시정명령	자격정지 15일	자격정지 1개월
러. 구급차등의 운용을 위탁한 의료기관과 그 위탁을 받은 자가 법 제44조제3항에 따른 구급차등의 위탁에 대한 기준 및 절차를 위반한 경우	법 제55조제3항제1호	시정명령	업무정지 7일	업무정지 15일

위반행위	근거 법조문	1차 위반	2차 위반	3차 위반
머. 구급차등을 운용하는 자가 법 제44조의2제2항을 위반하여 구급차 운용신고 또는 변경신고를 하지 않은 경우	법 제55조제3항제1호	업무정지 1개월	업무정지 2개월	업무정지 3개월
버. 구급차등을 운용하는 자가 법 제44조의4를 위반하여 자기 명의로 다른 사람에게 구급차등을 운용하게 한 경우	법 제55조제3항제1호	업무정지 2개월	업무정지 3개월	영업허가 취소
서. 구급차등을 운용하는 자가 법 제45조제1항을 위반하여 구급차등을 구급차등의 용도외의 다른 용도로 사용한 경우	법 제55조제3항제1호	업무정지 15일	업무정지 1개월	업무정지 2개월
어. 구급차등을 운용하는 자가 법 제46조의2를 위반하여 구급차의 운행연한을 초과하여 운행한 경우	법 제55조제3항제1호	업무정지 1개월	업무정지 2개월	업무정지 3개월
저. 구급차등을 운용하는 자가 법 제47조제1항을 위반하여 구급차등에 의료장비, 구급의약품 등과 통신장비를 갖추지 아니한 경우	법 제55조제3항제1호	업무정지 1개월	업무정지 2개월	업무정지 3개월
처. 구급차등을 운용하는 자가 법 제47조제2항을 위반하여 해당 장비를 장착하지 아니하거나, 이 규칙으로 정하는 바에 따라 장비 장착에 따른 정보를 수집·보관하지 아니하거나 보건복지부장관의 제출 요구에 응하지 아니한 경우	법 제55조제3항제1호	업무정지 1개월	업무정지 2개월	업무정지 3개월
커. 구급차등을 운용하는 자가 법 제48조를 위반하여 구급차등이 출동하는 때 응급구조사 등을 탑승시키지 아니한 경우	법 제55조제3항제1호	업무정지 7일	업무정지 1개월	업무정지 2개월
터. 응급구조사(응급구조사에 갈음한 의사나 간호사를 포함한다)가 법 제49조제1항을 위반하여 출동사항과 처치내용을 기록하지 아니하였거나 이를 구급차등의 운용자나 응급환자의 진료의사에게 제출하지 아니한 경우	법 제55조제1항제1호	면허 또는 자격정지 7일	면허 또는 자격정지 1개월	면허 또는 자격정지 2개월
퍼. 구급차등의 운용자가 법 제49조제3항을 위반하여 응급의료지원센터에 출동사항과 처치내용의 기록을 제출하지 아니한 경우	법 제55조제3항제1호	업무정지 15일	업무정지 1개월	업무정지 2개월
허. 구급차등의 운용자가 법 제49조제4항을 위반하여 운행기록대장을 3년간 보존하지 아니한 경우	법 제55조제3항제1호	업무정지 15일	업무정지 1개월	업무정지 2개월
고. 구급차등의 운용자와 진료의사가 소속된 의료기관의 장이 법 제49조제4항을 위반하여 응급구조사(응급구조사에 갈음한 의사나 간호사를 포함한다)가 제출한 출동사항과 처치내용에 관한 기록을 3년간 보존하지 아니한 경우	법 제55조제3항제1호	업무정지 15일	업무정지 1개월	업무정지 2개월
노. 구급차등을 운용하는 자가 법 제50조에 따른 시정명령 등을 따르지 아니한 경우	법 제55조제3항제5호	업무정지 2개월	업무정지 3개월	영업허가 취소
도. 이송업자가 법 제51조제3항을 위반하여 시·도지사의 변경허가를 받지 아니한 경우	법 제55조제3항제1호	업무정지 1개월	업무정지 2개월	업무정지 3개월
로. 이송업자가 법 제51조제6항을 위반하여 관할 시·도지사에게 신고하지 아니한 경우	법 제55조제3항제1호	업무정지 7일	업무정지 1개월	업무정지 2개월
모. 이송업자가 법 제51조제7항을 위반하여 시설 등	법	업무정지	업무정지	업무정지

의 기준을 지키지 아니한 경우	제55조제3항제1호	7일	1개월	2개월
보. 이송업자가 법 제52조제1항을 위반하여 지도의사를 두지 아니하거나 응급의료지원센터 또는 응급의료기관의 의사를 지도의사로 위촉하지 아니한 경우	법 제55조제3항제1호	업무정지 1개월	업무정지 2개월	업무정지 3개월
소. 이송업자가 법 제53조를 위반하여 관할 시·도지사에게 신고하지 아니하고 이송업의 전부 또는 일부의 휴업·폐업 또는 재개업을 한 경우	법 제55조제3항제1호	업무정지 15일	업무정지 1개월	업무정지 2개월
오. 이송업자가 법 제54조제3항을 위반하여 이송업의 지위를 승계한 후 60일 이내에 관할 시·도지사에게 신고하지 아니한 경우	법 제55조제3항제1호	업무정지 15일	업무정지 1개월	업무정지 2개월
조. 구급차등의 운용자가 법 제54조의2를 위반하여 영리를 목적으로 응급환자를 특정의료기관 또는 의료인에게 이송 또는 소개·알선 그 밖에 유인하거나 사주하는 행위를 한 경우	법 제55조제3항제1호	업무정지 7일	업무정지 1개월	업무정지 2개월
초. 의료기관 또는 구급차등의 운용자가 제59조제1항을 위반하여 중앙응급의료센터, 권역응급의료센터, 전문응급의료센터, 지역응급의료센터, 지역응급의료기관 또는 응급의료지원센터의 명칭 또는 이와 유사한 명칭을 사용한 경우	법 제55조제3항제1호	시정명령	업무정지 7일	업무정지 15일
코. 의료기관(이 법에 따라 지정받은 응급의료기관, 법 제35조의2에 따라 신고한 의료기관 및 종합병원은 제외한다)이 법 제59조제2항을 위반하여 응급환자 진료와 관련된 명칭이나 표현을 사용하거나 외부에 표기한 경우	법 제55조제3항제1호	시정명령	업무정지 7일	업무정지 15일

02 구급장비

01 장비 사용법

1) 입인두기도기(air way)
   무의식환자에게 적용, 크기 선정방법: 입 가장자리에서부터 귓불까지, 입중심에서부터 하악 각까지, 구토반사시 제거

2) 코인두기도기
   의식이 있는 환자에게 일시적으로 기도를 확보, 입 인두기도기를 사용할 수 없을 때,
   크기선정방법: 코끝에서 귓불 끝까지의 길이, 콧구멍보다 약간 작은 것
   금기: 두개(Skull) 기저부 골절 환자 금기

3) 후두 마스크 기도기:
   기본 기도기 보다 기도 확보가 효과적이며 후두경을 사용하지 않고 기도를 확보.
   기관 내 삽관보다 환자에게 비 침습적이고 적용이 쉽다.
   ① 특징: 병원 전 심정지 환자나 외상환자 기도확보시 유용. 성문내 삽관보다 삽입법이 용이, 멸균재사용(약 40회)
   ② 단점: 기도확보 후 흔들림에 의해 빠지는 사례가 있다. 폐로 위 내용물의 흡인이 발생가능, 마스크에서 공기 누출이 큰 경우 양압환기가 불충분, 높은 압력(20cmH20) 이상시 위장으로 공기가 유입될 수 있다.

4) 후두튜브(LT)
   후두 마스크와 동일하게 기본 기도기보다 기도확보가 쉽고 콤비튜브 형태 기도기로 환자에게 적용시간이 짧고 어려운 기도 확보 장소에서도 적용 가능.
   기관과 식도가 분리되지 않아 폐로 위 내용물 흡인가능, 마스크에서 공기누출 시 양압 환기 불충분
   커프가 얇아 찢어지기 쉽다. 반드시 수지교차법으로 입을 벌려 삽입.

02 인공호흡방법

(1) 구강 대 마스크 법
   ① 포켓마스크는 무호흡 환자에게 사용되는 입 대 마스크법의 일종으로 휴대 및 사용하기에 용이하며 대부분 산소연결구가 부착되어 있어 산소를 연결하여 사용시 50%의 산소 공급률을 보인다.

② 포켓마스크는 대부분 일방향 밸브가 부착되어 있어 환자의 날숨, 구토물 등으로부터의 감염방지의 역할을 하며, 마스크 부분이 투명하여 환자의 입과 코에서 나오는 분비물을 볼 수 있다.
③ 마스크 측면에 달린 끈은 1인 응급 처치 시 환자의 머리에 고정시키고 가슴압박을 할 수 있다. 하지만 인공호흡시에는 손으로 포켓마스크를 얼굴에 밀착하여 고정시켜야 한다.
  a. 환자 머리 위에 무릎을 꿇고 기도를 개방시킨다. 입안의 이물질을 제거하고 필요하다면 입인두기도기로 기도를 유지시킨다.
  b. 산소를 연결시켜 분당 12~15L로 공급한다.
  c. 삼각형 부분이 코로 오도록 환자의 입에 포켓마스크를 씌운다.
  d. 하악견인을 유지, 마스크를 환자의 얼굴에 완전히 밀착시킨다. 양 엄지와 검지 손가락으로 마스크 옆을 잡고 남은 세 손가락으로 귓불 아래 아래턱 뼈를 잡고 앞으로 살짝 들어 올린다.
  e. 숨을 불어 넣는다.(성인과 소아 1초간, 이때 흉부상승 확인)
  f. 포켓마스크에서 입을 떼어 호흡이 나올 수 있도록 한다.

1인 BVM(Bag valve mask) 사용법
① 기도개방상태 확인, 입인두기두기를 삽입
② 적당한 크기의 마스크 선택, 환자의 코와 입을 충분히 덮을 수 있도록
③ 엄지와 검지가 'C' 모양이 되게 마스크를 밀착시키고 나머지 손가락으로 'E' 모양을 만들어 턱을 들어 올린다.
④ 다른 손은 환자 가슴이 충분히 올라오도록 백을 눌러야 한다.
  a. 1회 호흡량은 500~600mL를 유지하고 1초에 걸쳐 실시하여야 한다.
  b. 성인 환자의 경우 5~6초마다 1회 백을 누르고 소아의 경우 3~5초마다 1회 백을 누른다.
  c. 만약 1L의 백을 사용할 경우 백의 1/2~2/3 정도로 압박하며 2L의 백을 사용할 경우에는 백의 1/3정도를 압박하여 인공호흡을 실시한다.
⑤ 백을 누르는 힘을 풀어 환자가 수동적으로 날숨을 하도록 해야 한다. 그동안 백에 산소가 충전된다.

(2) 흡인과 흡인기구

흡인은 진공을 이용해 이물질을 제거하는 기구로 의식변화가 있거나 호흡장애가 있는 환자는 스스로 이물질을 배출 할 수 없기 때문에 흡인이 필요하다.
흡인은 상기도에서 그렁거리는 소리가 들릴 때 마다 즉시 실시할 것.
- 장착용 흡인기구
  흡인관 끝부분에서 30~40L /분의 공기를 흡인해야 하며, 흡입관을 막았을 때 300mmHg 이상의 압력이 나와야 효과적인 흡인이 될 수 있다.

(3) 자동심장 충격기 패드 부착 시 주의사항

1) 패드위치

- 우측가슴앞쪽과 좌측액와 중앙선 아래쪽을 원칙으로 한다.
- 구급대원이 판단하여 필요할 경우 아래의 위치에 부착할 수 있다.
  ⇒ 가슴앞쪽과 뒤쪽
  ⇒ 가슴앞쪽과 왼쪽 견갑골(어깨뼈)아래쪽
  ⇒ 가슴앞쪽과 오른쪽 견갑골아래쪽
- 여성의 경우 유방아래쪽으로 패드를 부착한다.
- 체내 삽입형 심장충격기가 있는 환자의 경우 체내 삽입형 심장 충격기나 심박 조율기에 직접 부착하지 말고 떨어뜨려 부착한다.
- 자동 심장충격기 패드를 피부 흡수형 제약패치에 직접 부착하지 않는다.
  (펜타닐패치를 붙인 경우 그 위에 붙이지 않는다.)
- 가슴에 털이 많은 경우는 면도 후 패드를 부착한다.
- 환자가 물속에 있거나, 흉부가 물에 젖어 있거나 혹은 환자가 땀에 흠뻑 젖어 있다면 물에서 꺼내 간단히 수건으로 물을 닦은 후 패치를 부착한다.

 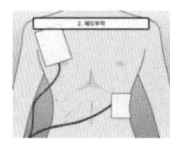   

(4) 기도관리

1) 기관내 삽관(1급 응급구조사)

   기관내 삽관은 심정지 혹은 호흡정지 환자들에게 시행하는 것으로 기도이물에 의한 흡인을 방지하고 기도를 유지하며 양압 환기를 가능하게 하여 적절한 산소를 공급할 수 있게 하는데 그 목적이 있다

   ① 적응증
      심정지/ 호흡정지 환자/중증의 호흡곤란 환자
   ② 비적응증: 해당 없음
   ③ 발생 가능한 부작용/합병증
      - 식도 삽관
      - 구 인두, 성대, 식도 및 기관지의 손상
      - 우측 기관지로의 삽관
      - 구토
      - 미주신경 자극에 의한 뇌압상승
      - 과 양압 환기 또는 손상에 의한 기흉 또는 긴장성 기흉의 발생
      - 치아 손상
   ④ 추천 Tube size 크기
      성인 남자   7.5~8.5 Fr

성인 여자　6.5~7.5 Fr
어린이　　4.0~6.0 Fr
영아　　　3.5~4.0 Fr
신생아　　2.5~3.5 Fr

2) 기관 내관 크기(2020 심폐소생술 가이드라인)

(커프 없는 내관) 1세 미만 영아 3.5mm, 1~2세 소아 4mm, 2세 이상 = 4 + (나이/4)

(커프 있는 내관) 1세 미만 영아 3mm, 1~2세 소아 3.5mm, 2세 이상 = 3.5 + (나이/4)

3) 기관내 삽관 술기 절차 및 방법

① 기구 준비
  적절한 크기의 기관튜브
  후두경: 불이 적절하게 들어오는지 확인
  스타일렛
  10cc주사기
  수용성 윤활제
  튜브 고정기 또는 고정테이프
  바이트 블록
  청진기

② 튜브의 풍선이 새지 않는 지 확인 후 윤활제를 바르고 튜브에 스타일렛을 넣는다.

③ 삽관 진행
  - 환자의 기도를 확보, 머리기울임 턱 들어올리기 시행, 경추보호 필요시 경추고정 후 하악 견인만 시행한다.
  - 후두경을 왼손에 잡은 상태에서 후두경 날을 우측으로 넣어 혀를 왼쪽으로 들어 올려 성문이 보이도록 한다.
  - 이물질이 있어 시야 확보가 안되는 경우 입과 후두 부위 흡인을 시행 한다.
  - 적절한 크기의 튜브를 선택하여 튜브 아래에서 2/3되는 위치를 오른손으로 잡고 튜브의 끝을 입 가장자리로부터 넣어 성대를 2인치 정도 지나갈 때까지 밀어 넣는다.
  - 적절하게 삽관된 튜브의 일반적인 길이
    성인남자: 입술에서 23cm 또는 치아에서 22cm
    성인여자: 입술에서 22cm 또는 치아에서 21cm
  - 후두경과 스타일렛을 제거하고 주사기로 커프에 5~10cc 정도 공기를 넣고 커프 팽만상태를 손가락으로 눌러 확인한다. 이때 튜브가 움직이지 않도록 오른손으로 잡는다.
  - 백 밸브마스크를 연결하여 환기를 시행하면서, 상복부, 양측가슴 순으로 청진하여 양측이 대칭적으로 잘 들리는지 확인하고 동시에 양측 가슴이 잘 올라오는지 확인 한다.
    ⇒ 만약, 식도로 삽관이 되었거나, 삽관이 실패한 경우에는 주사기로 커프 공기를 제거하고 튜브를 제거하고 100% 산소를 연결한 백밸브 마스크로 양압 환기를 충분히 시행한 후 기관내 삽관을 다시 시도한다.

④ 삽관이 잘 되었으면 튜브를 고정한다. 고정은 원칙적으로 고정기를 사용하여야 하나 이를 사용할 수 없다면 바이트 블럭를 넣고 테이프를 아래의 방법대로 사용하여 고정한다.

고정방법
- 우선 입 주변의 이물질을 닦는다.
- 20cm 길이의 테이프를 2개 준비한다.
- 첫 번째 테이프의 한쪽 끝을 왼쪽 볼에 붙인 후 다른 쪽 끝을 잡고 튜브를 2번 감은 후 바이트 블럭을 위에서 고정하면서 오른쪽 볼에 붙인다.
- 두 번째 테이프를 왼쪽 턱 부위에 붙인 후 다른 쪽 끝을 잡고 튜브를 2번 감은 후 바이트 블럭을 위에서 고정하면서 오른쪽 턱에 붙인다.

⑤ 호기말 이산화탄소 측정이 필요한 경우 6~7회 환기 후 호기 말 이산화탄소를 확인한다.
⑥ 환기의 적절성을 5~15분마다 반복하여 평가한다.

4) 주의사항

① 현장에서 시행함을 원칙으로 한다.
② 심폐소생술 중 기관내 삽관 시 가슴압박 중단을 하지 않아야 하며 튜브가 성문을 통과할 때에만 가슴압박을 5초 이내 잠시 멈출 수 있다.
③ 한 번의 삽관 시도 총시간은 최대 30초미만 으로 삽관시도는 2회까지만 시도한다.
④ 손상 환자의 경우 삽관 시행 시 머리와 목이 항상 일직선을 유지하도록 주의해야한다. 튜브는 기준 크기에서 하나 작은 것과 하나 큰 것을 함께 미리 준비한다 삽관튜브 커프에 과도하게 공기를 주입하면 커프 주변 조직 괴사가 초래될 수 있다.

5) 소아에서 고려해야 할 사항

소아에서 삽관시 입술부터 튜브 삽입길이는 (계산된 튜브크기) x 3cm

6) 임부에게 고려할 사항

기관내경 0.5mm 작은 것.

03 성문상 기도유지기

(1) 성문상 기도유지기 : King LTS-D 삽입(1급 응급구조사)

콤비튜브의 변형으로 한 개의 관에 두 개의 커프가 위아래로 위치하여 그 커프 사이에 환기구멍이 있는 형태이다. 원위부 커프는 식도를 밀폐하고 근위부 커프는 구인두 부위를 밀폐하도록 되어있다.

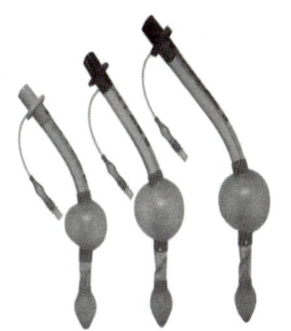

1) 적응증
   - 심정지/호흡정지 환자
   - 호흡곤란 환자

2) 비적응증
   - 구역반사가 있는 경우
   - 구인두에 협착이나 비정상적인 병변이 있는 경우
   - 부식성 물질을 음독한 경우
   - 식도질환을 앓고 있는 경우

3) 발생 가능한 부작용/합병증
   - 위 내용물의 흡인 발생을 막을 수 없다
   - 튜브의 위치 이탈이 발생할 수 있다

4) 추천size 및 커프 공기 주입량

튜브사이즈	연결단자색	환자크기	커프압력	커프주입양
2	초록색	90~115cm, 12~25kg	60cmH$_2$O	25~35mL
2.5	오렌지색	105~130cm, 25~35kg	60cmH$_2$O	30~40mL
3	노란색	122~155cm	60cmH$_2$O	45~60mL
4	빨간색	155~180cm	60cmH$_2$O	60~80mL
5	보라색	>180cm	60cmH$_2$O	70~90mL

5) 술기절차 및 방법

   ① 준비물을 준비한다.
   - 환자 크기에 맞는 튜브
   - 공기 주입용 주사기
   - 수용성 윤활제
   - 튜브 고정기 또는 고정 테이프
   - 바이트 블록
   - 청진기

② 커프를 부풀려서 새지 않는지 확인한다.
③ 커프내 공기를 완전히 제거한 후 뒷면에 윤활제를 바른다.
④ 삽관전 산소화를 위해 백밸브 마스크에 100% 산소를 연결하고 산소포화도 감시 측정이 95% 이상 될 때까지 양압 환기를 충분히 시행한다.
⑤ 환자의 머리를 뒤로 젖히고 sniffing position을 잡는다.
⑥ 튜브의 연결부위를 오른손으로 잡고 반대 손으로는 수지 교차법으로 입을 벌린다.

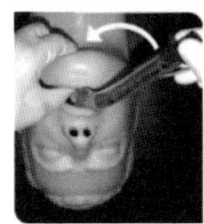 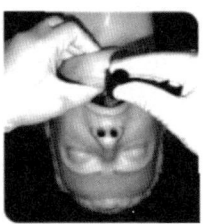

⑦ 튜브를 바깥쪽으로 45도 정도 돌려서 튜브의 파란선이 입 옆끝에 닿도록 하여 입안으로 튜브를 밀어 넣는다.
  튜브 끝이 혀뿌리 쪽을 지나면 파란선이 턱쪽을 향하도록 회전시킨 후 연결부위가 치아 높이가 될 때까지 삽입한다.
⑧ 커프에 공기를 정해진 양만큼 주입하고 호흡음을 청진하여 확인한다.
⑨ 공기가 새는 소리가 들리는 경우에는 커프에 공기를 약간 더 주입하거나 사이즈를 큰 것으로 교체한다.
⑩ 삽관이 잘 되었으면 튜브를 고정한다. 고정은 원칙적으로 고정기를 사용하여야 하나 이를 사용할 수 없다면 바이트 블럭을 넣고 테이프를 위의 방법처럼 고정 한다.

6) 주의사항
① 삽관 시간이 30초 이상 경과되지 않도록 한다.
② 튜브 커프에 과도하게 공기를 주입하면 커프 주변 조직 괴사가 초래될 수 있다.
③ 튜브 제거 시에는 커프에서 공기를 완전히 제거하도록 한다.
④ 이송 중 튜브의 위치를 확인 한다.

(2) 성문상 기도유지기 : 후두 마스크
후두경을 사용하지 않고 비침습적으로 기도확보를 하기 위해 사용된다 빨리 적용할 수 있고 후두경이 필요없으면서 지속적인 환기를 위한 기도확보를 할 수 있는 장점이 있다

1) 적응증
- 심정지/호흡정지
- 중증의 호흡곤란 환자

2) 비적응증
- 매우 비만한 사람
- 구인두에 협착이나 비정상적인 병변이 있는 경우

3) 발생 가능한 부작용/합병증
- 위 내용물의 흡인 발생을 막을 수 없다
- 인공 환기 시 압력이 높으면 공기 유출이 발생할 수 있다
- 튜브의 위치 이탈이 발생할 수 있다

4) 추천 tube size 및 커프 공기 주입량

size	체중	커프주입양
NO.1	5KG이하	4mL
NO.2	10~20	10
NO.2.5	20~30	14
NO.3	30~50	20
NO.4	50~70	30
NO.5	70~90	40
NO.6	95KG이상	50

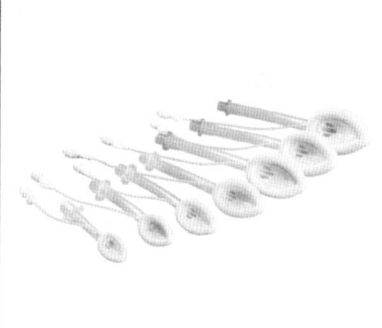

5) 술기 절차 및 방법
① 기구 준비
  적절한 크기의 튜브
  30cc 주사기
  수용성 윤활제
  튜브 고정기 또는 고정테이프
  바이트 블록
  청진기
② 후두마스크의 커프가 새지 않는지 확인한다.
③ 후두마스크의 커프내 공기를 완전히 제거한 후 커프 뒷면에 윤활제를 바른다.
④ 삽관전 산소화를 위해 백밸브 마스크에 100% 산소를 연결하고 산소포화도 감시 측정이 95% 이상 될 때까지 양압환기를 충분히 시행한다.
⑤ 환자의 머리를 뒤로 젖히고 튜브와 커프가 만나는 곳을 연필 잡듯이 잡고 하인두쪽으로 저항이 느껴질 때까지 밀어 넣는다.
⑥ 다른 손으로 튜브를 잡고 밀어 넣었던 손을 빼낸다.
⑦ 커프에 공기를 정해진 양만큼 주입하고 호흡음을 청진하여 확인한다.
⑧ 공기가 새는 소리가 들리는 경우에는 커프에 공기를 약간 더 주입하거나 사이즈를 큰 것으로 교체한다.
⑨ 삽관이 잘 되었으면 튜브를 고정 한다 고정은 원칙적으로 고정기를 사용하여야 하나 이를 사용할 수 없다면 바이트 블럭을 넣고 테이프를 고정한다.

(3) 성문상 기도유지기: Cobra PeriLaryngeal airway(CPLA)

후두경을 사용하지 않고 비 침습적으로 기도확보를 하기 위해 사용된다.

다른 성문상 기도 유지기들에 비해 내경이 크므로 기도를 확보한 이후 기관지경을 이용하여 기관 내 삽관을 추가로 시행할 경우 도움이 되는 기도유지 방법이다.

1) 비 적응증
구인두에 협착이나 비정상적인 병변이 있는 경우

2) 발생 가능한 부작용/합병증
위 내용물의 흡인 발생을 막을 수 없다.
튜브의 위치 이탈이 발생할 수 있다.

3) 추천 size 및 커프 공기 주입량

size	체중	커프주입양
1/2(신생아)	2.5~7.5kg	< 8 mL
1(영아)	5~15	< 10
1 1/2(유아)	10~35	< 25
2	20~60	< 40
3(성인)	40~100	< 65
4	70~130	< 70
5	100~160	< 85
6	130kg이상	< 85

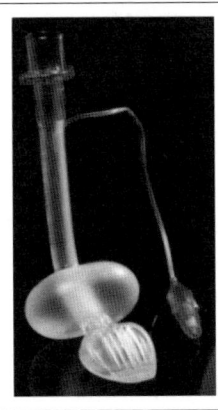

4) 술기 절차 및 방법
① 준비물
- CPLA 튜브, 한 단계 큰 사이즈도 함께 준비한다.
- 공기 주입용 주사기
- 수용성 윤활제
- 튜브 고정기 또는 고정 테이프
- 바이트 블록
- 청진기
- 커프를 부풀려서 새지 않는지 확인한다.
- 커프내 공기를 완전히 제거한 후 뒷면에 윤활제를 바른다.
- 삽관전 산소화를 위해 백 밸브마스크에 100% 산소를 연결하고 산소포화도 감시 측정이 95% 이상 될 때까지 양압환기를 충분히 시행한다.
- 환자의 머리를 뒤로 젖히고 혀쪽에 창살 모양이 위치하게 하여 입천장 쪽으로 삽입 후 하(下) 인두쪽으로 저항이 느껴질 때까지 밀어 넣는다. 이때 커프 부분이 관찰되어서는 안

된다.
- 커프에 공기를 정해진 양만큼 주입하고 호흡음을 청진하여 확인한다.
- 공기가 새는 소리가 들리는 경우에는 커프에 공기를 약간 더 주입하거나 사이즈를 큰 것으로 교체한다
- 삽관이 잘 되었으면 튜브를 고정한다.
- 고정은 원칙적으로 고정기를 사용하여야 하나 이를 사용할 수 없다면 바이트 블럭을 넣고 테이프를 고정한다.

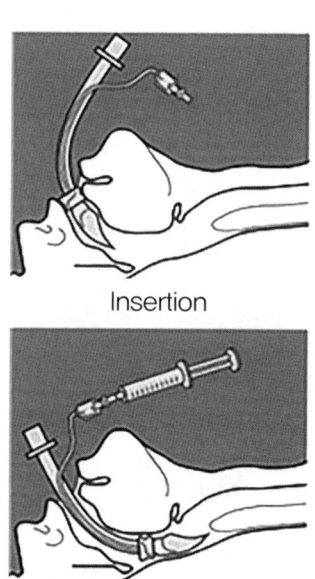

Insertion

Proger Positioning

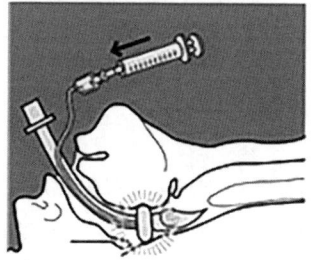

5) 주의사항
- 커프가 과 팽창되지 않도록 주의한다.
- 튜브 제거 시에는 커프에서 공기를 완전히 제거하도록 한다.
- 삽관 시간이 30초 이상 경과되지 않도록 한다.
- 이송 중 튜브의 위치를 확인한다.

(4) **성문상 기도유지기 : I-gel**

후두경을 사용하지 않고 비 침습적으로 기도확보를 하기 위해 사용되며 후두경 및 공기주입이 필요 없는 기도유지 방법이다.

1) 적응증

심정지/ 호흡정지 환자

튜브사이즈	적용대상	적용 체중
1	신생아	2~5 kg
1.5	영아	5~12kg
2	소아	10~25kg
2.5	소아	25~35
3	성인	30~60
4	성인	50~90
5	성인	90~

2) 비적응증: 구인두에 협착이나 비정상적인 병변이 있는 경우

 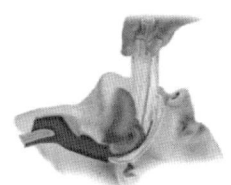

3) 술기 절차 및 방법

① 준비물
- 적절한 크기의 I-gel 튜브
- 수용성 윤활젤
- 튜브고정기 또는 고정 테이프
- 청진기

② 삽관 전 산소화를 위해 백 밸브마스크에 100% 산소를 연결하고 산소포화도 감시측정이 95% 이상 될 때까지 양압 환기를 충분히 시행 한다.
환자의 머리를 뒤로 젖히고 혀쪽에 창살 모양이 위치하게 하여 입천장 쪽으로 삽입 후 하인두쪽으로 저항이 느껴질 때까지 밀어 넣는다. 삽관이 잘 되었으면 튜브를 고정한다.

04 산소 공급기구(종류/장점/단점)

1) nasal cannula
   - 낮은 산소농도(22-44%), 느린 속도(2-6L/min) : 24%(1L/min)~44%(6L/min)의 낮은 농도의 산소를 제공
   - 낮은 농도의 산소가 필요한 환자(예: 만성적으로 이산화탄소 수치가 높은 환자)에게 사용
   - 안절부절못하는 환자에게 투여할 때에는 안정시킬 것.
   - 들이쉬는 산소의 양은 대기 중 공기와 환자의 호흡 양상에 따라 결정됨.
   - COPD 환자의 경우 2L/min 산소까지 견딜 수 있음.

2) nasal catheter
   - 먹는데 불편하지 않으며, 마스크 대신 이용
   - 비인두 자극하여 불편감 초래할 수 있음

3) 단순 마스크
   - 산소농도 35-50%
   - 산소유량 6-12L/min(느리면 마스크 내 CO_2 축적하게 됨)
   - 2시간마다 마스크 안쪽을 닦고 건조시킴.
   - 마스크를 편안하게 고정
   - 식사 시 비강 캐뉼러로 바꾸어 제공
   - 고무줄 때문에 귀의 윗부분에 압력 괴사가 생기는지 관찰함. 거즈 또는 다른 패드를 대어 줄 수 있음.
   - 마스크 내에 내쉰 공기가 축적되는 것을 예방하기 위해 적어도 5L/min 이상의 유속으로 공급

4) 부분 재호흡 마스크
   - 일부 호기 공기가 저장주머니 속으로 유입되어 산소와 혼합됨
   - 산소는 reservoir bag에 담기게 되며, 호기 공기 중 1/3이 bag으로 다시 가고 흡기 시에는 reservoir bag의 공기를 들이마시게 됨.
   - 산소농도 60-90%, 산소유량 6-10L/min
   - 혈액 내 산소 농도를 높이기 위해 유용한 방법
   - COPD 환자에게 추천되지 않음
   - 주머니는 호기 시 허탈 되어서는 안 됨(주머니가 꼬이지 않도록 주의) 마스크는 가볍고 쉽게 사용할 수 있음.
   - 저장 백(reservoir bag)에 산소를 보유할 수 있음.
   - 짧은 기간(24시간)동안 높은 농도의 산소가 요구되

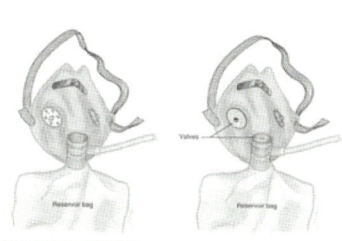

는 환자에게 유용
- 마스크는 높은 가습을 제공하지 못함
- 환자는 불편해하고 착용하기를 거부할 수 있음.

5) 비재호흡 마스크
- 흡기 시 산소는 마스크와 주머니로 들어옴
- 호기된 공기가 저장주머니 속으로 들어가지 않고 일방향 프랩으로 배출됨
- 산소농도 60-100%, 산소유량 5-15L/min
- 마스크를 편안하게 고정
- 흡기동안 주머니가 허탈 되지 않도록 충분한 유량이 유지되어야 함.
- 주머니는 흡기 시 허탈 되어서는 안 됨.
- 밸브는 호기 시 열리고 흡기 시 닫혀 흡입산소농도가 줄어드는 것을 예방
- 환자는 다음 단계로 기도삽관이 요구될 수 있으므로 잘 관찰
- 높은 농도의 산소를 정확하게 전달함.
- 짧은 기간(24시간) 동안 높은 농도의 산소 제공이 요구되는 환자에게 좋음
- 마스크는 높은 가습을 제공하지 못함.
- 환자는 불편해하고 착용하기를 거부할 수 있음.

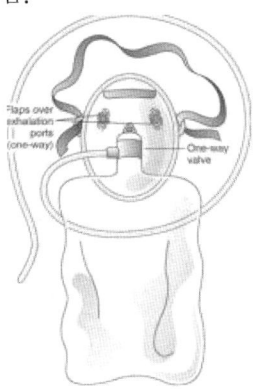

6) 벤츄리 마스크
- 원뿔의 가운데 있는 작은 노즐로 산소 제공. 원뿔이 열리면서 산소가 들어감.
- 마스크에는 호기된 공기가 빠져나가기 위한 큰 구멍이 있음.
- 환자의 호흡 패턴에 상관없이 처방된 산소농도에 따라 산소를 가장 정확한 방법으로 투여
- 24%, 28%, 31%, 35%, 40%, 50%의 산소를 제공할 수 있음.
- 가습을 위해 어댑터를 적용할 수 있음
- **COPD 환자에게 낮은 농도의 산소를 일정하게 제공하는 데에 이용**할 수 있음(고농도 산소 공급 시 호흡정지 올 수 있기 때문 - "이산화탄소 혼수")
- 공기 유입 포트가 막히지 않도록 함.
- 마스크는 불편할 수 있음

05 소아의 응급장비 적용

(1) 구강 기도기

구역반사로 구토를 유발할 수 있기 때문에 의식이 없는 소아에서만 사용. 거꾸로 집어넣어서 180도 돌리는 것은 구강인두의 연부조직에 손상을 주어 출혈을 야기할 수 있으므로 소아 환자에서는 시행하지 않고 바로 집어넣는다. 구강기도기는 구인두로 직접적으로 부드럽게 삽입한다.

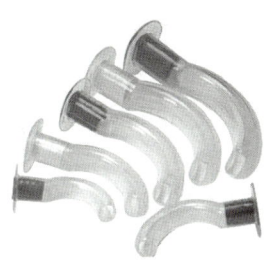

(2) 구강을 통한 기도 삽관

손상을 입은 소아환자의 다음상황에서 기관 내 삽관이 적응이 된다.
① 심각한 뇌손상으로 기계적환기가 필요한 경우
② 기도를 유지할 수 없는 경우
③ 호흡 부전의 소견
④ 수술을 필요로 하는 저혈량을 보이는 소아

소아기도의 가장 좁은 부위는 윤상연골이며 튜브와 자연적으로 잘 밀착된다.

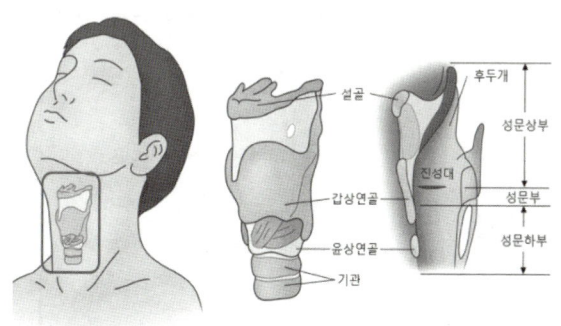

【후두】

06 양압환기 PEEP 구동 방식에 따른 분류

소생기는 ① 수동식 소생기(Manual resuscitator)와 ② 호흡 구동식 소생기(Breath-powered resuscitator), ③ 가스 구동식 소생기(Gas-powered resuscitators) 등 세 가지 형태로 나뉜다.

① 수동식 소생기는 백 밸브 마스크를 의미한다.
② 호흡 구동식 소생기는 환자의 호흡 상태를 감지해 작동하는 소생기이다.
③ 수요 밸브 소생기(Demand valve resuscitator) 환자의 흡기 때는 밸브가 열려 산소가 공급되고 호기가 시작되면 밸브가 닫히며 산소 공급이 중단되기 때문에 호기 감지 소생기(Expired Air Resuscitator)라고도 불린다.
④ 가스 구동식 소생기는 산소 탱크의 압력에 의해 작동되는 방식인데 마이크로 벤트나 옥시레이터 같은 휴대용 자동 산소 소생기가 여기에 해당한다.

결과적으로 ②수요 밸브 소생기와 ③휴대용 자동 산소 소생기는 호흡 정지 환자에게 양압 환기를 제공한다는 기능적인 공통점이 있으나 구동 방식에 차이가 있기 때문에 같은 제품은 아니다.
② 수요 밸브 소생기(Demand Valve Resuscitator)*Demand[요구하다, 필요하다, 수요]
기본적인 기능은 수요 모드(Demand Mode)와 수동 모드(Manual Mode) 두 가지가 있다.

2-1 수요 모드는 자발 호흡이 있는 환자에게 적용하며 환자의 흡기가 시작되면 양압 환기가 제공된다. 호기가 시작되면 산소 공급이 중단된다.
2-2 수동 모드는 수동 버튼이나 손잡이를 누르는 만큼 양압 환기가 제공되는 방식이다.

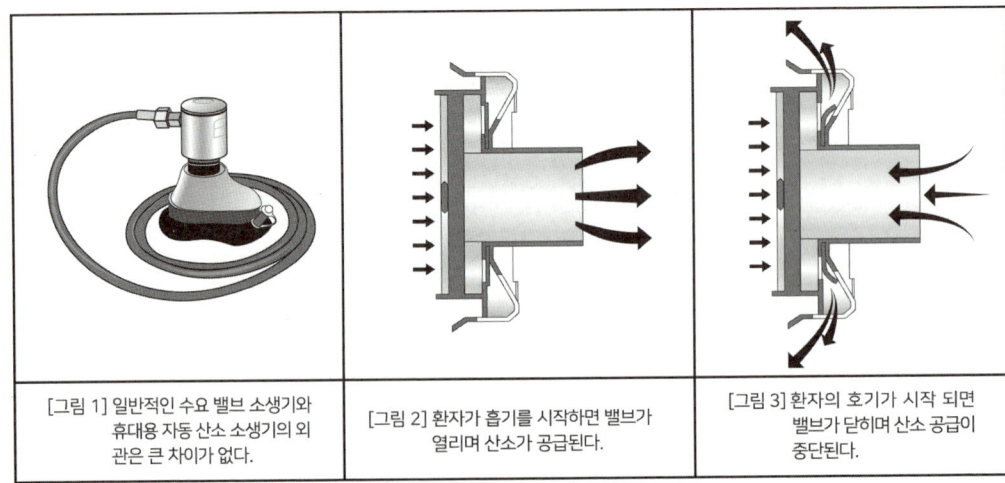

[그림 1] 일반적인 수요 밸브 소생기와 휴대용 자동 산소 소생기의 외관은 큰 차이가 없다.
[그림 2] 환자가 흡기를 시작하면 밸브가 열리며 산소가 공급된다.
[그림 3] 환자의 호기가 시작 되면 밸브가 닫히며 산소 공급이 중단된다.

환자에게 고유량의 산소 공급과 양압 환기를 제공한다는 기본적인 기능은 같지만 자동 산소 소생기처럼 압력과 1분당 환기 수, 1회 환기량을 설정해 자동으로 환기를 제공하는 기능은 없다.

병원 전 단계에선 다음과 같은 상황에서 적용
- 호흡이 없는 심정지 환자에게 Manual 수동 모드 적용 양압 환기
- 골절, 외상 등 통증 관리가 필요한 환자에게 통증 경감을 위해 아산화질소 투입 시
- 심정지 자발순환회복 이후 자발호흡이 있는 환자에게 수요 모드 적용
- 호흡 곤란 환자에게 수요 모드 적용해 고유량 산소 공급하며 호흡 보조
- 의식은 없으나 자발호흡이 있는 환자에게 수요 모드 적용해 호흡 보조
- **잠수병, 갑압병(Diving Disorder) 환자의 초기** 응급처치에 적용
- 천식 등 호흡기 질환 환자에게 수요 모드 적용하며 네뷸라이저를 연결해 약물 공급

영국 NHS 구급대 등 유럽 지역에선 보편적으로 사용하고 있다. 일본의 경우 백 밸브 마스크에 수요 밸브 소생기를 부착해 사용하기도 한다.

보통 성인 기준인 60cmH$_2$O 이상의 초과 압력 배출 기능만 있어 **영유아에게 사용은 금지**하고 있다. **소아에게도 체중에 따라 신중하게 사용하는 걸 권장한다.**

③ 휴대용 자동 산소 소생기(Gas Powered Resuscitators)

산소 탱크의 압력으로 환자에게 산소 공급과 양압 환기를 제공하는 장비로서 휴대성을 강조해 심폐소생술과 짧은 거리 이송 시 벤틸레이터의 역할을 대체하기 위해 개발됐다. 크게 두 가지 방식의 제품이 있는데 제품마다 특징과 환기 수, 적응증이 조금씩 다르다.

호흡기 내 압력을 감지해 환기를 제공하는 압력 감지(Pressure Control)와 압력 제한(Pressure Limited) 방식의 산소 소생기로는 옥시레이터(Oxylator) 시리즈가 대표적이다.

사용자가 1회 환기량과 분당 환기 수를 설정해 양압 환기를 제공하는 환기 수, 환기량 설정(Time/Volume) 방식의 산소 소생기로는 마이크로벤트와 옥시라이프 같은 제품이 있다.

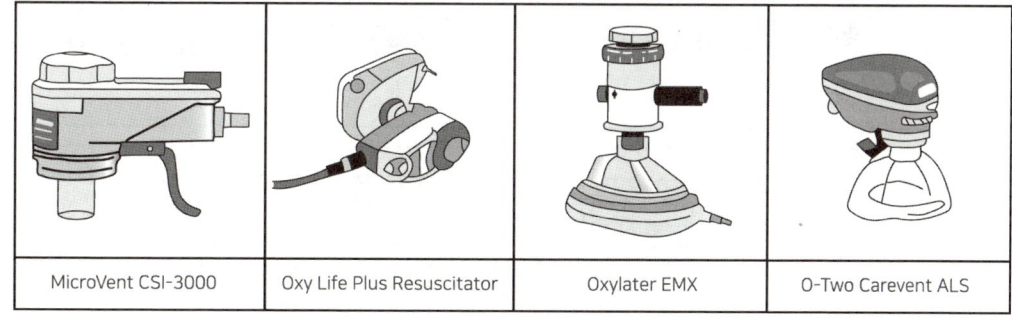

MicroVent CSI-3000 | Oxy Life Plus Resuscitator | Oxylater EMX | O-Two Carevent ALS

07 환자이동장비

1. 양손안장법
구조자가 자신의 팔과 서로의 다른 팔을 마주 잡아서 '─'자 형태의 안장을 만들고 나머지 한 팔은 환자의 등을 받치는 형태의 운반법

2. 바구니형 들것
환자들의 몸을 보호해주는 역할을 수행

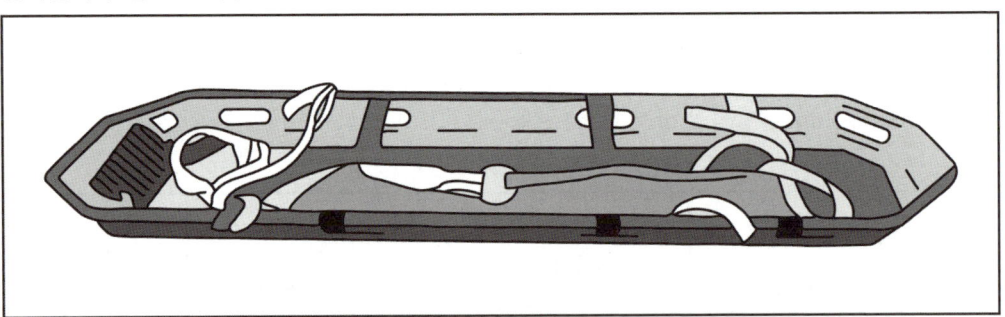

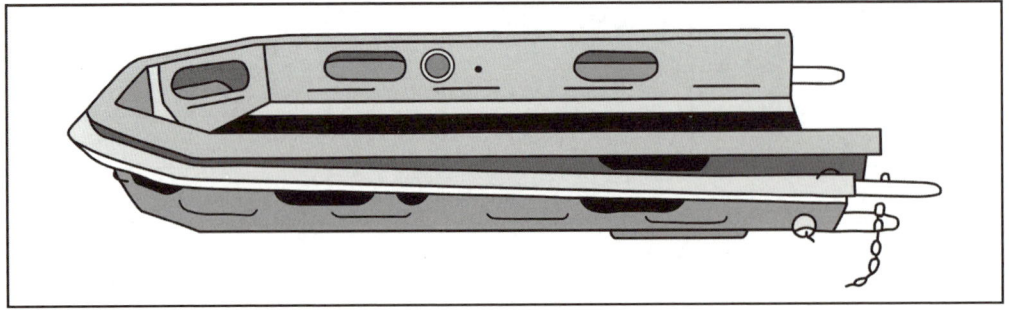

(1) 용도

바구니 모양으로 생긴 들것에 환자를 태워 운반하는 장비로 분리형과 일체형이 있다.

(2) 기능

환자의 추락을 방지하면서 편안하고 안전하게 운반할 수 있다.
수평 및 수직구조에 활용하여 환자를 한 단계에서 다른 단계로 이동할 수 있다.
거친 표면에서 환자를 이동할 때 유용하다.
험한 지형에서 항공기로 환자를 옮기는 경우에도 사용한다.
척추 손상이 의심되는 환자를 구출하는데 용이하다.

(3) 사용법

반으로 분리된 바구니 들것을 견고하게 결합한다.(분리형)
바구니의 발 받침목을 받쳐주어 환자를 편안하게 해준다.
들것과 환자 사이 빈 공간은 담요나 시트 등으로 채워 고정하여 움직임을 최소화한다.
척추 손상이 의심되는 환자의 경우 바구니 들것을 안전로프로 연결하여 수평을 유지하면서 이동하면 환자를 안전하게 구출할 수 있다.
안전로프로 연결하여 이동 시 머리 손상 환자는 머리를 높인 위치로 조정하며 쇼크의 경우에는 다리를 높인 위치로 조절하여 이송할 수 있다.
바스켓 들것에 환자의 앞면과 뒷면에 분리형 들것을 위치시켜 고정하면 척추를 최대한 안정시킬 수 있다.

(4) 환자자세

환자자세 선정시 종합적으로 판단필요.
의식의 상태, 호흡, 순환, 얼굴색, 피부 체온, 메스꺼움 또는 구토의 유무, 손상의 부위, 마비의 유무, 통증의 상태, 응급처치 진행 중의 상태

① 머리, 경추, 척추의 손상이 없는 무의식 환자
　좌측위나 회복자세: 환자의 구강내 이물질이나 분비물 제거
② 호흡곤란 또는 가슴통증 호소 환자 이송시
　호흡곤란, 가슴통증시 환자가 편안해 하는 자세, 보통은 앙와위
③ 쇼크환자 이송시
　머리나 척추손상이 의심시 긴 척추 고정판으로 이송해야 한다. 구강내 이물질 제거시 왼쪽으로 보드를 약간 기울일 수 있다.
　쇼크환자는 다리를 20~30cm 정도 올린 후 앙와위로 이송.
④ 임신기간이 6개월 이상인 임부는 좌측위
⑤ 오심 및 구토환자는 편안해 하는 자세로, 의식저하 환자는 회복자세로 이송

08 수액요법

1. 수액요법

- 전혈이나 혈장의 손실로 혈액순환의 장애가 있으므로 정맥 내로 혈액이나 수액을 주입한다.
- 저혈량성 쇼크 : 주입된 양이 중요하다.
- 주의점 : 과혈량시 위험한 증상이 나타날 수 있다.
- 목적 : 중심정맥압을 유지, 정맥혈의 귀환을 도와 심박출량을 증가시킴, 혈액의 카테콜라민치 저하로 혈관을 이완시켜 모세혈관의 혈류를 증가시킨다.

1) 결정질 혹은 균질성 염분 용액
    - 저 혈량성 쇼크 : 출혈로 인한 순환혈량의 손실 및 혈관내 액, 혈관외액의 손실이 있다. 순환혈액상실과 간질공간에서의 수분상실을 보충해야함.
    - 결정질 용액(crystalloid) : 생리식염수, Ringers lactate, 0.45% 생리식염수, 5% 포도당액 등

2) 콜로이드 용액

    전신순환을 유지할 수 있도록 충분히 큰 분자를 함유하고 있으며 경질성 용액으로는 충분히 혈량을 유지할 수 없을 때 사용한다.
    혈장과 혈장 대용 물질(dextran), 산소를 운반하는 용액이다.
    - 혈장 : 혈장 단백질이 낮은 경우 혈관에서 수분이 빠져나가지 않도록 하기 위해 사용
    - 신선냉동혈장 : 수혈 후 많이 사용
      혈장을 녹이는데 15-30분 소요(초기 사용이 어려움)
    - 알부민 : 적절한 삼투압 유지시 이용.

    > 1. Normal saline (0.9% NaCL)은 다량으로 주면 대사성 산증이 온다. Ringer's lactate을 주면 대사성 산증이 일어나지는 않는다.
    > 2. Isotonic crystalloid fluids는 plasma volume이 아닌 interstitial fluid volume을 늘린다. 그리고 crystalloid fluids를 너무 대량으로 주면 **세포의 부종**을 일으킨다.
    >   Crystalloid (정질용액)으로 소금을 함유한 결정상(結晶狀)의 전해질 수액, 즉 전해질이 주성분인 수액이며 여기에 속하는 수액은 N/S, H/S 5% D/W, 5% D/S 등이 있다.

3) 혈액
    - 출혈성 쇼크 : 전혈과 농축혈 대량 주입
      초기 – **crystalloid 용액 사용**, 후에 농축혈로 교정(급성빈혈) 정상적인 적혈구 양을 유지해야함.

4) 수액요법을 받고 있는 환자의 간호
    - 수액량 결정 기준 : 중심정맥압이 중요함(4cmH$_2$O, 2mmHg 이하 시 계속 제공)
      15cmH$_2$O, 11mmHg로 정상보다 높으면 혈액 공급 중단 고려

CVP가 낮고 폐가 깨끗하며 울혈성 심부전 증상이 없으면 주입

2. 약물치료
① **혈관수축제**
- 보상적 혈관수축이 더 이상 혈압을 유지할 수 없을 때 투여
- 말초저항을 증진시키고 전신적으로 혈압을 상승시킴.

② **혈관 이완제**
- 혈관수축이 심하고 장기화되면 혈관 이완제를 투여함.
- 저 혈량성 쇼크 : 수액요법 시행 후 혈관 이완제 투여(체액부족시 투여는 동맥 압 저하) 강심제로 심 박출량을 증가시켜 혈압을 유지시킨다.

③ **칼슘제제**
- 출혈성 쇼크 시 수혈은 저 칼슘혈증 유발(혈액응고 예방을 위해 칼슘 제거)
- 전혈 수혈 시 calcium chloride를 투여하여 저 칼슘혈증 교정(**저칼슘혈증에 의한 증상 치료, 마그네슘 중독 해독제**)
- 증상 : 의식정도의 변화, 불안정감, 심부건 반사의 증가, 언어구사의 어려움, 저혈압, 심부정맥 등
  (칼슘 글루코 네이트는 약물로서 저혈당, 고혈당 및 마그네슘 독성을 치료하기 위해 정맥에 주사하여 사용.
  보충은 일반적으로식이 요법에 칼슘이 충분하지 않은 경우). gluconate(IM), calcium chloride(IV)

3. CPR시 사용약물
① **말초정맥**
(CPR에 사용되는 모든 약물)
장점 : 빠르고 쉽게 확보, 적은 합병증
단점 : 늦은 순환(1~2분)
주의 : 관류(flushing) 필요, 상지를 높여줘야..

② **중심정맥**
(CPR에 사용되는 모든 약물)
장점 : 심장으로 빨리 도달
단점 : 빠른 순환, 숙련가 필요, 합병증, 시술동안 흉부압박에 방해
주의 : 혈전용해제 투여시(출혈경향이 높아져 있으므로)

③ **기관내관**
(epinephrine, lidocaine, aropine, naloxone, vasopressin 투여가능)
기관내 삽관이 먼저 성공, 정맥투여로 미확보시 유용
권장량의 2~2.5배 투여
10ml N/S or 증류수로 희석 후 주사기에 기관내 투여용 카테터 연결

ambu bag제거전 과호흡 시킨 후 기관내 빠른 속도로 분사
몇차례 ambu-bagging → 에어로졸 상태로 흡수되도록
④ 골간투여
(CPR에 사용되는 모든 약물)
심정지 발생한 소아에서 유용
6세까지 가능하나 2세 이하 소아에서 iv line을 잡기 어려워 우선시 되는 투여경로
골간투여용 needle 사용(주로 경골부위 천자)
천자 후 10cc 이상의 수액이 쉽게 투여되면 적절히 삽입된 것으로 판단, 약물 투여 iv 투여량 같음
epinephrine은 고용량 가능함
경골 상부 1/3지점 소독
경골투여용 needle이용 수직으로 천자
천자 중 저항이 없어지면 syringe로 흡입, 골수가 천자되었는지 확인
10cc이상 수액이 쉽게 주입시 약물 투여 후 수액주사 연결

memo

편저자 이혜영

[약력] 연세대학교 졸업
책 '레스큐' 저자

- 이패스 소방사관 응급처치학개론 대표 강사
- 인덕대학교 외래교수
- 강원도 경제진흥원 외래교수
- 통일부/ 개성공단 홍보 컨설팅 위원
- 현대건설 기술교육원 외래교수
- 부산대학교 외래교수
- 한국산업지능화협회 심사위원

[감수] 응급의학과 전문의 변재민
[편집] 이혜진 교수

[저서]
- 2024 레스큐 응급처치학개론 (이패스)
- 2024 레스큐 1000제 응급처치학개론 단원별 출제 예상문제집(이패스)
- 2024 레스큐 응급처치학개론 최종모의고사 (이패스)

2025 응급처치학개론

개정 1판 1쇄 인쇄	2024년 5월 22일
개정 1판 1쇄 발행	2024년 6월 5일
편 저 자	이혜영
발 행 인	이재남
발 행 처	㈜이패스코리아
등 록	2022년 3월 22일 제 2022-000041호
주 소	서울시 영등포구 경인로 775 에이스하이테크시티 2동 1004호
전 화	02-511-4212
팩 스	02-6345-6701
홈페이지	www.kfs119.co.kr
이 메 일	newsguy78@epasskorea.com
등록번호	제318-2003-000119호(2003년 10월 15일)

* 편저자와 협의하여 인지는 생략했습니다.
* 이 책을 무단으로 전재 또는 복제하면 [저작권법] 제136조에 의해 5년 이하의 징역 또는 5천만원 이하의 벌금에 처해지거나 병과될 수 있습니다.
* 파본은 구입처에서 교환해 드립니다.